최신 언어이론과 중국어 연구

최신 언어이론과 중국어 연구

리우단칭(刘丹青) 편저
최재영 · 김윤정 외 옮김

한국문화사

서문	陆俭明	北京大学中文系
도입	刘丹青	中国社会科学院语言研究所
제1장	沈家煊	中国社会科学院语言研究所
제2장	张伯江	中国社会科学院语言研究所
제3장	方 梅	中国社会科学院语言研究所
제4장	沈 阳	北京大学中文系
제5장	邓思颖	香港中文大学中国语言及文学系
제6장	李宝伦	澳门理工学院
	潘海华	香港城市大学人文与社会科学学院
제7장	蒋 严	香港理工大学中文与双语系
제8장	袁毓林	北京大学中文系
제9장	刘丹青	中国社会科学院语言研究所
제10장	吴福祥	中国社会科学院语言研究所
제11장	朱晓农	香港科技大学人文学院
제12장	王洪君	北京大学中文系
제13장	蒋 平	香港中文大学现代语言及语言学系
제14장	麦 耘	中国社会科学院语言研究所
제15장	谢留文	北京大学中文系/中国社会科学院语言研究所
제16장	游汝杰	复旦大学中文系

제1장	김윤정	창원대학교
제2장	장선우	고려대학교
제3장	정소영	광운대학교
제4장	임소정	한밭대학교
제5장	신준호	성신여자대학교
제6장	정지수	고려사이버대학교
제7장	조은경	장안대학교
제8장	강병규	서강대학교
제9장	이지은	부산대학교
제10장	최재영	한국외국어대학교
제11장	권영실	한국외국어대학교
제12장	이현진	한국외국어대학교
제13장	이옥주	서울대학교
제14장	염재웅	건국대학교
제15장	변지원	한국방송통신대학교
제16장	박찬욱	경희대학교

▌차례 ▌

N. Chomsky의 생성문법이 1950년대에 제기되면서 이 이론은 그전까지 언어학계를 풍미해오던 L. Bloomfield의 구조주의를 대신하여 언어학의 사상과 이론의 주류를 형성하였다. 신속하고 광범위한 이 변혁에 힘입어 언어학계는 전례를 찾기 어려울 정도로 다원적이고 깊이를 더해갔다. 이러한 발전 과정에서 형식, 기능, 인지의 3대 주의가 형성되었을 뿐 아니라 각 주의별로 다시 무수한 하위 유파를 양산해내는 등 언어학계는 대대적인 발전을 거듭하였다. 새로운 이론과 방법론이 끊임없이 제기되어 급기야 경계조차 구분하기 어려울 정도에 이르렀다. 전 세계를 휩쓴 언어 연구의 이 거대한 변혁은 중국어 연구에도 엄청난 파장을 일으켰다. 이와 같이 언어 연구의 패턴이 변혁을 꾀하고 신속하게 발전하는 현상은 곧 언어 연구도 새로운 시대에 부응해야 하는 필요성이 고조되었음을 반영한다.

언어는 본질적으로는 소리와 의미가 결합된 부호체계로서 총체성, 분석성, 규칙성을 지닌 생장적 구조 체계이다. 반면에 기능적인 측면에서 언어는 인류의 가장 중요한 의사소통 수단으로서 사유를 구현하는 수단이며 인식의 결과와 문명을 보존하고 계승하는 데 가장 효과적으로 사용되어 온 매개이다. 그러나 오늘날 인류가 언어에 대해 깨달은 이러한 속성은 언어의 실체에 비하면 빙산의 일각에 불과하다. 그리하여 인류가 언어를 인식하는 과정에는 여전히 크고 작은 문제들이 짐승의 털만큼 수두룩하다는 점 또한 우리가 통감하는 사실이다. 따라서 우리는 언어 연구에 게을러서는 안 되며 무엇보다 모국어에 대한 연구부터 박차를 가해야 한다. 기존의 경향에 비추어 보면 언어 연구는 대체로, 그게 아니라면 최소한 다음의 세 가지 목표를 추구한다. 첫째, 음성, 문법, 어휘, 의미 등등 언어 내부의 다양한 속성을 최대한 합리적이고 과학적으로 규명한다. 둘째, 인간의 언어에 내재된 보편성을 탐구한다. 구조주의에서는 언어의 통사

운용 체계에 존재하는 통사 조작의 보편성을 탐구하고, 기능주의에서는 언어 내부에 다양한 유형으로 내재되어 있는 'p이면 반드시 q이다'의 함축적 보편성 (implicational universal)을 탐구한다. 인지언어학에서는 인지 활동과 사회생활 이 언어 구조에 반영되는 보편성, 그리고 인간이 객관세계를 인지한 결과를 언어 표현으로 구현하는 모든 과정에 대한 보편성을 탐구한다. 이러한 보편성 을 기반으로 할 때 개별 언어 특징에 대한 인식이 더욱 정교해진다. 세 번째 목표는 응용이다. 학문 연구의 궁극적인 목적은 응용이며 언어 연구도 예외가 아니라는 사실은 모두가 잘 알고 있다. 오늘날 언어교육(어문교육을 가리키며 제2언어 교육과 모국어 교육을 포함한다), IT 운용에 필요한 자연언어처리, 국 가가 언어정책을 수립하고 자국의 이익을 보호하는 데 필요한 언어의 규범·표준 및 입법·사법 언어의 규범 등등 다양한 분야에 언어가 응용되므로 이것을 뒷받침해줄 언어 연구의 성과가 절실히 요구된다.

언어 연구의 이 세 가지 목표를 이루기 위해서는 최소한 다음 세 가지 작업을 수행해야 한다.

첫째, 새로운 언어 사실을 지속적으로 발굴하고 발견하며 기술해야 한다. 중 국어의 경우, 방언이나 역사적으로 서로 다른 시기의 각기 다른 차원의 언어현 상이 여기에 해당한다. 언어현상을 고찰하고 기술하는 데 있어서 일반적인 조 사 방식이 필요한 것은 당연하다. 그러나 언어에 대한 통찰력을 강화하여 문제 해결에 목적을 두어 지향성 있는 언어 조사와 기술을 펼치는 것이 더욱 요구 된다. 언어현상을 발굴하고 발견하며 기술할 때에는 반드시 사실에 입각해야 한다. 간혹 자신의 결론을 도출하는 데 유리하도록 언어현상을 회피하거나 심 지어 왜곡하는 경우도 있는데 이러한 오류는 절대로 범해서는 안 된다.

둘째, 언어 연구의 이론과 방법론을 지속적으로 업그레이드해 한다. 학문의 연구에서 어느 한 이론이나 방법론이 학자들에게 인정받고 적용될 수 있는 것 은 그것이 기존의 이론과 방법론으로는 규명하거나 해결하지 못한 현상과 문제 를 규명해내고 해결했기 때문이다. 그렇다고 해서 그 새로운 이론이나 방법론 이 반드시 모든 현상과 문제를 더 잘 규명하고 해결해 주는 것은 아니다. 그래 서 연구자는 기존의 이론이나 방법론에 머무르지 말고 연구의 필요에 따라 끊임없이 새로운 이론과 방법론을 모색하고 제기해야 하며, 또한 그것이야 말로 학문이 지속적으로 발전하기 위한 중요한 전제이다.

셋째, 학문의 선행 이론과 방법론을 제때에 섭렵하여 연구자 자신의 학문적 통찰력과 논리적인 사유 능력을 지속적으로 향상시켜야 한다. 뿐만 아니라 최대한 신속하게 그것을 자신이 수행하는 구체적인 언어의 연구에 '근접'시키고, 심지어 '직접 접촉'하여 자신의 언어 연구를 개진해나가는 데 힘써야 한다. 분명한 사실은, 인류 언어의 보편성 때문이겠지만, 특정 언어에 대한 연구를 통해 제기된 이론이나 방법론이 다른 언어의 연구에도 도움을 줄 수 있다는 것이다. 선행의 연구 성과를 답습하는 것은 분명 바람직하지 않다. 그러나 수용을 거부하는 것은 더욱 범해서는 안 된다.

『语言学前沿与汉语研究』는 刘丹青이 책임을 맡아 편찬한 저서로서 중국의 독자, 특히 젊은 연구자들이 최대한 빠른 시간 안에 언어학과 그 세부 분야의 최신 이론과 방법론, 그리고 중국어 연구와 '친밀접촉'한 최신 성과를 이해하는 데 도움을 주는 것을 목표로 삼고 있다. 이 책은 언어학의 다양한 세부 분야의 저작들을 뛰어 넘어 중국의 언어 연구, 특히 민족어 연구에 견인차가 되어줄 것이다.

이 책 각 장의 내용은 刘丹青이 「도입」에서 체계적이고 적절하게 평가해놓았기 때문에 본인이 여기에서 무엇을 말하든 사족이 될 것이다. 따라서 본인은 이 자리를 빌어 오늘날의 중국어 연구에 대해 약간의 견해를 피력하고자 한다.

먼저 앞에서도 말했듯이 현재 세계의 언어 연구에는 형식, 기능, 인지의 세 가지 유파가 존재한다. 표면적으로는 이들 사이에 적지 않은 차이가 존재하는 것이 사실이다. 하지만 이들을 완전히 대립적인 관계로 여겨서는 안 된다. 왜냐하면 언어라는 것은 서로 다른 다양한 각도에서 관찰하고 연구하고 분석하고 규명할 수 있기 때문이다. 사실상 각 유파의 연구는 상호보완적으로 작용하여 우리가 보다 체계적이고 명확하게 언어를 인식하게 만들어준다. 현재의 상황을 보더라도 이 유파들은 서로의 연구 성과를 흡수함으로써 장점을 취하고 단점을 보완해나가고 있다. 중언부언을 피할 수 없겠으나 그럼에도 불구하고 본인은 예전에 했던 이 말을 다시 한 번 언급하고 싶다. 언어 연구의 역사 뿐 아니라 인류의 학문 연구 역사가 보여주듯이, 어떤 의미에서 말한다면, 학문 연구는 마치 맹인이 코끼리 다리를 더듬는 것과 같이 자신의 관점 안에서 가장 완벽하다. 그 이유는 바로 객관세계가 너무 복잡하기 때문이다. 그래서 우리는 어떤 대상을 연구할 때 항상 특정 목적에서 출발하는데 이 목적이 사물에 대한 우리의 인식에 영향을 미친다. 또한 다른 한 편으로는 한 연구자가 다양한 요인(예를 들어 당시 학문 수준의 한계, 연구자 개인의 수준의 한계 등)으로부터 제약을 받거나 한계에 부딪치는 상황이 자주 발생하는데 이 경우 그 누구라 하더라도 자신이 학문적으로 얼마나 위대하든 아니면 얼마나 인내할 수 있든 관계없이 연구 중인 대상이 설령 자신의 연구 영역 내에서 가장 익숙한 대상이라 하더라도 단번에 바로 명확하게 규명해내는 것은 불가능하다. 학문적으로 정확하게 어떤 결론을 도출해내고 무엇인가 새로운 것을 발견할 경우, 표면적으로는 특정 연구자 혹은 특정 연구자들의 지혜와 수고스러운 작업의 결과이므로 마땅히 연구자 본인의 공으로 돌려야 하겠지만 사실상 그러한 성과에는 수 대에 걸쳐 각종 유파의 연구자들이 심혈을 기울여 연구한 성과가 응집되어 있는 것이다. 선구자들의 경험과 교훈이 없었다면 오늘날의 학문적인 성과는 있을 수 없다. 학문의 연구는 경계선이 없다. 바로 이것이 우리가 줄곧 학문 연구에서 다원론의 고수를 주장해오는 근본 원인이기도 하다.

다음으로, 현재의 언어 연구 추세로 볼 때 두 가지 연구 방향을 주목할 필요가 있다. 하나는 다층위 및 다중모듈의 상호작용, 그리고 접합부(혹은 접면, interface) 연구이고, 다른 하나는 어구의 자질에 대한 연구와 기술이다.

1980년대 초반에 남부와 북부 지역에서 거의 동시에 '3개 층위' 문제를 제기하였다(남부에서는 胡裕樹와 張斌 등, 북부에서는 朱德熙). 이 3개 층위의 이론은 빠른 속도로 중국의 언어학계에 흡수되어 중국어 연구의 발전에 상당히 공헌하였다. 그러나 袁毓林이 한 논문에서 "우리가 문법의 서로 다른 세 층위를 명확하게 구분하는 것이 필요하지만 동시에 이 세 층위의 상호작용도 관찰해야 한다"라며 매우 탁월한 식견을 선보인 바 있듯이 우리도 이 점을 중요하게 생각해야 한다. 이론적으로든 아니면 언어응용적이든 상관없이 문법-음성, 문법-의미, 문법-화용, 음성-의미, 의미-화용, 말뭉치 구조-통사 조작 등의 다양한 상호작용이나 접합부 문제뿐만 아니라, 이들 상호작용에 존재하는 한계와 제약에 대해서도 깊이 있는 연구가 절실히 요구된다.

1970년대 이후의 언어 연구의 주요한 한 추세는 자질에 대한 연구와 기술이 점차 중요시되는 점으로서 이론 연구와 응용 연구 모두 그러한 양상을 보인다. 이론 연구의 경우, 이미 널리 알려진 사실이지만, 언어 연구에서 최초로 자질을 논한 것은 음소론이고 그 뒤를 잇는 분야가 의미론이며 문법학계에서는 1970년대 이후에 의미자질을 다루었다. 당시에 '의미자질'이라는 개념을 문법에 도입한 목적은 두 가지다. 첫째, 동형다의 통사 구조를 야기하는 원인을 해석한다. 둘째, 똑같이 동사에 속하는 것 중에서, 혹은 형용사 혹은 명사에 속하는 것 중에서, 왜 어떤 것은 일부 통사구조에 출현할 수 있고 또 어떤 것은 출현할 수 없는지를 규명한다. N. Chomsky의 생성문법이 대두되면서 자질은 다시 새로운 함의를 부여받았다. 주지하다시피, 간소화는 일관적으로 N. Chomsky이 주장한 생성문법의 핵심 원리 중 하나였다. 1957년에 대두된 핵어구문에서 비핵어구문으로의 변형부터 1965년에 대두된 기저 구조에서 표면 구조로의 변형에 이르기까지, 이어서 1980년대 초의 GB이론으로 발전하기까지, 그리고 다시 최소주의와 그 즈음 몇 년 간의 주장들로 이어지는 동안 수많은 규칙들과 원리들이 점차 제거하였고 마지막에는 마치 '원리와 매개변인' 이론과 'X-bar' 구조 모형만 남긴 것 같다. 이를 대신하여, 핵어(head) 이론과 자질점검(feature checking) 이론, 그리고 경동사(light verb) 이론과 동사구 외각구조(VP shells) 이론 등을 제기하였고, 또한 새로운 연구 과제인 '접합부(interfaces)' 연구를 끌어들였다. 기본적인 통사 조작을 살펴보면, 우선 기저부(즉 어휘부)로부터 다양한 종류의 관련 의미와 통사자질을 지닌 어휘 항목을 선택하여 상호 병합(merge)한다. 만약 자질점검(중심어와 지정어, 중심어와 보충어 사이에 자질이 부합하는 것을 가리킴)을 통과하면, 이 절차를 통해 생성한 어휘 조합은 다시 음운접합부와 논리의미접합부에 보내지고, 최종적으로 우리가 보고 듣는 구문이 생성되는 것이다. 최근 N. Chomsky는 『Linguistic Inquiry』라는 잡지(2005년 제1호)에 발표한 논문 「Three Factors in Language Design」에서 '탐색자(혹은 탐침자; probe)'와 목표물(goal)의 상호 점검 방식을 통해 원래의 '자질점검'

을 간소화하는 진일보한 견해를 제기하였다. 결론적으로 말하자면, 어구의 자질에 대한 분석과 기술은 매우 중요한 지위를 차지하게 되었고, '방대한 어휘부, 최소한의 규칙'이라는 방향으로 접어들었다. 이번에는 자연언어처리와 이해라는 측면에서 언어의 응용 연구를 다시 살펴보자. 자연언어처리와 이해의 방향이 규칙 기반 처리에서 통계 기반 처리로 이동하고 있음은 이미 주지의 사실이다. 다만 연구는 지속적으로 이루어지고 있지만 아직까지는 그에 상응하는 이상적인 효과를 거두지 못하고 있다. 현재 C. Pollard & Ivag A. Sag이 제기한 핵어중심 구구조문법(Head-Dreiven Phrase Structure Grammar; HPSG)이 보편적으로 사용되고 있는데 이 문법은 핵어를 둘러싸고 전개되는 이론으로서 가장 기본적이고 보편적으로 통용되는 원리는 핵어자질 원리이고 여기에 합성자질과 통합(unification) 조작의 방식을 가미하여 컴퓨터를 통해 문장에 대한 이해와 생성을 실행한다. 이로써 알 수 있듯이 핵어중심 구구조문법의 기본 원리와 N. Chomsky의 자질검증 모두 궁극적으로 '방대한 어휘부, 최소한의 규칙'을 추구하는 '어휘주의(lexicalism)'의 길을 걷고 있다. 언어에 대한 이론연구와 응용연구는 마치 길은 다르지만 결국 하나의 목적지에 이르듯이 최종적으로는 자질 중심의 '방대한 어휘부, 최소한의 규칙'을 표방하고 있는데 이러한 공통점이 결코 우연의 일치는 아닐 것이다.

마지막으로, 최근 30년 사이의 학문 연구 과정을 살펴보면 기본적으로 다음과 같은 추세를 보이는 것을 알 수 있다.

"기존의 연구 성과를 토대로 하여 유한한 사실에 대한 가설을 제기한다 → 새로운 사실로 검증한다 → 새로운 결론을 도출한다 → 다시 새로운 가설을 제기한다 → 다시 새로운 사실로 검증한다 → ……"

이러한 반복된 순환 과정을 통해 학문 연구가 지속됨으로써 보편적인 원리에 근접해가는 연구 성과를 거두게 된다. 지금까지 다양한 학문 분야들이 발전해온 과정이 말해주듯이 연구가 어느 정도 한계를 뛰어넘고 학문도 일정 정도 발전하기 위해서는 당연히 실재에 부합해야 하겠지만 가설이야 말로 더욱 필수불가결하다. 특히 오늘날과 같이 가설에 대한 관념이 전반적으로 취약해진 상황에서는 가설의 중요성이 더욱 높아져야할 것이다. 가설의 중요성은 학문연구

사례에서도 부각된다. 이공계열은 말할 나위도 없고 우리의 언어 연구 영역에서도 과거와 현재를 막론하고 기존의 성과를 뛰어넘은 수많은 의미 있는 연구들이 가설과 불가분의 관계를 이룬다. 중국어 음운학의 '영성모' 가설, 음성학의 '음소' 가설, 최근 Richard Larson 등이 제기한 '동사구 외각구조 이론'과 '경동사 이론'에 관한 가설은 언어연구 발전에 매우 긍정적으로 작용하였다. N. Chomsky의 3항 가설—첫째, 인간의 두뇌는 천부적인 언어 기제를 지니고 있다. 둘째, 인류의 언어는 보편적으로 일치하는 언어 규칙을 지니고 있다(즉 '보편성의 원리'). 셋째, 인류 언어의 이러한 보편적 규칙은 고도로 추상적이고 매우 간명적 원리다.—은 나아가 전 세계에서 대대적으로 언어 연구의 발전을 견인했다. 결론적으로, 아인슈타인도 지적했듯이, "학문적 창조의 특징은 기존의 이론을 통해 어떤 논거들을 예언하고 다음으로 실험을 통해 그 논거들을 증명하는 데 있다." 중국의 4차원 역학 분야의 저명한 과학자 刘岳松 교수도 이렇게 말하였다. "많은 경우 기적의 시작은 상상이었다. 지구상의 그 어느 위대한 발명도 처음부터 뛰어난 것은 아니었다."(L. 岳松『四维力学』, 学林出版社, 2001) 사실, 중국어 연구 분야도 마찬가지여서 이미 정착된 결론이나 견해들 모두 처음엔 가설의 성격을 띠는 다양한 의견이었다. 그러다가 이후의 연구 단계에서 입증 가능한 의견은 정론으로 확정되고 그렇지 않은 대다수의 의견들은 수정이 가해지거나 그것도 아니면 완전히 철회된다. 따라서 우리의 연구에는 계승, 적용, 문제제기, 가설, 분석, 입증의 작업이 반드시 지켜져야 한다. 이들이야 말로 학문 연구는 물론이고 중국어 연구에서도 기존의 성과를 뛰어넘기 위해서는 반드시 겪어야 할 과정이다. 이상으로 서문을 갈음하고자 한다.

陆俭明
2005년 11월 18일
北京成府路蓝旗营의 처소에서

본 번역서는 『语言学前沿与汉语研究』(刘丹青 主编, 上海教育出版社 2005)를 저본으로 하였다. 『语言学前沿与汉语研究』는 중국의 저명한 16인의 연구자가 최신 언어학이론을 소개한 후 해당 이론을 중국어 연구에 적용한 예를 보여주고 있는데, 중국 언어학의 제 분야를 16가지 주제로 한정하기는 쉽지 않지만, 해당 학문분야의 이론과 중국어 연구의 결합을 시도했다는 점에서 가치가 높다. 국내에 중국 언어학 연구가 본격적으로 시작된 지도 상당한 시간이 지났지만, 중국 언어학의 제 분야를 동시에 소개한 저서나 역서를 찾아보기는 여전히 어렵고, 최신 이론과 이의 적용을 동시에 소개하는 경우는 더욱 어렵기에 본 번역서를 기획하게 되었다. 번역 초기에는 일부 장절을 번역한 후 학회지에 번역 논문으로 투고하여 심사를 거치면서 번역의 품질을 확보하고자 하였고, 일부 장절은 이번에 출판을 준비하면서 번역하였다.

다음은 이 책을 읽는 독자들을 위한 일러두기이다.

1) 내용 전개의 구성과 술어의 한국어 대역 방식은 장별로 상이한 상태를 유지하여 각 연구 분야의 통상적인 연구 수행 경향을 반영하였다.
2) 번역 과정에서 보충 설명이 필요한 경우 '역주'로 처리하였다.
3) 인명, 지명, 논저명 등 고유명사는 기본적으로 원어 사용을 원칙으로 하였다.
4) 술어는 일반 언어학에서 사용하는 한국어 술어를 기본적으로 제시한 후 필요한 경우 중국어나 영어 술어도 함께 제시하였다.
5) 각 장의 말미에 「술어대조표」를 추가하여 번역문에 사용된 주요 술어들을 한국어, 중국어, 영어의 세 가지 언어로 제시하였다.

다소 올드한 표현이긴 하지만 연구 영역 간의 융합과 통섭이 강조되고 있는 시대이다. 본 역서를 통해서 최신 언어학 이론이 어떻게 중국어 연구에 적용되는지도 살펴보고, 타 연구 영역의 이해를 통해 융합과 통섭을 모색해볼 수 있기를 바란다.

2019년 7월
역자 일동

도입

중국 현대 언어학의 흐름을 살펴보면 매우 특이한 양상을 한 가지 발견할수 있다. 그것은 바로 중국의 수많은 중국어 연구자들이 해외의 언어학 저서를 번역했다는 사실이다. 그리고 여기에는 학술적으로 명망이 높은 많은 대가들과 두각을 나타내는 몇몇 후속 세대의 학자들도 포함되어 있다. 다른 나라에도 이러한 양상이 존재하는지 필자는 잘 모르겠다. 따라서 필자가 우선적으로 약간의 지면을 할애하여 단편적으로나마 이 양상들을 일부 소개하고자 하니 이에 대해 양해해주기 바란다.

1940년에 赵元任, 李方桂, 罗常培 등 3인이 스웨덴의 중국학자 Bernhard Karlgren의 저서『中国音韵学研究』(商务印书馆)를 공동으로 번역하여 출판하였는데 여기에는 번역 뿐 아니라 해설과 수정 보완 작업까지 추가되었다. 1952년에는 李荣이 赵元任의 영문 저서『国语入门』(1948)을 편역한『北京口语语法』가 开明서점을 통해 출판되었다. 이후에도 李荣은 다른 학자들과 함께 Palmer의『语言学概论』(商务 1983)을 번역하였고, 吕叔湘과 공동으로 赵元任의『通字方案』(1983)을 역술하였다. 1962년, 陆志韦는 그의 아들 陆卓元이 Sapir의『语言论』(商务)을 번역하는 작업을 지도하였을 뿐 아니라 이 책의 서문과 교주(校注)를 통해 자신의 전문성과 탁월한 식견을 보여주었다. 1964년은 何乐士, 金有景, 邵荣芬, 刘坚, 范継淹 등이 Frese의『英语结构』를 공동으로 번역 출판한 해이다(商务). 1979년에는 袁家骅 등이 번역한 Leonard Bloomfield의『语言论』이 商务印书馆의 '汉译世界学术名著'라는 기획으로 출판되었다. 또한 이 해는 邢公畹 등이 번역한 Chomsky의 『句法结构』가 세상의 빛을 본 해이기도 하다(中国社会科学出版社). 이듬해인 1980년에는 赵元任의 『汉语口语法』가 吕叔湘의 번역으로 商务印书馆에서 출판되었다(타이완에는 이 책의 또 다른 버전 『中国话的文法』이 있는데 이것은 丁邦新이 번역한 책이다). 2년 뒤인 1982년에는 高名凯가 Ferdinand de Saussure의 『普通语言学教程』을 번역하여 출판하였다(商务). 1985년에는 桥本万太郎의 『语言地理类型学』가 余志鸿의 번역으로 北京大学出版社에서 출판되었는데 朱德熙의 「高瞻远瞩, 一空依傍」이 이 번역서의 서문에 수록되었다. 이듬해인 1986년에는 吕叔湘이 82세의 고령임에도 불구하고 黄国营과 함께 미국의 Stockwell이 집필한 『句法理论基础』를 번역하여(沈家煊 감수) 출판하였고(华中工学院出版社), 다시 이듬해인 1987년에는 蒋绍愚와 徐昌华가 공동으로 번역한 太田辰夫의 『中国语历史文法』가 세상에 선을 보였다(北京大学出版社. 2003년 수정버전 있음). 1989년에는 沈家煊이 Comrie의 『语言共性和语言类型』을 번역하여 출판하였고(华夏出版社), 1990년에는 鲁国尧와 侍建国가 薛凤生의 『中原音韵音位系统』을 공동으로 번역하여 출판하였다(北京语言学院出版社). 1994년에는 沈家煊, 周晓康, 朱晓农, 蔡文兰이 Fromkin 등이 집필한 『语言导论』을 공동으로 번역하여 출판하였다(北语出版社). 1995년은 언어학 저서의 번역 성과가 대풍년을 맞이한 해이다. 江蓝生과 白维国가 공동으로 번역한 志村良志의 『中国中世语法史研究』, 그리고 潘悟云과 冯蒸이 공동으로 번역한 Bodman의 『原始汉语与汉藏语』가 中华书局에서 출판되었다. 또한 潘悟云, 陈重业, 杨剑桥, 张洪明이 공동으로 번역한 Bernhard Karlgren의 『修订汉文典』과 张惠英이 번역한 Jerry Norman의 『汉语概论』이 각각 上海辞书出版社와 语文出版社에서 출판되었다. 2000년 이후에는 潘悟云과 徐文堪이 공동으로 번역한 Edwin Pulleyblank의 『上古汉语的辅音系统』(中华书局 2000), 石汝杰와 岩田礼가 공동으로 번역한 贺登崧의 『汉语方言地理学』(上海教育出版社 2002), 龚群虎가 번역한 沙加尔의 『上古汉语词根』(上教社 2004) 등등 권위 있는 저서들이 속속 번역되었다. 또한 저서가 아닌 논문의 번역 작업도 활기를 띠어 王力가 번역한 Roman Jakobson의 「语音分析初探—区别性特征

探—区别性特征及其相互关系」, 胡明扬이 번역한 Fillmore의 「"格"辨」, 陆俭明이 번역한 梅祖麟의 「吴语情貌词"仔"的语源」, 陆丙甫와 陆致极가 번역한 Greenberg의 「一些主要与词序有关的语法普遍现象」, 张伯江이 번역한 McCawley의 「汉语词类归属的理据」 등이 선을 보였다. 王士元의 논문집 두 권 역시 각각 游汝杰와 石锋이 여러 학자들과 함께 장별로 분담하여 번역본으로 완성해했다. 일부 학자들은 기존과는 다른 방식으로 해외의 언어학 이론을 도입하였다. 즉 원저에 담긴 이론의 본질을 번역자가 충분히 이해한 후 중국어의 사례 및 자신의 연구 성과를 가미하여 중국인에게 보다 익숙한 방식으로 해외의 언어학 이론을 중국의 독자들에게 소개하였다. 예를 들어 徐烈炯의 『语义学』, 『生成语法理论』(徐烈炯 역시 많은 논문을 译校하였다), 蒋严과 潘海华의 『形式语义学引论』, 石定栩의 『乔姆斯基的生成语法』 등이 바로 이 부류의 저서에 해당한다.

이상에서 소개한 자료는 중국어 연구에 종사하는 '겸직' 학자들 위주의 성과로서 전문적인 외국어 연구자나 번역가는 언급도 하지 않았다. 그러나 비록 불완전하게 일부만을 소개했음에도 불구하고 우리는 이미 그 가치가 얼마나 높은지 느낄 수 있다. 여기에 언급된 학자들 중에는 중국의 현대언어학의 선구자이며 학술적으로 뛰어난 대가들이 있고 또한 각기 다른 시기에 社科院, 北京大学, 复旦大学 등의 기관에서 봉직한 수많은 권위 있는 학자들이 있다. 뿐만 아니라 언급된 번역가 중에는 社科院语言研究所의 소장을 역임한 6인조차도 포함되어 있다. 언어학 저서를 번역하는 것은 매우 고된 작업임에 비해 그다지 영광스럽게 여겨지지는 않는다. 그럼에도 불구하고 이렇게 많은 중국어 학자들, 특히 수많은 권위자들이 이 작업에 참여한 것은 결코 일시적인 흥미와 같은 우연한 계기에서 비롯된 것이 아니다. 번역가들은 틀림없이 중국어 연구의 대문을 활짝 열어 놓아야 하는 중요한 의미를 깊이 깨달았기 때문에 이렇게 거대한 에너지를 '겸직'이라는 이 작업에 쏟아 부었으며, 그로 인해 '본업'인 연구를 수중에서 내려놓는 대가를 치러야 했다. 그러나 이 번역서들의 수대에 걸친 수혜자들은 자신들이 학술적으로 성장하고 연구를 수행하는 과정에서 번역자들의 고된 노고가 어떤 가치를 갖는지 분명하게 느낄 것이다. 뿐만 아니라 이

'겸직' 번역자들의 '본업'에 대한 성과와 중국어 연구사에 남아있는 이들의 위상을 살펴보면 그들의 '본직'과 '겸직' 사이의 관계를 떠올릴 수밖에 없는데 이 역시 이 '겸직'에 쏟아 부은 그들의 열정을 한 층 더 이해하게 만든다.

시간이 흘러 세월이 변해도 번역이라는 고된 업무는 명맥을 유지하며 평론과 서술을 이끌어내는 등 여전히 학문의 견인차 역할을 하고 있다. 새 시대와 새 형국이 도래함에 따라 중국 언어학계의 개방사업도 당연히 새로운 요구와 새로운 사명에 직면했다.

후속 세대 학자들의 외국어 수준이 향상됨에 따라 이전에 배해 훨씬 더 많은 연구자들이 번역서를 통해 제한된 범위에서나마 이론을 접하는 것에 이외에도 원서를 통해 관련된 분야나 논의의 전모를 이해하는 능력도 갖추었다. 이로써 언어학의 개방과 교류는 대대적으로 폭을 넓히고 깊이를 더할 것이다. 현재 다수의 출판사들이 해외의 언어학 저서를 원문버전 시리즈 출판물을 기획하는 것도 바로 이러한 요구를 제때에 만족시키려는 움직임이다.

그러나 번역과 소개는 본질적으로 온전한 내 것은 아니다. 새로운 이론과 방법론이 과연 중국어 연구에 적용될 수 있는지, 만약 그렇다면 또 어떻게 적용해야 하는지 등의 문제는 번역을 통한 소개만으로는 해결하는 데 한계가 있다. 물론 새로운 이론이나 방법론을 중국어에 적용하여 검증하는 작업을 시도하는 학자나 연구자들도 있다. 다만 이들은 대체로 학파나 학설의 내력을 소개하거나 평가하는 데 치중하기 때문에 결국 본질을 꿰뚫지 못하는 느낌을 면하기 어렵다. 학계에서는 이제 또 다른 소개 패턴, 즉 언어학의 최신 이론을 통해 이론의 참맛을 감상하고 방법론의 실질적인 활용성을 읽어낼 수 있을 뿐 아니라 새로운 이론과 방법론이 중국어 연구와 '근접 조우'하거나 심지어 '직접 접촉'까지 하는 것을 볼 수 있는 패턴을 요구하고 있다. 학문의 발전 또한 이러한 '접촉'이 펼쳐지기 위한 여건을 점차 조성해나간다. 중국 본토에서는 학자들이 해외로 진출하거나 반대로 우수한 해외의 학자들이 중국에 초빙되어 오는 기회가 많아져 언어학의 최신 이론을 통해 국제적인 흐름을 온몸으로 감지하면서 새로운 이론과 방법론을 자신의 중국어 연구에 적용하고 있다. 반면에 해외에서 학문적인 기반을 닦은 적지 않은 학자들이 홍콩 등지로 돌아와 중국어와 관련된 언어학 연구에 종사하기도 한다. 중국어 연구를 포함하여 중국 이외의 지역에서 수행되는 연구와 비교해보면 이 두 그룹의 학자들은 중국의 연구 경향을 더 잘 이해하고 있기 때문에 중국의 중국어 연구에 어떤 이론이나 방법론이 적용되어야 하는지, 그리고 중국어 현상을 통해 더 빛나는 이론의 가치가 인류 언어를 위한 보편적인 이론의 수립하는 데 활용될 수 있다는 사실도 잘 이해하고 있다. 이러한 환경 덕분에 새로운 형태의 이론소개서가 편찬될 수 있었다.

현대화, 과학화, 국제화 등 그동안 중국 언어학의 발전을 위해 애써온 上海教育出版社는 현재에도 다수의 총서 시리즈를 통해 추진력을 더욱 강화하며 언어학의 세부 영역별로 전문서를 출간하는 계획을 세워놓았다. (그중 일부의 저자들이 바로 이 책의 장절들을 집필하였다.) 그러나 전문서를 집필하는 데는 꽤 많은 시간이 소요되기 때문에 전문서의 집필이 언어학의 발전 속도를 따라잡기가 쉽지 않다. 하지만 중국의 독자들, 특히 젊은 학자들이 조금이라도 빨리 언어학의 주된 흐름을 파악하고 나아가 이것을 중국어 연구에 '근접 조우'하기 바라는 마음이 통했는지 上海教育出版社의 张荣 선생의 제안으로 본인이 우선 언어학의 다양한 하위 영역의 현황과 성과들을 장별로 한 가지씩 소개하여 한 권의 저서로 엮어냈다. 언어학의 최신 이론과 중국어 연구의 깊이 있는 접목을 위해, 저자와 독자의 거리를 줄이기 위해, 그리고 독자들이 언어학의 최신 이론을 마치 바로 곁에 있는 것처럼 느끼게 만들기 위해 우리는 이 책의 모든 저자들을 중국 내륙과 홍콩·마카오 지역의 학자들로 구성하였다. 그리하여 본인은 기꺼이 주어진 사명에 따라 이 책의 장절을 확정하고 저자들을 섭외하기로 결정하였다. 물론 이렇게 결정을 내리는데 우려되는 바가 없는 것은 아니었다. 왜냐하면 본인이 '추앙하는' 이분들 모두 분야별로 교육과 연구의 제1선에서 두 어깨에 무거운 사명을 지고 있는 고수들로서 이 분들이 이 책의 집필을 위해 시간을 내어준다는 보장이 없었기 때문이다. 그러나 섭외는 예상 외로 순조롭게 진행되어 전원이 흔쾌히 집필 요청을 수락하였고 그 덕분에 지금의 이 합작품이 탄생하였다. 각 분야마다 실력자가 많을 수도 있고 적을 수도 있다. 다만 편폭의 제한으로 인해 실력자가 많더라도 연락이 닿아 이미 수락한 저자가 있는 경우에는 더 이상 다른 분들께 연락을 드리지 않았다.

이어서 이 책이 전체적으로 추구하는 방향과 세부 장절의 특징에 대해 편자의 입장에서 간략하게 소개 및 설명하고자 한다.

이 책에서는 국제적으로 상당한 영향력을 지니면서 빠른 속도로 성장한 학파, 영역, 학설 등을 최대한 많이 언급하고자 한다. 또한 이 책에서 소개하는 이론이나 방법론들이 중국어 연구에 대해 가시적인 성과를 거두었거나 향후의 연구 방향을 제시할 수 있기를 바란다. 내용면에서 저자의 주관적인 관점으로 인해 해당 이론의 본질을 왜곡하지 않도록 최대한 '원전'을 충실하게 소개한다. 또한 이 책의 이론과 방법론 하나하나가 중국어 연구에 실질적이고 깊이 있게 적용되어 중국어 연구의 발전을 견인하는 토대가 되고, 더욱 많은 중국어 현상과 규칙들을 발굴해주기를 바란다. 결코 외국어를 대역하거나 억지로 끼워 맞추는 예를 몇 가지 제시하기 위해 고심하는 그런 번역 방식의 '결합'이 아니기를 바란다. 우리는 또한 연구의 차원(소개의 차원이 아닌)에서 외국의 이론을 엄격하게 대하고 심지어 깐깐하게 선별하는 것이 필요하다고 생각한다. 중국어 현상과 규칙을 발굴하는 것이 최우선의 과제인 만큼 외국의 이론에 대한 검증, 수정, 변형, 정교화 심지어 기존의 한계를 뛰어넘는 것까지도 중국어 현상을 통해 이루어지기를 바란다. 이론이나 방법론을 소개하는 문헌에서는 학파의 형성 및 발전사, 대표적인 인물 등의 내용을 풍부하게 언급하는 것이 일반적인 경향이다. 그러나 이 책에서는 그러한 내용들을 과감하게 줄이고 새롭게 시도되거나 실질적으로 운용되는 구체적인 연구 성과를 소개하는 데 주력하고자 한다.

기능주의와 형식주의는 오늘날 세계적으로 영향력이 가장 크면서도 대립적인 관점을 보이는 두 흐름이다. 비록 서양 학계에서는 형식주의의 세력이 더 크지만 중국에서는 기능문법을 적용한 중국어 연구가 훨씬 활발하다. 沈家煊(제1장), 张伯江(제2장), 方梅(제3장)가 집필한 부분에서 바로 이 기능언어학과 중국어 문법 연구의 접목 문제를 넓은 의미에서 다루고 있다.

沈家煊과 张伯江은 각각의 제1장과 제2장에서 형식학파와의 대립적인 언어관으로 논의를 시작한다. 이러한 언어관은 제1장의 1~6절과 제2장의 제1절에서 구체적으로 논의되는데 그 과정에서 부각되는 공통점과 차이점을 통해 인지언어학과 기능언어학의 관계를 충분히 이해할 수 있다. 제1장은 서두에 인지언어학이 생성문법으로부터 분화되어 나온 과정을 간략히 설명하여 인지언어학이 넓은 의미에서 기능문법의 독특한 한 갈래로 간주할 수 있음을 보여준다. 그러나 제1장과 제2장에서 소개하는 내용을 비교해보면 알 수 있듯이 인지언어학과 기능언어학은 본질적인 언어관에 이미 상당한 동질성을 내포한 상태에서 형식주의와 대립 관계를 형성한다. 그 가운데 가장 핵심적인 것은 언어 기능의 생득성과 문법의 자주성(또는 통사의 독립성)에 대한 문제제기로서 이것이 인지언어학과 기능언어학을 하나의 학파로 공고히 묶어주는 언어철학의 기반이다. 구체적인 연구 이념으로 들어가면 두 언어관 사이에 적지 않은 공통점이 존재하는 사실을 보여주는 부분도 있다. 예를 들어 언어 표현의 원형범주를 널리 인정함으로써 더 이상 '이것 아니면 저것' 방식의 분류 체계를 추구하지 않는다. 또한 언어 표현에서 청자와 화자의 주관적인 작용(인지문법의 주관성이나 주관화, 기능문법의 화자와 청자의 시각 또는 양자의 상호작용)을 중시하고 통사에 대한 의미의 제약에 관심을 두며 공시적인 현상을 문법화와 같은 통시 현상과 결합하여 연구한다. 물론 보다 세부적인 연구 분야와 운용 측면으로 들어가면 인지언어학과 기능언어학의 차이 또한 매우 명확해진다. 제1장과 제2장의 후반부를 비교해보면 알 수 있듯이 인지문법은 '(언어-인지) 모형'에 관심을 두고 언어 체계의 고유한 속성에 관심을 두는 데 반해 기능문법(특히 제2장에서 중점적으로 소개하는 미국의 서해안 기능학파[West Coast 학파])에서는 '(언어 사용) 과정'에 초점을 둔 언어 소통의 유연성에 집중한다. 沈家煊이 개별적으로 분석한 개념 층위, 은유와 환유, 전경, 개념의 융합과 합성 그리고 '이상적 인지 모형', '구문' 등등 모두가 '모델'로 개괄할 수 있는 것처럼 보인다. 그러나 張伯江이 강조한 언어 소통의 '상호작용성'은 상이한 문체(상이한 소통 유형을 대표한다)가 문법에 미치는 영향, 문법이 적용되는 과정에서 '유의미적으로' 형식화되는 것 등등 모두 언어 소통의 유연성을 부각시켰다. 이러한 차이로 인해 인지언어학과 기능언어학은 서로 다른 관점으로 말뭉치를 처리한다. '모델'에 주시하는 인지문법은 형식문법처럼 내재적인 직관력을 관찰하기 위해 노력한다. 그 때문에 비문도 매우 중요하게 생각되는데 이러한 부분이 형식주의와의 역사적인 연원을 어느 정도 보여준다. 반면에 '과정'을 주시하는 기능문법은 일상의 소통에 사용되는 말뭉치를 더 중요하게 여긴다. 그래서 담화상의 통계를 이용하여 문제를 해결하고자 할 뿐 아니라 연구의 수행 과정에서도 말뭉치의 문체 차이를 엄격하게 처리한다. 제1장과 제2장 모두 상당히 수준 높은 중국어 연구 성과들을 풍부하게 제시하기 때문에 인지언어학과 기능언어학의 토대로서 손색이 없다. 제1장은 저자 스스로의 대량의 성과 뿐 아니라 張敏을 비롯한 기타 학자들의 연구를 포함하여 인지언어학의 기본 개념 대부분이 중국어와의 접목을 통해 연구되었음을 말해준다. 또한 제2장에서는 T. Givón, S. Thompson을 비롯한 국외 기능주의 주요 학자들의 뛰어난 성과 뿐 아니라 중국 내외의 이 분야 중국어 연구 성과들을 소개하고 있다. 예를 들어 행위자나 수동자 등의 의미역 부류가 갖는 화용 특징, 담화 속 논항 구조의 유연성 등등이다. 제1장과 제2장은 인지언어학과 기능언어학이 중국어 연구를 활성화할 뿐 아니라 그 자체의 적용 가치 또한 매우 높음을 분명히 보여준다.

方梅가 제3장에서 다루는 텍스트 문법 역시 미국 서부의 기능주의 학파 이론이다. 따라서 저자는 언어 철학에 대한 논의의 중복 없이 곧바로 본론에 돌입하여, 연구의 대상과 방법의 특징을 논의할 수 있었다. 텍스트 문법은 기능 문법의 특징이 가장 잘 드러나는 분야로, 실제로 이루어지는 담화를 통해 문법을 연구하는 것이 커다란 장점이다. 그러나 중국 학계에서는 아직 이 분야가 낯설기 때문에 담화 분석이나 대화 분석과 혼동하는 경우도 간혹 있다. 이들 모두 실제 담화에 기반을 두는 것은 사실이나 추구하는 바가 다르다. 담화 분석이나 대화 분석은 담화 자체 조직 구조의 규칙을 찾아내는 데에 목표를 두는 것에 반해 텍스트 문법은 텍스트 내에서의 문법 유래를 찾고 발견하여, 그 현상들을 해석하는 것으로(이를 '창발문법[浮现语法, emergent grammar]'이라고도 하는데, 화자들이 가장 사용하는 것이 문법으로 코드화된다는 의미이다), 텍스트 문법은 분명히 문법 연구에 목적을 두고 있다. 중국에서 전문적으로 담화 문법 연구를 수행하는 학자가 매우 적음에도 불구하고 다행스럽게도 이 분야에서 뛰어난 성과를 보이는 학자를 제3장의 저자로 섭외하였다. 언어 재료의 진실성 추구, 맥락의 중시, 문체 분류의 중시(구어체 중에서도 독백이나 대화와 같은 구별은 매우 중요하기 때문이다), 정보 구조의 중시 및 체계적 분석, 사용 빈도의 중시, 공시적인 문법화 주시 등등 저자는 독자들에게 텍스트 문법의 독특한 매력을 느끼게 해줄 것이다. 또한 중국어의 지시 성분의 분류와 선택, 몇몇 통사 성분의 기능과 통사 구조의 빈도, 심지어 상당히 많은 어휘화 구조의 유래에 이르기까지 공시적이거나 통시적인 통사 범주에 속한 현상들 모두 텍스트 문법을 통해 근원과 정확한 유래를 찾아낼 수 있다.

Chomsky의 생성문법이 주축을 이루는 형식문법은 통사, 음성, 의미, 화용 등의 다양한 하위 분야를 포괄한다. 이 책에서는 沈阳의 제4장과 邓思颖의 제5장이 통사와 관련한 형식문법에 해당하는 부분으로서 제4장에서는 1980년대의 생성문법이론인 '지배 결속 이론'(GB이론)을, 제5장에서는 1990년대의 생성문법인 '최소주의'를 다루고 있다. 양자는 분명 차이는 있지만 본질적으로는 동일한 이론을 다루고 있고 기본 이념과 추구하는 바가 같다. 단지 시기와 단계가 다른 두 버전에 불과하다. 두 저자는 서로 다른 각도와 방식으로 논의를 전개하고 있으나 선천적인 언어 능력, 보편문법, 통사의 자립성, 형식화된 표현 등이 생성문법에서 일관적으로 중시하고 추구하는 이념임을 공통적으로 알 수 있다. 상이한 시기로 인해 발생하는 차이는 기껏해야 이 목표들을 실현하기 위한 세부 경로일 뿐이다.

沈阳의 제4장에서는 공범주, 이동, 의미역, 공지시 결속 등 중국어의 중요한 통사 문제들을 GB이론의 원리로 규명하는 데에 초점을 맞추고 있다. Chomsky의 이론은 1960년대에 중국에 간략하게 소개되기 시작하여 1980년대 이후부터 많은 저서들이 번역을 통해 소개되었다. 이와 같이 Chomsky 이론이 중국에 소개된 지 거의 반세기가 되어 가지만 최소한 중문학계에서는 생성문법을 중국어 연구에 일관적으로 적용해온 학자들이 여전히 많지 않다. 이것은 아마도 중국어 문법의 어떤 특징들이 생성문법의 틀에 온전히 맞추기는 어려운 점과 관계가 있을 것이다. 그런 점에서 볼 때 沈阳은 이 방면에서 가히 소신을 가지고 어려움에 맞선 학자라고 말할 수 있다. 이 장에서는 바로 이 분야에서 그가 거둔 연구 성과에 초점을 맞추었다. GB이론을 중국어 현상에 적용하는 연구의 경우 해외의 중국어 생성문법 연구 방법과 반드시 일치하지는 않는다. 중요한 것은 중국어 현상이 기존의 GB이론에 부합하도록 만드는 것이 아니라 관련 이론을 적용하여 중국어 현상을 최대한도로 발굴해내는 것이다. 예를 들어 공 범주 이론을 통해 중국어 공범주의 종류와 출현 규칙을 발굴하는 것이 이에 해당한다. 현상과 이론이 완벽하게 부합하기 어려운 경우에는 기존의 틀에 약 간의 조정을 가하거나 심지어 핵심적인 규칙을 수정하였다. 예를 들어 주술일 치관계나 동목교착관계가 결핍된 중국어에서 동사의 원형 구조를 확정하기 위 해 '삼원칙'을 제기하거나 '동사결합구조'에 대해서 논항 외적으로 '의미역' 개 념을 추가(2항2의미역 동사, 2항多의미역 동사 등)하기도 한다. 심지어 중국어 의 몇몇 구문들을 규명하기 위해 제기된 후향 이동이라는 이 원리는 생성문법 에서 통상적으로 수용되지 않는 통사 조작이다. 이와 같은 '중국어 맞춤형' 처 리 방식이 바람직한 것인지의 여부는 전문가와 독자들이 얼마든지 논의할 가치 가 있다. 왜냐하면 이것은 이론이나 방법론의 체계성을 어떻게 처리할 것인가, 그리고 언어현상을 어떻게 존중할 것인가 등과 같이 훨씬 더 본질적인 문제들 과 관련되어 있기 때문이다.

邓思颖의 제5장에서는 기존의 모형(특히 '원리와 매개변인 이론')과 차별되 는 '최소주의'만의 새로운 개념과 새로운 처리 방식 중 일부를 중점적으로 다 룬다. 뿐만 아니라 제5장은 새로운 처리 방식이 중국어 연구를 견인하는 측면도 논의하기 때문에 매우 선도적인 탐색이라 할 수 있다. 이 장에서는 최소주의의 핵심은 '간소화(简)'에 있다고 설명한다. '간소화'의 함의는 바로 이론의 경제 성, 즉 '방법상의 경제성'과 '실체상의 경제성'이다. 즉, 최소주의에서 추구하는 '간소화'는 기존의 모형 처리 방식을 변경하는 것이 아니라 원래 있던 분석 모형에 대해 일부의 제한을 가하여 불합리한 가설과 무분별하게 반복되는 처리 과정을 줄이는 것이다. 따라서 현재의 생성문법은 어떤 것이 최소주의적이고 또 어떤 것이 지배결속이론적인지 명확하게 구분하기가 매우 어렵다. 최소주의 를 중국어에 적용하는 분석으로 저자는 크게 다음 두 가지를 소개하고 있다. 첫째는 어떤 현상들과 규칙들을 새롭게 설명하는 것인데, 예를 들어 화제화 이동 과정에 발생하는 여러 제약들(음운 제약을 포함)을 경제성의 각도에서 찾아내고 규명하는 것이 이에 해당한다. 둘째는 저자와 다른 학자가 진행한 일부 언어 간, 방언 간의 비교 연구 사례인데, 이 연구들은 최소주의에 입각한 매개변인 이론틀에서 최대한 적은 수의 매개변인으로 언어 간 방언 간의 수많은 통사 차이를 체계적으로 규명한다. 예를 들어, 서로 다른 방언에서 절 내부의 어순 차이를 규명하는 것인데, 이와 같이 최소주의 이론을 통해 소수의 규칙으로 다수의 현상을 설명하는 효과를 거둘 수 있다.

李宝论과 潘海华가 공동으로 집필한 제6장은 형식의미론의 한 새로운 분석이론, 즉 사건기반 의미론을 소개한다. 형식의미론은 형식문법 중 의미론의 한 갈래로서 통사와 관련된 의미 문제에 초점을 두고 수리논리의 형식적인 분석을 통해 통사 구조의 의미 자질과 의미 관계를 그려낸다. 이로써 통사 자체의 연구를 심화하는 반사 이익을 얻을 수 있다. 潘海华는 2005년에 이미 蒋严과 함께 형식의미론 전반에 대한 개론서를 출간하였는데 이 장은 그 저서에서 상세히 다루지 못한 사건기반 의미론을 중점적으로 다루고 있다. '사건'은 지금까지 중국어학계에서 공식적인 언어학 술어로 간주되지 않았으나 최근 들어 사건유형에 대해 관심을 갖는 중국어 문법 연구서들이 특히 상, 구문 등의 영역에서 등장하고 있다. 왜냐하면 특정 등급의 문법 단위(예를 들어 동사구, 술어, 절)에서 관찰하기 어려운 많은 현상과 규칙들을 사건이라는 관점에서 보면 관찰 가능하기 때문이다. 그럼에도 불구하고 중국의 언어학계에서는 사건에 대한 관심이 아직 초보적인 수준에 불과하고, 사건기반 의미론에 대한 해외의 최신 성과와 방법론에 대해서도 아직 이해가 부족하기 때문에 사건을 형식화하여 처리하는 것에 대해서도 아직은 매우 생소하다. 제6장에서는 간결한 표현과 용례로 독자들에게 형식학파의 사건기반 의미론의 최신 성과에 대해 소개한다. 특히 술어의 논항 구조에 '사건논항'을 첨가하는 것과 사건논항과 기타 논항 또는 비논항수식어와의 관계를 상이한 방식으로 처리하는 것은 술어와 절의 의미 관계에 대한 형식화 처리의 핵심적인 진전으로서, 예를 들면 사동구조, 상 연산자, 지각보고 등의 문법 현상에 대한 연구의 진전을 가져왔다. 제6장의 두 저자는 이러한 새로운 방법론을 도입하여 중국어 현상을 분석하고 규명하는 데 노력을 아끼지 않았다. 그럼에도 불구하고 이 최신 이론은 아직까지 중국어학계에서는 상당히 생소하다. 때문에 이 이론을 중국어 현상 규명에 적용하여 실질적 성과를 거두기까지는 시간이 조금 더 필요할 것이다. 저자 또한 장의 말미를 빌어 이러한 바람을 전하고 있다.

蔣嚴이 집필한 제7장은 형식화용론을 소개하는 부분으로서 최근에 새롭게 대두되고 있는 '외축론'과 이 학설이 중국어의 결합가문법 연구에 어떤 긍정적인 영향을 미치는가를 중점적으로 다루고 있다. 화용론은 젊은 학문이다. 간혹 '화용'이라는 이 말이 너무 유연하게 사용되는 경향이 있다. 마치 문법 연구의 잡동사니 상자인 듯 통사적으로 명확하게 설명하지 못하는 현상들을 이곳으로 던져버리고는 '화용'의 명확한 규칙을 제시하지 않고 단지 특정한 담화환경에 나타난 특정한 의미에 대해 가끔 몇 마디 해석을 할 뿐이다. 그러나 蔣嚴이 소개한 내용에서 보여주듯이 화용 층위의 현상도 체계적으로 분석하고 귀납할 수 있으며 심지어 '형식화용론'과 같이 형식화도 가능하다. '외축론'은 화용론의 대가인 Grice의 대화이론 및 그 뒤를 잇는 '신Grice학파(Neo-Gricean)'에 대한 '후기Grice학파(Post-Gricean)'내 적합성이론 학자들의 도전이다. Grice 일파의 최대 관심사는 '직접의미'와 '함축'(혹은 함의)의 구별이다. 그러나 적합성이론에 따르면 직접진술문에도 발화되지 않았지만 추론 확장에 의해 명시될 수 있는 의미, 즉 외축이 매우 많다. 저자는 외축의 특징과 종류를 소개하고 외축과 원문 간의 다양한 논리 관계와 형식화 표현에 대해 분석한다. 이후 이 장에서는 중국어의 결합가 연구 성과를 외축이론과 접목한다. 중국어에는 결합가는 존재하나 구현되지 않은 '잠재적 결합가'를 포함한 문장이 적지 않다. 이러한 잠재적 결합가를 외축으로 의미보충하는 과정이 바로 '명시'다. 명시는 '화용결합가'라고도 부르는데 초점화와 화제화 또한 이 프레임에서는 항상 명시의 보좌 수단으로 작용한다. 즉, 화제나 초점 위치는 논항위치 부족으로 필수 논항위치로 밀려난 성분들을 배치하는 데 사용될 수 있다. (이것은 제4장의 '동사결합구조'에 속하므로 독자는 두 가지 분석법의 특성을 비교할 수 있다.) '외축'이론과 중국어 결합가 연구의 접목은 저자의 풍부한 창의력이 돋보이는 최신 이론 성격의 논의로서 주목할 만한 가치가 매우 높다.

袁毓林이 집필한 제8장에서는 인지과학의 발달이 어떻게 중국어 연구를 촉진시키고 나아가 중국어의 컴퓨터 처리에 어떻게 기여했는지를 분석한다. 이 장에서는 인지과학의 여러 영역의 핵심적인 내용들을 간명하게 소개하고 있는데 이것은 일반적인 언어학 저서에서 흔히 접하기 어려울 뿐 아니라 인지과학 전문서에서는 방대하고 복잡하게 다루어지는 내용이다. 저자는 언어학 연구자들이 쉽게 이해할 수 있도록 뚜렷한 방향성을 가지고 관련 지식들을 소개하고 있다. 저자는 신체 기관인 대뇌와 인간의 능력인 '정신' 사이에 존재하는 엄청난 틈을 매우기 위해 '인지'라는 매개 층위가 설정되었으며 이로써 영상, 도식, 범주, 원형, 명제, 스크립트, 네트워크 등의 인지 구조와 기억, 기호, 검색, 사유, 개념 형식, 확산 활동, 기본 값 추론, 은유 투사, 언어 이해 등의 인지 과정을 해석한다고 말하고 있다. 또한 저자는 인지와 전산 처리, 그리고 인지와 컴퓨터 응용 간의 소통과 더불어 다른 한 편으로는 인지와 언어, 인지와 언어 연구 간의 소통을 통해 언어와 컴퓨터 처리의 매개자로서의 인지의 역할을 다시 한 번 설명하였다. 저자는 공범주를 예로 들어 다양한 각도의 인지적 실험을 소개함으로써 공범주라는 이 언어학 개념의 존재와 인간의 언어에서 공범주가 어떻게 처리되는지를 논증하였다. 그리고 나서 저자는 초점을 전산 처리로 옮겨 컴퓨터가 인간의 인지를 모방하는 데 있어서 언어학이 어떻게 기여할 수 있는지, 전산언어학이 어떻게 언어학의 성과를 응용해야 하는지에 대해 실례를 들어 설명하였다. 이 장의 내용은 결코 기존에 중국 안팎에서 거론되는 어떤 단일한 이론 프레임에 직접적으로 관련된 것이 아니다. 이 장에서 소개하는 내용은 저자가 여러 분야를 아울러 통합적으로 귀납해낸 성과로서 바로 이 점이 본 장의 특징이다. 또한 저자는 장 말미에 이 분야의 연구를 수행하는 데 필요한 학술적인 예비지식을 제시했는데 이것 역시 매우 실용적인 가치를 갖는다.

본인이 집필한 제9장에서는 범언어적 연구를 특징으로 하는 언어유형론이 중국어 연구와 어떤 관계를 맺는지에 관해 논의한다. 언어유형론은 일반적으로 기능주의로 분류되며 적지 않은 기능주의자들이 유형론 연구에 종사하는 것도 사실이다. 하지만 저명한 유형론자들은 결코 기능주의처럼 형식주의와 대립된 입장을 취하지 않을 뿐 아니라(예를 들어 John Hawkins) 일부 형식주의자들은 대대적인 유형론 연구를 수행하기도 한다(예를 들어 Ken Hale). 따라서 본인은 유형론이 훨씬 더 자생적인 패러다임 성격의 이론과 방법론을 지닌 분야이기 때문에 형식과 기능 두 학파와는 별개의 학파라고 생각한다. 본인의 『语序类型学与介词理论』이 얼마 전에 출판되어 이 분야, 특히 어순유형론에 대해서는 해당 저서에 기본적으로 소개해 놓았기 때문에 이 장에서는 방법론과 적용에 초점을 맞춰 유형론을 소개함으로써 해당 저서와의 중복을 피하고자 한다. 또한 이 장에서는 해당 저서에서 충분히 언급되지 않았거나 체계적으로 다루지 못한 부분인 주제 선정, 언어 자료 선택, 비교, 귀납, 서술, 해석 등의 연구 순서에 대하여 하나씩 소개하기로 한다. 이어서 본인은 유형론을 중국어 연구와 접목시켜 성과를 보인 연구 사례 및 광범위한 전망을 논함으로써 유형론이 중국어 연구 발전에 기여하는 바를 강조함과 동시에 중국어 연구가 유형론이 이상적으로 발전하는 데 기여할 수 있다는 사실도 강조한다. 이 장에서는 앞의 저서에서 언급되지 않았거나 충분히 논의되지 못한 과제나 성과들인 품사(특히 형용사 문제), 형태 범주, 부사어 어순, 관계절화 구조와 차등비교구문 등에 관하여 주로 논의한다.

문법화는 현재 중국 내 중국 언어학계에서 주목받고 있는 영역이다. 沈家煊, 孙朝奋 등이 관련 이론과 저서를 소개하던 초창기에는 중국어의 문법화 연구가 아주 미미했다. 그러나 현재는 '이론'적인 부분을 중국 내의 연구와 이상적으로 접목시킬 수 있는 환경이 조성되었다. 그리고 吳福祥이 집필한 제10장이 마침 적절한 시기에 그 역할을 담당해주고 있다. 문법화 연구의 주요 대상은 문법의 역사적 변천 양상이다. 그렇다고 해서 문법화가 문법의 역사적 변천 양상을 연구하는 유일한 방법인 것은 결코 아니므로, 당대의 역사통사론에 해당하는 일부 영역도 이 장의 논의 범주에 포함된다. 이 장에서는 다음과 같은 문법화와 역사통사론의 차이를 보여주고 있다. 우선, 문법화 이론은 문법/통사의 비자립성 강조, 통사에 대한 인지·발화·화용의 역할 중시, 원형범주론, 공시와 통시의 관계 등과 같은 기능 문법의 색채를 지니고 있다. 그에 반해 역사통사론은 독립적인 학문 분야로서 개념이나 방법론 측면에서 문법화와는 다른 형식과 기능을 갖는다. 전자는 주로 (생득적인) 보편문법과 언어습득의 각도에서 통사의 역사적 변천 양상을 해석하기 위해 고민하고, 후자는 주로 '자료구동'적 것과 언어의 응용 측면으로부터 통사의 역사적 발전 현상을 고찰한다. 이외에 이 두 학파와 또 다른 분야로서 범언어 간 비교에 기반한 언어유형론도 있다. 이 장의 내용은 상당히 체계적일 뿐 아니라 중국어 연구 현황에 초점을 두어 핵심적인 내용을 부각시킨다. 예를 들어 '了'의 허화와 연계시켜 문법창조(변천의 발생)와 문법변천(변천의 발생·진행·확산·완성 포함)의 차이를 강조하거나 언어접촉이 언어변천에 미치는 영향에 대한 사례기반분석, 언어의 보편성과 방언의 비교라는 각도에서 언어변천의 유형적 특징을 귀납하는 것 등이 여기에 해당한다.

이상의 장들에서는 넓은 의미에서 '문법' 문제를 다루었는데 이후의 다섯 장에서는 넓은 의미의 '음성' 문제를 다룬다. 현재의 국제적인 술어 사용의 흐름을 살펴보면 '음성학(phonetics)'은 실제로 실험음성학을 가리킨다. 왜냐하면 발음이나 청각을 비롯한 음성 연구에서 실험이 배제된 분석은 이미 사라졌기 때문이다. 따라서 실제로는 '실험'이라는 두 글자를 추가할 필요가 없게 된 것이다. 그러나 중국의 '음성' 연구는 여전히 원래의 연구 경향을 유지하고 있어서 실험을 통해 물리적이거나 생리적인 속성을 검증하는 데 편중된 실험음성학과 완전히 일치하지는 않는다. 이 때문에 朱曉農이 집필한 제11장의 제목에 '실험음성학'이라고 분명하게 제시한다. 음소와 음계의 구조 및 체계의 속성을 중점적으로 논의하는 분야는 국제적으로 'phonology'로 명명되지만 이 책에서는 통상적인 경향에 근거하여 '음계론'으로 칭하기로 한다. 王洪君과 蔣平이 집필한 두 장 모두 이 분야에 해당한다. 실제로 상당히 많은 학자들(제11장의 저자 朱曉農을 포함하여)이 'phonology'(공시적이든 통시적이든 상관없이)를 '음운론'이라고 부르는데 이것은 분명히 장점이 있다. 예를 들어 특정 언어 내부의 어떤 한 음운이 갖는 'phonological feature' 또는 해당 규칙의 'phonological constraint'에 대해 이것을 '음계자질' 또는 '음계 제약'이라고 명명하는 것보다 '음운 속성', '음운 제약'이라고 명명하는 것이 더 적절하다. 그러나 '음운'이 중국어학계에서 높은 위상을 지니고 있는 점을 고려하여 일단 '음운'이라는 술어를 통시적 연구의 영역으로 남겨두고자 하는데 이 책에서는

麦耘이 제14장에서 바로 이 부분을 논의하고 있다. 謝留文이 집필한 제15장은 본질적으로 방언 연구의 역사층위 분석법에 관한 내용이지만 음성/음운의 역사 층위에 초점을 맞추고 있기 때문에 이 역시 넓은 의미의 음성 연구에 해당한다.

실험음성학은 오랜 기간 동안 대다수의 언어학자들이 높은 관심을 보여온 분야의 주위를 맴돌았다. 현재에는 여건이 개선되어 상당히 많은 언어학 연구 기관에서 '건축 시공'에 음성 실험실 구축 비용을 잊지 않았다. 그러나 사람들이 실험음성학과 언어학 내 기타 제반 분야의 상관관계를 잘 이해하고 있는지의 여부는 여전히 의문이 남는다. 朱曉農이 집필한 제11장의 주요 내용은 바로 이 물음과 관련하여 사례를 통해 해답을 제시한다. 예를 들어 일부 음성들의 공시적인 변이나 통시적인 변천 양상의 경우 음계 규칙이나 공식으로 그려낸다 해도 이것은 본질적으로 기술이지 규명은 아니다. 그에 반해 음성 실험은 오히려 이러한 변화를 야기하는 메커니즘을 명료하게 규명해낼 수 있으며 특히 언어 간에 존재하는 몇몇 공통점들, 경향 그리고 연구개유성파열음에 흔히 보이는 빈자리와 상고 群母 [g]홍음자가 중고匣母에 통합되는 현상과 같이 불규칙적인 통시적 현상들을 일관적으로 규명하는 데 사용할 수 있다. 또한 이 장은 근래 들어 실험음성학이 발전함에 따라 음성학 술어 체계를 재정비할 필요성이 대두되었음을 설명하면서 술어의 재정비 작업이 중국어의 음성 지식을 심화하는 데 미치는 지대한 역할을 보여주는 것도 또 다른 한 축을 이룬다. 이 장에서 저자의 창의력이 가장 빛나는 부분은 바로 Ohala의 방법론을 적용한 것이다. 저자는 실험음성학에서 도출해낸 규칙으로 중국어의 통시적 음성 변화에 대한 현상과 규칙 일부를 재구해낸 것이다. 이 외에도 방언학과 형태 의미에 대한 실험음성학의 기여 또한 새로운 의미를 높게 부여할 수 있다(후자는 실제로 '소리-의미' 관계의 차원에서 인지언어학이 강조하는 언어의 도상성을 반영한다).

王洪君이 집필한 제12장은 생성음운론에 대해 논한다. 이 이론은 생성문법의 원리가 음운론에서 이루어낸 성과이다. 생성음운론은 전통적인 생성음운론과 비선형음운론의 두 단계를 거쳐왔으며, 오늘날의 음운론은 최적성 이론의 시대로 들어섰다고 볼 수 있다. 그럼에도 저자는 생성음운론이 여전히 중요한 학술적 가치를 지닌다고 지적한다. 이 장을 편성한 이유가 바로 여기에 있다. 중국어에 있어 생성음운론의 연구 성과는 풍부한 편이다. 이 장에서는 관련 이론이나 방법론의 소개와 중국어의 분석이 함께 다루어지는 가운데, 생성음운론의 프레임이 중국어 현상과 규칙을 규명하는 데 어떻게 기여하였고 또 수정이나 보완이 요구되는 관점들은 무엇인지를 피력한다. 예를 들어 생성음운론은 음운 자체의 층위 및 음운과 형태·통사의 접점 구별에 초점을 두는데, 이로써 표준중국어의 중모음 음소와 권설음화운 등에 대한 복잡하고도 다양한 의견들을 통일된 관점으로 간단하게 처리해낼 수 있다. 또한 표면구조와 구별되는 기저음운구조는 역사음운과 방언의 관계를 훨씬 효과적으로 구현해낼 수 있다. 저자는 또한 운율형판설과 운율계층설을 통해 도출된 중국어 음운 연구의 주요 성과들을 소개하고 평가하였다. 여기에는 저자와 張洪明 등이 운율단어의 중추적 역할인 보편성에 대해 제기한 문제점과 이에 따른 수정방안도 포함되어 있는데, 저자는 중국어에 있어서 운율음절이라는 단위가 중요하다는 것을 강조한다. 저자는 또한 방언에 따라 나타나는 다양한 성조연성 범위와 관련한 陳淵泉의 연구성과도 소개하였으며, 음운론의 관점에서 음성에 대해 음향학적인 분류와 생리학적인 분류, 음성자질의 이분법적 분류와 비(非)이분법적 분류가 갖는 각자의 역할 및 장단점 비교하여 설명하였다.

蔣平이 집필한 제13장은 생성음운론으로부터 발전한 새로운 이론 모형인 최적성 이론을 다루고 있다. 최적성 이론은 형식언어학에 기반하며, 주요 논의 대상은 음운론이지만 형태론과 통사론 등의 영역으로 방법론이 확대되고 있다. 이 장을 정독하면 최적성 이론은 형식화와 규칙화 과정에 있어 형식언어학을 따르는 동시에, 이론적 개념과 방법론은 언어유형론의 원리나 방법론적 특징과 성과를 적지 않게 접목시키고 있음을 쉽게 이해할 수 있다. 최적성 이론의 출력 제약은 생성음운론의 생성규칙과 같이 이분법적이며 위배 불가능한 것이 아니다. 모든 제약은 위배 가능하며 언어 간 차이는 서로 다른 제약조건의 위계에 있을 뿐이다. 따라서 최적성 이론은 언어 유형 차이, 즉 제약조건은 인류언어의 보편성이며 제약조건의 위계는 언어마다 다르다는 사실을 효과적으로 설명한다. 제약의 위배 가능성과 제약 위계의 조정 가능성은 최적성 이론의 유연성을 보여주는 듯하다. 그러나 이 유연성은 다른 측면에서 경직성을 가져온다. 즉, 출력형 후보들 가운데 적법한 형태로 평가되지 않은 모든 후보는 '치명적' 위배를 한 것으로 간주된다. 또한 모든 제약 조건은 '음절은 자음으로 시작해야 한다' 또는 '음절은 말음이 있어서는 안 된다'와 같은 강한 명령문과 금지문으로 표현되므로, 제약 조건을 수반한다거나 경향성을 띤다거나 하는 표현은 배제한다. 형식, 기능, 유형론 연구자들은 이와 같은 최적성 이론의 특징에 주의할 필요가 있다. 이 장은 표준중국어 3성 변조 분석 등을 통하여 최적성 이론의 적용 방법을 제시하며, 광저우(广州)방언 어휘에 나타나는 음운 변화, 차용어의 음운 규칙, 형태 중첩의 음운 규칙 등을 분석한다. 이어 관련 성과를 간략하게 소개함으로써 최적성 이론의 광범위한 응용 가능성과 전망을 보여준다.

중국-티베트어 역사비교언어학은 큰 영역의 학문분야로, 마이원이 저술한 제14장에서는 이 학문분야의 중국어 상고음운 연구에서의 작용에 대해 집중 토론했다. 본 장에서 제시한 바와 같이 중국어 역사음운연구는 중고음 이후에는 문헌과 현대방언비교라는 두 다리에 의존해서 길을 걸어 나아갈 수 있었으나, 상고음 연구에서는 방언비교에 의존할 수 있는 면이 너무 희소하여, 오랫동안 주로 문헌이라는 다리에만 의존했기 때문에, 수많은 문제들이 한쪽 다리만 가지고는 해결할 수 있는 희망이 없었다. 따라서 저자는 논리와 학술이론의 각도에서 중국-티베트어 비교의 시야로 진입하고 있는 합리성과 필요성을 논증했으며, 일부 사람들의 이 연구영역과 패러다임에 대한 의심(예를 들어, 서로 다른 시기의 자료에 대한 비교가 가능한지, 언어의 동원관계와 동원사 대응관계에 대해 순환논증이라는 인식 등)에 대해 구체적으로 대답을 했다. 중국-티베트어 분화가 오랜 시간이 지난 점과 한자가 표음문자가 아니라는 성질을 고려하여, 저자는 이 탐색의 어려움과 가설적인 성격을 절대 낮게 평가한 적이 없다. 다만 본 장에서는 회고, 예시, 분석을 통해, 중국-티베트어 비교 자체와 이와 같은 비교와 중국어 상고음의 분류하고 계발한 후 얻은 이 방면의 성과는 이미 사람들로 하여금 상고음의 음운유형과 음가에 대해, 상대적으로 확실하고 구체적이며 신뢰도가 높다는 인식을 가지게 되었다. 또한 개수(5~6개)와 음가가 거의 유사한 모음체계, Cl/Cr의 복성모(C는 자음을 대표함)의 존재, 2등운에서 l/r류

개음 포함, s-접두사의 사동용법과 고정 형식이 된 후의 음운 표현 등에서 몇몇 학계 동료들과 중요한 공감대를 형성했다. 저자는 냉정하고 객관적이며 구체적으로 현재의 연구에서 다방면의 부족한 부분을 지적했는데, 예를 들어 거성이 -s 운미를 가질 때 풀어야할 문제들, 어떤 형태 재구에 있어 상응하는 의미상의 해석이 결여된 점 등이다. 또한 향후 보강해야하는 것에 대해서도 언급했는데, 예를 들어 소위 "관계사"의 구분(동원사인지? 차사인지?), 중국-티베트어 각 언어의 어음, 형태적 유형학 연구, 소수민족언어 학계와 중국어사 학계 간의 교류 등이다.

　이 책의 다른 여러 장들과는 달리 謝留文이 쓴 제15장에서 논의된 '역사층위 분석법'은 주로 한어 방언 연구 중에서 발전하기 시작한 일종의 새로운 학설로, 이것은 많은 방언 학자들 사이에서 공통된 연구 방향이 되고 있으며, 또한 언어와 관계된 일반 이론에서 공헌을 할 수 있을 것으로 기대되고 있다. 왜냐하면 복잡한 층위 현상은 언어 분화와 소리 변화 등 역사 비교 언어학의 고유한 연구 방향으로 분석하고 해석할 도리가 없기 때문이다. 이 장에서는 간략하게 이 분석법의 역사적인 유래를 거슬러 올라간다. 趙元任, 罗常陪를 선두로 문백이독에 대하여 주목하였고, 罗杰瑞(Jerry Norman)에 이르러 상당히 일찍이 '층위'라는 단어를 사용하여서 민 방언 속의 복잡한 상황을 분석하였으며, 潘悟云에 이르러서는 '역사층위 분석법'이라는 개념을 제안해 내어 더 많은 학자들과 사실과 이론이라는 두 방면에서 층위에 대한 인식을 더욱 심화시켰다. 본 장에서는 여러 학자들의 주장을 종합하고 王福堂의 정의를 참조하여서 층위를 동원층위(방언 속의 지체층과 음변층 등)과 이원층위(공통어나 또는 외래 방언의 기저층 등 외래 층위)의 두 부류를 나누는 동시에 층위 문제에 속하지 않는 이독현상(동형이독, 훈독, 오독, 피휘)은 배제하였다. 이 장에서 동원층위, 이원층위(기저층 포함), 두 층위의 병존, 접촉이 층위에 미치는 영향 등의 방면에 있어서 모두 도움이 될 만한 연구들을 소개하였다. 작자는 층위 분석의 방법적 특징을 총괄하며, 이것의 제한도 분석하고, 층위 분석법의 폭넓은 응용 가능성도 전망하였다.

　중국에서는 방언학과 사회언어학이 두 개의 학문 분야로 여겨져 왔다. 하지만 游汝杰는 제16장에서 두 분야에 내재된 통일성을 부각시키는 데 주력하며 사회언어학의 새로운 패러다임을 통한 중국어 방언학의 발전을 기대하고 있다. 저자는 유럽·미국·중국 방언학의 발전사와 사회언어학의 정립 과정을 각각 기술하면서, 유럽 역사비교언어학의 탄생 배경과 방언지리학적 특성, 미국 구조주의 기술언어학파의 탄생, 중국 기술언어학파에 음운학(특히『切韵音系』)이 합류하게 된 배경 등, 이들 세 지역 방언학의 연원적 특징들을 지적한다. 또한 저자는 기술언어학과 사회언어학의 비교를 토대로, 계층별 무작위추출 조사나 통계 및 정량분석 등과 같이, 사회언어학이 기술방언학과 구별되는 방법론적 특징들을 예를 들어 소개한다. 그와 동시에, 방언 전체가 단일 화자에 의해 대표되는 것으로는 방언 내부에 실존하는 커다란 차이들을 반영하지 못한다는 현행 방언학 조사 방법의 한계점도 분석한다. 저자가 더욱 강조하는 것은 방언학과 사회언어학이 연구 대상과 궁극적 목표 — 인류 언어 변천의 기제를 밝힌다 — 상에서 보이는 일치성이다. 이로써 저자는 사회언어학의 패러다임을 중국어 방언학 발전의 새로운 계기로 삼을 것을 주장한다. 그러면서, 중국어 방언의 존재 양상이 유럽이나 미국과 현저하게 다르므로, 중국어 방언학의 새로운 전기로서 사회언어학이 발전하는 데는 그것만의 역점 대상도 요구되지만 방언학의 토대로서 기술방언학 역시도 여전히 지속적인 존재의 필요성을 갖는다고 언급한다.

앞에서도 소개했듯이 이 책은 많은 학문 분야를 아우르는 저서다. 그럼에도 불구하고 단기간에 완성해낼 수 있었던 것은 전적으로 저자들의 전력투구 덕분이다. 그리고 이러한 전력투구를 가능하게 만든 원동력은 바로 중국언어학을 조속히 발전시켜야 한다는 저자들의 책임감이다. 장절과 장절의 풍격이 균형을 이루고 이 책의 집필 취지에 부합하며 독자들의 만족도를 한 층 더 높이기 위해 저자들과 편집자 간의 이상적인 공조가 이루어졌다. 그리하여 수차례의 수정과 보완을 거친 장이 적지 않을 뿐 아니라 심지어 일부 저자들은 원고를 제출한 후에도 스스로 내용, 소재, 인용, 구조, 표현, 체재 등에 대해 반복적인 수정을 가하면서 완성도를 높이기 위해 끊임없이 '쇄신'하였다. 이에 본인은 주편으로서 감동을 금할 수 없었다. 일부 장절들은 사전에 단독으로 발표되어 이 책의 출간을 예고하였으나 대부분의 장은 기본적으로 처음 발표되기 때문에 이 책은 전반적으로 독창성을 지니고 있다. 비록 다루는 분야가 광범위하고 내용도 선도적이며 집필과 편집 기간이 부족한 것은 사실이지만 학계의 바람을 고려하면 우리는 정해진 시간 내에 퇴고 작업을 마쳐야 했다. 따라서 이 책의 부족한 점에 대해 중국 안팎의 전문가들과 수많은 독자들의 아낌없는 가르침을 간절히 청하며 이에 대해 본인과 저자들 모두 무한한 감동을 느낄 것이다.

이 책의 발간을 맞이하여 특히 陆俭明, 沈家煊 두 분께 감사를 드린다. 칠순의 陆俭明 선생님께서는 새로운 언어학의 이론과 방법론을 소개하고 응용하는 이 작업을 처음부터 끝까지 열린 마음으로 지지를 보내주셨다. 선생님께서는 이 책의 기획 초기 단계에 큰 힘을 실어주셨을 뿐 아니라 이 책이 완성된 후에도 서문 작업을 흔쾌히 수락해주었다. 沈家煊 선생님께서는 上海教育出版社에서 기획한 『最新西方语言学理论译介丛书』의 주편으로서 이 책의 발간 기획을 적극적으로 지지해주셨을 뿐 아니라 친히 제1장을 집필해주신 덕분에 이 책이 더욱 빛을 발한다. 上海教育出版社의 梁玉玲 총괄책임은 이 책이 편집과 출판 전 과정에 걸쳐 노고를 아끼지 않았으며 陈玉洁 박사과정생도 번잡한 참고문헌들을 정리하고 대조하는 작업을 책임져주었다. 또한 이 책은 중국사회과학재단지원사업(国家社科基金重点项目; 03AYY002)에 선정되어 발간에 필요한 재원을 확보한다. 이 자리를 빌어 이 책의 발간을 위해 애써주신 모든 분들께 깊이 감사드린다.

이 책은 중국 언어학이 안정적이고 지속적으로 발전하는 데 일조하기를 바랄 뿐 결코 '유방백세'를 꿈꾸지는 않는다. 이 책에서 말하는 '최신 이론' 대부분이 이미 중국 학계의 상식으로 정착했거나 아니면 더 이상적인 이론과 방법론(중국학자가 제기한 이론이나 방법론 포함)으로 대체되는 그 순간 이 책은 조용히 물러날 것이다. 그 순간이 오기를 기대한다.

제1장 인지언어학과 중국어 연구

1. 생성의미론에서 인지의미론까지

인지언어학은 생성언어학과는 대립적인 입장을 취한다. 인지언어학이 대두되기 전에 생성언어학자 중 일부가 생성의미론(Generative Semantics)을 제기한 바 있다. 이들은 문장의 표면 형식의 기저에는 통사 구조가 아닌 의미 구조의 층위가 존재한다고 생각했다. 의미 구조는 행위자, 수동자, 경험자, 도구, 목적 등과 같은 의미역이나 의미격을 포함하고 있다. 그러나 의미격의 수량을 산출하는 데 있어서는 학자들 사이에 의견이 분분하다. 사실상 의미격을 분류하는 것 자체가 지나치게 임의적이다. 그 때문에 C. Fillmore조차도 결국 자신의 '격문법'을 포기할 수밖에 없었다. 생성의미론이 도입했었던 전통적인 의미성분분석법 역시 비판을 받았다. 예들 들어, 영어의 동사 'kill'의 의미를 'cause to become not alive'와 같이 분해하는 상황을 생각해보자. 그렇다면 'I almost killed him'이라는 문장은 부사 'almost'가 의미 구조에서 어느 위치에 출현하는가에 따라 아래의 (1)[1]과 같이 다양한 해석을 갖는다.

---

[1] 역주: 원문에는 번호가 표기되지 않은 예시 부분이 존재하나 본 번역문에서는 이들에 대해서도 번호를 부여하였다. 따라서 본 본역문의 예문 번호는 원문의 예문 번호와 일치하지 않는다. 또한 가독성을 높이기 위해 필요한 경우 내용이 왜곡되지 않는 범위에 한하여 예문의 제시 형식을 변형하였다.

(1) a. I almost caused him to become not alive.

   (그를 죽이려는 마음이 들었지만 실행에 옮기지 않았다.)

   b. I caused him almost to become not alive.

   (그에게 총을 쏘았지만 명중시키지 못했다.)

   c. I caused him to become almost not alive.

   (그를 명중시켰으나 급소를 맞히지 못했다.)

문제는 'kill'의 의미가 실제로는 'cause to become dead'와 등가를 이루지 않는다는 점이다. 예를 들어 다음과 같은 상황을 상상해보자. 내가 발코니에 화분을 놓아두었는데 바람이 세게 부는 바람에 그 화분이 떨어져 마침 그곳을 지나가던 사람이 화분에 맞아 죽었다. 이 경우에는 'I killed him'이 아니라 'I caused him to die'라고 말해야 한다.

이 문제점을 극복하기 위해 생성의미론자 중 일부가 인지의미론이라는 새로운 분야를 제기하였다. 이들은 문장의 표면적인 구조의 기처 층위가 개념 구조라고 주장하였다. 개념 구조에 포함되어 있는 개념역은 인지적으로 제한되어 있기 때문에 그 수량이 생성의미론에서 주장하는 의미격처럼 임의적이지 않다. 예를 들어 R. Langacker가 '탄도체(Trajector)'와 '지표(Landmark)'라는 두 개의 가장 기본적인 영역을 설정한 것, 그리고 L. Talmy가 '전경(Figure)'과 '배경 (Ground)'과 같이 두 개의 기본적인 영역으로 제한한 것 등이 여기에 해당한다. 다른 한 편으로 보면 개념역은 의미역보다 더 구체적이다. 예를 들어 주어 역할을 하는 탄도체(또는 전경)는 '약탈자'나 '강탈자'와 같은 구체적인 대상을 나타내기 때문에 의미역의 '행위자'처럼 개념이 모호하지 않다. 앞에서 언급한 'kill'과 'cause to become dead'라는 두 표현은 우리의 머릿속에서 각기 다른 두 개의 '영상'을 형성한다. 따라서 이들은 서로 다른 개념 구조에 속한다.

인지언어학의 기본 입장은 인지의미론에 기반을 두고 있다. 즉, 언어 표현이 객관 세계를 있는 그대로 기술하거나 대응시키는 것이 아니라, 이 둘 사이에 '인지적 구성물(Cognitive Construction)'이라는 매개 층위가 존재한다. 인간이 객관 세계에 대한 경험을 바탕으로 하여 개념과 개념 구조를 형성해나갈 수 있는 것은 바로 이 인지적 매개 층위의 덕분이다. 그러나 이와 같이 객관 세계가 인지적 매개 층위를 통해 언어 표현(Expressions)으로 투영되기 때문에 언어 표현이 객관 세계의 모습과 완벽하게 대응되는 것이 불가능하다. 이해를 돕기 위해 간단한 예를 하나 들어보자. 우리는 흔히 '담 모퉁이의 한 곳' 또는 '담 모퉁이의 안'과 같이 담 모퉁이와 관련하여 어떤 범위를 경계 짓는 언어 표현을 사용한다. 그러나 객관 세계의 담 모퉁이는 경계선을 그어 특정 범위를 확정할 수 있는 영역이 아니다. 그럼에도 불구하고 '담 모퉁이'를 '경계지어진' 개념으로 간주하는 것은 담 모퉁이를 경계가 있는 사물로 인식하는 우리의 인지 작용 때문이다. 객관 세계에 대한 우리의 이런 인지 작용을 '해석(construal)'이라고 부른다.

2. 사유는 체험에 기반을 둔다

인지언어학은 체험주의 철학에 기반을 두고 있다. 그래서 인지언어학에서는 '체험과 사유가 유기적(embodiment)'이라거나 '사유는 체험에 의존'한다고 여긴다. 이 관점을 인정한다면 인간의 (사유된 것으로서의) 개념과 사유 활동은 신체와 외부 세계의 상호 작용을 통해 이루어진다. 인간은 자신의 신체를 통해 어떤 경험을 하는 방식으로 외부 세계와 상호 작용을 하는데 이것이 바로 '체험'이다. 예를 들어 갓난아이는 호흡, 식사, 배설 등의 행위를 통해 '안'과 '밖'이라는 개념적 대립을 체험한다. 또한 갓난아이는 장난감을 쥐었다 내려놓는 신체 동작을 끊임없이 반복하면서 '제어하고' '제어당하는' 개념적 대립을 체험한다. 즉 인간의 개념 체계는 모두 지각, 신체 행위, 물질과 사회 환경에 대한 체험에서 비롯된다. '사유가 체험에 의존'한다는 말은 개념과 개념 체계의 형성이 신체 구조의 제약을 받는 것을 의미한다. 다양한 색상을 구별하는 인간의 능력이 인체의 망막이 갖는 생리적인 구조에서 비롯되는 점이 바로 그 예다.

'사유가 체험에 의존'한다는 견해는 '신체와 사유가 분리'되어 있다는 견해와 대립적이다. 후자는 인간의 개념과 사유가 신체와 외부 세계의 상호 작용과는 별개이기 때문에 신체(지각 체계와 신경 체계)에 의한 그 어떤 제약도 받지 않는다고 생각한다. 이것은 마치 컴퓨터가 추상적인 기호를 처리하는 것과 같이 인간의 개념과 사유도 논리 규칙을 통해 일련의 추상적인 기호를 처리하는 것으로 간주하는 것과 같다. 즉, '몸과 마음이 분리'되어 있다는 견해는 기호의 의미를 기호와 객관 세계 속 사물 간의 직접적이고 관습적인 대응 관계로 여기 거나 기호의 의미가 객관 세계에 대한 인간의 체험과는 무관하다고 생각한다.

3. 언어는 독립적인 모듈이 아니다

인지언어학은 언어 능력이 인지 능력에 의존한다고 생각한다. 그래서 언어 능력은 본질적으로 일반적인 인지 능력과 차이가 없고 이에 따라 언어 능력의 발전도 일반적인 인지 능력의 발전과 매우 밀접한 관계를 맺는다. 중국어에도 영어와 마찬가지로 '논쟁은 전쟁이다(辩论就是战争; ARGUMENT IS WAR)' 라는 은유가 존재하며 이와 관련하여 아래의 언어 표현들이 사용된다.[2]

> (2) 论战(논쟁), 争论(쟁론), 辩护(변호), 论敌(논적), 抨击(비난), 打笔仗(필 전), 理论战线(이론전선), 唇枪舌剑(촌철살인), 舌战群儒(달변), 入室操 戈(상대방의 주장을 이용한 역공), 大张挞伐(대대적인 토벌), 人身攻击 (인신공격), 批评的武器(비평 무기)

이와 같이 우리는 논쟁을 전쟁에 비유하고 있으며 실제로 논쟁하는 과정에서 '승'과 '패'를 구분하고 논쟁의 대상을 적으로 간주하는 등 논쟁과 관련한 행위 의 많은 부분이 '전쟁'의 개념에 기반을 두고 있다. 즉, 기존에는 특수한 언어현 상으로만 여겨졌던 은유가 사실은 일반적인 인지 능력의 영향을 받아 일상적으 로 행해지는 언어 행위인 것이다. 마찬가지로 환유 역시 언어 능력의 하나로서 일반적인 인지 능력과 불가분의 관계를 이룬다. 예를 들어 아래의 문장을 살펴 보자.

---

[2] 역주: (2)의 중국어 어휘에 대한 한국어 대역은 『중한사전』(고대민족문화연구원 중 국어대사전편찬실 2003/1989, 고려대학교 민족문화연구원)에 근거하여 명사형으로 재구성하였다. 다만, '舌战群儒'은 참고 대상 사전에 수록되지 않아 인터넷 사이트 (http://baike.baidu.com/subview/391886/10447637.htm)를 참고하였다.

(3) 回到原单位, 看到的尽是<u>新面孔</u>。

(3)에서 '新面孔'은 '낯선 새 인물'을 지시한다. 이와 같이 '新四肢(새 팔다리)'나 '新躯干(새 몸통)' 대신 '얼굴'을 사용하여 '인물'을 지시하는 것은 우리가 사람을 식별할 때 주로 관찰하는 신체 부위가 얼굴이기 때문이다.

(2)와 (3)은 언어 능력이 인간의 개념 속에서 독립적으로 존재하지 않고 일반적인 인지 능력에 의존하는 사실을 보여주는데 이러한 견해를 '언어 능력 의존설'이라 부른다. 언어 능력 의존설과 상대적으로 언어 능력이 인간의 개념 속에서 일반적인 인지 능력에 의존하지 않고 독립적으로 존재하기 때문에 언어 능력과 일반적인 인지 능력은 본질적으로 다르다고 여기는 견해가 있는데, 이것을 '언어 능력 독립설'이라고 부른다.

4. 통사는 독립적인 모듈이 아니다

인지언어학은 언어 자체 뿐 아니라 언어 내적인 통사도 독립적인 모듈로 간주하지 않는다. 이것은 다음의 두 가지 예로 설명할 수 있다. 졸고「正负颠倒和语用等级」[3]에 따르면 아래 예의 '一', '最难的' 등과 같은 부정극어가 범칭 기능을 갖는 경우 긍정문에서 부정문으로 혹은 부정문에서 긍정문으로 변형될 때 '통사적 부적합'[4], '범칭 의미의 소실'[5], '화용적 부적합'[6] 등 세 가지 변이가 출현할 수 있다.

(4) a. 一字不识   *一字识
     b. 见一个爱一个   *见一个不爱一个
(5) a. 最难的题他也会做   ?最难的题他也不会做
     b. 最便宜的他也买不起 ?最便宜的他也买得起

3　　沈家煊(1995),「正负颠倒和语用等级」, 『语法研究与探索』(七).

4　　'*'로 표기함.

5　　'?'로 표기함.

6　　'#'로 표기함.

(6)　a.　连看电影也不感兴趣　　　*连看电影也感兴趣
　　　b.　连民办大学也想上　　　　*连民办大学也不想上

(4)-(6)이 나타내는 세 가지 변이 현상에는 '극소량을 부정하는 것은 전체의 양을 부정하는 것과 같고, 극대량을 긍정하는 것은 곧 전체의 양을 긍정하는 것과 같다'는 인지 기제가 공통적으로 내재되어 있다. 다만, 이 원리가 문법적으로 구현되거나 문법화된 정도가 동일하지 않기 때문에 긍정/부정 역전 현상이 아래의 세 가지 변이 현상을 야기한다.

(7)　a.　(4)의 문법화 정도가 가장 높다.
　　　b.　(6)의 문법화 정도가 가장 낮다.
　　　c.　(5)는 (4)와 (6)의 중간 정도이다.

이로써 (4)와 같은 통사 현상이 결코 독립적인 현상이 아님을 알 수 있다. 졸고 「跟副词"还"有关的两个句式」[7]에서는 부사 '还'와 관련하여 아래 (8)의 용법을 논의하였다.

(8)　a.　小车还通不过呢, 就别提大车了。
　　　b.　平面几何还不会呢, 就别提立体几何了。

(8)의 '还'는 화자의 주관적인 태도를 전달하는 화용 기능을 지니고 있다. 즉, 화자의 의도는 문맥 속에 내포된 '大车通不过'만으로는 정보량이 부족하고 (8a)처럼 '小车通不过'에 '还'를 첨가해야 정보량을 충족한다. 통사를 독립적인 층위로 간주하던 기존의 시각에서는 문장의 의미 해석이 통사 단위에서 이루어지고 여기에 다시 일정한 문맥이 주어짐으로써 문장이 실질적으로 전달하는 의미가 도출된다고 보았다. 그러나 (8a)와 (8b)가 시사하는 바는 '还'의 통사 처리에 '还'의 화용 기능을 배제할 수 없다는 사실이다. 문맥 또한 원래부터

7　沈家煊(2001), 「跟副词"还"有关的两个句式」, 『中国语文』 第6期.

별도로 설정되어 있는 것이 아니라 '还'와 전체 문장의 의미에 따라 선택된다. 아래 (9)의 두 문장을 예로 들어보자.

(9)　a.　开封还没有到呢, 就别提洛阳了。
　　　b.　洛阳还没有到呢, 就别提开封了。

(9a)와 같은 구문에서는 '동쪽에서 서쪽으로 여행하는' 문맥이 선택되었고, (9b)에서는 반대로 '서쪽에서 동쪽으로 여행하는' 문맥이 선택되었다.

결과적으로, 구문을 전달하고 이해하는 데 있어서 통사, 의미, 화용의 세 층위가 작용하지만 이들은 뚜렷한 경계를 갖는 독립 영역이 아니라 '내 안에 네가 있고 네 안에 내가 있는' 혼연일체다.

5. 주관성과 객관성이 융합된 의미론

전통의미론은 객관주의 의미론에 해당한다. 전통의미론에서 말하는 '의미'는 곧 언어 표현이 전달하는 명제가 참이 되는 필요충분조건이며, 그래서 의미를 '진리조건'이라고 부르기도 한다. 반면에 인지언어학에서 바라보는 의미는 객관적인 진리조건일 뿐 아니라 인간의 개념 구조나 개념 구조의 형성 과정과도 직접적인 관계가 맺는다. '앞에서 보면 고개지만 옆에서 보면 봉우리다'[8]라는 말이 있듯이, 사실 한 채의 산이라도 어느 각도에서 바라보는가에 따라 서로 다른 심리 영상이 만들어진다. 이러한 견해는 '주관성과 객관성이 융합된' 의미관으로서 '주관성과 객관성이 분리'되어 있다고 여기는 견해와 대립적이다.

'영상(image)'은 인지언어학에서 매우 중요한 개념이다. 영상이란 객관 세계의 어떤 사물이나 장면에 대한 '해석(识解)'[9] 방식의 차이, 즉 전경화된 영역의 차이, 시각의 차이, 추상화의 정도 차이 등으로 인해 마음속에 서로 다른 이미

8　역주: 송(宋) 苏轼이 지은 「题西林壁」(横看成岭侧成峰, 远近高低各不同。不识庐山真面目, 只缘身在此山中。)의 첫 구절인 '横看成岭侧成峰'을 가리킨다.

9　역주: '해석(construal)'에 대한 중국어 술어는 '识解' 이외에 '诠识'도 자주 사용된다.

지로 형성되는 것을 가리킨다. 아래에서 이에 대한 예를 살펴보자.

(10) a. 姑姑送一只花猫给小莉。
      b. 姑姑送[给]小莉一只花猫。

(10a)와 (10b)의 객관 세계는 동일하게 '고모(姑姑)가 얼룩고양이(花猫) 한 마리를 샤오리(小莉)에게 선물해주는' 장면이다. 그러나 화자가 이 장면을 상이한 방식으로 관찰하여 전경화된 영역이 달라졌기 때문에 (10a)와 (10b)처럼 상이한 '영상'이 형성되었다. 이것을 그림으로 나타내보면 아래와 같다.

<그림 1> 장면에 대한 관찰 방식에 따른 심리 영상 형성의 차이[10] [11]

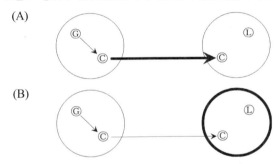

화살표는 얼룩고양이의 이동 경로를 나타내고 굵은 선은 전경화된 영역을 나타낸다. (A)에서는 얼룩고양이의 이동 과정이 전경화되었고 (B)에서는 얼룩고양이에 대한 샤오리의 소유가 전경화되었는데, (A)와 (B)가 각각 (10a)와 (10b)의 언어 표현으로 구현된 것이다. 다른 예를 하나 더 살펴보자.[12]

---

10 역주: 그림에 대한 연번과 제목은 원문에 제시되지 않았으나 내용의 이해를 돕기 위해 본 번역문에서 임의로 제시하였다.

11 Ⓖ: 고모, Ⓒ: 얼룩고양이, Ⓛ: 샤오리

12 Talmy, L.(2000), *Toward a Cognitive Semantics*. Vol. 1. Cambridge, Mass: MIT Press, §5.5 인용.

(11) a. She climbed up **the fire ladder** in five minutes. (구간: 경계적)

b. Moving along on the training course, she climbed **the fire ladder** at exactly midday. (점)

c. She kept climbing higher and higher up **the fire ladder**. (선: 비경계적)

사다리 자체는 양쪽 끝이 경계지어진 사물이다. 그런데 이 부분을 아주 가까운 거리에서 조망하면 '구간'이 되고 먼 거리에서 조망하면 '점'이 되며 적당히 가까운 거리에서 조망하면 '선'이 된다. 이 현상은 '원근 조망(distal perspective)'의 작용에 의한 결과로서 카메라의 줌렌즈를 밀거나 당겨 다양한 효과를 만들어내는 것과 같은 원리다. 먼 곳에서 조망하는 사다리는 '점'으로 해석되고(be construed as) 초 근접 거리에서 조망하면 관찰자의 주의가 사다리의 중간 부분에만 집중되기 때문에 사다리는 양쪽 끝이 없는 '선'으로 '해석'된다.

졸고「如何处置"处置式"?—论"把"字句的主观性」[13]에서는 '처치'로 간주되는 '把' 구문의 전통적인 의미를 아래의 (12)와 같이 '객관적 처치'와 '주관적 처치'로 구분하였다.

(12) a. 객관적 처치: 갑(행위자)이 의식적으로 을(수동자)에 대해 모종의 실질적인 처치를 수행한다.

b. 주관적 처치: 갑(반드시 행위자인 것은 아니다)이 을(반드시 행위자인 것은 아니다)에 대해 모종의 처치(반드시 의도적이거나 실질적인 것은 아니다)를 수행한다고 화자가 인정한다.

'把' 구문이 전달하는 문법 의미는 '객관적 처치'가 아니라 '주관적 처치'다. 이 관점은 기존에 설명할 수 없었던 많은 현상들을 규명할 수 있을 뿐 아니라 지금까지 제기되었던 '把' 구문의 다양한 문법·의미 특징들을 일관적으로 설

---

[13] 沈家煊(2002),「如何处置"处置式"?—论"把"字句的主观性」,『中国语文』 第5期.

명하는 것도 가능하다. 아래의 예를 살펴보자.

(13) a. 她看了他一眼, 他居然就上去打她。
     b. [?]她把他看了一眼, 他居然就上去打她。

객관적으로는 우리가 어떤 사람을 한 번 쳐다보아도 그 사람은 아무 피해도 입지 않는다. 하지만 주관적으로는 양상이 다를 수 있다. (13b)의 '她把他看了一眼'처럼 '把' 구문을 사용하면 '他'가 피해자라는 의미가 발생하기 때문에 그 뒤에 '居然'이 출현하는 것이 부자연스럽다. 이것이 '把' 구문에 내재된 '주관적 감정 이입' 기능이다.

(14) a. [*]我吃了野菜。   我吃过野菜。
     b. 我把野菜吃了。   [*]我把野菜吃过。

기존의 견해에 따르면 '把' 구문의 술어는 반드시 복합 형식이어야 한다. 그렇다면 (14)의 경우 '吃了'와 '吃过' 모두 복합 술어 형식임에도 불구하고 그 성립 여부가 다른 이유는 무엇인가? 'V+过'는 이미 발생한 어떤 한 사건(예를 들어 [14]의 '我吃野菜')을 객관적으로 기술한 것이다. 반면에 'V+了'는 과거의 어떤 사건을 기술하면서 화자의 관점도 함께 나타낸다. 즉, 화자는 '현재(즉 이 말을 하는 시각)'를 기준으로 하여 이 사건을 조망하면서 이 사건(예를 들어 '야채를 먹었기 때문에 지금 배가 아프다'와 같은)을 '현재의 어떤 상황'과 연관시킨다. 이와 같이 '把' 구문에는 주관적인 관점을 구현하는 기능이 내재되어 있다.

(15)

시기 구분	'把' 구문	'동사+목적어' 구문
근대중국어	把渔船都赶散了	都赶散了渔船
현대중국어	把渔船都赶散了	[*]都赶散了渔船

'都'가 목적어를 지시할 때의 출현 위치는 위의 (15)와 같이 근대중국어와 현대중국어 사이에 차이를 보인다. 근대중국어에서는 '把' 구문과 '동사+목적어' 구문이 공존했는데 이 경우 '把' 구문이 '동사+목적어' 구문보다 주관성이 강하다. 그래서 '把' 구문은 목적어가 완벽하게 영향을 받았음을 강조하려는 화자의 의도를 전달한다. 반면에 현대중국어에서는 '동사+목적어' 구문은 성립하지 않고 '把' 구문만 사용된다. 이것은 곧 기존에 '동사+목적어' 구문이 담당했던 객관적인 사건 기술 기능도 현대중국어에서는 '把' 구문으로 구현되어 '把' 구문의 주관성이 더 이상 부각되지 않음을 의미한다. 결과적으로, 근대중국어에서 현대중국어로 발전해오는 동안 '把' 구문이 '처치'를 나타내는 주관성은 이미 약해졌다. 이와 같이 주관성을 구현하는 어떤 형식이 장기간 사용되다가 점차 그 기능이 약해지면 주관성을 구현해 줄 새로운 형식이 필요해진다. 이것은 범언어적인 현상으로서 통시적으로도 처치전치사가 탄생과 소멸을 반복하는 원인 중 하나다.

6. 원형 범주와 기본 층위 범주

범주에 대한 고전적인 입장은 모든 범주를 명확하게 경계지어진 동질 단위로 간주하는 것이다. 따라서 하나의 범주는 다른 범주와 구분되는 자질을 지니고 있으며 각 범주의 자질에 부합하는가의 여부를 통해 범주의 구성원을 확정한다. 이와는 달리 인지언어학은 문법 범주를 비롯하여 우리가 설정한 대부분의 범주를 '원형 범주'로 간주한다. 즉, 특정 자질로 범주들의 경계를 명확하게 확정하거나 범주들에 대해 정의를 내릴 수 있는 것이 아니라 실제로는 범주 간 경계가 모호하다는 것이다. 또한 인지언어학은 특정 범주 안에서도 각 구성원들의 자질이 동질적이지 않기 때문에 어떤 구성원은 더 전형적이고 또 어떤 구성원은 덜 전형적이라고 생각한다. 예를 들어 '새'의 범주에서 참새, 제비, 까치 등은 전형적인 구성원으로 여겨지지만 타조와 펭귄은 덜 전형적이다. 따라서 '새'라는 범주는 원형 범주이다. 문법 범주도 다른 범주와 마찬가지로 원형 범주이다. 이것은 일반적으로 잘 알려진 견해이므로 여기서 자세히 다루지는 않겠다. 이와 관련하여 袁毓林의 「词类范畴的家族相似性」[14]이 참고할만한 가치가 있는데, 해당 연구에서는 명확한 실례를 통해 특정 품사만이 지니고 있는 고유한 문법 특징을 귀납하고자 했다. 그러나 이 목표는 사실상 달성하기 어려운 작업이며 바로 그렇기 때문에 중국어의 품사도 원형 범주인 것이다.

중국어 어휘에는 '기본 층위 범주'도 존재한다. 아래의 예를 살펴보자.

(16) 甲: 你布兜里装的什么?
　　　乙: 苹果。
　　　　　水果。
　　　　　国光苹果。

갑의 물음에 대해 일반적인 상황이라면 을은 중간 층위인 '과일(水果)'이라고 대답할 것이다. '동물—개—징빠견(京巴儿狗)[15]', '과일—사과—국광사과', '가구—소파—카우치형 소파' 등의 어휘 위계에서 개, 과일, 소파가 기본 층위 범주에 해당한다.

기본 층위 범주는 가장 쉽게 주의를 끌기 때문에 인지적으로 제일 먼저 선택된다. 이와 같이 기본 층위 범주가 인간의 인지 요건에 가장 잘 부합하는 원인으로서 아래의 세 가지 심리 기제를 고려할 수 있다.

(17) a. 유사점과 차이점의 균형: 기본 층위 범주로서 그 내부 구성원들과는 충분한 동질성을 지니고 있는 데 반해 다른 부류의 구성원들과는 충분한 차이점을 지니고 있다.
　　　b. 게슈탈트(gestalt) 인지: 기본 층위 범주의 구성원들은 공통적인 전체로서의 형상을 지니고 있어서 게슈탈트로 인지하기가 용이하다.
　　　c. 행위 연계: 기본 층위 범주는 언제나 인간의 특정 행위와 연계되어 있다. 예를 들어 '고양이'는 '쓰다듬는' 행위와 연계되고 '꽃'은 '꺾는' 행위와 연계된다.

---

14 袁毓林(1995), 「词类范畴的家族相似性」, 『中国社会科学』 第1期.

15 역주: 중국의 고유한 견종.

7. 도상성

언어의 구조는 인간이 인지하는 세계의 구조와 매우 흡사한 대응을 이룬다. 이러한 대응을 언어의 '도상성(iconicity)'이라고 부르는데, 도상성은 우연의 일치와 같은 일시적인 현상이 아니라 일반성과 반복성을 갖는 체계적인 현상이다. 도상성은 인지언어학의 주요한 원리 중 하나로서 언어에 내재된 도상성의 정도는 도상성에 관해 기존에 논의되었던 수준을 상상 이상으로 훌쩍 뛰어넘는다. 戴浩一가 중국어의 어순과 사건의 시간 순서 사이에 체계적인 도상 관계[16]가 존재한다고 주장한 바 있는데 이 원리는 학계에도 이미 널리 알려져 있다. 아래에서 그 예를 살펴보자.

(18) a. 我在马背上跳。
     b. 我跳在马背上。

(18a)는 '내가 먼저 말 등을 타고 있다가 뛰어 내린다'는 의미이고, (18b)는 '내가 먼저 뛰어 오른 후 말 등을 타고 있다'는 의미다.

張敏[17]에서는 명사구에 출현하는 '的'의 생략 여부 규칙에 관해 집중적으로 논의하였다. 아래의 예를 살펴보자.

(19) a. 我的爸爸   我爸爸
     b. 我的书包   *我书包

일반적으로는 (19)의 현상을 '양도 가능'과 '양도 불가'의 소유 관계에서 비롯되는 구분이라고 여긴다. 즉 '书包'에 대한 '我'의 소유는 양도 가능하지만 '爸爸'에 대한 '我'의 소유는 양도할 수 없는데 여기에는 거리 도상의 원리[18]가

---

16 역주: 이러한 도상 관계를 구체적으로 '시간 순서의 원리(时间顺序原则; temporal sequence principle)'라고 부른다.

17 张敏(1998), 『认知语言学与汉语名词短语』, 中国社会科学出版社.

18 역주: 거리의 도상 원리는 '근접성의 도상 원리(proximity principle)라고도 한다(김

작용한다. 그러나 중국어에는 아래와 같은 경우도 존재한다.

(20)　a.　我爸爸　　　　*我鼻子
　　　b.　*张三爸爸　　　牛鼻子

'爸爸'와 '鼻子'에 대한 '我'의 소유도 양도할 수 없다. 그런데 왜 (20)과 같이 성립 여부가 대립적인가? 张敏의 주장에 따르면 중국어 명사구에 '的'를 첨가할 수 있는지의 여부는 '호칭적'인가, 아니면 '비호칭적'인가에 좌우된다 (중국인[汉人]에게는 이것이 큰 의미를 지니고 있다). 더 개별적인 속성일수록 사람들에게 더 큰 의미로 다가와 선명하게 인지된다. 때문에 이러한 개별 속성은 고유명사화하여 명명하는 것이 가능하다. 아래의 예를 살펴보자.

(21)　a.　我们学校　　　*我们学校(=北大)有三千多所。
　　　b.　我们的学校　　我们的学校有三千多所。
　　　c.　他爸爸　　　　他爸爸(=张三)其实不是他的爸爸。
　　　d.　他的爸爸　　　[?]他爸爸(=张三)其实不是他爸爸(=张三)。

고유명사로 명명되는 개념은 그 구성 성분들 간의 거리가 가장 가깝다. 따라서 중국어에서 거리 도상의 원리가 구현되는 범위는 훨씬 더 넓다. 그 밖에도 이 원리는 수식어로 사용되는 다양한 명사구에도 구현된다. 이것은 아래의 대립 양상을 통해서도 분명히 알 수 있다.

(22)　a.　*好一本书　　　*好的一本书　　　好好的一本书
　　　b.　*好那本书　　　[?]好的那本书　　好好的那本书
　　　c.　*脏一件衣服　　*脏的一件衣服　　脏兮兮的一件衣服
　　　d.　*脏那件衣服　　脏的那件衣服　　脏兮兮的那件衣服

동환[2005], 『인지언어학과 의미』, 서울: 태학사, 395쪽 참고).

8. 환유와 은유

제3절에서 언어가 독립적인 모듈이 아닌 사실을 논의하는 과정에서 은유와 환유에 대한 인지언어학의 관점을 소개한 바 있다. 본 절에서 다시 은유와 환유에 대한 예를 두 가지 더 들어보기로 한다. 졸고「"转指"和"转喻"」[19]에 따르면 중국어에서 '的'를 포함하는 구('NP+的'와 'VP+的' 포함)가 피수식 명사를 환유적으로 지시하는가의 여부도 사실상 '개념적 환유'라는 인지 기제의 일종이다. 아래에서 이에 해당하는 예를 살펴보자.

(23) a. 经理的(外套)　　　*经理的(身份)
　　　b. 小王的(书包)　　　*小王的(爸爸)
　　　c. 词典的(封皮)　　　*词典的(出版)
　　　d. 中国的(河流)　　　*中国的(长江)
　　　e. 托运的(行李)　　　*托运的(手续)
　　　f. 到站的(火车)　　　*到站的(时间)
　　　g. 他赞成的(意见)　　*他提出的(意见)
　　　h. 白的(衬衫)　　　　*雪白的(衬衫)
　　　I. 健康的(孩子)　　　*健康的(问题)

(23)에 보이는 환유적 지시 현상을 기반으로 하면 아래와 같이 '환유 및 환유적 지시에 관한 인지 모형'을 제기할 수 있다.

(24) a. 어떤 문맥에서는 특정 목적을 위해 하나의 '목표' 개념 B를 지칭할 필요가 있다.
　　　b. 개념 A로 B를 대신 지칭할 경우 A와 B는 동일한 '인지 모형' 안에 있어야 한다.
　　　c. 이 동일한 '인지 모형' 안에서 A와 B는 밀접한 관계를 맺고 있어서 A의 활성으로 인해 B가 (대개는 B만) 동반 활성된다.

---

[19]　沈家煊(1999), 「"转指"和"转喻"」, 『当代语言学』 第1期.

    d. A가 B를 동반 활성하려면 A는 인지적으로 B보다 '현저성'이 높아
        야 한다.

    e. 환유의 인지 모형은 A와 B가 어떤 '인지 모형' 안에서 서로 연관성을
        맺는 모형인데, 이 연관성을 'A에서 B로의 함수 관계'라고 부른다.

지면의 한계로 인해 여기서는 자세히 설명하기가 어려우므로 '활성' 및 '확
산 활성'의 개념에 관해서는 袁毓林의「一价名词的任职研究」[20]를 참고하기
바란다.

졸고「从"分析"和"综合"看『马氏文通』以来的汉语语法研究」[21]에서는
'개념적 은유'를 사용하여 중국어의 복문이 나타내는 다양한 의미 관계를 설명
하였다. 예를 들어 '如果……就'가 출현하는 아래의 세 복문은 차례대로 '행위
영역', '지식 영역', '공언 영역'이라는 세 개의 개념 영역에 속해있다.

(25) a. 如果明天下雨, 比赛就取消。[행위 영역]

      b. 如果比赛取消了, 昨天就下雨来着。[지식 영역]

      c. 如果比赛真的取消, 太阳就从西边出来了。[공언 영역]

'如果'라는 단어가 충분조건을 도출할 때 보이는 속성을 각 개념 영역 별로
귀납해보면 아래와 같다.

(26) a. 행위 영역: p의 발생은 q의 발생에 대한 충분조건이다.
        (만약 p하면 q이다.)

      b. 지식 영역: p를 아는 것은 내가 결론 q를 얻기 위한 충분조건이다.
        (만약 p를 알면 나는 q를 추론한다.)

      c. 공언 영역: 상태 p는 내가 q라고 공언하기 위한 충분조건이다.
        (만약 p이면 나는 q라고 공언한다.)

---

20 袁毓林(1994),「一价名词的认知研究」,『中国语文』第4期.

21 沈家煊(2003),「从"分析"和"综合"看『马氏文通』以来的汉语语法研究」,『「马氏
文通」与中国语言学史』, 外语教学与研究出版社.

중요한 점은 '지식 영역'과 '공언 영역'의 의미 관계는 '행위 영역'의 의미 관계로부터 은유적 사상을 통해 형성되는 것이다. 서로 분리되어 있으면서도 연관성을 갖는 이들 세 개념 영역은 복문의 의미 관계를 해석하는 것 뿐 아니라 지금까지 명확하게 규명되지 못했던 많은 문법 및 의미 현상을 설명하는 데에도 적용될 수 있다.

9. 이상적 인지 모형

'이상적 인지 모형(Idealized Cognitive Models: ICM)'은 '인지 모형'이라고도 부른다. ICM은 인간이 경험을 바탕으로 하여 각 개념들을 구조화한 상대적으로 고정된 체계이다. 인간에게는 ICM이 모두 '자연적'인 경험 유형이다. 여기서 '자연적'이라고 말하는 이유는 ICM이 인간 스스로에 대한 인지적 산물인 동시에 인간과 외부 세계 간의 상호 작용의 산물로서 한 마디로 말하면 인류의 자연적인 속성의 산물이기 때문이다. 인간은 또한 이러한 ICM에 기반을 두어 새로운 경험을 효율적으로 분류한다. 주관적인 인지적 구성물인 ICM은 객관 세계와 완전히 일치하는 것이 아니라 언제나 객관 세계보다 단순하다. ICM은 낱개의 심리적 '게슈탈트' 구조다. 그 구성 성분이나 그들 간의 관계는 우리의 일상적인 경험 속에서 반복적으로 함께 구현된다. 게슈탈트 구조로서의 ICM이 갖는 중요한 특징 중 하나는 '전체가 부분의 합보다 크다'는 점이다. 게슈탈트는 또한 그 구성 성분보다 인지적으로 훨씬 단순하기 때문에 상대적으로 식별하거나 기억하기 쉽고 사용하기도 쉽다.

예를 들어 '전체—부분'이 바로 가장 기본적인 ICM인데 졸고 「"N的V"和"参照体—目标"构式」[22]에서 ICM으로 아래의 문법 현상을 설명하였다.

(27) a. 茶壶的把儿   这种茶壶的把儿
      b. *把儿的茶壶   这种把儿的茶壶
(28) a. 书桌的抽屉   大书桌的抽屉

---

[22] 沈家煊(1999), 「"N的V"和"参照体—目标"构式」, 『世界汉语与教学』第4期.

	b. *抽屉的书桌	大抽屉的书桌
(29)	a. 住房的卫生间	两间住房(合用)的卫生间
	b. *卫生间的住房	(带)两个卫生间的住房

우리는 이러한 'NP+的+N'의 구문을 '참조체―목표' 구문으로 본다. 여기서 NP는 우리가 설정한 참조체로서 목표 N의 심리와 관련되어 있다. (27)-(29)에서 '茶壶'와 '把儿', '书桌'와 '抽屉', '住房'과 '卫生间' 사이에 '전체―부분'의 관계가 존재한다. 일반적으로는 전체가 부분보다 현저하겠지만 만약 참조체에 해당하는 사물이 있다면 반드시 이 사물이 현저하다. 전체의 일부분인 사물이 참조체가 되려면 반드시 '세부적으로 지시'해야 한다. '茶壶'는 차 주전자를 통칭하나 '这种茶壶'는 어떤 한 부류의 차 주전자를 세부적으로 지시한다. 마찬가지로 '抽屉'는 서랍을 통칭하나 '大抽屉'는 어떤 한 부류의 서랍을 세부적으로 지시한다. '卫生间'은 화장실을 통칭하기 때문에 수량 정보를 전달하지 않지만 '两个卫生间'은 화장실에 대해 특정 수량을 세부적으로 지시한다. 정보론에서 보면 '세부적으로 지시'하는 목적은 '정보력'과 '현저성의 정도'를 높이는 데 있다. 차 주전자는 대부분 손잡이를 가지고 있고, 책상은 대개 서랍을 가지고 있으며 주택은 보통 화장실을 가지고 있다. 이와 같이 상식에 속하는 '전체―부분' 관계는 이미 ICM으로 형성되었다. 따라서 만약 누군가에게 차 주전자에 손잡이가 달려있고 책상에 서랍이 있으며 주택에 화장실이 있다고 말한다면 이것은 아무 정보도 제공해주지 않은 것과 같다. 왜냐하면 이 정보들은 사람들이 암묵적으로 인지하고 있기 때문이다. 하지만 차 주전자에 달려있는 손잡이 모양이 어떠한 지, 책상 서랍의 크기가 어떠한 지, 주택에 화장실이 몇 개 있는 지를 말하는 것은 우리가 암묵적으로 인지하고 있는 것 이외의 새로운 정보를 제공하는 것이다.

'행위자―행위―수동자' 역시 기본적인 ICM이다. 제8절에서 '开车的'는 '司机'를 환유적으로 지시하고, '他开的'는 '汽车'를 환유적으로 지시하는 등 'VP+的'가 피수식 명사를 환유적으로 지시하는 원리에 대해 논의하였다. 그러나 '开车的'와 '他开的'는 시간, 장소, 원인, 방식 등을 환유적으로 지시하지는 못한다. 왜냐하면 '昨天夜里老王因为兴奋在高速公路开着他的宝马车飞驶'라는 사건에 대한 인간의 마음 속 ICM은 바로 '人开车'이기 때문이다. 이 ICM은 행위자와 수동자는 포함하지만 시간, 장소, 원인, 방법 등은 포함하지 않는다. 아래의 <그림 2>는 일반적으로 작은 원이 큰 원의 일부분을 덮은 것으로 여겨진다. 그러나 실제로는 덮인 것이 원이 아니라 원보다 더 복잡한 도형일 수 있다. 게슈탈트심리학에 따르면 원은 하나의 게슈탈트이며 하나의 '좋은' 도형인데 반해 원보다 더 복잡한 도형은 그렇지 않다. 마찬가지로 '행위자─행위─수동자'는 하나의 '게슈탈트'로서 '开车的'가 '덮은' 영역은 이 게슈탈트의 일부분이다.[23]

<그림 2> 이상적 인지 모형(ICM)의 작용 원리

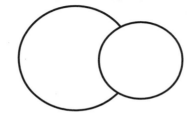

ICM에는 구체적인 것도 있고 추상적인 것도 있으며 또한 간단한 것도 있고 복잡한 것도 있다. '전체─부분', '용기─내용', '在……之上' 등의 ICM은 추상적이고 간단한데 이러한 ICM을 '영상 도식(image schema)'이라고도 부른다. 반면에 '买卖'와 '在海滩上'은 상대적으로 구체적이고 복잡한 ICM으로서 이들은 '틀'이라고 부르기도 한다. '上饭馆'이나 '乘飞机'도 앞뒤로 연결되는 일련의 사건들을 포함하기 때문에 구체적이고 복잡한 ICM에 해당하는데 이러한 ICM은 '시나리오(scenario)'라고 칭하기도 한다.

23   沈家煊(1999), 「"转指"和"转喻"」, 『当代语言学』 第1期.

10. 전경화

인지심리적으로 보면 전경화된 사물은 주의를 끌기 쉽다. 뿐만 아니라 이들은 기억과 선택 및 심리적인 처리도 쉽다. 인지의미론은 개념 구조를 분석하는데 있어서 개념역이나 의미역의 전경화에 초점을 두는데 바로 이 점이 전통 의미론과 다른 부분이다. 앞에서 이미 개념의 전경화에 관해 여러 차례 언급했기 때문에 여기서는 몇 가지 예를 살펴보는 데 중점을 두기로 한다. 영어의 동사 'steal'과 'rob'를 중국어의 동사 '偷' 및 '抢'과 비교해보면 통사적으로 아래와 같은 차이를 보인다.

(30) a. Tom stole 50 dollars from Mary.
b. Tom robbed Mary of 50 dollars.
c. *Tom stole Mary of 50 dollars.
d. *Tom robbed 50 dollars from Mary.

(31) a. *张三偷了李四　　*张三把李四偷了　　*李四被张三偷了
b. 张三抢了李四　　张三把李四抢了　　李四被张三抢了

전통 의미론에서는 의미 구조를 분석할 때 행위자, 수동자, 강탈자 등과 같이 일정 수량의 의미역을 분류하는 것에 그쳤다. 따라서 '偷'와 '抢'은 동일한 의미 구조를 갖는 것으로 간주되었고 그 때문에 (30)과 (31)을 명확하게 설명해낼 수 없었다. 졸고 「说"偷"和"抢"」[24]에서는 의미 구조 대신 개념 구조를, 의미역 대신 개념역을 사용하였는데 이 개념역에는 전경화와 공백화의 차이가 존재한다.

(32) a. '偷'[偷窃者　　遭偷者　　**失窃物**]
b. '抢'[**抢劫者**　　**遭抢者**　　抢劫物]

굵은 글씨로 표기한 부분은 전경화된 개념역을 나타낸다. 절도 사건을 만나

24　沈家煊(2000), 「说"偷"和"抢"」, 『语言教学与研究』 第1期.

면 도난당한 물건이 일차적인 주의 대상이 된다. 그래서 어떤 사람이 버스 안에서 지갑을 도난당하면 사람들은 제일 먼저 얼마를 잃어버렸는지 묻곤 한다. 반면에 강도 사건에서는 강도를 당한 사람이 일차적인 주의 대상이 되기 때문에 사람들은 강도당한 사람의 신변 안전에 가장 먼저 관심을 갖는다.

여기서 우리는 영역이 부각되고 은폐되는 것에 관한 어떤 원리를 찾을 수 있다. 즉, 전경화되지 않는 영역은 은폐되기 때문에 통사적으로도 표현 형식을 갖지 못한다. 반면에 전경화된 영역은 항상 은폐시킬 수 있는 것은 아니기 때문에 앞의 (31)과 같이 특정 통사 형식을 갖게 된다. 여기에는 '보이는 것이 보이지 않는 것보다 현저하다'는 인지적 이론 근거가 작용한다.

'抢' 구문   '抢' 구문

의미역 [**행위자**   **탈취자**   수동자]   의미역 [**행위자**   탈취자   **수동자**]

통사성분 [주어   목적어   0   ]   통사성분 [주어   0   목적어]

어떤 영역이 근목적어로 사용되는가 아니면 원목적어로 사용되는가의 문제는 다음과 같이 설명할 수 있다. 앞의 (30)과 같이 공백화된 영역은 원목적어로 사용되지만 전경화된 영역이 반드시 원목적어로 사용되는 것은 아니다. 여기에는 '가까운 사물이 먼 사물보다 현저하다'는 인지적 이론 근거가 작용한다.

'rob' 구문   'steal' 구문

의미역 [**행위자**   **탈취자**   수동자]   의미역 [**행위자**   탈취자   **수동자**]

통사성분 [주어   근목적어   원목적어]   통사성분 [주어   근목적어   원목적어]

이번에는 결과보어구조 '追累'의 예를 아래에서 살펴보자.

(33) 张三追累了李四了。
  a. 张三追李四, 李四累了(사동의미 있음)
  b. 张三追李四, 张三累了(사동의미 없음)
  c. *李四追张三, 张三累了
  d. 李四追张三, 李四累了(사동의미 있음)
(34) 李四被张三追累了。
  ([33a]의 해석만 가능함)

　(33)은 능동구문으로서 a, b, d 세 가지 해석은 가능하나 c와 같은 해석은
성립하지 않는다. (33)을 (34)와 같이 수동구문으로 변형시키면 b와 d의 해석도
성립되지 않아 a와 같은 해석만 가능해진다. 졸고 「动结式"追累"的语法和语
义」[25]에서는 이에 대해 다음과 같이 설명하였다. 개념 구조의 주어와 목적어는
각각 탄도체와 배경이 된다. 능동구문과 같이 일반적인 경우에는 탄도체가 배
경보다 전경화되기 쉽다. 반면에 특수한 상황에서는 전경화의 역전 현상이 발
생할 수도 있는데 바로 수동구문이 그 한 예다. 사실, 이러한 전경/배경 역전
현상은 인지적으로 매우 빈번하게 발생한다. 다음의 그림을 살펴보자.

<그림 3> 전경 / 배경 역전

　일반적인 경우 <그림 3>에서 전경화되는 영역은 두 개의 삼각형(즉 탄도체)
이고 그 사이의 공간은 배경이 된다. 그러나 주의 배분 방식을 바꾸면 탄도체와
배경이 역전되어 사각형 중간의 빈 통로가 전경화되고 그 양 옆의 두 삼각형은

25　沈家煊(2004), 「动结式"追累"的语法和语义」, 『语言科学』 第6期.

배경으로 공백화된다. 이로써 어떤 개념역이 전경화되는가에 따라 능동구문과 수동구문이라는 서로 다른 해석을 만들어낸다는 것을 알 수 있다. 지면의 한계로 인해 여기서는 더 이상 구체적으로 논의하지는 않겠다.

하나의 '장면틀' 안에서도 어떤 영역은 전경화되고 또 어떤 영역은 공백화된다. 컴퓨터 용어를 빌어 말하자면 어떤 영역을 전경화하는 것을 '창문화(windowing)'라고 한다. 즉, 컴퓨터의 윈도우가 열리면 우리는 어느 한 영역에 주의를 집중하게 되는 이치이다. 아래의 예는 나무상자의 '이동 경로'에 대한 다양한 국면을 개별적으로 창문화하는 것을 나타낸다.

(35) 비행기 화물칸 안의 대형 나무상자가 ―
(36) <u>단일 창문화</u>
    a. <u>초기 창문화</u>: 비행기로부터 떨어져 나와 이탈되다.
    b. <u>중간 창문화</u>: 공중에 진입하다.
    c. <u>말기 창문화</u>: 바다로 떨어져 들어가다.
(37) <u>복합 창문화</u>
    a+b <u>초기+중간 창문화</u>: 비행기로부터 떨어져 나와 공중에 진입하다.
    a+c <u>초기+말기 창문화</u>: 비행기에서 바다로 떨어지다.
    b+c <u>중간+말기 창문화</u>: 공중에서 바다로 떨어지다.
    a+b+c <u>초기+중간+말기 창문화</u>: 비행기로부터 떨어져 나와 공중에서 바다로 떨어져 들어가다.

11. 개념의 융합과 합성

개념 구조 속의 개념은 융합(conflation)할 수도 있고 합성(composition)할 수도 있다. 즉 서로 다른 언어나 방언 사이 또는 어느 한 언어의 상이한 역사 시기에는 개념이 융합되거나 합성되는 방식에 차이가 있을 수 있다. 졸고 「现代汉语"动补结构"的类型学考察」[26]에서 이 문제에 관해 논의한 바 있다.

---

26 沈家煊(2003), 「现代汉语"动补结构"的类型学考察」, 『世界汉语教学』 第3期.

(38)   a. 瓶子漂出岩洞。

     b. "The bottle floated out of the cave."

(38)의 개념 구조는 '瓶子漂出岩洞。'이라는 하나의 '이동 사건'을 나타
낸다. Talmy(2000)[27]의 분석에 따르면 하나의 이동 사건은 네 개의 개념 요소
로 이루어진다.

(39)   a. 탄도체(Figure): 하나의 이동체를 가리키는데 이것은 또 다른 물체(배
        경)에 상대적으로 이동한다. (38b)의 'the bottle'이 여기에 해당한다.
     b. 배경(Ground): 하나의 참조체를 가리키는데 또 다른 물체(탄도체)가
        이것에 상대적으로 이동한다. (38b)의 'the cave'가 여기에 해당한다.
     c. 이동(Motion): 이동 자체를 가리키며 (38b)의 'move'가 여기에 해당
        한다.
     d. 경로(Path): 탄도체가 배경에 상대적으로 이동하는 경로를 가리키며
        (38b)의 'out of'가 여기에 해당한다.

이외에 이동의 '방식'이나 '원인'을 나타내는 개념도 있으나 이들은 필수적
이지 않다. (38a)에서는 '이동'과 '방식' 두 개념이 융합되어 하나의 동사 '漂'로
구현되었고 '경로'는 '出'와 같이 단독으로 구현되었다.

(40)   a. La botella salió de la cueva flotando.

     b. "The bottle exited from the cave, floating."

(40a)의 스페인어 문장에서는 '이동'과 '경로'가 융합되어 하나의 동사
'salió(exited)'로 구현되고 '방식'은 'flotando'와 같이 단독으로 구현되었다.

영어, 독일어, 러시아어, Atsugewi어, 중국어가 동일한 유형에 속하고 프랑스
어, 일어 및 스페인어가 또 다른 한 유형을 이룬다.

---

[27]   Talmy, L.(2000), *Toward a Cognitive Semantics*. Vol. 1 & 2. Cambridge, Mass:
     MIT Press.

다시 아래의 예를 살펴보자.

(41) a. wake=叫醒
      b. kick=踢着(zháo)
      c. kill=杀死
      d. open=开开
      e. cure=治好
      f. break=打破

'叫醒'과 같은 사건은 공간 이동 사건의 비유나 파생으로 간주할 수 있다. '그를 불러 깨운' 것은 '그가 깬 상태에 진입하게 만든' 것으로서 '그'는 탄도체고 '깬 상태'는 배경이다. (41)이 보여주듯이 영어에서는 '이동'과 '배경'의 두 개념 요소가 융합되어 단일 동사 'wake'로 구현되지만 중국어에서는 이 두 개념 요소가 융합되지 않고 합성되었다. 영어와 고대 중국어는 매우 닮아서 고대 중국어의 '污'와 '杀'는 오늘날 각각 '弄脏'과 '杀死 / 弄死'라고 말해야 한다.

개념 요소의 합성은 느슨하기도 하고 긴밀하기도 하다. 아래의 예를 살펴보자.

(42) 张三递给李四一块西瓜。
(43) a. *张三切给李四一块西瓜。
      b. 张三切递一块西瓜给李四。

(42)는 이동 '递'와 경로 '给'의 두 개념이 긴밀하게 합성되었음을 보여주고 (43)은 이동 '切'와 '给'의 두 개념이 느슨하게 합성되었음을 보여준다. 이 역시 '부여'와 관련된 우리의 '이상적 인지 모형', 즉 '递'와 '给' 두 동작은 동시에 발생하는 데 반해 '切'와 '给' 두 동작은 순차적으로 발생하는 양상에 부합한다. 여기에서도 일종의 '거리 도상의 원리'가 구현되어 긴밀하게 합성된 개념은 언어 표현에서도 긴밀하게 합성된 형식으로 구현되고 느슨하게 합성된 개념은 언어 표현에서도 느슨하게 합성된 형식으로 구현된다.

12. 구문: 전체는 부분의 합보다 크다

'인지언어학'에서는 단어, 구, 단문, 복문 등과 같이 형태소로 조합된 모든 단위들을 크고 작은 '구문(constructions)'으로 간주한다. 구문은 형식과 의미의 결합체다. 하나의 구문은 하나의 심리적 게슈탈트로서 전체는 부분의 합보다 크다. 따라서 구문의 의미는 그 구성 성분들의 의미만 가지고는 추론해낼 수 없으며 아래의 예도 이것을 말해준다.

> (44) a. 轮椅≠轮+椅
> b. 有意思≠有+意思
> c. 黄金时间≠黄金+时间
> d. 为什么不试一试?(建议)≠疑问+否定
> e. 说是这么说。≠说+是+这么说。
> f. 小车通不过, 还提大车?≠小车通不过+还提大车?

문형은 가장 전형적인 '구문'이다. 졸고 「句式和配价」[28]에서는 동사의 '결합가'를 확정할 때 문형 의미를 고려하지 않아 발생하는 문제점을 설명하였다.

> (45) a. 他扔我一个球。
> b. 他吃我一个桃儿。
> (46) a. 王冕死了父亲。
> b. 他家来了客人。

(45)는 '주고받음'을 나타내는 이중목적어문이고, (46)은 '득실'을 나타내는 '소유주어— 예속목적어' 구문[29]이다. 전통적인 결합가 이론에서는 '扔'이나 '吃'와 같은 동사를 2가 동사로 간주하는데 바로 이 때문에 '扔'이나 '吃'가 (45)의 이중목적어문에서 세 개의 체언 성분과 관계 맺는 이유를 설명하지 못

---

28 沈家煊(2000), 「句式和配价」, 『中国语文』 第4期.
29 주어가 '소유의 주체'이고 목적어는 '예속되는 대상'임을 나타내는 구문이다.

한다. 그러나 만약 '扔'이나 '吃'가 3가 동사임을 인정한다면 이 또한 우리의 직관에 맞지 않게 된다. 왜냐하면 '扔'이나 '吃' 자체의 의미상 이들이 3가 동사 같지는 않기 때문이다. 그래서 일부 학자들은 이 현상을 '결합가 공유'나 '결합가 변형'의 관점으로 설명한다. 즉 '결합가 공유'의 관점에서는 '扔'이나 '吃'가 2가 동사인 동시에 3가 동사라고 설명하고, '결합가 변형'의 관점에서는 '扔'이나 '吃'가 원래는 2가 동사이지만 이중목적어구문에서는 3가 동사로 변한다고 설명한다. 결과적으로 '扔'이 2가 동사일 경우에는 '부여'의 의미를 지니지 않지만 3가 동사일 때는 '부여'의 의미를 지닌다는 것이다. 그렇다면 '扔'에는 2가 동사 '扔'과 3가 동사 '扔' 두 가지가 존재한다고 인정해야 한다. 그것도 아니면 최소한 '扔'에는 '부여'의 의미를 지닌 것과 지니지 않는 것 등 두 가지 의미 항목이 있다는 것을 인정해야 한다. 하지만 이와 같이 처리하려면 꽤 큰 대가를 치러야 한다. 왜냐하면 '扔'과 같은 동사가 한 두 개가 아니기 때문이다. 이 부류의 동사들은 그 수만 해도 적지 않은데 동사들마다 일일이 의미 항목을 두 개씩 명시한다면 지나치게 복잡해질 것이다. 더욱 중요한 것은 그럼에도 불구하고 이러한 조치가 여전히 우리의 직관에 부합하지 않으며 이로 인해 그 어떤 사전에서도 '扔'에 대해 '부여'의 의미 항목을 별도로 제시하지는 않는다는 사실이다. 마찬가지로 이 문제점은 (46)과 같은 '소유주어—예속목적어' 구문에도 존재한다.

우리는 결합가를 문형의 속성으로 간주한다. 따라서 동사 '扔'이 어휘 의미상 관계를 맺는 참여자는 두 개 밖에 안 되지만, '他扔我一个球'의 경우는 '他送我一本书'처럼 세 개의 논항을 갖는 3가 문형에 속한다. 마찬가지로 동사 '死'가 어휘 의미적으로는 한 개의 참여자 밖에 관계를 맺지 않지만 (46a)의 '王冕死了父亲'은 '他丢了一枚戒指'와 같이 두 개의 논항을 갖는 2가 문형으로 간주한다.

문형마다 서로 다른 문형 의미를 지니고 있다. 예를 들어 동일한 '死'가 출현하더라도 '王冕死了父亲'은 2가 문형이지만 '王冕的父亲死了'는 1가 문형이다. 전자는 '王冕'이 부친의 사망으로 인해 심각한 손해를 입었음을 강조하고 후자는 '王冕'의 부친이 사망한 사건을 나타낼 뿐이다. 이것은 아래의 예문을 통해서도 알 수 있다.

(47) a. 王冕七岁上死了父亲
      b. [?]王冕七十岁上死了父亲。

(47b)가 성립하지 않는 이유는 '王冕'이 70세가 되었을 때 부친이 돌아가셨다고 해서 유년기에 부친을 잃은 것만큼 큰 손해를 입었다고 보기는 어렵기 때문이다. 마찬가지로 '他来了两个客户'는 2가 문형이지만 '他的两个客户来了'는 1가 문형이다. 전자는 전체적으로 '무엇을 획득하다'라는 의미 성분을 나타내는데 '손님이 온 것'을 일종의 '획득'으로 간주하는 것이다. 반면에 후자에는 이러한 의미가 없다. 이것은 아래의 예문을 통해서도 알 수 있다.

(48) a. 他来了两个客户。
      b. [?]他来了两个推销员。

13. 문법화의 인지적 발생 요인

'문법화(grammaticalization)'는 실사의 허화 현상, 즉 실사가 문법 기능을 나타내는 성분으로 변하는 과정을 가리킨다. 문법화의 주요 기제로는 재분석(reanalysis)과 유추(analogy) 두 가지가 있다. 인지적으로 볼 때 재분석은 개념의 '환유'이고 유추는 개념의 '은유'다. 따라서 문법화는 인지적인 작용에 의해 발생한다.

영어의 접속사 'since'를 예로 들어 살펴보자. 'since'는 원래 시간을 나타냈는데 이후에 점차 원인도 나타내게 되었다. 'since'의 이러한 허화 과정은 아래와 같다.

(49) a. I have read a lot **since** we last met. (시간)
          <우리가 마지막으로 만난 **이후** 나는 많이 읽었다.>
      b. **Since** Susan left him, John has been very miserable. (시간/ 원인)

<Susan이 그를 떠난 **이후** John은 아주 비참해졌다./ Susan이 그를
떠나**서** John은 아주 비참해졌다.>

c. **Since** you are not coming with me, I'll have to go alone. (원인)
<네가 나와 함께 오지 않아**서** 내가 혼자 가게 되었어.>

'since'는 (49a)에서는 '시간'을 나타내는 데 반해 (49b)에서는 '먼저 발생한
사건이 그 뒤에 발생한 사건의 원인'이라는 함의를 내포한다. (49b)의 이러한
함의는 환유에 의해 생성된다. 즉, 시간적으로 먼저 발생한 사건이 뒤이어 발생
하는 사건의 원인임을 환유적으로 지시한다. (49c)에서는 'since'의 원인 의미
가 고착화되고 시간을 나타내던 원래의 의미는 소실됨으로써 'since'의 재분석
이 이루어졌다. 문맥이나 언어 환경은 재분석이나 환유가 발생하는 데 있어서
매우 중요한 역할을 한다.

은유 역시 문법화의 발생 요인 중 하나이다. 아래에서 중국어 문장을 통해
'許'의 의미를 살펴보자.

(50) a. 我不**许**他回家。
b. 他**许**是回家了。

(50a)의 '許'는 '허락'을 나타내고 (50b)의 '許'는 '혹시'라는 화자의 추측을
나타낸다. 후자는 전자로부터 허화된 성분인데 이러한 허화 현상을 야기하는
것이 유추와 은유다.

(51) a. '허락'의 '許': 어떤 사람이 어떤 일을 하는 데 장애를 받지 않음을
나타낸다.
b. '혹시'의 '許': 화자가 무엇에 대해 논리적으로 판단하는 데 장애를
받지 않음을 나타낸다.

'허락'의 '許'와 '혹시'의 '許' 모두 'X를 수행하는 데 있어서 장애를 받지
않음'을 나타낸다. 그러나 '혹시'의 '許'는 '허락'의 '許'보다 의미가 더 추상적

이다. 제8절에서 구분했던 '행위 영역'과 '지식 영역'을 빌어 말하자면 '허락'의 '许'는 구체적인 행위 영역에 속하고 '혹시'의 '许'는 추상적인 지식 영역에 속한다. 이것은 구체적인 어떤 개념이 그것과 유사한 추상적인 개념으로 '사상' 되는 현상인데 이것이 바로 '은유'의 속성이다.

일부 학자들은 환유를 허화의 가장 중요한 기제로 간주한다. 즉, 환유가 허화의 모든 과정에 작용하는 데 반해 은유는 허화의 시작 단계에만 작용한다는 것이다. 허화의 초기 단계에는 실사가 원래보다 약간 더 허화된 실사로 변하는 정도일 뿐 기능이나 문법 성분(예를 들어 '山脚'의 '脚', '背阳'의 '背', '桥头' 의 '头', '门面'의 '面')으로 완전히 변하지는 않는다. 이 견해에서는 은유가 발생하기 위해서는 구체적인 '영상-도식'이 있어야 하는데 이들은 실사로부터 더 쉽게 도출된다고 설명한다. 따라서 은유에 의한다고 여겨지는 많은 허화들 이 이 견해에 따른다면 사실상 모두 환유 기제의 작용인 것이다. 예를 들어 영어 조동사 'may'와 중국어의 '许' 모두 '허락'을 나타내던 성분에서 '혹시'를 나타내는 성분으로 허화되었는데, 일반적으로 이 허화는 은유의 작용으로 알려 져 있지만 이 견해에 따르면 '혹시'를 나타내는 'may'와 '허락'을 나타내는 'may' 모두 '객관적 가능'을 나타내는 'may'로부터 환유에 의해 허화되었다고 말할 수 있다. 그 변천 과정을 아래에서 살펴보자.

(52) a. 3e ar a sleper ynsly 3e, that mon **may** slyde hider.
　　 b. "You are so unwary a sleeper that someone can sneak in here."
　　 c. "你睡觉睡得死, 有人能偷偷进来。"

(52a)에서 'may'는 주관적인 추측('혹시'를 나타냄) 뿐 아니라 객관적으로 가능하다('충분히 가능함'을 나타냄)는 의미도 나타낸다. 이 두 의미가 공존하 는 현상은 환유에 의해서만 가능하며 두 의미 사이에는 '만약 어떤 일이 객관적 으로 가능하다면 주관적으로 대부분은 그렇다고 추측하는 것이 가능하다'는 추론 관계가 존재한다.

14. '인지문법'의 포괄성

제4절에서 '인지문법'의 포괄성에 대한 적절한 예를 제시한 바 있다. 부정극어가 출현하여 범칭 의미를 나타내는 문장들은 '긍정/부정 역전 현상' 이후 통사, 의미, 화용 등 세 가지 변이 현상이 발생한다. '인지문법'은 어떤 인지 원리가 이들 세 변이에 공통적으로 작용한다고 보는데 그것은 바로 '극소량을 부정하는 것은 곧 전체의 양을 부정하는 것과 같고 극소량을 긍정하는 것은 곧 전체의 양을 긍정하는 것과 같다'는 원리다. 확실히 이 원리는 통사, 의미, 화용이라는 세 층위의 평행 현상에 대해 강력한 포괄성을 갖는다.

졸고 「"有界"与"无界"」[30]에서는 인지적으로 볼 때 '경계'와 '비경계'의 대립 개념이 명사, 동사, 형용사 등 중국어의 3대 실사 범주에 비슷한 양상으로 구현되는 사실을 규명했다. 사물은 공간 속에서 경계와 비경계의 대립을 이루고, 동작은 시간적으로 경계와 비경계의 대립을 이룬다. 또한 속성이나 상태는 정도나 양의 측면에서 경계와 비경계의 대립을 이룬다. 경계와 비경계의 대립은 원래 공간 영역에 구현되는 개념이지만 인간은 '개념적 은유'의 방식을 통해 이 대립을 시간이나 속성 및 상태의 영역으로 '사상'할 수 있다. 사물의 경계와 비경계의 대립이 문법으로 구현되는 예는 가산 명사와 불가산 명사의 대립, 개체 양사와 비개체 양사의 대립이다. 경계성 명사구는 '两条鱼', '四桶水', '好些人'처럼 수량을 나타내는 성분이 명사를 수식하는 구조를 이룬다. 반면에 '(抽)烟', '(乘)车', '(喝)水'와 같이 부류 전체를 지시하는 명사는 개별적인 사물을 지시하지 않기 때문에 경계를 갖지 않는다. 경계를 갖는 동사는 시간의 축에서 하나의 시작점과 하나의 종착점을 갖는다. 예를 들어 '(생선을) 그릇에 담다'라는 동작은 담기 시작하는 순간이 동작의 시작점이고 생선이 그릇 속에 도달한 순간이 동작의 종착점이다. 그러나 '盛(鱼)'가 나타내는 동작은 종착점이 내재되어 있지 않아 비경계적이다. 중국어의 속성 형용사가 나타내는 속성이나 상태는 정도의 경계를 갖지 않는다. 예를 들어 '白'는 '희다'에 대한 모든

---

30   沈家煊(1995),「"有界"与"无界"」,『中国语文』第5期.

정도를 포괄하는 부정(不定)의 양 범위다. 그에 반해 상태 형용사가 나타내는 속성이나 상태는 경계 지어진 정도를 나타낸다. 예를 들어 '雪白'가 나타내는 것은 '희다'라는 이 양의 범위 중 어느 한 부분 또는 어느 한 점에 국한되어 있다. '경계'와 '비경계'의 대립은 아래와 같이 수량 성분과 관계가 있는 문법 현상을 체계적으로 설명할 수 있다.

(53)　a.　*盛碗里鱼　　　　　b.　盛碗里两条鱼
　　　　　*飞进来苍蝇　　　　　　　飞进来一只苍蝇
　　　　　*捂了孩子痱子　　　　　　捂了孩子一身痱子
　　　　　*雪白衣服　　　　　　　　雪白一件衣服
　　　　　*干干净净衣服　　　　　　干干净净一件衣服
　　　　　*白一件衣服　　　　　　　白件衣服
　　　　　*干净一件衣服　　　　　　干净衣服

(53)의 a열이 성립되지 않는 이유는 경계 성분과 비경계 성분의 부조화 때문이다. 예를 들어 '盛碗里鱼'의 경우 경계를 지닌 동작 '盛碗里'와 경계가 없는 사물 '鱼'가 어울리지 않는다. 또한 '雪白衣服'의 경우는 경계가 있는 속성 '雪白'가 비경계 사물인 '衣服'와 어울리지 않는다. 반면에 '白一件衣服'는 경계가 없는 속성 '白'가 경계를 지닌 사물 '一件衣服'와 어울리지 않아 성립하지 않는다. a열과 달리 b열은 모두 성립한다. (53)은 '인지문법'이 상이한 품사들의 결합 환경에 일관성 있게 작용하는 것을 보여주는 사례다.

문법 연구의 목표로서 '인지문법'에서는 포괄성을 강조하고 '생성문법'에서는 생성성을 강조한다. 이것은 아래의 예로 간단히 설명할 수 있다.

(54)　a.　我在院子里种几棵花儿。
　　　　b.　我给张老师写一封信。
　　　　c.　我种在院子里几棵花儿。
　　　　d.　我写给张老师一封信。

인지문법에서는 a와 b가 술어 동사 앞에 전치사구가 사용된 동일한 문형이고 또한 c와 d는 전치사구가 술어 동사 뒤에 위치하는 동일한 문형이라고 간주한다. 이 두 문형은 서로 다른 심리 영상을 대표하기 때문에 완전히 다른 의미를 나타내며 이들 사이에 변형이나 파생 관계도 존재하지 않는다. 물론 한 문장에서는 전치사 '在'를 사용하고 또 한 문장에서는 전치사 '给'를 사용한 차이는 존재한다. 그러나 이들을 포괄할 수 있는 일관된 규칙(예를 들어 '순서 도상'의 원리)이 존재한다.[31] 인지문법에서 보면 a와 b 또는 c와 d의 유사성이 a와 c 또는 b와 d의 유사성보다 크다. 그러나 생성문법에서 보면 a와 c 또는 b와 d 사이에 변형을 통한 파생 관계가 존재하기 때문에 이들이 더 밀접하다. 생성문법은 문법의 생성성을 강조하는 대신 포괄성을 잃었다.

15. 해석과 예측

인지언어학에서 바라보는 형식과 의미의 관계는 완전히 임의적이지도 않지만 완전히 예측 가능한 것도 아니다. 형식과 의미는 일종의 '잘 동기부여된 관습(motivated conventions)'이기 때문에 문법 구조에 대해 충분히 해석을 가할 수 있겠지만 그렇다 하더라도 그것은 어디까지나 불완전한 예측에 불과하다.

제10절에서 동사 '偷'와 '抢'의 문법 현상에 대해 개념역의 '전경화' 구별을 통해 체계적으로 해석함으로써 이 작업이 강한 포괄성을 지니고 있음을 알 수 있었다. 그러나 형식과 의미의 대응은 대개 부분적이거나 불완전하다. 따라서 우리가 문법 현상에 대해 예측하는 것도 부분적이고 불완전하다. 하지만 이와 같이 부분적이고 불완전한 예측도 일방향성 원리로 나타내는 것이 가능하다.

(55) X→Y

(55)는 'X가 참이면 Y도 참이지만 반대의 경우는 그렇지 않음'을 함의한다. 이에 따라 '偷'와 '抢'의 문법 현상에 대해서도 아래와 같은 일방향성 원리를

---

31   沈家煊(1999),「"在"字句和"给"字句」,『中国语文』第2期.

적용할 수 있다.

(56) 전경화된 개체 → 비전경화된 개체

(56)은 '어느 한 언어의 문장에서 만약 전경화된 개체가 원목적어를 담당할 수 있다면 비전경화된 개체도 원목적어를 담당할 수 있지만 반대의 경우는 그렇지 않음' 또는 '어느 한 언어의 문장에서 만약 전경화된 개체가 은폐될 수 있다면 비전경화된 개체도 은폐될 수 있지만 반대의 경우에는 그렇지 않음'을 함의하는 일방향성 원리다.

제8절과 제9절에서 '的'를 포함하는 구가 피수식어를 환유적으로 지시하는 문법 현상의 다양한 예를 언급한 바 있다. 그리고 이들에 대해 '개념적 환유 모형'이라는 인지 원리를 적용하여 체계적으로 해석하는 과정에서 높은 포괄성을 확인할 수 있었다. 그럼에도 불구하고 우리의 예측은 여전히 불완전하다. 구체적으로 말해서, 개념적 환유 모형에서는 전경화된 개념만이 전경화되지 않는 개념을 환유적으로 지시하는 데 사용될 수 있고 언어 환경은 개념의 전경화 정도를 바꿀 수 있다. 아래의 예를 살펴보자.

(57) a. *我的眼睛大, <u>她的</u>不大。
     b. 我的眼睛比<u>她的</u>大。
(58) a. *瑞宣的手很热, <u>她的</u>冰凉。
     b. 瑞宣的手碰着了<u>她的</u>, 冰凉。(四世同堂)
(59) a. *开车的时间变了, <u>到站的</u>也变了。
     b. <u>到站的</u>和开车的时间都变了。

(57)-(59) 모두 비교와 대조 표현이지만 형식적으로 a류와 b류 두 가지로 나뉜다. 두 개의 '的'자구(예를 들어 '我的'와 '她的')가 a류에서는 각각 다른 절에 출현하는 데 반해 b류에서는 하나의 절 안에 함께 출현한다. 이 때 두 개의 '的'자구는 하나의 단문 안에 함께 출현하는 것이 두 개의 절에 따로따로 출현하는 것보다 거리(실제 거리와 심리 거리를 가리킨다)가 더 가깝기 때문에 하나

가 다른 하나에 미치는 영향력이 커서 다른 하나의 전경화에 영향을 미치기 쉽다.

일정한 언어 환경이 반드시 어떤 환유적 지시를 가능하게 하는가? 우리가 그 여부를 완벽하게 예측하는 것은 불가능하지만 일방향성 원리를 사용하여 경미한 정도로는 예측할 수 있다. (57)-(59)의 경우, 만약 a류의 문형에서 환유적 지시가 일어난다면 b류의 문형에서도 반드시 환유적 지시가 일어나지만 반대의 경우는 그렇지 않다.

언어학의 연구 대상이 갖는 속성상 언어 연구는 완전한 예측이 불가능하다. 복잡하고 개방적인 체계를 완벽하게 예측해내는 것은 근본적으로 불가능하다. 언어는 복잡한 체계로서 수많은 측면과 요소들이 상호작용하고 융합한 결과이다. 복잡한 체계는 끊임없이 전개되고 변화하기 때문에 영원히 균형적인 상태를 이룰 수 없다. 만약 이 체계가 정말로 균형적이거나 안정적인 상태에 도달했다면 그것은 이 체계가 죽은 체계로 변했음을 의미한다. 언어 역시 개방 체계의 일종으로서 끊임없이 변화하고 있다. 때문에 언어의 형식과 의미의 대응은 불완전하기 마련이다. 기상학, 진화학, 지질학, 천문학 등이 그렇듯이, 언어학도 완벽하게 예측하는 것은 불가능하지만 그럼에도 불구하고 여전히 명실상부한 학문 영역이다.

제2장 기능문법과 중국어 연구[*]

기능문법에서 '기능'이란 언어가 인류의 의사소통을 위한 도구 '기능'을 한다는 의미이다. 언어가 소통을 목적으로 존재하기 때문에, 언어의 구조 또한 인류가 언어를 사용하여 소통하는 중에 다듬어져 형태를 이루게 되었다는 것이 기능주의의 기본 신념이다. 때문에 기능문법은 사람들이 언어를 관찰하고, 언어를 연구하기 위한 다양한 방법을 제공하게 되었다. 문법 형식의 변화 내력과 앞으로의 변화 흐름을 이해하고자 할 때, 문법 현상의 실체를 연구하고 토론하고자 할 때, 또는 문법의 실질적인 응용에 관심을 갖고자 할 때, 기능문법은 어디에나 적합한 분석 방법이다.

기능문법이 고려하는 제반의 문제들을 한마디로 압축할 수 있는데, 그것은 바로 '문법은 어찌하여 이러하다(how grammars come to be the way they are)' 이다. 이 문제는 형식문법학자들이 고려하지 않는 문제이기도 하다. 형식문법학자들은 인간이 문법을 선천적으로 갖고 태어난다고 여기기 때문이다.

형식주의 언어학자들은 언어를 하나의 닫힌 체계로 본다. 이 체계는 구조

---

[*]　이 장은 『중국어문논역총간』 제30집(2012)과 제31집(2012)에 발표된 자료를 수정 및 보완한 것이다. 참고문헌은 책 뒤의 말미에 일괄적으로 제시되어 있으므로 본 번역문에서는 번역을 하면서 참고한 문헌만 각주로 직접 제시하였다. 원문에서는 영어 술어, 인용 출처 등을 포함한 모든 부가 설명이 본문에 괄호로 제시되어 있으므로 본 번역문에서도 원문을 따랐으며, 필요한 경우 중국어를 병기하였다. 역자의 부가 설명은 모두 각주로 달았다. 학술 용어의 한국어 표기는 주로 『중국어 연구자를 위한 언어유형론』(루빙푸 외(2018), 한국문화사)과 『언어학 사전』(이정민 외 (2000), 박영사)을 참고하였다.

원칙이 통제하고 있고, 자체적으로 일치성과 명료성을 특징으로 한다. 형식주의 언어학자들이 하는 일은 이러한 전제하에 이 체계의 구조를 해석하는 것이다. 반면 기능주의 언어학자들은 언어를 열린 체계로 보려고 한다. 언어의 내부는 완벽한 조직이 결코 아니며, 우리에게 보이는 조직의 형식들도 실은 언어의 생태 환경에서 만들어진 것이다. 언어의 생태 환경이란 언어의 소통 기능이며, 사람들의 일상적인 의사소통과 상호 작용의 기능, 그리고 언어에 담겨있는 모든 인지 속성, 사회 속성, 생리 속성을 담당한다. 기능문법학자들이 하는 일은 바로 이러한 언어의 생태 환경에서 형식과 기능의 관계를 명확하게 나타내고, 기능이 문법 구조에 끼치는 영향을 본질적으로 밝히는 것이다. 다시 말해 언어현상을 언어 체계의 외부에서 해석하는 것이다.

여기에서 기능문법의 모든 이론과 방법을 전면적으로 소개하기는 불가능하고, 기능문법을 활용하여 진행된 중국어 연구의 모든 문제를 상세히 토론하기도 불가능하다. 단지 필자가 알고 있는 범위 내에서, 미국 서해안 기능학파(West Coast 학파)를 대표하는 몇 학자의 기능문법 이념(본장 제1~2절)을 소개하고, 필자가 중요시 할 만하다고 여겨지는 몇 분석 방법을 중국어 연구 실례에 접목하여 토론할 것이다(제3~5절). 기능문법의 기원과 학술 이념을 평론하고 소개한 문헌 중에서 읽어 볼만한 논문으로는 陈平(1987a), 廖秋忠(1991a, 1991b), 陶红印(1994), Thompson(1992), Noonan(1999) 등이 있다. 기능문법을 중국어 연구에 응용한 것을 논평한 문장은 Tai, Thompson & Biq(1996), Biq(2000), 屈承熹(2001) 등을 참조할 만하다. 형식주의 학자가 기능문법에 대해 평론한 글은 Newmeyer(1999, 2003), 徐烈炯(2002a)을 참조할 만하다.

1. 기능주의 문법관

1960년대 초기부터 통사 분석은 언어 연구 중에서도 가장 활발하게 진행되기 시작하였다. 생성문법의 영향으로, 낙관적인 학자들은 문법 현상이 조만간에 구조적인 면에서 해석이 가능해질 것으로 여겼다. 반면 1970년대 후반에 시작된 기능학파의 핵심 임무 중의 하나가 바로 한동안 단순히 구조적인 면에 속한다고 여겨온 논제들이 사실상 기능 요소에 의해 제약을 받고 있음을 증명하는 것이었다. 기능문법학자들에게는 단답형의 통사 규칙이 형식주의 언어학자들이 생각하는 것만큼 그리 많지 않아 보였다. 이번 절에서는 기능문법학자의 기본 언어관이 형식주의자들과 대립되는 면을 체계적으로 소개한다. 미리 밝혀둘 것은 기능문법은 산발적인 학파로, 각 학파가 '통사는 독립체'라는 것을 찬성하지 않는다는 것에서만 공통점이 있을 뿐이며, 그 외의 문제에 대해서는 관점이 완전히 일치하는 것은 아니다. 여기에서는 형식문법의 관점과 대비되면서도 이론 언어학계에 비교적 큰 영향을 준 '미국 서해안 기능문법'을 소개한다.

1.1. '언어수행'의 가치를 어떻게 볼 것인가?

형식주의자들은 언어능력(linguistic competence)과 언어수행(linguistic performance)을 구분하였다. 이 두 개념은 화자의 입에서 나오는 소리를 명확하게 나누어 놓았다. 언어능력은 이상적인 언어 개념이며, 문법틀로 개괄할 수 있다. 반면 언어수행은 그리 쉽게 파악되지 않으며, 잡다한 내용을 포함하고 있어서 어디에서부터 손을 대야할지 가늠하기 어렵다.

기능문법학자들은 이와 같은 구분이 존재하지 않으며, 화자의 입에서 나오는 소리는 모두 언어 연구의 대상으로 삼아야한다고 생각한다. 왜냐하면 화자는 실제로 말을 하면서 현실 사회의 요소들을 고려해야 하며, 청자와의 상호 작용을 고려해야 한다. 청자가 무엇을 알고 있고 무엇을 모르는지, 청자는 화자 자신이 한 말 중 어떤 정보를 가려내어 어떤 새로운 정보를 얻는지, 청자의 기억력은 어떠한지 등등을 줄곧 생각하면서 말을 한다. 이러한 요소들을 고려하면서 말할 때 단어와 통사를 어떻게 선택하며 조정하게 될까? 이것은 매우 관심 가져 볼 만한 문제이다. 때문에 형식주의 학자들은 '언어능력은 화자의 언어 지식에 속하며 안정적인 반면, 언어수행은 사회적 요소가 언어 행위에 영향을 미친 것으로 항상 변화한다'고 하였다. 이것이 바로 언어 구조와 언어 사용 동기를 서로 분리해서 다룬다는 관점이다. 그러나 언어를 포장하고 배열하는 것은 근본적으로 사회 요소를 고려해서 이루어지는 것으로, 화자의 언어 지식과 언어 행위는 서로 다르지 않다.

1.2. 언어 구조는 절대적으로 '규칙'이 통제할까?

형식주의 언어학자들은 언어 구조를 규칙이 통제하는 것으로 본다. 그들은 언어 구조 중에서 '자주성(automatic/arbitrary)'을 가장 잘 드러내는 부분에 대해 강조를 한다. 즉, 문법화가 가장 잘 이루어진 부분을 강조한다. 그들도 언어 사용 중의 '창조성'을 부인하지는 않지만, 창조 역시 규칙이 담당하는 부분으로 여긴다. 왜냐하면 사람들은 동일한 규칙을 이용하여 이미 있던 형식을 조합해서, 이전에 들어 보지 못한 새로운 구문을 만들어 낼 수 있기 때문이다. 이러한 시각으로는, 우리의 일상 언어생활 중에서 자주 사용하는 '생소한 단어'를 '덩어리째' 익히고 관용어를 배운다는 사실을 간과하기 쉽다.

반면, 기능주의 언어학자들은 언어를 실제로 사용하는 과정에서 끊임없이 조정되는 것으로 본다. 그렇다면, 우리가 자유자재로 쓰고 있는 이 언어도구는 연속체일 뿐이며, 소위 말하는 '언어 구조' 또한 이러한 연속체의 개괄일 뿐인 것이다. 이 연속체의 한쪽 끝에는 어겨서는 안 되는 규칙이 있다. 예를 들면 영어의 관사는 영원히 명사 뒤에 올 수 없다든가, 중국어의 수사는 반드시 양사 앞에 놓인다든가 등이 그러하다. 이 연속체의 다른 한쪽 끝에 있는 어떤 규칙들은 극소수의 형식에만 적용되고, 동류의 모든 형식에서 적용되는 것은 아니다. 예를 들어, 중국어에서 형용사는 명사를 직접 수식하는 것이 마치 비교적 자연스러운 규칙인 듯하지만, 언어 사실을 대량으로 살펴보면, 직접 명사를 수식할 수 없는 형용사가 훨씬 더 많은 듯하다(沈家煊 1997). 또 한 예로, 영어에는 서로 다른 동사가 현재 분사와 부정식 중에 선택하여 취하는 규칙이 있다고들 한다. 즉 enjoy swimming은 되지만, enjoy to swim은 안 된다. 그러나 like는 이러한 제한 없이, like swimming과 like to swim 둘 다 가능하다. 세부적인 차이가 규칙의 절대적인 일치성을 깨뜨리고 있다.

사람들은 숙어, 관용조합, 불규칙 형식을 자연스럽게 받아들일 수 있다. 문장의 줄기(sentence stems, 句干)[1]와 단기기억 덩이(memorized chunks, 短时记忆片断)[2] 같은 것들도 반드시 통사 규칙이 작용하는 것은 아니다. 때문에 기능문법학자들이 볼 때, 이 연속체의 이쪽 끝에서 저쪽 끝까지, 전체 연속체 속에서 임의의 어떠한 곳이라도 개괄이 가능하다. 경험상 '문법 체계가 선천적으로 규칙에 의해 통제를 받는다'는 가설의 증거는 찾아볼 수 없다. 표면적으로 '규칙'인 것은 그저 이 연속체의 한 단면일 뿐이다. 일상 언어 행위를 통제하는 것은 단지 발화 중 나타나는 그러한 경향성의 규율일 뿐이다.

문법이란, 발화 형식 속에서 계속적으로 '드러나는(emerging, 浮现)' 어떠한 것이라 할 수 있다.

1.3. 언어의 선천성 문제

형식주의 언어학자들은 언어를 태어나면서부터 선천적으로 가지고 있는 능력이며, 여타 인지 행위와 사회 행위와는 무관한 것으로 보았다. 이들은 어린아이가 성장하는 환경에서 받아들일 수 있는 언어의 주입이 극히 제한적인 것에 주목한다. 어린아이가 주변의 환경으로부터 언어를 배울 기회도 그리 많지 않다. 그러나 일정한 연령에 달하면 곧 비교적 능숙한 언어 규칙을 사용할 수 있게 되고, 언어 구조를 파악하는 일종의 선천적 능력을 보여준다. 이처럼 복잡한 구조를 신속하게 습득하는 현상에 대해, '생득설(innateness hypothesis, 天赋说)'이 아니고서는 해석이 불가능하다.

기능문법학자들은 '생득설'이 실제로는 언어 규율을 해석할 도구를 찾는 것

---

1   어간(stem)이란 굴절 접사가 첨가되기 전의 형태를 말하는데 예를 들면, 영어에서 boys, recounting, kidness 같은 단어에서의 어간은 boy, recount, kidness이다(이정민(2000), 「언어학사전」, 박영사, 820쪽). 같은 맥락에서 'sentence stem'은 문장의 주된 줄기로 이해할 수 있다.

2   덩이짓기(chunking)란 단기기억에서 기억 용량에 제한이 있어 덩이로 나누어 기억을 돕는 방법이다. 예를 들면, 72556096354라는 숫자의 나열은 보통 순간적으로 외울 수 없다. 7255-6096-354 등으로 덩이짓기 함으로써 기억하기 쉬워진다(임지룡 외 역저(2004), 『인지언어학 키워드 사전』, 한국문화사, 47쪽).

을 회피하는 것이라 여긴다. 대다수의 언어 행위가 인간이 인지하는 여타 방면
과 긴밀한 관계를 맺고 있다는 증거는 쉽게 찾아볼 수 있다. 예를 들면 인간의
기억력이 지닌 경이로운 능력, 개념 범주화(categorization), 문법 도상성
(iconicity, 象似性), '전경-배경'의 인지모형(figure-ground), 문제해결 방식
(problem-solving), 추리 방식(inference) 등이 있다(원서 제1장 참고).[3] 그렇기
때문에, 우리가 언어능력이 독립적이며 순전히 선천적이라고 가정할 이유는
그다지 찾아볼 수 없다.

1.4. 형식화(formalism)

형식학파에게 형식화는 굉장히 중요하다. 어떠한 분석이 형식화 될 수 없고,
적합한 틀(model)에 들어맞지 않는다면, 완전한 분석이 아니다. 그래서 그들은
늘 현상을 해석함에 있어 형식화된 체계에서 정확한 위치를 설정하고, 정확한
통사 특징을 찾으려하고,[4] 그에 맞춰 조작하는 정도에 그친다.

기능학파는 형식화의 방법이 언어현상을 이해하는 데에는 계몽적인 의의가
있으며, 유용하다고 여기기도 한다. 하지만 기능학파들이 형식화 자체에 흥미
를 느끼는 것은 아니다. 형식화가 문법 연구의 궁극적인 목적이라거나, 형식화
가 이론으로 승화될 수 있다고는 여기지 않는다. 그들은 현재 우리가 발견한
언어 사실만으로는 형식화된 틀을 만드는 것이 시기상조라고 생각한다. 왜냐하
면 우리가 소유한 언어 사실이 적어도 너무 적고, 언어학이 아직은 신생학문이
기 때문이다.

1.5. 언어 공통성에 대한 관점

언어 공통성에 대한 탐색은 당대 언어학의 각 학파에게 공동의 관심사이며,

---

[3]   원서 제1장 沈家煊,「认知语言学与汉语研究」참고

[4]   역자와의 필담 중에서 필자는 원문 "把一个现象的解释落到实处"를 "在一个形
       式化的系统中找到准确的定位, 找到清楚的句法特征。"이라고 해석하였다. 필자
       의 의도를 정확히 나타내고자 필담 내용을 토대로 번역하였다.

형식문법학자와 기능문법학자 모두가 매우 바라는 것이 있는데, 그것은 바로 가능하면 전면적이고 심도 있게 여러 언어의 문법 규율을 개괄하는 것이다. 두 학파가 다른 것이 있다면, 형식문법학자들은 인간이 보편적인 문법 원칙을 선천적으로 갖추고 있으며, 이러한 원칙에는 일정한 매개 변수가 있어서, 개별 언어 사이의 차이가 이러한 매개 변수의 구분으로 만들어진 것일 뿐이라고 믿는다. 기능문법학자들이 보기에 이러한 설명 방식은 독단에 가깝다. 기능주의 언어학자들은 본질적으로 문법은 실제 사용하는 중에서 인지의 방식, 사회 수요와 담화 교류 작용 등의 요인이 영향을 주어 형성된 것으로 본다. 사람들은 대화하면서 공통된 인지 기초를 따르며, 공통된 소통 책략을 따른다. 이러한 요인이 서로 같다면, 또 이로 인해 만들어진 문법 표현에도 반드시 공통점이 드러날 것이다. 본문 제3절에서 소개될 Thompson(1998)의 '부정(否定)'과 '의문' 두 범주의 연구는 서로 다른 언어에서 이 두 범주가 제각각의 방식으로 표현되는 듯이 보이지만, 실제로는 똑같은 담화 동기를 따르고 있음을 매우 잘 보여주고 있다.

1.6. 언어 자료

형식학파와 기능학파는 언어 자료를 선택하는 방법이 다른데, 이 역시 그들의 언어관과 밀접한 관계가 있다. 형식문법에서는 기본적으로 연역법을, 기능문법은 귀납법을 취하는 경향이 있다. 그래서 형식문법학자들은 직감에 주로 의지하며, '내부 관찰(內省)'의 방법으로 언어 자료를 찾는다. 이러한 언어 자료가 문법의 가능한 형식을 모두 보여주기에 충분하다고 믿는다. 반면 기능문법학자들은 현실의 언어 자료를 광범위하게 수집한다. 특히 일상에서 사용하는 언어 중에서 자료를 찾는다. 그들은 자신들의 관점을 다음과 같이 생동감 있게 표현하고 있다. 언어의 실제 표현이 우리 앞에 놓여 있을 때, 왜 관찰하려 하지 않고 오히려 눈을 감고 상상하려 하는가?

1.7. 문법의 단원성과 분류(modularity and compartmentalization)

언어 연구는 언어의 여러 방면에 주목한다. 형식학파 쪽에서는 문법과 관련된 몇 개의 부분이 서로 격리되어 있다. 즉 화용론, 의미학, 음운론(音系学) 등은 서로 간여하지 않는다. 만약 어떤 현상이 '화용'에 속한다면 그것은 '음운' 부분과는 전혀 관계가 없고, 만약 어떤 현상이 '화용'에 속한다면 그것은 '통사'와 관계가 없다.[5] 기능문법학자들이 볼 때 이러한 주장은 결코 언어 사실의 지지를 받지 못한다. 주어와 동사의 '일치 관계(subject-verb agreement)'만을 놓고 볼 때, 순수하게 통사 문제로 보인다. 그러나 문법사(语法史)의 자료가 증명하듯이, 실제로는 담화-텍스트 현상의 문법화 결과이다. 게다가 어떤 언어에서는 이 문법화가 아직 채 완성되지 않았다. 이렇기 때문에 통사와 담화가 완벽하게 서로 다른 영역으로 구분되기는 어렵다. 마찬가지로 어휘와 문법, 통사와 형태, 의미와 화용, 운율(韵律)과 문법 등의 '단원' 사이에 정확한 구분은 없다. 그들 사이의 연관성에 주목하는 것이 그들을 구분하여 나누는 것보다 더 의미가 있다.

1.8. 의미 문제

형식문법에서는 의미 분석과 문법 분석을 나누어 놓았다. '의미'와 '통사'는 각각 서로 다른 영역이다. 그들도 이 둘 사이에 관계가 없다고 여기는 것은 아니다. 하지만 통사와 의미는 반드시 각자가 각자의 개념과 술어를 이용해야 하며, 서로 독립되어 있음을 강조한다. 그들이 연구하는 '의미'는 세속에서의 '의미'가 아니라 형식의미학(形式语义学)을 말한다. 즉 형식 논리로 본 의미만을 가리킨다.

---

[5] 단원성(modularity)이란 언어가 높고 낮은 층위로 구분될 수 있다는 것이다. 예를 들면, 언어에서 발화를 들은 후 통사 구조는 잊고 내용 요지만을 기억하는 경향이 있는데, 이것이 바로 언어의 높은 층위의 표시가 저장되고 낮은 층위 표시들은 지워지거나 특별한 처리 과정을 거쳐 유지된다는 것이다. 이를 토대로 단원 체계를 마련할 수 있다(이정민 외(2000), 『언어학 사전』, 박영사, 543쪽 참조).

기능문법학자들은 의미와 문법 구조는 모두 담화 형식에서 왔으며, 둘은 서로 얽혀 있어 따로 떼어 내지 못한다고 생각한다. 의미는 형식 논리와 그다지 직접적인 관계가 없으며, 인류의 문화생활 및 사회생활과 밀접한 관련이 있다. 의미는 사람들이 서로 시시각각 교류하는 중에 끊임없이 다듬어지고 있다. 어떠한 말 한마디라도 교류하고 소통하는 과정에서 그 의미가 드러나게 된다. 근본적으로 고립된 '의미 표현(semantic representation, 语义表达)'은 존재하지 않는다. 예를 들어, 형식학파 학자들이 서로 다른 언어의 재귀(反身) 현상을 연구할 때늘 처치 곤란한 단어들과 맞닥뜨리게 된다(Huang 1994, 2000 참조). 어휘 방면에서 보면, 자신의 행위를 가리키는 단어들이 그러하다. Kemmer(1993)는 '중간태(middle voice, 中性语态)' 현상을 분석하였는데, 수많은 언어에서 특수한 동사 표기를 이용해 이러한 뜻을 나타내는 경향이 있다: (1) 신체 전체를 수식하는 동사(wash, shave, get dressed), (2) 방위를 바꾸지 않는 동사(stretch, turn), (3) 몇몇 자세 변화 동사(sit down, get up, kneel) 등이다. 이러한 '문법 의미'는 언어의 형식에서 자체적으로 한 부류를 형성한다. 이 '문법 의미'란 논리 의미가 아니라 사회생활에서의 의미에서 비롯한 것이다. 다른 예로 Mithun(1991)이 분석한 '능동성/상태성(主动性/状态性)' 문제에서 보여주듯, 어떠한 언어에서든 능동에서 피동으로 의미는 연속적으로 이어져있다. 이것이 도대체 의미 범주의 차이인지 문법 범주의 차이인지는 늘 명확하게 말하기 어렵다. 중요한 것은 문법 형식이 투영하는 것이 사회생활의 구조이지 형식 논리의 구조가 아니라는 것을 명확히 알 수 있다.

1.9. 범주의 분립성(分立性)

형식파의 체계에서 언어 범주는 분립되어 있다. 흔히 알고 있듯이, 주어진 절은 명사절(NP)이 아니면 개사절(PP)이다. 주어진 단어는 명사(N)이거나 형용사(A)이다. 주어진 단어는 조사(particle)이거나 개사(preposition)이다. 반면 기능파에게 언어 범주는 분립된 것이 아니다. 여타 인간의 인지 범주와 마찬가지로, 거기에는 각각의 '원형(原型)'이 있다. 범주 간에 대부분 그 경계가 모호하다. 예를 들어 말하자면, '走进屋子'에서 '进'이 동사'走'의 부가 성분일까 아니면 장소 명사 '屋子'를 이끌어내는 성분일까? 만약 전자라면, 방향 동사 혹은 조사로 보아야 할 것이고, 만약 후자라면, 개사로 보아야 마땅하다. 사실 이 두 경우 모두 일리가 있다. 그러나 이 두 경우 모두 완벽한 설명은 아니다. 왜냐하면 '进' 자체가 조사와 개사 두 성질을 모두 갖추고 있기 때문이다. 이러한 상황은 중국어에만 있는 것이 아니며, 다른 언어에서도 흔히 보인다. O'Dowd(1998)는 영어의 조사와 개사에 관련된 문제를 전문적으로 다루었다.

이상 9개 방면에서 기능문법이 추구하는 이론에 대해 살펴보았다. 이러한 내용을 안다면, 기능문법이 왜 완정된 이론 체계가 없는지, 상대적으로 통일된 처리 방식이 없는지를 이해하기는 어렵지 않다. 이 학파의 연구 범위는 이토록 넓어서, 앞으로 개척해야 할 영역이 아직도 많이 남아 있다.

2. 기능문법연구 간략사

여기서는 근 30년간 기능문법이 서양에서 발전해 온 역사와 중국에서 진행된 관련 연구에 대해 간략히 소개하고자 한다. 서양에서의 상황은 주로 Thompson(1992)을 참고하였다.

2.1. 서양의 기능문법 연구

기능분석법은 1970년대 중반부터 영향력 있는 언어학파로 알려지기 시작했으며, '기능주의'라는 명칭으로 불리게 되었다. 1970년대에 형성된 미국의 기능학파는 그냥 생겨난 것이 아니다. 학술적으로 보면, 멀게는 유럽 프라그학파에 이르고, 가깝게는 미국학자 Dwight Bolinger와 Wallace Chafe 등의 연구가 있다. 일반적으로는 Mathesius(1930)의 연구를 프라그학파의 전통이 형성된 표지로 삼는다(朱伟华 1987 참조). 그 핵심 내용은 현재 이미 널리 알려진 '정보의 흐름(information flow, 信息流)' 문제였다. 즉 '구정보'와 '신정보'를 구분한다는 것이다. 구체적으로 말해, '기능 문장 투시법(functional sentence perspective, 句子的功能透视)'이라 불리는 관점이다.[6] 즉, 문장을 '주제(thematic, 主位)'

성분과 '평언(rhematic, 述位)' 성분으로 나누는데, 전자는 청자/독자가 익히 알고 있는 것이고, 후자는 그렇지 않은 것이다. 평언 성분은 주제 성분보다 훨씬 더 통보력(communicative dynamism, 交際动力)을 갖는 성분으로, 문장에서 의사소통의 기능이 강하다. 뿐만 아니라, 정보가 문맥 안에서 계속 변화하고 있음을 강조한다. 프라그학파는 전통적으로 담화 안에서 문법 수단과 운율 수단을 구분하는 데 주의를 기울여왔다. 예를 들면, 영어를 문장이 처음 시작할 때부터 끝날 때까지 통보력이 끊임없이 증가하는 언어로 보았다.

Bolinger는 20세기 중기에 미국 언어학계에서 활약한 학자이며, 언어에 대해 치밀한 기술을 하기로 유명하다. 그는 기능의 시각으로 서반아어와 영어의 문법 현상을 대량 기술하였다. 그는 형식 구조 요소만이 문법 구조의 형성을 결정짓는 것이 아니라 의미와 화용의 요소가 더 결정적인 작용을 한다고 믿었다. 바로 이 점이 훗날 학자들에게 매우 큰 영향을 주었다. 그가 내세운 슬로건인 '하나의 형식은 하나의 의미를 갖고, 하나의 의미는 하나의 형식을 갖는다'는 말은 훗날 기능문법학자들이 공인하는 말이 되었다.

미국 기능학파는 1960년대에 시작되었다. Chomsky의 생성문법이 의미를 중시하는 몇몇 학자들의 의심을 받게 된 시기이다. 그중 Fillmore와 Chafe가 내세운 의미역(语义角色)을 통한 해결 방안의 영향력이 가장 컸다. 이와 동시에, Greenberg(1978b)의 언어 유형에 대한 보고가 뜻을 같이하는 학자들에게 강한 인상을 남겼다. 그들은 문법 기능의 비교 연구에 정력을 쏟기 시작했다. Fillmore가 격(格)문법을 제시하면서, 언어 비교는 이전보다 더 넓은 입지가 생겼다. 과거의 유형 연구는 단순히 언어를 몇 가지 대략적인 부류로 나누었을 뿐이며, 각 언어의 문법 성분을 일대일로 비교하기가 어려웠다. 격문법은 서

---

6   프라그학파의 창시자격인 V.Mathesius(1929)와 후기 프라그학파의 Petr Sgall(1967) 및 Jan Firbas(1959, 1966) 같은 학자들은 한 문장을 기능의 관점에서 theme과 rheme으로 분석하는 '기능 문장 투시법'(줄여 FSP라고도 함)이라는 자연언어의 기술 방법을 제시하고 탐구하였다. 그리하여 문장 내의 어순에 있어서 대체로 theme이 주어가 되는 경향이 많다든가 하는 일반화를 얻게 되었다(이정민 외(2000), 『언어학 사전』, 박영사, 663쪽 참조).

로 다른 언어에서 같은 문법 기능이 서로 다르게 표현된 형식을 비교할 수 있는 기초를 마련해 주었다. 1970년대에 시작되었으며 '공통성과 유형(共性与类型)'으로 불리는 연구 방법이 기능문법의 주요한 흥밋거리가 되었다. 이 시기에는 주로 문법 관계 문제, 격 표기 체계, 시제-상 문제, 사동 구조 문제, 조건 종속절 및 관계 종속절 문제, 형용사 문제 등등이 언어 비교의 주요 과제가 되었다.

1970년대에는 공통성과 유형 연구 방면에서 세 편의 주요 문헌이 발표되었다. 첫 번째는 Dik(1978)의 기능문법 이론인데, 의미층, 통사층과 화용층에서 서로 연관되는 개념이 이 저서의 핵심이다. 이 책은 언어 공통성을 탐색하는 기능문법 틀을 제시하였다. 두 번째는 Greenberg 등(1978)이 펴낸 연구 보고이다. 스탠포드 대학에서 10년간 이루어진 과제로 언어 공통성 연구로는 전대미문의 거대 프로젝트였으며, 음운 공통성, 형태 공통성, 통사 공통성의 연구 성과를 광범위하게 수록하였다. 세 번째는 Givón(1979)의 저서이다. 화용 기능과 담화 기능의 시각에서 대량의 범언어적 문법 현상을 광범위하게 다루었다. 그 밖에 최초로 언어 공통성과 언어 유형을 다룬 가장 권위 있는 교재로는 Comrie(1981)가 있으며, 유형과 공통성에 관한 도서 목록을 완벽하게 갖춘 Mallinson & Blake(1981)도 같은 해에 출판되었다.

1980년대에도 유형과 공통성을 다룬 영향력 있는 책들이 적잖이 등장했다. Foley&Van Valin(1984)은 Dik의 저서와 마찬가지로 대량의 언어에 기초한 기능주의 문장 구조 이론을 제시하였다. 관계 개념이 그 핵심이다. Givón(1984)은 문법의 기능/화용관을 총체적으로 소개한 안내서를 내놓았다. Bybee(1985)와 Dahl(1985) 모두 기능의 방법이 형태학 방면에서 어떻게 작용하는지 밝히고자 하였다. 형태학의 교리는 한때 도전 불가한 것으로 여겨졌었는데, Bybee(1985)는 형태 표기법이 그 표현하는 의미와 직접적으로 관련이 있음을 실질적으로 밝혔다. Dahl(1985)은 시제-상 체계의 유형학 연구를 완벽하게 저술하였는데 세계의 언어 가운데 극소수 공통성을 갖는 유형을 찾아냈다. 특별히 거론할 만한 두 편의 중요한 문집이 있는데, 바로 Shopen(1985)과 Nichols & Woodbury(1985) 이다. 특히 전자는 범언어적 기능 관점에 입각하여 문법의 중요한 과제에 대해

거의 완벽하게 정리해 놓았으므로, 기초 연구를 할 때 빼놓을 수 없는 참고서이다.

그 밖에 이 시기에 기능주의 언어학의 발전에 중요한 역할을 한 사람들이 있는데 바로 Susumu Kuno와 John Haiman이다. Kuno는 형식통사의 용어와 논증 방식을 사용하여 형식주의 언어학자들과 직접 대화하는 몇 안 되는 기능문법학자이다. 그는 대다수의 논문에서 어떤 통사 규칙이 기능의 제약을 받은 것이며, 언어를 사용하는 과정에서 발생하는 인지 제약과 관계가 있는지를 증명하고 있다. Haiman은 문법 '도상성'을 밝히고자 하였다.

이 시기 기능언어학의 또 다른 세력으로 M. A. K. Halliday가 이끄는 미국 외의 학자들이 있다. 바로 우리가 익히 알고 있는 '체계기능문법(Systemic Functional Grammar, 系统功能语法)'이다. 이 학파의 특징은 언어의 사회 기능과 화용 기능, 의미 기능을 모두 언어의 생태 환경[7]으로 보고, 이러한 언어 환경에서 문법 체계를 관찰한다. 글말과 입말 모두에 관심을 갖고 있다.

1970년대와 1980년대 초기, 미국에서 시작된 또 하나의 연구 유파도 마찬가지로 유형학과 관련이 있으며 프라그학파의 계통을 이어 발전되어 왔다. 그들은 문법이 담화 기능에 의지하며 말을 내뱉을 수 있는 적합한 상황에서 나타난다고 보았다. 바로 Hopper로 대표되는 '동태부각문법(动态浮现语法)'이다. 이에 대해 본문 제5절에서 다룰 것이다.

2.2. 중국어의 기능문법 연구

중국의 문법 연구 중에서도 일찍이 의사소통 기능을 중시한 관점이 있었다. 유럽의 프라그학파처럼 신정보 - 구정보 문제, 텍스트 속에서의 지시 현상 문제 등이 모두 중시되었었다. 이 방면의 선구자는 吕叔湘 선생이다. 그는 일찍이 1946년에 중국어 주어 - 목적어 문제에 대해 논문을 발표하여, 중국어 주어-목적어 위치 관계가 사실은 신정보 - 구정보 원칙과 밀접한 관련이 있음을 충분히 설명하였다. 중국어 문장이 대다수는 "'익숙함'에서 '생소함'으로"의 원칙을 따

---

7   저자는 '언어의 생태 환경(ecological setting)'이라는 단어를 사용하여 언어가 의사소통의 기능이 있음을 강조하였다.

르거나, 혹은 "청자의 마음에 이미 있는 것을 꺼내어 상세히 설명"하거나, 아니면 "청자 마음에 없는 것은 잠시 보류하고, 먼저 환경을 서두로 한 다음, 모르는 것을 이끌어 낸다"고 하였다. "요컨대, 이미 아는 부분을 먼저 말하고, 새로 알아야 하는 부분을 나중에 말해야 한다". 이것이 우리 언어 심리의 일반적인 경향이라 하였다(呂叔湘 1946). 또 명사 앞에 '个'의 작용과 '把'의 목적어를 논할 때에도, '한정성(有定性)'과 '비한정성(无定性)' 등의 개념에 대해 충분히 연구하고 분석하였다. 안타까운 것은 이러한 통찰력이 그 이후 삼사십 년 동안 제대로 중시되지 못하였으며, 1980년대 중후반에 미국에서 유학한 학자들이 미국의 기능문법 사상을 체계적으로 들여올 때 비로소 그 가치를 다시금 인식하게 되었다.

1980년대 중반, 중국 내륙에서 기능문법이 시작된 계기는 '把'자문의 토론이다. 王还(1985)은 '把'자문의 목적어가 '한정성' 특징이 있다는데 의구심을 품었는데, 그 후로 사람들이 중국어 명사구의 '한정성'과 '비한정성'에 대해 체계적으로 생각하는 계기가 되었다. 范継淹(1985)은 중국어 주어 위치에 오는 '비한정 명사(无定名词)'에 대해 고찰하며 이 문제에 대한 토론을 심화하였다. 1987년, 시기적절하게도 陈平(1987b)이 중국어 명사구의 지칭 성질(指称性质)에 대해 체계적인 토론을 펼쳤으며 이 논문은 그 후 20여 년 동안 중국어 기능문법 연구에 견고한 기초를 마련해 주었다. 陈平이 캘리포니아 대학에서 박사학위로 쓴 논문은 중국어 서술문 중 지칭의 도입과 추적(指称的引入和追踪) 문제이다. 1988년 그는 중국어 무형 재귀(零形回指)에 대한 논문을 중국에서 발표하였는데, 그보다 먼저 廖秋忠 역시 텍스트(篇章) 요소가 동사의 목적어 생략에 미치는 영향(1984), 틀-창살(框-棂) 관계에 있는 명사의 텍스트 연속성(1986a), 명사의 지칭 일치(指同) 관계(1986b) 등 현상의 제약에 대해 체계적으로 논하였다. 이 일련의 연구들은 중국어 기능문법 연구가 전면적으로 시작되었음을 알려주는 지표가 되었다. 陈平(1987a)과 廖秋忠(1991b)은 최초로 기능문법의 학술 이념에 대해 체계적으로 논했다 하겠다. 1990년대 중국 내륙의 기능문법 연구는 기본적으로 이러한 성향의 연구가 지속되었다.

중국어에 대한 해외의 기능문법 연구자로는, 미국 서해안 학파에 속하는 李

讷, 安珊笛, 陶红印, 毕永峨 등이 있다. 그들의 공통된 특징은 담화 기능이 문법에 미치는 영향에 주목한다는 것이다. 특히 입말 언어 자료를 주로 분석한다. 미국과 대만 언어학계에서 활약하고 있는 戴浩一는 인지와 화용 요소가 통사 구조와 문법 성분에 미치는 영향을 주로 관찰한다. 유럽에서 가장 영향력있는 중국어 기능문법 연구자로 黃衍이 있는데, 그의 연구 특징은 Kuno와 유사하여, 형식문법학자가 관심을 두고 있는 재귀지칭 현상 등의 중요 과제에 직접적으로 참여하면서, 형식문법의 틀에서 화용 원칙이 통사 현상을 근본적으로 해석할 수 있음을 증명하였다.

3. 문법성분이 작용하는 층위

여기서부터는 문법 단위의 단계관(层级观), 문체(语体) 문법에 대한 관점 차이, 논항 구조의 동태관(动态观) 등 몇 가지 대표적인 내용을 선별하여 실제 사례를 들어 기능문법의 분석 방법을 소개할 것이다.

기능문법이 의사소통에 관심을 가지고 있으므로, 주목하는 연구 범위도 문장 내부에 제한되지 않으며, 언어 의사소통의 모든 활동으로 확대되었다. 전통문법을 비롯해 당대 형식주의 문법은 문장 내부의 구조를 집중 연구한다. 그렇다면 기능문법과 형식을 중시하는 문법의 차이는 단지 연구 영역만 다른 걸까? 당연히 그렇지 않다. 기능문법은 언어의 의사소통 작용을 중요시하여, 문장에 국한하여 분석하던 전통적인 방법으로는 완전하게 개괄할 수 없던 문법 현상을 실제 의사소통 상황을 통해 발견하였다.

3.1. 의문과 부정(否定)의 서로 다른 작용에 대한 문제

이전의 문법 기술에서는 의문과 부정을 모두 일반긍정문과 대립되는 형식으로 보았으며, 그 특수성이 줄곧 관심의 대상이었다. 하지만 의문과 부정[8]의 문

---

8   원문에는 肯定으로 되어있으나 문맥상 否定임을 알 수 있고, 저자로부터 오자임을 확인하였다.

법 표현 그 자체가 근본적으로 어떤 특징이 있는지는 거의 논의되지 않았다. S. A. Thompson(1998)은 세계의 언어를 광범위하게 조사한 선행 자료에 근거하여 의문 표현을 5가지 형식으로 귀납하였다: (1) 동사 도치(inversion); (2) 의문 형태소(interrogative morphemes); (3) 부가 의문문(tag questions); (4) 비억양 음운 표지(non-intonational phonological markers); (5) 억양(intonation). 이 다섯 가지 의문 표현 방식은 사실 공통된 특징이 있는데, 그것은 바로 문장 제일 앞이나 제일 뒤에 위치하든지 아니면 전체 문장의 음성 형식에 묻어있든지 간에, 한마디로 말해서, 문장 전체에 작용한다는 것이다. 마찬가지로 부정 형식을 보자면, 광범위하게 조사한 결과, 세계 언어의 부정 형식은 세 종류에 불과했다: (1) 부정 조사(negative particles); (2) 부정 동사(negative verb); (3) 부정 접사(negative affix). 이 세 형식 모두 문장의 핵심 술어동사와 직접적인 관계를 맺고 있다. 이러한 사실을 발견하고, Thompson은 다음과 같은 문제를 제기했다. 왜 의문 표시법은 문장 층위에서 표기되고, 부정 표시법은 늘 술어 중심으로 표기될까? 이 문제를 형식 구조의 방법으로 해석하기는 어려운 듯하다.

이에 대해 그녀는 기능문법의 시각에서 답을 내놓았다. 의문은 상호소통의 언어 행위이며, 전형적인 상호소통 담화 형식은 바로 일문일답으로 구성된다. 물음을 제기하는 의문문의 작용은 바로 발화 순서 취하기(turn taking, 变换话轮)[9]이다. 반면 부정은 본질적으로 명제의 진위 판단과 관련이 있고, 상호소통 행위에서 중요한 역할을 하지 않는다. 항상 언어 환경에 의지하지 않는 사건이나 상태를 부정한다. 그래서 의문의 통사 표현은 늘 상호소통 행위의 기본 단위인 문장에 놓이고, 부정의 통사 표현은 항상 문장의 핵심인 술어에 위치하는 것이다. 이로써 기능문법학자가 처음으로 의사소통의 시각에서 '의문'과 '부정'이 서로 다른 층위의 것임을 밝혔다.

중국어 '吗' 의문문의 문법화 과정은 역사의 시각으로 이 둘의 관계를 증명하고 있다. 蔣紹愚(1994)의 소개에 따르면, 중국어의 문미 의문 어기사(语气

---

[9]   'turn-taking'은 '차례맡기, 말차례 가지기, 말 주고받기' 등으로도 번역된다.

词) '吗'는 부정사(否定词)에서 발전해 온 것이다. 아래 예문들은 발전 과정 중의 전형적인 상황을 잘 보여주고 있다.

(1) 吾非爱道于子也, 怨子不可予也。(淮南子)
(2) 秦王以十五城请易寡人之璧, 可予不？(史记)
(3) 世间羸瘦, 有剧我者无？(贤愚经)
(4) 秦川得及此间无？(唐诗)
(5) 锦衣公子见, 垂鞭立马, 断肠知磨？(敦煌文书)
(6) 张眉努目喧破罗, 牵翁及母怕你摩？(同上)
(7) 这是爆竹吗？(红楼梦)

비록 '不', '无', '磨', '摩', '吗' 이 글자들 사이의 관계는 비교적 복잡하지만 중국어 역사문법 학자들은 '吗'가 부정사에서 왔다는 데에는 의견을 같이한다. 위의 과정에서 보듯, '吗'의 전신(前身)이 순전히 부정사였을 때, 그 통사 위치는 문장의 주요 동사와 밀착되어 있다. 그 후 어떠한 의문 작용을 하게 되고 문미에 위치하는 경향이 생겼다. 그리고 완전히 전문적인 의문사가 되었을 때에는 고정적으로 문미에 위치하게 되었다.

3.2. 현대 중국어 '了'의 작용 층위

'了'는 현대 중국어에서 가장 중요한 문법 표기 중의 하나이다. 일반적으로 동사의 어떠한 문법 성질을 나타낸다고 본다. '了'를 몇 개의 형태소로 나누고, 문법 의미가 무엇인지에 대해 중국어 문법학계에서는 수많은 논쟁을 벌여왔다. 필자는 '了'의 문법 의미에 대해, 马希文(1983), 刘勋宁(1988), Li, Thompson & Thompson(1982)의 의견에 각각 동의한다. 이를 구분하여 각각 '了0', '了1' 과 '了2'로 칭한다. '了0'은 전문적으로 보어를 담당하고 의미가 비교적 실재적인 성분이다. 북경 입말에서는 [lou]로 발음한다. '끝내다(了结)'라는 뜻을 나타내며, 일부 방언의 '~掉'의 의미와 비슷하다. '了1'은 동사의 상(体) 표지로, 실현을 나타낸다. '了2'는 문미에 쓰이며, 그 문장의 상태가 어떤 발화 시점과 관련이 있음을 나타낸다.

아래는 '了0', '了1', '了2'의 예문이다.

(8)   a. 别吃了1(不要継续吃了)b. 别吃了0(不要吃掉)
(9)   a. 吃了1两个菜了2(两个菜都吃到了)
        b. 吃了0两个菜了2(两个菜都吃光了)
(10)   a. 别吃了1+啊=别吃啦
        b. 别吃了0+啊=别吃喽哇
(11)   说了1老半天也没解决了0问题/幸亏没扔了0它, 今天又用上了2
(12)   走了1三天了2~没走三天呢〉 走了1没三天[呢]
(13)   走了0三天了2~走了0没三天呢〉 没走了0三天呢
(14)   阿姨上街买菜去了2~阿姨不是上街买菜去了2

이 세 개의 '了'에 대해 그 특징을 종합하면 다음 표와 같다.

	음성	기능	의미	부정	부정명령
了0	lou	보어	종결(结束)	没~了	别/喝了
了1	le	상(体) 표지	실현	没~	别/喝了
了2	le/la	어기사	이연(已然)[10]	不是~了	别喝/了

여기에서 명확하게 알 수 있는 규칙은 '了0'가 제일 실재 의미를 나타내며, 작용 범위는 구체 동사에 있다는 것이다. 그러나 반드시 문장의 중심 술어동사 뒤는 아니다. '了1'는 '了0'보다 의미가 덜 실재적이다. 작용 범위는 중심술어 이며 문장의 시제와 상(时体) 특징을 나타낸다. '了2'의 의미는 더욱 약화된다. 작용 범위는 문장 전체이며, 문장 명제 내용과 발화 상황 사이의 관계를 나타

---

10 발화 시점을 기준으로 발화 이전의 사건은 '已然(이미 그러함)'을 나타내며, 발화 이후의 사건은 '未然(아직 그러하지 않음)'을 나타낸다. 한국어에서는 '사건이 발생한 시간을 사건시라고 발화시에 선행하는 사건시를 '과거시제'라 한다'(고영근·구본관(2008), 『우리말 문법론』, 집문당, 398쪽 참고). 중국어의 시간 표현과 관련된 문법 체계가 한국어와 달라 '시제'라는 용어는 쓰지 않았다.

낸다. 예문에서 보듯, 의사소통 작용을 하고, 문장의 명제 내용에 영향을 주지 않는 성분은 문장의 바깥쪽에 위치하는 경향이 있다. 사건의 시간과 관계된 성분은 주요 술어에 붙게 되며, 어휘 의미를 온전히 나타내는 성분은 단어에 점착된다.

3.3. 현대 중국어 '的'의 작용 층위

북경어에서 한자 '的'으로 쓰인 성분이 서로 다른 형태소일 수 있다. 朱德熙 (1961)에 따르면, 아래 세 가지 경우 '的'는 동일한 형태소일 것이며, 적어도 동일한 형태소의 변이이다.

(15) 老王的烟斗
(16) 老王买的烟
(17) 老王不抽烟的

일반언어학의 관점에서 예문(15)의 '的'는 종속 관계 표지(genitive marker, 领属关系标志)이다. 예문(16)의 '的'는 관계절 표지(relative marker)로 볼 수 있다. 예문(17)에서 '的'는 정보전달 범주 표지(evidential marker)라 할 수 있다. 세 예문에서의 '的'를 아래 표와 같이 정리할 수 있다(朱德熙 선생이 제기한 익히 알려진 세 개의 '的'와 혼란을 피하기 위해, 여기서는 '的1', '的2', '的3' 으로 표기하지 않는다. 해당 예문의 번호를 그대로 따른다).

	'的' 앞의 성분	기능	작용역
的(15)	명사/대명사	종속 표지	소유자 명사
的(16)	동사구	관계화 표지	관계화 절
的(17)	문장	정보전달 표지	전체명제

종속 표지 '的'는 중국어에서 형태학적 의미가 있는 문법 수단이라 할 수 있다. 명사와 대명사 뒤에 '的'를 붙이면, 강제적으로 소유격(属格) 신분이

된다. 관계화 표지 '的'는 통사 성분을 이끌어내는 방법을 통해, 용언의 성질을 가진(谓词性) 성분을 체언화(体词化)하는 통사 수단이다. 정보전달 표지 '的'는 원래 문장의 명제 의미와 통사 구조는 바꾸지 않고, 문장 바깥쪽에서 화자의 태도적인 요소를 더한다. 여기에서도 마찬가지로 일정한 규칙이 보이는데, 의사소통 작용을 하고 문장 명제 내용에 영향을 주지 않는 성분은 문장 바깥에 위치하는 경향이 있다는 것이다. 사건 구조 내부의 의미 조정은 그 문법 성분이 주요 통사를 담당하는 역할에 붙게 되며, 어휘 의미를 온전히 갖고 있는 성분은 단어에 점착된다.

3.4. 언어 의사소통 기능관에서 시작된 층위 구분

기능문법학자들은 의사소통 관점에 익숙해서 이와 유사한 현상들을 쉽게 발견한다. Sweetser는 일찍이 우리 언어 중 많은 단어들이 중의적으로 세 가지 서로 다른 층위에서 분석될 수 있다고 지적했다. 즉, 명제 내용 층위(propositional content level), 인식세계 층위(epistemic world level), 그리고 화행 층위(speech act level)이다(毕永峨 1989 참조). 그런데 이 관점의 영향을 받은 사람들이 제일 먼저 살펴보았던 것은 양태(情态)와 관련된 어휘들이었다. 예를 들면, 영어 must 등과 관련된 단어의 연구에서 담화 측면의 세 가지 표현을 찾아볼 수 있다. 毕永峨(1989)는 이와 비슷한 방법으로 중국어 부사 '也'의 기본 의미와 파생 의미의 관계를 분석하여, '也'를 세 가지 용법으로 분류하였다: (1) 대칭적 병렬(对称性并列); (2) 정도성 포함(程度性包含); (3) 평가성 완곡(评价性婉转). 이 세 용법의 구분은 각각 다음의 내용과 관련이 있다: (1) 단락의 명제 내용; (2) 화자가 가설하고, 추리하고, 추측하여 인식하게 된 세계; (3) 화자가 말하고 있는 상황. 이처럼 서로 다른 층위에서 보이는 서로 다른 의미를 잘 구별해냈다. 위에서도 이미 살펴보았듯이 구조조사 '的', '了'를 관찰하였고, 참신한 결과를 얻을 수 있었다.

기능문법에서 가장 중요한 발견은, 우선 의사소통 중에 화자의 태도를 나타내는 작용을 하는 성분이 있다는 것이며, 그다음으로 이러한 층면이 있다는

것을 안다면, 언어 성분의 작용 범위가 크거나 작게 나뉠 수 있음도 이해가
된다. 작용 범위가 작을수록 기능은 더욱 구체적이며 통사 강제성이 더욱 강해
지고, 작용 범위가 클수록 기능과 의미는 추상적이며 객관적인 의미가 약화되
고 주관 의미가 강해지는 특징이 있다. 상대적으로 볼 때, 형태론과 통사론,
통사와 텍스트처럼 강제적으로 언어를 나누기보다는 기능문법의 시각을 통해
서 언어 사실을 본다면 더 많이 더 전면적으로 해석할 수 있다.

4. 문체에 따른 서로 다른 문법

4.1. 문체 구분을 중시하는 중국어학계

만약 중국어에도 '数(number)'의 문법 범주가 있다고 한다면, '현대 중국어
문법'이라는 개념이 어떤 학자들에게는 '단수'일 것이다. 그러나 기능문법학자
들에게 이 개념은 분명 '복수'이다. 기능문법학자들에게는 추상적이며 일치된
'문법'은 존재하지 않는다. 서로 다른 문체에는 서로 다른 문법이 있다. 吕叔湘
선생이 필자에게 다음과 같이 말한 적이 있다. 중국어 문법 규칙은 구속력이
약한 듯하다. 가장 큰 이유는 우리가 규칙을 종합할 때 서로 다른 문체를 구분
하지 않고, 각종 문체 형식을 한데 묶어 놓았기 때문에 얻어진 결과물도 최대
공약수가 될 뿐이다. 만약 다양한 조건을 늘어놓고 각각 따로 본다면 각자 서로
다른 규칙이 있을 것이다. 일찍이 1940년대에 吕叔湘 선생은 서로 다른 문체가
지닌 서로 다른 특징에 관한 문제를 논한 적이 있다. 40여 년 후 언어 자료를
한데 섞어 놓아 문법 연구에서 부분적으로 혼란을 겪는 일이 발생하게 되었으
며, 朱德熙 선생은 언어 자료의 층위를 한데 섞어 연구하는 방법이 논리적으로
얼마나 황당한가를 지적하고 더욱 엄밀하게 분석하기 위해 입말이든 글말이든
마땅히 '각 층위를 분명히 나누어 놓아야' 총체적인 종합 연구라 할 수 있다고
강조하였다(朱德熙 1987). 朱德熙(1986)는 '进行', '加以'와 같은 단어를 전문
적으로 연구하였는데 그 목적의 하나가 '글말 문법 연구와 입말 문법 연구는
따로 진행되어야 하며, 서로 묶어서 논하면 안 된다'는 것을 설명하기 위한 것
이었다. 그 후 胡明扬(1993)도 이 문제를 전문적으로 논하였다.

陆俭明(1985)은 기능문법 이론이 아직 중국어 연구에 접목되기 전에 '서로 다른 문체에 서로 다른 문법 규칙이 있다'는 기능문법 사상을 구현한 대표 학자이다. 陆文은 현대 중국어에 의미가 서로 같은 '去+VP'와 'VP+去'가 서로 호환될 수 없는 미묘한 차이를 예리하게 잡아냈다. 구조주의의 방법으로 통사의 미 제약을 받고 있음을 가려낸 뒤, 이 두 구문 형식이 서로 다른 문체에서의 분포를 조사한 결과, '去+VP'는 표준 중국어 글말과 남방 방언에서 자유롭게 쓰이고 북경 입말에는 별로 쓰이지 않는 반면, 'VP+去'는 북경 입말 및 다수 북방 방언에서 주로 선호하는 형식임을 밝혔다. 표준 중국어 글말에서 문체 분담이 이루어졌고 이에 이어 기능 분담을 이루게 된 것이다.

4.2. 기능문법의 문체 분류에 대한 이론적 인식

기능문법학자들은 문체 분류를 문법학 영역으로 끌어들이는 데 매우 큰 역할을 했다. 그들의 입장은 '문체를 핵심으로 한 문법 기술은 우리가 앞으로 언어 연구를 진행하기 위한 가장 기본적인 출발점이어야 한다. 아무리 세심하고 엄격한 문법학자라도 누구든 문체 구분을 소홀히 하면서 중국어 문법 규칙을 제시하고자 한다면 우선적으로 방법론 면에서 자기 자신의 근거가 무엇인가를 제시해야한다'는 것이다(陶红印 1999). 이러한 인식에 기초하여, '입말-글말'로 단순히 양분하는 문체 분류 방식은 연구의 필요성을 만족시킬 수 없게 되었다. 陶红印(1999)은 기능문법학자들이 문체를 분류하는 몇 가지 관점을 소개하였다. 즉 매개물(medium, 传媒)과 표현 방식(mode),[11] 준비됨(planned)과 준

---

11 매개물(medium)이란 의사소통의 수단을 말하며, 입말에서는 '입'과 '귀'가 소통 수단이 되고, 글말에서는 '손'과 '눈'이 소통 수단이다. 단지 이러한 매개물에 근거해서 문체를 나누는 것은 문제가 있다. 예를 들어 공식석상에서 강연을 하는 것은 일반 대화체와는 전혀 다르며, 오히려 문어체에 더 가깝다. 그렇기 때문에 문체를 나눌 때에는 표현 방식(mode)도 함께 고려되어야한다. 표현 방식은 언어 특징을 말한다. 예를 들면 전형적인 입말 특징으로는 지칭 성분이 많으며, 격식이 그다지 엄격하지 않음을 들 수 있는 반면 전형적인 글말 특징은 한정하는 성분이 많고, 격식이 비교적 복잡하다는 것이다(陶红印(1999), 「试论语体分类的语法学意义」, 『当代语言学』 第3期, 16쪽 참조).

비되지 않음(unplanned),[12] 격식(formal)과 비격식(informal)[13] 등이다. 이로 볼 때, 이전의 문체 분류는 수사학(修辭學) 색채가 뚜렷한 반면, 여기서의 분류 관점은 기본적으로 문법 특징이 고려되었음을 알 수 있다.

기능문법학자들은 문체에 대한 의식이 비교적 명확하다. 그중 권위 있는 연구로 꼽히는 Hopper(1979), Hopper & Thompson(1980)은 서사체(敘事體) 구조에서 전경(foreground, 前景)과 배경(background, 背景)의 대립을 관찰하여, 타동 관계(transitivity, 及物关系)와 관련한 문법 표현을 논하였다. 이는 문체를 명확히 구분했다는 전제에서 진행된 연구이다. 근래 들어, 그들은 더더욱 자연 입말(spontaneous speech, 自然口语)에서의 문법 표현을 관찰하는 데 주력하고 있다. Hopper & Thompson(1980)과 Thompson & Hopper(2001)를 비교해 보면, 핵심 내용이 완전히 다르면서도 같은 결론을 얻었다는 것을 알 수 있다. 전자는 고도의 타동 자질(高及物性特征)이 평서문체의 이야기 중심에 동반됨을 도출하였고, 후자는 낮은 타동 자질(低及物性特征)이 일상 대화의 정상적인 상태(常态)라는 결과를 얻었다.[14] 언어는 사람들이 태도를 표현하고 감정을 전달하는 주요 수단이지 사건을 서술하는 것이 주된 것은 아니다.

4.3. 입말에서 평서문체와 대화문체의 차이

마찬가지로 준비되지 않은 자연 입말임에도, 서사와 대화에는 극명한 차이가 있다. 陶红印(2002)과 方梅·宋贞花(2004) 모두 입말에서의 관계종속절을 연구

---

12 문체는 다양한 각도에서 분류될 수 있는데 그중의 하나가 발화 전에 준비 되었는가 아닌가로 구분하는 것이다. Ochs(1979)는 성인을 대상으로 준비되지 않은 상황에서 발화하도록 하였는데 이때의 내용은 말하는 환경에 주로 의존하고 있었으며 사용되는 어휘도 자주 반복되고 수정을 많이 하였다. 지칭 성분의 생략, 접속사 결여, 간단한 통사 구조 등의 특징이 나타났다(陶红印(1999), 「试论语体分类的语法学意义」, 『当代语言学』第3期, 18쪽 참조).

13 격식과 비격식에 대해서는 본문 4.4에서 자세히 다루었다.

14 '높은 타동 자질(high Transitivity)'이란 타동사가 문장 속에 반드시 목적어를 수반하는 특징을 말하며, '낮은 타동 자질(low Transitivity)'의 동사는 문장에 목적어를 반드시 수반하지는 않는다. 이러한 타동 성질이 문체와 관련이 있음을 알 수 있다.

하였는데, 둘 다 준비되지 않은 자연 입말을 옮겨 쓴 자료를 연구 대상으로 삼고, 관계종속절의 분포에 대해 철저한 통계를 내는 방법을 취하였다. 그런데 결과는 전혀 일치하지 않았다. 첫째, 陶文에서는 서사체 입말에서의 관계종속절이 가장 많이 나타내는 것은 시간이며, 그 다음이 사람을 지시하고, 마지막이 사물이라는 결과를 얻은 반면, 方·宋文에서는 대화체 입말에서의 관계종속절이 가장 많이 지시한 것은 사물이었으며, 그 다음이 시간과 사람임을 밝혔다.[15] 陶文은 서사 텍스트 중에서 시간종속절이 주로 장면 전환의 표지 역할을 하며, 장면 전환이 서사에서 가장 중요하므로 이러한 종속절이 가장 많이 나타난다고 풀이하였다. 方·宋文은 서사문체의 과정성과 사건성이 시간종속절의 사용 빈도를 높이며, 대화체의 현장성과 평론성이 시간종속절의 사용 빈도를 낮게 만든다고 지적했다. 둘째, 사람을 지시하는 관계종속절은 서사에서든 대화에서든 모두 중요하다. 그런데 陶文은 서사체의 가장 중요한 기능이 인물을 쫓는 것이고(追踪人物), 그 다음이 인물을 이끌어내는 것이며(引进人物), 마지막이 인물을 지칭하는 것(命名人物)이라 하였다. 方·宋文은 대화체에서 관계종속절의 가장 중요한 기능이 인물 지칭, 그 다음이 인물을 쫓는 것, 마지막이 인물을 이끌어 내는 것으로 분석하였다.[16] 셋째, 그들의 연구는 서사체가 비현실적인

---

[15] 중국어에서 관계종속절은 주로 '的'자문으로 나타나는데, 구체적인 예를 들면 다음과 같다(예문은 宋贞花(2003), 「口语对话关系从句的统计分析」, 中国社会科学院研究生院, 7쪽에서 인용).
指人 : 女人, 坏人跟他接触, 哪个危险? 哪个危险小一点? 就说跟张老师接触的女人, 有不三不四的, 可总比跟不三不四的男人接触要好啊. (电视剧)
指物 : 另外把我原来学的那些东西重温了一下, (聊天)
指时间 : 我觉得可能因为父母让咱们受的罪就咱们应该在, 就是说, 只有带孩子的这个过程当中才能够报答父母. (聊天)

[16] 구체적인 예를 들면 다음과 같다(예문은 宋贞花(2003), 「口语对话关系从句的统计分析」, 中国社会科学院研究生院, 10쪽에서 인용).
命名人物 : 甚至有的时候组织穆桂英战斗队之类的, 她们就, 呃, 要搞出一些成绩来给这些看不起她们的人看看, 呃, 而且也确实搞出了一些成绩, 所以, 现在, 这个, 妇女的地位也有很大的提高. (聊天)
引入人物 : 我接触到的很多人和知识分子都认为这个男女都一样, 呃, 没有什么不同, 甚至有的人认为女孩更会体贴, 呃, 父母, 呃, 更愿意要女孩子. (聊天)

시간 상태를 표현할 수 없고 대화체에서는 비현실적 시간 상태의 표현이 종종 나타난다는 특징을 지적했다. 이러한 결과는 모두 이 두 문체가 '과정성'과 '평론성'으로 대립하고 있기 때문이다.

4.4. 글말에서 '把/将'의 기능 차이

국내외 학자 중 문체의 차이가 문법에 주는 영향을 중시해야 한다고 주장하는 사람 대부분은 입말 연구를 중시해야 한다고 강조한다. 하지만 문체의 구분은 당연하겠지만 글말에서 더 심도 있게 이해되고 분석되어 왔다. 朱德熙(1986)의 중국어 글말 연구가 바로 그러하다. 아래에서 '把'자문과 관련된 두 가지 현상에 대해 토론할 것이다. 陶红印(1999)은 문법저서들이 '把'와 '将'의 차이를 논할 때 늘 '将'자문이 글말에만 쓰인다고 하는 것에 주목했다. 이에 陶文은 서로 다른 글말을 고찰하였는데, 신문 사회면의 기사들 중 '将'과 '把'의 비율이 1:20인 반면, 메뉴판과 설명서와 같은 책자에서 '将'이 '把'보다 두 배 이상 많음을 발견했다. 이를 격식과 비격식의 차이로 해석하기는 어려워 보인다. 陶文은 설명문은 조작성(操作性) 문체여서 간략함이 요구되므로, 글말에 더 가까운 형식인 '将'을 쓰는 것으로 해석했다. 沈家煊(2002a)은 '把'자문의 문법 의미는 '주관 처치(主观处置)'이며, 주관 처치를 나타내는 것도 '把'자문이 생기게 된 원인으로 보았다. 공시적인 측면에서 한 언어에 여러 개의 처치 개사가 공존한다면, 그 사용 빈도와 주관성 정도가 분명 다를 것이라 여겼다. 『老残游记』에 보이는 언어 자료에서 '将'은 주관 의미가 퇴색하고 '把'의 주관 의미가 증가했음이 증명되었다. 현대 중국어에서 '将'의 범위는 더 줄어들었으며 가장 사용하기 적합한 경우는 주관 의미가 약화되어 거의 제로에 가깝거나 객관 의미 위주인 메뉴판, 설명서 등에 제한된다.

追踪人物：A:嗨嗨, 巧了！我也有句话, 跟你说的一样！阿, 呃, 还真是有比你更难处的。我们单位的老胡, 胡穆, 老吴, 老陆。B:你看看你看看, 跟谁也处好吧？你说的那个老胡是你们局里头从前那个总工程师吧？(电视剧)

4.5. 통칭 의미의 문체 적합성

'把'자문의 글말 용법과 관련된 또 하나의 문제는 '비한정 목적어(无定宾语)'이다. '把'자문의 목적어는 한정(有定) 형식인 경향이 있다. 하지만 비한정(无定) 형식도 그리 적지는 않다. 陶红印·张伯江(2000)에서 실제 언어 자료를 조사한 결과, 글말 중 사용 빈도가 가장 높게 나온 '把' 뒤의 비한정 형식 목적어가 표현하는 것은 비한정 지칭(indefinite, 不定指)이 아닌, 통칭(generic, 通指)임을 알게 되었다. 그렇다면 이것이 현대 중국어 비한정 형식(无定式) '把'자문의 원형(原型) 의미인 것은 아닐까? 陶·张은 현대 중국어 글말 중 지극히 전형적이면서 특정 언어 환경과도 독립된 문체, 즉 사전에 쓰이는 메타언어를 선별하여, 전형성을 고찰해 보았다. 그 결과『现代汉语词典』의 뜻풀이 언어 중 '把一个N' 형식은 모두 통칭을 나타내고 있었다. 사전에서 의미 해석은 모두 일반 상황이며, 앞뒤 문맥이 그다지 많지 않고, 특정한 발화 상황은 더더욱 아니다. 이러한 문체는 가장 정확하게 문형의 무표지(无标记) 의미를 보여줄 것이다. 근래 점점 더 많은 문법학자들이 통칭 의미가 주로 문장 의미에서 오며, 어휘 의미가 아니라고 믿게 되었다. 비사건성(非事件性) 술어 및 일반적이며 비개체적 명제 진술이 명사 성분의 통칭 속성을 결정한다(刘丹青 2002). 언어 환경 의존성이 가장 낮고, 보편 의미가 가장 강하며, 개체 색채가 가장 약한 사전의 뜻풀이 언어를 택해 '把+비한정 명사'의 본질적인 의미를 검증한 것은 적합한 문체에서 적합한 기능을 모색했다 하겠다.

5. 동태적인 논항구조관

5.1. '용법이 문법에 우선'하는 문법관

1987년 기능문법을 대표하는 P. Hopper는『부각문법(Emergent Grammar, 浮现语法)』[17]에서 '문법이 용법에 우선한다'와 '용법이 문법에 우선한다'는 두 관점을

---

[17] 'Emergent Grammar'는 '발생문법'으로도 번역된 바 있다. 그러나 원문에서 '浮现(emergent)'이 '个体发生(ontogenesis)'과 구분된다는 내용에 근거하여 어휘 의미

명확히 구분하였다. 전자는 문법을 경험의 논리 구조보다 앞선 것으로 보며, 후자는 문법을 동태적이며 사용하는 중에 점차 형성되는 것으로 본다. 사실 '문법의 불안정성' 관점은 기능주의학자들이 시종일관 견지하는 것이었고, Hopper의 발표를 계기로 동태적인 관점과 '통사자주(句法自主)' 관점을 더욱 명확하게 구분 짓게 된 것이다. '부각(emergent, 浮现)'은 주로 '(개체) 발생(ontogenesis, 个体发生)'과 구분할 때 쓴다. '(개체) 발생'은 원래 생물학에서 쓰는 명사이다. 단세포에서 안정된 개체로 자라 죽기까지의 과정을 가리키는 말로, 내제된 자발성을 강조하며, 유전자가 통제하는 발육과 노쇠를 주로 의미한다. 문법에서 '부각관'이라 하면 문법 구조의 변화가 내재된, 자발적인 구조 내의 자주적 현상이 아니라는 관점이다. 즉 문법이 사전에 이미 존재한다는 '구조화(structuration)' 관점이 아니라, 언어가 동태적으로 사용되는 과정 중에서 자주 쓰이는 용법이 양의 변화(量变)를 통해 질의 변화(质变)에 이르는 과정의 산물 혹은 '부각'되는 어떤 것으로 본다. 평소 우리가 알고 있는 '단어', '구' 등의 언어 단위를 고정된 상태로 보기보다는 동태적 과정으로 보는 것이다. 안정된 것처럼 보이는 상태도 언어가 끊임없이 체계적으로 조합하는 과정 속에서 한 부분을 임의로 절취한 것일 뿐이다. 언어는 철판 덩어리처럼 고정된 것이 아니며, 시시각각 구체적으로 사용하는 과정에 있는 성분보다 더 상위에 위치한 '자주적인' '통사, 음운'은 없다. 언어는 성질이 서로 다른(异质) 구조(construction, 构式)들의 집합이며, 각 구조는 모두 그 사용된 언어 환경과 밀접한 관련이 있고, 실제 사용에 따라 자기의 형식을 계속 조정하고 변화시킨다.

'동태부각문법'은 언어를 고정적이고 공시적인 체계로 보는 전통문법관과 이처럼 명확하게 대립을 이루며, 문법 구조를 담화력의 추진에 의한 끊임없는 반응으로 본다. 그렇다면 반드시 언어의 사용 빈도에 주의를 기울이며, 사용 빈도가 언어 형식에 어떻게 영향을 미치는가에 관심을 갖게 된다. 일상생활에서 사용된 언어 자료 중에서 문법 구조가 사용 빈도의 영향으로 일어나는 변화를 관찰하는데, 그중에서도 논항 구조의 동태성은 최근 몇 년 동안 기능문법학

를 그대로 반영한 '부각문법'으로 번역하였다.

자들이 관심을 기울이고 있는 화두이다.

5.2. '타동성'의 동태부각관

개별 동사들의 특징이 그 논항 구조의 특징을 결정하며, 동사들은 서로 다른 논항 구조를 갖는다. 동사 자체 의미에 따라 문장에서 어떠한 논항 구조로 실현될 지를 예측할 수 있다. 이것이 바로 전통문법 이론의 공통된 인식이다. Hopper & Thompson(1980)은 '타동성'이 실은 정도의 문제라고 지적했다. 전통문법의 기본 개념에서 타동사와 자동사는 사실 명확한 구분이 어렵다. 이에 대해 이미 폭넓은 지지층이 형성되었다. 그런데 사람들은 이 연구에서 말한 '고도의 타동성'에만 관심을 보였으며, 이것이 논항 구조의 전형적인 예라고 여겼다. 20여 년이 흘러, 두 저자는 그들의 논항 구조 '동태부각관'을 충분히 필역하기 위해, 다시 1980년대에 썼던 그 논문을 꺼내 들었다. Thompson & Hopper(2001)는 대량의 입말 대화 자료에서 그들이 20년 전 제시한 10가지 타동 자질을 새로이 검토한 결과, '고도의 타동성' 예문과 '낮은 타동성(低及物性)' 예문이 큰 차이를 보였다. 논항 수를 놓고 보면, 한 개의 논항만을 갖는 문장이 둘(혹은 그 이상)의 논항을 갖는 문장보다 훨씬 많았다(각각 73%와 27%). 둘 혹은 그 이상의 논항을 갖는 문장에서, 낮은 타동 자질도 고도의 타동 자질보다 강하게 나타났는데, 동작성(kinesis, 动作性) 면에서, 86%의 문장이 비행위성(非行为性)을 나타내며, 상(aspect, 体貌) 면에서도 86%가 비완성태(非完成体)였다. 동작 순간성(punctuality, 瞬止性) 면에서, 98%가 비순간성(非瞬止性)이었고, 사물 목적어에 대한 영향력(affectedness) 면에서는 84%가 사물 목적어에 영향을 주지 않았다. 더 중요한 사실은 대다수 언어 자료에서 동사의 논항 구조가 고정되어 있지 않았다. 사전에 표기된 타동사, 예를 들어 eat, tell, look, check, drive......는 실제 사용에서는 종종 단일 논항 문장으로 쓰였다. 이러한 사실들이 전통의 논항 구조 이론에 도전하고 있다.

5.3. 고빈도 동사의 논항 구조 변화

중국어 동사의 의존문법(配价) 연구는 매우 잠재력 있는 연구 방법으로 받아들여진 적이 있었다. 그러나 연구가 심화됨에 따라 '말 안 듣는' 사례들이 점점 늘어났고, 의존문법의 규칙으로는 만족스러운 분석을 하기 어렵게 되었다. 기능문법학자들은 그 규칙을 '동태부각문법'의 방법으로 해석할 수 있다고 본다. 陶红印(2000)은 '동태적인 논항 구조 가설(The Emergent Argument Structure Hypothesis)'을 제기하였다. 첫째, 사용 빈도가 높을수록 동사의 논항 구조는 더 불안정하다. 둘째, 실제 언어 사용 중에 보이는 동사는 종종 전형적인 논항과 결합하며, 비전형적인 논항과의 결합은 비교적 적다. 셋째, 확대된 논항 구조는 먼저 핵심과 가장 근접한 논항 유형과 관련이 있다. 넷째, 논항 구조의 확대는 중요한 구조 변화이며 의사소통을 방해하지 않는 것을 전제로 한다. 때문에 시간상 완만한 과정으로 이루어지며, 통사 구조에 특정 표지를 남긴다. 다섯째, 통사의 변화는 의미 변화를 배제하지 않으며 오히려 수반한다. 陶文은 현대 중국어 입말과 역사 문헌을 통해서 '吃'의 보편적인 용법을 조사하였는데 사용 빈도가 높은 '吃'는 현재와 통시(历时) 텍스트 사이에 상당한 폭의 구조 변이형이 존재하며, 품사 범주를 벗어난 용법(吃是挺好吃的)과 해당 품사 범주의 용법(吃开口饭)을 포함하고 있었다. 체언 범주(唯独吃上不太认真)도 있고 동사 범주도 있으며, 자동사 범주(吃了一天)도 있고 타동사 범주도 있고, 전형적인 타동 구조(전형적인 수동자(受事)를 목적어로 하는 경우)도 있고 새로운 타동 구조(비전형적인 수동자를 목적어로 하는 경우: 吃食堂, 吃定息, 吃老丈人)도 있었다. 동사 '吃'가 실제 언어 자료에서 보이는 이러한 복잡한 용법은 과거의 논항 구조 이론 체계에 포함시키기 어렵다. 반면 '동태부각문법'의 방법으로는 통일된 해석을 할 수도 있고, 그 변화 방향도 그릴 수 있으며 어느 정도 예측도 가능하다. 张伯江(2002b)은 사용 빈도가 높은 동사인 '死'를 같은 방식으로 고찰하였다. 실제 언어 자료를 통계 내어, '死'의 전경(前景) 용법이 배경(背景) 용법으로 확대되었고, 다시 주체(主体) 논항이 후치된 구조로 발전하였으며, 나아가 체언화(名物化) 구조로 발전하는 경로를 묘사하였다.

5.4. 문법 역할과 화용 빈도

동사의 개별 사례 연구는 구체 동사의 논항 구조의 동태적인 상황을 미시적으로 관찰하는 것이다. 그러나 논항 구조의 이러한 동태적 속성이 문법 체계에 미치는 영향은 전면적이며 치명적인 것이다. 심지어 전통문법 이론 중에서 논항 구조의 가장 중요한 역할 - 행위자, 수동자(施事, 受事) - 에 현저하게 반영된다. 보편적인 문법 연구에서 '주어, 목적어'와 같은 개념은 서로 다른 언어 사이에서 공통성을 갖지 않는 것을 알게 되었고, '행위자, 수동자' 등의 의미역이 문법 관계의 버팀목이라는 데 의견을 모았다. 행위자 의미역을 예로 들면, 원래는 비교적 명확한 개념이었는데, Dowty(1991)가 행위자와 수동자가 태초의 개념이 아니며, 둘 사이에는 연속성이 있다고 지적했다. 더 나아가 R. D. Van Valin & D. P.Wilkins(1996)는 행위자를 이해할 수 있는 다양한 요소를 분석하고, 화용 요소가 행위자를 이해하는 데 영향을 준다고 강조하였다. 즉, '행위자는 본래 기본이 되는 의미역이 아니며, 실제로 어휘 의미에서 행위자를 필요로 하는 동사는 매우 적다. 대다수 동사는 영향인자(effector, 致效者) 논항만을 갖는데, 일정한 조건하에, 문장의 언어 환경 전체에서 행위자로 해석이 가능하다. 행위자가 중요하며 보편 의미를 갖는 이유는 대다수 동사가 영향인자 논항으로 행위 상황을 나타내며, 이에 해당하는 논항이 종종 사람이기 때문인데, 이렇게 사람이 영향인자이고 행위를 나타내는 문장에 자주 출현할 때, 화용 의미 해석 원칙(语用释义原则)에 따라 암묵적으로 문장의 주어를 행위자로 풀이한다.' 张伯江(2002a)은 중국어 행위자 문장에서 주어 명사의 어휘 의미와 동사의 자주성, 문형 및 화자의 주관적인 태도를 면밀히 고찰하였는데, 그 결과 마찬가지로, 중국어의 행위자 개념은 대다수 화용 측면에서 이해되어지는 정도상의 문제였다. 구조주의 문법의 영향으로 우리는 '자주동사(自主动词)'와 '비자주동사(非自主动词)'[18]로 동사를 이분했었다. 그중 '자주동사'는

---

18 马庆株(1988)에 따르면 동사 중에서 '看, 我看, 看报' 등은 그대로 문장이 되지만, '塌, 房子塌, 塌房子'는 반드시 '塌了, 房子塌了, 塌了一间房子'와 같이 부가적인 성분이 있어야 문장이 성립한다. 또 다른 예로, '看着, 听着, 等着'는 동작의

행위자가 의식적으로 하는 행위로 간주되어 왔다. 그러나 현대 중국어 중에서 백여 개의 '자주동사'의 실제 사용 빈도를 보면 빈도가 서로 다르다. 흥미로운 것은 사용 빈도가 가장 높은 '자주동사'가 종종 '비자주적' 용법을 가지며, 나타낼 수 있는 논항 구조의 형식도 매우 다양했다. 반면 빈도가 낮은 '자주동사'는 비자주적 용법이 거의 없고, 논항 구조도 비교적 고정적이다. 예를 들면, 사용 빈도가 높은 자주동사의 의미 지향(语义指向)이 어떤 구조에서는 비교적 자유롭고, 사용 빈도가 낮은 자주동사는 그렇지 않다.

(18) 学习：突击队的学习　解读一："突击队"为施事；解读二："突击队"为受事
(학습: 돌격대의 학습 해석1: '돌격대'가 행위자 해석2: '돌격대'에 대한 학습)

(19) 研究：印度人的研究　解读一："印度人"为施事；解读二："印度人"为受事
(연구: 인도인의 연구 해석1: '인도인'이 행위자 해석2: '인도인'에 대한 연구)

(20) 反驳：他们的反驳 "他们"只有施事一种理解, 不可能为受事
(반박: 그들의 반박 '그들'은 행위자일 뿐이며, 수동자일 수 없다)

(21) 推荐：老张的推荐 "老张"只有施事一种理解, 不可能为受事
(추천: 老张의 추천 '老张'은 행위자일 뿐이며, 수동자일 수 없다)

만약 이 네 개의 동사를 개별적으로 본다면, 우리는 그 결합 능력(配价能力)이 기본적으로 같다고 볼 것이다. 그렇다면 왜 위와 같은 차이가 생길까? 기능문법학자들은 이 네 동사의 실제 사용 빈도가 다르다고 본다. 비교적 권위 있는

지속을 나타내기도 하지만, 다른 사람에게 명령을 할 때도 쓰인다. 반면 '病着, 醒着' 등은 한 가지 의미만 가지고 있다. 이처럼 동사를 두 부류로 나눌 수 있는데 '看/听/等'은 '自主(volitional)' 동사이고, '塌/病/醒'은 '非自主(nonvolitonal)' 동사로 분류된다. 马文에서는 자주동사와 비자주동사를 통사와 의미에서 대립되는 범주로 보았다(马庆株(1988),「自主动词和非自主动词」,『汉语动词和动词性结构』, 北京语言学院出版社, 160-192쪽 참조).

중국어 어휘에 대한 사용 빈도 통계 자료에 따르면, '研究'는 빈도 순위가 184위이고, '学习'는 215위인데 비해, '反驳'는 표준 중국어 칠천여 개의 상용 단어 중에서, 사용 빈도가 6,839위이고, '推荐'은 7,003위이다. 사용 빈도의 차이는 통사 능력의 차이와 상응하는데, 'NP的V自主' 문형에서 빈도 낮은 'V自主'는 NP가 행위자일 것이 확실하다. 빈도 높은 'V自主'는 NP가 행위자라고 확답하기 어려우며, 수동자일 수도 있는 것이다.

동사 행위자(施事性) 연구와 대응되는 수동자(受事性) 연구에서도 유사한 현상이 보인다. 姜先周(2005)는 현대 중국어에서 사용 빈도 높은 동사와 낮은 동사의 통사·의미 대립을 고찰하였다. 실제 언어 자료에서 보면 사용 빈도가 낮은 타동사는 일반적으로 수동자 목적어를 갖는다. 수동자 성분 역시 영향을 받는 특징(受影响性)을 보인다. 논항 구조의 형식도 비교적 고정적이다. 반면 빈도 높은 타동사는 실제 언어 자료에서 수동자 목적어를 갖는 것이 일반적이지 않았다. 목적어의 의미 유형이 다양하고, 논항 구조의 형식도 다양했으며, 영향을 받는 특징도 두드러지지 않았다. '拴'과 '拉' 두 타동사를 비교해 보면, 사전적 의미가 아래와 같다.

> 拴 : 用绳子等绕在物体上...... : 把马~在一棵树上。
> (붙들어 매다: 끈 등으로 물체를 감다: 말을 나무에 붙들어 매다.)
> 拉 : 用力使朝自己所在的方向...... : 你把车~过来。
> (끌다: 자기가 있는 방향으로 힘을 쓰다: 너는 차를 끌어 와라.)

실제 언어 자료를 살펴본 결과, 동사 '拴'이 '把'자문을 사용하는 빈도가 '拉'보다 훨씬 높았다. 또한 '拴'의 사전적 풀이에 필수 의미로 제시된 '장소' 성분이 문장에 강제적으로 출현한다. 반면 '拉'의 사전적 풀이에 필수 의미로 제시된 '방향' 성분은 문장에 거의 쓰이지 않는다. 이러한 현상도 단어 사용 빈도로 해석할 수 있다. 즉, '拉'는 빈도 통계에서의 순위가 247위로 고빈도 동사에 속하고, '拴'은 3,465위로 사용 빈도가 비교적 낮다.

黄居仁(2004)은 대규모 말뭉치(语料库)를 이용해 사용 빈도와 중의 관계를 연구한 결과 중의성과 빈도는 정비례했는데, '만약 어휘 사용이 유전자의 복제라 한다면 돌연변이가 나타날 확률은 복제 횟수와 정비례한다. 즉 언어에 중의가 발생하는 것은 사용 횟수의 영향을 받는다. 사용 횟수가 많을수록 새로운 용법과 기능이 나올 가능성이 더 많다'는 것이다. 위에서 간략히 소개한 자주동사와 타동사 연구에서도 보듯, '행위자'와 '수동자' 같이 기본적인 의미역은 그 안정성이 화용 요소에 의해 좌우된다는 것을 알 수 있다. 이상, Hopper가 제시한 '용법이 문법에 우선'한다는 주장은 강력한 근거로 뒷받침 된다.

6. 결론: 언어 사실과 문법 규칙

중국어 문법 연구 논문에서 우리는 다음과 같은 문구를 종종 보게 된다: '언어 사실이 우리에게 말해주듯……(语言事实告诉我们……).' 이처럼 언어 사실을 발견하고, 언어 사실에서 문법 규칙을 발견하는 것은, 확실히 각 학파의 문법학자들이 공통적으로 추구하는 것이다. 형식학파의 학자들은 내적인 언어 자료를 사용하는 데 편중한다. 내적인 방법은 실제 언어 자료 중에서 결코 나타날 수 없는 핵심적인 내용을 담은 현상을 발견할 수 있다고 여긴다. 반면 기능학파는 방대한 실제 언어 자료가 바로 문법의 실체를 발견할 수 있는 세계라고 믿는다. 사실 우리 뇌의 연구가 특출한 진전이 없는 한, 인류 행위로서의 언어현상을 관찰하여 문법의 실체에 접근할 수밖에 없다. 흔히 말하는 자연 입말도 일종의 행위이며, 내적 방법도 역시 일종의 행위이다. 단지 전자가 후자보다 눈으로 볼 수 있는 자료의 종류가 더 많고, 범위가 더 넓을 뿐이다(Meyer & Tao 2005 참조). 게다가 기능문법학자들이 중시하는 '의사소통 동기의 영향을 받는 문법 구조'도 널리 인정을 받았으며, 형식학파의 지도자격 인물인 Chomsky(1975)도 Searle이 내세운 '의사소통의 필요성이 언어 구조에 영향을 주었다'는 주장에 전적으로 동의한다고 밝힌 바 있다. 형식주의 언어학자인 Newmeyer는 Chomsky의 언어기능에 대해, '근래, 최소주의 언어이론과 일련의 저서에서 촘스키가 제기한 변환 현상(移位现象), 즉 이동 규칙(移动规则)은 언어 사용의 편리를 위해 존재하는 듯하다. 분해(parsing, 分解)의 요구를 만족시키기 위한 것도 있고, 정보 구조의 필요에 의한 것도 있다. 그렇기 때문에 문법이 그 기능의 동기가 있느냐가 문제가 아니라, 어디에 있느냐, 얼마나 있느냐, 또 연구 작업 중에 스스로 관심을 갖는 중심에 놓았느냐하는 것이다'(Newmeyer 2003)라고 평가하였다. 기능문법이 중국어 연구에 대한 중요성을 강조하는 또 하나의 이유는 바로 중국어의 현재 상황 때문이다. 중국어 방언이 크게 갈라져 있음은 익히 알고 있는 사실이다. 중국이 표준 중국어를 보급하고 각 방언 지역의 사람들이 활발하게 교류한 지도 반세기가 넘는 시간이 흘렀다. 오늘날 중국어 사용자 개개인의 언어 습관이 '표준 중국어'에 미치지 못하고 있으며, '방언'의 본래 순수성도 유지할 수 없는 상황이 되었다. 현대 중국어 사용자들은 대부분 혼합된 형태를 보이고 있다. 이러한 특징은 중국어가 다른 언어에서보다 현저하게 드러난다. 이러한 현실에 직면하여 스스로의 어감만을 지나치게 믿고, 내부적으로 관찰하는 언어 자료만을 믿는다면 편차가 생기는 것을 피할 수 없다. 현대 중국어의 실제 모습은 지역 방언과 사회 방언의 요소들이 복잡하게 얽혀있는 것이다. 객관적인 언어 자료를 직접 수집하고, 통계의 방법으로 언어의 진실된 모습을 분석하면서 언어 표현 중에 불일치되는 면과 통일된 종종의 제약 요소를 확실히 하는 게 더 과학적이지 않을까? 游汝杰 선생은 사회언어학이 방언의 음운 체계를 인식하는 데 있어서 얼마나 가치가 있는가에 대해 역설하였다.[19] 음운 체계가 언어의 구성 요소 중에서 가장 폐쇄적이고 안정적인 부분이라 할지라도 결코 철 덩어리처럼 굳어있는 것은 아닐진대 하물며 모두가 개방적이라고 여기는 문법 체계는 어떠하겠는가? 연구 현황을 보면, 방언의 음운 체계에 대한 사회적 차이는 매우 중요시되고 있으며, 문법 연구에 뒤쳐지지 않는다. 오히려 문법학계에서 언어 사실의 구분에 대한 이론적 인식이 아직 모호한 편이다. 이렇기 때문에 기능문법에서는 문법 현상의 층위를 나누고, 서로 다른 문체를 구분하고, 화용을 중시하며, 동태적으로 문법을 관찰하기를 제창한다. 또한 중국어 문법 연구에 적용할 수 있는 가능성이 충분히 열려있다고 믿는다.

---

[19] 원서 제16장 游汝杰, 「社会语言学与汉语方言学的新阶段」 참고.

제3장 텍스트문법과 중국어 연구

1. 연구의 개념

텍스트 언어학(篇章语言学)은 실제의 언어사용을 연구하는 분야로, 의사소통 요인과 사회적 요인이 담화과정에서 어떠한 제약을 하는지와 언어적 생산물에 대해 어떤 영향을 미치는지에 대해 주목한다. 의사소통 요인과 사회적 요인이 담화과정에서 어떠한 제약을 하는지에 주목한 연구는 대화분석(会话分析, Conversation Analysis)이라는 독립된 분야를 이루어내었고, 언어적 생산물에 어떻게 영향을 미치는지에 대해서는 텍스트문법(篇章语法, Discourse Grammar)이라는 독립된 분야를 만들어내었다.

텍스트문법 분석은 문법 범주가 출발점이 되지만, 문장 단위의 통사문법을 넘어선다. 텍스트 문법은 텍스트 안에서 각기 다른 문법범주와 문법수단이 차지하는 지위와 기능에 관심이 있는데, 의사소통에서의 상호요인이 언어의 표현형식 내지는 문법수단이 됨을 주목하였다. 일련의 문헌들 중에서, 특히 1980년대 전후의 문헌에서 보면, 담화분석(혹은 텍스트 분석)과 텍스트문법은 서로 호환해서 사용이 가능한 술어였는데, Brown & Yule(1983)이 쓴 Discourse Analysis가 그 예이다(이에 관해서는 廖秋忠1991b, 陈平 1987a, Chu 1998, 徐赳赳1995를 참조바람).

텍스트 기능이 중심이 되는 문법연구는 두 가지 목표를 가지고 있다. 첫째는 사용자가 어떻게 언어형식을 운용하는가에 대한 묘사와 설명이다. 언어 중에는 내용은 같지만 형식이 다른 표현방식들이 많이 존재한다. 예를 들어, 하나의 대상을 지칭할 때 명사구나 맨명사[1]로도 가능하고, 대명사로도 쓸 수 있다. 이와 같이 발화자가 다른 두 가지의 표현방식을 어떤 상황에서 선택하고 사용할 것인가에 관한 문제이다. 두 번째는 언어구조형식이 왜 이러할까에 대한 해석과 대답이다. 예를 들면 대명사의 경우이다. 인류의 언어 중에는 보편적으로 대명사 범주가 존재하는데, 대명사의 보편성은 어떤 기제로 결정되는가에 관한 문제이다.

일반적으로 기능주의 문법학자들은 묘사된 현상을 세 가지 측면에서 해석한다. 첫째는 인지적 시각의 해석이고, 두 번째는 사회적 혹은 상호간 시각에 의한 해석이다. 마지막은 통사적 시각에서의 해석이다. 이 세 가지 측면은 사실상 서로 연결되어 있다. 기능문법학자들은 언어표현형식의 다양성은 상호간 교류 중에서 각기 다른 기능의 수요로부터 나온다고 생각했다. (Du Bois 1987)

위에서 언급한 기본 개념에 근거해서, 텍스트 문법연구자들은 특히 연구대상의 자연성을 강조했는데, 이는 자연 발생되는 언어재료(naturally occurring data)—실제 담화와 자연적인 발화들—를 연구한다는 것으로, 발화들의 언어내적 맥락(linguistic context)을 중시할 뿐 아니라, 동시에 언어외적 맥락(extra-linguistic context) 역시 중시하는 것이다. 또한 아울러 언어형식의 선택은 일방적인 (one-way, 單向) 표현과정이 아니라, 의사소통의 참여자들에 의해서 제약되는 상호작용의 과정임을 강조한다. '문법은 화자들이 가장 잘 사용하는 코드 (grammars code best what speakers do most, Du Bois 1987)'라는 철학에 기초하면, 언어구성요소의 사용빈도는 문법구조의 동기를 이해하는 데 중요하다고 간주된다.

중국어 텍스트문법연구의 대표적인 저서는 屈承熹의 『A Discourse Grammar of Mandarin Chinese(Chu 1998)』이다. 그의 연구범위는 절(clause)의 일부분들과 복문, 단락을 포함하고 있으며, 텍스트문법과 담화분석을 다음와 같이 구분하였다. (1) 담화분석은 일반적으로 의사소통을 중시하고, 텍스트문

---

[1] 역주: 맨명사는 光杆명사를 지칭한다. 맨명사란, 영어로 bare noun이라고 하며, a, the, this, that, his, each 등 여타의 수식성 성분이 없는 명사를 뜻한다.

법은 구조를 중시한다. (2) 담화분석은 구어와 서면어를 모두 연구하지만, 이 책에서의 텍스트문법은 주로 서면어를 연구한다. (3) 담화분석은 절 단위 문법 층위에서의 담화구조를 강조하고, 동시에 담화 층위에서의 구조도 강조한다. 屈承熹는 대명사화(pronominalization), 재귀용법화(reflexivization), 상표지 (aspect marking) 등 통사부분에서 충분히 연구되지 않은 문제들은 텍스트문법 에서 효과적인 해석을 할 수 있다고 생각했다. 이 책은 모두 11장으로 되어있다. (1) 서론: 문법과 텍스트, (2) 동사의 접사(词缀)[2]: 상[3]과 텍스트 기능, (3) 텍스 트에서의 양태부사, (4) 문장 끝에 오는 단어들, (5) 정보구조, (6) 종속관계 (subordination)와 전경(前景)구조, (7) 화제, 원형(原形)과 중국어에서의 화제, (8) 텍스트에서의 조응현상, (9) 화제 연쇄(话题链)[4]와 중국어 문장, (10) 단락 과 단락을 넘어서는 단위들(超단락), (11) 결론, 모두 이렇게 구성되어 있다. (평론은 徐赳赳 2001을 참고 바람). 이 책은 중국어 텍스트 문법의 주요 성과를 담아내기도 했고, 또 한편으로는 저자 자신의 수년간의 연구 결과물이기도 하다. 이 중에서 중국어 화제의 원형분석법, 중국어에서 종속관계와 전경구조 간의 관계, 상표지와 담화기능, 그리고 단락과 초단락의 분석은 특히 시사 하는 바가 크다.

이제 텍스트 문법 연구에서 중요한 개념들에 대해 논의할 것이다. 미국 서부 의 기능주의 언어학자[5]들의 연구사상을 중점적으로 소개할 것인데, 텍스트 문

---

2   역주: 词缀를 접사라고 번역하였다. 일반언어학에서 과거시제나 완료상 등의 제약 으로 인해 동사가 굴절되거나 교착되는 형태를 의미한다.

3   역주: 영어에서는 aspect라 하며, 중국어에서는 体라고 한다. 과거, 현재 등의 시제 가 아니라, 그 시간을 구성하는 모습에 대해 이야기한다. 즉, 완료인지 아닌지, 진행 인지 아닌지, 지속인지 아닌지 등에 따라, 완료상, 미완료상, 진행상, 지속상 등으로 표시한다. 예를 들면, 현대중국어에서 着은 미완료상이며 지속상을 나타내는 표지 이다.

4   역주: topic chain으로 일부에서는 화제망이라고도 한다. 텍스트에서 한 화제가 여 러 문장을 이끌 때 일부 문장에서는 화제가 0형식이 되는 경우가 있다. 이를 가리켜 화제 연쇄라고 한다.

5   역주: 본문에서 많이 언급되는 Thomas Givón (Talmy Givón이라고 많이 알려져 있음)은 대표적인 'West Coast Functionalism'의 선구자이다. 미국 동부의 형식주의

법과 관련된 중국어 연구는 설명의 용이함을 위해서 약간의 예를 들 뿐, 전면적인 소개가 아님은 미리 밝혀두는 바이다.

2. 정보의 전달

2.1. 명사성 성분과 인지 상태

정보의 전달(information flow)은 기능주의 언어학자들이 광범위하게 사용하는 개념이다. 기능주의 언어학자들은 언어의 핵심이자 가장 기본적인 기능은 정보를 화자나 작가가 청자나 독자에게 전달하는 것이라고 생각한다. 화자/작가 혹은 청자/독자의 각도에서 본다면, 표현하거나 이해하는 데 있어서 정보의 난이도는 모두 다르다. 화자는 초점을 염두에 두고 말하고자 하는 부분을 부각시키기도 하고, 청자는 상대가 말하는 것이 본인의 예측이나 이미 알고 있는 정보와 다른지의 여부에 관심을 갖는다. 의사소통 과정에서 본다면, 각기 다른 개념들의 인지상태는 인간의 대뇌 안에서 모두 다르게 나타난다. 정보의 전달은 필연적으로 화자나 청자의 동태(动态)적인 인지상태와 관련되어 있다. 화자의 입장에서 본다면, 청자의 주의를 끌 내용을 위해서 구정보(화자 입장에서는 청자가 이미 알고 있다고 여기는 정보)와 신정보(청자가 아직 모르고 있다고 여기는 정보)를 처리할 때 각기 다른 코드방식을 사용한다. 일반적으로, 청자가 이미 알고 있는 정보에 대해서, 화자는 간단한 코드방식을 사용하고 청자가 모르는 정보라고 여길 때는 복잡한 코드방식을 사용한다. 간단한 것에서 복잡한 것으로의 등급은 다음과 같이 나타낼 수 있다.

영형식 > 대명사 > 맨명사 > 대명사/지시사+명사 > 제한적인 관형어+명사 > 수식성 관형어+명사 >관계종속절

(생성주의 학파)와는 달리, 서부에서는 Berkeley, UCSD 등을 중심으로 기능주의가 발전했는데, 이를 의미한다.

화자나 작가의 입장에서, 청자나 독자가 지시 형식이 가리키는 대상과 다른 대상을 구분해낼 수 있다고 여길 때는, 대명사나 0형식 같은 가장 경제적인 형식을 사용한다. 하지만 그 반대의 상황에서는 관계종속절과 같은 복잡한 구조를 사용한다. 이와 같은 지시구조 형식의 차이는 그 구조가 가리키는 대상에 대해서, 화자나 작가가 그 정보의 지위를 확인한다는 것을 반영한다. 즉, 어떤 종류의 형식으로 어떤 대상을 지시하는가는 언어사용자가 갖는 저마다의 언어 책략임을 반영하는 것이다.

의사소통 과정 중, 각기 다른 개념들이 인간의 대뇌 중에서 인지되는 상태들은 모두 다르다. 담화 중에서 이미 수립된 개념은 활성(active)상태에 있는데, 이는 청자가 이미 알고 있는 정보(구정보)이다. 하지만 어떤 개념들은 담화 중에서 현재의 상태가 확실하게 수립되지 않았음에도, 청자가 배경지식으로 지칭하는 바를 미루어 짐작할 수 있다. 이런 정보를 준활성(semi-active) 상태라고 하는데, 이는 담화과정 중에서 활성화될 수 있고, 이런 성분을 접근 가능한 정보(accessible information)라고 한다. 만약 '신(new)'과 '구(old)' 혹은 '이미 알고 있음'과 '아직 모름'의 각도에서 본다면, 접근가능 정보는 연속체의 중간에 위치한다.

구정보 > 접근 가능한 정보 > 신정보

접근 가능한 정보의 이해는 청자의 지식체계에 의존하는데, 대체적으로 다음과 같다. (1) 인류 공통의 지식. 예를 들면, 친족관계, 신체와 사람의 소속관계, (2) 담화 상황이 규정하는 지식의 내용. 예를 들면, 담화 현장에 시계가 하나만 있다면, "시계 내려(把钟拿下来)[6]"라고 할 수 있다. (3) 화자와 청자가 공유하는 지식. 예를 들어, "下午的物理课不上了(오후 물리 수업, 안 들을래)"라는

---

6   역주: 중국어 把자문의 목적어는 구정보여야 한다. 여기에서 시계가 앞 맥락에서 나온 구정보는 아닐테지만, 현장에 하나 밖에 없으므로, 추측할 수 있는 정보가 된다. 그러므로 접근가능한 정보이다.

문장을 보자. 청자가 명사성 성분이 지시하는 대상을 이해할 때 난이도는 모두 다른데, 이런 난이도의 정도를 접근가능성(accessibility)이라고 한다. 이해하기 쉬울 때 접근가능성을 강하다고 하고, 이해하기 어려울 때 접근가능성을 약하다고 한다. 화자 자신을 가리킬 때는 접근가능성이 높지만, 담화과정 중에서 수정한 내용일 때는 접근가능성이 약하다.

제1인칭 > 제2인칭 > 제3인칭 > 조응성 명사 > 이미 서술한 명제 내용 > 현장 환경 > 고유하는 지식 > 담화 중 수정 내용

접근가능성이 비교적 높은 성분은, 청자나 독자가 사물을 변별하는 시간이 비교적 짧고, 반대일 경우 변별 시간이 길다. 陈平(chen 2004)은 Haviland와 Clark의 실험을 소개했는데, We got some beer out of the trunk. The beer was warm(우리는 트렁크에서 맥주들은 꺼냈는데, 그 맥주들은 따뜻했다)의 문장에서 some beer과 the beer가 같다는 것을 판단하는 데 소요되는 시간이 짧은 반면, We checked the picnic supplies. The beer was warm.(우리는 피크닉용품을 체크했는데, 맥주가 따뜻했다)에서는 the picnic supplies와 the beer가 같은 것을 판단하는 데 시간이 오래 걸린다는 것이다. 이해하는 데 걸리는 시간의 정도는, 정보의 활성화 상태가 이해과정에 영향을 미친다는 것을 설명한다.

Xu Yulong(1995)은 중국어 조응에 관한 연구에서 지시표현형식(referring express)을 세가지로 나누었다. 높은 접근가능성 표지(high accessibility markers), 중간 접근가능성 표지(intermediate accessibility markers), 낮은 접근가능성 표지(low accessibility markers)이다. 0형식 대명사, 재귀대명사, 단수지시사는 높은 접근가능성 표지이다. 대명사와 명사구 지시어가 목적어일 때, 그들이 가리키는 대상은 중간 접근가능성 표지에 속한다.

만약 어떤 성분의 접근 가능성이 강하다면, 0형식을 사용할 수 있다. 陈平(Chen 1986)은 텍스트구조의 시각에서 지시대상(referent)이 어떻게 중국어의 서술문을 끌어오는가, 그리고 인간은 또한 어떻게 각종 다른 조응수단으로 그것을 좇아가는가(tracking)를 연구하였다. 연구결과, 0형식 조응과 다른 조응형

식의 선택은 주로 담화화용정보에 의거한다는 것을 보여주었다.

2.2. 가벼운 주어의 제한와 선형(线性) 증량의 원칙

가벼운 주어의 제한과 선형 증량의 원칙은 문장의 조합에 관한 것이다. 통사에서 정보구조의 표현은 '핵심은 마지막에 있다'는 원칙 - 복잡한 구조는 문장 끝에 배치된다(leech 1983) - 과 '가벼운 주어의 원칙' - 문장의 주어는 가벼운 형식의 경향이 있다(chafe 1994) - 으로 귀납되기도 한다. 명사성 성분으로 말하자면, 가벼운 형식도 일종의 연속적인 개념이다. 대명사는 상대적으로 가볍고, 관계종속절은 상대적으로 무겁다.

대명사 > 맨명사 > 대명사/지시사+명사 > 제한성수식어+명사 > 수식성 수식어+명사 > 관계종속절

형식을 서술하는 것에 대해서 말하자면, 무표 모델(묵인의 순서)은 구정보로부터 신정보로의 흐름이다. 주어는 구정보인 것이 일반적이고, 목적어는 신정보가 일반적이다. Bolinger(1977)는 이러한 경향을 선형 증량의 원칙이라고 하였다. 선형 증량의 원칙이라는 것은, 자연스런 발화의 순서가 구정보에서 신정보로 흘러감을 가리킨다. 문장이 확장됨에 따라서, 선형배열(linear) 순서에서 뒤에 나오는 성분은 앞에 나오는 성분보다 더 많은 신정보를 제공한다는 것이다(沈家煊 1998:9.3.2). 예를 들면 다음과 같다.

(1) *他们一看就懂上面两段古文
     上面两段古文他们一看就懂
     위의 두 단락의 고문을, 그들은 한번 보면 이해한다
(2) *一个储蓄所走进一个老头
     储蓄所走进一个老头
     마을 금고에 한 노인이 들어왔다.

핵심명사가 가리키는 바가 특정적이지 않은 임의의 성분일 때, 수식성분은 핵심명사 뒤에 위치한다. 예를 들어, 영어에서 형용사가 수식어로 쓰이면 일반적으로 명사 앞에 위치하지만, 피수식성분이 총칭일 때에는 형용사는 피수식성분 뒤에 위치한다. 예를 들면 something new, something old, something blue, something borrowed 이다. 이러한 순서는 강제성이 있는데, 중국어에도 이런 유사한 상황이 있다.

(3) 你们班里万一有<u>谁吸毒的</u>, <u>谁这个瞎搞的</u>, <u>谁携枪的</u>, 这谁受得了啊!
     만일 너희 반에 마약을 한 누군가가 있고, 제 멋대로 하는 누군가가 있고, 총을 든 누군가가 있다면, 이걸 누가 참겠니.
(3') *你们班里万一有吸毒的谁, 这个瞎搞的谁, 携枪的谁, 这谁受得了啊!

위의 예에서, 핵심단어(수식을 받는 명사)가 가리키는 대상은 불특정한 것이고, 수식성분은 반드시 뒤에 온다. 문장은 좌에서 우로, 정보의 중요성이 증가한다. 이런 어순은 선형 증량의 원칙에 부합한다. '你们班'이 가리키는 것이 가장 특정적이고, 제공하는 정보량이 가장 적다. '谁'가 그 다음이다. '吸毒的'가 가장 불특정한 것으로, 제공하는 신정보량이 가장 크다. 이로 인해서, 중국어에서는 수식성분이 피수식성분의 앞뒤에 모두 나올 수 있지만 이때 피수식성분의 의미가 특정성과 얼마나 상관이 있는지가 중요하다고 말할 수 있다. 즉, 수식성분이 제공하는 신정보의 양이 크면 클수록, 피수식 성분 뒤에 나오는 경향이 있다.

陶红印은 '梨子的故事(배 이야기)'을 연구한 결과, 명사 앞에서 '的'자 구조로 대표되는 관계절의 주요기능은 조응이거나 혹은 언어내외적 맥락 안에서 이미 나온 적이 있는 대상을 추적하는 것이라고 하였다. 바꾸어 말하면, 이런 성분들은 신정보를 제공하는 것이 아니다. 方梅(2004)는 구어에서 신정보를 제공하는 관계절은 일반적으로 뒤에 위치해야 하고, 위치는 핵심명사의 뒤라고 하였다. 예를 들면 다음과 같다.

(4) 你比如说你跟着那种水平不高的英语老师, <u>他根本不知道那个纯</u>
<u>正的英语发音, 他英语语法也不怎么样</u>, 你就全完了。(口语材料)
예를 들면, 네가 그 수준 낮은 영어선생한테 배운다면, 그 선생은 깨끗한
영어발음이 뭔지도 모르고, 문법도 그저 그래, 넌 완전 끝이야.

여기에서 말하고 있는 가벼운 주어의 제한과 선형 증량의 원칙은 무표구문
(일반적으로 무표구문은 서술문이다)에서 일반적이다. 의문문, 명령문 등의 구
문은 상호교류모델(互动交际模式)의 영향을 받는다. 다른 화용론적 요인의 영
향을 받는다면, 위에서 언급한 선형화 원칙을 깨뜨릴 수도 있고, 중요한 내용을
먼저 말할 수도 있다. 예를 들면, 구어체 회화에서 나타나는 성분들의 '자리바
꿈' 현상[易位](知道吗你? 알아, 너? / 根本就不知道我们都。 아예 몰랐어, 우
리 모두)이다(张伯江, 方梅 1996 참고).

2.3. 단일 신정보 제약과 선호하는 논항구조

담화 안에서 신정보를 전달하려고 할 때, 화자는 비교적 완정하거나 복잡한
구조를 사용해서 이 개념을 전달하려고 한다. 이와 반대로 화자가 전달하려고
하는 것이 구정보라면, 비교적 간단한 가벼운 형식을 사용할 것이다. 이런 현상
은 경제원칙에 부합되는 것일뿐더러, 인류의 인지활동능력의 한계에서도 기인
한다. 즉, 인지상의 한계는 각각의 억양단위(intonation unit. IU)에 포함된 신정
보의 총량에 대해 일정한 제한을 함으로써 표현된다.

자연적인 대화에서, 연속적인 담화는 실제로 운율상 규칙적으로 반복되는
일련의 언어조각들로 구성되는 것이다. 억양단위란 자연적인 억양테두리 안에
서 나오는 일련의 말들(言语串)로, 상대적으로 독립된 운율단위이고, 동시에
기본적인 표현단위이다. 억양단위가 담고 있는 정보량과 상태는 대뇌에서 정보
를 처리하는 과정을 반영하므로, 사유과정의 외재적 표현이라 할 수 있다.
Chafe(1987,1994)의 연구에서는 한 개의 억양단위가 전달할 수 있는 신정보는
통상적으로 한 개를 넘지 않는다고 한다. '한 번에 새로운 정보 하나'라고 할
수 있는데, 이것을 단일 신정보 제약(one-new-concept constraint)이라고 부

른다.

정보표현의 기능에 착안하여, 명사성 성분의 신정보가 표현하는 기능은 대체적으로 다음과 같이 귀납된다.

구정보 영형식 > 대명사 > 명사 > 명사구 **신정보**

구어에서 단일 신정보 제약은 표현단위의 복잡성 정도를 제약하는 중요한 요인이다. 화자가 두 개 혹은 더 많은 신정보를 전달하려고 하면, 이것들을 떨어뜨려서 각각의 독립된 억양단위로 만들어야 한다. 이것도 우리가 구어에서 자주 볼 수 있는 첨가현상으로, 담화의 진행에 따라서 화자가 끊임없이 정보내용을 증가시키는 것이다. 예를 들면 다음과 같다.

(5)   我刚买了辆车, 日本原装进口的, 越野, 今年最流行的款式。
       나는 방금 차를 한 대 샀는데, 일본 직수입 SUV이고, 올해 최고로 유행하는 모델이다.

상대적으로, 아래 예문처럼 긴 수식어로 말하는 것은 받아들여지는 용인도가 떨어진다.

(5')   ?我刚买了辆日本原装进口的今年最流行。

우리는 단일 신정보제약으로 하나의 절 안에서 신정보의 용량을 설명할 수 있다. 매 억양단위의 신정보는 일반적으로 한 개를 초과하지 못하기 때문이다. 만약 이 제한된 용량을 초과했을 경우, 별도의 표현 논항을 만들어야 한다.

단일 신정보 제약 원칙이라는 화용론 원칙은, 통사적으로 절의 의미역 구조가 하나의 의미형식의 명사로 출현하는 경향이 있다는 것을 보여준다. 의미역은 통상적으로 새로운 정보와 관련이 있다. 예를 들면, "我爱上了一个上海姑娘(나는 上海 아가씨를 사랑하게 되었다)"에서 '我'는 대명사이고, '上海姑娘'

은 의미역이다.[7]

담화 중에서 하나의 운율단위와 하나의 절은 대체적으로 대응된다. Du Bois(1987)는 한 개의 절(clause)에는 한 개의 명사형식 의미역이 출현하는 경향이 있다는 것을 발견하였다. 이러한 '한 번에 하나의 의미' 패턴은 절에서 자주 나타나는 논항구조이다. 그래서 Du Bois는 '선호하는 논항구조(preferred argument structure)'라고 칭한 것이다. 매번 전달하려고 하는 신정보의 양은 일정한 제한을 받는다. 2개 혹은 2개 이상의 의미 논항이 동일한 억양단위 내부에 출현하는 경우는 극히 적다. 이와 같은 결론은 단일 신정보제약에 대한 통사적 해석이라고 간주할 수 있다.

陶红印(Tao 1996)은 Du Bois의 연구성과를 빌어 중국어 구어담화체 말뭉치에서 논항구조를 연구한 결과, 이 규율은 중국어 억양단위와 통사구조유형에도 동일하게 적용된다는 것을 발견하였다. 중국어 절의 논항 패턴 역시 한 번에 하나의 의미역이라는 구조를 선호한다.

3. 텍스트구조

3.1. 화제

화제(topic)와 평언(comment)은 광범위하게 사용되는 용어이다. 의사소통의 각도에서 말하면, 화제는 '~에 대해서 말하여지는 대상'(what is being talked about)이고, 평언은 '화제에 대해서 말하는 내용'(what is said about topic)이다. 만약 하나의 성분 X가 화제로 칭해지려면 'X怎么样'이라는 질문에 대답할 수 있어야 한다. 어떠한 언어에서의 화제는 화용론적 범주에만 속하지만, 또 다른 언어에서는 독립된 통사적 지위를 갖기도 한다(徐烈炯 2002 참고).(중국어 화

---

7 역주: 여기에서 대명사 我는 논항(argument)이지만, 새로운 정보가 아닌 구정보이다. 의미역(theta-role)이란 서술어의 특성에 따라서 논항이 갖게 되는 의미적 역할을 말한다. 단일 신정보 제약원칙은 한 개의 절에 한 개의 신정보가 출현하고, 이것이 의미역으로 나타난다는 것이다. 이 예문에서 신정보는 上海姑娘이라는 논항이 된다.

제 연구에 관해서는 赵元任 1968, Li & Thompson 1981, Xu & Langendoen 1985, 沈家煊 1989, 史有为 1995, 张伯江, 方梅 1996, 徐烈炯, 刘丹青 1998, shi 1989, 2000, 屈承熹 2000, 袁毓林 2002, 徐烈炯, 刘丹青 主编 2003을 참고 바람)

어떤 각도에서 보든, 화제는 다른 층위들을 넘어서는 개념이다. 단일 문장에 대한 개념이기도 하고, 텍스트 한 단락을 아우르기도 한다. 전자를 문장 화제(句内话题)라고 하고, 후자를 담화 화제(语篇话题)라고 한다.

문장 화제는 문장에서 말하는 대상인데, 중국어에서는 문장의 주어가 일반적으로 화제가 된다. 이 점에 대해서는 많은 학자들이 언급한 바 있다. 주목할 만한 문제는 어떤 문장형식은 화제의 기능을 가졌지만, 주어의 위치에 나오지 않는다는 것이다. 예를 들면, 아래 예문에서 '几个男孩子(남자아이들 몇 명)'는 '有'의 목적어 위치에 나오지만, '말하여 지는 대상, 즉 화제'가 된다.

(6) 这个时候在旁边有<u>几个男孩子</u>出来。<u>有一个男孩子</u>好像打着那个 球, 有个球跟那个拍子上面连着一条线, 这样子哒!哒!哒! <u>其他的小 孩子</u>过来帮他。
     이때 옆에 있던 남자애들 몇 명이 나왔다. 한 남자애는 그 공을 치는 것 같았는데, 어떤 공은 그 라켓과 끈으로 연결되어 있었다. 이렇게 탁탁탁! 다른 아이들이 와서 그를 도왔다.

이런 '존현문(存現句)'[8]은 텍스트 중간에서 자주 주제를 이끌어낸다.

담화화제(텍스트화제)는 텍스트 단락 안에 있는 주요한 담화 대상으로, 일반적으로 담화의 주인공이다. 담화 중에서 개념들을 언급하는 것에는, 두 가지의 상황이 있다. 첫째는 담화대상이 텍스트에 도입된 이후 후속 문장들에서 다른 방식으로 그것을 언급하는 것이다. 예를 들면, 아래 예문에서 '母亲(어머니)'

---

[8] 역주: 존현문이란, 의미적으로 주어(사람 혹은 사물)가 어느 장소에서 출현하거나 소실함을 표현하는 구문으로, '장소+출현, 소실동사(존현동사)+주어(사람이나 사물)'의 어순으로 나타난다.

이다. 두 번째는 개념이 한번 나온 후, 담화 중에서 다시는 언급되지 않는 것이다. 예를 들면, '袍罩(두루마기)', '炕(온돌)', '油盐店(기름과 소금을 파는 가게)'이다. 담화의 주인공이 되는 것은, 일반적으로 전자처럼 한 개념이 텍스트에서 여러 번 나오는 것이고, 이때 다른 방식으로도 언급된다. 이것은 그 개념이 화제의 성질을 가지고 있다는 표현이다. 후자처럼 단 한번 나오는 개념은 우연히 출현하는 정보일 뿐, 화제의 성질을 갖지 않는다. (담화주인공의 통사적 표현에 대해서는 陶红印、张伯江 2000 참조)

(7) 母亲喝了茶, [1]脱了刚才上街穿的袍罩, [2]盘腿坐在炕上。她抓些铜钱当算盘用, 大点的代表一吊, 小点的代表一百。她先核对该还多少债, [3]口中念念有词, [4]手里捻动着几个铜钱, 而后摆在左方。左方摆好, 一看右方(过日子的钱)太少, [5]就又轻轻地从左方撤下几个钱, [6]心想：对油盐店多说几句好话, 也许可以少还几个。[7]想着想着, 她的手心上就出了汗, [8]很快地又把撤下的钱补还原位。(『正红旗下』)
어머니는 차를 드시고는 방금 외출시 입었던 두루마기를 벗고 온돌 위에 양반 다리를 하고 앉으셨다. 그녀는 동전들을 집어서 주판 대용으로 사용했는데, 큰 것은 일조(1000개의 엽전을 한꾸러미로 꿰어 놓은 것)로 쳤고, 작은 동전은 100개로 쳤다. 그녀는 우선 얼마나 많은 채무를 갚아야 하는지를 확인하고, 입으로는 단어를 중얼거리면서, 손으로는 동전 몇 개를 만지작 거리고는 왼쪽 뒤에 놓았다. 왼쪽에 놓은 후에는 오른쪽(생활비)에 있는 돈을 보고 너무 적다고 생각했는지 왼쪽에 있는 동전을 몇 개 더 가져왔다. 마음속으로는 기름과 소금을 파는 집에 좋은 말을 몇 마디하면 아마도 빚을 조금은 덜 갚아도 될지 모를거라고 생각했다. 생각에 생각을 거듭하면서, 그녀는 손바닥에는 땀이 났고, 왼쪽에서 가져왔던 동전 몇 개를 다시 원래 자리에 가져다 놓았다.

조응빈도와 조응방식은 텍스트 화제를 확정하는 중요한 참고사항이 될 수 있다. 예를 들면, 위의 예문 중에서 '母亲'은 두 종류의 조응방식이 있다. 대명사 조응과 영형식 조응이다. 대명사 '她'는 3회가 나오고, 영형식 조응은 8차례가 나온다. 이 담화에서 새로운 개념인 '铜钱(동전)'은 한번 이상 나오는데, 뒤에 또다시 다른 방식으로 언급된다. 명사와 수사, 두 종류의 방식이다. (다른 형식의 조응은: 大点的큰 것, 小点的작은 것, 几个몇 개이고, 같은 형식의 조응은 铜钱이며, 부분적으로 같은 형식의 조응은 钱이다). '母亲'과 '铜钱'을 대조해 본다면, '母亲'을 이야기할 때는 두 가지 두드러진 특징이 있다. 첫 번째는 조응의 횟수가 상대적으로 많다는 것이고, 둘째는 영형식 조응이 상당히 많다는 것이다. 즉, '母亲'이라고 확신하는 암묵적 척도(默认直)가 비교적 높다고 할 수 있다. 암시적 묵인 하에 '~에 대해 말하여지는 대상'이 되는 것이다. 이에 근거해서 조응빈도와 조응방식에서 본다면, 텍스트 화제는 '母亲'이 되는 것이다.

3.2. 화제의 연속성

화제의 연속성이란, 한 화제 성분이 영향을 미치는 정도와 범위로, 화제 연구에서 중요한 부분이다. 화제 연속성은 세 가지 부분과 관련이 있다. (1) 화제의 연속성 (2) 행위의 연속성 (3) 화제/참여자의 연속성이다. 그중 화제의 연속성이 영향 범위가 가장 큰데, 조응(lookback), 중의성(ambiguity), 그리고 감소성(decay)의 세 가지 방법으로 화제의 연속성을 측량할 수 있다(Givón 1983 참조)[9].

---

[9] 역주: 원문에서는 lookblack이라고 되어 있는데, 이는 lookback의 오타로 보인다. Givón에서는 조응(lookback), 중의성(ambiguity), 감소성(decay)의 척도(1-3)에 따라서, 암하리어의 화제의 연속성에 대해 논의하였다(1983: 99-100).
Lookback, the distance back (in number of clauses) to the last mention of the referent of argument.
Potential Ambiguity, a measure of competition from previous arguments for the identification of the referent of argument in question, obtained by first replacing the device used for the argument by the most continuous possible device(in Amharic, normally verb agreement) and then identifying mentions of referents in the preceding that of the argument(a value of 2 assigned when there are competing referents and I when there are not).
Decay, the number of successive clauses after argument which contain further mentions of its referent.

화제의 연속성은 다른 각도에서도 표현될 수 있다.

(1) 통사위치

화제성분의 암묵적 위치는 문장 주어의 위치이다. 통상적으로 주어는 행위자와 화제라는 두 가지 신분을 갖는다. 동시에 서술의 주인공이기도 하다. 이 때문에 한 문장에서 주어의 영향범위는 문장 전체일 뿐 아니라, 단락이나 텍스트가 될 수도 있다. 이것은 후속문장에서 주어의 생략 빈도가 높다는 것으로서 증명이 된다. 주어는 다른 통사성분들 보다 생략되는 경우가 많다. 중국어에서 주어 위치에 있는 소유격 명사는 연속화제의 측면에서 본다면 주어의 다음으로 지위가 높은데, 후속문장에서는 보통 앞절의 관형어로 인해 생략되어 나타난다[10](方梅 1985).

Givón이 예로 든 문장은 다음과 같다. 암하리어 부분은 생략하고, 영어로 번역한 부분만 기재한다.
a) when Birhanu opened his father letter.
b) and read (it),
c) he was shocked.
d) His father was coming
e) when he saw Almaz and the children,
f) what would he say?
g) Birhanu foled the letter,
h) sat down,
g) and started to think(things) over.
이때 a)에서 his father의 조응(lookback) 척도는 3이다. d)에서의 아버지는 나갔으므로, 아버지 혹은 Birhanu 모두 화제가 될 수 있다. 그러므로 중의성 척도는 2이다. 그의 아버지는 e)와 f)에서 다시 나오지만, g)에서는 연속되는 절이 더이상 나오지 않으므로 감소성 척도는 2이다. Givón은 이런 방법으로 화제의 연속성을 논의하였다.

10 역주: 아래 예문 1)에서 마지막 절의 생략된 주어는 李太太인데, 이는 앞 절 直说得의 보어 부분 중, 소주어에 속하는 관형어이다. 이때 마지막 절의 생략된 주어 李太太는, 앞 절 소주어의 소유격 관형어를 이어 받고 있으므로 생략될 수 있다.
1) 她由一进门 , 嘴便开了河 , 直说得李太太的脑子里像转疯了的留声机片 , [ ]只剩了张着嘴大口的咽气。
이를 方梅는 '承前定语而省略(앞에 나온 관형어로 인한 생략)'라고 하였다. 또한 소유격과 관련된 생략으로는 다음과 같은 예문을 들었다.
2) [ ]想着想着 , 她的手心就出了汗 , [ ]很快地义把撤下的钱补还原位 。

(2) 통사구조와 수사구조

전후 문장의 구조 유사도가 높을수록 동일화제 연속성의 가능성이 크다.

陳平(1987d)은 0형식은 그것이 가리키는 성분과의 거리가 최대한 가까워야 하며, 0형식과 그것이 가리키는 성분사이에 복잡한 성분이 들어가는 경우가 드물다는 것을 발견하였다. 즉, 0형식 사용 역시 텍스트에서 거시적 구조의 통제를 받는다.

徐赳赳(1990)는 Givón(1983)의 측량방법을 사용해서 대명사 '他'의 연속성을 고찰하고, '他'의 생략과 출현은 많은 제약을 받고 있음을 발견하였는데, 인물의 제약(단수 혹은 복수), 줄거리 제약(이야기의 발생, 진전, 결말), 시간사의 제약(시간사가 있는가 없는가), 접속사의 제약(접속사 뒤의 위치인가 아닌가), 구조의 제약(문장구조가 같은 지의 여부) 등이다.

Li & Thompson(1979)은 3인칭 대명사의 사용에 대해서 실험을 했는데, 『儒林外史』의 한단락에서 '他'를 전부 삭제하고 중국어가 모어인 피실험자들에게 어느 위치에 '他'가 들어가야 하는지 기입하라고 했다. 결과, 답안지는 모두 달랐다. '他'가 삭제되어진 몇 곳 중, 다만 두 곳에서만 절반의 피실험자가 '他'가 있어야 된다고 하였고, 나머지 부분에서는 '他'가 있어야 된다는 피실험자가 절반도 안되었다. 이 실험은 중국어에서 대명사의 사용여부가 융통성을 가진다는 것을 설명한다. 즉, 대명사 사용에서 강제성을 요구하는 상황은 많지 않다는 것을 설명하는 것이다.

조응형식에서 본다면, 형식이 가벼울수록 동일화제의 연속가능성이 크다. 이는 다음과 같이 개괄할 수 있다.

[0형식 조응 > 대명사 조응 > 동일형식 명사 > 지시사+명사 > 묘사성 관형어+
명사]

즉, 3개 이상의 절을 가진 복문에서, 이웃하지 않은 2개의 절의 주어가 같을 때, 중간에 있는 절의 주어가 소유격 관형어를 가지고 있다면 이 구조에서 주어가 출현하게 되므로, 앞에 있는 절과 뒤에 있는 절의 주어는 생략할 수 있다고 하였다.

(8)　马锐ᵢ是来请求父亲ⱼ批准出去玩一会儿的。但他ᵢ没有直截了当地
　　提出请求, 而且在饭后[ ]ᵢ主动积极地去刷碗、扫地、擦桌子, [ ]ᵢ把
　　一切归置完了, 　[ ]ᵢ像个有事要求主人的丫环把一杯新沏的茶和一
　　把扇子递到正腆着肚子剔牙的马林生手里, 　自己ᵢ站在一边不住地
　　拿眼去找爸爸ⱼ的视线, [ ]ᵢ磨磨蹭蹭地不肯走开, [ ]ᵢ没话找话地问:
　　"还有什么要我干的么?"(王朔『我是你爸爸』)

마锐는 아버지께 나가서 놀아도 좋은지 허락을 받으려 했다. 그러나 그
는 직설적으로 부탁하지 않고, 식사 후에 자발적으로 설거지, 청소, 식탁
닦기 등을 했다. 할 일을 다 한 후에, 마치 주인에게 부탁할 일이 있는
하녀처럼, 부른 배를 두드리며 이를 쑤시고 있는 马林生의 손에 새로
우려낸 차 한 잔과 부채를 가져다 주었다. 자신은 한 쪽에 서서 계속해
서 아버지와 시선을 맞추려 했고, 미적거리면서 떠나지 않았다. 더 이상
할 말이 없자, "제가 해야 할 일이 더 있나요?"라고 물었다.

　문법 형식이 다르다면, 일반적으로 다른 형태의 연속성으로 나타난다. 연속
성이 강한 화제[高连续性话题]의 문법 표현수단은 다음과 같은 체계로 개괄할
수 있다(Givón 1983).

연속성이 강한 화제(coding for most continuous/ accessible topic)
영형식 조응(zero anaphora)
강세가 없는/의존적인 대명사 혹은 문법적 일치관계(unstressed/ bound pronouns
or grammatical agreement)
강세가 있는 대명사/독립적인 대명사(stressed/ independent pronouns)
우향전위의 한정성 명사구(R-dislocated DEF-NP's)[11]
일반 어순 하에서의 한정성 명사구(neutral-ordered DEF-NP's)
좌향전위의 한정성 명사구(L-dislocated DEF-NP's)[12]

11　역주: 우향전위란 주제를 대명사로 표현하고, 그에 상응하는 명사구를 문미에 놓는
　　현상이다. 예를 들면, 他很勤奋, 我们班最小的学生。(걔는 참 부지런해, 우리반
　　가장 어린 학생말이야)과 같은 문장이다.
12　역주: 좌향전위란 문장 안에서 하나의 주제를 정했다면, 이를 문두로 옮기고, 그
　　본래 위치에 조응대명사를 다시 써주는 것을 말한다. 사실 이것은 영어에 많이 나오

대비성 주제화에 따른 자리이동 명사(Y-moved NP's)(contrastive topicalization)[13]
분리 /초점구조 (cleft / focus contructions)[14]
지시성 비한정 명사구 (referential indefinite NP's)[15]

연속성이 낮은 화제(coding for most discontinuous/ inaccessible topic)

孙朝奋(1988)의 연구에서는, 담화에서 수량사를 사용하는 것은 화제의 중요성과 밀접한 연관이 있다고 보았다. "하나의 화제에서 비교적 중요한 명사구는 수량구조를 사용해서 담화를 이끄는 경향이 있다"고 하였는데, 이는 陈平의 명사구의 지시 속성과 텍스트 기능에 대한 연구의 일직선 상에 있는 것으로서, 许余龙(2005)은 진일보해서 중국어의 화제는 존현문의 목적어가 텍스트를 이

고, 생략이 가능한 중국어에서는 많이 보이지는 않는다. 예를 들면, I hugged Christina. Christina, I hugged her.처럼 크리스티나가 화제가 되어 문장 앞으로 오면, 그 자리에 조응대명사 her을 써주는 경우를 뜻한다.

13 역주: 일반적으로 주제화라고 하는데, 문장 안에서 하나의 주제로 정했다면, 이를 문두에 옮기고, 그 자리를 비워놓는 것을 뜻한다. 그러므로 명사의 각도에서 본다면 자리이동이 된다. 예를 들면, People like to talk about politics. Politics, people like to talk about.처럼, 정치(politics)가 화제가 되어 문두로 옮겨지면, 원래 자리가 빈 자리가 되는 것이다. 이때 politics는 주제가 되어, 자리이동을 하는 것이다. 대비성 주제라 함은, 다른 것과 비교해서, 정치는 사람들이 이야기하기 좋아한다는 것을 내포하고 있다.

14 역주: 화자는 초점을 다른 성분들과는 다르게 강조시키기 위해서, 분리구문(cleft construction)을 사용하기도 한다. It is ~ that 구문을 예로 든다면, 초점은 It is와 that 사이에 놓고, 전제를 나타내는 요소들은 that 절에 놓는 것이다. 예를 들어, Bill broke the window를 분리구문을 써서 강조한다면, It was Bill that broke the window가 된다. 저자가 화제 부분에 초점에 대한 기술을 한 것은, 대조화제와 관련이 있는 것으로 보인다. 즉, Bill, Paul, Tom 중에서 Bill이 창문을 깼다는 의미를 내포하고 있다.

15 역주: 화자는 분리구문에서, 초점과 전제에 따라서 It is~that 구문이나 wh분리구문 (wh-cleft)를 사용한다. 일반적으로 초점으로 주어나 목적어같은 명사구를 택한다면, It is~that 구문을 사용하고, 보어의 역할을 하는 명사구를 초점으로 사용하고 싶다면 wh분리구문을 선택한다. 이때 It is~that 구문의 초점으로는 한정, 비한정 명사구가 모두 올 수 있지만, wh분리구문에서는 일반적으로 비한정 명사구를 사용한다. What Bill wants to marry is a Chinese. She is very smart.에서 본다면, 중국인 (a Chinese)은 비한정적이지만, 특정 지시기능을 가지고 있다)

끄는 경향이 있다고 보았다[16].

3.3. 전경 정보와 배경 정보

각기 다른 유형의 텍스트들은 각기 다른 조합 원칙이 있다. 서사의 흐름으로 말하자면, 기본기능은 한 사건을 진술하는 것이고, 기본 조합 형식은 시간순서를 플롯으로 삼는다.

서사텍스트에서 일련의 문장들이 전달하고자 하는 정보는 사건의 주요 줄기이다. 이렇게 사건을 구성하는 주요 줄기의 정보를 전경 정보라고 한다. 전경 정보를 이용해서 직접적으로 사건의 흐름을 묘사하는 데, 이는 "发生了什么(무슨 일이 일어났어)?"와 같은 질문에 대답이 된다. 이에 반해, 또 다른 문장들이 표현하는 정보는 사건의 주요줄기를 둘러 싼 상황들의 배치, 돋보임, 평가 등을 말하는데, 이때는 비연속적인 정보를 전달하게 된다(예를 들면, 사건의 상황, 관련 요인 등). 이런 종류의 정보를 배경 정보라고 한다. 배경정보는 "为什么(왜)" 혹은 "怎么样(어때)"등의 대답이 된다. 전경정보와 배경정보는 다른 층위에서 다른 표현형식으로 나타난다.

텍스트 층위에서 이야기 서사의 줄기는 전경이 되고, 나머지는 배경이 된다. 연속성이 강한 화제는 주로 서사의 주인공을 나타내는데, 이와 관련된 문장들이 많고 서사의 주요 줄기인 전경 정보를 구성한다. 반대로 연속성이 낮은 화제가 이야기하는 부분은 배경 정보를 구성한다. 연속성이 낮은 화제의 전형은 어쩌다가 나타나는 정보(이러한 명사는 앞에 나왔던 성분을 가리키지도 않고, 뒤에서도 조응하는 성분이 없다)가 화제를 충당하는 경우이다. 예를 들면 다음과 같다.

---

16 역주: "我家附近有一个公园，一年四季都有各种各样的花儿在开放。" 혹은 "我家附近有一个公园, 那个公园不收门票, 景色还挺好。"처럼 존현문의 목적어가 화제를 이끄는 경우를 가리킨다.

(9) 　我ᵢ从吴胖子家出来，[ ]ᵢ乘上地铁。地铁车厢很暖和，我手拉吊环几乎站着睡着了，列车到站也ⱼ没察觉，过了好几站才[ ]ᵢ猛烈惊醒，[ ]ᵢ连忙下了车。我跑上地面，[ ]ᵢ站在街上拦出租车。来往的出租车很多，但没有一辆停下来。我走过两个街口，[ ]ᵢ看到路边停着几辆出租车就上前问。几个司机是拉包月的，一位位散座的说他要收外汇券。我说"知道知道"坐了上去从兜里拿出一香外汇券给他看。

나는 뚱보 뭇씨네 집에서 나와서 지하철을 탔다. 지하철 안은 아주 따뜻해서 나는 손잡이를 잡은 채로 깜빡 잠이 들었다. 지하철이 역에 도착했는지도 못 느끼다가 몇 정거장을 지나서 놀라서 깼고, 서둘러 내렸다. 나는 길에 뛰어 올라서서 택시를 잡으려고 했다. 오가는 택시는 많았지만, 한 대도 서지 않았다. 나는 두 블록을 걸은 후에야 길가에 서 있는 택시를 보고 앞으로 가서 물었다. 그 택시기사들은 한달 단위로 계약해서 손님을 받는다고 했고, 개별 손님을 받는 기사 한 명은 외화 태환권만 받는다고 했다. 나는 "알아요, 알아요"라고 말하면서, 택시에 타고 주머니에서 외화 태환권을 꺼내 그에게 보여주었다.

(10) 平坦的柏油马路ᵢ上铺着一层薄雪，[ ]ᵢ被街灯照得有点闪眼，偶尔过来一辆汽车，灯光远射，小雪粒ⱼ在灯光里带着点黄，ⱼ像撒着万颗金砂。

평탄한 아스팔트 길 위에 눈이 얇게 살포시 깔려있어서, 가로등이 비추자 눈이 약간 부셨다. 가끔씩 차가 한 대 지나가면 헤드라이트 불빛이 멀리까지 비췄는데, 작은 눈 입자가 불빛 속에서 노란 빛을 띠어 일만 개의 금가루가 흩뿌려진 듯 했다.

문장의 층위에서 본다면, 주절은 전경으로서 사건의 과정을 표현한다. 이에 반해 종속절은 배경이 되어 사건 과정 이외의 요인을 표현한다. 즉, 시간, 조건, 수반되는 상태 등이다. 예를 들면 다음과 같다.

(11) 地铁车厢很暖和，我ᵢ手拉吊环几乎站着睡着了，列车到站也[ ]ᵢ没察觉，过了好几站[ ]ᵢ才 猛烈惊醒，[ ]ᵢ连忙下了车。

지하철 안은 아주 따뜻해서, 나는 손잡이를 잡고 선 채로 깜빡 잠이 들었다. 지하철이 역에 도착했는지 못 느끼고 몇 정거장을 지나서야 갑자기 놀라 깨서는 서둘러 내렸다.

각 절의 층위에서서 본다면, 연동문의 내부 구조에서 배경은 앞쪽이고, 전경은 뒤쪽이다(张伯江 2000, 方梅 2000). 예를 들면 다음과 같다[17].

(12) 我跑上地面, [ ]站在街上拦出租车。
나는 길에 뛰어 올라 서서 택시를 잡으려고 했다.
(13) 我手拉吊环几乎站着睡着了。
나는 손잡이를 잡고 선채로 깜빡 잠이 들었다.

전경 정보와 배경 정보는 텍스트 의미 층위에서 주연과 조연의 구별일 뿐 아니라, 동시에 통사와 의미요인에도 대응된다. Hopper & Thompson(1980)는 타동성(及物性)과 관련하여, 이 문제에 대해서 심도있게 토론한 적이 있다. 종합적으로 말하면, 전경 정보는 일련의 '강한 타동성'특징과 대응되고, 배경정보는 '약한 타동성' 특징과 대응된다. 아래는 그들의 논문에 근거해서 약한 타동성 특징을 전형적인 배경정보의 통사적, 의미적 특징에 귀납시켜 대응한 것이다. 전경정보는 이와 상반된 경향을 나타낸다.

전형적인 배경정보의 통사-의미 특징
참여자: 참여자 한 사람
행위 / 동작표현: 비동작 동사
상: 미완료(예를 들면, 'V着 / 起来')
순간성: 비순간성(예를 들면, 有자문과 是자문)
의지성: 비의지성(예를 들면, 동사 존현문)
현실성: 비현실성(예를 들면, 가정, 조건, 시간문)
행위자의 행동성: 낮음 (예를 들면, 비동작동사)

---

17 역주: 일반적으로 중국어에서 자연적인 초점은 문장 끝에 온다. 전경은 사건의 주된 줄기이므로 초점에 해당되고, 배경은 전제에 해당된다. 그러므로 보통 전경이 문장 뒤쪽에 온다고 볼 수 있다.

대상(수여자)에 미치는 영향: 대상(수여자)은 영향을 받지 않음 (예를 들면, 심리동사)

대상(수여자)의 개체성: 대상은 개체가 아님 (예를 들면, 비지시명사)

屈承熹(chu 1998)는 중국어 배경정보에 대한 논의를 하면서, 종속관계와 정보의 상태가(information status)가 밀접한 관계에 있지만 이 두개는 각기 다른 층위에 속한다고 하였다. 배경이 반드시 구정보를 함의하는 것은 아니고, 그와 반대인 경우도 있다. 종속관계는 배경을 형성할 수 있는 흔한 수단이다. 예를 들면 배경에서 전경으로의 흐름인 원칙을 위반할 때, 종속절 접속사 '因为(왜냐하면)'는 두드러지게 배경을 표현한다[18]. 명사화의 문장주어도 배경을 표현하는 일종의 수단이다[19]. 하지만 목적어는 주요동사의 성질에 따라서 상황이 결정된다. 배경은 일반적으로 세 가지의 화용적 부분으로 구성된다. (1) 사건선(event-line) (2) 장면(scene-setting) (3) 텍스트의 볼륨 감소(weight-reduction)이고, 이것들은 상호작용을 한다.

---

[18] 역주: 원인-결과를 나타내는 구문은 일반적으로 순차적으로 因为~所以구문을 사용하는데, 이때 반드시 써야 하는 所以와는 다르게 因为는 많이 생략된다. 시간순서원칙과 자연초점원칙(문미초점원칙)에 위배되지 않을 경우, 일반적으로 因为는 생략하고, 所以만을 사용한다.
a ?? 因为最近很忙, 不能跟朋友见面。
b 最近我很忙, 所以不能跟朋友见面。
다만 시간순서원칙과 자연초점원칙을 위배했을 경우, 因为는 반드시 써주어야 한다.
c 同样的道理, 当一个未开发国家, 让人民连吃饱都是问题的时候, 政府不可能想得太远, 因爲他先得把眼前的问题解决。(『世说新语』) (정소영, 「因为~所以의 통사적 특징과 논리구조」 참조)

[19] 역주: 参加会议的英文老师告诉我们以后星期一不上课(회의에 참가한 영어 선생님이 앞으로는 월요일에 수업을 안한다고 하였다). 라고 했을 때, '회의에 참가한'것은 그 영어 선생님이 어떠한 선생님인지에 관한 정보를 주는 배경정보 역할을 한다.

4. 상호작용 요인

4.1. 진행 중인 문장들

담화과정은 동태(動態)적인 심리처리 과정(on-line processing)이다. 이 과정에서, 담화 참여자는 다른 인물이나 개념을 의사소통의 공간(discourse universe)으로 가지고 들어온다. 이 때문에 동태적인 담화과정에서 출현하는 이런 현상들, 특히 상호작용(inter action)의 교류에서 나타나는 언어현상은 언어의 심리현실성을 반영하곤 한다.

전형적인 상호작용의 담화는 대화(conversation)이고, 대화의 기본단위는 발화의 순서(turn)이다. A와 B 두 사람의 대화를 가정한다면, 발화자 A가 정보를 내보내면, 수신자 B는 정보를 받아들인다. A와 B 사이에 발생하는 발화는 두 사람이 주고받는 순서이다.

A: 几点了? 몇 시야? (발화순서 1)
B: 五点 다섯 시 (발화순서 2)

대화는 교대의 방식(즉, A-B-A-B처럼 순서대로 돌아가며 말하는 것)으로 진행된다. 발화자가 발화를 끝내면, 수신자가 발화를 시작한다. 이것이 순서 전환이고, 발화순서 전환을 책임지는 기제를 '발화 순서 전환기제(話輪轉換机制)'라 한다. 발화 순서 전환기제는 대화참여자들이 질서있게 발화를 교대함으로써 담화를 진행하게 한다. (Sacks, Schegloff & Jefferson 1974)

최근 들어 일부 학자들은 대화분석방법을 빌어, 실제 대화 중에서 문장들의 '확장'현상에 주목하였다. 시간 축에서 문장들이 점진적으로 생산 확장되는 과정을 자연언어에서 중요한 동태적 문법 특징으로 본 것이다.

Lerner(1991)는 '진행 중에 있는 문장들의 통사(the syntax of sentences-in-progress)'라는 개념을 제시하면서, 문장에 관한 연구는 담화순서 교대 맥락 안에서 할 것을 건의하였다. Lerner가 '진행 중의 문장들'이라는 개념을 제시하고 나서, Brazil(1995)은 '선형 문법(linear grammar)'의 개념을 도입하였는데, 담화 중의 문장은 담화과정 중에서 점진적으로 증가한다(increment-by-increment)는 것을 강조하였다. Ford, Fox & Thompson(2002)은 통사적으로 귀납하기 어려운 첨가 성분들을 '확장 증가(extension increment)'라고 칭하면서, 확장증가인지를 확인하는 데 있어서 세 가지 척도를 제시하였다.

통사척도: 앞에 있는 성분은 통사적으로 완정성을 지녔다. 즉 독립적인 절이다.
운율척도: 앞에 있는 성분은 독립적인 어조(운율)를 지녔다.
화용척도: 인접한 대화에서 첫 부분을 독립적으로 구성할 수 있다.

예를 들면, 아래 예문에서 굵게 표시된 부분이다.

(14)   Have you been to New Orleans? **ever?**
(15)   We could'a used a little marijuana. **to get through the weekend.**
(16)   An' how are you feeling? (0.4) **these days.**

그들은 확장성분은 다음과 같은 담화특징을 가진다고 보았다. (1) 적절한 접속전환이 없는 위치에 나온다. (2) 수신자가 이야기(담화)를 시작하기 위한 적절한 전환점을 제공한다. (3) 화자에게 이야기를 계속하게 한다.

이상의 서술에서 본다면, 문법학자들은 점점 더 대화분석의 시각에서 동태적 특징에 대해 묘사와 해석을 한다고 볼 수 있다. 그들은 이렇게 전통문법이 관심을 가지지 않거나 해석을 못했던 문제들에 대해서 새롭게 살펴보고, 아울러 의사소통 특징에 부합하는 해석을 내어놓기도 하였다.

사실은 오랫동안 중국어문법 연구에서 이와 관련된 현상을 '도치문(倒裝句)'으로 간주해 왔다(黎錦熙 1924). 趙元任(1968)은 '도치문(inverted sentence)'의 논법을 따르면서도, 동시에 추가적 보충(追補 afterthought)의 개념을 제시하면서 '추가적 보충'과 '계획하지 않은 문장(unplanned sentences)'을 같이 논의하였다. 이때 선행부분은 반드시 완정한 문장이어야 한다는 것에 주목하였고, 후속부분의 음성 특징은 가볍고 빨리 읽는다고 하였다. 朱德熙(1982)는 '도치'라는 용어를 써서 이런 문제들을 설명하는데, 이때 후속부분은 보충의 의미가 있다고 하였다. 즉, "이런 논리는 구어에서만 보인다. 전치된 부분은 화자가 급하게 입에서 나오는 대로 발화한 부분이라서, 뒤의 부분은 보충의 의미를 갖는다고 할 수 있다"라고 하였다. 陆俭明(1982)은 '자리 바꿈 문장(易位句)'에 대해서 논의하였는데[20], 이런 문장은 네 가지 특징을 지닌다고 하였다. (1) 강세는 앞 단락에 있다. 뒤로 이동한 부분은 약하게 읽어야한다. (2) 의미중심은 앞 단락에 있다. 뒤로 이동한 부분은 강조의 대상이 되어서는 안된다. (3) 자리를 옮긴 부분은 원래 자리로 갈 수 있지만, 의미가 변하지 않는다. (4) 문장 끝의 어기사는 뒤로 옮긴 부분에는 나올 수 없다. Tai & Hu(1991)는 추가적 보충의 각도에서 이 문제를 논의하였고, 张伯江과 方梅(1996)는 이런 현상을 중요한 정보의 전치수단이라고 보았다. 陆镜光(2000)은 중국어 문장성분의 후치와 관련된 논의에서 대화분석의 시각을 도입하여, 성분의 후치연구와 발화순서 전환 기제와의 관계를 논의하기 시작하였다. 陆镜光(2004)은 '진행 중에 있는 문장의 문법'과 '선형 문법'을 관찰하는 시각으로 '도치문'과 '자리바꿈 문장'을 새로운 시각으로 면밀히 분석하였다. 그는 '성분의 위치 이동'의 분석에

---

20 역주: 陆俭明은 도치문과 구별되는 용어로, '易位(자리바꿈)'라는 용어를 사용하였다. 그는 중국어는 형태변화가 없어서, 통사성분이 비교적 고정된 위치에 있는 언어라고 보았는데, 구어에서는 융통성있게 자리를 바꾼다고 하였다. 예를 들어, "你哥哥来了吗?", "大概走了吧。"를 구어에서는 "来了吗, 你哥哥?", "走了吧, 大概。"라고 쓴다고 하였고, 이런 현상들을 '易位'라고 하면서, 구어에서의 특수한 현상이라고 보았다. 본문에서는 자리바꿈이라고 번역하였다. 하지만 陆俭明은 易位(자리바꿈)와 도치는 다르다고 보았다.

a) 什么都会。
b) 他哪儿都不去。

위의 두 예문을 도치문으로 보는 학자들이 있는데, 자리바꿈 문장은 이런 문장과 전혀 상관이 없다고 보았다. 또한

c) 他走过来, 悄悄地, 慢慢地。
d) 大家都来了, 从东, 从西, 从南, 从北。

위의 두 예문도 도치문일뿐, 자리바꿈 문장은 아니라고 보았다. 근거는 첫째, 도치된 부사어인 悄悄地, 慢慢地에 강세가 있다. 둘째, 도치된 부사어는 일반적을 병렬관계이다. 셋째, 이런 도치된 부사어는 구어에서는 잘 보이지 않고 서면어에서만 사용된다. 陆俭明은 이같은 근거로 도치문과 자리바꿈 문장은 다르다고 보았다. (『陆俭明自选集』중에서 「汉语口语句法里的易位现象」 참조)

서 한계성을 발견하였는데, '이동'되었다고 불리우는 성분이 원래의 위치를 찾기 어렵다는 것을 밝혀 내었다. 예를 들면 다음과 같다.

(17) 你不是有个游泳池的吗, 你家楼下? 너 수영장 있지 않아? 니네 집 1층?
(18) 我敏感的, 我的鼻子。 나 알러지있어, 내 코

이 때문에 陆镜光은 대량의 '도치문' 혹은 '자리 바꿈 문장'이 실제로는 '확장문(延伸句)'이라고 여겼다. 확장문은 시간의 진행에 따라서 점진적으로 문장성분이 증가된다. 확장문이 되려면 다음과 같은 조건을 만족시켜야 한다. (1) 주된 문장은 반드시 서술어의 핵심을 포함해야 한다. 또한 문장 끝에 억양 혹은 어기사를 수반해야 한다. (2) 뒤에 나오는 말에는 서술어의 핵심이 있어서는 안된다. 또한 문장 끝에 억양 혹은 어기사를 수반해서는 안된다. 陆镜光은 확장문을 중국어의 정상적인 문형으로 보아야 한다고 주장했다.

동태적인 통사분석의 방법은 '발화가 모두 끝난 문장(完句)'을 연구하는 것이다. 담화과정의 동태적 특징에 대한 연구는 갈수록 중시되고 있다. 이런 영역은 초기에는 주로 대화분석 영역이었지만, 최근에는 문법학자들의 주목을 받고 있다. 자연언어문장의 동태적인 특징에 대한 연구는 텍스트문법 연구의 새로운 특징이 되었다. 이런 동태적인 특징은 또 다른 측면에서 언어의 심리현실성을 반영하기 때문이다.

4.2. 문법성분의 기능차이

서사와 대화는 모두 즉흥적이고 자연적인 구어이지만, 사실 다음과 같은 커다란 차이점을 가지고 있다.

첫째, 과정성과 현장성이다. 서사체는 과정성을 가지고 있고, 대화체는 현장성을 가진다. 사건을 서술할 때, 과정에 대한 진술은 시간 순서가 플롯이 된다. 시간의 변경은 상황과 인물의 변화를 가지고 오기도 한다. 이 때문에 시간의 중요성은 다른 요인들을 뛰어 넘는다. 하지만 대화의 목적은 정보와 관점을 교환하는 것이다. 이 때문에 대화체에서 시간요인의 중요성은 자연스럽게 부차적인 위치로 후퇴한다.

둘째, 사건성과 평론성이다. 서사체는 사건성을 갖고, 대화체는 평론성을 갖는다. 서사체는 사건의 과정을 진술하고, 대화체는 정보와 관점을 교환한다. 대화체 담화에서 중요한 것은 현재 서로가 관심이 있는 사물이지, 어떠한 사건의 과정이 아니다. 이 때문에 각종 방법으로 사물들을 묘사하거나 한정시킨다든지, 사물을 명명하고 규정하는 것은 담화참여자들의 노력으로 일구는 것이다.

陶红印(2002)과 方梅, 宋贞花(2004)는 모두 구어에서 관계종속절에 대한 연구를 하였는데, 이들은 계획하지 않은 자연스런 구어체의 전사자료를 채취해서 관계종속절의 분포를 통계 분석하였다. 하지만 도출한 결과는 사뭇 다르다. 첫째, 陶红印은 서사체의 관계종속절 중에서 시간을 표시하는 절이 가장 많다는 것을 발견하였다. 그 다음은 인물이고, 그 다음은 사물을 가리키는 절이라고 하였다. 왜냐하면 서사텍스트에서 시간종속절은 줄거리의 전이를 표시하기 때문이다. 서술에서의 줄거리 전이는 무엇보다도 중요하다. 그래서 시간을 표시하는 종속절이 가장 많이 나오기 마련이다. 하지만 대화체 구어를 연구한 方梅, 宋贞花는 다른 결과를 제시하였다. 대화체 구어에서 가장 많이 나타나는 종속절은 사물을 가리키는 절이고, 그 다음이 시간과 사람을 가리키는 절이라고 하였다. 왜냐하면 서사체의 특징인 과정성과 사건성으로 인해 시간류를 지칭하는 관계종속절이 사용빈도가 높은 것인데, 대화체의 특징인 현장성과 평론성은 시간류 종속절의 높은 사용빈도와는 관련이 없기 때문이다. 두 번째, 사람을 지칭하는 관계종속절은 서사에서든 대화에서든 모두 중요한 부분이다. 그러나 陶红印이 서사체에서 가장 중요한 기능은 인물들의 관계를 서사를 따라가면서 추측하는 것이고, 그 다음은 인물들을 서사 안으로 끌어들여 오는 것이고, 그 다음이 인물을 명명하는 것이라고 한 반면, 方梅, 宋贞花는 대화체에서 관계종속절의 첫 번째 기능은 인물을 명명하는 것이고, 그 다음이 인물들의 관계를 추측하는 것이고, 마지막이 담화 안으로 끌어오는 것이라고 하였다.

셋째, 方梅, 宋贞花의 논문에서는 비록 서사체가 비현실 시간 상태의 표현을 허용하지 않더라도, 대화체는 비현실 시간 상태 표현의 특징을 가지고 있다는 것을 보여주었다. 이런 차이는 서사체의 '과정성'과 대화체의 '평론성'으로 말미암은 것이다.

4.3. 통사성분의 기호화 차이

Bernardo(1979)는 영어로 된 '배(梨子) 이야기'에 대한 연구를 통해서, 시사성 있는 결론을 도출해 내었다. 그는 수식어와 핵심어의 내용관계에 근거해서 두 개의 관계종속절을 구분하였는데, 하나는 정보를 증가시키는 것(informative)이고, 다른 하나는 새 정보를 제공하지 않고(non-informative) 다만 판별 작용만 일으키는 것이다. 수식성분이 뒤에 오는 언어는, 예를 들면 영어의 경우, 후자는 주로 간단한 형식이고, 전자는 일반적으로 복잡한 형식이다. Payne(1997: 326)는 일반적으로 관계종속절과 핵심명사의 위치는 수식성 관형어와 핵심명사의 순서와 일치한다고 하였다. 그러나 많은 언어에서 후치된 관계종속절이 존재한다. 즉, 이러한 언어들에서 수량수식어, 형용사수식어는 피수식어 명사 앞에 온다. 이러한 뚜렷한 경향들은 아마도 보편적인 화용적 원칙으로 인해 생겨났을 것이다. 즉, 중심이 되는 성분은 절에서 뒷부분에 위치하고, 묘사성이 강하고 새로운 정보가 많은 성분도 뒤에 위치한다.

사실 중국어에도 Payne(1997)가 말한 이런 현상들이 존재한다. 비록 중국어 명사성 성분의 수식어는 일반적으로 피수식어 성분의 앞에 오지만(예를 들면 '蓝蓝的天' 새파란 하늘, '老李喜欢的曲子' 老李가 좋아하는 노래), 만약 수식성 성분이 복잡한 편이라면, 즉 선형 배열이 길고 구조가 복잡한 커다란 성분들은 여전히 뒤에 위치하는 경향이 있다. 이것은 구어에서 가장 뚜렷하게 나타난다. (2.2 참조)

주목할 만한 것은, 중국어의 수식성 성분에는 두 종류의 조합방식이 존재한다는 것이다. 하나는 '的'자 구조가 명사 뒤에 오는 것이다. '的'자 구조가 가리키는 내용은 피수식어 명사가 가리키는 대상 중의 일부분이다. 뒤의 수식성분은 의미적으로 제한성을 띤다. 아래 (19)와 (20)이 그 예이다. 다른 한 방식은 관계대명사나 관계부사를 포함한 절을 사용하여 어떤 명사성분을 설명하는 것이다. 예를 들면 (21), (22)이다. '他'가 이끄는 절은 앞에 있는 명사에 대해 설명하고 새로운 정보내용을 제공하는 것이지, 피수식명사가 지칭하는 범위를 제한하는 것이 아니다. 즉, 의미적으로 볼 때 두 종류의 조합방식의 차이는 전자는 '제한'이고, 후자는 '설명'이다.

(19) **机动车驾驶人**<u>不在现场或者在现场但拒绝立即驶离</u>, <u>妨碍其他车辆、行人通行的</u>, 处二十元以上二百元以下罚款, 并可以将该机动车拖移至不妨碍交通的地点或者公安机关交通管理部门指定的地点停放。(中华人民共和国道路交通安全法)
자동차 운전자가 현장에 없거나 현장에 있더라도 즉시 이동하기를 거부하여 다른 차량이나 행인의 통행을 방해하는 자는, 20위안 이상 200위안 이하의 벌금에 처한다. 또한 자동차를 교통을 방해하지 않는 구역이나 공안기관의 교통관리부문이 지정한 구역으로 옮겨 놓을 수 있다(중화인민 공화국 도로교통 안전법)

(20) 工安机关对**举报人**<u>提供信息经查证属实的</u>, 将给予一定j数额的奖金。(新闻)
공안기관은 제보자가 제공한 정보에 대해 조사한 후 사실로 판명되는 자라면, 일정금액의 장려금을 지급할 것이다(뉴스)

(21) 你比如说你跟着**那种水平不高的英语老师**, <u>他根本不知道那个纯正的英语发音</u>, <u>他英语语法也不怎么样</u>, 你就全完了。
예를 들어서, 네가 저런 수준이 높지 않은 영어선생님에게 배운다 하자, 그는 정확한 영어발음도 모르고, 문법도 별로라서, 넌 완전히 끝난거야.

(22) 你站在大街上总能看见**那种不管不顾的人**, <u>他看见红灯就跟不认得似的</u>, <u>照直往前骑</u>, 你当着警察要爱生气得气死。
네가 거리에 서 있으면 저렇게 함부로 행동하는 사람을 늘 볼 수 있을거야. 그는 빨간불을 보고도 못 본 척하고, 그대로 앞으로 자전거(오토바이)를 타고 지나갈거야. 네가 경찰이고 화를 잘 낸다면 화가 나서 돌아버리겠지.

주목할 만한 것은, (19)와 (20)처럼 명사 뒤에 위치하는 '的'를 포함한 수식성분은 서면어에서 사용되는 조합방식이지만, 구어에서는 흔히 볼 수 있는 구조는 아니다. (21)과 (22)는 구어중에서 보편적으로 보이는 절 조합 방식이고, 서면어에서는 자주 볼 수 없다. 이러한 차이가 시사하는 바는 크다. 후자는 구어에서 '진행중인 문법'이 드러나는 부분이다. (方梅 2004 참조)

4.4. 의미 이해 방향의 차이

비상호적인 의사소통과 비교해서, 상호적 의사소통의 주관화와 교호적[21] 주관화는 더욱 많은 가능성을 제공한다.

화자가 발화를 할 때 보통 이 발화에 대한 자신의 입장과 태도, 감정을 표현한다. 담화 중에 '자아'의 흔적을 남기는데(Lyons 1977、1982, Finegan 1995, 沈家煊 2001a), 이것을 언어의 주관화라고 한다. 이러한 주관성이 명확한 구조형식으로 기호화되거나, 혹은 한 언어형식이 통시적 변화를 거쳐 주관적인 표현 기능을 획득하였다면, 이것을 주관화(subjectivization)라고 부른다.

예를 들면, 1인칭 복수는 화자 자신을 지칭할 때 겸손한 태도를 나타낸다.

  (23) **我们**认为这样做不够稳妥。
        우리는 이렇게 하는 게 그렇게 타당하지 않다고 생각한다.

또 다른 예를 들면, '人家'는 원래 화자와 청자 이외의 제3자를 지칭하는 것이다. 그러나 대화중에서는 화자 자신을 지칭할 수 있고, 이때 화자의 부정적인 감정을 나타낸다.

  (24) 你怎么才到啊！**人家**等了半个钟头了。
        너 어떻게 지금에서야 와! 사람이 30분이나 기다렸잖아.
  (25) *你这么快到了！**人家**等了半个钟头了。

교호적 주관성(inter-subjectivity)이 가리키는 것은, 화자가 명확한 언어형식으로 청자에 대한 관심을 표현하는 것이다. 이런 관심은 인식 의미상에서도

---

[21] 역주: 교호(交互)는 서로 번갈아 하는 방식을 뜻한다.

나타날 수 있다. 즉, 청자가 명제내용에 대해 어떠한 태도를 갖는지에 주목하는 것이다. 이는 의사소통의 사회성 부분에서 더 많이 나타나는데, 청자의 '체면' 혹은 '이미지 요구'에 주의를 많이 기울인다(Traugott 1999). 한 언어형식이 만약 교호적 주관성을 가진다면, 그것 역시 일정 정도의 주관성을 나타낸다. 교호적 주관화는 대체적으로 주관화를 내포하고 있다. 하나의 형식이 만약 일정 정도의 주관화가 없다면, 교호적 주관화 현상이 나타날 수 없다. 교호적 주관화와 주관화에는 차이가 있는데, 주관화는 의미를 발화자 쪽으로 강하게 초점을 두지만, 교호적 주관화는 청자 쪽에 좀 더 포커스를 맞춘다.

대명사의 허화는 주관화와 교호적 주관화를 종종 수반한다. 아래 열거한 대명사의 허화현상은 실제로 모두 주관화 혹은 교호적 주관화 현상이다. (呂叔湘 1985, Biq 1990b\1991, 张伯江, 方梅 1996)

대명사의 교호적 주관화에는 크게 두 가지가 있다

첫째, 심리적 거리를 표현한다. 청자가 심리적으로 느끼는 것에 주목한다. 예를 들어, 포괄식 대명사를 사용하여 청자 개인을 지칭하는 것이다. 이로써 심리적 거리를 가깝게 잡아 당긴다.

(26) (成年人对小孩) 咱们都上学了, 哪能跟他们小孩儿争玩具呀。
      (어른이 아이에게) 우리는(너는) 학교에도 다니는데, 어떻게 저 아이들
      과 장난감을 두고 싸우니.

둘째, 화자가 청자에 대해 가지고 있는 기대를 표현한다. 예를 들어, 2인칭 대명사 '你'를 써서 화자가 말하고자 하는 내용에 청자가 주목한다는 것을 보여 준다. 여기서 '你'는 사람을 지칭하지 않는다.

(27) 你北京有什么了不起的, 还不是吃全国, 仗着是首都。
      니깟 베이징이 뭐가 대단하냐, 전국에서 생산한 것을 먹기만 하면서, 수
      도라는 빽만 믿고 있잖아.

인칭대명사는 여러 가지 문체에서 나타날 수 있다. 그러나 위에서 언급한

교호적 주관화현상은 대화체가 특수하게 가지는 특징이다. 비상호적 문체와 비교해서, 상호적 문체는 훨씬 화자 시각에서의(speaker oriented) 의미해석에 편중되어 있다.

1980년대 전후 텍스트문법 분석은 주로 서사문체를 연구대상으로 삼았는데, 90년대 이후는 갈수록 대화분석에서 많은 성과를 내었다. 상호적(interaction) 요인이 언어구조에 미치는 영향(이와 관련된 중국어 연구에 대한 평론은 Biq 1996, 2000을 참조)에 주목하였는데, 이러한 언어학적 상호작용은 90년대 이후 사람들의 주목을 끄는 영역이 되었다(『汉语评述文献(중국어평론문헌)』: 林大津, 谢朝群 2003)

5. 문법의 연속성

5.1. 공시와 통시 사이의 연속성

기능주의 언어학자들은 통사 현상은 형성시기부터 현재까지 텍스트 담화요인의 제약을 받는다고 여긴다. 즉, 통사연구가 만약 이러한 요인들을 고려하지 않는다면, 이론상에서 통찰력 깊은 해석을 얻을 수 없다고들 여긴다. 왜냐하면 문법은 사용하면서 점차적으로 형성되는 것이고, 동시에 계속 변화하는 것이기 때문이다. 담화기능의 수요가 문법을 만들었다고 할 수 있다. Givón(1971)은 『历史句法与共时形态(Historical Syntax & Synchronic Morphology)』에서, 남아프리카 반투어 연구를 통해 형태수단을 나타내는 접두사는 고반투어의 대명사에서 유래했다는 것을 발견하였다. 그는 진일보하여, 오늘의 형태는 어제의 통사라는 것도 제시하였다. 그의 저서(1979) 『On Understanding Grammar』에서는 대량의 언어재료들을 넘나들며, 이 사유과정을 진일보하여 개괄해 내었다. 즉, 문법은 텍스트의 응집된 현상이고, 통사화(syntacticization)는 화용모델에서 통사모델로 바뀌는 과정이라고 하였다. 그는 문법형성의 과정을 다음과 같이 개괄하였다.

텍스트 > 통사 > 형태 > 형태음운 > 0형식

더욱이 일부 학자들은 텍스트 담화에서 독립된 통사성분과 통사규칙은 아예 존재하지 않는다고 여겼다. 1987년 Paul Hopper는 Berkeley Linguistic Society 에서 『呈现语法(Emergent Grammar)』를 통해 문법의 동태적인 특성을 강조하 였는데, 이 논문의 파장은 상당히 컸다. 그는 문법의 구조와 규칙은 텍스트에서 생산되고, 텍스트에 의해서 만들어지며, 아울러 시종일관 이런 과정 중에 있다 는 것을 명확하게 지적하였다. 이 때문에 문법은 부단히 변화하며, 영원히 불확 정성을 갖는다. 이 때문에 공시적 층위의 범주와 의미가 표현해내는 연속적인 변화는 마땅히 문법화 연구에서 관심의 초점이 되어야 한다. 이런 관점은 기능 주의 언어학자들이 공시적인 차이와 통시적인 변천 사이에서 연속적 특징에 대해 주목한다는 것을 말해준다. 또한 문법화 연구의 시야도 단순히 통시적인 시각에서 공시와 통시로의 결합을 이끌어 내었고, 동시에 공시적 차이의 다른 층위도 주목할 만한 새로운 이슈가 되었다[22]. 많은 연구들이 공시적 차이에서 분석을 시작하여, 공시적 시각와 통시적 시각이 이 문제에 관해서 어떻게 서로 상호작용을 하는지를 논의하였다.

언어성분의 탈범주화(去范畴化 de-categorization)는 변천의 중요한 단계 이다. 소위 '탈범주화'라는 것은, 일정한 조건하에서 어떤 통사범주의 성원이 이 범주의 특징적인 현상을 잃어버리는 것이다. 예를 들어, "I think……"는 영어에서 고빈도로 사용되는 조합으로, 문장에서 각기 다른 위치에 나타날 수 있다. 그러나 각기 다른 선형상의 위치에서, think의 문법표현은 모두 다르다. 주절의 동사 위치에서 think는 시제나 상으로 인한 형태변화를 하고, 다른 인칭 과도 공기할 수 있다. 그러나 만약 문장 끝에 나온다면, think는 동사로서의 문법특징을 잃어버린다. 예를 들면 다음과 같다.

(28) a. **I think** that the lock has been changed.
　　　 나는 자물쇠가 바뀌었다고 생각한다.
　 b. **She thought** that the lock had been changed.

---

[22]　역주: 공시적 시각에서 문법화를 보는 것으로는, 층위화(layering)가 있는데 옛 층위 와 새 층위가 공존하는 현상을 가리킨다.

그녀는 자물쇠가 바뀌었다고 생각했다.

   c. The lock has been changed **I think**.

   d. *The lock has been changed **she thought**.

일반적으로, (28c)처럼 쓰이는 문미의 think는 '탈범주화'가 발생했다고 본다. 아래는 중국어를 예로 들어 탈범주화의 특성을 설명한 것이다.

(1) 의미적으로, 의미의 일반화 혹은 추상화가 전제가 된다. 예를 들면 다음과 같다.

(29) 昨天迟到, 今天又迟到了。 (重复) 어제도 지각하더니, 오늘 또 지각
         했니(중복)

(30) 一年又一年。 (反复) 일년 또 일년(반복)

(31) 那是三伏的第一天, 又潮湿, 又没有风。 (相关)
         삼복 중의 첫날이었다. 습하고 또 바람도 없었다. (상관)

(32) 又不是不努力, 是条件太差了。 (强调说话人立场)
         노력을 안하는 것도 아니야, 조건이 너무 형편이 없는거야. (화자의 입장
         강조)

(33) 看书呢, 又。 (告诉对方"我对你的关注"。 对比: 又看书哪)
         책 보네, 또. (상대에게 "내가 너에게 관심이 있어"라는 것을 알려줌. 又
         看书哪와 대비된다)

'又'의 핵심의미는 '동일'이다. 예 (29)의 의미는 '지각하다'처럼 중복적으로 발생되는 것으로, 객관적 사실을 표현한다. 실제 세계에서의 '동일'의 행위이다. 예 (30)은 '동일'이 곧 온전히 객관적인 것이 아님을 표현한다. 왜냐하면 객관세계의 매 '일년'은 모두 다르기 때문이다. 진실 세계에서 '동일'인지 아닌지는 중요하지 않다. 중요한 것은 심리적 인식세계에서의 '동일'이다. (31)에서 '습함'과 '바람 없음'은 객관적으로 다른 상태이다. '又(또)'를 써서 두 개의 상태를 동일하게 놓고 말하였다. 전달하는 정보는 발화자의 인식세계 중에서 '동일'하다. 즉, 두 개는 '삼복'의 기후특징에 동일하게 속해 있고, 이런 관계는 발화자의 인식에서 구축되는 것이다. 만약 '又'를 빼버린다면, 이런 주관적 인식을

표현할 방법이 없다. 예 (32)의 '又'는 직접적으로 객관과는 전혀 관련이 없는 항목이다. 온전히 발화자의 평가이다. (33)이 표현하는 방식은 '동일'과 거리가 멀다. 다만 화자가 청자를 주목하고 있다는 것을 표현할 뿐이다. 우리는 그중의 '又'를 '你'로 바꿀 수 있다("看书呢, 你。" 책보네, 너). 이렇게 바꾸어도 문장의 명제 의미가 변하지 않는다. 예 (32)와 (33)은 모두 '又'를 삭제할 수 있는데, 이때 문장의 명제 의미는 변하지 않는다.

다시 예를 들면, 아래의 예문 (34) 중에서, 제3인칭 대명사 "他(그)"는 어떤 부류의 사람들을 가리킬 수 있는데, 이때 '他'와 '他们(그들)'은 교체해서 사용할 수 있다.

(34) 但是**路学长他们**不同, 他不是翻译, 他就是做电影的一批人。他们是读电影长大的人, 或者说读电像更多, 对电像更有悟性的人, 他创作出来的东西会不一样。

그러나 路선배 그 사람들은 달라. 그 사람은 통역이 아니고 영화를 만드는 사람들이야. 그들은 영화를 공부하면서 자라온 사람들이거나, 영화를 많이 공부하고 영화에 대한 깨달음이 있는 사람들이야. 그들이 만들어 낸 영화는 다를거야.

(35) **今天的演员**在理论上**他**能知道四十年代、六十年代演员的基本感觉是什么, 但他有很多时候有露出马脚来的东西, 你要一点点去提示他。

오늘날의 연기자들은 말야, 그 사람들은 이론적으로는 40년대와 60년대 연기자의 기본느낌이 어떤지를 알고 있을 수 있어. 하지만 많은 경우에 본인의 속셈을 드러 낼거라, 네가 그 사람들을 하나씩 지적해줘야 해.

(2) 통사 형태적으로, 원래 범주의 어떤 전형적인 분포 특징을 잃어버리면서 동시에 새로운 범주의 특징을 획득한다.

수사 '一'의 허화 현상을 예로 들어보면, 북경 방언의 '一'는 이미 진정한 수량을 나타내는 '一'와 다르다. 수량의 허화는 수량을 표시하지 않는다. '탈범주화'를 통해서 부정관사의 지위가 생겨난 것이다. 즉, 다음과 같이 말할 수 있다.

(1) 수사 '一'의 변조규율을 따르지 않고, 일괄적으로 2성으로 읽는다. 예를 들면, '一狮子、一熟人、一老外、一耗子'에서 '一'뒤에 나오는 명사는 각기 다른 네 가지 성조이다. 그러나 '一'는 일괄적으로 2성인 yí로 읽는다. 즉, 뒤에 나오는 명사의 성조에 따라서 성조가 변하지 않는데, 이것은 '一' 뒤에 나오는 4성인 양사 '个'의 생략에서 기인했다고 추측할 수 있다[23].

(2) 이러한 '一+명사'의 강세는 명사에 있다. '一'에는 악센트가 있을 수 없다.

(3) 이러한 '一+명사'는 다른 수량성분과 비교하는 데 쓰일 수 없다. 만약에 비교한다면, 비교항목은 명사가 가리키는 대상일 뿐이며, 관련 수량과는 비교할 수 없다. 그러므로 "我就带了一帮手儿, 可是他领了仨 (나를 조수를 한명 데리고 왔고, 그는 세명을 데리고 왔다.)"라고 말할 수 없다[24].

(4) '一+명사'는 비한정 목적어로 쓰인다. 예를 들면, "我沿着桌子喝一对角线, 你喝一中心线[25]。"이다. '一+명사'를 사용할 경우는, 주로 대화자들이 공유한 지식으로는 명사가 가리키는 상황을 확인할 수 없을 때 사용한다. 그중 명사가 가리키는 상황은 맥락 중에서 아직 언급되지 않았거나 청자가 아직 익숙하지 않다는 걸 전제한다. 예를 들어보자.

---

[23] 역주: 중국어에서 수사 一 본연의 성조는 1성이지만, 뒤에 나오는 명사의 성조에 따라서, 성조가 변한다. 뒤에 나오는 명사가 1,2,3성이면 一는 4성으로 변하고, 뒤에 나오는 명사가 4성이라면, 一는 2성으로 변한다. 一狮子、一熟人、一老外、一耗子에서 보면, 一뒤에 나오는 명사의 성조는 각각 1성, 2성, 3성, 4성이다. 원칙대로라면, 앞의 세 개(一狮子、一熟人、一老外)에서는 一를 4성으로 읽어야 하고, 뒤의 한 개만 2성으로 읽어야 한다. 하지만 모두 2성으로 읽는 것은, 一와 명사 사이에 양사수 가 생략되었다고 생각하기 때문이다.

[24] 一를 약하게 읽는다면, 이 문장은 성립하지 않는다. '하나'의 의미를 잃어버리고 허화가 되었기 때문이다.

[25] 역주: 이 문장은 술자리에서 일어나는 상황이다. 술잔을 테이블의 대각선으로 쭈욱 배열했을 때는 중심으로 배열했을 때 보다 잔이 많아질 수 밖에 없다. 내가 대각선으로 배열한 모든 잔을 마실테니, 넌 중심선에 있는 술만 마셔라, 라는 의미이고, 이때 대각선으로 배열한 술들과 중심선에만 배열한 술들은 비한정 목적어로 쓰이고 있다.

(36) "这女的是你妹妹?" "不是。" "你姐姐?" "一亲戚。" "什么亲戚?"
" --- 八杆子打不着的亲戚。"

"이 여자가 네 여동생이니? ", "아니오", "그럼 네 언니?", "**친척이에요**",
"어떤 친척?", "흠---아주 아주 먼 친척이요(사돈의 팔촌이요)"

呂叔湘(1994c)은 중국어에서 '一个'는 부정관사의 기능을 한다고 보았는데,
'(一)个'가 응용되는 범위는 부정관사보다 넓어서, 셀 수 없는 불가산 명사나
동작과 상태에 모두 사용될 수 있고, 한정된 사물에 사용될 수 있다고 하였다.
심지어 '一'를 가리키는 것이 아닌 곳에서도 사용될 수 있다. '一个'는 주로
'一'가 생략되고 '个'가 남는다. 이와 같은 '(一)个'는 원(元)대 이후에 이미
보편화되었다. 현대 북경어에서 '一'가 부정관사로 쓰이는 것은 최근 몇 십년
안에 발생한 것이다. '一'가 뒤에 오는 글자의 성조에 상관없이, 모두 양평(阳
平)[26]의 성조를 보류하고 있는 각도에서 추론한다면, 부정관사로 허화된 '一'
는 '一个'에서 '个'가 탈락하고 '一'만 남은 결과로 봐야 한다(方梅 2002, 董秀
芳 2003 참조).

(3) 텍스트의 기능에서 확장되거나 전이됨

'这'가 허화된 예를 들어 보자. 지시사의 기본용법은 실체를 지칭하거나 구
별하는 것이다. 그러나 우리는 다른 용법들을 볼 수 있다. 예를 들어 보자.

(37) "我哭了, 实在忍不住了。" "你这哭太管用了, 所有问题都解决了。"
"나 울었어, 정말 참을수가 없었어", "너 이렇게 우는 거 너무 잘 통하네,
모든 문제가 해결되네"
(38) "您扔这儿砖头哪?" "就听扑通。" "深。" "就冲这深......" "跳。"
"不跳。"
"당신 여기로 벽돌 던졌어요?", "풍덩하는 소리가 들렸어요", "깊네요",
"이 정도로 깊다면...", "뛰어내려요", "안 뛸래요".

---

26 역주: 현대중국어에서 양평(阳平)은 2성을 가리킨다. 참고로 1성은 음평(阴平), 3성
은 상성(上声), 4성은 거성(去声)이라고도 한다.

(37)의 '这'는 실제사물을 조응하지 않는다. 하지만 행위를 조응하는 기능을
한다. (38)의 '这'는 실체를 가리키지 않지만, 속성을 가리키고 있다. 이것은
'这'가 텍스트 기능에서 확장된 것이다. 이런 확장은 새로운 통사 범주가 만들
어지는 기초가 된다(이와 관련된 것은 Tao1999, 方梅 2002 참조).

5.2. 고빈도 사용과 범주의 연속성

(1) 사용단위와 통사단위의 위치가 일치하지 않음

비록 한 억양(语调)단위가 통사적으로 반드시 완정한 단위가 아니고, 억양
단위와 통사 단위가 일대일 대응관계가 아니더라도, 만약 발화자가 자주, 규칙
적으로 어떤 조직구조를 하나의 운율 단위 안에 넣는다면, 이런 구조들은 인지
의 각도에서 일정한 심리적 현실성이 있기 때문에, 인간의 지식저장소에서 언
어의 한 구조 단위가 된다고 볼 수 있다.

아래에서 (39)중에서, '我想'은 운율단위를 만들고, 그 뒤에는 휴지가 온다.
만약 통사의 각도에서 본다면, 이 휴지의 위치에 따라서 통사구조를 끊는 것은
불일치한다. 재미있는 것은, 이런 현상이 많은 언어 중에서 보편적으로 존재
한다는 것이다. 인칭대명사(특히 1인칭 단수)와 인식의 의미를 나타내는 동사
인 '想'은 고빈도의 조합이다. 또한 선형(linear)에서의 위치도 유연하다. 동사
'想' 역시 동사 본연의 전형적인 특징을 잃어버렸다. (중국어에 관한 연구는
方梅 2005년 참조)

(39) 我想, 能够经济独立的妇女越来越多, 这样的思想破坏得也就越来
越快, 更多的妇女, 参加社会上的劳动, 那么, 她们在家里的发言增
加了……
내 생각에는, 경제적으로 독립한 여자가 많아질수록, 이런 생각도 점점
더 빨리 깨질 것이고, 더 많은 여자들이 사회활동에 참가하면, 그렇다면,
가정 내에서의 발언권도 많아질거라……

(2) 사용단위가 통사단위가 됨

고빈도 사용단위는 고정화될 가능성이 있다. 즉, 어휘화(词汇化)가 된다는 의미로, 독립적인 통사 단위를 갖게 된다는 것이다. 예를 들어 '听说(듣자하니)'는 현대중국어에서 대화의 도입부분을 표현하는 상용 단어이다. 그러나 청대 자료에 의하면, 동시에 '听见说(듣자하니)'도 존재했다. 예를 들면 다음과 같다.

(40) 我听见说, 你这几天给宝元栈说合事情了, 说合的怎么样了?(清: 『谈论新篇』)
내가 듣기에, 너는 요즘 며칠동안 宝元栈을 위해 중개 일을 했다던데? 중개한 일은 어떻게 되었어?

현대에 오면, 이런 형식은 말하고자하는 이가 출현하는 곳에만 쓸 수 있다. 예를 들면, '听见老王说(老王에게 듣자니)'처럼 말이다. 고빈도로 사용되어 어휘화가 된 예는 여러 개가 있다. 예를 들면 다음과 같다 (董秀芳 2004 참조)

X着: 紧跟着(시간적 의미를 표현함), 接着(시간적 의미를 표현함)
X是: 总是, 老是, 要是, 别是, 怕是
X说: 虽说, 就是说, 要说, 如果说, 应该说

자주 나타나지 않는 것은 임시적으로 만들어진 것일 뿐, 고착된 구조가 아니다. 하나의 억양 단위 구조로 자주 나타나는 것은 이미 발화자의 대뇌에 저장된 담화표지가 된 것이다. 즉 고도의 범주화가 된 구성단위이다.

언어 외적 지식에서 말하자면, 첫째, 발화된 말은 인지체계의 외부적 표현이다. 어떤 표현형식이든 모두 본연의 심리현실성을 가지고 있다. 둘째, 인지체계의 외부표현은 사람이든, 의외의 동물이든, 항상 그 주체가 경험한 적이 있는 영향을 뚜렷하게 받는다. 이것을 언어 내적 지식으로 말하자면, 한 범주의 무표 성분은 유표 성분보다 많다. 규칙적인 형식은 비교적 다양한 방면에 적용될 수 있다. 하지만 고빈도로 나타타는 불규칙형식은 규칙형식으로 쉽게 변하지 않는다. 고빈도로 출현하는 구는 모두 의미의 약화나 일반화 상태에 있게 된다.

'탈 범주화'는 언어사용자의 사유방식이 창의로운 것이다. 이러한 창의적 사용은 언어 안에서 대량의 변이를 일으킨다. 공시적인 각도에서 본다면, 이런 변이들의 시작은 주로 개인적이고 비정식적인 임의의 화용적인 필요에 의해서 임시적으로 만들어진다. 그러나 장기간 사용하면서, 개인적이고 비정식적이고 임시로 만들어진 형식은 다수의 사람들에 의해 승인되어 사회적이고 문법적이며 정식적인 엄격한 규칙이 된다. 문법은 언어사용 모델의 규율화(conventionalize)로 만들어진 산물이다. 이런 규율화의 변천은 여러 단계에서 나타난다(Givón 1979에서 인용함)

기호 단계: 준비 하지 않은 비정식인 담화 > 준비된 정식 담화
개체 발생 단계: 화용모델 > 통사 모델
승인되어지는 단계: 비문법적 > 문법적

중국어 텍스트 문법 연구는 20여년의 발전을 해 왔다. 총체적으로 본다면, 대체적으로 두 가지의 연구 방향으로 나타났다. 첫째는 텍스트에서의 역할(예를 들면, 배경 정보)이나 텍스트의 현상(예를 들면, 조응)을 착안점으로 삼아서, 이에 상응하는 통사적 표현형식을 논의하는 것이고, 둘째는 통사적 역할(예를 들면, 관계종속절)혹은 통사적 범위(예를 들면, 완료상/미완료상)를 출발점으로 삼아, 통사론적 형태의 기능적 동기부여를 논의하는 것이다. 전자는 텍스트의 구조에, 후자는 통사적 해석에 착안한 것이다. 근래 들어 담화분석연구와 언어 주관성에 대한 심도 있는 연구를 통해서, 중국어 텍스트 문법 연구는 의사소통 참여자의 주관적 표현과 의사소통요인이 문법에 미치는 영향과 산물에 주목하기 시작했다. 위의 세 가지 측면은 중국어 텍스트문법 연구의 전반적인 모습을 구성하고 있다. 텍스트구조에 초점을 맞춘 연구가 비교적 일찍 시작된 것에 반해, 문법 구조에 대한 통사적 해석과 의사소통 요인에 초점을 둔 연구는 아직 상대적으로 미흡하지만, 이것은 분명히 주목할 만한 가치가 있는 분야이다.

제4장 지배 결속 이론과 중국어 문법 연구

1. 생성 문법과 지배 결속 이론

지배 결속 이론(Government and Binding Theory, 管辖与约束理论)은 줄여서 '管约论' 혹은 'GB이론'이라고 부르며, 사실상 1950~60년대의 '변형문법 (Transformational Grammar)'에서 1980년대의 '생성문법(Generative Grammar)' 으로 발전해 가는 중간 단계라 할 수 있다. 이러한 이론적 배경에서 중국어 문법 을 연구하기에 앞서, 우선 '변형문법'과 '생성문법'이 무엇인지, 또 '지배결속이 론'이 어떤 문법 이론인지 알아볼 필요가 있다. 편폭의 제한으로 본고에서는 이론 들의 소상한 내용을 모두 담을 수는 없지만 적어도 '보편문법(Universal Grammar)', '통사자립성(Autonomy of syntax)', '원리와 매개변인(Principles and Parameters)' 이렇게 세 개의 개념으로 이론의 핵심을 개괄해 볼 수 있을 것이다.

1.1. 문법의 연구 목표: '보편문법(Universal Grammar)'

언어학 공부를 조금이라도 해본 사람들은 다 알 것이다. 20세기 50~60년대 이후, 미국의 언어학자 촘스키(Noam Chomsky)의 주요 저작인 ≪통사구조≫ (Syntactic Structure), ≪통사이론의 제 양상≫(Aspects of the Theory of Syntax) 등을 필두로 하여 언어학계에는 기존의 전통문법 이론과는 다른, 또 당시 주도적 위치에 있던 구조주의 문법 이론과는 차원이 다른 '변형문법 이론' 과 '변형생성문법 이론'이 탄생함으로써 새로운 패러다임을 형성하게 되었다.

이것이 바로 당대 언어학사에서 말하는 '촘스키 혁명'이다.

이처럼 일종의 '혁명'이 일어난 만큼, 당시 언어 이론들은 언어 연구의 목표 설정에도 큰 변화가 있었다. 구체적인 목표 변화를 말하자면, 기존에는 '귀납', '분해', '묘사'에 치중하였다면 이때를 기점으로 '연역', '생성', '해석'을 좀 더 중시하게 되었다. 더욱 근본적인 변화를 말하자면, 기존에는 '개별적인 언어현상'을 묘사하고 설명하는 데에 치중하였다면 이제는 '보편적인 문법 기제'를 탐구하고 수립하는 데에 중점을 두기 시작하였다.

전자의 변화도 물론 아주 중요한 변화라 할 수 있다. '귀납, 분해, 묘사'는 변형생성문법 이전의 미국의 '구조이론(Structural Theory)'의 주요 연구 방법이며 주요 목표이기도 하다. 이러한 개념들은 중국 내의 중국어 문법 연구에 지대한 영향을 주었으며 지금까지도 여전히 큰 영향을 미치고 있다. 예를 들어, '코퍼스 기반', '성분분류', '층차분석', '특수구문', '구조문형' 등은 바로 이러한 이론적 배경에서 형성된 일련의 결과물이다. 이러한 방식이 틀렸다고 할 수 없으며, 어떤 측면에서는 구조이론이 공시적으로 귀납, 분해, 묘사 성격의 연구 방식을 제안한 것은, 역사 비교 혹은 역사 발전 연구만을 중시하거나 어휘와 문장의 의미 혹은 문화 배경 설명에만 치중했던 기존의 전통 언어학에 대한 일종의 반발이라 할 수 있다. 또한, 기존의 언어 연구에서는 보지 못했던 과학 방법론상의 혁신이라 할 수 있으며, 고도로 형식화된 분석 절차는 언어 연구, 그중에서도 특히 문법 연구에 획기적인 변화를 가져다주었다. 하지만 변형생성문법은 '귀납, 분해, 묘사'와 같은 부분에 대해 전면적인 의구심을 제기하였다. 첫째, 언어 자료는 무궁무진하기 때문에 막대한 양의 자료를 찾았다 할지라도 누락된 부분이 있기 마련이므로 언어 연구는 '귀납적 분석'에만 의존해서는 안 되며, 기타 제반 과학 연구처럼 논리적 추론과 진위 증명을 통해 언어 규칙을 만들어야 한다. 둘째, 언어현상에 대한 분석을 단순히 담화나 문장에서부터 단어나 형태소로 단계적으로 분해하는 것에 그친다면, 이는 고작 라벨을 붙여 분류하는 작업에 불과할 뿐이다. 그러므로 언어 연구는 '분해 분석'에만 의존하면 안 되고 다른 과학 연구처럼 언어의 구조와 형성 기제를 설명하는 데에 집중해야 한다. 셋째, 언어 사실이 '무엇인지'에 대한 상세한 묘사로만으로는 언어

현상이 근본적으로 '어떠하고', '왜 그러한지'에 대한 근본적 질문에 대답할 수가 없다. 그러므로 '묘사 분석'에만 치중할 것이 아니라 다른 과학 연구와 같이 이러한 현상이 발생하게 된 원인과 예측 가능한 결과를 설명하는 것에 중점을 두어야 한다. 상술한 변화는 그나마 비교적 납득하기 쉬운 편이다. 변형생성문법 이론의 또 다른 측면의 변화라 할 수 있는 '보편문법가설'은 사람들이 받아들이기 어려워한다. 그 이유는, 과거의 대부분의 언어 연구는 언어의 개별적 특성 및 언어들 간의 차이점을 탐구하는 것에 열중하였으며 특히 구조주의 문법은 더더욱 그러하였다. 언어학계 일각에서는 지금까지도 언어학의 목표는 바로 특정 언어의 특징을 연구하는 것에 있고, 또 중국만의 특색을 지니는 언어학 연구가 필요하다고 주장하고 있다. 물론 그 누구도 각 언어마다 자기만의 개별성을 지닌다는 사실을 부인할 수 없을 것이며, 만약 개별성을 지니지 않는다면 하나의 독립된 언어가 되지 못하였을 것이다. 그런 점에서 언어의 개별적 특성을 연구하는 것은 당연히 필요하다. 심지어 언어 연구의 가장 기본이라 할 수도 있을 것이다. 그러나 잘 생각해보면, 변형생성문법에서 제기한 '보편문법'은 사실 완전히 불가능한 것은 아니다. 언어의 개별성과 특수성을 인정한다는 것은 곧 언어에 보편성과 일반성이 존재한다는 의미이기 때문이다. 언어의 보편성과 일반성이 존재하지 않는다면 어떻게 언어의 개별성과 특수성을 논할 수 있겠는가? 사실 변형생성문법 이론이 '언어의 보편성'과 '보편문법'을 최초로 제안한 것은 아니다. 이보다 더 이른 시기에 이미 언어학 저서에서 모든 언어에는 명사와 동사 등의 범주가 있고 층차 구조가 있으며, 시태를 나타내는 형식이 있고 어순의 변화가 있다는 사실을 주장하고 있다. 그중에 명사와 동사와 같은 범주 현상은 '내용의 보편성'에 해당하고, 어순과 같은 구조적 현상은 '형식의 보편성'에 해당한다. 변형생성문법의 '보편문법가설'은 바로 이러한 기초 위에 세워진 것이다. 물론 변형생성문법 이론이 제기한 '보편문법'은 모든 언어의 문법 현상이 완전히 동일하다는 것은 아니다. 다만 인간의 문법 지식은 두 가지를 포함하는데, 하나는 각 민족 언어가 고유하게 지니고 있는 '개별문법(Particular Grammar)'이고, 다른 하나는 전 인류의 언어가 모두 지니고 있는 '보편문법(Universal Grammar)'이다. 전자는 다른 언어 환경 속에서 학습을 통해서만 습득할 수 있는 것으로서, 이 지식은 각 언어마다 다르다. 후자는 인류가 유전을 통해서 선천적으로 획득한 것으로서, 사람이 태어날 때 이미 일정한 언어 능력을 대뇌에 지니고 태어나며 이러한 지식은 사람마다 모두 똑같다. 이는 다음과 같이 서술할 수 있다.

'S_0(초기상태) → S_1 → S_2 → S_3 ...... (언어 환경의 영향) → S_s (안정적인 상태)' 이와 같은 이치는 사실 이해하기 어렵지 않다. 동물은 S_0이 없기 때문에 말을 할 줄 모르며, 중국어를 하는 사람과 영어를 하는 사람은 서로 다른 말을 하는데 이는 단지 S_s가 다르기 때문이지, 모두 말은 할 수 있으므로 S_0은 동일하다. 언어연구는 S_s와 같은 개별 문법을 연구해야 할 뿐만 아니라 S_0과 같은 인간을 동물과 구별 짓는 언어능력인 '보편문법'도 역시 연구해야 한다. 변형생성문법 이론이 연구하고자 하는 것이 인류 언어의 S_0이라면 자연히 이는 모든 것을 망라하는 문법대전이 될 수는 없을 것이고(S_0만 다루기 때문), 또 어떤 특정 언어의 문법이 될 수도 없을 것이다(S_s를 다루지 않기 때문). 비유를 하자면, 국가의 헌법은 각종 구체적인 법률과 법규를 총괄하는 근본적인 큰 규범이지만 이것으로 구체적인 판결을 내릴 수는 없다. 또한, 법원에서 판결을 내릴 때 각종 법규를 가지고 판결을 내려야 하지만 동시에 헌법에 위배되어서는 안 된다. 즉, 구체적인 문법은 '언어'에 대한 것이고, '보편문법'은 '문법'에 대한 것이라고 말할 수 있다. 변형생성문법 이론에서 연구하고자 하는 '보편문법'은 바로 이런 '문법의 문법'인 것이다.

1.2. 문법의 핵심부분: '통사자립성(Autonomy of Syntax)'

앞서 말한 변형생성문법 이론 연구의 '보편문법'은 S_0, 즉 각 언어에서 언어 능력을 반영하는 부분을 가리킨다. 그렇다면 인류의 언어 가운데 어떤 존재가 서로 동일하며 모든 언어에 동일하게 영향을 미치는 부분이라고 할 수 있을까? 언어의 구체적인 음성, 의미, 문법 그리고 언어에 영향을 주는 문자, 화용, 사회, 문화 등 제반 요소들 가운데 언어의 유사성 혹은 모든 언어에 공통적으로 작용하는 것으로 일컬을 만한 것은 '문법'이며, 더욱 엄격히 말하면 '통사 형식'

이다. 다시 말해 소위 S_0에 대해 연구를 하고자 한다면 통사 형식을 언어의 제반 요소들 가운데서 분리시켜 단독으로 연구해야 하며 이런 형식들의 음성이나 의미 부분은 다루지 않는다. 이러한 처리 방식은 다소 이해하기 어려울 수 있다. 일반적으로 언어는 음성을 통해 정보가 전달되고 또 언어는 의미를 표현하는 도구인데, 언어를 연구하면서 어떻게 음성과 의미를 논외로 할 수 있을까? 사실 과학연구의 시각에서 본다면 이상할 것도 없다. 다시 비유를 해보자면, 마치 하나의 돌덩이를 가지고 물리학, 화학, 지질학 세 개의 방면으로 연구할 수 있지만, 또 그렇다고 해서 그중에 한 방면으로만 파고드는 연구를 못하는 것은 아니다. 언어의 형식만 연구하고 언어의 음성과 의미를 연구하지 않는 것은 바로 이러한 상황으로 볼 수 있다.

사실 변형생성문법 이론 이전에 있었던 구조이론 역시 언어 분석에서 의미를 배제하였다. 하지만 구조이론에서 의미를 연구하지 않은 것은 방법상의 필요에 의한 것이었다. 구조이론은 애초에 완전히 생소한 미주 토착 언어를 연구하면서 시작된 이론이기 때문에 의미 부분을 다루기가 어려웠다. 구조문법 분석은 주로 담화에서 형태소로 귀납하고 분류하고 묘사하며 각 층위의 직접 구성 성분을 찾아내는데 이런 처리 방식은 의미를 다루지 않는다. 변형생성문법 이론에서도 의미 문제를 고려하지 않는데 그 이유는 조금 다르다. 앞서 말했듯이 인류 생물 유전의 언어 능력 기제를 밝히기 위해서는 반드시 연구 대상이 언어에 결정적으로 작용하고 독립적으로 운행되는 부분이어야 하며, 또 수학과 같이 형식화된 정밀한 처리가 가능해야 한다. 언어의 각종 요소들 가운데 오직 통사 형식만이 대뇌의 인지시스템에서 추상화하여 하나의 독립된 시스템이 될 수 있다. 어떻게 보면 오직 통사 형식만이 끝없이 도출하고 유한한 수단을 중복적으로 사용하여 실현시킬 수 있는 시스템이다. 그에 반해, 기타 요소들, 특히 의미와 같은 경우에는 사람들이 세계를 인식하는 백과사전적 지식과 맞물려 있기 때문에 분리될 수가 없다. 그래서 언어에서 의미 문제는 하나의 독립된 시스템이 아닐 뿐더러(반드시 통사구조에 의지해야 함) 연구를 전면적으로 하기도 어렵다(최대 한 부분만 연구 가능함). 변형생성문법 이론에서 이렇게 통사구조 형식만을 연구하는 이념을 "통사자립성"이라고 부른다.

이러한 인식 하에, 최초 변형생성문법 이론이 구축한 문법 모형(A모형으로 표기)은 아래 (1)에서 볼 수 있듯이 '기저부문'과 '변형부문' 두 가지 규칙 모듈만을 포함하고 여기에 별도로 '어휘부문'만이 더해지게 된다. 기저부는 주로 '범주[1]규칙'에 의하여 '심층구조(Deep Structure)'가 생성되고, 다음으로 다시 변형부의 '변형규칙'에 의해 '표층구조(Surface Structure)'가 최종적으로 생성된다. 이 문법모형의 의미는 인류의 모든 언어 구조가 이러한 통사 조작 절차를 통해 실현된다는 것이다.

(1) A모형:

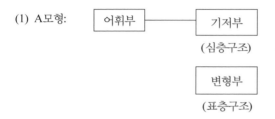

간단한 예시로 문법 모형의 조작 과정을 살펴보기 위해, 아래 (2)와 같이 세 개의 범주규칙을 설정해보자. (화살표는 좌측의 부호가 우측의 부호로 분해되거나 도출될 수 있음을 나타낸다. 혹은 좌측의 부호는 우측의 부호로 구성되어 있음을 나타낸다.)

(2) 1. SP (문장구조) → NP (명사구) + VP (동사구)
     2. NP (명사구)   → Det (한정사) + N (명사)
     3. VP (동사구)   → V (동사) + NP (명사구)

---

[1] 역주: 범주(语类, category)는 통사구조 성분의 유형으로서, N, V 등 어휘 범주(lexical category)와 NP, VP 등 구 범주(phrasal category)가 있다. 범주 규칙은 'A→B+C'와 같은 일련의 바꿔쓰기 규칙으로 이해할 수 있다. 인간은 머릿속에 어휘부라고 하는 단어 사전을 가지고 있는데 여기서 필요에 따라 어휘들을 선택하여 생성규칙(구절구조규칙)을 통해 기저구조를 생성해낸다.

이 세 가지 범주규칙에 근거하여, 어휘부로부터 규칙 중에 말단부호(즉, N, V, Det와 같은 최소 성분 위치)에 부합하는 어휘를 가지고 오면 (3)과 같은 심층 통사 구조 형식을 얻을 수 있다.

(3) a. 심층구조(어휘 전 구조 pre-lexical structure)[2]:

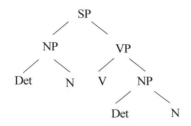

b. 심층구조(어휘 후 구조 post-lexical structure)[3]:

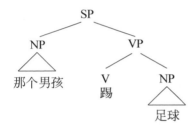

물론 위와 같은 단계에 그친다면 변형생성문법은 구조문법과 큰 차이가 없으며 더 뛰어날 것도 없다. 왜냐하면 구조이론을 통해서 언어 단위를 일정한 규칙으로 분절하고 조합하는 분석을 하면 위와 별반 다르지 않은 결과를 얻을 수 있기 때문이다. 하지만 이러한 규칙은 문장을 묘사하고 생성하는 능력이 여전히 매우 약하다. 그 이유는 '足球那个男孩踢(过)' 또는 '那个男孩把足球踢

---

2   역주: 구체적인 어휘가 삽입되기 이전의 단계로서 언어 범주 부호로 구성되어 있음. 예 : S→NP+VP, NP→Det+N, VP→V+NP, V→Aux+V 등

3   역주: 구체적인 어휘가 삽입된 이후의 단계. 예 : Det→ the, a, an... N→man, ball... V→hit, take...

(了)' 등의 문장처럼 (3)과 다른 구조에 대해서는 (2)와 같은 규칙은 쓸모가 없어지거나 새로운 규칙을 만들어내야 처리가 가능하기 때문이다. 그러므로 A모형은 심층구조 다음에 '변형규칙'을 만들어 이 문제를 해결하고자 하였다. 변형규칙은 범주규칙과는 다르다. 범주규칙은 사실상 'X→YZ'와 같은 분지규칙인데, 쉽게 말하자면 좌측의 대부호가 우측의 소부호로 바뀌거나 좌측의 부호가 우측의 어휘로 바뀌는 것으로 결국 화살표 좌측의 부호는 우측에서 다시 출현하지 않는다. 이것은 일종의 '진화'의 과정이다. 반면에 변형규칙은 'XY→YX'와 같은 자리 이동 규칙인데 쉽게 말해 화살표 좌측의 부호는 우측에서 반드시 보존되어야 하며(혹은 최소한 일부라도 보존됨) 변화가 생겼다고 한다면 자리만 바뀌었을 뿐인 것으로 이것은 일종의 '변화' 규칙에 해당한다. 변형 규칙을 추가한 이후에 실질적으로 성분 전환이 일어나지 않아 (4a)에서 바로 (4b1)과 같은 표층구조를 도출할 수 있을 뿐만 아니라, 성분의 위치 전환을 통해 (4a)에서 (4b2)와 같은 표층구조를 도출할 수도 있다. 그 예는 아래와 같다.

(4)   a. 那个男孩踢足球 (범주 규칙 사용: 심층구조 도출)
      (그 남자아이가 축구공을 찬다)
   b1. 那个男孩踢足球 (변형 규칙 사용: 표층구조 도출)
      (그 남자아이가 축구공을 찬다)
   b2. 足球(被)那个男孩踢 (변형 규칙 사용: 표층구조 도출)
      (축구공을 그 남자아이가 찬다)

위의 (3-4)는 바로 기저부에서 범주규칙을 적용해 심층구조를 생성하고 또다시 변형부에서 변형규칙을 적용해 각종 실제 사용되는 표층 구조들을 생성시키는 조작 과정을 보여준 것이다. 물론 범주규칙은 (2)의 세 가지 규칙만 있는 것이 아니며, 변형규칙 역시 (4b) 한 종류만 있는 것이 아니다. 하지만 이러한 사고의 흐름을 따라가다 보면, 만약 중복적으로 사용될 수 있는 범주규칙이 일정한 수량이 확보된다면, 또 거기에 변형규칙까지 사용한다면 유한한 규칙으로써 한 언어의 모든 통사구조 형식을 도출할 수 있을 뿐만 아니라 각기 다른 구조의 구조적 변화와 상호 관계를 설명해낼 수 있다.[4]

주목할 만 한 점은, A모형의 범주규칙과 변형규칙은 모두 엄격한 통사규칙에 불과하며 규칙을 통해 도출된 구조는 모두 통사 표현 형식이지 그중에 의미 내용은 전혀 포함되어 있지 않다. 비록 (3-4)는 모두 의미적으로 적합한 예문이기는 하나 범주규칙(2)에 의거하여 생성된 '男孩踢足球(남자아이가 공을 차다)'와 '足球踢男孩(축구가 남자아이를 차다)'는 모두 적절한 구조이다. 두 번째 문장의 오류는 어휘 간의 의미적 결합 관계에서 발생한 것으로서 이 부분에는 범주규칙과 변형규칙이 관여하지 않는다. 바로 이러한 이유로 당시에는 '언어학–문법학= 의미학'과 같은 명언이 탄생하였다. 이는 곧 의미문제는 문법규칙 안에 존재하지 않는다는 뜻이다. 이러한 견해는 완전히 일리가 없는 것은 아니다. 그 이유는 통사구조의 적합 여부를 따질 때에는 엄격한 기준을 제시할 수 있기 때문이다. 예를 들어 아래 (5)의 두 개의 예시가 비록 둘 다 의미적으로는 자연스럽지 않은데, (5a)는 적어도 문법적으로는 문제가 없으나 (5b)의 경우 범주 규칙에 부합하지 않기 때문에 문법적으로도 적합하지 않다. 그런데 의미 혹은 어휘 간의 관계의 경우에는 적합 여부를 명확하게 판단내리기 어려울 때가 있다. 예를 들어, '足球踢男孩(축구가 남자아이를 차다)' 또는 '石头得糖尿病(돌맹이가 당뇨병에 걸렸다)'가 (6)과 같은 특정구조에서는 적합한 의미 표현일 수도 있다.

(5)   a.   Colorless green ideas sleep furiously.

       b.   *Furiously sleep ideas green colorless.

(6)   a.   (我梦见)足球踢了男孩

          (나는 축구공이 남자아이를 차는 꿈을 꿨다.)

      b.   石头(不可能)得糖尿病

          (돌맹이는 당뇨병에 걸릴 리가 없다.)

---

4   역주: 변형생성문법의 가장 중요한 명제는 문장 생성의 기본적인 원리를 몇 가지 상정하고 이를 반복 적용함으로써 무한히 많은 수의 문장들을 생성시킬 수 있다는 것이다. 이 원리는 인간의 모든 언어에 공통적으로 존재하는 보편문법으로 모든 인간에게 선천적으로 부여되는 것이다.

1.3. 문법의 이론체계: '원리와 매개변인(Principles and Paremeters)'

나아가 진정으로 '보편문법'을 연구하고 '통사자립성'을 견지하고자 한다면 다음 두 가지 문제를 해결해야만 한다. 하나는 문법이론이 더욱 '쓸모가 있어야 한다'는 것이다. 즉, 이러한 규칙들로 보다 많은 언어현상(의미 현상도 포함)을 설명할 수 있느냐의 문제이다. 또 하나는 문법이론이 더욱 '간결해야 한다'는 것이다. 즉, 이런 규칙들을 추상화하고 하나로 통합(구체적인 규칙을 취소)할 수 있느냐의 문제이다. 그렇다면 변형생성문법 이론은 이 두 가지 측면에서 어떤 식으로 발전해 왔을까?

우선 '문법이론이 어떻게 하면 더욱 쓸모가 있을지'에 대한 문제를 해결하려는 시도는 주로 문법모형의 변화에서 찾아볼 수 있다.

만약 범주규칙과 변형규칙만 사용한다면 문법에 모두 부합하는 문장 구조들을 묘사하고 생성할 수는 있겠지만 '足球踢男孩'류의 문장들도 만들어 낼 수도 있다. 이런 문장은 비록 통사구조가 틀린 것은 아니지만 어휘의 의미 조합이 맞지 않다. 가장 이상적으로는 문법규칙이 의미 제한 조건까지 두어서 이런 종류의 문제까지 모두 해결하는 것이다. 그래서 일부 학자들은 문법 모형을 수정해야 한다고 제안하였고, 그 대략적인 취지는 '완전한 문법이론은 의미 부분을 포함해야 한다. 의미규칙은 해설적인 것이며 반드시 통사규칙에 의존한다. 의미규칙은 심층구조에서만 작용하고 변형 과정에서는 문장구조의 의미가 변하지 않는다'는 내용이다. 요점은 '심층구조에서 의미해석을 결정한다'이기 때문에 '심층구조가설'이라고 부르게 되었다. 변형생성문법 이론이 해당 가설을 바탕으로 세운 문법 모형은 통사부(기저부와 변형부) 이외에 의미부(와 음운부)가 추가되어, 후대에 문법을 크게 '통사, 의미, 음운'의 세 가지 요소로 나누는 틀을 구축하는 데에 뒷받침이 되었다. 이러한 문법모형(B모형으로 표기)은 아래와 같이 나타낼 수 있다.

(7) B모형:

이렇게 야심차게 B모형이라는 구상을 내놓았지만 학자들은 의미 문제를 근본적으로 해결하기란 결코 쉽지 않음을 알게 되었다. 우선은 어휘 의미의 조합 문제를 해결하려면 오직 어휘부에서 통사 위치로 삽입되는 어휘에 대해 '의미 자질 제한'을 둬야 할 것이다. 예를 들어 '[NP1男孩[v踢NP2足球]]'라는 문장을 생성하고자 한다면, [+사람/+남성/+미성년/......]과 같은 의미 자질을 지니는 어휘는 NP1 위치에 들어가게 하고 다른 의미자질들을 지니는 어휘는 각각 NP2이나 V 위치에 들어가게 하면서 동시에 해당 위치들과 부합하지 않는 의미자질의 어휘는 배제해야 한다. 이러한 과정은 매우 번거로울 뿐만 아니라(무엇보다 의미자질의 수량을 확정하기도 쉽지 않다), 이로써 문제를 시원하게 해결해줄 수 있을지도 의문이다. 다음으로 언어 사실에서도 증명되었다시피 언어의 의미는 생각보다 다양하다. '능동문-피동문', '진술문-의문문', '긍정문-부정문' 등의 변형은 모두 어느 정도 문장의 의미에 변화를 주거나 영향을 준다. 이렇게 되면 '변형이 의미를 변화시키지 않는다'는 요구를 만족시킬 수 없다. 또한 한 문장에 대해 완벽한 의미 해석을 기하고자 한다면 구조가 생성되고 변화되는 매 단계에서 반드시 통사규칙 대신 의미규칙을 적용시켜야 할 것이다. 이러한 문제들을 직시하면서 학자들은 기존의 문제도 해결하지 못한 상태에서 새로운 문제까지 더해질 수 있고 심지어 '통사자립성'의 근간이 흔들리는 사태가 벌어질 수 있다고 인식하게 되었고, 문법모형에 의미 해석 규칙이 추가될 필요성은 있으나 의미가 차지하는 비중이 너무 커서는 안 된다고 보았다. 이에 문법 모형은 반드시 축소되어야 한다. 첫째, 설사 많은 의미 문제를 해결하지 못한다 하더라도 통사의 근본 지위는 유지해야 한다. 즉, 체계가 없거나 원래 해결하고 싶었으나 해결하지 못했던 다량의 의미 문제는 잠시 핵심 모형 밖으로 배제시켜야 한다는 것이다. 예를 들면, 어휘 조합과 관련된 의미 문제들은 외곽의 '어휘부'에 두어서 어휘론에서 연구하도록 하고, 다른 백과사전적 지식과 관련된 의미 문제들은 외곽의 '완전해석'에 두어서 화용론에서 다루게 할 수 있다. 둘째, 핵심모형에서 의미부분을 보존하고자 한다면 반드시 의미해석의 범위에 제한을 둬야 할 것이다. 다시 말해, 의미 모형에는 통사 구조 형식과 관계 있는 의미 현상인 '논리형태(logical form)'만을 설명하면 된다. 즉, '의미역', '대명사 지시' 등 구조 변형에도 영향을 받지 않는 논리적 의미 문제만 처리하면 된다. 이와 동시에 표층구조에서 '공범주(empty category)'를 만들어 심층구조의 통사구조 형식과 대응하게 함으로써 표층구조에서 완전히 의미해석이 가능하게끔 한다. 이것은 바로 '심층구조가설'에 상대되는 '표층구조가설'이다.[5] 이런 문법모형(C모형으로 표기)은 바로 후대 널리 인정을 받게 된 인간의 언어 생성 기제를 반영하는 문법모형이다. 예를 들어, 아래 (8) 도형의 중간부분(통사, 논리, 음운)은 문법모형의 핵심부분으로서, '연산체계(computational system)'라고 통칭한다. 옆에 괄호 친 부분(어휘부, 완전의미)은 문법모형의 외곽 부분으로서, '조정체계'라고 부르기도 한다.

(8) C모형:

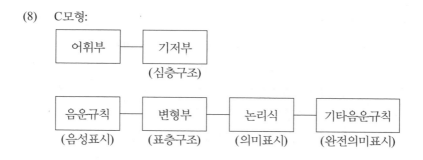

---

5   역주: 표층구조를 더욱 심화하여 모든 의미해석이 표층구조에서 이루어진다는, 이른바 수정확대표준이론이 등장하였다. 이 이론은 흔적이론(trace theory)이라고도 한다. 기존의 '심층구조가설'의 주된 골자는 '의미해석은 심층구조에서만 이루어진다'였는데, '표층구조가설'은 '표층구조에서 의미해석이 이루어진다'이다.

142 │ 최신 언어이론과 중국어 연구

다음으로, '문법이론이 어떻게 하면 보다 간결해질 수 있을까'라는 문제를 해결하려는 시도는 주로 문법 규칙의 변화에서 찾아볼 수 있다.

앞서 문법모형의 각종 규칙은 어휘 조합과 같은 의미 문제를 해결할 수 없다고 하였는데 사실 이 문제는 그리 큰 문제는 아닌데 문법은 본래 의미에 그렇게 많이 관여할 필요가 없기 때문이다. 정작 더 큰 문제는 문법 규칙 자체에 있다. 이론적으로 훌륭한 문법이라 함은 두 개의 조건을 충족시켜야 한다. 하나는 올바른 문장을 생성해낼 수 있어야 하고, 다른 하나는 오직 올바른 문장만을 생성해내야 한다는 것이다. 현재 범주규칙과 변형규칙은 대체로 첫 번째 조건을 충족시킬 수는 있는데 다만 규칙의 양이 너무 많다는 것이 흠이다. 예를 들어, 관형어를 하나 추가하는 데 규칙을 하나 만들어야 하고 접사를 하나 추가하는 데 또 하나의 규칙을 만들어야 하며, 피동문, 의문문 등을 만들 때에도 각각 일련의 규칙들이 필요하다. 하지만 두 번째 조건 같은 경우에는 범주규칙과 변형규칙이 아직 완전히 충족시키지 못하고 있다. 모든 규칙은 사실상 순방향의 당위성 규칙에 불과하다. 즉, 문법으로써 무엇을 하고 어떻게 하면 되는지를 규정하기만 할 뿐, 문법으로써 무엇을 하면 안 된다는 제한을 가하거나 왜 하면 안 되는지에 대한 설명을 하지는 못하고 있다. 그렇기 때문에 적합하지 않은 문장을 완전히 배제하는지는 못하는 것이다. 이로써 문법 규칙 본연의 문제를 해결하는 것이 더욱 중요하다는 것을 알 수 있다.

그렇다면 '범주규칙'에서의 이런 문제를 어떻게 해결하면 될까? 예컨대 누구나 영어에는 'VP→A', 'NP→P' 또는 'N→NP PP'와 같은 구조형식이 존재하지 않는다는 사실을 안다. 범주규칙이 아주 많이 존재한다고는 하지만 이러한 터무니없는 규칙을 사용할 수 없다고 명확히 규정하고 있는 규칙은 단 하나도 없다. 전통문법의 시각에서 보면 이는 전혀 문제가 안 되는데 전통문법은 언어 사용자 본인의 이해를 빌어야 하기 때문이다. 하지만 순수히 형식적인 측면에서 고려하면 이러한 규칙을 금지할 수 있는 방법을 반드시 강구해야 한다. 연구 결과에 따르면, 'NP→...N...', 'VP→...V...', 'PP→...P...' 등의 조건을 통해 범주 규칙을 규제할 수 있다. 즉, 도출식 양측이 반드시 동일한 부호를 포함하도록 규정하고 큰 부호는 반드시 좌측에 출현하고 마지막에는 단어가 출현하는 것이다. 'N, V, P'를 변항 X로 나타내면 이 규칙을 'XP→...X...'로 정리할 수 있다. 그 이후에는 이런 기초 위에 '[XP[Spec.X'[X Comp]]]'의 이른바 'X-bar 규칙(X-Bar condition)'을 만들게 되고, 동일한 규칙이 반복적으로 사용될 수 있도록 하였다. 이로써 범주규칙은 이렇게 단 하나만 남게 되었고 각종 부적격 구조 형식을 배제할 수 있을 뿐만 아니라 그 자체도 매우 간결해졌다.

이제 '변형규칙'에서의 이런 문제를 어떻게 해결할지 알아보자. 예를 들어, 거의 대부분의 영어문법서나 영어교사들은 이렇게 말할 것이다. 영어에서 의문문을 만들려면 묻고자 하는 단어를 모두 의문사로 바꾸고 그것을 문두로 이동시킨다고 말이다. 하지만 실제로는 이 가장 기본적인 규칙이 매번 통하는 것은 아니다. 아래의 예문은 이런 규칙에 의해 만들어진 의문문임에도 성립하지 않는다.

(9) a. He can read the book which criticizes <u>John</u>.
         (그는 존을 비판한 책을 읽고 이해할 수 있다.)
     b. *Who can he read the book which criticizes?
         (그는 누구를 비판한 책을 읽고 이해할 수 있는가)

그렇다면 변형규칙의 이와 같은 빈틈을 어떻게 메꿀 수 있을까? 왜 이 문장의 자리 이동 형식이 잘못 되었는지를 묻는다면 다음과 같은 대답을 할 수 있다. 첫째, 관습적이다. 둘째, 의미가 통하지 않는다. 셋째, 구조가 복잡하다. 넷째, 관형어구 안의 성분은 질문을 할 수 없다. 첫 번째 답안은 납득하기 어려운 것이, 이와 유사한 문장들이 무수히 많은데 전부 관습적일 수 있는가? 두 번째 이유도 설득력이 다소 떨어진다. 이 문장의 의미는 아주 명확하며 중국어로 번역해도 올바른 문장이 되기 때문이다. 세 번째 이유는 말이 안 된다. 이보다 더 복잡한 영어 구조의 성분도 이동을 할 수 있고 의문문을 구성할 수 있기 때문이다. 오직 네 번째 설명만이 비교적 설득력이 있지만 이 또한 모든 언어 현상을 망라할 수는 없다. 관형어구만 이러한 성분 이동 제약이 존재하는 것은 아니기 때문이다. 사람들은 기존의 문법 연구가 이런 류의 제약 조건을 인식하지 못하였다는 점을 주목하면서, 이렇게 복잡하고 자잘한 이동 규칙을 연구하느니 차라리 어떤 상황에서 자리 이동을 못하는지에 대해 연구하는 편이 좋겠다고 생각하였다. 연구 결과, 영어의 병렬 명사 구조, 좌분지 구조[6], 복합 명사 구조와 주어절, 빈어절 구조 등은 모두 마치 사람이 외딴 섬에 갇혀 탈출하지 못하듯이 해당 구조의 내부 성분이 문두로 이동하는 것(WH이동)을 원천 봉쇄시키는 작용을 한다. 이런 일련의 자리 이동 제한을 모두 '섬 제약(Island Condition)'[7]이라고 부른다. 이런 기초 위에 문법학자들은 또다시 더욱 추상적인 '하위인접조건(Subjacency Condition)'[8]이라는 이동 제약 규칙을 도출해냈다. 즉, $[...X...[_\alpha...[_\beta...Y...]...]]$와 같은 구조식에서 α와 β가 NP(명사구) 혹은 SP(종속절)일 때, Y는 X쪽으로 이동할 수 없다. 이런 식이라면 사실 변형규칙은 더 이상 필요가 없게 된다. 어떤 성분 α을 상정하든 이동 제한 규칙의 조건에만 위배되지 않는다면 모두 자리 이동을 할 수 있고, 이런 규칙은 각종 잘못된 변형 형식을 제거할 수 있을 뿐만 아니라 규칙 자체도 매우 간결하게 만들수 있다.

위에서 서술한 'X-bar규칙'과 '하위인접조건'은 어떻게 보면 영어에 국한하여 범주규칙과 변형규칙을 총괄하고 추상화한 것 같지만, 이러한 규칙이야말로 문법 이론이 궁극적으로 인류 언어의 생성 기제를 규명하는 역할을 하는 데에 이바지할 것이다. 만약 문법규칙이 인간이 본유하고 있는 언어 능력 기제의 핵심 부분이라고 한다면 그 기제는 분명 그렇게 잡다하지 않을 것이고 간결할 것이다. 또한, 영어에서 이처럼 개괄적이고 추상적인 규칙을 발견해내었다는 것은 곧 다른 언어에도 똑같이 적용될 수 있는 고도로 추상화되고 보편적인 구속력을 가진 규칙 혹은 문법을 제한할 수 있는 원리를 찾아낼 수 있다는 말

---

[6] 역주: 수식어가 피수식어의 왼쪽에 오는 구조를 좌분지(left branching) 구조라고 한다.

[7] 역주: 문장에서 특정 구조가 섬 구조를 이루면 해당 구조 속에 내포되어 있는 성분은 섬 구조 밖으로 이동할 수 없다.

[8] 역주: 하위인접조건은 이동변형규칙을 적용할 때 하나 이상의 경계교점(bounding node)을 넘을 수 없다는 조건으로서, 제한 경계는 NP-node와 S-node가 있다.

이다. 상기 'X-bar규칙'과 '하위인접조건'은 모든 언어에 적용됨을 검증을 통해 알 수 있었다. 이로써 'X-bar'와 '경계(Boundary)'는 가장 기본적인 두 개의 문법원칙으로 자리매김하게 되었다. 이후에 변형생성문법 이론에서 '지배(Government)', '의미역(Theme)', '격(Case)', '결속(Binding)', '통제(Control)' 등의 일련의 원리들은 모두 고도의 추상성과 강력한 설명력을 지니고 있으며, 모든 언어의 문장 구조는 이 원칙들을 위반해서는 안 된다. 예를 들어, '의미역'의 경우 문장 구조에서 모든 동사는 구조의 핵심으로서 일정 수량과 일정 위치에 명사를 격지배해야 한다. '격'의 경우 문장 구조에서 어떤 명사든 간에 모두 구조 형식을 통해 격의 인준을 받아야 한다. '지배'의 경우 한 걸음 더 나아가 '의미역'과 '격'을 할당하는 통사구조형식을 통일하였다. '결속'과 '통제'의 경우는 주로 통사 형식 측면에서 대명사와 공범주의 의미 지시 관계를 설명하는 것이다. 다른 각도에서 보면 이러한 원칙들은 각각 통사 현상을 주로 처리하는 것과 의미현상을 주로 처리하는 것으로 볼 수 있는데, 그중 대표적으로 '지배'는 통사 원칙이고 '결속'은 의미 원칙에 해당한다. 그래서 이런 원칙들을 채택하는 이론은 더 이상 '변형문법'이라고 부르지 않고 바로 '생성문법'이라고 하든지 아니면 '지배 결속 이론'이라고 부르게 되었다.

이상의 원칙들을 사용하는 생성문법이론은 기존의 변형문법과는 거의 완전히 다른 모습으로 탈바꿈하였다. 범주규칙과 변형규칙의 중요성이 하락한 것보다 우선은 이론체계에 두 가지 중요한 변화가 발생하였다. 첫째, 전체 이론 체계가 '규칙방식'에서 '모듈 방식'으로 바뀌었다. 다시 말해, 이러한 원칙들은 모두 문법의 조립품으로 볼 수 있으며 각자 일련의 도출 절차가 있고, 각자 분해하여 단독으로 연구할 수도 있다. 단, 원칙과 원칙 간에는 서로 유기적으로 작용하고 서로 제약하는 관계를 지닌다. 즉, 어느 한 원칙이 특정 언어 현상을 직접 설명하는 것이 아니고 마치 블록을 쌓듯이 몇 개의 원칙을 취하여 하나의 현상을 설명하고 또 몇 개의 원칙이 모여 또 다른 언어 현상을 설명하는 등 이 모든 원칙들은 서로 영향을 주고 받는 유기적인 결합체라 할 수 있다. 둘째, 이와 같은 몇몇의 원칙들은 인간의 언어 능력을 반영하고 인류의 모든 언어의 문법 범위를 제한하는 '보편문법'이기도 하다. 모든 언어는 이 보편적인 문법

원칙들을 위배해서는 안 된다. 그런데 언어마다 각자 자기의 특징과 차이가 있는데 이런 경우는 원칙 아래 있는 몇 가지 '매개변인'에 불과하다. 다시 말해, '원칙 / 원리'는 각종 언어에 보편적으로 적용되는 것이고, '매개변인'은 언어들 간의 차이를 나타낸다. 이러한 이유로 어떤 사람들은 '지배결속이론'보다는 '원리와 매개변인 이론(Principle and Parameter Theory)'이라고 부르는 것을 선호한다.

　본고는 위에서 '지배결속이론'을 아주 간략하게만 설명하였을 뿐 기술적인 부분은 자세하게 다루지 않았다. 중국어 연구에서도 이런 이론과 방법을 채택할 수 있을까? 다음으로는 중국어 연구와 접목시켜 실제 예시들을 가지고 논의해보고자 한다. 물론 이 글에서 해당 이론의 처리 기술을 일일이 다 다룰 수는 없고, 단지 일부 연구 성과를 가지고 이론적 연구 동향을 알아보는 것에 만족해야 할 것 같다.

2. '지배'와 중국어 원형 통사 구조 형식

　'지배'는 지배결속이론의 중요한 원칙으로서, 'X구조', '의미역', '격' 등의 원칙들과 밀접한 관계가 있다. 이 원칙의 가장 중요한 명제는 통사 구조 속의 일부 어휘성분(예를 들어 V)은 반드시 다른 구 성분(예를 들어 NP)들을 지배해야 한다는 것이다. 예를 들어, 주어 NP와 빈어 NP는 반드시 I(시태성분)와 V(동사)의 지배를 받아야 하며, 동시에 지배를 받는 NP야말로 '의미역'과 '격'을 할당 받을 수 있으며, 이런 성분들은 비로소 올바른 통사구조를 구성할 수 있게 된다. 지배원칙의 주요 기능 중에 하나는 언어의 각종 원형 통사구조(또는 심층구조)를 확정하는 것이라고 할 수 있다.

2.1. 중국어의 '동사원형구조'

　어떤 언어이든 간에 성분 이동과 통사 구조를 분석하기 위해서는 기본적으로 일정한 성분의 지배를 통해 가장 작은 원형 구조 형식을 수립해야 한다. 중국어도 마찬가지이다. 영어와 같은 인도유럽어의 원형구조형식은 확인하기가 비교적 쉽다. 그 이유는 이런 언어의 동사와 명사는 모두 풍부한 형태 변화를 지니고 있기 때문이다. 하지만 중국어의 문법구조는 주어와 술어 간에 일치 관계나 동사와 목적어 간에 교착 관계를 형성하고 있지 않고, 목적어 또한 생략하는 경우가 많으며, 게다가 동사 앞에 출현하는 명사는 심지어 그 수가 아주 많은 경우도 있는데 이때 명사들은 모두 전치사류의 표지가 없는 경우도 많다. 그렇기 때문에 어느 것이 진정한 주어와 목적어인지, 동사의 원형구조가 정확히 무엇인지 밝히기가 쉽지 않다. 다음 예를 보도록 하자.

> (10) a1. 弟弟吃了.　　　a2. 苹果吃了。　　a3. 苹果弟弟吃了。
> 　　　(남동생이 먹었다)　(사과를 먹었다)　(사과를 남동생이 먹었다)
> 　　b. 这件事 我 现在 脑子里 一点印象 也没有了。
> 　　　(이 일과 관련해서 나는 현재 머릿속에 아무런 기억이 없는 상태이다)

위의 예시를 통해 중국어의 동사 원형 구조를 확정할 때에는 변칙을 통하여 성분 지배 문제를 해결해야 함을 알 수 있다. 沈阳(1994a/b)는 아래 (11)과 같은 '삼원칙'을 사용하여 동사의 원형 구조에서 지배를 받는 주어 목적어 NP의 원래 위치를 확정할 수 있음을 제안하였다.

> (11) 동사 원형 구조는 동사(V)와 수량과 위치 제한 조건에 부합하는 명사(NP)로 구성된다.
> 　1. NP 예비선정 원칙: 구조에 출현할 수 있는 모든 명사성 성분은 모두 예비선정된 NP이다.
> 　2. V 앞 NP 원칙: 예비선정된 NP는 V 앞에서 무표지로 출현할 수 있는데, 이것이 바로 V 앞 NP(주어)이다.
> 　3. V 뒤 NP 원칙: 예비 선정된 NP는 V 뒤 자리에 삽입될 수 있으며, 이것이 바로 V 뒤 NP(목적어)이다.

'예비선정 NP'는 동사구조에 들어갈 수 있는 NP에 대해 우선은 의미역 제한 혹은 전치사 유무 등은 상관하지 않고 있는 대로 다 포함시켜 선택의 폭을 최대한 넓혀 놓는 것이다. 예를 들어, (12)는 둘 다 동사 '洗'로 구성된 구조이지만 (12a)에는 명사가 하나도 출현하지 않았고 (12b)에는 무려 5개의 명사가 있다. 여기서 후자의 5개 명사는 모두 예비선정 NP(주어 혹은 목적어를 담당할 가능성이 있다)의 자격을 갖추고 있는 셈이다.

(12) a. 洗了。   b. 昨天 他 在家里 用洗衣机 洗衣服。
     (씻었다)   (어제 그는 집에서 세탁기로 옷을 빨았다.)

'V 앞 NP'의 경우, 동일한 구조에 들어가는 예비선정 NP에서 오직 하나의 V 앞 NP를 찾아야 하고 또 그럴 수밖에 없다. 동사 앞에 출현하고 전치사(피동을 나타내는 전치사 제외)를 추가할 수 없는 명사가 바로 주어가 된다. 예를 들어, 아래 예문에서 동사 앞에 모두 하나의 명사만 출현하는데 그중에 (13a)의 '他'만 V 앞 NP 조건에 부합하여 주어에 해당하고, (13b-e)의 명사는 모두 전치사를 이미 수반하고 있거나 또 수반할 수 있기 때문에 주어라 할 수 없다. 하지만 이런 구조들은 사실상 모두 (13a)의 '他'와 유사한 성분을 추가할 수 있기 때문에 이런 구조들은 분명 V 앞 NP의 위치를 하나씩 확보하고 있을 것이다. 다음 문장을 비교해보자.

(13) a. 他洗了那几件衣服。
     (그는 저 옷 몇 벌을 씻었다)
   b1. 在车站碰到了朋友。
     (정류장에서 친구를 마주쳤다)
   b2. 我(在车站)碰到了朋友。
     (나는 (정류장에서) 친구를 마주쳤다)
   c1. 跟老李商量那件事
     (이씨와 그 일에 대해 이야기했다)
   c2. 我(跟老李)商量那件事
     (나는 (이씨와) 그 일에 대해 이야기했다)
   d1. (在)昨晚看了一个电影
     (어젯밤에 영화 한 편을 봤다)

d2. 他(在昨晚)看了一个电影

(그는 (어젯밤에) 영화 한 편을 봤다)

e1. (对)那事已没什么印象

(그 일(에 대해) 별 인상이 없다)

e2. 我(对那事)已没什么印象

(나는 (그 일에 대해) 별 인상이 없다)

'V 뒤 NP'는 두 가지 의미를 지닌다. 하나는 어떤 명사가 V 뒤 NP 위치에 올 수 있는지, 즉 어떤 종류의 목적어가 올 수 있는지의 문제이고, 다른 하나는 V 뒤에 몇 개의 명사를 둘 수 있는지, 즉 몇 개의 목적어를 둘 수 있는지의 문제이다. '어떤 명사가 해당 위치에 올 수 있는지'의 문제는 이미 확정된 V 앞 NP를 제외한 나머지 예비선정 NP 중에 동사 뒤에 출현만 할 수 있다면 어떤 의미역이든 간에 모두 V 뒤 NP에 속한다. 이것이 바로 목적어가 된다. 예를 들어, 아래 예문에서 각종 의미역을 지니는 명사들은 모두 동사 뒤에 올 수 있는데, 이들은 모두 목적어로 간주할 수 있다.

(14) a. 수동자격 목적어: 吃面条/洗衣服

b. 도구격 목적어: 吃火锅/写毛笔

c. 결과격 목적어: 包饺子/写文章

d. 목적격 목적어: 考博士/排车票

e. 방식격 목적어: 吃快餐/存活期

f. 처소격 목적어: 去上海/放桌上

'몇 개의 명사를 둘 수 있는지'의 문제는 몇 개의 의미유형의 명사가 동사 뒤에 올 수 있는지를 고민하고 이와 동시에 동사 뒤에 몇 개의 NP 자리가 있는지를 봐야 한다. 비록 V 뒤에 출현할 수 있는 명사가 많을지라도 V 뒤의 위치는 유한하다. 예를 들어 어떤 동사 뒤에는 단 하나의 명사도 올 수 없으며, 이는 V 뒤 NP의 자리가 없는 한 자리 동사(V¹로 표기)이고, 어떤 동사는 뒤에 하나의 명사만 올 수 있는데 이런 동사는 바로 V 뒤 NP의 자리가 하나 있는 두 자리 동사(V^2로 표기)이며, 또 어떤 동사는 뒤에 최대 두 개의 명사를 둘 수 있는데, 이것은 바로 V 뒤 NP의 자리가 두 개 있는 세 자리 동사(V^3로 표기)에 해당한다.[9] 예를 들면 아래와 같다.

(15) a1. 孩子们在游泳
 (아이들은 수영을 하고 있다)
 a2. 爸爸又咳嗽了
 (아버지가 또 기침을 하신다)
 b1. 他洗了那几件衣服
 (그는 저 옷 몇 벌을 씻었다)
 b2. 他创造了新的纪录
 (그는 새로운 기록을 세웠다)
 c1. 他泼了小张 一身水
 (그는 샤오장의 몸에 물을 한바가지 퍼부었다)
 c2. 老师送了我 一本书
 (선생님께서 내게 책 한 권을 선물해주셨다)

이상의 '삼원칙'에 의거하면 중국어에서는 아래 (16)과 같이 세 가지의 동사 원형구조형식을 얻을 수 있다.

(16) a. V^1구조: [$_{SP}$ NP$_1$V^1]
 b. V^2구조: [$_{SP}$ NP$_1$V^{2}NP$_2$]
 c. V^3구조: [$_{SP}$ NP$_1$V^{3}NP$_2$NP$_3$]

2.2. 중국어의 '동사결합구조'

상술하였다시피, 실제로 구조에서 출현하였거나 출현할 가능성이 있으면서

---

9 역주: 동사는 필요로 하는 논항의 수, 즉 자릿수(valency)에 따라 한 자리 동사(一元 动词/one-place verb), 두 자리 동사(二元动词/two-place verb), 세 자리 동사(三元 动词/three-place verb)로 분류할 수 있다.

'삼원칙' 조건에 부합하는 명사성 성분(특히 V 뒤의 NP)에 대하여, '어떤 것이 대입될 수 있는지'에 근거하여 선택된 V 뒤 NP 성분은, '몇 개를 놓을 수 있는지'에 근거하여 선택된 V 뒤 NP 자리보다 많은 경우가 있다. 이처럼 성분은 많은데 자릿수가 부족한 구조 형식은 어떻게 처리해야 할까? 다음 예문을 보자.

(17) a1. 他用柳条编筐(柳条编筐)
      그는 버드나무로 바구니를 만들었다 (버드나무로 바구니를 만들다)
   a2. 柳条 他编了筐
      버드나무로 그는 바구니를 만들었다
   b1. 他给花浇了水(花浇了水)
      그는 꽃에 물을 주었다 (꽃에 물을 주었다)
   b2. 他用水浇了花(水浇了花)(浇花/浇水)
      그는 물로 꽃을 적셨다 (물로 꽃을 적셨다)

우선 (17a)부터 보면, '编'은 V^2로서 그 원형구조는 (16b)이다. 즉, 동사 앞뒤에 명사 자리가 각각 하나씩 있는 것이다. 이런 구조에서의 NP의 의미역을 살펴보면, 동사 앞의 NP₁은 모두 행동자 성분(예: '他')이다. 그러나 동사 뒤의 NP₂는 재료 성분(예: '柳条')이 될 수도 있고 혹은 결과성분(예: '筐')이 될 수도 있다. 이렇게 세 가지 서로 다른 의미역의 NP가 동일 구조에 동시에 출현하였을 때 '编'이 V^2이기 때문에 V 뒤에는 오직 하나의 NP₂를 허용한다. 재료 NP₂와 결과 NP₂가 함께 출현하였을 경우에는 결과 NP₂인 '筐'이 V 뒤 NP 자리를 차지할 수 있으며, 재료 NP₂ '柳条'의 경우에는 동사 앞으로 이동시켜야 한다. 이때 '筐'은 당연히 V 뒤 NP인데 '柳条'는 무슨 성분일까? '삼원칙'에 의거하면, V 앞 NP₁은 '他'일 수밖에 없고('柳条'는 V 앞 NP₁일 수가 없다. 설사 '他'가 구조에 출현하지 않는다 하더라도[예: '柳条编了筐'], '柳条'는 앞에 전치사를 추가할 수 있기 때문에[예: '把/用柳条编了筐'] '柳条' 는 여전히 V 앞의 NP 일 수가 없다.) 언뜻 보기에 '柳条' 는 V 뒤에 출현할 수 있기 때문에 V 뒤 NP라고 봐야하지만, 다만 세 개의 NP의 공동 출현 제약 때문에 전치시켜야 하는 것이다. 즉, '삼원칙'에 의하면 '筐'과 '柳条'는 모두 V 뒤 NP₂이다.

이렇게 V²인 '编'가 두 가지 V 뒤 NP₂(재료/결과)를 지니기 때문에 '두 자리 두 의미역 동사[10]'라고 부를 수 있다. 하지만 좀 더 엄격히 말하자면 (17a)는 사실 하나의 구조가 아니고, 다른 '의미역(系)' NP₂를 지니는 두 개의 V² 구조 ('他编筐', '他编柳条')가 하나로 합체되어 있는 것으로 이것은 바로 중국어에만 존재하는 '동사결합구조'이다. 동사 V²의 음이 같고 형태가 같으며 논항수가 같은 것이 '두 자리 두 의미역 결합 구조'의 필요조건이다. 동음, 동형이기 때문에, 두 구조를 합병할 때 하나의 동사만 출현할 수 있는 것이고, 또 논항수가 동일하기 때문에 V² 원형동사구조가 V 뒤 NP 자리에 주는 제약을 어길 수가 없다. 그래서 그중 하나의 의미역 NP₂ (엄격히 말하면 V 뒤의 다른 NP₂)은 비록 V 뒤의 NP₂의 신분을 보유하고 있기는 하지만 V 앞으로 밀려날 수밖에 없다. 이제 (17b)를 보자. 여기서 '浇' 역시 '두 자리 두 의미역 동사'에 속하여 동사결합구조를 구성한다. 하지만 '编'류 동사결합구조와의 차이점은, '浇'류 동사가 지배하는 두 개의 V 뒤 NP₂인 '花'(수동자)와 '水'(재료)의 경우 동시에 표층 구조에 출현하더라도 둘 다 V 뒤 NP₂ 위치에 나올 수 있다. 두 개의 의미역 NP₂ 은 동사 앞에 출현하여도 되고 동사 뒤에 출현하여도 된다. 고찰 결과, 중국어에는 두 자리 두 의미역 동사 뿐만 아니라 '두 자리 다 의미역(二元多系)'인 동사 구조도 존재함을 알 수 있다. 그 예는 아래 (18)과 같다.

(18) a. 午饭每人食堂五块钱吃一份快餐(每人吃//吃午饭/吃食堂/吃五块钱/吃快餐)
    (점심은 각자 식당에서 5원에 패스트푸드 한 끼를 먹는다)

---

10 역주: 동사의 '系'는 李临定(1990)에서 언급되었던 개념으로서, 동사에 연결될 수 있는, 즉 동사가 수반할 수 있는 목적어의 의미역 개수를 말한다. 동사와 목적어의 의미 관계에 따라 목적어에는 수동자, 대상, 도구, 결과, 처소, 목적, 원인, 방식 등의 의미역이 존재한다. 동사 뒤에 하나의 의미역만 올 수 있으면 一系动词, 두개의 의미역이 올 수 있으면 双系动词라고 한다. 최대 六系动词까지 있다. (李临定[1990], 『现代汉语动词』, 北京 : 中国社会科学出版社 참고)

3. '공범주(Empty Category)'와 중국어 공범주의 유형 및 작용

'공범주' 또한 지배 결속 이론의 중요한 원칙 중 하나로서, 'X구조', '지배', '의미역' 등의 원리와도 밀접한 관계가 있다. 그 기본 정신은, 성분의 위치 변화 또는 기타 구조적 제약으로 인해 통사 규칙에 따라 만들어진 동사 원형 구조(심층 구조) NP 위치에 단어가 나타날 수 없을 경우, 이러한 위치 자체를 공성분이라고 볼 수 있다는 것이다. 공범주의 주요 기능 중 하나는 각종 원형 통사 구조의 V 와 NP의 수량과 위치가 구조 전환 이후에도 변하지 않게 하는 것이며, 이로써 통사 구조에 대한 충분한 의미 해석이 가능하게 된다.

3.1. 공범주의 특징 및 중국어 공범주의 유형

'공범주'는 음성과 어휘 형식이 없는 통사 성분 또는 위치를 의미한다. 그렇다면 이러한 성분이 실제로 존재하는 것일까? 마치 수학에서 0이 자연수로 취급되고[11] 중국 표준어 음절 구조 중 영성모도 일종의 성모처럼 간주되는 것처럼, 공범주는 비록 음성 형식의 부재로 인해 육안으로 보이지는 않더라도, 객관적 현실성이 있으며 통사 구조와 의미 해석에서도 중요한 기능을 한다. 아래 영어 예문을 보자.

(19) a. John is too stubborn to talk to.
　　　(존은 너무 고집이 세서 그와 이야기하고 싶어 하는 사람이 없다)
　　 b. John is too stubborn to talk to him.
　　　(존은 너무 고집이 세서 그(다른 사람)와 이야기하기 싫어한다.)

(19) 의 두 문장은 (19b) 뒤에 'him(그)'이 추가된 것 이외에는 구조 형식의 차이가 거의 없어 보이지만 의미는 아주 다르다. 그 이유는 (19a) 중의 'John'은

---

[11]　자연수(Natural number)란 일상생활에서 사물의 개수를 셀 때 '자연스럽게' 쓰는 수를 뜻한다. 관점에 따라 0을 자연수로 포함시키기도 하고 포함시키지 않기도 한다.

문장 말미 위치에서 이동해온 성분이어서 'talk to' 뒤에는 반드시 공범주가 존재하는 반면, (19b)의 'John'은 문장 말미에서 이동해 온 것이 아니며 'talk to' 뒤에 'him'이라는 단어가 별도로 붙음을 볼 수 있다. 그러므로 (19a)에서 'talk to'의 대상은 공범주가 대표하는 문장 서두의 'John'이며, 반면 (19b)에서 'talk to'의 대상은 제 위치에 있는 'him'이다. 만약 (19) 예문 둘 다 'talk to' 뒤에는 성분이 있으며 그중 하나는 공범주라는 사실을 인정하지 않는다면, 이 두 예문의 차이를 설명할 수 없게 된다. 나아가, (19)는 공범주에 다양한 유형이 있다는 점도 보여주고 있다. 두 예문의 'talk to' 뒤에 반드시 어떤 대상이 있고, 그 대상 중 하나가 위치를 바꾼 'John'의 원래 위치이고 다른 하나는 'him'이라는 것을 증명할 수 있다면, 설사 'talk to' 앞에 단어가 출현하지 않더라도 'talk to'의 행동자가 반드시 존재함을 추론할 수 있다. 흥미로운 것은 이 두 예문에서 'talk to'의 행동자가 동일 인물이 아니라는 점이다. (19b)에서는 'John'이고 (19a)에서는 '다른 사람'이다. 일반적으로 'talk to' 뒤에 성분 위치 이동으로 인해 만들어진 공범주를 '흔적'(t로 표기), 원래 본연의 위치에 있는 공범주를 '공대명사'(PRO로 표기)라고 한다. '흔적t'와 'PRO'는 언어 구조에서 가장 주요한 두 개의 공범주이다.

그렇다면 어떻게 공범주를 정의하고 각종 공범주를 구분할 수 있을까? 이 문제는 영어 등 형태가 풍부한 인도유럽어에서는 비교적 간단하게 해결된다. 왜냐하면 인도유럽어에는 대부분 주어-술어 일치 관계와 동사-목적어 교착 관계가 있기 때문에, 주어와 목적어 위치를 매우 쉽게 파악할 수 있고, 따라서 공범주도 쉽게 파악할 수 있다. 즉, 주어 또는 목적어의 위치에 별도의 단어가 등장하지 않았을 때 이 위치가 바로 공범주인 것이다. 또한 영어에서 공범주는 위에서 말한 두 개 유형으로 설명된다. 하나는 위치 변환으로 인해 발생한 '흔적'인데, 비유하자면 사람이 외출한 후에 남겨진 빈 집인 셈이다. 의문문, 화제문, 피동문의 위치 이동들로 인해 '흔적t' 공범주가 생긴다. 다른 하나는 숨김으로 인해 발생하는 '공대명사PRO'인데, 비유하자면 주택 등기는 되어 있지만 사람이 살지 않는 빈 집이다. 비한정동사(부정사) 앞의 주어 위치에서 꼭 이런 공범주가 나타난다.

앞 장에서 다룬 바와 같이 중국어는 '삼원칙'을 통해 동사 원형 구조를 만들 수 있다. 즉, 주어 NP 와 목적어 NP을 파악함으로써 중국어 동사 구조에서의 공범주를 엄격하게 정의할 수 있다. 중국어 공범주는 동사 원형 구조에서의 NP 위치 (주어 또는 목적어 위치)에 표층구조상 단어가 출현하지 않은 것과 같다고 할 수 있기 때문이다. 예를 들어, 앞서 밝힌 바와 같이 V^2 '洗'의 앞뒤에는 각각 하나의 NP 위치가 있는데, 아래 각 예문에서 V 앞뒤의 일부 NP 위치들은 공범주가 존재하는 것이다.

(20) a. [s 他洗了 e]
  (s 그가 씻었다 e)

b. [s e 洗了 e]
  (s e 씻었다 e)

c. [s (那几件衣服) 他洗了 e]
  (s (그 옷 몇 벌) 그가 씻었다 e)

d. [s 他(把那几件衣服)洗了 e]
  (s 그는 (그 옷 몇 벌)을 씻었다 e)

e. (他打算)[s e 洗那几件衣服]
  ((그는 ...할 셈이다) (s e 그 옷 몇 벌을 씻을))

f. (父母嘱咐他)[s e 洗那几件衣服]
  ((부모가 그에게 당부하기를) (s e 그 옷 몇 벌을 씻으라고))

물론 중국어 공범주에는 다양한 유형이 있기는 하지만, 분류할 때에는 융통성 있는 표준을 사용해야 한다. 沈阳(1994a/b)에 의하면, 위의 (20)의 공범주는 비록 비어있기는 하지만 비워진 원인은 다르다. 때문에 중국어 공범주를 세 가지로 분류할 수 있다. (20a-b)의 공범주는 '생략형 공범주e'라고 부를 수 있는데, 그 특징은 (1) V 앞 NP 또는 V 뒤 NP를 충당할 수 있는 단어가 주어나 목적어 또는 문장 구조의 다른 위치에 출현하지 않고, (2) 관련된 단어가 이 빈 위치에 들어와 "채워줄" 수 있다. 그래서 'e'는 통사적으로 자유로운 공범주이다. (20c-d)의 공범주는 '흔적형 공범주t'라고 할 수 있는데 그 특징은 (1)

V 앞 NP 또는 N 뒤 NP를 충당할 수 있는 단어가 주어나 목적어 위치에 출현하지 않고 문장 구조의 다른 위치로 자리 이동을 하였고, (2) 이 단어의 원래 위치에는 동일한 유형 단어를 채워 넣을 수 없다. 't'는 때로는 통사적으로 자유롭고 (NP가 원래 위치로 복귀할 수 있으므로), 또 어떨 때는 통사 제약적 (NP가 구조 제약으로 원위치로 복귀할 수 없을 때)이다. (20e-f)의 공범주는 '함축형 공범주 P'라고 할 수 있는데 그 특징은 (1) V 앞 NP 또는 V 뒤 NP를 충당할 수 있는 단어가 주어나 목적어 또는 기타 위치에 출현하지 않고 (더 큰 구조로 보면 의미가 동일한 성분은 다른 동사의 NP이며, '씻다'의 V 앞 NP와는 무관하다) (2) 이 단어의 원래 위치는 절대 동일한 유형 단어로 채워질 수 없다. 특징 (1)은 'e'와 유사하고 't'와 구별되며, 특징 (2)는 't'와 유사하고 'e'와 구별된다. 'P'는 문장 구조의 어떤 성분과도 통사적 관련성이 없으므로 반드시 통사제약적일 것이다. 중국어의 공범주는 '흔적t'와 '함축형 P'가 있다는 점에서 영어 등 인도유럽어의 공범주와 일치하는 부분이 분명 있지만 차이점도 있다. 예컨대 중국어에서 '함축형P'는 동사의 형태로 확정하는 것이 아니다. 중국어에는 한정/비한정 동사의 구분이 없기 때문에 'NP 위치가 있으나 NP 단어를 채울 수 없다'는 융통성 있는 표준을 쓸 수밖에 없다. 중국어에서 '생략형e'이라는 유형을 추가해야 하는 이유는, 중국어의 주어, 목적어는 자유롭게 출현하지 않을 수 있는데 사실 공범주의 성질 자체가 분별 가능한 주어 또는 목적어 위치에 유형 단어가 나타나지 않는 것이므로 이러한 상황도 같이 고려하지 않을 수 없다.

3.2. '문법 동형성 분석' 및 '적출 분석'

공범주가 중국어 문법 연구에서 어떤 용도가 있는지 다음 두 가지 예로 볼 수 있다.

첫 번째는 공범주와 '문법 동형성 분석'이다. 앞에서 공범주의 기능에는 두 가지가 있다고 말하였다. 하나는 통사 구조의 일치성을 최대한 보장하는 것, 즉 공범주를 통해 서로 동일한 동사들은 동일한 심층 구조 형식을 가질 수 있어 통사 구조 분석에 용이하다. 두 번째는 의미 해석의 일치성을 최대한 보장하는 것, 즉 공범주를 통해 구조의 모든 NP 위치에 반드시 성분이 있다는 것을 보장

함으로써 논항들 간의 의미 관계 분석이 용이해진다. 이 두 점 모두 '문법 동형성 분석'에서 구현된다.

'문법의 동형성'이란 두 구조의 통사 형식 및 의미 관계가 서로 같은지 여부를 판단하는 방법을 말한다. '문법의 동형성'은 여러 차원의 기준이 있다. 예를 들어 '吃面包(빵을 먹다)'와 '穿衣服(옷을 입다)'가 동일 구조라는 것은 쉽게 이해할 수 있으나, '快走(빨리 가)'와 '好书(좋은 책)' 역시 동일 구조라고 이해하기는 쉽지 않을 수 있다. 사실 이 두 경우 모두 동일 구조로 볼 수 있는데 그저 적용한 기준이 다를 뿐이다. 전자는 둘 다 '동사+목적어' 구조이고 동사와 명사의 의미 관계도 일치하므로 '협의의 동형 구조'이다. 후자는 둘 다 '수식' 구조로 보아 동형 구조라고 할 수 있으나 내부의 소분류가 다르며 성분의 의미 관계에서도 공통점을 찾아볼 수 없으므로 '광의의 동형 구조'로 밖에 볼 수 없다. 공범주 분석을 적용하면 보다 엄격하고 체계적인 '동형 구조' 개념을 확립할 수 있다. 예를 들어 층차 분석에 따르면 아래 (21)의 각 예는 동형 구조 (주어+술어)이고 (22)의 각 예는 이형 구조 (주어+술어, 동사+목적어 등)이다. 예문을 비교해보자.

(21)   a.   小李去过了
            (샤오리는 가봤다)
       b.   去年去过了
            (작년에 가봤다)
       c.   北京去过了
            (베이징에 가봤다)
(22)   a.   客人来了
            (손님이 오셨다)
       b.   家里来客人了
            (집에 손님이 오셨다)
       c.   来家里一位客人
            (집에 손님이 한 분 오셨다)

직감적으로는 (21) 같은 구조가 동형 구조라고 느낄 수는 있는데, 사실 구조가 엄격하게 동일한 것은 아니며 기본 의미(의미 관계) 차이도 매우 크다. 반면 (22)는 이형 구조로 느껴지지만 사실 오히려 구조 간 매우 밀접한 관련이 있고 기본 의미(의미 관계)도 큰 차이가 없다. 만약 동형 분석에서 이러한 공통점과 차이점을 세세하게 밝혀내려면 반드시 '공범주'의 개념을 적용해야만 한다.

첫 번째 경우는 공범주를 이용해서 '확장 동형 구조' 분석을 할 수 있다. 주어진 '来(오다)', '去(가다)'가 모두 V^2(이항동사)이고 그 원형 구조 형식과 '동사+명사'의 의미 관계를 [sNP$_{1행위주체}$+$V^2_{(来/去)}$+NP$_{2처소}$]로 표기할 수 있다면, (21)은 '동형식'이라고 볼 수 없다. 왜냐하면 V 앞이나 뒤의 NP 위치에 조건에 부합하는 단어가 나타나지 않은 경우도 있기 때문이다. 그럼에도 (21)이 동형구조라고 주장하려면, 원형 구조의 '확장 동형 구조'라고 할 수밖에 없는데 이는 곧 공범주 (주로 '생략형 e')가 추가된 동형 구조이다. 다음을 (21)과 비교해보자.

(23) a1. 小李去过了   ← a2. [s 小李去过了 e]
      (샤오리는 가봤다)
      b1. 去年去过了   ← b2. [s (去年) e 去过了 e·]
      (작년에 가봤다)
      c1. 北京去过了   ← c2. [s (北京) e 去过了 t]
      (베이징에 가봤다)

또 다른 경우는 공범주를 이용해 '변환 동형' 분석을 하는 것이다. '来', '去'의 원형 구조 형식과 '동사+명사'의 의미 관계 때문에 단순히 (22)를 이형 구조라고 할 수 없다. 그 이유는 원형 구조 NP 위치에 있던 단어들이 다른 위치로 이동하였을 뿐이기 때문이다. 그러므로 (22)를 여전히 동형 구조라고 말할 수 있으며, 다만 공범주 (주로 '흔적t')가 추가된 일종의 '변환 동형'이라 할 수 있겠다. (22)와 비교해보면 아래와 같다.

(24) a1. 客人来了   ← a2. [s 客人来 e 了]
      (손님이 왔다)

b1. 家里来客人了 ← b2. [s (家里) t 来 (客人) t 了]
    (집에 손님이 왔다)   (또는 "来","家里" 전치)
c1. 来家里一位客人 ← c2. [st 来家里 (一位客人)]
    (집에 손님 한분이 왔다)   (또는 "来家里" 전치)

또 다른 예는 공범주와 '적출 분석'이다. 중국어 'X的(X=S)'구조는 때로는
독립적으로 사용(주어 또는 목적어를 직접 충당)되기도 하는데, 기능과 의미로
보면 명사 성분에 가깝다. 만약 X에 명사가 빠진다면, 즉 X의 주어 또는 목적어
위치에 빈자리가 있다면, 'X的'는 독립적으로 이 빈 공간 성분을 지칭할 수
있다. X에 빈자리가 나타나고 'X的'로 이 빈자리의 명사를 지칭하는 문법 처리
방식을 '적출(extraction)'이라고 한다. 적출은 다시 말해 X에서 주어나 목적어
명사를 끌어냄으로써 공범주를 형성하는 것이라 할 수 있다. 만약 X에서 적출
이 발생한다면, 하여 공범주가 만들어졌다면, 독립적으로 지칭하는 'X的'를 구
성하게 된다. 만약 X에서 적출하는 빈자리가 1개를 초과하여 공범주가 1개를
넘는다면 'X的' 는 여러 가지 지칭을 가지게 된다. 반대로 만약 X에 적출이
발생하지 않아 공범주가 형성되지 않는다면 'X的'는 수식 작용을 할 뿐 독립으
로 지칭할 수 없다. 예를 들어, 아래 'X='他开车(그는 운전한다)''의 'X的'의
예를 보자.

(25) a1. 他开的轿车出过事故
          (그가 운전하는 승용차는 사고 난 적 있다)
      a2. 他开的(=车)出过事故
          (그가 운전하는 차가 사고 난 적 있다)
      b1. 开车的老王今天休息
          (차 운전하는 라오왕은 오늘 쉰다)
      b2. 开车的(=人)今天休息
          (차 운전하는 사람은 오늘 쉰다)
(26) a1. 他开车的技术数一数二
          (그의 운전 실력은 최고다)
      a2. *他开车的(=技术)数一数二

(*그는 운전하는 기술이 최고다)
b1. <u>他开车的</u>路线比较灵活

(그가 운전하는 노선은 다양하다)
b2. *<u>他开车的</u>(=路线)比较灵活

(*그가 운전하는 노선이 다양하다)

위에서 말한 'X的' 구조의 적출의 차이는 영어에도 유사하게 나타나는데 주로 'that'이 이끄는 관형사절('that X'구조라고 하자)로 표현된다. 아래 (27)의 대괄호 안은 영어에서 빈자리 적출이 있는 관형사절 구조이고, (28)의 대괄호 안은 영어에서 빈자리 적출이 없는 관형사절이다.

(27) a. I met the <u>woman</u> [that _____ stole the diamond]
          (나는 다이아몬드를 훔쳤던 여자를 보았다)
      b. I saw the <u>diamond</u> [that she stole _____]
          (나는 그녀가 훔쳐간 다이아몬드를 보았다)
(28) a. The fact [that she stole the diamond] has been proved
          (그녀가 다이아몬드를 훔쳤다는 사실이 증명되었다)

중국어 'X的(N)' 구조와 영어의 '(N) that X' 구조는 표면적으로는 비슷해 보인다. 사실 중국어의 'X的' 구조와 영어의 'that X' 구조는 차이점이 많다. 그중 특히 주목할 만 한 점 두 가지는, 영어에서는 어떤 종류의 'that X'이라 하더라도 모두 관형사절로밖에 기능할 수 없으며(차이점이라면 어떤 성격의 중심어를 수식하느냐 뿐이다) 중국어처럼 중심어를 버리고 독립적으로 사용할 수 없다는 점이다. 또 다른 중요한 차이점은, 영어 'that X'에 적출과 공범주가 있는지 여부는 아주 쉽게 알아낼 수 있다. 왜냐하면 X에서 적출이 발생한 이후에는 반드시 눈에 보이는 빈자리가 존재하기 때문이다. 그러나 중국어의 어떤 'X的'는 겉으로 보기에 X 중 주어, 목적어가 다 구비되어 X에 빈자리가 안 보이지만, 'X的' 전체는 여전히 독립적으로 사용되며 명사를 지칭할 수 있다. 아래의 예문을 보자.

(29) a. 你先搬<u>他捆了绳子的</u>(箱子)
         (너 우선 걔가 끈으로 묶어둔 것 (상자)부터 옮겨라)
      b. <u>我没浇过水的</u>(花)都死了
         (내가 물을 안 준 것들(꽃)은 다 죽었다)
      c. <u>孩子考上大学的</u>(家长们)留下
         (자녀가 대학에 합격한 분들(학부모)은 남으십시오)
      d. <u>自己开伙做饭的</u>(年轻人)挺多
         (본인이 직접 밥해먹는 사람들 (젊은이)이 꽤 많다)

   (29)에서 밑줄 쳐진 'X的'의 X는 모두 주어와 목적어가 구비된 주술 구조라
서 겉으로 보기에는 적출이 발생한 것처럼 보이지 않는다. 앞에서의 분석에
따르면 이와 같은 'X的'는 독립적으로 지칭할 수 없는 것이어야 하는데 여기서
는 또 전부 독립 지칭 용법이다. 어떤 이유일까? 앞서 말했듯이 중국어 공범주
는 눈에 보이는 주어와 목적어로 확정하는 것이 아니라서 해당 위치에 단어가
있더라도 빈자리가 존재할 수 있다. 예컨대 (29a/b)의 X는 일종의 2항 다의미역
(二元多系) 동사 구조이고 이런 구조에서는 목적어가 될 수 있는 단어가 목적
어의 위치보다 더 많아야 하거나, 또는 동사 뒤에 목적어가 오더라도 여전히
숨겨진 목적어 위치가 존재할 가능성이 있다. 이는 '捆箱子(V+수동자)/捆绳子
(V+도구)', '浇花(V+수동자)/浇水(V+도구)'의 용법으로써 아주 쉽게 증명할
수 있다. 그렇기 때문에 X에서 주어와 목적어가 모두 구비되어 있더라도, 숨겨
진 목적어가 적출되었을 수도 있어 여전히 공범주가 존재할 수 있다. (29c/d)는
또 다른 경우인데, X에서의 동사가 다의미역(多系) 동사가 아니더라도 그중에
는 의미적으로 관련 성분을 필요로 하고 통사적으로 연대 성분을 지배하는 조
합 명사가 반드시 존재할 것이다. 예를 들어 '孩子(아이)'는 소유명사와 소유관
계 명사구(某人的孩子(누군가의 아이))를 구성할 수 있고, '自己(자기)'는 동격
명사와 명사구(某人的孩子(누군가의 아이))를 구성할 수 있어야 한다. 그러므
로 이러한 X 구조는 설사 주어와 목적어가 구비되어 있더라도 여전히 조합
명사의 일부를 추출할 가능성이 있으며 특수한 공범주가 존재한다. 따라서 (29)
의 예는 X구조에 존재하는 공범주의 반례일 뿐만 아니라, 중국어 독립 지칭의

'X的'에서 반드시 적출이 발생해야 하며 반드시 공범주가 존재한다는 점을 재증명 해주었다. 물론 적출과 공범주의 상황이 다소 특수하다는 점은 감안해야 한다.

4. '이동'과 중국어 통사 성분의 이동 현상

'이동(movement)'은 지배결속이론에서 일종의 원칙이라 할 수는 없고 통사 조작의 수단일 뿐이기는 하지만, 지배이론, 격이론, 한계이론, 의미역이론 등 각 원칙과 직접적인 관계가 있거나 제약을 받는다고 말할 수 있다. 앞서 말하였듯이 통사 구조의 어떤 성분도 원칙을 위배하지 않는다는 전제하에 모두 이동이 일어날 수 있다. 따라서 중국어 통사 성분의 이동을 분석하려면, 우선 이동이 발생했는지 여부를 살펴보아야 하고, 또 어떻게 발생하였는지를 논의해야 한다.

4.1. 중국어 통사 구조에서 성분 이동 현상의 복잡성

통사 성분의 위치가 이동하였다는 것은 당연히 그 원래 위치를 기준으로 판단한다. 예를 들어, 만약 '我吃过晚饭了(나는 저녁을 먹었다)'와 '晚饭我吃过了(저녁을 나는 먹었다)'가 원래부터 다른 구조라고 간주한다면 어떤 성분이 위치 이동을 했는지 논하기가 어렵다. 그중 하나가 원형 구조라고 인정을 해야만 다른 하나의 구조에서 성분의 이동이 있었다고 말할 수 있을 것이다. 중국어는 다른 언어와 마찬가지로 통사 성분의 위치 이동 현상이 존재한다고 인정하지만, 중국어 통사 구조가 다른 언어에 비해 극도의 유연성을 갖고 있기 때문에, 중국어에 이동이 있는지 여부와 어떻게 이동하는지의 문제는 논란이 많다. 몇 가지 예를 들어 비교해보자.

(30) a1. 他老伴死了

　　　　　　(그의 배우자는 죽었다)

　　　 a2. 他死了老伴

　　　　　　(그는 배우자를 죽음으로 잃었다)

　　　 b1. 他眼睛瞎了

　　　　　　(그의 눈은 멀었다)

　　　 b2. 他瞎了眼睛

　　　　　　(그는 눈이 멀었다)

(31) a1. 一只小鸟落树上了

　　　　　　(새 한 마리가 나무에 내려앉았다)

　　　 a2. 落树上一只小鸟

　　　　　　(나무에 내려앉은 새 한 마리)

　　　 a3. 树上落了一只小鸟

　　　　　　(나무에 새 한 마리가 내려앉았다)

　　　 b1. 一辆汽车停院里了

　　　　　　(차 한 대가 정원에 서 있다)

　　　 b2. 停院里一辆汽车

　　　　　　(정원에 차 한 대가 서 있다)

　　　 b3. 院里停了一辆汽车

　　　　　　(정원에 차 한 대가 서 있다)

　　(30a)의 경우 일각에서는 '죽다'가 서로 다른 의미이며, 전자는 '죽음'이고 후자는 '상실'을 의미하기에 구조가 다르다고 주장한다. 그러나 이와 같은 주장으로는 동일 유형 구조의 다른 동사를 설명하기 어렵다. 만약 이 의견을 배제할 것이라면, (30)에는 반드시 성분의 이동이 있었음을 인정해야 한다. 그 이동의 방향과 성분에 대해 세 가지 서로 다른 처리 방식이 있다. (30a)를 예로 들면, 첫 번째 처리법은 (a1)이 원형구조이고 (a2)는 V 앞 명사인 '老伴(배우자)'를 뒤로 이동 시킨 구조라고 설명하였고, 두 번째 처리법은 (a2)가 원형 구조이고 (a1)은 동사 뒤 명사 '老伴'을 앞으로 이동시킨 구조라고 설명하였으며, 세 번째 처리법에서는 (a1)을 원형 구조로 여기되 (a2)는 동사 '死(죽다)'를 '他老伴

(그의 배우자)' 중간 위치로 앞당긴 것으로 처리하였다. (31a)를 예로 들면, 첫 번째 방법에 따르면 (a1)이 원형 구조이고 (a2/3)는 '小鸟(작은 새)'와 '树上(나무 위)'가 각자 뒤로 또는 앞으로 이동한 결과이다. 두 번째 방법에 의하면 (a2)가 원형 구조이고 (a1/3)은 '小鸟'와 '树上'를 각각 앞으로 전진 배치한 결과이다. 세 번째 방법에 따르면, (a1)가 역시 원형 구조이고 (a2/3)은 명사 '树上'과 동사 '落(树上)'이 각각 또는 동시에 앞으로 이동한 결과이다. 어떤 주장이 옳든 간에 한 가지 확실한 것은 중국어의 성분 위치 이동 현상과 형식은 다른 언어보다 훨씬 복잡하다는 점이다.

그리하여 沈阳(2001)에 따르면, 중국어의 경우 어떤 분석 기법을 적용해도 무방하나, 관련 이론 원칙에 부합해야 하고, 동시에 언어의 통사 성분 이동 현상의 체계성을 제대로 반영할 수 있는지, 더 다양한 어법 현상을 해석할 수 있는지를 보는 것이 관건이다. 그는 (30-31) 등을 모두 '명사 이동'으로 처리하는 것을 제안하였는데, 이로써 앞서 말한 동사 원형 구조의 '삼원칙'과 서로 부합할 수 있고 이동 성분의 일치성 또한 보장할 수 있다. 뿐만 아니라 (32)와 같은 '형용사 사동 구조', (33)와 같은 '동결식 구조', (34)와 같은 '동사목적어에 목적어가 부가된 구조', (35)의 '得자 구조' 등 성분 위치 이동이 복잡하게 이루어지는 다양한 특수 구조의 형식을 처리할 수 있다. 예를 들면 아래와 같다.

(32) a1. 土地很平整
　　　　 (흙밭이 아주 반반하다)
　　 a2. (农民)平整了土地
　　　　 ((농부가) 흙밭을 반반하게 만들었다)
　　 b1. 队伍很纯洁
　　　　 (팀은 아주 순결했다)
　　 b2. (我们)纯洁了队伍
　　　　 ((우리는) 팀을 순결하게 만들었다)

(33) a1. 眼睛哭肿了
　　　　 (눈이 울어서 부었다)

a2. (小姑娘)哭肿了眼睛

((어린 아가씨가) 울어서 눈이 부었다)

b1. 队伍排齐了

(그룹이 줄을 맞춰 섰다)

b2. (战士们) 排齐了队伍

((전사들이) 그룹을 줄 세웠다)

(34) a1. 在中国登陆了

(중국에 상륙했다)

a2. 登陆了中国

(중국에 등륙했다)

b1. 向好莱坞进军

(할리우드에 진출하다)

b2. 进军好莱坞

(할리우드에 진출하다)

(35) a1. 小姑娘疼得直流眼泪

(어린 아가씨가 너무 아파서 계속 눈물을 흘렸다)

a2. 疼得小姑娘直流眼泪

(너무 아픈 나머지 어린 아가씨는 계속 눈물을 흘렸다)

b1. 小姑娘哭得眼睛都肿了

(어린 아가씨는 너무 울어서 눈이 다 부었다)

b2. 哭的小姑娘眼睛都肿了

(너무 울어서 어린 아가씨 눈이 다 부었다)

4.2. '분열 이동'및 관련 통사 구조 분석

상술한 위치 이동 분석을 중국어 어법 연구에 적용했을 때 어떤 효과가 있는 지는, '분열 이동'과 중국어의 특수한 화제 구조를 예를 들어 설명할 수 있다.

중국어에서 '화제'로 기능하는 문두 성분은 이동 성분이 아닐 수 있는데, '<u>那 起事故</u>我们已写了报告(그 사건은 우리가 보고서로 작성해 놓았다)'가 그 예이다. 또 '화제'가 이동 성분일 수도 있는데, '报告我们写好了(보고서는 우리가 다 써 놓았다)'가 그 예이다. 반면에 이와는 다른 상황도 있는데, 문두의 명사가 실제로는 원래의 V 뒤 NP의 총체가 아니라 그중의 일개 성분에 불과할 수 있다는 점이다. 일반적인 NP 전체 이동 형식과는 대비되는데 이것이 바로 NP의 '분열 이동'이다. 아래 예문을 통해 비교해보자.

(36) a1. 我刚浇了<u>这盆花</u>
             (나는 방금 이 화분에 물을 주었다)
   →   a2. <u>花</u>我刚浇了<u>这盆</u>
             (꽃은 방금 이 화분에 내가 물을 줬다)
        b1. 你才吃了<u>一片药</u>
             (너는 겨우 약 한 알을 먹었다)
   →   b2. <u>药</u>你才吃了<u>一片</u>
             (약을 너는 겨우 한 알 먹었다)

   (36)에 국한하여 NP 분열 이동의 조건을 보면, NP는 모두 '수량사+명사' 구조로 보인다. 즉, 구성 성분이 모두 동일한 의미 역할을 하고 또 모두 동사의 지배를 받을 수 있다. 분열 이동의 성분은 모두 명사구의 중심어이다. 그러나 더 많은 실례를 관찰함으로써 발견할 수 있는 것은, 실제로 통사 구조에서 전체 NP 중에 지칭 기능을 지닌 체언 성분(동일 의미 유형 성분이거나 중심어에 한정되지 않음)이라면 모두 분열 이동을 할 수 있다는 점이다. 다음 예를 보자.

(37) a1. 我切了<u>羊肉片</u>
             (나는 양고기를 절편 썰었다)
   →   a2. <u>羊肉</u>我切了<u>片</u>
             (양고기는 내가 절편을 썰었다)
        b1. 我才写了<u>文章(的)开头</u>
             (나는 이제 겨우 글의 서두를 썼다)
   →   b2. <u>文章</u>我才写了<u>开头</u>
             (글은 겨우 서두를 썼다)

c1. 他专买名牌的运动鞋

(그는 명품 브랜드의 운동화만 산다)

→　c2. 运动鞋他专卖名牌的

(운동화는 그는 명품 브랜드로만 산다)

　NP 분열 이동의 방향을 살펴보면, V 뒤의 NP 가 앞으로 분열 이동할 수 있는 경우 말고도 원래의 V 앞 NP의 구성 성분이 독립적으로 출현할 때 NP가 뒤로 분열 이동하는 경우도 있다. V 앞 NP가 분열하여 후방 이동하고 V 뒤 NP가 분열하여 전방 이동하는 것은 구조 조건에서 별로 다른 점은 없다. 차이라고 한다면 분열 전방 이동은 분열 성분이 동사 앞으로 이동하여 문두 NP를 충당하고, 분열 후방 이동은 동사 앞 원위치에 있는 성분이 문두 NP를 충당하는 것이다.

(38)　a1. 两只小鸟落树上了

(새 두 마리가 나무에 앉았다)

→　a2. 小鸟落树上了两只

(새가 나무에 두 마리 앉았다)

b1. 老王(的)心脏病又犯了

(라오왕의 심장병이 또 도졌다)

→　b2. 老王又犯了心脏病

(라오왕이 또 심장병이 도졌다)

　이상의 분석을 통해 알 수 있는 것은, 중국어 NP의 분열 이동은 이동 성분과 이동 방향의 제한을 받지 않으며 다음 두 가지 조건만 따르면 된다는 것이다. 첫째, 원래의 NP 총체가 분열 이동을 할 경우, 분열되는 두 개의 성분은 반드시 의미적으로 지칭하는 바가 다르게 된다. 즉, 의미 유형이 다르거나 의미 범위가 다르게 되고, 이때 의미 유형 또는 의미 범위가 큰 것이 V 앞에 나타나야 하고 의미 유형 또는 범위가 작은 것이 V 뒤에 나타나야 한다. 둘째, 전체 NP가 분열 이동을 할 경우, 분열되는 두 개의 성분은 반드시 '후치지배'로 변한다.

즉, 전방 분열 이동은 거짓 이동이고, 후방 이동은 참 이동이다. 분열 후 V 뒤로 이동한 부분의 성분은 반드시 동사가 직접 지배하는 초점 성분이 된다. 다음을 비교해보자.

(39) a1. 他(的)老伴儿死了
　　　　(그의 배우자는 죽었다)
→　a2. 他死了老伴儿
　　　　(그는 배우자를 죽음으로 잃었다)
　　　b1. 仓库里(的)不少苹果烂了
　　　　(창고에 있던 사과가 많은 양이 썩었다)
→　b2. 仓库里烂了不少苹果
　　　　(창고에 사과가 많이 썩었다)

(40) a1. 我只抽万宝路香烟
　　　　(나는 말보루 담배만 피운다)
→　a2. 香烟我只抽万宝路
　　　　(담배는 난 말보루만 피운다)
　　　b1. 他可送了我不少礼物
　　　　(그는 내게 적지 않은 선물을 줬다)
→　b2. 礼物他可送了我不少
　　　　(선물이라면 그는 내게 많이 줬다)
　　　c1. 你一定要多吃新鲜的蔬菜
　　　　(너 신선한 채소를 많이 먹어야 된다)
→　c2. 蔬菜你一定要多吃新鲜的
　　　　(채소는 반드시 신선한 것으로 많이 먹어야 한다)
　　　d1. 我就爱喝放得时间长的这种酒
　　　　(나는 오래 묵은 술을 즐겨 마신다)
→　d2. 放得时间长的我就爱喝这种酒
　　　　(오래 묵은 술을 나는 즐겨 마신다)
　　　e1. 我刚换了自行车(的)链条　으
　　　　(나는 자전거 체인을 방금 갈았다)
→　e2. 自行车我刚换了链条
　　　　(자전거 체인을 내가 방금 갈았다)

f1. 他去过大城市(中)北京和上海
   (그는 대도시 중에서 베이징과 상하이에 가봤다)

→ f2. 大城市(中)他去过北京和上海
   (대도시 중에서 그는 베이징과 상하이에 가봤다)

5. '의미역'과 중국어 의미역 구조 분석

'의미역'은 지배 결속 이론에서 통사와 의미 두 방면의 문제와 관련되는 중요한 '모듈'이다. 의미역 연구에는 두 가지 트렌드가 있다. 하나는 의미역의 통사적 위치에 초점을 맞추는데, 이때 의미역 구조는 곧 앞에서 말한 동사 원형 구조이다. 다른 하나는 의미역의 의미 기능을 중심으로 연구하는데, 의미역을 할당 받은 NP가 가지고 있는 '행위자, 수동자, 도구, 종점' 등의 의미역(theta role)을 구분해야 한다는 것이다. 특히 어휘와 통사의 계면(interface)을 연구하거나 복잡한 동사 구조의 통사 구조와 의미 해석을 처리하는 데 응용해볼 수 있다.

5.1. 의미역 구조 및 중국어 합성복합사의 구조 형식

呂叔湘(1942)에 따르면 중국어의 복잡한 복합사 중 일부는 '起词(주어)와 止词(목적어)가 있는 문장'에 해당하는데 다만 '주어를 복합사의 중심어로 사용'한 것일 뿐이다. 분석에 따르면 이러한 '합성복합사'는 아래와 같이 4가지 유형으로 세분화할 수 있다.

(45) A. 주어가 있고 목적어가 없는 경우:
         a1.旅客 a2.舞女 a3.不倒翁 a4.未亡人
      B. 주어와 목적어가 모두 있는 경우:
         b1.售票员 b2.编剧人 b3.完沙女 b4.食蚁兽
      C. 주어가 있고 목적어를 생략한 경우:
         c1. 牧童 c2.嫖客 c3.研究员 c4.发起人
      D. 동사와 목적어가 전도된 경우:
         d1.日报读者 d2.电影演员 d3.学生辅导员 d4.节目主持人

'주어가 복합사의 중심어를 담당한다'는 것은 '관형어'와 '중심어'가 의미적으로 수식과 피수식의 관계 뿐 아니라 또 다른 의미 관계를 내포하고 있음을 뜻한다. 혹은 각 성분이 구조적으로 수식-피수식의 어순 뿐 만 아니라 위치에 변화가 있었을 수 있다. 예를 들어 (45) 마지막 '节目主持人(프로그램 진행자)'에서 수식어 안의 동사 '主持(진행)'와 중심어 '人(사람)'은 행위자와 동작의 관계(사람+진행하다)에 있고, 동사와 명사 '节目(프로그램)'는 동작과 객체의 관계(진행하다+프로그램)에 있다. 이로 보아 '节目主持人(O-V-S)'과 같은 복합사 구조는 '人主持节目(S-V-O)'처럼 동사 V와 논항 NP로 구성된 논항 구조가 변화된 것이다. 논항 구조는 통사 구조에 국한되지 않으며, 어휘 층면에도 존재한다. 예를 들어 '员辅导学生'에서 '员(구성원)'은 통사구조의 주어로서는 적합하지 않으나 동사 '辅导(보조)'의 행위자로서 분석할 수 있다. 이처럼 복합사가 동사성 성분과 의미역이 할당된 명사성 성분을 포함하고 있기 때문에 논항 구조를 구성할 수 있는 것이다. 본형태의 논항 구조와 비교하면, 이와 같은 복합사는 논항 성분의 위치 이동으로 만들어졌다고 볼 수 있으며, '学生辅导员(학생 보조원)'은 논항구조 '员辅导学生'에서 행위자를 나타내는 외적 의미역(external theta role)인 S '员'이 동사 V 우측으로 이동하고 동시에 객체의 내적 의미역(internal theta role)인 O '학생'이 동사 V 좌측으로 이동하는 과정을 거쳐 만들어진 것이다. 예를 들면 아래와 같다.

(46) a. 동사의 의미역 구조: A 행위자 – V - Th 객체 ('员''辅导''学生')
→   b. 합성복합사구조 : Th 객체 – V – A 행위자 ('学生''辅导''员')

상술한 바와 같이 합성복합과 의미역 구조를 연결시킨 기본 개념을 바탕으로 하면 이런 부류의 복합사의 구조를 더 자세히 관찰할 수 있다. 왜냐하면 합성복합사의 중심어에는 '사람'을 나타내는 명사(즉 '행위자')가 다수를 차지하지만, 실제로 중심어는 다른 의미의 명사일 수도 있기 때문인데 대략 아래 몇 가지 경우를 생각해볼 수 있다.

(47) a. 중심어가 '주체'를 표시:

中立<u>国</u>(중립국), 致癌<u>物质</u>(발암물질), 肛道寄<u>生虫</u>(항문기생충),
疾病遗传<u>基因</u>(질병유전인자)

b. 중심어가 '도구'를 표시:

彔像<u>机</u>(비디오테이프 리코더), 登月飞<u>船</u>(달착륙 <u>우주선</u>), 血压测
量<u>计</u>(혈압측정계), 指纹识别<u>系统</u>(지문 식별 <u>시스템</u>)

c. 중심어가 '재료'를 표시:

除虫<u>菊</u>(제충국), 防弹<u>玻璃</u>(방탄유리), 空气清新<u>剂</u>(공기정화기) 信
息传输<u>介质</u>(정보전송매개)

d. 중심어가 '수단/방법'을 표시:

健身<u>拳</u>(건강단련권), 欺骗<u>手法</u>(사기<u>수단</u>), 服装设计<u>图</u>(의상설계
도), 语料检索<u>程序</u>(언어재료검색프로그램)

e. 중심어가 '(사건)장소'를 표시:

摄影<u>棚</u>(촬영스튜디오), 卸货码<u>头</u>(하역부두), 家禽饲养<u>场</u>(가금류
사육장), 文物拍卖<u>网站</u>(문화재 경매 웹사이트)

f. 중심어가 '(물체)처소'를 표시:

畜水<u>池</u>(저수지), 冷藏<u>仓库</u>(냉장 창고), 标本陈列<u>室</u>(표본 진열
실), 垃圾填埋场<u>地</u>(쓰레기 매립 장지)

g. 중심어가 '수동자/객체'를 표시:

复印<u>件</u>(복사물), 托运<u>行李</u>(운송 <u>수화물</u>), 非法出版<u>物</u>(불법 출판
물), 无人驾驶飞<u>机</u>(무인비행기)

합성복합사는 의미역 구조 성분의 위치 변화로 인해 만들어진 것이다. 의미역
구조에는 원래부터 주체, 도구, 재료, 수단/방식, 장소, 처소, 수동자/객체 등의
의미역들이 있기 때문에 합성복합사의 여러 중심어들 또한 동사와 의미역 구조
를 구성할 수 있다. 사실상 이러한 명사 성분들은 모두 각각 의미역 구조의 특정
위치에서 동사 오른쪽으로 이동하여 복합사를 이룰 수 있다. 예를 들어, '<u>技术人</u>
<u>员</u>在<u>车间</u>通过<u>电脑程序</u>用<u>仪器</u>检测<u>车辆</u>(기술인력이 작업장에서 <u>컴퓨터 프로</u>
<u>그램</u>과 <u>기계</u>로 <u>차량</u>을 검측했다)'를 동사와 5개의 다른 명사 의미역 구조('A행
위자+L장소+M방법+T도구+V+Th객체')를 포함하는 것으로 분석한다면, 이 다
섯 명사는 모두 복합사의 중심어가 될 수 있다. 다음 예문을 통해 비교해보자.

(48) a. 车辆检测员/人员 (=행위자)
(차량검측원/인원)

b. 车辆检测仪/仪器 (=도구)
(차량검측기/기계)

c. 车辆检测场/车间 (=장소)
(차량검측장/작업장)

d. 车辆检测法/程序 (=방법)
(차량검측법/프로그램)

e. 未经验测物/车辆 (=객체)
(미측정물/차량)

다른 측면에서 보면, 이런 합성복합사의 의미역 구조의 의미와 형식은 서로 유사한 점이 많다. 우선 의미적 측면에서 말하자면, 이런 복합사의 중심어는 대부분 행위자를 나타낸다. 주체 의미역도 원래는 광의의 행위자에 속하였고, 도구, 재료, 수단 혹은 방법, 장소 등의 의미역은 행위자와 모순되지 않는다. 즉 사람의 행위 능력의 연장선상에 있다고 볼 수 있기 때문에 '광의의 행위자'라고 할 수 있다. 위치적인 측면에서 말하자면, 이런 복합사의 중심어는 행위자와 같이 대부분 외적 의미역이다. 주체 의미역이 외적 의미역인 것은 당연하고, 도구, 재료, 수단 혹은 방법, 장소를 나타내는 의미역의 경우 통사 구조의 기본 위치는 전치사가 이끄는 부사어 자리인데, 이 또한 외적 의미역이며 모두 주어 위치를 차지할 수 있다. 그렇기 때문에 '광의의 주어'라고 할 수 있다. '물체의 처소'와 '수동자/객체' 의미역이 중심어 역할을 하는 복합사 구조에서도 이에 상응하는 통일된 분석을 할 수 있다. (자세한 내용은 설명하지 않겠다)

5.2. 의미역구조와 중국어 '把자문'의 구조형식

'把자문'은 현대중국어의 중요한 문형이다. '把자문'에서 가장 주목할 부분은 '把' 뒤의 명사(NPb로 표기)의 성질과 특징인데, 이에 대해서는 두 가지 대표적인 견해가 있다. 하나는 NPb를 '수동자 주어'로 보는 관점이고(朱德熙 1982), 다른 하나는 NPb를 '목적어 전치'(李临定1988)로 보는 관점이다. NPb

에 대한 이 두 가지 정의는 일정 범위에서는 그럴 듯하지만, 조금만 범위를 넓혀보면 문제가 생긴다. 예를 들어 '수동자 주어'든 '전치 목적어'든 그 어떤 것도 아래 (49)와 같은 언어현상을 설명할 수 없다.

(49) a. 把铅笔写秃了 (도구)
          (연필심이 써서 닳았다)
      b. 把屋子堆得满满的 (처소)
          (집에 꽉꽉 쌓아두었다)
      c. 把买卖跑成了 (목적)
          (거래에 성공했다)
      d. 把老伴死了 (행위자)
          (배우자가 죽었다)
      e. 把伙计们都累跑了 (행위자)
          (동료들을 너무 힘들어 도망치게 만들었다)
      f. 把孩子饿得直哭 (행위자)
          (아이를 배고파서 울게 만들었다)

沈阳(1997a)에 의하면, 주어와 관련 있어 보이는 NPb나 목적어와 관련 있어 보이는 NPb는 사실 공통점이 있다. 즉, 가장 작은 의미역 구조에서 본래 동사 앞의 행위자 혹은 주체 의미역을 맡은 명사가 동사 혹은 구조적 이유로 동사 뒤에 오는 상황이 왔을 때 이런 NPb는 '把' 뒤로 이동하여 把자문을 이룬다. 이는 아래 (50)에서 쉽게 엿볼 수 있다. 비록 (51)에서 NPb는 전치 목적어처럼 보이지만 자세히 분석해보면 이런 NPb는 술어 동사의 목적어도 아니고 보어 동사의 목적어도 아니다. 이들은 동결식에서 보어 동사의 행위자 혹은 주체주어이며, 술어 동사와 보어 동사의 제약을 동시에 받기 때문에 반드시 동사 뒤에 출현해야 한다. 또 그렇기 때문에 이런 명사야말로 NPb로서 '把'자 뒤에 쓰여 把자문을 이룰 수 있는 것이다.

(50) a1. (他)老伴死了
          ((그의) 배우자는 죽었다)

→ a2. (他)死了老伴

((그는) 배우자를 잃었다)

→ a3. (他)把老伴死了

((그는) 배우자가 죽었다)

b1. 心脏病又犯了

(심장병이 또 도졌다)

→ b2. 又犯心脏病了

(또 심장병이 도졌다)

→ b3. 把心脏病又犯了

(심장병이 또 도졌다)

c1. 老祖宗累坏了

(어르신이 엄청 지치셨다)

→ c2. 累坏了老祖宗了

(어르신을 엄청 지치게 만들었다)

→ c3. 把老祖宗累坏了

(어르신이 엄청 지쳐버리셨다)

d1. 我愁得大病了一场

(나는 슬픔으로 한 차례 크게 앓았다)

→ d2. 愁得我大病了一场

(너무 슬퍼서 한 차례 크게 앓았다)

→ d3. 把我愁得大病了一场

(나를 슬픔으로 한 차례 크게 앓게 만들었다)

(51) a1. 孩子醒了

(아이가 잠에서 깼다)

→ a2. (保姆)咳嗽醒了孩子

((보모) 기침 소리에 아이가 깼다)

→ a3. (保姆)把孩子咳嗽醒了

((보모가) 기침을 해서 아이를 깨게 만들었다)

b1. 牙坏了

(이가 썩었다)

→ b2. (这孩子)吃坏了牙

((이 아이는) 잘못 먹어서 이가 썩었다)

→　b3. (这孩子)把牙吃坏了

((이 아이는) 잘 못 먹어서 이를 썩혔다)

c1. 电话通了

(통화 연결이 되었다) 였

→　c2. (我)终于打通电话了

((나) 드디어 통화 연결이 되었다)

→　c2. (我)终于把电话打通了

((나) 내가 드디어 통화에 성공하였다)

把자문을 구성하는 술어는 대부분 복잡한 병합식 구조이며, 두 개 이상의 가장 작은 의미역 구조를 함유하고 있다. 더 깊이 분석을 해보면 NPb는 공통된 부분이 더욱 많다는 사실을 발견할 수 있다. 모든 NPb는 병합식 의미역 구조에서 뒷부분의 행위자 주어이다. (특수류의 단순 동사 구조는 후항구조가 아예 없다) 다음 분석을 보자.

(52)　a. 把妈妈累病了 ([妈妈]累+妈妈病)

(엄마가 과로로 몸져눕게 만들었다 ([엄마] 힘들다 + 엄마가 몸져누웠다))

b. 把孩子咳嗽醒了 (某人咳嗽+孩子醒)

(기침소리로 아이를 잠에서 깨게 만들었다 (누군가 기침을 했다 + 아이가 깼다))

c. 把长城哭倒了 (某人哭+长城倒)

(만리장성을 울음으로 무너뜨렸다 (누군가 울었다 + 만리장성이 무너졌다))

d. 电话打通了 (某人打[电话]+电话通)

(통화 연결이 됐다 (누군가 전화를 걸었다 + 통화 연결이 됐다))

e. 把张老伯急得团团转 ([张老伯]急+张老伯团团转)

(장노인이 다급해서 어쩔 줄 모르게 만들었다 ([장노인] 다급하다 + 장노인이 어쩔 줄 모르다))

f. 把他骂得抬不起头来(某人骂[他]+他抬不起头来)

(마구 욕을 해서 그가 고개를 들지를 못했다 (누군가 [그를]욕하다 + 그가 고개를 들지 못했다))

h. 把菜端到桌上(某人端[菜]+菜到桌上)

(음식을 식탁에 갖다놨다 (누군가 [음식을] 갖다놓았다 + 음식이 식탁에 올려졌다))

이렇게 복잡한 의미역 구조 분석을 통하여 NPb가 후구조의 행위자 또는 주체 명사로서 다중 이동(혹은 명사와 동사 다항 이동)을 한다는 특징을 파악할 수 있다. 이로써 把자문이 통사 구조적으로 일치성을 지니고 있을 뿐만 아니라 把자문의 의미 성질에 대해서도 일관된 설명을 할 수 있다. 把자문의 의미 성질은 일반적으로 크게 두 가지로 나뉜다. 의미1=NPb가 어떤 처치 혹은 지배를 받는다. 의미2=NPb가 피진술된 어떤 결과나 상태를 나타낸다. 이런 의미 성질들은 모두 복잡한 의미역 구조에서 NPb가 위치 변화를 시도함으로써 구현된다.

우선 NPb가 지배를 받는 의미(의미1)의 경우 명사가 뒤로 이동(혹은 동사가 앞으로 이동)함으로써 구현된다. 중국어 명사는 동사와의 관계 속에서 '동사의 지배'를 받는 것 외에, 직접 뒤로 이동(혹은 동사가 앞으로 이동)하여 지배를 받는 의미 성질을 획득하기도 한다. 이를 '후치지배'라고 한다. 후치지배는 추월(혹은 이동)을 당하는 동사로부터 받게 된다. 예를 들어 동사 '病'은 원래 목적어를 수반할 수 없어 명사 '一个人'을 지배할 수 없다. 그러나 '(我们班)病了一个人'이라고 하면 '一个人'은 명사 혹은 동사가 자유롭게 이동하여 동사 '病'으로부터 지배를 받게 된다. 후치지배는 앞항 동사로부터 받을 수도 있다. 예를 들어 '吃'는 원래 명사 '牙'를 지배할 수 없으나 '(別)吃坏了牙'에서 '牙'는 명사 혹은 동사의 강제 이동을 통해 동사 '吃'로부터 지배를 받게 된다. 把자문의 NPb는 모두 통사상의 목적어가 아니기 때문에 NPb는 동사로부터 지배를 받을 수 없다. 만약 把자문의 NPb가 반드시 '지배를 받아(처치를 당해)'야 한다면 NPb가 모두 '후치지배'를 통해 간접적으로 지배를 받을 수 있음을 증명하면 된다. 그러면 把자문에 동작 동사가 없고 NPb가 동사의 목적어가 될 수 없다고 하더라도 기껏해야 지배의 정도성 차이만 다소 달라지고 지배를 받는 의미 성질은 변하지 않는다는 것에 대해 설명해줄 수 있다.

NPb의 피진술된 결과 상태 의미(의미2)는 명사가 앞으로 다시 이동하면서 구현된다. 중국어의 명사는 술어VP와의 관계 속에서 '주어 진술'을 획득하고 또 앞으로 이동하여 피진술되는 의미 성질을 획득한다. 이것이 바로 '전치 진술'이다. 把자문의 NPb는 사실상 후항 구조의 주어로서, 이 명사가 지니는 후항 구조의 주어 진술 성질은 이동을 해도 바뀌지 않는다. 예를 들어 '她哭肿了眼睛'에서 '眼睛'은 뒤로 이동(혹은 동사가 앞으로 이동)함으로써 선행동사 '哭'로부터 후치지배를 받는데 여전히 '肿'의 피진술 주체이며 '哭'와는 주어 진술의 관계를 형성하지 않는다. '哭'가 '眼睛'을 지배하여 '肿'이라는 복잡한 결과상태 의미가 모두 진술에 포함되게 하려면, 유일한 방법이 '眼睛'을 술어동사 앞으로 다시 이동시켜 전치 전술을 구성하는 것이다. '眼睛'의 지배 받는 의미는 후치지배를 통해 획득되는 것이기 때문에 일단 전방 이동을 하게 되면 그 의미가 소실될 수 있으므로 이 명사는 후치된 상태로 보류해야 한다. 이로써 다시 전치진술 틀 안으로 전방 이동하여 동사 뒤의 위치에서 받던 지배 의미를 전달 받을 수 있다. 이 때 비로소 '지배를 받는' 의미와 '결과상태'의 의미 성질을 동시에 보장 받을 수 있으며 把자문이 성립될 수 있다.

6. '결속'과 중국어 대명사의 의미지시 관계

'결속'과 '통제' 등의 원칙은 모두 지배 결속 이론에서 대명사와 공범주의 의미 지시를 설명해주는 중요한 원칙이다. 앞에서 말했듯이 공범주를 상정한 것은 원형구조에서 각각의 NP위치에 성분이 들어있음을 나타낸다. 이 성분이 구체적으로 무엇을 지칭하는지 설명해줄 수 있어야 하고, 지배를 받는 위치에는 대명사(인칭대명사와 재귀대명사 포함)가 출현할 수 있는데 이 대명사가 무엇을 지칭하는지도 설명해내야 한다. '결속'과 '통제'는 바로 이런 의미 문제를 처리해주는 문법 이론 원칙이다.

6.1. 인칭 명사성 성분의 의미지시 관계와 '결속 삼원칙'

'결속'은 본래 논리학의 술어로서 논리 양사와 변수 간의 관계를 가리키던 말이었다. 논리 양사가 내적 지배를 하는 변수를 '결속변수(bound variable)'라 하고 외적 지배를 하는 변수를 '자유변수(free variable)'라 하였다. 지배 결속 이론에서 이 용어를 채택하여 사용한 것은 우선 문법 모형의 의미해석 부분이 주로 구조의 논리 분석과 연관이 있기도 하고, 또 '결속'이라는 개념으로써 대명사와 공범주가 명사와 어떠한 지시 관계를 지니는지 설명하고자 한 것이다. 즉, 두 개의 성분이 결속 관계라면 반드시 공지시(coreference) 되고, 만약 결속 관계가 아니라면 공지시 되지 않는다. 아래 인칭 어휘의 몇 가지 예를 보도록 하자. (아래 지시 관계를 표시하고 있는 지표를 유의하라.)

(53) a. [小王$_i$喜欢自己$_i$]
           ([샤오왕은 자기 자신을 좋아한다])
      b. [小王$_i$喜欢他$_j$]
           ([샤오왕은 그를 좋아한다])
      c. [小王$_i$喜欢那姑娘$_j$]
           ([샤오왕은 저 아가씨를 좋아한다])

(54) a. 小王$_i$知道[小李$_j$喜欢自己$_j$]
           (샤오왕은 안다 [샤오리가 자신을 좋아하는 것을])
      b. 小王$_i$知道[小李$_j$喜欢他$_{i/k}$]
           (샤오왕은 안다 [샤오리가 그를 좋아하는 것을])
      c. 小王$_i$知道[小李$_j$喜欢那姑娘$_k$]
           (샤오왕은 안다 [샤오리가 저 아가씨를 좋아하는 것을])

(55) a. [小王$_i$喜欢自己$_i$的照片]
           ([샤오왕은 자신의 사진을 좋아한다])
      b. [小王$_i$喜欢他$_j$的照片]
           ([샤오왕은 그의 사진을 좋아한다])
      c. [小王$_i$喜欢那姑娘$_j$的照片]

([샤오왕은 저 아가씨의 사진을 좋아한다])

(56) a. 小王ᵢ知道[小李ⱼ对自己ⱼ的批评]
(샤오왕은 [샤오리가 자신에게 한 비판을] 알고 있다)

b. 小王ᵢ知道[小李ⱼ对他ᵢ/ₖ的批评]
(샤오왕은 [샤오리가 그에게 한 비판을] 알고 있다)

c. 小王ᵢ知道[小李ⱼ对那姑娘ₖ的批评]
(샤오왕은 [샤오리가 저 아가씨에게 한 비판을] 알고 있다)

'결속 이론'은 위의 예문에 대해 인칭 단어의 의미지시 관계를 다음과 같이
처리하고 있다. 우선, 모든 인칭 명사 성분을 세 유형으로 나누었다. 첫 번째
유형은 대용어(anaphor)라고 불리는 것인데, '自己(자기 자신)'과 같은 재귀대
명사를 말한다. 두 번째 유형은 대명사(pronominal)로서, '他(그)'와 같은 3인칭
대명사를 말한다. 세 번째 유형은 지시적 표현(referential expression)이며, '小
王'과 같은 일반 인칭 명사가 해당된다. 이런 기초 위에 '의미지시 관계의 결속
삼원칙'을 세울 수 있다.

(57) A: '대용어'는 지배범주 안에서 결속된다. (영역 안의 인칭대명사와 공
지시 된다)¹²

B: '대명사'는 지배범주에서 자유롭다.¹³ (영역 안의 명사와 공지시 될
수 없으나 영역 밖의 명사와는 공지시 된다)

C: '지시적 표현'은 지배범주 안과 밖에서 자유롭다. (영역 안의 명사
혹은 영역 밖의 명사와 공지시 되지 않는다)

(57)의 '결속 원리'로 예시들을 살펴보면 개괄적인 의미지시 관계를 도출할
수 있다. 즉, 모든 '대용어(재귀대명사)'는 '영역(domain)'([]로 표시) 안의 인칭

---

12 주: '결속된다'는 말은 동지표(co-indexed) 되는 선행사(antecedent)에 의해 성분통
어(c-commanded) 된다는 의미이다.

13 역주: '자유롭다(free)'는 결속과 반대되는 개념으로서, 선행사에 의해 동지표 되어
서 안 되며 성분통어 되어서도 안 된다는 의미이다.

명사와 공지시 되고, 영역 밖의 명사와 공지시 되지 않는다. 이는 결속원리 A원칙에 부합한다. 모든 '대명사(3인칭대명사)'는 모두 영역 안의 인칭 명사와 공지시 될 수 없지만 영역 밖의 인칭 명사와는 공지시 될 수 있다. 이는 결속원리 B원칙과 부합한다. 모든 '지시적 표현(인칭 명사)'은 어느 영역에서든 인칭 명사와 공지시 될 수 없는데 이는 결속원리 C원칙과 부합한다.

6.2. '직접 성분통어[14](Immediate c-command)'와 중국어 3인칭대명사의 의미지시 관계

결속 원칙을 적용하면 확실히 문장에서 인칭대명사가 의미적으로 지시하는 바의 규칙에 대해 설명할 수 있지만, 중국어에서는 인칭대명사의 의미지시 상황이 다소 복잡하게 나타날 때가 있다. 沈阳(2004)은 아래와 같은 예문에 주목하였다.

(58) a. 老师ᵢ帮助了他*ᵢ/ⱼ
          (선생님이 그를 도왔다)
      b. 老师ᵢ帮助了他ᵢ/ⱼ 的学生
          (선생님이 그의 학생을 도왔다)
      c. 小王ᵢ的老师ⱼ帮助了他的学生
          (샤오왕의 선생님은 그의 학생을 도왔다)

---

14 역주: 중국 생성문법학계에서 '统制'에 대한 용어 정립이 아직 명확하게 되어 있지 않다. 영어 'dominate'의 대응어로 사용하는 학자가 있는가 하면 또 'c-command'의 대응어로 사용하는 학자도 있다. 본고의 원문에서 사용한 '统制'는 '성분통어 (c-command)'를 나타내는 것으로 사료된다. '성분통어'는 'government(지배)'의 핵심 개념으로서 'dominate(관할하다)'와는 다른 말이다. '성분통어'는 구의 수형도에서 어떤 성분(X)이 다른 성분들보다 높은 위치에 있으면서 또 그 성분들을 관할(dominate)하지 않는다면 X가 그 성분들을 성분통어한다고 말한다. 그에 비해, '관할'이란 수형도에서 교점과 교점 간의 수직 관계를 나타내는 개념으로서 상위 교점이 하위 교점을 관할한다고 말한다. 만약 상위 교점(X)과 하위 교점(Y) 간에 중간 교점이 없을 경우에는 'X가 Y를 직접 관할(immediate dominate)한다'고 한다. ([英]戴维·克里斯特尔 编[2004], 『现代语言学词典』, 北京 : 商务印书馆 참고)

d. 小王ᵢ感谢他*ᵢ/ⱼ提供了帮助

    (샤오왕은 그가 도움을 준 데에 감사했다)

e. 小王ᵢ感谢他ᵢ/*ⱼ的老师提供了帮助

    (샤오왕은 그의 선생님이 도움을 준 데에 감사했다)

f. 小王ᵢ知道他ᵢ/ⱼ提供了帮助

    (샤오왕은 그가 도움을 줬다는 것을 알고 있다)

g. 小王ᵢ知道老师ⱼ帮助了他ᵢ/*ⱼ/ₖ

    (샤오왕은 선생님이 그를 도와줬다는 것을 알고 있다)

결속원리 B원칙을 사용하면 (58a/g)에서 목적어를 담당하는 '他'가 왜 최소 동사 구조의 주어인 '老师'와 공지시할 수 없는지를 설명할 수 있다. 그러나 다른 예문들은 좀 문제가 있다. 예를 들어 (b)에서 최소 동사 구조 안에 목적어의 관형어를 담당하는 '他'가 주어인 '老师'와 공지시 할 수도 안 할 수도 있다. 마찬가지로 (c) 역시 최소 동사 구조 목적어의 관형어인 '他'가 주어의 관형어인 '小王'과 공지시 되지 않지만 주어의 중심어인 '老师'와는 공지시 된다. (d)의 경우, 목적어절 주어를 담당하는 '他'가 주절 주어인 '小王'과 공지시 될 수 없다. (e)에서 '他'는 목적어절에서 주어의 관형어를 담당했을 뿐인데 주절 주어 '小王'과 공지시 될 수 있다. 나아가 (f) 목적어절의 주어 '他'는 주절의 대주어 '小王'과 공지시 될 수 있는지 확정할 수 없다. (g)은 비록 종속절 구조의 목적어인 '他'가 종속절의 주어인 '老师'와 공지시 될 수 없지만, 주절의 주어인 '小王'과의 공지시 여부는 판단할 수 없다. 이런 중국어 인칭대명사의 문제들을 처리하려면 결속 분석의 변수를 상정해야 한다.

먼저 단순 동사 구조 (58a-c)를 살펴보자. (a)의 경우, 동사의 주어와 목적어가 모두 단일 명사 또는 인칭대명사이므로 '他'의 지시 관계는 B원칙에 부합한다. 반면 (b/c)는 마찬가지로 단순 동사 구조이기는 하지만 주어나 목적어가 관형어-중심어 구조이기 때문에 인칭대명사 '他'와 그의 선행명사 모두 수식어 위치에 나타날 수 있다. 그러므로 '他'의 지시 관계에서는 결속 B원칙이 효력을 잃는 상황이 발생한다. 선행명사와 인칭대명사가 단순 동사 구조의 NP 위치에 있을 때 나올 수 있는 모든 조합 선택과 지시 관계를 따져보면 (59)와 같이 네 가지 상황이 있을 수 있다. (N은 명사 또는 대명사를 의미하는 중심어이고 M은 명사나 대명사가 관형어를 담당한 것이다.)

(59) a. 小王ᵢ喜欢他*ᵢ/ⱼ   N1-N2
          (샤오왕은 그를 좋아한다)
      b. 小王ᵢ喜欢他ᵢ/ⱼ的老师   N1-M1
          (샤오왕은 그의 선생님을 좋아한다)
      c. 小王ᵢ的老师ⱼ喜欢他ᵢ/*ⱼ/k   M1-N2
          (샤오왕의 선생님은 그를 좋아한다)
      d. 小王ᵢ的老师ⱼ喜欢他*ᵢ/ⱼ/k的学生   M1-M2
          (샤오왕의 선생님은 그의 학생을 좋아한다)

SP(지배범주) (59)를 통해 단순 동사 구조 속의 인칭대명사가 지시하는 바는 인칭대명사와 선행명사가 NP에 출현하는 위치(즉, 주어 목적어 NP의 중심어 위치에 있는지 아니면 수식어 위치에 있는지)와 직접적인 관련이 있다. 이렇듯 성분 간의 구조 관계, 즉 '성분통어(C-command)'를 고려하는 것 외에, 중심어 변수를 추가하여 고려해야 한다. 즉, 명사와 대명사가 구조 내 통어 교점 위치와 피통어 교점 위치 NP의 중심어인지 아닌지를 고려해야 한다는 것이다. 상술한 변통적인 결속과 통어 관계를 '중심어 통어'라 부를 수 있으며 아래 다이어그램 (60)으로 나타낼 수 있다.

(60)

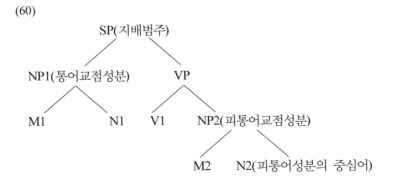

도표 (60)을 통해 '인칭대명사 중심어 통어 성질 공지시 규칙'을 세울 수 있다. 문장 SP 내에서 NP1가 NP2를 성분통어할 때, NP2의 대명사가 N2라면 NP1중의 N1는 N2와 공지시 될 수 없다. 만약 NP2의 대명사가 M2라면 NP1의 M1은 M2와 공지시 될 수 없다. 이 규칙으로 (59)을 설명하면, (a) '小王'(NP1)이 '他'(NP2)를 성분통어하지만 둘 다 중심어(N1과 N2)이기 때문에 이 둘은 공지시 될 수 없다. (b)'小王'(NP1)이 '他的老师(NP2)'를 성분통어하고, '小王'은 중심어(N1)이며 '他'는 수식어(M1)이므로 양자는 공지시 된다. (c)의 '小王的老师(NP1)'는 '他(NP2)'를 통어하고, '小王'은 수식어(M1)이며 '他'는 중심어(N2)이므로 양자는 공지시 될 수 있다. 다만 '老师' 역시 중심어(N1)이기 때문에 '他(N2)'와 공지시 될 수 없다. (d)의 '小王的老师(NP1)'가 '他的学生(NP2)'을 통어하므로 수식어인 '小王(M1)'과 '他(M2)'는 공지시 될 수 없으며 '他(M2)'는 NP1의 중심어 '老师(N1)'와 공지시 될 수 있다.

이제 목적어절을 수반하는 복합 동사 구조(58d-g)를 관찰해보자. 결속B원칙에 근거하면, 목적어절의 인칭대명사는 절 안의 어떤 명사와도 공지시 될 수 없고 영역 밖(주절)의 선행명사와는 공지시 될 수 있다. 사실 이와 같은 설명은 완전하지 못하다. 전술한 목적어절 단순 동사 구조에 출현하는 인칭대명사가 구조 내의 명사와 꼭 공지시 되지 않는 것은 아니며, 또한 목적어절의 인칭대명사와 영역 밖(주절) 명사의 지시 관계만 하더라도 공지시 될 수도 안 될 수도 있는 그런 수의적인 관계는 아니다. (58d/e)에서 '骂, 嘲笑, 批评, 感谢'류 동사 구조의 목적어절의 주어 인칭대명사는 절대 주절 주어와 공지시 되지 않는다. 이는 동작 행위가 의미적으로 반드시 누군가를 지향해야 하는 '感谢'류 동사의 중요한 특징에서 비롯된 것이다. 즉, '感谢'할 경우 반드시 '감사할 상대'가 있다. 반대로, '知道, 认为, 希望, 说'류 동사는 동작 행위가 종속절 전체를 연결시킨다. 예를 들어 '认为'를 쓴다면 '*认为什么人'이라고 할 수 없다. 이로 보아 '感谢'류 동사가 주절 동사로서 구성된 목적어절 복합동사구조의 인칭대명사 '他'의 지시 관계는 '知道'류 동사로 구성된 복합동사구조와는 확실히 다르다. '感谢'류 복합동사구조 형식은 아래 도형으로 나타낼 수 있다. (N과 M의 의미는 전술한 바와 같다)

(61)

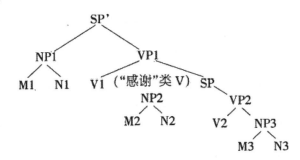

　(61)에서 볼 수 있듯이, 선행명사와 인칭대명사가 각 위치에 출현 가능한 조합과 지시 관계는 모두 12가지가 있다. 목적어절(단순 동사 구조) 내부의 4가지 상황이 불변하다고 보면, 빈어절의 인칭대명사와 주절의 선행명사 간에는 8가지 경우가 더 있다. 다음 예문을 통해 비교해보자.

(62)　a.　*小王ᵢ感谢他ᵢ做得对　N1-N2
　　　　　(샤오왕은 그가 맞게 행동한 것에 대해 고마워했다)
　　　b.　*小王ᵢ的父亲感谢李阿姨帮助了他ᵢ　M1-N3
　　　　　(샤오왕의 아버지는 이씨 아줌마가 그를 도와준 것에 대해 고마워했다
　　　c.　*小王ᵢ的父亲感谢他ᵢ的同学找到了车子　M1-M2
　　　　　(샤오왕의 아버지는 그의 친구가 차를 찾아준 것을 고마워했다)
　　　d.　*小王ᵢ的父亲感谢李阿姨找到了他ᵢ的车子　M1-M3
　　　　　(샤오왕의 아버지는 이씨 아줌마가 그의 차를 찾아준 것을 고마워했다)

(63)　a.　小王ᵢ感谢李阿姨帮助了他ᵢ　N1-N3
　　　　　(샤오왕은 이씨 아줌마가 그를 도와준 것에 대해 고마워했다)
　　　b.　小王ᵢ感谢他ᵢ的父亲来开家长会　N1-M2
　　　　　(샤오왕은 그의 아버지가 학부모회에 와주셔서 감사했다)
　　　c.　小王ᵢ感谢李阿姨帮助了他ᵢ的弟弟　N1-M3
　　　　　(샤오왕은 이씨아저씨가 그의 동생을 도와준 것에 대해 고마워했다)

d. 小王ᵢ的父亲感谢他ᵢ帮助了小李 M1-N2
   (샤오왕의 아버지는 그가 샤오리를 도와준 것에 대해 고마워했다)

　상기 예시에서 알 수 있듯이, 복합 동사 구조 속에서 인칭대명사와 선행명사가 가지는 지시 관계의 상보적 분포성은 앞서 토론한 단순 동사 구조와 유사하다. 구체적으로 말하면, 만약 주절 주어의 중심어가 종속절의 대명사와 공지시하면 주절의 수식어는 공지시할 수 없고, 만약 주절 주어의 중심어가 종속절의 대명사와 공지시하지 않으면 주절 수식어는 공지시할 수 있다. 그러나 단순 동사 구조와 완전히 일치하지 않는 현상들도 발견할 수 있다. 예컨대, (63a)에서 N 두 개가 공지시 할 수 있고 (62b)에서는 M과 N인데 공지시할 수 없다. 이는 두 성분이 '격층 위치'에 있는 것과 관련이 있음을 쉽게 알 수 있다(숫자 1과 3을 보면 알 수 있다). 그러면 인칭대명사의 이런 지시 관계를 어떻게 설명할 수 있을까? 특별히 주의해서 봐야 될 부분은 (61)의 NP1, NP2, NP3 이 세 개의 교점 간의 성분통어 및 명사와 대명사 간의 공지시 관계이다. NP1은 NP2와 NP3를 모두 성분통어 하지만, NP1 중심어 명사(N1)는 NP2의 중심어 대명사(N2)와 공지시 할 수 없을 뿐이지 NP3의 중심어 대명사(N3)와는 공지시 할 수 있다. 그렇다면 이를 바탕으로 '직접성분통어'라는 새로운 구조 관계를 정의해야 한다. 만약 구조 중에 NP1→NP2→NP3→.... → NPn 과 같이 순차적으로 '성분통어'하는 n개의 NP교점이 있다고 가정하면, NPn은 NP(n-1)의 직접성분통어를 받게 된다. 그래서 [SPNP1V("感謝"동사)[SPNP2VNP3]] 구조에서 NP1은 비록 NP2과 NP3을 모두 성분통어 하기는 하지만, NP2를 직접 성분통어 한다. 이것이 바로 관련 인칭대명사의 지시 관계를 설명해주는 관건이다. 직접성분통어의 개념을 상정한 후에, 다시 전술한 중심어 변수를 추가하면 '인칭대명사 직접성분통어 공지시 규칙'을 세울 수 있다. 문장 SP' 안에서 주절 주어 NPa가 NPb를 직접 성분통어하고 NPb에 인칭대명사가 포함되어 있다면, NPa의 중심어 (N)은 NPb의 대명사 중심어 (N)과 공지시 할 수 없고, NPa의 수식어 (M)은 NPb의 수식어 대명사 (M) 혹은 기타 NPb 교점에 있지 않은 대명사들과 공지시 할 수 없다. 이 규칙을 활용하면 (62-63)의 '他'의 지시 규칙을 올바르게 해석할 수 있다. 앞의 두 가지 규칙은 사실 완전히 일치한다. 그 이유는 만약 하나의 구조에 단 두 개의 NP 교점이 있다고 가정할 경우, 한 NP가 나머지 NP를 통제하게 되는데 이때는 결국 NP를 직접 성분통어할 수밖에 없는 구조이기 때문이다. 또한 이 두 가지 규칙이 적용되는 언어 영역이 최대구조(주절)이므로 전자는 후자의 간략 버전에 해당한다.

마지막으로 (58f/g)에서 '知道, 希望, 说'와 같은 동사구조 속의 목적어절 주어 인칭대명사가 무엇을 지칭하는지 확실해 보이지 않는데 사실 한 가지만 변화하였을 뿐이다. 바로 동사 양쪽의 NP1의 N1과 NP2의 N2가 '공지시 불가'에서 '공지시 가능'으로 변했다는 점이다. '知道'류 구조의 인칭대명사 지칭이 차이 나는 것은 NP1과 NP2의 관계가 관건이다. '知道'류 구조의 NP1와 NP2는 전술한 규칙이 요구하는 직접 성분통어 관계를 지니고 있지 않을 가능성이 많다. 이는 어렵지 않게 증명할 수 있다. 앞에서 '感謝'류 동사와 '知道'류 동사의 구조 형식이 매우 흡사하고 둘 다 목적어절의 구조라고 볼 수도 있는데, 이 두 구조는 뚜렷한 차이점이 있다. '知道'류 동사는 통사와 의미적으로 목적어절의 주어 명사에 단독으로 기능할 수 없다. 거꾸로 말하면, '感謝'류 구조의 주절동사 V1은 NP2(NP2가 실제로는 V1의 목적어이고, 종속절에는 동일지표의 공주어가 따로 있다)를 직접 성분통어하고, '知道'류 구조의 주절 동사 V1는 NP2(NP2는 종속절 주어일 뿐이다)을 직접적으로 성분통어하지는 않는다. 이러한 차이로 인해, '感謝'류 구조의 NP1이 NP2를 직접 성분통어하고 NP2는 실제로는 종속절의 NP2와 동일한 지표인 PRO(PRO=MP2)를 통해서 NP3을 직접 성분통어한다. 그에 반해, '知道'류 구조에서는 NP2만 NP3을 직접 성분통어하며 NP1은 NP2를 직접 성분통어하지 않는다. 이 두 가지 구조는 대략적으로 아래와 같이 나타낼 수 있다.

(64) a. '感謝/命令'류 동사 구조: [$_{SP}$ NP1V1NP2 [$_{SP}$ PRO(=NP2)V2NP3]]
      b. '知道'류 동사 구조: [$_{SP}$NP1V1 [$_{SP}$ NP2V2NP3]]

이로써 도출할 수 있는 결론은, '知道'류 동사가 NP2를 직접적으로 지배하지 않기 때문에, 주절동사 뒤의 보문소(COMP위치)가 NP1와 NP2 간의 직접 성분통어 관계를 차단하였기 때문에, NP1와 NP2가 보문소를 사이에 두고 또 다른 격층에 위치하게 된다. (보문소로 인해 만들어진 격층 위치) 때문에 앞서 설명한 규칙에 따르면, 엄격한 직접 성분통어 관계에 있지 않아 격층 위치에 있는 두 개의 N점은 당연히 공지시 될 수 있다. '知道'류 구조의 목적어절에서 다른 위치에 있는 인칭대명사가 왜 대부분 주절 주어와 공지시 될 수 있는지, 그리고 왜 주절 주어의 수식어 명사와는 공지시 될 수 없는지, 이는 모두 설명하기 어렵지 않다. 왜냐하면 이와 같은 성분들의 공지시 관계는 원래부터 전술한 규칙에 위배되지 않기 때문이다.

앞서 목적어절을 수반하는 복합동사구조를 다루었는데, 다른 종속절(수식어절, 보어절, 이중목적어절)의 인칭대명사의 지시 관계 또한 전술한 규칙으로 도출할 수 있다. 아래의 예를 보자.

(65) a1. 小王ᵢ喜欢[他ᵢ/ⱼ刚买的]衣服
　　　　　(샤오왕은 그가 막 산 옷을 좋아한다)
　　　a2. 小王ᵢ的爸爸ⱼ热爱[他*ᵢ/ⱼ从事的]工作
　　　　　(샤오왕의 아버지는 [그가 종사하는] 일을 사랑한다)
　　　b1. 小王ᵢ气得[他*ᵢ/ⱼ说不出话来]
　　　　　(샤오왕은 열 받아서 [말이 안 나올 지경이었다])
　　　b2. 小王ᵢ惹得[他ᵢ/ⱼ的爸爸生了场大病]
　　　　　(샤오왕 때문에 (그의 아버지가 한 차례 크게 앓으셨다))
　　　c1. 医生告诉小李ᵢ[他ᵢ/ⱼ没有病]
　　　　　(의사는 샤오리에게 [그가 병이 없다고] 알려주었다)
　　　c2. 医生告诉小李ᵢ[他ᵢ/ⱼ的爸爸没有病]
　　　　　(의사는 샤오리에게 [그의 아버지는 병이 없다고] 알려주었다)

대략 정리해보면, (65a)는 단순 동사 구조의 목적어 NP에 수식어절이 수반된 것이고, 수식어절의 인칭대명사가 단순 동사 구조 NP2의 M2에 해당하기 때문에(거꾸로 말하면 M2는 보이지 않는 술어의 수식어절의 대명사에 해당한다)

인칭대명사 지시 관계가 단순 동사 구조의 M2에 해당한다. (65b)는 동사에 보어절이 수반된 것인데, 사실상 어떤 동사(자동사와 형용사 포함)에 보어절이 수반되어도 그 동작행위는 보어절의 주어에 작용한다. 그러므로 보어절에서 주어 또는 주어를 수식하는 인칭대명사의 지시 관계 또한 '感謝'류 복합구조의 N2 또는 M2에 해당한다. (65c)는 동사에 원거리 목적어절이 수반된 것이다. 여기서 '告诉'가 명사에 직접 작용하는 것처럼 보이지만 (누구에게 알려주다) 사실은 동사의 근거리 목적어가 NP1의 성분 통어를 받는다. 그렇기 때문에 근거리 목적어가 인칭대명사일 때에는 주절주어 NP1의 N1과 공지시 될 수 없으며 (M1와는 가능), 원거리 목적어절은 '知道'류 복합구조의 목적어절과 비슷하다. 그러므로 원거리 목적어절에 있는 인칭대명사의 지시 관계는 '知道'류 동사의 목적어절 구조 속의 인칭대명사의 지시 관계와 큰 차이가 없다.

제5장 최소주의와 중국어 문법 연구

형식주의 언어학과 통사론의 논의 과정에서 여러분은 아마도 "최소주의(Minimalist Program, 最简方案)"라는 명칭과 마주칠 것이다. 최소주의는 도대체 무엇을 얘기하는 것일까? 왜 "최소"라고 부를까? 이 이론을 중국어 문법 연구에 어떻게 적용할까? 이 장에서 우리는 이런 문제에 해답을 구하며, 여러분에게 최소주의의 핵심을 소개하려고 한다. 여러분이 이 이론에 흥미가 있기를 바라고, 새로운 관점으로 중국어 문법의 연구에서 새로운 방향을 모색하길 바란다. 최소주의에 대한 논의에 앞서, 먼저 간단하게 생성문법(Generative grammar, 生成语法学)의 배경을 얘기해보고자 한다.

1. 생성문법의 연구 방향

언어학 연구의 목적은 무엇인가? 대체로 두 가지 측면에서 얘기해볼 수 있다. 가장 기본적인 측면에서 보자면, 언어학의 임무는 어떤 언어의 면모를 자세히 또한 분명하게 기술하고, 모든 특징을 철저히 밝혀내어 소위 "기술적 타당성(descriptive adequacy)"을 달성하는 것이다. 두 번째 측면에서 보자면, 언어학의 임무는 바로 복잡한 언어현상으로부터 간단, 명료하고 개괄적인 이론을 세워서, 이 이론을 바탕으로 표면 현상을 해석하고 더 심층적인 각도에서 언어를 이해하고 인식하여 소위 "설명적 타당성(explanatory adequacy)"을 이뤄내는 것이다.

생성문법의 주요 연구 목표는 설명적 타당성을 갖춘 문법이론을 세우려는 것이다. 생성문법은 Chomsky(1957)에서 비롯되었는데, 주요 연구 방향은 구조 형식에서 출발하여 인간 언어의 특징을 고찰하는 것이다. 생성문법에서 '생성'이 가리키는 바는, 사람의 뇌에 이미 생득적인 언어기관 장치가 있고, 후천적인 학습과 결합하여 이 장치가 새로운 문장을 도출해낼 수 있어서 창조성과 생성 능력을 갖추고 있다는 것이다. 이 생득적 장치를 '언어능력(language faculty)'라고 하고, 인간의 뇌 속에 존재하는 것으로 출생과 더불어 언어 기능을 관장하는 특정 부위이다.

아이가 출생하면 언어능력은 초기상태(initial state)에 놓여있다. 이 초기상태는 인간에게만 있는 것이고 생득적인 것이다. 모든 언어의 초기상태는 동일하고 보편성을 지닌다. 생성문법 이론에서 초기상태를 연구하는 이론을 '보편문법(Universal grammar 혹은 UG)'이라고 부른다. 여기서 말하는 '보편'은 인간 언어능력의 초기상태의 동일성을 가리키고, 그래서 보편문법은 언어의 동일성을 설명하는 이론이다.

1980년대부터 생성문법은 보편문법이 두 부분으로 구성되었다고 가정한다. 하나는 원리(principles)이고 다른 하나는 매개변인(parameters)이다. 이런 연구의 방향을 '원리와 매개변인 이론(priciples-and-parameters framework)'이라고 한다. Chomsky(1981)가 대표적이고 현재 생성문법의 주류 이론이 되었다.[1]

원리는 이미 생득적으로 뇌 속에 존재하는 것으로 언어능력의 일부분이다. 후천적인 학습에 의한 것이 아니고 유전되어 온 것이라고 말할 수 있다. 따라서 원리는 보편성을 지니고 모든 언어는 동일하게 이런 보편적 원리를 가지고 있고 또한 준수해야 한다.

매개변인은 각각의 언어에 다른 값(value)으로 존재한다. 매개변인의 값은 원리가 적용되는 상황을 결정하고 또한 개별 언어의 면모를 결정한다. 매개변

---

[1] Chomsky(1981)의 서명이 "Lectures on Government and Binding"이어서, 당시 생성문법 역시 "지배 결속 이론(Government and Binding Theory)" 혹은 간단히 "GB 이론(GB Theory)"이라고 불렀다. 그러나 생성문법이 지배와 결속 문제만을 다루지는 않는다. "지배 결속 이론"과 같은 호칭은 실제의 연구 내용을 정확히 반영하지 않는다.

인의 값은 각각의 언어에서 원리가 구현되는 변화이며, 후천적인 학습에 따라 결정된다. 이 값은 객관적 환경의 영향을 받는데, 아동이 거처하는 환경에 따라 결정되고 뇌의 유전과는 대체로 관련이 없다.

원리와 매개변인 이론 연구의 핵심 중 하나는 언어 간의 공통성과 개별성의 균형을 어떻게 맞추는가 하는 점이다. 간단히 말하면, 언어 간의 공통성과 개별성을 다뤄야 하는 모순이 바로 원리와 매개변인을 다뤄야 하는 모순이다. 원리와 매개변인 이론은 선천적 성분과 후천적 성분을 분명하게 구분하여 연구를 진행하고, 어떤 특징이 인간 언어의 공통된 부분에 속하는지, 또한 어떤 특징이 개별 언어의 특이한 부분에 속하는지를 가려내어, 설명 능력을 갖춘 문법이론을 만든다.

2. 최소주의의 기본 정신

원리와 매개변인 이론이 생성문법에 새로운 연구 과제를 가져왔지만, 연구의 과정에서 적지 않은 문제가 발생하였다. 언어현상의 공통성을 해석하기 위해, 학자들은 새로운 원리를 많이 제안했고, 개별 구조나 개별 언어의 문제를 설명할 때는 학자들이 새로운 매개변인을 많이 제안하였다. 비록 이론이 내용에 있어서 풍부해졌지만, 독단적인 가설이 일부 나타났다. 이외에도 어떤 가설은 너무나 장황하고 그 처리가 너무 복잡해서 보기만 해도 괴로울 지경이었다. 결과적으로 원리와 매개변인의 수는 넘쳐나는 경향을 보이고 통제를 상실했다. 이러한 이론틀에서는, 만일 원리와 매개변인이 너무 많아진다면 언어능력이 매우 거대해질 것이며, 언어를 생성하는 단계 역시 매우 복잡해지고, 따라서 이론의 설명력은 약해질 것이다. 엄격한 학문에 있어서 이러한 것은 건강하지 못한 현상이다.

원리와 매개변인이 범람하고 가설이 과도하게 독단화되는 비정상적인 현상을 멈추기 위해, 촘스키는 1990년대 초기부터 기존의 원리와 매개변인 이론을 기초로 하여 일련의 주장(Chomsky 1991, 1993a, 1995, 1998, 2000, 2001, 2004, Chomsky & Lasnik 1993)을 계속 제기하였다. 이 일련의 주장을 언어학

이론의 "최소주의 방안(Minimalist Program)"이라고 부른다. 글자 그대로, 최소주의 방안은 하나의 방안이고 강령이다. 엄격히 얘기하면 새로운 이론이 아니다.[2]

실제로 최소주의 방안이 제기한 문제는 원리와 매개변인 이론에서 답을 구하려던 것으로, 과거에 불합리한 부분에 대해 문제를 제기하고, 새로운 각도에서 과거의 문제를 바라보고 있다. 최소주의의 핵심 정신은 언어학자에게 독단적인 주장을 포기하도록 요구하고, 과거 생성문법에서 제기한 가설을 다시 모색하여, 이론을 간결히 하고 원리와 매개변인의 수가 지나치게 넘치는 것을 방지하는 것이다. 연구 과정에서 언어학자의 시야는 인위적인 가설과 독단적인 주장에만 갇혀있지 말고, 마땅히 언어학이 최종적으로 해결해야 할 문제로 돌아와야 한다. 즉, 언어능력의 초기상태를 탐색해야 한다.

최소주의는 중요한 연구 목표가 두 가지가 있다. 첫째는 언어학의 이론을 간소화하는 것이다. 둘째는 인간 언어에 대한 탐구를 어떻게 간단한 조작 방식으로 다루는가 하는 것이다. 이 두 가지 목표는 모두 한 가지 중심 사상을 감싸고 있는데, 바로 언어학의 "경제성(economy)" 문제이다. 따라서 최소주의의 두 가지 연구 목표는 두 종류의 경제 문제로 귀결될 수 있는데, 바로 방법상의 경제성(Methodological economy)과 실체상의 경제성(Substantive economy)이다.[3] 이렇게 볼 때, 최소주의의 "최소"는 경제 문제와 연결되어 있으며, 검소와 절약을 추구한다.

소위 "방법상의 경제성"은 주로 언어학 이론을 연구하는 과정에서의 방법론 문제와 관련된다. 방법상의 경제성이 관심을 가지는 바는 더 간단하고 더 자연스러운 이론틀과 분석 방식을 만들 수 있는가 하는 점이다. 더 많은 언어현상을 더 잘 묘사하고 설명할 수 있기 위해서는, 언어학 이론이 반드시 간단해야 하고

---

2   촘스키의 관점에 따르면, "생성문법"은 엄격히 얘기해서 학문 분야(discipline)이고, "원리와 매개변인 이론"은 생성문법의 이론 중 하나이다. "최소주의"는 원리와 매개변인 이론의 지도 방안(방침)이고 체계적인 이론이라고 볼 수 없다.

3   이 두 가지 종류의 경제성에 대한 구별은 Hornstein(2001)을 참고하였다. Martin과 Uriagereka (2000) 역시 비슷한 견해를 제시하였다.

불합리한 가설을 막아야 한다. 촘스키가 제시한 최소주의의 주요 목적은 바로 실험적인 틀을 만들어서 문법 이론 연구의 기준을 마련하고, 현존하는 언어학 이론에서의 복잡한 부분을 간소화하고, 또한 독단적이고 불합리한 주장을 폐기하는 데 있다.

"실체상의 경제성"이 관심을 가지는 문제는 주로 언어 본질의 문제이다. 이 관점에 따르면, 언어는 간결하고 간소화한 특징을 보인다. 어법 체계는 "나태성"을 드러내는데, 이 나태성은 약간의 경제성 원리(economy principles)로 결론지을 수 있다. 여기서 말하는 경제성 원리는 두 가지 큰 유형이 있다. "도출의 경제성(economy of derivation)"과 "표시층위의 경제성(economy of representation)"이다. 전자의 주 관심은 도출하는 과정 속에서 언어가 표현하는 간단한 조작이다. 예를 들면, 이동의 동기, 이동의 제한 등등이다. 후자의 주 관심은 언어 표시층위의 간결성에 있다. 예를 들어, 잉여 성분이 있는지, 복잡한 구조가 있는지 등등의 문제이다.

정리하자면, 최소주의의 출현은 원리와 매개변인 이론에서 원래 다루던 구체적인 조작과 가설을 겨냥한 것이고, 많은 문제가 모두 이론 내부의 입장에서 출발하기 때문에 최소주의의 가치는 단지 이 이론 내부에서만 다루어질 수 있다. 만약 생성문법의 환경에서 벗어난다면 혹은 원래의 이론에 익숙하지 않다면, 분명히 많은 토론이 그렇게 의미가 있지 않을 것이다. 위에서 언급한, 촘스키가 90년대 이후에 쓴 몇 편의 글은 비록 최소주의의 중요한 문헌이지만, 기술적인 용어와 이론가설을 많이 포함하고 서술 역시 비교적 추상적이어서, 소개 목적의 입문서는 결코 아니다.

우리와 같은 일반적인 독자가 최소주의의 내용을 이해하고 연구하고자 한다면, 촘스키의 이 몇 편의 글만을 봐서는 안 되고, 생성어법의 과거 몇십 년의 발전에 대해, 특히 80년대 이후 원리와 매개변인 이론에서 만들어진 분석에 대해 최소한의 인식이 있어야 한다. 생성문법의 기본 철학 이념과 과거에 제시한 구체적인 조작 분석을 이해하기만 한다면, 우리는 어떤 주장의 시종과 맥락을 따라갈 수 있고 최소주의가 당면하는 구체적인 문제를 이해할 수 있다. 또한 최소주의의 중요한 가치를 깨달을 수 있다.[4]

비록 최소주의가 다루는 기술적인 문제가 비교적 많고, 또한 중국어의 특징과 어떤 직접적인 관계가 없을지라도, 그 이론에서 제기하는 언어능력의 조작, 언어의 차이와 매개변인의 관계 등은 비교적 "거시적"인 서술이고, 중국어 문법과 중국언어학 연구에 있어서 틀림없이 참고할 만한 가치가 있다. 따라서 우리는 아래의 소절에서, 비교적 쉽게 이해할 수 있는 현상들을 선택하여 생성문법의 몇 가지 원리적 문제를 토론할 것이다. 특히, 언어학과 관련이 있는 "경제" 문제를 토론할 것이다. 이런 문제는 틀림없이 최소주의의 핵심, 즉 최소주의의 "최소"를 반영할 수 있다. 설령 독자가 생성문법 혹은 원리와 매개변인 이론의 자잘한 부분을 잘 알지 못해도, 우리의 토론에 함께 참여할 수 있고, 그래서 최소주의의 언어학 연구에 대한 중요한 가치와 중국어문법 연구에 대한 계시를 경험하게 될 것이다.

3. 통사와 기타 다른 체계

생성문법의 연구 대상은 줄곧 뇌의 언어능력이었다. 언어능력은 도대체 어떤 체계인가? 현재 언어능력의 구체적인 구조를 설명하기에는 증거가 충분히 존재하지 않지만, 최소주의의 정신에 입각하여 본다면 언어능력에 대한 구상은 분명히 단순해야 한다. 최소주의에서 구상하는 언어능력은 대체로 아래의 도식으로 표현할 수 있다. 여기서 큰 원이 언어능력을 나타낸다.

---

4   본서의 체제와 편폭의 제한으로 독자에게 전면적으로 소개하지 못하였다. 관심이 있는 독자는 개론적인 참고서와 교재를 일독하기를 권한다. 다음의 저자가 중국어로 쓴 개론적 논문과 논저를 참고하기 바란다.
徐烈炯(1988), 程工(1994, 1999), 李亚非(1994), 桂诗春、宁春岩(1997), 宋国明(1997), 顾钢(1999), 胡建华(1999), 邓恩颖(2000, 2003), 何晓炜(2000a, b), 顾阳(2000), 沈阳、何元建、顾阳(2001), 徐杰(2001), 石定栩(2002), 温宾利(2002), 伍雅清(2002) 등.

(1)

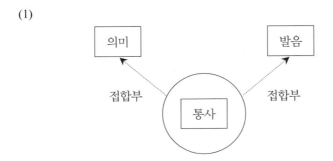

언어능력은 주로 통사로 구성되어 있으며, 구와 문장의 조합을 담당한다. 소리 및 의미와 관련된 문제는 두 개의 접합부(interfaces)에 보내어 처리하고, 최종적으로는 언어능력 이외의 체계로 보낸다. 예를 들어, 도식 1의 발음체계와 의미체계이다. 다시 말해서 언어능력은 문법이 핵심이 되는 체계이고, 구와 문장의 층차 구조 및 이것들의 조작을 전문적으로 담당한다. 이 체계에서 생산하는 결과는 주로 소리와 의미를 위해서 쓰인다. 소리와 의미의 본질은 언어능력과 무관하다. 통사 및 그것과 관련된 성질만이 언어를 구성하는 근본 성분이라고 할 수 있다.[5]

통사는 언어능력을 구성하는 중요한 체계이다. 통사론 연구는 50년대 이래로 줄곧 생성문법론의 핵심적인 연구 내용이었다. 생성문법론이 처음 나왔을 때, "자율통사론(autonomous syntax)"이 아주 중요한 원리였다. 즉, 통사론은 다른 어떠한 요소에 간섭을 받아서는 안 되고, 특히 의미에서 오는 영향을 받아서는 안 된다는 것이다.

그러나 생성문법론이 몇십 년의 경험을 거치고, 80년대 이르러서는 새롭게 발견한 과제가 점점 더 많아졌기 때문에, 설명력과 포용성이 더 강화된 이론을 만들기 위해서 언어학자들은 통사론의 연구 대상을 통사에서 의미로 확장할 것을 느끼게 된다. 그 결과, 통사론은 구조 형식만 다룰 뿐만 아니라, 또한 의미

---

[5]   Chomsky(2000), Hauser, Chomsky & Fitch (2002) 등은 소리와 의미가 본질적으로 언어능력의 일부에 속하지 않는다고 간주한다.

와 관련된 현상을 많이 다루게 된다. 이런 상황에서 통사와 의미의 경계는 점점 모호해지고, 급기야 통사론은 모든 것을 포함하는 힘을 가지게 되었고, 통사와 의미 사이는 "엉켜서 분명하지 않은" 관계가 되었다.

최소주의가 중요한 이유는 언어능력의 구조를 단순화하여 통사의 지위를 새롭게 다지기 때문이다. 현재 최소주의가 묘사하는 언어능력에는 소위 "통사"가 매우 협소한 공간을 차지하고 간단한 역할만을 담당한다. 즉, 순전히 구와 문장을 만드는 것을 담당하며 구조 형식만을 다룬다. 이외에 다른 어떤 임무도 없다.

비록 통사가 최소주의에서 "권한이 깎였지만" 오히려 명확한 직책을 다시 부여받았는데, 바로 통사론이 자율통사론의 정신으로 돌아간 것이다. 최소주의는 구조, 소리, 의미 세 가지를 명확히 나눠서 처리한다. 특히 통사와 의미 사이의 관계를 규정했는데, 이는 이론적으로 중요한 의미가 있다. 아래에서 우리는 중국어의 화제문을 구체적인 실례로 들어, 구조, 소리, 의미 세 가지가 최소주의 모델에서 어떻게 각자 역할을 맡는지를 설명할 것이다.

(2)는 중국어의 화제문이다. 생성문법의 분석에 따르면, (2)는 (3)에서 도출된 것으로, 즉 명사구인 "语言学"가 원래 목적어인데 이동하여 문두의 위치로 가서 화제(topic)가 된다.[6] 남은 "张三很喜欢"은 평언(comment)에 속한다.[7]

(2)   语言学, 张三很喜欢。
       언어학은 장싼이 아주 좋아합니다.
(3)   张三很喜欢语言学。
       장싼은 언어학을 아주 좋아합니다.

구조, 소리, 의미 세 가지를 엄격히 분리하여 처리하는 최소주의의 모델 하에서, 우리는 다음과 같이 이해할 수 있다. 즉, (2)에서 발생한 명사구의 이동은

---

6   "이동(movement)"과 초기 생성문법에서 언급한 "변환(transformation)"은 구체적인 조작이 다르지만, 기본적인 개념은 비슷한 점이 많이 있다.
7   "화제(Topic, 话题)"와 "평언(Comment, 述题)"은 다른 글에서는 "주제(主题)"와 "평술(评论)"로 부르기도 한다.

통사의 문제에 속하고, 이동의 조작은 통사가 관여한다(통사의 문제). 이동의 동기는 통사와 관련이 없다. 화제가 문두에 출현하는 것은 초점, 구신정보 등 의미상의 요구를 만족시키기 위한 것이다(의미 문제). 이동과 같은 수단을 채용하는 것은 문장이 음성으로 실현될 때 "화제-평언"의 구조를 형성하여, 우리가 청각적으로 어순의 변화를 느끼고 (2)와 (3)의 형식적 차이를 분별할 수 있도록 하는 것이다(발음 문제). 이렇게 볼 때, 중국어의 화제문 형식은 단일한 체계에서 만들어진 언어현상이 결코 아니며, 구조, 소리, 의미 세 가지에 모두 걸쳐 있는 것이다.

비록 이동이 일종의 통사 조작이지만, 이동의 동기는 오히려 발음 혹은 의미 등 언어능력 이외의 요소에 의해 유도된다. 언어능력의 내부에 대해서 말하자면, 이동은 결코 자발적인 것이 아니라 유도된 것으로, 유도하는 원인체는 언어능력 이외의 체계에서 나온다. 이러한 논리는 바로 최소주의에서 얘기하는 "경제성 원리"이다. 즉, 아무런 이유가 없는 이동이 없으며, 이동의 동기는 흔히 발음이나 의미의 요구에서 나온다.

소리와 의미의 수요에 의해 이동의 동력을 유도하지 않는 이상, 이동은 자발적이고 목표 없이 발생하지 않는다. "나태성(Laziness)"을 드러내는 언어능력으로 말할 것 같으면, 가장 이상적이고 가장 완벽한 상태는 바로 "세상에는 아무 일도 없는" 상태이다. 만일 이동이 어떠한 이유도 없이 발생한다면, 이동은 "쓸데없는 짓을 하는" 조작이고 문법은 이것을 허락하지 않는다. 경제성 원리(특히, 도출의 경제성)에서 따져보면, 최소주의는 이동이 본질적으로 경제적이지 않고 심지어 때로는 대가가 비싼 것이라고 가설한다.

왜 이동의 대가를 비싸다고 얘기하는 것일까? 아래의 예문을 비교해 보자.

(4)　　我正在找教过那个学生的老师。
　　　　나는 그 학생을 가르친 적이 있는 선생님을 찾고 있어요.
(5)　　*那个学生, 我正在找教过 ____ 的老师。
　　　　(그 학생은 내가 가르친 적이 있는 ____ 선생님을 찾고 있어요.)

(4)의 "那个学生"은 관형절 속의 목적어이다. 만약 이것이 문두로 이동하여 화제가 된다면, 예문 (5)에서 보는 바와 같이 문법에 맞지 않는다. 통사론에서는 관형절에서 어떤 성분이 밖으로 이동할 수 없다고 가정하고, 만일 이동한다면 이동 조건을 위반한 것이다(Huang 1982).[8] 이러한 조건은 원래 의미와 발음과는 무관하기 때문에 그것의 성질은 모두 통사에 속하는 것이고 언어능력 내부의 문제이다.[9] 통사적 조건을 위반하는 이동은 모두 경제적이지 않다(즉, 도출의 경제성을 훼손한 것이다). 또한 경제적이지 못한 이동은 언어능력이 배척한다.

위에서 언급한 이동을 제한하는 통사 조건 이외에, 어떤 이동 조건은 통사와 무관한 것이 있다. (6)은 중국어의 겸어문인데, (7)이 문법에 맞지 않는 사실은 겸어인 "张三"이 이동을 할 수 없다는 것을 보여준다.

(6)　　我要张三去。
　　　　나는 장싼이 가기를 바란다.
(7)　　*张三, 我要 ＿＿＿ 去。
　　　　(장싼은 내가 가기를 바란다.)

왜 "张三"은 (7)의 예문에서 이동할 수 없는가? Li(1990)의 분석에 따르면, (7)에서의 이동은 몇 가지 통사 조건을 위반했다.[10] 생성문법의 "자율통사론"의 원리에 따르면, 통사 조건을 위반하는 어떠한 조작도 모두 아주 "심각한" 결과를 초래한 것으로, 언어능력에서 배제당하고 구제될 수 없다. 따라서 문법에 맞지 않게 된다. 만약 (7)의 이동이 위반한 조건이 통사에 속한다면, 이론상

8　중국어 화제문에 관한 몇십 년간의 연구 개황은 石定栩(1999)를 참고할 만하다.

9　Huang(1982)에서 그 유명한 "추출영역조건(Condition on Extraction Domain 혹은 CED)"을 제시하여 섬 제약(island effect) 현상을 설명했다. 섬 제약 현상의 본질을 어떻게 인식해야 하는가에 대해서는 줄곧 학계에서 논쟁적 주제가 되었지만, 지금은 보편적으로 섬 제약 현상이 통사상의 문제에 속하는 것으로 여긴다.

10　Li(1990)에서는 당시의 지배 결속이론(Government and Binding Theory)과 그 논문에서 제시한 가설에 근거하여 (7)에서의 이동이 공범주 원리(Empty Category Principle 혹은 ECP)을 어긴 것이라고 여긴다.

언어능력 이외의 요소가 어떻게든 구제한다고 하더라도, (7)이 비문법적이라는 사실은 바꿀 수 없다. 그러나 필자는 겸어문 동사의 음절 수가 겸어의 이동에 결정적인 영향을 끼친다는 것을 발견했다(Tang 2002). 아래의 예문을 비교해 보자:

단음절 동사
(8)   *这些学生, 我要 _____ 解释这个问题。
      (*이 학생들은 제가 이 문제를 설명하길 바래요.)
(9)   *这些学生被我要_____解释这个问题。
      (이 학생들이 제가 이 문제를 설명하길 바라.....)

2음절 동사
(10) 这些学生, 我要求 _____ 解释这个问题。
      이 학생들은 제가 이 문제를 설명하라고 요구했어요.
(11) 这些学生被我要求 _____ 解释这个问题。
      이 학생들은 제가 이 문제를 설명하라고 요구 받았어요.

　(8)과 (9)의 주요 동사인 "要"는 1음절이고, (10)과 (11)의 주요 동사인 "要求"는 2음절이다. 이 두 그룹의 예문을 비교해 보면, 겸어인 "这些学生"이 화제문과 피동문에서 이동을 했는데, 2음절 동사의 그룹이 분명히 1음절 동사의 그룹보다 좋다는 것을 발견할 수 있다. 상술한 "要"와 "要求"의 대립 외에도, 다른 동사, 예를 들어 단음절의 "叫, 劝, 催, 请"과 2음절의 "命令, 劝说, 催促、邀请" 역시 이러한 어감상의 대립이 존재한다.

(12) *这些学生被我叫/劝/催/请 _____ 解释这个问题。
      이 학생들은 제가 이 문제를 해석하도록 시켰어요/권했어요/재촉했어요/청했어요.
(13) 这些学生被我命令/劝说/催促/邀请 _____ 解释这个问题。
      이 학생들은 제가 이 문제를 해석하도록 명령을 받았어요/권고했어요/재촉했어요/요청했어요.

만약 Li(1991)의 통사 분석이 정확하다면, 겸어의 이동은 통사의 제약을 받는다. (10), (11), (13)의 이동은 (8), (9), (12)의 상황과 똑같고 역시 문법에 맞지 않아야 한다. 하지만 (10), (11), (13) 등의 예는 이 문장의 이동이 결코 통사가 관여하지 않는다는 점을 증명한다. 음절을 바꾸면 이동을 받아들이는 정도가 개선되기 때문에, 겸어문 이동의 제약은 음운상의 문제에 속하며 통사와는 무관하다고 볼 수 있다.

상술한 두 그룹의 겸어문 동사의 차이를 설명하기 위해서, 필자는 "음운 병합(Phonological merger)"의 분석을 제시하였다. 단음절 겸어문 동사는 뒷 성분과 음운 병합을 진행한다는 주장이다(Tang 2002). 겸어문의 명사구가 이동한 후에 원래의 위치에는 공범주(Empty category)가 남게 되는데, 이것을 흔적(trace, 위 예에서 밑줄 친 부분)이라고 부른다. 이 공범주의 출현은 단음절 동사와 뒷 성분의 음운 병합을 가로막는다.[11] 예를 들면, (8)과 (9)의 "要"와 그 뒤의 "解释" 사이에는 공범주가 끼인다. 결과적으로 음운 병합을 진행할 수 없고, 음운상의 제약을 위반하게 된다. (10)과 (11)에서는 주요 동사가 2음절이기 때문에 음운 병합을 할 필요가 없고, 따라서 겸어의 이동은 어떠한 음운상의 제약도 위반하지 않는다.

만약에 중국어 겸어문의 분석이 정확하다면, 겸어 이동의 제약은 음운이 관여하지 통사가 관여하지 않는다. 다시 말해서, 위 그림 (1)에서 묘사한 언어능력의 모델에 따르면, 겸어문 이동의 문제는 언어능력에서 발음 부분으로 가는 도중의 접합부에서 발생하는 문제에 속하며, 통사가 관할하는 범주에 속하지 않는다.

이동의 문제는 최근 몇십 년 동안 생성문법론 연구의 핵심 과제라고 할 수

---

[11] 음운 병합의 제한은 중국어에만 적용되는 것이 아니다. 영어의 소위 "wanna 축약(wanna contraction)" 역시 비슷한 조건을 준수하는 것이다. "want"와 "to" 사이에 이동으로 인해 남겨진 흔적이 존재한다면, 예를 들어 (i)에서와 같이, "want"와 "to"는 "wanna"로 병합할 수 없다. 따라서 (ii)는 문법에 맞지 않다.

(i) Who do you want _____ to buy a car?
(ii) *Who do you wanna buy a car?

있는데, 특히 이동의 제약을 탐구하는 것이 핵심 과제이다. 만약 우리가 이동이 비싸다고 한다면, 이동의 제약을 찾는 것이 우리가 언어의 경제적인 면모를 탐색하는 데 도움이 될 것이다. 이동 제약의 특성을 어떻게 구분하는가에 관한 것은 최소주의의 모델에서 상당히 중요하고, 우리가 통사와 다른 체계 사이의 관계 및 언어능력의 설계 등등의 문제를 어떻게 정확하게 이해하느냐에 영향을 미친다.

언어체계 내의 각 범주의 역할을 분명하게 분리하여 하나의 단순하고 자연스러운 이론틀을 건설하는 것이 바로 최소주의의 최종목표이자 중요한 임무이다. 최소주의에서 구조, 소리, 의미 세 가지의 역할을 나누는 것은 결코 맹목적으로 통사의 권한을 삭감하기 위한 것이 아니고, 또한 협소한 자율통사의 모델로 돌아가자는 것이 아니다. 통사는 언어 연구에서 어떻게 정립할 수 있을까? "모든 것을 다 포함하는 것"인가? 아니면 "별 대수롭지 않은" 체계인가? 요 몇십 년간의 노력을 거쳐, 우리는 필요에 의해 또한 조건을 통해 평가를 진행하고 답안을 찾고 또한 그 후의 언어 연구의 발전 방향에 대해 생각하였다. 최소주의의 제기를 통해 바라는 바는 바로 그 통사 같지만 사실상 통사에 속하지 않는 현상을 뽑아내어 다른 체계에 옮겨 연구하는 것이고, 통사가 아닌 것을 통사에 섞어서 말하는 것을 원하지 않는 것이며, 또한 객관적으로 통사 체계와 통사론을 정립하는 것이다.

현재 중국어 언어학을 연구하는 사람들이 관심을 가지는 문제는 아주 많고, 다루는 이론도 아주 다양하다. 자신이 다루는 이론이 생성문법과 관련이 없을지라도, 최소주의에서 제기하는 언어능력과 관련된 구상, 그리고 구조, 소리, 의미 세 가지의 역할에 대한 연구 방향과 기본정신은 중국어 언어학 연구에 있어서 틀림없이 참고할 만한 가치가 있다.[12]

---

12 최근 몇 년간 중국어 문법학계에서는 "삼개평면(三个平面)"의 관점을 제시하였다. 소위 "삼개평면"은 통사, 의미, 화용을 가리킨다. "삼개평면"이 최소주의에서 묘사하는 언어능력을 개괄할 수 있는가? 음운은 어떤 역할을 담당하는가? "평면"과 언어능력의 체계는 같은가? "평면" 사이의 관계는 접합부의 문제에 속하는가? 이런 여러 문제에 대해 최소주의에서의 구상은 확실히 시사점을 줄 것이다.

4. 매개변인 이론과 언어의 차이 1

원리와 매개변인 이론에서는 보편 문법이 크게 두 부분, 즉 원리와 매개변인으로 구성된다고 가정한다. 언어의 공통성은 원리로 결정되고, 언어의 차이는 매개변인의 값의 결과이다. 언어 이론이 설명력을 확보하기 위해서는 관련된 매개변인 이론이 매우 엄격하고 제한적이어야 하는데, 언어의 차이를 만드는 원인을 극소수의 그리고 아주 제한적인 매개변인으로 귀납해야 한다.

언어 차이의 문제와 관련하여, 최소주의에서는 언어의 차이를 유발하는 요소는 반드시 관찰할 수 있는 성분으로 결정되어야 한다고 여긴다. 발음, 형태 등 "형식을 밖으로 표출하는" 것은 모두 차이를 나타낼 수 있다. 들을 수 없는 것, 볼 수 없는 성분, 예를 들어 구조의 층차성, 의미 개념 등은 모두 일률성, 보편성을 가져야 하며 차이를 허락하지 않는다. 따라서 언어 차이의 본질은 형식 측면에 속해 있고 형식으로 결정된다. 이것이 하나의 자연스럽고 합리적인 가설이다.

모국어 습득의 측면에서 본다면, 아동은 반드시 소리가 있고 형태가 있는 언어 사실에 근거하여 언어를 습득하고 매개변인을 설정한다. 언어 전체의 체계로 말하자면, 아동이 가장 쉽게 느낄 수 있는 것은 소리와 관련된 부분, 발음 체계와 관련된 특징들이다. 만약에 이런 특징에 어떤 다른 점이 있다면 매개변인의 값은 설정이 달라지고, 매개변인이 결정하는 언어의 모습이 달라지기 때문에, 따라서 개별 언어가 형성하게 되고 언어의 차이를 만들어낸다. 선천적인 요소와 후천적인 요소는 언어 습득 과정 중의 모순으로, 원리와 매개변인 이론을 통해 교묘하게 함께 배합되고, 이로 인해 생성문법은 설명력이 더욱 풍부해지고 포용성을 갖추게 된다.

50년대 미국에서 생성문법이 제기된 이후부터 연구자들 대다수가 모두 영어에 초점을 맞춰 왔고, 영어를 바탕으로 이론을 세우고 가설을 증명하였다. 그래서 곧잘 사람들에게 잘못된 인상을 심어주었는데, 즉 생성문법은 영어만을 위해 만들어진 이론이라는 점이다. 하지만 이 상황은 80년대에 이르러 크게 바뀌었다. 특히 원리와 매개변인 이론이 제기된 이후에 생성문법의 연구 방향은 크게 전환되었다. 과거에는 주로 영어를 연구했다면, 지금은 영어 이외의 언어, 특히 인도유럽어 이외의 언어를 연구한다.

원리와 매개변인 이론으로 언어의 차이를 많이 연구하게 되었고, 풍성한 성과를 이루었다. 중국어를 예로 들면, Huang(1982)에서는 당시의 원리와 매개변인 이론을 이용하여 중국어와 영어 문법의 차이점과 공통점을 비교하고, 특히 의문사에 관한 연구에 큰 공헌을 이루었다. 모두가 알다시피, 중국어의 의문사는 영어의 의문사와 달리 표면적으로 이동하지 않는다. 그러나 Huang(1982)는 중국어의 의문사가 영어의 의문사와 마찬가지로 문법 제약을 똑같이 준수한다는 것을 발견했다. 아래의 두 문장을 비교해 보자. (14) 예문의 의문사 "why"는 책을 쓴 이유를 지적하는데, 만일 "why"가 관형절에서 이동한다면 (14)는 문법에 맞지 않는다. 이것은 영어의 의문사가 구조가 복잡한 명사구 안에서 벗어날 수 없다는 것을 보여준다. 비록 중국어의 "为什么"는 표면적으로 이동하지 않지만, 예문 (15)는 마찬가지로 받아들일 수 없다.

(14) *Why is [the book that he wrote _____] interesting?
     (*그가 왜 쓴 책이 재미있습니까?)
(15) *[他为什么写的书] 很有趣?
     (*그가 왜 쓴 책이 재미있습니까?)

이런 사실에 근거하고 또 다른 고려 사항을 기초로 하여, Huang(1982)는 아주 유명한 결론을 내렸다. 영어와 중국어의 의문사는 모두 이동을 진행하는데, 다만 이동이 발생하는 층위가 다를 뿐이다. 즉, 영어의 의문사는 볼 수 있고 들을 수 있는 통사 층위에서 이동을 하고, 중국어 의문사는 볼 수 없고 들을 수도 없는 "숨겨진" 층위에서 이동을 한다.[13]

---

[13] 소위 "숨겨진" 층위는 대체로 본문 도식 (1)의 통사와 의미 사이의 접합부를 가리킨다. "논리형식(Logical Form 혹은 LF)"이라고 부른다. 의문사 이동의 증거 외에도 논리형식의 존재를 증명하는 증거로는 "양화사 인상(Quantifier Raising 혹은 QR)"이 있다. May(1985)의 토론과 Lee(1986)에서 언급한 중국어의 상황을 참고하기 바란다.

만약에 Huang(1982)의 논증이 정확하다면, 중국어와 영어의 의문사는 모두 이동을 진행하지만 다른 층위에서 이루어질 뿐이다. 왜 중국어와 영어의 의문사는 다른 층위에서 이동이 발생하는 것일까? 이 차이는 여전히 설명이 필요하다. 최소주의의 기조에 따르면, 언어의 차이를 유발하는 요소는 반드시 관찰할 수 있어야 하고, 의문사 이동의 차이를 설명하는 것 역시 이러한 방향으로 생각해야 한다. Cheng(1991)의 의문사에 관한 연구는 바로 이러한 관점에서 출발하였다.

Cheng(1991)은 의문사가 표면적으로 이동을 진행하지 않는 언어는 모두 판정의문문(yes-no questions)을 표시하는 조사를 가진다는 사실을 발견했다.[14] 중국어와 영어를 예로 들어보면, 영어의 판정의문문은 이동의 방식으로 표현한다. 즉, 소위 "주어-조동사 도치(subject-auxiliary inversion)"인데, 예를 들어 (16)의 "can"과 (17)의 "does"는 이동을 한다. 이에 반해, 중국어의 판정의문문의 특징은 어말 조사를 사용한다. 예를 들어 (18)의 "吗"와 (19)의 "呢"이다.

(16)   Can you sing a song?   당신은 노래를 부를 수 있습니까?
(17)   Does he eat beef?   그는 소고기를 먹습니까?
(18)   你可以唱一首歌吗?   당신은 노래를 부를 수 있습니까?
(19)   他吃不吃牛肉呢?   그는 소고기를 먹습니까?

조사로 판정의문문을 표현하는지의 여부와 의문사가 이동을 할 수 있는지의 여부는 밀접한 관련이 있다. 이러한 관련은 많은 언어에서 증명할 수 있다. Cheng(1991)은 중국어 외에 다음과 같이 의문사가 이동하지 않는 언어가 모두 의문 조사를 가지고 있다는 사실을 발견했다. Amharic, Egyptian Arabic, Gulf Arabic, Hindi, Hopi, Indonesian, Iraqi Arabic, Japanese, Korean, Lardil, Navajo, Palauan, Papago, Swahili, Turkish 등(알파벳순).

이러한 언어 사실에 기초하여, Cheng(1991)은 더 나아가 '절 유형 가설

---

14   진정한 판정의문문 외에도 여기서 언급하는 "판정의문문"은 정반의문문과 선택의 문문을 포함한다.

(Clausal Typing Hypothesis)'을 제기하였다. 간단히 말하면, 이 가설은 모든 언어가 반드시 문장의 어기 유형을 구분하는 방식을 가져야 한다는 것이다. 의문문을 예로 들면, 인류 언어는 의문 어기를 표현할 때 대체로 두 가지 유형이 있다. 하나는 의문 조사를 사용하는 방식(예를 들어 중국어, 일본어), 다른 하나는 의문사가 이동하는 방식(예를 들어 영어, 프랑스어 등)이다. 그러나 이 두 가지 방식을 모두 다 이용하는 언어는 없다. 왜 이런 것일까?

앞 절에서 통사에서의 이동은 비싸고 경제적이지 않다고 언급했다. 만일 어떤 언어에 의문 조사가 없다면, 의문 어기를 표현할 수 있는 유일한 방법은 이동과 같은 비싼 수단을 사용하는 것이고, 이동 제약의 위반을 무릅쓰고 선택의 여지 없이 감행해야 한다. 만약에 의문 어기를 표시할 수 있는 조사가 이미 있다면, 의문사 이동은 필요가 없다. 이러한 조건하에서의 의문사 이동은 오히려 잉여적이며 문법에서 받아들이지 않는다. 의문 조사가 있으면서 의문사가 이동을 하는 언어는 존재하지 않는데, 경제 원리가 이러한 가능성을 제한하기 때문이다. 이렇게 볼 때, 최소주의의 경제성 원리는 의문사 이동의 유형과 관련하여 아주 훌륭한 설명을 제공한다. 또한 이것으로 인해 우리는 언어의 "실체상의 경제성"에 관심을 기울이고, 언어능력이 나타내는 간결성을 이해하게 된다.[15]

더군다나 Cheng(1991)에서 제시한 가설은 '의문사 이동' 매개변인이 의문조사의 존재 여부에 따라 결정되어야 한다는 것을 설명한다. 의문조사의 습득은 볼 수 있고 들을 수 있는 어휘 습득 문제에 속한다. 아동이 의문조사의 습득 문제를 해결하기만 한다면, 관련된 문법 특징, 예를 들면 의문사 이동을 추론할 수 있다. 다시 말해서 의문사 이동 자체는 매개변인으로 볼 수 없고, 의문조사의 습득에서 간접적으로 추론할 수 있는 현상이다. 이런 생각을 바탕으로, 우리

---

15 중국어에는 의문조사가 있지만, 의문사는 "숨겨진" 층위에서 여전히 이동한다. 이 보이지 않는 이동의 동기는 의미상의 고려에 의한 것이고, 의문 어기를 표시하기 위함이 아니다. Aoun, Homstein & Sportiche(1981), Higginbotham & May(1981), Huang(1982), Cheng(1991) 등을 참고하기 바란다. 이외에 Cheng(1991) 연구의 기초하에 Tsai(1994)는 의문사 자체의 형태는 의문사의 이동 매개변인과 관계가 있다고 여겼다.

는 언어의 차이를 만드는 매개변인은 소리와 형태가 있는 일부 언어 사실에 의해서 결정될 수 있음을 가정할 수 있다. 이러한 관점이 바로 언어 차이에 관련된 최소주의의 주장과 부합된다. 또한 이런 관점은 언어 습득 이론과 언어 유형 이론을 가볍게 하고, 소위 "방법상의 경제성"을 달성한다.

5. 매개변인 이론과 언어의 차이 2

원리와 매개변인 이론으로 중국어를 연구하는 문헌은 절대다수가 표준어의 연구에 집중되어 있고, 중국어와 관련된 생성문법 이론은 모두 표준어를 연구의 기초로 삼는다. 중국어 방언에 관한 연구를 살펴보면, 과거의 중국어 방언학은 대부분 어음, 음운, 통시 음운변화, 방언 지역 구분 등의 주제에 집중하였고, 방언의 문법은 중국어 방언학의 주류가 결코 아니었던 것 같다. 게다가 형식주의 언어학과 통사론으로 중국어 방언을 연구하는 것은 더 말할 나위가 없다. 그렇다면 최소주의에서 제시하는 관점은 중국어 방언의 비교연구에 적용할 수 있는가?

만약에 '언어'를 하나의 완전하고 독립된 언어 체계(즉, 언어능력)으로 정의한다면, 완전하고 독립된 언어 체계를 갖춘 방언 역시 하나의 언어로 볼 수 있다. '방언'은 단지 사회, 지리, 역사, 정치상의 정의일 뿐이고 언어의 본질과는 무관하다.[16]

생성문법의 관점에 따르면 소위 '방언의 차이'는 실제적으로는 언어의 차이이고, 원리와 매개변인 이론은 중국어 방언 연구에 적용할 수 있을 뿐만 아니라, 심지어 중국어 방언 간의 문법 차이에 대한 인식을 좀 더 심화시킬 수 있다. 과거에 중국어 방언 문법에 관한 연구는 상대적으로 적었다. 원리와 매개변인 이론은 중국어 방언 문법의 연구에 이론틀을 마련해주고, 이를 통해 전통 방언 문법학에서 발견하지 못한 새로운 문제를 고찰하고, 새로운 각도로 중국어 방언 간의 차이점과 공통점의 원인을 밝히고, 현대 중국어의 전체 모습과 인류 언어의 심층적

---

16   관심이 있는 독자는 邓思颖(2003: 2장)에서 이 문제 대한 자세한 논증을 참고하기 바란다.

특징을 엿볼 수 있다. 따라서 우리는 원리와 매개변인 이론으로 중국어 방언 문법을 연구하는 것이 발전 가능성이 아주 크며, 이후 중국어 언어학의 연구에 새로운 방향이 될 것이라고 여긴다.

중국어 방언 문법의 비교와 관련하여, 필자는 일찍이 표준어(普通话)와 광동어(广东话)의 몇 가지 문법 차이에 관해 연구한 적이 있다(邓思颖 2003). 최소주의 매개변인 이론의 관점에서 볼 때, 표준어와 광동어에서 차이를 보이는 몇 가지 현상은 하나의 매개변인으로 귀납할 수 있는데, 바로 동사 이동 매개변인이다. 아주 간단히 말하자면, 광동어의 동사 이동은 표준어의 동사 이동보다 더 앞서야 하는데, 이 차이는 다음과 같은 방식으로 표현할 수 있다.

(20) 표준어: 주어   동사   목적어
(21) 광동어: 주어   동사 ____   목적어

이 매개변인의 장점은 표준어와 광동어 문법의 몇 가지 차이를 설명할 수 있다는 것이다. 표준어와 광동어의 어순이 분명하게 차이를 보이는 여격 구조를 예로 들어보자. 소위 여격 구조(dative construction)는 수동자(patient, 受事)를 표현하는 직접 목적어와 종점(goal, 终点)을 표현하는 간접목적어를 포함하고 이 간접목적어는 전치사를 수반한다. 어순에서 전치사구(간접목적어)는 직접목적어 뒤에 출현한다. 예를 들어, 표준어 (22)의 "他"와 광동어 (23)의 "佢(他)"가 간접목적어인데 전치사 "给/畀"를 수반하고 직접목적어 "一点钱/啲钱" 뒤에 출현한다

(22) 我寄了一点钱给他。   나는 그에게 돈을 조금 보냈다.
(23) 我寄咗一啲钱畀佢。   나는 그에게 돈을 조금 보냈다.

표준어에서는 (24)와 같이 전치사구 "给他"를 동사의 앞에 놓을 수 있지만, 광동어는 (25)에서 보는 바와 같이 그렇게 할 수 없다.

(24) 我给他寄了一点钱。 나는 그에게 돈을 조금 보냈다.
(25) *我畀佢寄咗一啲钱。 (나는 그에게 돈을 조금 보냈다.)

또 한편으로 표준어의 여격 구조에서 직접목적어는 전치사구(간접목적어) 뒤에 출현할 수 없다. 따라서 (26)은 문법에 맞지 않다.[17] 하지만 광동어에서는 만약 직접목적어가 비교적 무겁다면, (27)처럼 문미의 위치에 출현할 수 있다.

(26) *我送了给他一本有用的书。 (나는 그에게 유용한 책을 보냈다.)
(27) 我送咗畀佢一本有用嘅书。 나는 그에게 유용한 책을 보냈다.

(24)와 (27), 이 두 문장의 공통된 특징은 바로 표준어와 광동어에서 모두 전치사구가 직접목적어 앞에 출연할 수 있다는 점이다. 이러한 어순이 (28)의 예문처럼 이동으로 인해 형성되었다고 가정해보자.

(28) …… 전치사구 …… 직접목적어 _____ (표준어, 광동어)

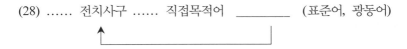

이 가설을 따르면, 표준어와 광동어의 진정한 차이는 동사 이동의 거리에 있다. 광동어의 동사는 전치된 전치사구의 앞으로 이동하지만, 표준어의 동사는 그렇게 할 수 없다.

(29) 주어   전치사구   동사   직접목적어 (표준어)
(30) 주어   동사   전치사구   ____   직접목적어 (광동어)

---

17 표준어에서는 "*寄了给……"라고 할 수 없고 "寄给了……"라고 해야 한다. "寄给了……"의 문형은 다른 구조(즉, 이중목적어 구조)에 속하고, 여격 구조와는 무관하다. 邓思颖(2003)의 토론을 참고하기 바란다.

만약 표준어의 동사가 이동하지 않으면, 전치된 전치사구는 동사의 위치를 넘어서서, (29) 예문(즉, (24))에서 보는 바와 같이 "전치사구 + 동사 + 직접목적어"의 표준어 어순을 형성한다. 반대로 광동어 동사는 비교적 앞으로 이동하기 때문에, 전치된 전치사구는 동사의 위치를 넘어설 수 없고 동사의 뒤에 놓이게 될 수밖에 없어서, (30) 예문(즉, (27))에서 보는 바와 같이, "동사 + 전치사구 + 직접목적어"의 어순을 형성한다. 상술한 현상이 표면적으로 관련이 없는 것 같지만, 동사 이동의 매개변인은 통일된 분석을 제공하여 이 현상을 설명해 주고, 표준어와 광동어의 차이를 하나로 꿰뚫어 준다.

앞서 우리가 언급한 화제어 이동, 의문사 이동은 모두 의미와 관련이 있다(예를 들어, 화제문의 신구정보, 의문문의 어기 유형 등등). 동사 이동의 성질은 좀 다른 것 같은데, 의미와는 무관하고 순수히 형태, 음운 등의 원인에 의해 유발되고, 심지어 아마도 역사 변천과 언어 접촉 등이 남긴 흔적일 수도 있어서 언어능력의 문제에 속하지 않는다.[18] 아동의 임무는 그들이 들을 수 있는 어순의 특징에 근거하여 동사가 출현하는 위치를 결정하고, 동사 이동 매개변인의 값을 설정하는 것이다.[19] 이 매개변인의 값이 결정된 이후에는 기타 다른 관련된 특징이 따라서 일어난다(예를 들어, 여격구조의 어순).

동사가 이동할 수 있는지는 후천적인 경험에 의지하여 습득한다. 동사 이동은 어순을 변경할 수 있는데, 아동의 어순 변화에 대한 탐색은 문장의 발음을 통해 진행한다. 따라서 동사 이동 자체는 형태 및 음운의 특징을 갖고 있고, 형태와 음운 등의 요소에 의해 유발된다. 동사 이동으로 어순의 차이를 설명하는 것은 최소주의 기본정신에 완전히 부합한다. 언어의 차이는 관찰할 수 있는 성분으로 결정돼야만 한다.

사실상, 동사 이동을 이용하여 언어의 차이를 설명하는 것은 원리와 매개변

---

[18] 광동어의 동사 이동은 통시적 변화의 현상(Simpson 2001)이라는 의견과 광동어와 남양언어의 접촉에 의한 결과(李敬忠1994, Peyraube 1997)라는 의견이 있다.

[19] 많은 연구에서 아동이 초기 단계에서 이미 기본적인 어순(예를 들어, "주어-서술어-목적어")을 성공적으로 파악하고 있다고 주장한다. 기본 어순은 틀림없이 문장형식에서 아동이 가장 쉽게 느낄 수 있는 부분이다.

인 이론이 근 십여 년간의 연구에 중대한 성과를 얻었다. 특히 Pollock(1989)과 Chomsky(1991)에서는 영어와 프랑스의 어순에 대해 비교하였고, 또한 Kayne(1994)에서는 이동을 이용하여 어순의 유형 차이를 추론하였다.

영어와 프랑스어의 어순에서 보이는 명확한 차이 한 가지를 살펴보자. 영어의 부사는 동사의 앞에 출현하고 동사와 목적어 사이에 출현할 수 없다. 예를 들면, (31)의 "often"이다. 프랑스어의 상황은 정반대로, 부사는 동사와 목적어 사이에 출현할 수 있고 동사의 앞에 출현하지 않는다. 예를 들면, (32)의 "souvent"이다.

> (31) John (often) kisses (*often) Mary.
>   존은 자주 메리에게 키스한다
> (32) Jean (*souvent) embrasse (souvent) Marie.
>   장은 자주 마리에게 키스한다.

이 차이를 설명하기 위해서 Pollock(1989)과 Chomsky(1991)의 분석에서는 동사 이동을 제시하였는데, 프랑스어의 동사 이동은 영어의 동사 이동보다 앞서야 한다고 여겼다. 부사가 원래 동사의 앞에서 도출된다고 가정한다면, 만일 동사가 이동하지 않으면 부사는 동사의 앞에만 출현할 수 있고 (33)에서 보는 바와 같은 영어의 어순이 나타난다. 만약 동사가 이동한다면 부사는 동사와 목적어의 사이에 출현하게 되고, (34)에서처럼 프랑스의 어순이 나타난다.

(33) 주어   부사   동사   목적어 (영어)
(34) 주어   동사   부사   ＿＿＿   목적어 (프랑스어)

Kayne(1994)의 연구에서는 모든 인류 언어의 기본 어순이 일치한다고 가정한다. 즉 "주어 + 동사 + 목적어"의 어순이다. 이동은 어순을 변경하는 하나의 방법이다. 만약 중국어와 영어의 "주어 + 동사 + 목적어" 어순이 인류 언어의 기본 어순이라면, 아일랜드어의 "동사 + 주어 + 목적어" 어순이나 일본어의 "주어 + 목적어 + 동사" 어순은 여러 단계의 이동을 진행하여 도출할 수 있다. (35)의 동사는 먼저 주어의 앞으로 이동하여 아일랜드어의 어순을 도출해낸다. 동사가 이동한 후에 만약 주어와 목적어(역자: 원문에는 '동사'라고 했으나 도출과정을 따지면 '목적어'가 맞다)가 함께 동사의 앞으로 이동한다면, (36)에서 보는 바와 같이 일본어의 어순을 도출해낸다. Kayne(1994)의 분석에 따르면, 인류 언어의 어순 차이는 최종적으로 이동의 매개변인에 의해 결정된다.

최소주의의 틀에서는 어순의 차이를 일으키는 원인을 제한적이고 수량이 많지 않은 이동 매개변인으로 귀납할 수 있다. 이동 매개변인은 아주 좋은 예이다. 동사 이동 분석을 통하여, 원리와 매개변인 이론은 우리의 시야를 새로운 영역으로 이끌었고, 우리가 예전에 좀처럼 생각해 보지 못한 사실과 진상을 드러내었다. 언어 간 비교와 중국어 방언의 비교에서, 동사 이동은 계속 탐구할 가치가 있는 새로운 시도이다.

요약하면, '거시적인' 언어 간의 차이이든 '미시적인' 중국어 방언 간의 차이이든, 최소주의의 각도에서 문제를 관찰한다면, 설명하는 방식은 기본적으로 모두 똑같다. 원리와 매개변인 이론을 방언의 연구에 똑같이 적용할 수 있기 때문에, 중국어 방언을 위해 별도의 새로운 이론 모델 혹은 어떤 특수한 방법론을 설계할 필요가 없다. 이 점이 바로 최소주의가 강조하는 "방법론상의 경제성"과 부합된다.

6. 결론

이장에서 우리는 생성문법에서 제시하는 최소주의 이론을 간단하게 소개하였고, 생성문법 연구의 주요 내용, 최소주의에서 제시한 배경 및 고려사항의 문제 등을 살펴보았다. 생성문법은 인간의 언어를 연구한다. 원리와 매개변인 이론은 언어를 분석하는 이론이고, 원리와 매개 변인을 명확하게 분리하여 연구하는데, 전자는 언어의 공통적 특성을 형성하고 후자는 언어의 개별적 특성을 형성한다. 최소주의는 원리와 매개변인 이론의 모델 하에서 제시된 하나의 사상으로, 생성문법의 연구에 지향적이고 유도적인 역할을 한다.

최소주의의 주요 연구 목표는 두 가지가 있다. 하나는 언어학 이론을 간소화하는 것이고, 다른 하나는 언어의 단순한 조작방식을 탐색하는 것이다. 생성문법의 이론 가설이 없다면, 최소주의의 적잖은 주장이 아무런 목표 없이 진행되어 버릴 것이다. 이렇다고 할지라도, 우리는 최소주의의 원리적인 문제를 선택하였고, 될 수 있으면 생경한 용어와 복잡한 가설을 피하여 최소주의가 설정하는 언어능력의 모델 및 언어의 차이를 설명하는 기본 정신을 소개하였다. 중국어의 실례를 통해서 최소주의의 경제성, 즉 방법상의 경제성과 실체상의 경제를 포함한 언어학의 경제성 문제를 설명하였다.

최소주의의 기본정신과 주요 주장을 설명하는 것 외에도, 이 장을 통해서 우리는 중국어 문법 연구에 뜻이 있는 독자들에게 언어학 연구에서의 문제점을 소개하고, 제한적이고 실현 가능한 이론틀을 제시하며, 중국어와 다른 언어의 공통점과 차이점을 탐색하고, 최종적으로 언어학의 관점에서 인간 인지(认知)의 심층적 신비를 보여줄 수 있었길 바란다.

제6장 사건기반 의미론[*]

들어가는 글

모든 학문 영역은 발전 초기 단계에 대개 단순해 보이는 한 가지 문제로부터 시작되는데, 이는 언어학에 있어서도 마찬가지이다. 언어학에서 답해야 할 한 가지 기본 문제는 과연 보편문법(Universal Grammar)이 존재하는가 하는 것이다. 이와 관련된 또 한 가지 문제는 어린아이가 어떻게 이토록 복잡한 자연언어 체계를 완벽히 익히는가 하는 것이다. 이러한 기본 문제들을 해결하기 위해 언어학의 각 하위분야에서는 서로 다른 이론적 틀을 제시하여 인류의 보편문법을 기술하고자 하였다.

본고에서는 한 가지 의미론적 이론 틀의 형성을 소개하고자 하는데, 우리가 집중적으로 논의하고자 하는 것은 사건기반 의미론(event-based semantics)의 핵심 사상으로, 이 이론이 어떻게 생겨났으며, 기본적 조작 원리는 무엇인지에 대한 것이다. 그리고 마지막으로 대답하고자 하는 문제는 왜 이러한 새로운 이론적 틀이 필요했는가 하는 것이다(그러나 사건과 관련된 몇 가지 철학적 문제들은 여기에서 논의하지 않는다. 관심 있는 독자들은 Higginbotham et al. 2000, Tenny & Pustejovsky 2000 등과 같은 본고 뒤의 관련 참고논문을 보기 바란다.).

---

* 이 장은 『중국어문논역총간』 제33집(2013)에 발표된 자료를 수정 및 보완한 것이다. 역주: 이 장의 저자는 원문에서 다음과 같이 사사하였다. "本文是UGC資助的CERG 研究項目(CityU 1290/03H)的研究結果之一，作者感謝UGC的經費支持。"

1. 사건기반 의미론

1960-70년대의 언어학은 기본적으로 촘스키가 제창한 변형생성문법 이론과 관련되어 전개되었다. 의미론은 이 시기 단지 언어학 혹은 전체 문법연구 체계 내의 주변적 일파 혹은 생성문법의 한 구조적 층위(즉 논리형식 Logical Form, 약칭 LF)일 뿐, 독립적 지위를 갖고 있지 않았다. 당시 논리형식에 대한 연구는 그저 논리형식과 표층구조의 관계에만 국한되었고, 서로 다른 논리형식으로 한 문장을 해석하는 것은 작용역의 차이에 따라 문장이 중의성을 가지며, 각기 다른 언어의 의문문은 논리형식의 차이에 따라 각각 다른 의미해석이 나타난다 는 것만을 다루었을 뿐, 문장의 진리조건이나 문장의 함축과 전제관계 등과 같은 의미론의 주요 문제에 관해서는 다루지 않았다.

양화이론은 의미론의 발전 가운데 가장 중요한 성과 중 하나이다. Lewis(1975)가 제시한 양화부사(adverbs of quantification) 이론이 최초이며, 그 뒤를 이어 Barwise & Cooper(1981)가 제시한 일반 양화사(generalized quantifiers) 이론이 나왔고, 그 다음으로는 Heim(1982)과 Partee(1986, 1989, 1991, 1995)가 제시한 삼분구조(tripartite structure) 이론이 나와서 한정사 양화 (determiner quantification)와 부사어 양화(adverbial quantification)를 통일하여 양화구를 구조화하는 데 성공하였다.[1] 즉 모든 양화는 모두 삼분구조로 표현할 수 있기 때문에 삼분구조는 언어학의 독립된 구조적 층위로 간주해야한다는 것이다. 양화이론의 최신 발전 가운데 한 가지는 사건기반 의미론으로, 바로 이것이 본고에서 주로 논의할 내용이다.

---

[1]   역주: 삼분구조 이론에서는 한정사 양화(determiner quantification, 약칭 D-양화), 부사어 양화(adverbial quantification, 약칭 A-양화) 이 두 가지 양화가 모두 양화의 종류를 나타내는 연산자(operator), 양화의 제한 영역을 나타내는 제약(restrictor) 부분, 양화 진술의 핵심이 되는 작용역(nuclear scope)의 세 가지 의미성분, 즉 삼분 구조를 가진다고 본다(강범모 외 편저[1999], 『형식 의미론과 한국어 기술』, 한신문 화사, 116쪽 참조).

1.1. 상과 동사분류

'사건(event)'이라는 개념은 상황유형 연구에서 제일 처음 나왔다. 서양 언어 학자들은 문장의 상황유형에 대해 많은 분석을 수행하였는데, 그중에는 Vendler(1967), Verkuyl(1972, 1993), Dowty(1979, 1982) 및 Smith(1991, 1997) 가 있다. Vendler(1967)는 상황유형을 두 개의 큰 부류인 상태(Stative)와 사건 (events)으로 나누었는데, 후자는 다시 활동(Activity), 완수(Accomplishment), 성취(Achievement)의 세 가지 하위부류로 나뉜다. Smith는 Vendler의 분류에 근거하고, 사건유형에 순간(Semelfactive)유형을 추가하였다. 아래에서는 Smith 의 상황분류를 간단히 소개하겠다. 아래의 세 가지 자질, 즉 [±동태](dynamic), [±지속](durative), [±종결](telicity)에 따라 Smith는 문장을 다섯 가지 상황유형 으로 나누었다. 아래 표를 보자.

<표 1> 문장의 상황유형

상황유형		[±동태]	[±지속]	[±종결]
상태(state)		-	-	-
사건(event)	활동(activity)	+	+	-
	순간(semelfactive)	+	-	-
	완수(accomplishment)	+	+	+
	성취(achievement)	+	-	+

[±동태]라는 자질은 먼저 모든 문장의 상황유형을 두 가지 부류로 나누어 준다. 즉 상태와 사건이라는 두 가지 상황유형인데, 전자는 [-동태]이며, 후자는 [＋동태]이다. 상태유형의 자질은 [-동태], [-지속], [-종결]이며, 이 부류는 어떤 상태의 존재만을 나타낸다. 모든 시점 위에서 완전히 일치하므로 상태유형은 균질적인(homogeneous) 특징과 구조를 가진다. 사건유형은 다시 활동유형, 완 수유형, 순간유형, 성취유형의 네 가지로 나뉜다. [±종결]은 이 네 가지 동태적 상황을 두 개의 하위부류, 즉 제한성 상황과 비제한성 상황으로 나누어준다. 제한성 상황은 자연적 끝점을 가지며([＋종결]), 대개 두 가지 상황이 존재한다. 하나는 상태변화와 관련되는데, 새로운 상태는 바로 이 상황의 자연적 끝점

이다. 두 번째는 상태변화와 관련되지 않으며, 관련 상황은 단지 시간 혹은 공간적 경계의 제한을 받는데, 이 시공 경계에 도달하면 바로 해당 상황이 끝점에 이르는 것이다. 완수나 성취 두 부류는 모두 [+종결]에 속하며, 자연적 끝점을 가지고 있고, 이 두 부류의 차이점은 오직 [±지속]이라는 자질에서만 드러난다. 완수유형은 중간과정을 가지며, [+지속] 자질을 가지는 반면, 성취유형은 중간과정 없이 [-지속] 자질을 지니는데, 이 사건의 시작점과 끝점은 동일한 하나의 시점이다.

비제한성 상황에는 활동유형과 순간유형 두 가지가 있는데, 자연적 끝점이 없는 것이 특징이다. 그러나 임의의 끝점을 가질 수 있으며, 어느 시점에서 멈추어도 사건이 끝난 것으로 간주될 수 있다. 활동유형의 시간구조 역시 균질적인데, 그중 어느 부분이든 하나의 완전한 사건으로 간주될 수 있다. 활동유형과 달리 순간유형은 중간과정이 없는 [-지속]자질을 가지는데, 이 유형은 순간적 동작을 나타내며, 지속성이 없다. 그러나 관련 동작이 여러 차례 연속적으로 발생하는 경우 순간유형은 여러 개의 사건으로 구성된 활동유형, 즉 다중사건 활동유형(Multi-event activity)으로 간주될 수 있다. 이 부류의 유형 역시 활동유형의 일종으로 간주되지만, 일반적 활동유형과는 다르다. 이것은 동일한 시구간 내에서 다중사건 활동유형이 여러 개의 동일한 사건으로 구성되는 반면, 일반적 활동유형은 하나의 사건으로 구성되기 때문이다.

한 문장이 종결성을 띠는지를 판단하려면 이 문장이 나타내는 상황이 자연끝점을 가지는가를 살펴야 한다. Rothstein(2004)에 따르면, [±종결](telicity)이 실제로는 가산성(countability)과 관련되며, 핵심은 원자사건(atomic events)이 존재하는가에 달려있다. 만약 동사구가 가리키는(denote) 것이 가산사건(countable events)이면, 원자사건의 개체화(individualization) 조건에 부합하여 이 동사구는 종결성을 가지고(telic), 반대의 경우라면 비종결적이라는 것이다. 예를 보자.

(1)   a. Mary ran a mile.
          (Mary는 1마일을 뛰었다.)

b. Mary ran.
    (Mary는 뛰었다.)
c. John ate three sandwiches.
    (John은 샌드위치를 세 개 먹었다.)
d. John ate.
    (John은 먹었다.)

(1a)는 Mary가 달린 사건이 존재함을 단언하며, 이 사건은 셀 수 있거나 수량화할 수 있다. 그것은 바로 Mary가 달린 거리가 1마일이며, 동시에 Mary가 1마일이라는 이 양을 완성하는 것이 바로 이 달리기 사건이 완성되는 것과 동일하기 때문이다. (1b)는 달리기 사건이 존재함을 단언하는데, 달리기 사건을 잴 수 있는 지표가 주어지지 않아서 이 달리기 사건을 수량화할 수 없다. 마찬가지로 (1c)는 샌드위치 세 개를 먹는 사건이 존재함을 단언하며, 매우 분명한 가산적 양이 드러나 있다. 그러나 (1d)는 먹는 사건을 순수하게 설명만 할 뿐, 이 사건이 언제 필요한 완수량에 도달하였는지에 대해서는 설명하고 있지 않다. 그러나 맥락이 풍부한 환경에서는 (1b)와 (1d)도 모두 종결성을 가지는 것으로 해석될 수 있는데, 이 경우 이 맥락 가운데에서 반드시 충분한 정보가 제공되어서 사건의 크기나 경계가 수량화될 수 있어야 한다. 아래 예를 보자.

(2) a. This morning Mary ran in half an hour.
        (오늘 아침 Mary는 한 시간 안에 (다) 달렸다.)
     b. Today at lunch time I ate in the cafeteria.
        (오늘 점심시간에 나는 카페테리아에서 먹었다.)

Rothstein은 사건의 개체화와 관련된 설명에서 중요한 것은 사건을 양화할 수 있는가 하는 문제라고 하였는데, 실제로 그것은 해당 사건에 가시적인 자연적 끝점이 존재하는가에 달려 있으며, 그에 따라 사건이 종결적 혹은 가산적으로 변한다. 그러나 Rothstein은 그녀가 종결/비종결의 구분과 가산/불가산의 구분을 직접적으로 동일시하려는 것은 아님을 강조하였는데,[2] 이 점에 있어서는

Bach(1986) 등의 분석과 차이가 있다. Rothstein은 모든 동사구가 가리키는 것이 하나의 가산영역(count domain) 내에 있으며,(Rothstein 1998, 2001 참고) 이 가산범주의 동사구는 두 가지로 나뉜다고 하였다. 하나는 해당 동사구가 가리키는 것이 가산개체로 구성된 집합이며, 그 개체의 원자성(atomicity)은 이미 문장 속에서 명확히 드러난다. 그리고 또 하나는 관련된 집합과 그 개체의 원자성이 문장 속에서 명확히 드러나지 않는 것이다. 성취유형(achievements)과 완수유형(accomplishments)은 모두 종결성을 가지는데, 이는 이 두 유형이 모두 하나의 BECOME 사건과 서로 관련되어 사건원자화 기준(criteria for atomicity)을 제공하기 때문이다.[3] 활동유형과 상태유형에는 'push the cart(카트를 밀다)', 'run(달리다)', 'love(사랑하다)' 등과 같은 예가 있는데, 모두 종결성이 없다. 그러나 동사구가 경로논항(path argument, 예를 들어 'to the store'이나 혹은 척도구(measure phrase, 예를 들어 'a mile'이나 'for an hour')를 통해

---

[2]   역주: Krifka는 비종결술어가 불가산술어이며, 누적성(cumulativity)을 가진다(즉, 비종결술어=불가산술어=누적적)고 본 데 반해, Rothstein은 종결술어나 비종결 술어가 공히 가산적 술어를 가질 수 있다고 보았으며, 누적성에 있어서도 단일-누적성 (S-cumulativity)의 개념을 제시하여, 비종결술어는 바로 단일-누적성을 갖는다고 보았다. (Rothstein, Susan. [2004], *Structuring Events*. Oxford: Blackwell Publishing, 8-9쪽 참조)

[3]   역주: 일반 의미론에서의 상황상 분류는 네 가지 부류, 다섯 가지 부류, 혹은 여섯 가지 부류 등 상황상을 상세화하는 데 반해, 형식의미론적 연구에서는 일반적으로 네 가지 부류를 인정한다. 이 네 가지 부류는 바로 활동(activity), 상태(state), 완수 (accomplishment), 성취(achievement)이며, Dowty(1979, *Word Meaning and Montague Grammar*. Dordrecht, Kluwer, 123-125쪽)에 따르면 다음과 같이 표상화될 수 있다(αi, βi는 개체를 가리키며, πn, ρn은 n항술어를 가리킴).

활동 : DO($\alpha 1$,[$\pi n(\alpha 1, ..., \alpha n)$])   (예: John is walking.)
상태 : $\pi n(\alpha 1, ..., \alpha n)$ (예: John knows the answer.)
완수 : [[DO($\alpha 1$,[$\pi n(\alpha 1, ..., \alpha n)$])] CAUSE [BECOME[$\rho m(\beta 1, ..., \beta m)$]]]
                                        (예: John broke the window)
성취 : BECOME[$\pi n(\alpha 1, ..., \alpha n)$]   (예: John discovered the solution.)
이처럼 완수와 성취는 모두 BECOME을 포함하고 있으며, Rothstein은 BECOME 사건이 바로 원자성 기준을 제공해준다고 하였다(Rothstein, Susan[2004], *Structuring Events*. Oxford: Blackwell Publishing, 158쪽 참조).

사건원자화 조건이 만족되는 경우 해당 동사에 종결성을 줄 수 있다(중국어 상황유형에 관한 논의는 Chu 1976, 陈平 1988, Smith 1991, 1997, Pan 1993, Yeh 1993, 龚千炎 1995, Yang 1995, 蒋严·潘海华 1998, 2005, 제9장 등 참조).

1.2. '사건(event)' 논항에 대한 근거

앞서 본 것처럼, '사건'이라는 개념은 일찍이 전통적인 상 이론 속에서도 이미 존재하였으며, 전통적 상 이론은 바로 사건기반 의미론(event-based semantics)의 이론적 기초이다.

1.2.1. 사건수식어와 관련된 함축관계

의미론의 주요 과제 중 하나는 문장 간의 함축관계를 밝히는 것인데, 사건기반 의미론의 주장은 그것과 밀접한 관계를 맺고 있다. 문제의 핵심은 사건논항을 도입하는가 하는 것인데, 먼저 아래 예를 보자(Parsons 1990에서 인용).

(3) a. Caesar died.
      (시저가 죽었다.)

    b. For some event e,   어떤 사건 e에 대해
       e is a dying event, and   e는 죽는 사건이며, 그리고
       the object of e is Caesar, and   e의 대상은 시저이고,
       e culminates before now.   e는 현재 이전에 종결되었다.

    c. $\exists e$ [Dying(e) & Object(e, Caesar) & Culminate(e, before now)]

      ↑   ↑   ↑   ↑
     초기값 동사   주어   시제
     DEFAULT

(3c)의 의미표현식은 세 부분으로 나뉘는데, 각각 동사, 주어, 시제에 대응된다. 동사가 나타내는 것은 하나의 사망사건이며, 주어 Caesar는 사건의 대상(object)이고, 시제는 발화시간 이전에 사건이 이미 완결(culminate, 약칭 Cul)되었다. 사건 e를 하나의 논항으로 간주하는 것은 Davidson이 1967년에 제시한

것이다. Davidson 이전에 'break', 'eat', 'lift'와 같은 동사는 일차 술어논리[4]에서 일반적으로 2항술어로 간주되었는데, Davidson은 이들 2항술어가 모두 3항 술어로 분석되어야 하며, 이 때 세 번째 논항은 바로 사건논항 e라고 보았다. 따라서 (4a)는 (4b)와 같이 분석되어야 한다.

(4) a. John ate a sandwich. John은 샌드위치 하나를 먹었다.
     b. $\exists e$ $\exists x$[sandwich(x) & eat(j, x, e)]

(4b)의 뜻은 사건 e와 개체 x가 존재하며, 이 x는 샌드위치(sandwich)이고, 동시에 j(John)가 사건 e 속에서 x를 먹었다는 것이다. (4a)에 대한 Davidson의 분석은 사건기반 의미론의 기초를 다졌다. 그는 사건을 기술하는 모든 문장이 다 사건논항을 하나씩 더 가지고 있다고 주장하였다. 사건을 기본논항으로 보기 때문에 Davidson은 일차 술어논리를 사용하여 (4a)의 의미를 표현해낼 수 있으며, 사건을 하나의 복잡한 의미체(complex semantic object/semantic construal)로 만들어내지 않아도 된다. 모든 동태적 문장은 하나의 사건논항을 가진다는 논점에 대해 Davidson(1967)은 함축관계를 통해 증명하였다.

(5) a. Sebastian strolled through the streets of Bologna at 2 am.
         (Sebastian은 새벽 2시에 볼로냐의 거리를 거닐었다.)
     b. Strolled_through_at(Sebastian, the streets of Bologna, 2am)
(6) a. Sebastian strolled through the streets of Bologna.
         (Sebastian은 볼로냐의 거리를 거닐었다.)
     b. Strolled_through_at(Sebastian, the streets of Bologna)

비록 (5a)와 (6a) 두 문장은 함축관계가 존재하지만, 의미표현식(5b)와 (6b)

---

4   역주: 술어논리에서는 술어와 논항 간의 관계를 함수-논항 구조로 분석하는데(이영헌 [1995], 『기초 형식의미론』, 한신문화사, 106쪽), 일차 술어논리(first-order predicate logic)는 개체변항을 양화하는 최하위의 양화논리를 말한다(조성식 주간[1990], 『영어학사전』, 429쪽).

에서는 드러나지 않는데, 그 원인은 (5b)와 (6b)의 술어가 갖는 논항 수(arity)가 다르기 때문이다. 전자의 술어는 Sebastian, the streets of Bologna, 2am이라는 세 개의 논항값을 가지며, 후자의 술어는 Sebastian, the streets of Bologna라는 두 개의 논항값을 가진다. (5b)와 (6b)에 존재하는 함축관계를 설명한다면 우리는 2항술어인 Strolled_through를 3항술어 Strolled_through_at의 생략형식 (elliptical form)으로 볼 수 있을 것이다. 이렇게 해서 한 사람이 두 시에 거닐었다는 것은 그가 거닐었다는 것을 함축하게 된다. 그러나 이러한 분석에는 문제가 있다. 이것은 너무 자의적이어서 생략되는 논항의 수를 제한하는 어떠한 조건을 찾을 수 없다는 것이다. 바꾸어 말해 생략 가능한 논항의 수는 무한할 수도 있다는 것이다. 이러한 분석을 허락하지 않는 또 한 가지 이유가 있다. 예를 들어 "张三吃了苹果(장싼이 사과를 먹었다)"와 "张三吃了(장싼이 먹었다)" 중 후자는 전자에서 논항 하나가 생략된 결과라고 볼 수 있으나 전자는 반드시 후자를 함축하지는 않는다. 그것은 바로 후자에는 전자로부터 추론될 수 없는 한 가지 의미, 즉 "张三吃了饭(장싼이 밥을 먹었다)"가 있기 때문이다. 따라서 Davidson은 이러한 함축 문제를 해결하기 위한 유일한 방법은 (5a)와 (6a)와 같은 문장에 사건논항이 존재한다고 가정하는 것이라고 보았다. 이 가설에 따르면 (5a)와 (6a)는 (7), (8)과 같이 표현할 수 있다.

(7)　　∃e[Strolled(Sebastian, e) & Through(e, the streets of Bologna) & At(e, 2am)]

(8)　　∃e[Strolled(Sebastian, e) & Through(e, the streets of Bologna)]

(7)의 의미는 Sebastian이 볼로냐의 거리를 거닐었음을 나타내는 어떤 사건 e가 존재하며, 이 사건은 새벽 2시에 발생하였다는 것이고, (8)은 Sebastian이 볼로냐의 거리를 거닌 어떤 사건 e가 존재한다는 것을 나타낸다. (7)과 (8)의 의미로부터 (7)이 (8)을 함축한다는 것을, 즉 (5a)가 (6a)를 함축한다는 것을 알 수 있다. 이것이 바로 우리가 표현하고자 하는 의미이다. 이 외에도 (7)과 (8)은 동시에 "Sebastian strolled(Sebastian이 거닐었다)"와 "something was through the streets of Bologna(무언가가 볼로냐의 거리를 지나갔다)"는 것을 함축한다. 주의할 점은 Davidson의 이론에서 비논항부분과 문장 술어는 분리되어 있다는 것인데, 비논항부분은 (7)과 (8)에서 밑줄로 표시되어 있다.

Parsons(1990)는 Davidson의 이론을 수정하여, 술어의 정규논항(regular argument)은 의미표현식에서 모두 술어로부터 독립되어 있는 것으로 간주되어야 한다고 하였다. 따라서 의미표현식에서 사건논항만이 술어의 논항이며, 나머지 부분은 아니라는 것이다. Parsons가 제시한 이론은 신-데이빗슨(neo-Davidson) 이론[5]으로 불렸다. Davidson은 모든 n항 술어가 모두 n+1개의 논항으로 분석되어야 하며, '+1'이 바로 사건논항이라고 보았다. 그러나 Parsons는 의미표현식에서 사건논항만이 술어의 논항이고, 주어, 목적어 등과 같은 각종 문법기능(grammatical functions)이나 혹은 정규적인 논항(논항 역할, argument roles)을 포함한 기타 논항들은 모두 사건논항과 개체간의 관계로 해석되어야한다고 보았다. 따라서 (5a)라는 동일한 문장을 Parsons는 다음 (9)와 같은 논리식으로 표현하였다.

(9) $\exists$ e[Strolling(e) & Agent(Sebastian, e) & Through(e, the streets of Bologna) & At(e, 2am)]

(9)가 나타내는 의미는 '거니는 어떤 사건 e가 존재하고, 이 사건의 행위자는 Sebastian이며, 이것은 Bologna의 거리와 관련되고, 새벽 두 시에 발생하였다'는 것이다. (9)의 동사와 그 정규논항의 관계는 Dowty(1989)의 순서논항법(ordered-argument method)[6]으로 표현된 것이다. 여기에서 동사가 하나의 사건

---

[5]   역주: 논문 전체에서 사람 이름은 원어를 따랐기에, 학자 이름은 'Davidson'으로, 이론을 가리키는 경우에는 '데이빗슨 이론', '신-데이빗슨 이론' 등과 같이 한글로 표기하였다. '데이빗슨 이론'은 '사건이론'으로, '신-데이빗슨 이론'은 '신사건이론'으로 번역되기도 하며, '사건논항'은 '데이빗슨 논항'으로 불리기도 한다.

[6]   역주: 순서논항법(ordered-argument method, 혹은 ordered-argument system)은 술어와 논항의 관계를 P(x, y, z)와 같이 논항 간의 선형적 관계에 따라 표기하는 방식을 말하는데, 기본적으로 아래 (1)과 같이 표시할 수 있으며, 더 나아가 의미역방식

을 도입하고((9)에서의 Strolling(e)-역자), 정규논항은 이차술어를 통해 동사와 관련되는데, 이러한 이차술어들은 행위자(agent of)나 대상(theme of)과 같은 일반적 의미역 관계(general thematic relations)를 나타낸다. Dowty는 이러한 표현식을 신-데이빗슨식이라고 칭하였다.

(10) a. John gave a book to Mary in the library.
    (존은 도서관에서 메리에게 책 한 권을 주었다.)
  b. ∃e[Gave(Johnm a book, Mary, e) & In(e, the_library)]
  c. ∃e[Giving(e) & Agent(John, e) & Theme(a book, e) & Recipient(Mary, e) & In(the_library, e)]

(11) a. John gave a book to Mary.
    (존은 메리에게 책 한 권을 주었다.)
  b. ∃e[Gave(John, a book, Mary, e)]
  c. ∃e[Giving(e) & Agent(John, e) & Theme(a book, e) & Recipient(Mary, e)]

(10b)와 (11b)는 데이빗슨식의 표현식이며, (10c)와 (11c)는 신-데이빗슨식 표현식이다. Davidson은 'give'라는 3항술어를 4항술어로 바꾸어 놓았는데, 그

(thematic role system)에서는 (2)와 같이 각 논항의 의미역을 나타낼 수 있는 방식으로도 표현 가능하다(Dowty 1989: 72).
(1) give(x, y, z)
(2) {(predicate give), (agent x), (theme y), (goal z)}
또한 위에 제시된 Parsons의 방법처럼 사건논항 표시가 더해질 수도 있고, 신-데이빗슨식으로도 응용 가능하다.
Dowty(1989:73)에 따르면 "순서논항법에서는 동사를 고정된 개수를 가지는 특정 논항으로 공식(formula)을 구성해야하는 불포화(unsaturated) 술어로 간주한다. 의미적으로는, 어떤 동사가 n-항 관계를 지시하는 경우, 적절한 개수의 논항에 대한 지시대상이 적절한 방식으로 관련될 때, 진리치가 표시되며, 명제가 표현되거나 혹은 상황이 묘사된다. 만약 가능한 논항 지시대상이 너무 적다면, 진리치(혹은 명제, 혹은 상황)가 도출되지 않는다." (Dowty[1989], On the Semantic Content of the Notion of 'Thematic Role'. In G. Chierchia, B. P. Jacobson and G. Pullum(eds.). *The Nature of Syntactic Representation*. Dordrecht: Kluwer)

네 개의 논항은 각각 'John', 'a book', 'Mary', 'e'이다. 그리고 Parsons는 모든 논항을 개체와 사건논항간의 관계로 바꾸어 놓았는데, 오직 사건논항만이 예외이다. 데이빗슨식이건 신-데이빗슨식이건 모두 함축관계와 관련된 문제를 해결할 수 있다. 즉 (10b)와 (10c)의 논리식은 모두 (11a)를 함축한다. Parsons는 아래와 같은 예를 통해 그의 틀이 사건논항이라는 기본 가설을 지지하고 있음을 증명하였다. 즉 우리가 진정으로 함축 관련 문제를 해결하기 위해서는 사건논항을 도입해야만 한다는 것이다.

(12) a. Brutus stabbed Caesar in the back with a knife.
   (Brutus가 등 뒤에서 Caesar를 칼로 찔렀다.)

   b. ∃e[Stabbing(e) & Subject(Brutus, e) & Object(Caesar, e) & In(the_back, e) & With(knife, e)]

   c. Brutus stabbed Caesar in the back.
   (Brutus가 등 뒤에서 Caesar를 찔렀다.)

   d. Brutus stabbed Caesar with a knife.
   (Brutus가 Caesar를 칼로 찔렀다.)

   e. Brutus stabbed Caesar.
   (Brutus가 Caesar를 찔렀다.)

   f. There was some stabbing.
   (어떤 찌르는 사건이 있었다.)

(12b)에서 제시된 논리표현식을 통해 (12a)가 (12c-f)를 함축함을 알 수 있는데, 다시 말해 (12a)가 참이면 (12c-f)도 참이다. 그것은 바로 논리적으로 연접명제(conjunctive proposition)는 모든 연접항을 함축하기 때문이다.[7] (12a)의 의미가 (12b)의 연접명제로 표시될 수 있는 것은 사건논항 e의 도입으로 인한 것

이다. 사건논항 없이 Davidson 이전의 방법으로는 불가능한 것이다. 이밖에, "Brutus' stabbing of Caesar was violent(Caesar를Brutus가 찌른 것은 무참했다)"와 같은 문장은 사건논항에 대한 양화를 요구한다. 이 문장과 "Brutus stabbed Caesar violently(Brutus가 무참하게 Caesar를 찔렀다)"의 관계는 반드시 사건논항의 도움을 받아야만 표현될 수 있다. 그것은 앞의 문장이 '찌른 사건이 무참했음'을 나타내기 때문이다.

Landman(1992) 역시 아래와 같은 예문을 통해 모든 동사성 표현의 지시대상 (denotation, 指谓)[8]이 반드시 데이빗슨 논항, 즉 사건논항 e를 가지고 있어야 한다는 사실을 뒷받침하였다.

p	q	p∧q
t	t	t
t	f	f
f	t	f
f	f	f

8 역주: 'denotation'에 대한 개념 정의, 사용은 문헌마다 다르게 이루어지고 있으며, 그에 따라 번역도 역시 제각각이다. 『영어학사전』(조성식)에서는 내포(connotation에 대립되는 개념으로서의 'denotation'은 'extension(외연)'과 유사한 의미를 가진다고 보고, '외연'으로 칭하고, 하였고, 표시(designation)에 대립되는 개념으로서의 'denotation'은 '지시'라고 칭하였다. 문귀선(1995, 『형식의미론』, 한신문화사, 25쪽)은 "언어적 표현이 나타내는 언어외적 세계 속의 사물 전체의 집합을 의미표시(denotation)라 정의한다."고 하였으며, 蔣嚴·潘海华(2005: 12)는 "어휘와 사물 간의 비교적 고정적인 연관성을 '指谓关系(denotation)'라 한다."고 하였다. 강범모 (2011, 「의미론에서 "의미"와 관련된 용어들의 개념과 번역어」, 『언어와 정보』 15:1, 79-92)는 의미론 관련 개념 번역에서 종종 마주하는 여러 문제를 정리하였는데, 그중 'denotation'은 '표시 의미'라고 번역하는 것이 타당해 보인다는 의견을 제시하였다. 이처럼 학자마다 다양한 관점에서 이 개념을 받아 들여 사용하고 있다. 동사형 'denote(지시하다, 가리키다)'에 대한 명사 'denotation'은 '지시'로 번역되는 경우가 많으며, 이 때에는 주로 언어표현과 그 언어표현이 가리키는 대상의 관계를 나타낸다. 본고에서 저자들은 이를 '指谓'라고 번역하였는데, 언어표현이 '지시하는 사물들의 집합'의 의미에 가까운 것이다. 이와 같은 관점에서 'denotation'은 종종 '지시대상'으로 번역되기도 한다. 따라서 본고에서는 원저자들의 용어 선택을 존중하여 이를 '지시대상'으로 번역하였다. 아울러 '언어 표현이 지시하는 사물들의 집합'이라는 의미를 살리기 위하여 '动词性指谓'를 '동사성 표현의 지시대상'으로 풀어 썼다.

(13)　Michael won the race by limping across the finish line.
　　　Michael은 절뚝거리며 결승선을 지나 경주에서 이겼다.

　(13)의 동사 수식어 'by limping across the finish line(절뚝거리며 결승선을 지나)'은 문장에서 Michael이나 race와 같은 어떤 개체(entity)를 수식하는 것이 아니라 문장의 동사구를 수식한다. Michael이 경주에서 이긴 사건 e_1은 절뚝거리며 결승선을 지난 사건 e_2를 거쳐 비로소 실현되는 것이다. 즉 e_2는 e_1의 실현 방식이다. 이렇게 해서 (13)의 의미표현(semantic representation)이 연접항 'by(e_2, e_1)'을 갖게 되는 것이다. 따라서 Landman은 이 문장을 통해 동사구) 수식어를 포함한 문장에는 내재된 사건논항이 있어야만 정확한 의미 해석을 얻을 수 있다는 것을 증명하였다.

　이 외에도 Landman은 이 내재된 논항이 시간(time) 혹은 시간-장소쌍(time-location pair)이 아니라고 보았다. 만약 Michael이 경주에서 이긴 것이 장소나 시간 논항과 서로 관련된다면 다음과 같이 표현될 것이다.

(14)　[|Michael win the race|] = <..., <t_1, loc_1>, ...>

　그렇다면 하나의 사건으로부터 또 다른 반드시 관련되는 것은 아닌 사건이 유도되며, 이 두 사건이 모두 동일 시간과 장소에서 발생하기만하면 되는 것이다. Michael이 경주에서 이기는 사건이 발생한 장소와 시간값이 또 다른 사건인 그가 피로로 인해 쓰러지는 사건의 장소 및 시간값과 동일한 t_1과 loc_1이라면, (15)과 같이 표현될 것이다.

(15)　[|Michael collapse from fatigue|]　= <..., <t_1, loc_1>, ...>

　(14)와 (15)에 관련되는 명제의 의미표현에 동일한 장소와 시간이 포함된다면, 즉 Michael이 경주에서 이기는 사건과 Michael이 피로로 쓰러지는 사건이 모두 동일한 시간과 장소에서 발생한다면 (16a)를 통해 (16b)를 얻을 수 있게 된다.

(16) a. Michael won the race by limping across the finish line.
         (Michael은 절뚝거리면서 결승선을 지나 경주에서 이겼다.)
     b. Michael collapsed from fatigue by limping across the finish line.
         (Michael은 절뚝거리면서 결승선을 지나 피로로 쓰러졌다.)

이는 만약 동사구 수식어인 'by limping across the finish line'과 동사구의
관련이 시간 및 장소를 통해 실현되는 것이라면 (16a)와 (16b)의 동사구와 그
수식어를 연결하는 것은 동일한 장소와 시간이 된다. 이렇게 해서 (16a)로부터
(16b)가 유도되며, 반대도 마찬가지이다. 그러나 이러한 추론은 정확하지 않다.
이러한 추론은 교차형용사(intersective adjectives)[9]의 상황과 동일한 결론을
얻을 수 있는데, 아래를 보자(Bayer 1997에서 인용).

---

[9] 역주: 교차형용사란 형용사와 그것이 수식하는 명사의 관계를 형용사가 가리키는
   속성과 그것이 수식하는 명사가 가리키는 개체 사이에 교집합(intersection) 관계로
   설명할 수 있는 형용사를 가리킨다. 예를 들어 'carnivorous mammal(육식 포유동
   물)'은 육식인 것과 포유동물인 것의 교집합에 속한다.

   ||carnivorous|| ={x|carnivorous(x)}
   ||mammal|| ={x|mammal(x)}
   ||carnivorous mammal|| ={x|carnivorous(x) & mammal(x)}
                                =||carnivorous||&||mammal||
                                            Kamp & Partee(1995: 137)

   하지만 아래에서 볼 수 있듯이 'former senator(전임 원로의원)'의 경우 이와 같은
   관계가 성립하지 않는다.

   ||former senator|| ≠ ||former|| ∩ ||senator||
                                            Kamp & Partee(1995: 138)

   이와 같은 형용사를 비교차형용사(non-intersective adjectives)라고 부른다(이상
   Kamp, Hans, & Barbara Partee[1995], Prototype theory and compositionality.
   Cognition 57: 129-191쪽 인용 및 참고).

(17) a. John is a forty-years-old, blond, blue-eyed American with a beard, in his midlife crisis, dressed in a suit.

(John은 40세에, 금발의, 갈색 눈동자를 가진, 수염을 기른, 중년의 위기에 처한, 정장을 입은 미국인이다.)

b. DRESSED_IN_A_SUIT   (IN_HIS_MIDLIFE_CRISIS   (WITH_A_BEARD (BLUE-EYED (BLOND (FORTY_YEAR_OLD (AMERICAN)))))) (j)

c. John is a blue-eyed American dressed in a suit.

(John은 갈색 눈동자를 가진, 정장을 입은 미국인이다.)

그러나 실상은 그렇지 않다. 'forty-year-old', 'blue-eyed', 'dressed in a suit', 'with a beard', 'blond', 'in his midlife crisis'와 같은 (17a)의 모든 교차형용사 수식어들은 다 동일한 의미유형 $<<e, t>, <e, t>>$을 가진다.[10] 다시 말해, 이러한 형용사는 의미적으로 모두 함수이며, 유형이 $<e, t>$인 명사(구)의 함수가 함수 적용(functional application)을 통해 유형이 $<e, t>$인 복합명사구를 얻는 것이다. 따라서 (17a)의 의미는 (17b)와 같이 표시되는 것이다. 이러한 형용사성 수식어 는 위치를 바꾸어도 문장의 진리치에 영향을 주지 않으며, 동시에 (17a)에서 어떠한 형용사를 하나 생략해도 원래의 (17a)는 생략을 통해 얻은 문장을 함축 하게 된다. 하지만 (16)에서 Michael이 절뚝거리며 결승선을 지나 경주에서 이 기는 사건은 그가 절뚝거리며 결승선을 지나 피로로 쓰러지는 사건을 함축하지 않고, 그 반대도 마찬가지이다. 따라서 Landman은 장소와 시간논항이 내재논 항으로 간주될 수 없고, Davidson이 말한 사건논항이 아니라고 보았다.

---

10   역주: 통사부에서는 어휘들을 집합적으로 분류하기 위해서 '범주'라는 용어를 사용 하며, 의미부에서는 의미표시를 집합적으로 분류하기 위해 '유형(type)'이라는 용어 를 사용한다. e는 개체(entity)를 나타내며, t는 진리치(truth value)를 나타낸다. 의미 유형 $<e, t>$로 표시되는 것에는 자동사와 보통명사가 있다. $<<e, t>, <e,t>>$로 표시되 는 것은 자동사와 보통명사를 수식하는 형용사와 부사(예를 들어 fast, carefully), 관사가 부가된 명사구(the table) 등을 들 수 있다(김영화[2007], 「생략구조의 의미론 적 해석과 초점 효과」, 『생략현상연구: 범언어적 관찰』, 한국문화사, 55-83쪽 및 이 영헌 [1995], 『기초 형식의미론』, 한신문화사, 157-159쪽 참조).

1.2.2. 빈도수식어

시간 혹은 장소논항이 내재논항이 아니라는 데 대한 또 한 가지 증거로 Landman은 'twice'와 같은 빈도부사문제를 들었다.

(18) The lasers struck the target twice at one position.
   (레이저 총이 한 자리에서 과녁을 두 번 맞혔다.)

Landman은 다음과 같은 상황을 가정하였다. 어떤 물리 실험실에서 실험하는 도구는 동시에 여러 차례 강한 빛을 발사할 수 있는 레이저 총이며, 학생들은 지금 이 레이저 총으로 동일한 목표의 동일한 위치에 조준하였고, 동시에 여러 차례 몇 개의 레이저를 쏘았다. 이러한 상황에서 관련되는 것은 하나의 위치(location)일 뿐이며, 레이저를 발사하는 시점도 역시 동일한 시점(time)이다. 하지만 (18)에서 묘사한 것은 절대로 단 한 개의 사건에만 그치지 않는다. 사건의 횟수는 과녁에 동시에 투사된 레이저 광선의 수량에 결정되며, 만약 두 개의 광선이라면 두 개의 사건이 된다. 이러한 상황을 (18)에 적용한다면, 관련되는 것은 동일한 위치("at one position"), 동일한 시점(동시 발사이므로)이다. 그러나 과녁이 두 개의 광선에 적중된다면, 쏘는 사건은 두 개가 되어야 한다. Landman과 Bayer는 모두 문장이 빈도수식어가 관련될 때 관련 문장은 반드시 사건논항과 관련되며, 장소와 시간논항으로는 이 문장에 정확한 의미해석을 해줄 수 없다고 보았다. 따라서 빈도수식어와 앞에서 논의한 동사수식어는 모두 모든 동태문(动态句子)이 하나의 사건논항을 가진다는 것을 증명한다.[11]

---

[11] 역주: 동태문은 정지수(2010, 『현대중국어의 상(aspect)과 부정(negation)』, 고려대학교 박사학위논문)에서 언급한 사건문을 가리킨다. 문장 전체의 상황상 특징에 따라 사건문과 비사건문으로 나눌 수 있으며, 사건문은 사건논항을 가지고, 사건부사구의 수식을 받을 수 있다.

1.2.3. 사건의 양화

Bayer는 사건 양화와 관련되는 또 한 가지 논거를 제시하여 사건논항의 존재를 증명하였다. Rothstein(1995)은 'every time'을 포함하는 모든 문장은 사건의 양화와 관련되며, 이는 개체의 양화와 동일하다고 하였다. 아래 예문을 보자 (Bayer 1997에서 인용).

(19) a. Every time the bell rings, Mary opens the door.
      (벨이 울릴 때마다, Mary는 문을 연다.)
   b. $\forall$ e[ring(the_bell, e) → $\exists$ e'[open(m, the_door, e') & M(e') = e]][12]

(19a)의 양화사 수식어인 'every time'은 (19b)처럼 주절이 가리키는 사건 e'이 모두 그것과 공기하는 절이 가리키는 사건 e와 대응을 이룰 것을 요구한다. Rothstein은 (19a)의 'every time'에 관련되는 양화와 시간 변항은 무관하며, 이 것은 (20)에서와 같이 시간명사 'time'을 수식하는 형용사 'short'가 출현할 수 없기 때문이라고 보았다.

(20) *Every short time the bell rings, Mary opens the door.
      (*벨이 울리는 짧은 시간마다, Mary는 문을 연다.)

따라서 Rothstein은 (19a)에 관련된 사건논항이 결코 시간논항이 아니라고 보았다. 그러나 그것이 무슨 논항이 되어야하는지에 대해서는 명확히 언급하지 않았다.

그 외에도 아래와 같이 'every time'의 양화수식어는 오직 단계성술어(stage-level predicate)에만 가능하며, 개체성술어(individual-level predicate)[13]는 불가능하다.

---

[12] 역주: 원서의 표기 오류를 Rothstein(1995: 16)을 참조하여 수정하였다.

[13] 역주: 단계성술어는 개체의 일시적 속성을 가리키는 술어이며, 개체성술어는 개체의 영속적 속성을 가리키는 술어를 말한다. 이에 관한 상세한 설명과 중국어의 예시는 Xiao & McEnery(2004, *Aspect in Mandarin Chinese*. Amsterdam, Philadelphia: John Benjamins Publishing Company.)를 참조하기 바란다.

(21) a. Every time Mary is available, somebody asks her a question.
(Mary가 시간이 날 때마다 누군가가 그녀에게 질문을 한다.)
b. *Every time Mary is intelligent, somebody asks her a question.
(*Mary가 똑똑할 때마다, 누군가가 그녀에게 질문을 한다.)
c. ?Every time Mary is blonde, somebody compliments her.
(?Mary가 금발일 때마다 누군가가 그녀를 칭찬한다.)

양화수식어 'every time'은 (21a)처럼 단계성술어와만 공기할 수 있으며, (21b, c)처럼 개체성술어와는 공기하지 못한다. (21a)와 (21b, c)의 차이점은 'every time'이 공기하는 술어가 전자는 단계성술어이고, 후자는 개체성술어라는 점이며, 따라서 전자만이 사건변항을 가질 수 있다. (21a)와 (21b, c)의 차이를 사건논항으로만 설명할 수 있다는 점은 사건논항의 존재 필요성을 한층 더 잘 보여준다.

2. 데이빗슨식과 신-데이빗슨식의 차이점

앞서 말했듯이 Davidson이 1967년에 제시한 이론은 단지 사건논항을 술어가 원래 가지고 있는 논항 속에 도입하기만 하면 되는 것인데, 즉 n항술어가 n+1항술어로 바뀌는 것으로, 관련된 조작은 여전히 일차 술어논리에 따라 진행된다. 이 때 사건논항은 존재연산자에 의해 결속되며, 문장의 모든 동사 수식어는 사건논항의 술어(predicates of the event argument)로 표현되어 연접(conjunction)의 형식으로 문장 의미표현식에 첨가된다. 따라서 (22a)는 (22b)와 같은 의미표현식을 가진다.

(22) a. Jones buttered the toast slowly in the bathroom with a knife.
(Jones는 욕실에서 칼을 가지고서 토스트에 천천히 버터를 발랐다.)
b. ∃e[BUTTER(e, j, t) & SLOWLY(e) & IN(e, b) & WITH(e, k)]
(j=Jones, t=toast, b=bathroom, k=knife임)

Higginbotham(1983)과 Parsons(1990) 등은 Davidson의 이론에 대해 수정을

하였고, 이로써 신-데이빗슨 이론이 제기되었다. 이들은 모든 동사는 오직 하나의 사건논항만을 가지는데, 동사는 단지 사건과 관련된 1항술어이며, 모든 정규 논항과 동사의 수식어는 모두 연접형식으로 함께 이어지고, 후자의 표현 속에 의미역을 사용한다는 것이다. 따라서 신-데이빗슨 이론에서 (22a)의 의미표현식은 (23)과 같이 된다.

(23) $\exists$ e[BUTTER(e) & AGENT(e)=j & THEME(e)=t & SLOWLY(e) & LOCATION(e)=b & INSTRUMENT(e)=k]

형용사와 동사 수식어의 유사성을 비교함으로써 Parsons는 동사를 수식하는 모든 수식어가 반드시 연접항(conjuncts)의 형식으로 출현하여야 하며, 단순한 일차 술어논리형식으로 출현해서는 안 된다고 하였다. 이것은 일차 술어논리에서는 오직 개체에 대한 조작만 이루어질 뿐인데, 사건논항은 통상적으로 말하는 개체가 아니기 때문이다.

3. 사건기반 의미론의 응용

사건논항을 의미론의 이론 속에 도입하는 것은 부사 수식(adverbial modification)과 관련된 현상을 해결해줄 것뿐만 아니라 사동구조(causal construction), 상 연산자, 지각보고(perception reports) 등과 관련된 언어현상을 해결할 수도 있다.

3.1. 사동구조(Causal Constructions)

사동구조(causal construction)와 관련하여 Parsons는 다음과 같은 예를 들었다.

(24)   a.   Mary flew the kite.
            (Mary는 연을 날렸다.)

b. Mary did something that caused a fly of the kite.
    (Mary는 연을 날게 하는 어떤 일을 하였다.)

(24b)는 사실 (24a)의 의미해석이다. 사건의미론의 틀 속에서 (24a)는 사실 두 가지 사건을 포함하고 있는데, Mary에 관한 사건과 연에 관한 사건이 바로 그것이다. Parsons는 만약 타동사 TV가 자동사 IV로부터 나온 사동타동사라면, 'x TV y'의 의미는 (25)와 같이 되어야한다고 보았다(Parsons 1990에서 인용).

(25) $\exists$ e[Agent(x, e) & Cul(e) & $\exists$ e'[IVing(e') & Cul(e') & X(e', y) & CAUSE(e, e')]]
      (X는 자동사 IV의 의미역에 대응되는 주어이며, Cul은 그 논항이 표현하는 사건이 이미 완성되었음을 의미하고, CAUSE는 사동 의미를 나타냄)

(25)를 (24a)에 적용하면 아래와 같은 표현식으로 나타낼 수 있다. (Parsons 1990에서 인용)

(26) $\exists$ e[Agent(e, Mary) & Cul(e) & $\exists$ e'[Flying(e') & Cul(e') & Theme(e', knife) & CAUSE(e, e')]]
      ('Flying(e')'의 'e''는 날아가는 사건을 가리킴)

주의할 점은 (26)의 'flying'이 자동사 'fly(날다)'로부터 나왔으며, 타동사 'fly(날리다)'와는 무관하다는 것인데, 다시 말해 'fly'는 여기에서 '연'의 동작을 나타내며, Mary가 연에 대해 한 동작이 아니다.

사건의미론이 이러한 문장에 대해 어떠한 역할을 하는지를 검증하기 위해 우리는 관련 표현식이 타동과 자동 형식 사이의 정확한 논리관계를 정확히 짚어내는가를 반드시 알아야한다. 즉 (26)의 논리식은 'The kite flies'의 논리식을 함축하고 있어야 한다. 아래를 보자.

(27) $\exists$ e'[Flying(e') & Cul(e') & Theme(e', kite)]

(26)의 논리식이 연접식이며, CAUSE라는 술어를 포함함으로써 'e'와 'e''을
연결하였다. 따라서 (26)은 (27)을 함축하면서도 연이 날아가는 사건이 다른
사람이 아니라 필연적으로 Mary가 일으킨 것임을 함축한다. 이는 'e'의 행위자
가 Mary이기 때문이다.

이제 사동구조에 수식어가 부가되는 상황을 살펴보자. 부사 수식은 줄곧 사
건의미론에서 가장 관심을 끄는 문제 중 하나였다. Parsons는 아래와 같은 예를
제시하였다.

(28)   a.   Agatha is flying her kite over the lake.
            (Agatha는 호숫가에서 연을 날리고 있다.)
       b.   Agatha is over the lake.
            (Agatha는 호숫가에 있다.)
       c.   The kite is flying over the lake.
            (연이 호숫가에서 날고 있다.)

사동문은 두 개의 사건을 포함하고 있으므로, (28a)에는 두 가지 가능성이
존재한다. 수식어 'over the lake'가 사동사건(causing event) 'e', 즉 Agatha가
한 일을 수식할 수도 있고((28b) 참조), 피사동사건(caused event)[14] 'e'', 즉 연
에 관련된 사건을 수식할 수도 있다((28c) 참조).

그러나 모든 사동문에 중의성이 존재하는 것은 아니다. 만약 수식어가 도구
(instrumentals)인 경우라면, 수식어는 일반적으로 모두 피사동사건이 아니라
사동사건과 관련된다. 아래 예를 보자(Parsons 1990에서 인용).

(29)   a.   Samantha walked the chimpanzee with a cane.
            (Samantha가 지팡이로 침팬지를 걷게 했다.)
       b.   Samantha was with a cane.
            (Samantha는 지팡이를 가지고 있었다.)

---

[14]   역주: 'causing event'는 또한 '원인사건'으로, 'caused event'는 '결과사건'으로 번
       역되기도 한다.

(29a)의 수식어 'with a cane'은 'the chimpanzee walked with a cane(침팬지가 지팡이를 가지고 걸었다)'으로 해석할 수 없다. 따라서 'with a cane'은 피사동사건과는 관련될 수 없으며, 일반적으로는 사동사건과 서로 관련되어야 한다((29b) 참조). 그러나 방향 및 동작을 묘사하는 수식어는 대개 사동사건이 아니라 피사동사건과 관련된다.

(30) a. Agatha flew the kite towards the sky.
           (Agatha는 연을 하늘을 향해 날려보냈다.)
      b. The kite flew towards the sky.
           (연이 하늘을 향해 날아갔다.)

(30a)의 수식어 'towards the sky'는 사동사건과 관련될 수 없으며, 그렇지 않을 경우 'Agatha is towards the sky(Agatha가 하늘을 향해 갔다)'라는 의미해석을 얻게 된다. 방향을 묘사하는 수식어 'towards the sky'는 피사동사건과 관련되어야만 하며, 이렇게 해서 (30b)와 같은 의미를 얻게 된다.

3.2. 상 연산자(Aspectual operators)

영어와 달리 중국어에는 시제표지(tense marker)가 없으며, 동사도 시제(tense)의 차이로 인한 형태변화가 없다. 중국어에서는 수식어를 통해 시간 개념을 표현한다. 수식어 이외에 중국어에서 시간 혹은 사건개념을 나타낼 때 상 표지(aspect marker)를 사용할 수 있는데, 완료상표지 '了', 경험상표지 '过', 지속상표지 '着'와 진행상표지 '在'가 있다.

완료상표지 '了'는 술어와 상호작용할 때 다음과 같은 차이점을 드러낸다(Pan 1993에서 인용).

(31) a. 他看了那本书。
          (그는 그 책을 보았다.)
      b. 他看了很多书。
          (그는 많은 책을 보았다.)
      c. 他病了三天。
          (그는 병이 난 지 사흘 되었다.)
(32) a. *他像了爸爸。
          (*그는 아빠를 닮게 되었다.)
      b. *他喜欢了书。
          (*그는 책을 좋아하게 되었다.)
      c. *他喜欢了一本书。
          (*그는 책 한 권을 좋아하게 되었다.)

오직 (31)의 문장만이 '了'와 공기할 수 있으며, (32)의 문장에서는 불가능하다. 이 두 종류의 문장들이 보여주는 대조는 사건의미론을 통해 설명할 수 있다. (31)과 (32)의 문장들 간의 차이는 술어부분에 있다. (31)의 모든 문장은 단계성술어와 관련되어 있고, 반면 (32)는 개체성술어와 관련되어 있다. 이 둘의 차이는 단계성술어가 데이빗슨 논항을 가지고 있으나 개체성술어는 이 논항을 가지지 않는다는 것이다. (31)과 (32)의 차이를 통해 '了'는 단계성술어와만 공기하고((31a, b, c) 참조), 개체성술어와는 공기하지 않으며((32a, b) 참조), (32c)는 더 나아가 '了'가 일종의 논리연산자로서, 목적어 '一本书'가 도입하는 개체 변항을 선택할 수 없음을 보여준다. (32)의 문장이 사건변항을 가지지 않기 때문에, 관련 문장이 '了'와 공기하게 되면 무위결속금지원칙을 위반하게 된다(Partee 1989, Kratzer 1991, de Swart 1993 참조).

(33) 무위결속금지(Prohibition Against Vacuous Binding(PVB)) 원칙[15]
      모든 연산자나 양화사는 반드시 하나의 변항을 결속해야 한다.

---

[15] 역주: 이 원칙은 '무위양화금지' 원칙이라고도 한다.

오직 사건의미론만이 (31)과 (32)의 차이점을 설명할 수 있는데, 이는 '了'가 사건변항만을 선택적으로 결속하는데, (32)의 모든 문장은 개체성술어와 관련되어 사건변항을 가지고 있지 않기 때문이다. 이렇게 해서 '了'는 결속할 사건변항을 갖지 못하여 (33)의 원칙을 위반하게 되므로 해당 문장이 부적격형이 되는 것이다.

3.3. 지각보고(Perception reports)

Barwise(1981)는 다음과 같은 예를 들었다.

(34)   Poppaea saw Brutus leave.
       (Poppaea는 Brutus가 떠나는 것을 보았다.)

Barwise(1981)는 (34)가 관찰자 Poppaea와 장면(scene)의 관계를 표현한 것이고, 장면은 상황(situation), 즉 세계의 일부분으로 간주할 수 있다고 보았다. 장면의 부분성은 하나의 관련 장면과 사건유형의 SUPPORT 관계를 이끌어내며, 이 관계는 사건유형에 대해서만 민감하다. 장면이라는 개념에 근거하여 Barwise는 (35)로 (34)의 의미를 표현하였다.

(35) $\exists \sigma[SEE(p, \sigma)$ and σ supports BRUTUS LEAVE]

Higginbotham(1983) 및 Parsons(1990)는 원형 부정사 문장에 대한 Barwise의 표현방법을 다음과 같이 간략화할 수 있다고 하였다.

(36) $\exists e[SEE(e)$ & EXPERIENCER(e)=p & $\exists e'[LEAVE(e')$ & AGENT(e')=b & THEME(e)=e']]$[16]

---

[16]   역주: e는 모문 술어 see와 관련된 사건, p는 Poppaea, e'는 부정사보문 술어 leave와 관련된 사건, b는 Brutus를 가리킴

SUPPORT를 통해 AGENT와 장면 혹은 EXPERIENCER를 관련시키는 Barwise의 방법과는 달리, Higginbotham과 Parsons의 표현방법에서는 원형 부정사를 포함한 문장이 개체와 사건 사이의 일종의 더욱 직접적인 관계를 나타낸다고 보았다. 이러한 직접적인 관계는 (34)가 왜 (37)을 함축할 수 없는지를 설명해줄 수 있다.

(37) Poppaea saw Brutus leave and Caesar come in or not come in.
(Poppaea는 Brutus가 떠나는 것을 보았고, Caesar가 들어오는지 안 들어오는지를 보았다.)

(34)는 (37)을 함축하지 않는 데 대해, Barwise의 이론에서는 장면이 반영하는 것이 단지 세계의 일부분이므로, (34)가 포함하는 장면은 사건유형 BRUTUS LEAVE를 지지하지만, Caesar와 관련된 어떠한 사건도 지지하지 않는다고 본다.[17] 이는 장면이 연접 사건유형(conjunctive event type), 즉 BRUTUS LEAVE AND CAESAR COME IN OR NOT COME IN을 지지하지 않기 때문이다.

Parsons와 Higginbotham의 신데이빗슨 이론에서는 이 두 가지 경우 보이는 사건이 서로 다른데, 즉 'Brutus가 떠나는 사건'은 'Brutus가 떠나고 Caesar가

---

17   역주: Barwise(1981, Scenes and Other Situations. The Journal of Philosophy 78:7, 369-397쪽)는 지각보고의 의미적 기능은 감각기관을 통해 인지되는 내용에 대한 보고이지, 인식자의 앞에서 벌어지는 일들을 다 표시하는 것이 아니라고 보았다. 따라서 'α sees ∅'은 다음의 내용을 단언하는 것으로 해석된다고 하였다.

(1) α sees a scene s that supports the truth of ∅ (α 는 ∅ 의 진리치를 지지해주는 장면 s를 본다)   (Barwise 1981: 391)

또한 인간의 시각은 한 번에 하나의 장면을 목격할 수 있으므로, 이와 같은 연접형식의 문장에 대해 다음과 같은 가정을 하였다.

(2) If α sees s1 and α sees s2, then s1=s2 (만약 α 가 s1을 보고, α 가 s2를 본다면, s1=s2이다)   (Barwise 1981: 394)

들어오는가 안 들어오는가 하는 사건'과 동일하지 않으며, 후자의 경우 아예 사건이 되지 않을 가능성이 있다.

Barwise는 아래의 예를 들어 자신의 관점에 대한 근거로 삼았다.

(38) a. Ralph saw Ortcut kiss someone. David saw it too.
(Ralph는 Ortcut이 누군가에게 키스하는 것을 보았다. David도 그것을 보았다.)

b. #In 1912, Whitehead saw Russell wink. In 1914, McTaggart saw it too.
(1912년, Whitehead는 Russell이 윙크하는 것을 보았다. 1914년, McTaggart도 그것을 보았다.)

c. In 1912, Whitehead saw Russell wink. In 1914, McTaggart saw the same.
(1912년, Whitehead는 Russell이 윙크하는 것을 보았다. 1914년, McTaggart는 같은 것(장면)을 보았다.)

(38a)의 Ralph와 David는 Ortcut이 같은 사람에게 키스하는 것을 보았으며, 문장의 'it'이 가리키는 것은 같은 장면, 즉 'Orcut이 어떤 이에게 키스하는 장면'임을 증명해준다. 따라서 (38a)와 같은 문장은 Barwise의 관점을 지지해준다. 하지만 Barwise의 사건유형분석 처리는 (38b)와 같은 문장의 경우 문제가 발생한다. 만약 (38a)에서 Whitehead와 McTaggart가 같은 장면을 본 것이 아닌데, 같은 사건유형의 장면을 지지한다면, 우리는 왜 (38b)에 문제가 생기는가에 대해 설명하기 곤란해진다. (38b)에서 Whitehead가 본 것과 McTaggart가 본 것은 동일한 사건유형, 즉 RUSSELL WINK를 지지해야 하는데, 그렇다면 (38b)에는 아무 문제가 없어야 한다. 하지만 이는 사실과 다르다. 이 점은 Barwise의 원형 부정사 분석을 재고해야 할 필요가 있음을 말해준다.

Parsons, Higginbotham과 Vlach(1983)는 자신들의 신-데이빗슨 이론을 적용한다면 이와 같은 문제가 생기지 않으며, (38b)가 연관되지 않는 이유를 설명할 수 있다고 하였다. Whitehead가 Russell이 윙크하는 사건을 보았고, McTaggart

도 동일한 사건을 본 것으로, 이 점은 반드시 (38b)에서 만족되어야 하는데, (38c)에서는 그럴 필요가 없다. 그것은 (38b)에서 대명사 'it'이 반드시 앞 절의 Russell이 윙크한 사건, 즉 1912년에 발생한 그 사건을 가리켜야하기 때문이다. 이 대명사는 시간사구 '1914'의 제약을 받기 때문에 (38b)의 두 절은 서로 모순된다(같은 사건이 서로 다른 시간에 발생할 수 없기 때문에). 따라서 (38b)는 연관되지 않아 문제가 생기는 것이다. 하지만 (38c)의 목적어 'the same'은 앞 절의 Russell이 윙크한 것과 동일한 사건을 가리키는 것으로 해석될 필요가 없으며, 같은 유형의 사건이기만 하면 된다. 동일 유형의 사건은 서로 다른 시간에 발생해도 되기 때문에 (38c)는 연관되어 문제가 없는 것이다. 신-데이빗슨 이론은 사건유형에 기대는 것이 아니라 구체적 사건에 기대는 것이므로 (38b)와 (38c)의 차이를 정확히 설명할 수 있다. 하지만 Barwise의 분석은 사건유형에 기대므로, (38b)와 (38c)의 차이를 설명할 방법이 없다.

그러나 원형 부정사의 상황은 그리 간단해보이지 않는다.

(39) a. Poppaea made Brutus leave the house.
      (Poppaea는 Brutus가 그 집을 떠나게 만들었다.)
   b. Brutus left the house with a knife hidden under his coat.
      (Brutus는 외투 속에 칼 한 자루를 숨긴 채로 집을 떠났다.)
   c. Brutus left the house only once.
      (Brutus는 집을 단 한 차례 떠났다.)
   d. Hence, Poppaea made Brutus leave the house with a knife hidden under his coat.
      (그래서 Poppaea는 Brutus가 외투 속에 칼 한 자루를 숨긴 채로 집을 떠나게 만들었다.)

분명, (39d)의 유추는 성립하지 않는다. Parsons의 신-데이빗슨 이론은 (39)의 유추를 적합한 것으로 판단하는데, 그 원인은 만약 'Poppaea가 Brutus가 떠나는 것을 목격한 사건'이 존재하며, 이 사건이 마침 'Brutus가 외투 속에 칼 한 자루를 숨긴 채 떠나는 것'이라면, 우리는 당연히 'Brutus가 외투 속에 칼

한 자루를 숨긴 채 떠나는 사건'이 존재하고, 'Poppaea가 이 사건을 목격한 것'이라 추론할 수 있다. 문장 속의 수식어가 사건 'e'와 관련된 하나의 술어라면, Brutus가 외투 속에 칼 한 자루를 숨긴 것을 Poppaea가 목격했는지는 중요하지 않다. Parsons의 신-데이빗슨 이론이 갖는 문제는 수식어를 가지는 사건, 즉 Brutus가 외투 속에 칼 한 자루를 숨긴 채 떠나는 사건과 Brutus가 떠나는 사건을 동일하게 간주한다는 것인데, 사실은 이 두 사건이 반드시 동일하지는 않다. 그러나 Davidson의 이론에서는 이 문제를 회피했었다. 그것은 Davidson의 이론에서 사건논항은 술어의 유일한 논항이 아니며, 다른 정규논항도 술어의 논항으로 간주하기 때문이다. 따라서 상술한 관련된 사건[18]은 각기 다른 수와 내용의 논항을 가지고 있으므로 서로 다를 수 있으며, 이렇게 해서 (39)의 유추가 왜 반드시 성립되는 것은 아닌지를 설명할 수 있게 된다.

　이제 Barwise의 이론이 (39)를 어떻게 설명하는지를 보자. (39a)가 참이라고 가정하고, 이 경우 Poppaea와 하나의 장면 사이에는 '목격'이라는 관계가 성립한다. 그리고 이 장면은 'Brutus leave the house'로부터 추론되는 단일 사건유형을 지지한다. 그러나 Barwise의 이론은 모호한 점이 있는데, 예를 들어 '하나의 장면이 하나의 사건유형을 지지한다'고 하는 것의 진정한 의미는 무엇인가? 동일한 사건은 동일한 사건유형을 이끌어내야 한다. 즉 'Brutus leave the house'와 'Brutus leave the house with a knife under his coat'는 동일한 사건유형에 속해야 한다. (39)의 추론이 왜 성립하지 않는가를 설명하는 데 있어서의 핵심은 이 두 사건 혹은 장면이 동일 사건유형에 속하지 않으며, 따라서 (39)와 같은 추론이 존재하지 않는다는 것이다. 하지만 이러한 설명은 Barwise가 제시한 장면의 부분성(the partiality of scenes)[19]과 서로 맞지 않는데, 그 안의 설명에는 부분성뿐만 아니라 이미 내포성(intensionality)의 문제까지 관련되어 있기 때문이다. 만약 내포성 개념을 Barwise의 장면이론에 도입한다면, 우리는

18　역주: 즉, Brutus가 외투 속에 칼 한 자루를 숨긴 채 떠나는 사건과 Brutus가 떠나는 사건.

19　역주: 원 논문에서는 'the partiality of scens'를 '事件的部分性'으로 번역하였으나, 본서에서는 영어 원서의 표현에 따라 '장면의 부분성'으로 번역하였다.

'Brutus leave the house'와 'Brutus leave the house with a knife under his coat'를 서로 다른 사건유형으로 간주할 수 있을 것이다.[20] 하지만 문제는 우리가 아래와 같은 추론을 여전히 쉽게 설명하지 못한다는 것이다.

(40) a. Poppaea saw Brutus leave the house with his knife hidden under his coat.
 (Poppaea는 Brutus가 그의 칼을 자신의 외투 속에 숨긴 채로 집을 떠나는 것을 보았다.)
 b. Brutus's knife is Livia's wedding gift.
 (Brutus의 칼은 Livia의 결혼 선물이다.)
 c. Hence, Poppaea saw Brutus leave the house with Livia's wedding gift hidden under his coat.
 (따라서 Poppaea는 Brutus가 Livia의 결혼 선물을 그의 외투 속에 숨긴 채로 집을 떠나는 것을 보았다.)

위와 같은 해석에서는 (40)의 추론이 적절하다는 결론을 얻을 수 없는데, 분석의 통일성에 따라 'Brutus leave the house with a knife hidden under his coat'와 'Brutus leave the house with Livia's wedding gift hidden under his coat'는 반드시 서로 다른 사건유형으로 간주되어서 (40)은 정확한 추론을 얻지 못하게 된다.

---

20 역주: Frege는 복합표현의 외연은 그 성분들의 외연에서 도출된다고 보았다(『언어학사전』, 2000: 429에서 인용). 즉 Frege는 의미의 합성성(compositionality)을 주장하였다. 하지만 명제 P가 참 혹은 거짓이라는 어떤 사람의 믿음(belief)을 표현하는 문장에서 P의 진리치는 전체 명제의 진리치에 영향을 미치지 못하며, 또한 일상언어의 많은 복합문장들도 비외연적(non-extensional)이다(『언어학사전』, 2000: 429에서 인용). 이를 본 논문의 예문 (40)에 적용해본다면, (40a)에서 내포문('Brutus leave the house with his knife hidden under his coat')에 포함된 명제가 참인가 거짓인가는 전체 문장("Poppaea saw Brutus leave the house with his knife hidden under his coat.")의 진리치에 영향을 주지 않아서, 내포문에 포함된 'his knif'가 설사 Poppaea가 본 것과 달리 실제로 Brutus의 칼이 아니라 하더라도 참이 될 수 있다는 것이다.

Barwise의 장면이론, 데이빗슨 이론, 신-데이빗슨 이론 중에서 지각보고문장을 가장 잘 설명한 것이 무엇이든 간에, 이 이론들 모두 사건을 기반으로 한 이론적 틀을 사용하여 관련 현상을 설명하고자 하였으며, 이를 통해서 사건논항 존재의 필요성을 확립하였음은 분명한 사실이다.

4. 결론

본 논문에서는 의미론의 이론적 틀 가운데 사건기반 의미론을 간단히 소개하였다. 그 가운데 어떠한 분석방법이 가장 뛰어난지에 대한 평가는 일단 접어두고서라도, 사건논항이 분명 존재한다는 사실에 대해서는 반드시 동의해야 할 것이다. 여기에서 꼭 짚고 넘어가야할 것은, 편폭의 제약으로 본 논문에서는 사건논항의 몇 가지 특징, 사건 분류 방법, 사건논항의 이용에 있어서의 문제 등과 관련된 내용을 다루지 못했다는 점이다. 동시에, 앞의 논의에서도 사건과 상태라는 두 개념을 명확히 구분하지 않았는데, 일부 논의에서는 (31c)처럼 사건논항이 적용된 것이 실제로는 일종의 동태적 상태가 되는 예를 포함하기도 한다.

사건기반 의미론을 중국어에 어떻게 응용하며, 또한 어떻게 실현되는지에 대해서는 향후 더 깊이 있는 연구가 진행되어야 할 것이다.

제7장 형식화용론과 외축이론
- 명시와 중국어 결합가 연구의 관계를 함께 논함[*] -

    화용층위에 속하는 현상, 과정, 원칙 및 맥락[1]적 요소에 대한 형식화 묘사, 더 나아가 자체적으로 체계가 정립된 형식화용론(formal pragmatics)과 전산화용론(computational pragmatics)[2]의 이론적 틀에 대한 연구는 참신한 과제였으나 양적인 측면에서 본다면 언어학계의 성과는 논리학과 인공지능 영역에서 이뤄낸 유사한 연구 성과에 훨씬 미치지 못한다. 대부분의 연구는 인지과학의

---

[*] 이 장은『중국어문논역총간』제39집(2016)과『중국어문논역총간』제40집(2017)에 발표된 자료를 수정 및 보완한 것이다.
역주: 이 장의 저자는 원문에서 다음과 같이 사사하였다. "作者感谢本书主编刘丹青先生对本章初稿提出宝贵的修改意见!"

[1] 역주: '맥락'은 '语境'을 가리키며 '문맥'으로 번역되기도 한다. 화용론 관련 서적 및 논문에 사용된 용어를 살펴보면 '문맥'과 '맥락' 모두 자주 쓰이는 것을 알 수 있다. 여기서는 기존의 적합성이론 및 외축과 관련된 논문에서 사용된 예에 따라 '语境'을 일괄적으로 '맥락'으로 번역했음을 밝힌다.

[2] 역주: 전산화용론(computational pragmatics)은 맥락적 설명이 필요한 언어현상을 연구할 뿐 아니라 언어현상과 맥락 사이의 관계를 조사하는 전산언어학의 새로운 하위 분야이다. 전산화용론에서는 언어적 측면과 맥락적 측면 사이의 관계를 어떻게 계산할 것인가에 대해 가장 관심을 가진다. 여기에는 두 가지 측면이 존재하는데 첫째 언어 표현이 주어졌을 때 부호화된 맥락 정보를 어떻게 효과적으로 '해독'하는가에 대한 문제이다. 둘째, 언어의 생성을 고려할 때 맥락의 관련 속성이 주어지면 생성될 언어 표현의 관련된 속성을 어떻게 계산할 것인가의 문제이다. (H. Bunt & W. Black[2000], The ABC of Computational Pragmatics. In H. Bunt & W. Black(eds.) Abduction, Belief and Context in Dialogue: Studies in computational pragmatics. Amsterdam: Benjamins. 3쪽 참고)

발전에 따라 이루어졌으며 형식언어학 이론과 응용논리의 빠른 발전 덕분에 가능했다. 현재 연구의 추세를 살펴보면 다음과 같다. 추론의화용론(inferential pragmatics)내 각 유파 이론에 대한 형식화 연구가 있으며 맥락에 대한 형식화 묘사 연구가 있다. 담화표상이론(DRT)[3]은 연구 대상을 의미 현상에서 화용 현상으로 확장시켰으며 최적성이론(optimality theory)에서도 화용 문제를 다루었다. 또한 게임이론(game theory)[4]을 기초로 만들어진 형식화용이론, 적합성 논리(relevance logic, 혹은 연관논리로 번역됨), 결정이론(decision theory)[5], 귀

---

3   역주: Kamp & Reyle(1993)에서 제시된 담화표상이론은 대화에 참여하는 청자와 화자가 언어표현을 듣고 머릿속에 그리는 심적 표상(mental representation)을 나타낸다. 이 담화표상이론은 통사적 단계, 담화표상구조단계, 그리고 해석단계 등 크게 3단계로 구성되어 있는데 이 중 담화표상구조단계는 언어표현의 해석에 필요한 명사 간의 조응관계, 함의관계, 영역 관계 등을 나타낸다. (정소우[1996], 「담화표상이론에서의 접근가능성에 대하여」, 『담화와 인지』 제2권, 91쪽 참고)

4   역주: 게임이론(game theory)은 게임적인 상황 하에서의 인간의 행동을 수리적으로 접근한 이론이다. 게임적인 상황이란 나의 선택이 타인에게 영향을 미치고 그로 인한 타인의 행동 변화가 다시 나의 결과에 영향을 미치게 되는 상호의존적 상황을 말한다. J. von Neumann과 O. Morgenstern(1944)이 『Theory of Games and Economic Behavior』라는 책에서 게임이론의 기초를 제시한 이래로 이 이론은 경제이론에서 필수불가결한 분석도구로 자리잡게 되었으며 경제현상 뿐 아니라 다양한 사회현상을 설명하는 포괄적인 이론으로 발전하였다. 게임이론을 화용론에 접목한 게임이론적 화용론(game theoretic pragmatics)은 Parikh(1991)의 「A game-theoretic account of implicature」에서 시작한 것으로 보인다. Parikh(1991)은 게임이론의 중요한 개념 중의 하나를 전략적 추론이라고 보고 일정한 담화 상황에서 제한된 정보를 가지고 있는 합리적 행위자가 최소한의 비용으로 최대의 보수를 얻을 수 있는 결정을 내리는 과정을 분석하였다. (김완진[2005], 「경제적 합리성과 게임이론」, 『철학사상』 제20권, 28쪽, 전요한[2017], 「화용론의 게임이론적 접근(Game Theoretic Pragmatics)에 대한 고찰」, 『담화-인지언어학회 학술대회 발표논문집』, 189쪽 참고)

5   역주: 인간은 문제 상황에 대한 인식과 선택 가능성이 있는 대안들의 결과를 반영하여 합리적 선택을 하는 논리적 장치를 만들 수 있는데 이러한 결정을 위한 일반적인 이론을 결정이론(decision theory)이라고 한다. 결정이론의 연구 방법으로는 합리적 행위자라는 모형을 설정한 후 수학적, 논리적 귀결에 따르는 행위를 권장하고자 하는 이론적 접근 방법이 있으며 주로 철학, 수학, 통계학에서 활용된다. 또 다른 방법으로는 실제 사람들이 어떻게 무엇을 결정하는가를 그대로 묘사하고자 하는 접근방법으로 주로 심리학, 사회학에 이용된다. (우정규[1996], 「결단 이론의 논점과 응용 영역」, 『철학』 제47권, 241쪽 참고)

추추론(abductive inference)[6] 등 논리 측면에서 나타난 이론들과 체화된대화형에이전트(embodied conversational agent)[7]의 시뮬레이션대화를 위한 형식화용론 연구 등이 있다.[8] 형식화용론은 지금까지 연구 범위도 명확하지 않을 뿐더러 공인된 연구 목적과 연구 절차도 없지만 연구 성과와 논문은 상당히 많다. 그러나 현재의 연구는 언어학, 전산과학, 논리학, 인공지능과 같이 각기 다른 여러 분야에서 이루어진 것으로 독자적 연구에 따른 특수성 때문에 학제간의 교류와 포괄성이 부족한 편이며 이러한 아쉬움은 발표된 논문에서도 여실히 드러난다. 그러므로 현 단계에서는 기존의 성과를 전부 아우르면서도 형식화용론 연구자들이 모두 인정할만한 형식화 체계를 통합해내기 어렵다.[9] 이 책에 수록된 다른 주제들을 고려할 때 우리[10]는 여기서 화용형식화에 대한 각종 연구를 전반적으로 논평하고자 하는 것이 아니다. 여기에서 논하고자 하는 주제는 상대적으로 매우 협소하고 구체적이다. 본고는 적합성이론(relevance theory) 중 '외축

---

6   역주: 귀추추론은 Peirce(1931)에 의해서 최초로 제안되었으며 '최선의 설명으로의 추론(inference to the best explanation)'으로도 불린다. 연역추론이나 귀납추론과 달리 복잡한 자연 현상을 포괄적으로 설명하는 주요 논리로 간주되고 있다. (최재웅[2009], 「격률의 의도적 위반이 유발하는 함축의 귀추법적 추론」, 『언어연구』 제26권 3호, 112쪽 참고)

7   역주: 대화형에이전트(conversational agent)는 자연어를 사용하여 사용자와 에이전트 사이에서 정보를 주고받는 시스템을 말한다. 에이전트는 대화를 에이전트 수단으로 사용자의 목적과 의도를 이해하고, 그에 대한 적절한 조치 및 기능을 수행한다. 대화형에이전트는 응답이나 정보 전달의 표현 수단이나 시대에 따라 그 용어가 챗봇(chatbot), 인터페이스에이전트(interface agent), 체화된에이전트(embodied agent), 가상동료(virtual companion), 가상도우미(virtual assistant)와 같은 용어들로 표현되었다. (최혜민[2018], 『대화형 에이전트의 성능개선을 위한 사용자 발화에 관한 탐색적 연구』, 연세대학교 대학원 인지과학협동과정 석사학위 논문, 6쪽 참고)

8   이와 관련된 연구로 蔣嚴(2002)의 참고문헌 목록 외에 최근 문헌은 다음과 같은 것들이 있다: Stone(1998), Parikh(2001), Asher&Lascarides(2003), Gabbay&Woods(2003, forthcoming), Potts(2003), van Rooy(2003), Blutner&Zeevat(2004), Hobbs(2004) 등.

9   이 방면에 대해 고찰한 것으로는 Bunt(1995), Thomason(1997), 蔣嚴(2002), 呂公礼(2003)와 Hobbs(2004)가 있다.

10   본고에 출현한 제1인칭 복수형 '우리'는 학술텍스트에서 저자를 겸손하게 지칭하는 용법으로 필자 본인을 지칭한다.

(explicature)'[11]이라는 비교적 새로운 개념에 대해 형식상의 논의를 거쳐 더 명확한 정의를 내리고 외축 및 그와 연관된 화용적 과정인 '명시(explicating)[12]'의 형식적 특징을 밝히고자 한다. 더 나아가 이러한 특징이 화용론, 언어철학 및 중국어 문법 연구에 가져올 이론적인 영향력을 고찰하여 형식화용론의 체계 수립을 위한 기초를 다지고자 한다. 이를 통해 화용 현상의 형식화가 통사 의미 연구, 특히 통사, 의미와 화용의 인터페이스 연구에 어떠한 기여를 하는지 명확히 하고자 한다. 본고의 주요 결론은 20여 년 동안 진행되어 온 중국어 결합가 문법 이론 연구 성과를 참고하여 도출된 것으로 본고의 또 다른 목표는 이러한 주제에 대한 논의를 통해 어떤 한 측면에서 서구 언어학 이론과 중국어 문법 연구 모두에 귀감이 되는 전망을 제시하는 것이다.

1. 외축과 명시

포스트그라이스화용론(post-Gricean)은 Grice의 대화이론(Grice's theory of conversation)[13] 분파 중의 하나로, 직접의미(direct meaning)[14]와 암시의미 (implicated meaning) 양자의 경계에 있다. Grice는 「Logic and Conversation」 및 「Further notes on logic and conversation」(Grice 1975, 1978)에서 함축

---

[11] 역주: 'explicature'에 대응되는 중국어 용어는 '显义'이며 한국어 용어는 '명시의 미' 또는 '외축'이다. 여기에서는 '함축'에 대응되는 의미로 '외축'으로 번역하였다.

[12] 역주: 'explication'은 일반적으로 '명시화'로 나타낸다. 명시화(explication)는 번역 과 관련되어 사용된 용어로 '번역된 텍스트는 번역되지 않은 텍스트보다 더 명시적 (explicit)인 경향이 있다'를 나타낸다. 원문에서는 '显谓(explicating)'로 표현되었 으므로 여기서는 '명시'로 번역하였다. 조의연[2011], 「영한 번역과정에 나타난 외 축의 명시화: 비대칭 'and' 접속 구문의 화용의미 분석」, 『번역학 연구』 제12권 2호, 186쪽 참고)

[13] Grice의 대화이론은 당연히 대화라는 언어적 의사소통 현상에만 적용되는 것은 아 니다. Grice가 나타내고자 한 것은 인간의 의도적인 현시적 의사소통(intentional ostensive communication)의 필요충분조건 혹은 보편 원칙이다.

[14] '직접의미'는 중성적 용어로서 여기에는 어떠한 이론적 성향도 존재하지 않는다. 각 이론마다 모두 이에 해당하는 각자의 대응 용어가 있으며 지칭 범위 또한 각기 다르다.

(implicature)[15]의 개념과 생성 기제 그리고 그 분류 기준을 제시했다. Grice의 협력원칙(The Cooperative Principle), 대화격률(maxims of conversation) 그리고 각종 함축으로 구성된 3원 체계에서 화자의 발화(utterance)[16]가 특정한 맥락 속에서 구체적인 대화격률에는 위배되지만 전체적으로 협력원칙을 지킬 경우 청자는 화자가 전달하고자 하는 특정대화함축(particularized conversational implicature)을 추론해 낼 수 있다. 한편, 화자가 양의격률(The Quantity Maxim)을 위반하지 않았거나 최소한 양의격률 준수 여부와 관련하여 청자가 의심할 이유가 없다고 단정한 경우[17] 발화 속에서 일반대화함축(generalized conversational implicature)을 추론할 수 있다.[18] 발화 층위에서 대화격률에 의해 얻어진 이 두 가지 비진리조건적의미(non-truth-conditional meaning) 외에 어구의 진리조건에 영향을 주지 않는 특정 단어의 어휘의미를 Grice는 고정함축(conventional implicature)이라고 불렀다. 이 몇 가지 함축을 Grice는 '함축된것(what is implicated)'이라고 했으며 그것과 상대적인 직접의미를 '말해진것(what is said)'이라고 했다. 말해진것은 Grice의 체계 가운데 언어의 부호화된 내용 외에 지시대상부여(reference assignment)와 중의성해소(disambiguation)와 같은 화용적 추론과 관련 있을 뿐 대화격률과는 관련이 없다. 말해진것은 발화의 진리조건적의미(truth-conditional meaning)를 구성한다. 이 외에 추론이 필요한 기타 내포의미는 일괄적으로 함축

---

15 '함축(寓义)'은 중국어로 '舍义', '舍意' 등으로 번역되기도 한다.

16 여기서는 '발화'를 '话句'로 나타냈으나 '话语', '话段', '语句' 등으로 번역되기도 한다. '발화'란 의사소통 표현의 기본 언어 단위로서 대략 '문장'에 해당하며 실제 사용되는 문장을 가리킨다.

17 이 자체 또한 협력원칙이 준수되었음을 전제한다.

18 역주: Grice에 의하면 발화 속에 담긴 함축적 의미는 언어적 표현의 의미 때문에 고정적으로 발생하는 고정함축(conventional implicature)과 맥락에 따라 의미가 달라지는 대화함축(conversational implicature)으로 분류할 수 있다. 여기서 대화함축은 다시 특정한 맥락상황과 관계없이 전형적 해석을 도출하는 일반대화함축(generalized conversational implicature)과 특정한 맥락에서만 일어나는 특정대화함축(particularized conversational implicature)으로 나뉜다. (정혜인[2017], 『외축(Explicature)을 통한 발화의 화용적 이해』, 충남대학교 대학원 영어영문학과 박사학위논문, 11쪽 참고)

으로 처리되며 발화의 비진리조건적의미(non-truth-conditional meaning)에 속한다.

심화된 논의에 들어가기에 앞서 미결정논제(the Underdeterminacy Thesis)[19]라는 하나의 가정을 제시하고자 한다. 미결정이라는 것은 의사소통 시 발화 자체가 완전하면서도 정확한 의미를 제공하지 못해 발화를 통해 진정으로 전달하고자 하는 명제를 원시논리식이 직접적으로 확립해 주지 못함을 가리킨다. 청자는 발화가 제공하는 부호화된 정보로부터 구체적인 맥락에 근거하여 추론을 해야만 비교적 정확하게 화자의 의도를 이해할 수 있다. 화자 입장에서는 맥락정보 및 그에 수반된 각종 인지적효과가 있으므로 말하거나 글을 쓸 때 간결하고 모호한 표현을 사용하더라도 상대방은 자신이 말하는 내용을 이해할 수 있고 암시의미를 추론해 낼 수 있다고 확신한다. 화자와 청자 모두 정상적 이성의 소유자들이고 화용적 추론 능력이 있다면 언어적 의사소통은 이러한 부호화→부호해독+추론의 혼합 모형으로 실행될 수 있다. 이러한 시각에서 볼 때 화용론에서 소위 직접의미와 암시의미는 모두 추론을 통해 얻어진 맥락화된 의미로서 고립된 어구를 조합하여 발전(development)시킨 것이거나 혹은 다방면으로 여러 층위의 의미를 추론해 낸 결과이다. 직접의미와 암시의미의 차이는 다음과 같다. 직접의미의 논리식은 발화 자체의 원시논리식과 유사하여 동일한 그룹 심지어 동일한 명제에 속하며[20] 이 둘은 형식상 단선적 발전이 가능하다. 그러나 암시의미의 논리식은 발화의 논리식과 완전히 달라서 전혀 다른 명제를 나타낸다.

Grice의 의미에 대한 분류는 신그라이스학파(the Neo-Griceans) 및 기타 의미, 화용론 연구자들에 의해 계승되었으나 적합성이론 및 일부 언어 철학자들에

---

19 '미결정논제'는 적합성이론에서 사용되는 용어이지만, 그 기본 내용은 추론의화용론에서도 이미 일반적으로 받아들여진 것이다.

20 원시논리식 자체가 완전하지 않다면 발전을 거쳐 완전한 논리식을 도출할 수 있으며 둘 다 같은 명제에 속한다. 만약 원시논리식이 완전하지만 이를 더욱 완전하게 발전시킨 논리식이 있다면 이 둘은 각각 유사한 명제에 속하며 후자가 전자에 비해 더 구체적이라고 할 수 있다. 자세한 내용은 이후 이어지는 논의를 참고하기 바란다.

의해 비난을 받기도 했다. 여기에서는 적합성이론 학파 중 한 사람인 Carston이 자신의 논저에서 제시한 주요 논점(Carston 1988, 1995, 2000, 2002)에 대해 집중적으로 소개하고자 한다. Carston은 발화 자체 명제를 확립하는 추론 과정에서 지시대상부여와 중의성해소 외에도 다른 발전 과정이 존재한다고 했는데 그 방법이 다양하고 자주 응용되어 신뢰할만하다고 했다. 발화 자체의 직접명제를 확립할 때 발화마다 미결정적인 부분이 존재하므로 모두 발전이 필요하다. 이러한 의미에서 볼 때, Grice의 '말해진것'은 너무 단순하여 실제로 결코 존재할 수 없다. 그러므로 적합성이론에서 제시한 '외축(explicature)'이라는 완전히 새로운 용어가 Grice의 '말해진것'을 대신하게 되었다.[21] '외축'이라는 개념은 원래 명시적인(explict)이라는 형용사에서 유래된 것이다. 적합성이론의 창시자인 Sperber & Wilson은 『Relevance: Communication and Cognition』이라는 책에서 '명시적인'에 대한 정의를 다음과 같이 내렸다. "어떤 발화 U에 의해 전달되는 상정내용은 그 발화 U에 의해 부호화된 논리형식을 발전시킨 것일 때에만 명시적이다."[22] (Sperber & Wilson 1986[23]/1995:제4장). Blakemore의 『Understanding Utterances: An Introduction to Pragmatics』[24](Blakemore 1992:

---

21 '외축'(explicature)'과 '명시(explicating)'의 영문명은 Grice가 처음 창시한 '함축(implicature)'과 '암시(implicating)'를 본떠서 만들어진 것이다. 정식 출판된 문헌 중에서 적합성이론의 경전과도 같은 Sperber와 Wilson이 공저한 『Relevance: Communication and Cognition』(Sperber & Wilson 1986/1995)의 제4장에 처음 출현하였다. 외축에 대해 전문적으로 연구한 Carston의 유명한 논저(Carston 1988)는 그 후 몇 년 지나서 발표되었다.

22 역주: 이 정의의 원문은 다음과 같다.
explicature: An assumption communicated by an utterance U is explicit [hence an 'explicature'] if and only if it is a development of a logical form encoded by U. (Sperber, Dan. & Wilson, Deirdre[1986]. *Relevance: Communication and Cognition*. Oxford: Blackwell, Second Edition, 182쪽 참고)

23 역주: Sperber와 Wilson이 공저한 『Relevance: Communication and Cognition』은 한국에서 1993년에 『인지적 화용론: 적합성 이론과 커뮤니케이션』(김태옥, 이현호 역, 서울: 한신문화사)이라는 제목으로 출판되었다.

24 역주: 원문에서는 '关联语用学教科书'로 되어 있는데 실상 Blakemore의 『Understanding Utterances: An Introduction to Pragmatics』를 가리킨다. 이 책은

제4장)에서는 Sperber & Wilson이 『Relevance: Communication and Cognitio n』에서 내린 외축의 간략한 정의에 대해 "'외축'은 충실한 발화의미표현식의 결과"라고 했다. Carston(2002:부록1)에서 제시한 정의는 인지적 경향이 더욱 강하다. 그는 "'외축'은 발화의 부호화된 불완전한 개념표상(논리식)에서 추론 되어진 직시행위(ostension) 방식으로 전달된 상정[25]"이라고 했다.

이 세 가지 정의는 대동소이한데 모두 모호한 것이 특징이다. 더욱 자세하게 정의를 내리지 못하는 이유 중 하나는 외축의 종류가 너무 복잡해서 더 이상 상세하게 묘사할 수 없기 때문이다. 다음은 적합성이론 논문에서 논의되었던 외축의 발전 유형이다.[26][27]

1.1. 중의성해소(disambiguation)[언어표현식의확정(linguistic expression identification)]

발화에서는 두 개 혹은 그 이상의 논리식을 얻을 수 있으나 맥락정보에 의해 그중 하나를 선택한다.

Sperber & Wilson의 적합성이론의 관점에서 화용론을 소개하였다.

[25] 역주: 이 정의의 원문은 다음과 같다.
explicature: an ostensively communicated assumption which is inferentially developed from one of the incomplete conceptual representations (logical forms) encoded by the utterance. (Compare with 'implicature') (Carston[2002]. *Thoughts and Utterances: the Pragmatics of Explicit Communication*. Oxford: Blackwell, 377 쪽 참고)

[26] 예문은 Carston의 몇몇 논저에서 인용했으며 서술형식상 약간의 변동은 존재한다. 그 외 예문 특히 예문(23), 예문(25)와 같은 중국어 예문은 필자의 것이며, 예문(1)과 같이 중국어 문법연구에서 자주 사용되는 예문도 있다. 더 많은 예문과 이에 대한 논의는 Blakemore(1992:제5장)를 참고하기 바란다.

[27] 역주: 번역문의 가독성을 높이기 위해 필자의 중국어 번역문을 한국어로 번역하였 으며 설명이 필요한 특별한 경우에 한해서 중국어 번역문을 각주를 이용하여 다시 나타냈다.

(1) a. He was writing advertisements on the train.

"그는 기차에(서) 광고를 쓰고 있었다." ⇒^{28}

b. Standing on the platform, he was writing advertisements onto the train.

"그는 플랫폼에 서서 기차 위에 광고를 쓰고 있었다."

(또는)

c. On the train, he was writing advertisements(e.g. with his notebook pc).

"그는 기차에서 (자신의 노트북으로) 광고를 쓰고 있었다."

(또 다른 해석이 존재할 수도 있다.)

1.2. 지시대상부여와 기타 포화과정(saturation process)

발화 내에 변항이 있어서 완전한 명제를 얻지 못하면 논리식 중 자유변항 (free variable)에 대한 할당이 필요하다. 대명사의 지시대상부여가 여기에 해당 되며 대용어(anaphora)와 지표어(indexicals)에 대한 할당으로 나타난다. 한편 지표특징을 수반한 준지표 구조로 처리되는 많은 표현식들이 이처럼 포화되면 서 더 완전한 의미를 나타낼 수 있다.^{29}

(2) a. She put it there.

"그녀가 그 물건을 거기에 놓았다."[대용어와 지표어의 할당]⇒

b. Mary put the book on the table.

"Mary가 책을 탁자 위에 놓았다."

(3) a. Jasmine tea is better. [than what?]

"재스민차가(~ 보다?) 낫다."[준지표 표현식]⇒

b. Jasmine tea is better than lemon tea.

"재스민차가 레몬차보다 낫다."

---

28 '⇒'는 본고에서 '다음과 같은 외축으로 발전되다'를 의미한다.

29 포화는 생략성분의 복원도 포함한다. 1.3.의 C. 미완문장적발화 부분의 첫 번째 논 의를 참고하기 바란다.

(4) a. It's the same.[as what?]

"이것은 (~과?) 똑같다."[준지표 표현식]⇒

b. Coke is the same as Pepsi.

"코카콜라는 펩시콜라와 똑같다."

(5) a. He is too young.[for what?]

"그는 (~하기에?) 너무 젊다."[준지표 표현식]⇒

b. He is too young for the post.

"그는 이 자리에 앉기에 너무 젊다."

(6) a. It's hot enough.[for what?]

"이것은 (~에 쓰이기에?) 충분히 뜨겁다."[준지표 표현식]⇒

b. It's hot enough for bath.

"이 물은 샤워하기에 충분히 뜨겁다."

(7) a. The winners each get £ 100.[winners of what?]

"(~의) 승자는 각각 100 파운드를 받는다."[준지표 표현식]⇒

b. The winners of the crossword puzzle competition each get £100.

"십자말풀이 대회의 승자는 각각 100파운드를 받는다."

(8) a. I like Sally's wedding gown.[wedding gown in what relation to Sally?]

"나는 Sally의 (구체적으로 ~한?) 웨딩드레스를 좋아한다." [준지표 표현식]⇒

b. I like the wedding gown that Sally designed.

"나는 Sally가 디자인한 웨딩드레스를 좋아한다."

1.3. '자유' 의미보충('free' enrichment)

어떤 발화가 완전한 명제를 나타낸다 하더라도 그 의미가 구체적 의사소통 상황에서 여전히 미결정적인 경우 의미보충이 필요하다. 또한 독립적으로 사용되었지만 구조가 완전하지 않은 경우에도 의미보충이 필요하다. 이들의 공통점은 의미보충의 방식이 문장구조의 영역을 벗어나 이루어지는 것처럼 보인다는 것인데 이를 다음과 같은 몇 가지로 나누어 볼 수 있다.

A. 원래발화가 나타내는 것은 명확하고도 쉽게 알 수 있는 보통명제로, 정보량도 없고 적합성도 없는 경우이다. 이 경우 명시과정을 거쳐 의미보충이 이루어진다.

(9) a. It'll take time for your knee to heal.
"당신의 무릎이 회복되는 데는 시간이 걸릴 것이다."[다쳤다면 당연히 시간이 지나야 회복될 수 있다] ⇒
b. It'll take quite a long time for your knee to heal.
"당신의 무릎이 회복되는 데는 아주 긴 시간이 걸릴 것이다."

(10) a. Ralph drinks.
"Ralph는 마실 수 있다"[사람마다 모두 액체를 마실 수 있다] ⇒
b. Ralph drinks alcohol(habitually).
"Ralph는 술을 잘 마신다."[30]

(11) a. Emily has a temperature.
"Emily는 열이 있다"[인간의 피부는 다 열이 있다] ⇒
b. Emily has a high temperature.
"Emily는 고열이 있다."

(12) a. He's a person with a brain.
"그는 두뇌가 있는 사람이다."[인간은 모두 두뇌가 있다]⇒
b. He's a person with a good brain.
"그는 똑똑한 두뇌를 가진 사람이다."

(13) a. Something has happened.
"무엇인가가 일어났다."[세계 도처에 일이 발생하고 있으므로 크게 놀랄만한 일이 아니다] ⇒
b. Something of an untoward sort has happened.
"큰 일이 일어났다."

B. 더욱 다양한 자유의미보충: 원래발화의 의미가 새로운 정보를 지닌 명제

---

30 이를 "Ralph는 술을 잘 마신다.(拉尔夫是很能喝酒的)"로 번역한 것은 동등한 명시과정을 반영하기 위함이며 원문과 완전히 같은 의미는 아니다.

를 표현하기에 충분하나 논리적 혹은 이치적으로 더욱 완전한 명제의미를 얻기 위하여 추가로 의미보충하는 경우를 가리킨다.

(14) a. Jack and Jill went up the hill.
      "Jack과 Jill은 언덕에 올랐다." ⟹

   b. Jack and Jill went up the hill together.
      "Jack과 Jill은 함께 언덕에 올랐다."['방식'에 대한 의미보충]

(15) a. He ran to the edge of the cliff and jumped.
      "그는 절벽 끝으로 달려가 뛰었다." ⟹

   b. John ran to the edge of the cliff and jumped over the cliff.
      "John은 절벽 끝으로 달려가 절벽 아래로 뛰었다(절벽이 있는 그 자리에서 뛴 것이 아니다)."['방향'에 대한 의미보충]

(16) a. Sue got a Ph.d. and became a lecturer.
      "Sue는 박사 학위를 받고, 강사가 되었다." ⟹

   b. Sue got a Ph.D. and then became a lecturer.
      "Sue는 박사 학위를 받고, 그 후에 강사가 되었다."['시간 순서'에 대한 의미보충]

(17) a. Mary left Paul and he became clinically depressed.
      "Mary가 Paul을 떠나고 그는 우울증에 걸렸다." ⟹

   b. Mary left Paul as a consequence he became clinically depressed.
      "Mary가 Paul을 떠나고, 그는 이로 인해 우울증에 걸렸다."['인과관계'에 대한 의미보충]

(18) a. She took out her gun, went into the garden and killed her boss.
      "그녀는 그녀의 총을 꺼내서 화원으로 가서 사장을 죽였다." ⟹

   b. She took out her gun, went into the garden and killed her boss with the gun in the garden.
      "그녀는 그녀의 총을 꺼내서 화원으로 가서 화원에서 그 총으로 사장을 죽였다." ['장소, 도구'에 대한 의미보충]

(19) a. I'll give you £ 10 if you mow the lawn.
      "만약 네가 잔디를 깎는다면, 나는 너에게 10파운드를 주겠다." ⟹

   b. I'll give you £ 10 if and only if you mow the lawn.
      "만약 네가 잔디를 깎는다면, 나는 너에게 10파운드를 줄 것이고 그

렇지 않으면 주지 않겠다."['조건관계'에 대한 의미보충]

(20) a. John has four children.
          "John에게는 4명의 아이가 있다." ⟹

      b. John has exactly four children.
          "John에게는 정확히 4명의 아이가 있다."['수치'에 대한 의미보충]

(21) a. There were 50 people in the queue.
          "이 줄에는 50명이 서 있다." ⟹

      b. There were approximately 50 people in the queue.
          "이 줄에는 대략 50여 명이 서 있다."['수치'에 대한 의미보충]

C. 미완문장적발화(subsentential utterances)[31][32]: 발화에 사용된 구조가 통사적으로 불완전한 경우를 말한다. 어떤 경우는 생략으로 인하여 논리식에 빈자리가 있어 이전 문장으로 복원하기가 쉽다. 이는 의미보충의 하위 범주에 속한다. 그러나 일부 불완전한 구조는 발화의 시발구로서 생략구조와 다르며 이러한 문장을 의미상 모두가 받아들일만한 완전한 문장으로 복원할 수 있는 공통된 지식을 청자가 갖기는 힘들다. 후자의 상황에서 아직 출현하지 않은 성분을 '발화되지않은구성성분(unarticulated constituent)[33]'으로 부르는데 이는 생략된 성분과는 다른 것으로서 자유의미보충의 하위 범주에 속한다. 여기에서는 두 번째 예만 들도록 하겠다.

---

31 중국어 용어는 赵元任(1968)에서 나온 '零句(minor sentence)'이다. 여기서 '零'은 '畸零(나머지)', '零碎(자질구레한 것)'라는 의미이다.

32 역주: 'subsentential utterances'는 '미완문장적발화'이다. (이성범, 홍승진[2009], 「생략적 발화의 화용적 기능」, 『담화와 인지』 제16권 1호, 76쪽 참고)

33 역주: 발화되지않은구성성분(unarticulated constituent)은 명제요소로서 문장의 표면 형식에도 나타나지 않고 논리형식 단계에서도 명시적으로 나타나지 않지만 문장이나 표현의 (적절한) 의미를 파악하기 위해 해석되어야 하는 것을 가리킨다. (Borg, E. G. N. [2005]. Saying what you mean: Unarticulated constituents and communication. In: Elugardo, R. and Stainton, R.J. (eds.) *Ellipsis and non-sentential speech*. Dordrecht, The Netherlands, 237쪽 참고)

(22) a. Water.

　　　　"물"[탈수상태에 빠질 정도로 목마른 사람이 구하러 온 사람에게 말한다] ⟹

　　　b. Give me water/I want some water./Get me some water./I want to buy some water./...

　　　　"물 좀 주세요/물을 마시고 싶어요/제게 물 좀 갖다 주세요/저는 물을 사고 싶어요/"

(23) a. A torch. A torch.

　　　　"손전등. 손전등."[대학생 채용 박람회에서 지원자가 행사장을 가득 메우자, 여직원들이 한 목소리로 사장에게 이렇게 외쳤다]⟹

　　　b. Get a torch/Use a torch/You need a torch

　　　　"손전등을 찾으세요/손전등을 들어요/당신은 정말로 손전등을 사용할 필요가 있어요(—마치 극장의 좌석 안내원처럼)"[함축: 오늘 채용 박람회가 성공적으로 개최되었다]

(24) a. Michael's dad.

　　　　"Michael의 아버지"[화자와 청자는 얘기하고 있는 그 사람이 대문으로 걸어 들어오는 것을 보고 있다] ⟹

　　　b. This is Michael's dad/The man entering the gate is Michael's dad/The man we are looking at is Michael's dad.

　　　　"이 분이 Michael의 아버지이시다/오시는 분이 Michael의 아버지이시다/우리가 본 사람이 Michael의 아버지이시다."

1.4. 임시개념구축(ad hoc concept construction)

단어가 기본 용법을 벗어난 의미로 사용되었으나 다의 현상에 속하지 않을 경우, 맥락과 관련된 개념의 적용 범위를 확대하거나 축소할 필요가 있다. 이를 개념조정(concept adjustment)이라고 한다.

(25) A *tired* tapas is worse than anything.

　　　[해석: 타파스(tapas)는 스페인의 에피타이저로 타파스를 만든 후에 오래 놓아두면 신선함이 사라지므로 '피곤하다'라고 한 것이다. 해석할 때 '피곤하다'라는 개념에 대한 조정이 필요하다. 그 주요 의미 특징인 '피

곤하다'를 버리고 '힘이 없다', '기력이 없다'와 같이 그 결과를 부각시켜야 한다. 그렇게 함으로써 '기력이 없음', '신선하지 않음'의 임시 의미를 파생시킬 수 있다]

(26) Ugh, this custard is *raw*.

[해석: custard는 간식으로 먹는 커스터드를 가리킨다. 커스터드를 만들 때에는 계란과 우유에다가 물을 부은 후 가스레인지에 올려 저으면서 끓인다. 이 때 위와 같이 말한다면 그 말의 의미는 커스터드가 익지 않았다는 것이 아니라 적절한 점도를 지니기까지 끓이지 못했다는 것을 의미한다]

(27) 牛排太老了。

[해석: '老'는 지나치게 구웠음을 나타낸다. 화자의 기호에 근거하여 현재 상태를 말한 것으로서 스테이크 자체의 나이를 가리키는 것이 아니다]

(28) 想听古典音乐吗? "古典调频"全天为您不间断放送!

[해석: 여기에서 '중단되지 않고(不间断)'는 융통성 있게 해석할 필요가 있다. 왜냐하면 음악과 음악 사이에 사실 광고가 삽입됐기 때문이다. '중단되지 않고'는 방송된 음악이 전부 클래식 음악이며 다른 음악은 없었다는 것을 나타낸다]

1.5. 상위외축(higher-level explicatures)의 유도

화자는 발화의 기본명제의미와 관련된 기본외축(base-level explicatures)을 표현함과 동시에 화행(speech act)을 실행하거나 말하는 내용에 대한 자신의 명제적태도(propositional attitude)를 표출한다. 논리의미를 표현할 때 종종 이러한 의미 표현을 기본발화 위에 있는 내포(embedding)구조로 나타낸다. 이러한 구조가 부호화된 내용으로 실제 발화 가운데 출현했는지 여부와는 상관없이 말이다. 화행이나 명제적태도, 기타 관련된 기본외축에 대해 평가하는 것을 상위외축이라고 한다. 상위외축은 드러날 수도 있고 드러나지 않을 수도 있다. 발화의 부호화된 의미만으로는 완전하게 나타나지 않으므로 종종 추론을 통해서 보충해야 한다.

(29) a. Buy some milk.
          "우유 좀 사라." ⇒
      b. The speaker requests the hearer to buy some milk.
          "화자가 청자에게 우유를 좀 사기를 요구한다."

(30) a. Frankly, I'm unimpressed.
          "솔직하게 말해 나는 감동받지 않았다." ⇒
      b. I tell you frankly that I'm unimpressed.
          "나는 당신에게 내가 감동받지 않았다고 솔직하게 얘기한다."

(31) a. Regrettably, Mary's son failed the exam.
          "유감스럽게도 Mary의 아들은 시험에 통과하지 못했다." ⇒
      b. It is regrettable that Mary's son failed the exam.
          "Mary의 아들이 시험에 통과하지 못한 것이 유감스럽다."

지금까지 적합성이론 특히 Carston의 논문 중 외축의 유형에 대한 정리와 설명에 대해 간략하게 살펴보았다. 적합성이론에서는 외축을 매우 간단하게 정의하여 외축 유형 사이의 관계에 대해서 심도 깊게 다루지 못했으며 그 범위도 분명치 않아 상황에 따라 바뀌는 느낌이다. 그러므로 외축 개념에 대해 좀 더 심도 깊은 논의가 필요하다. 다음 절에서 외축의 특징에 대한 Carston의 개괄적인 설명을 살펴보고자 한다.

2. 외축의 특징

Carston(1988, 1995, 2002)의 논증의 흐름을 따라가다 보면 다음과 같이 정리할 수 있다. 발화는 그 자체에 문자적의미(literal meaning) 즉 직접의미도 있을 수 있고 파생의미도 있을 수 있다. 전자는 적합성이론에서 제시한 외축이고 후자는 적합성이론에서 새롭게 경계를 확정한 함축이다. 양자는 각각 두 개혹은 두 그룹의 다른 명제이다. 즉 외축과 함축은 서로 독립적이며 화용적 추론 과정에서 독립된 전제의 자격으로 추론에 참여하므로 외축 안에 함축이 있고, 함축 안에 외축이 있을 수 없다. 이것이 바로 외축과 함축을 구분하기 위해 Carston이 제안한 기능적독립(functional independence)원리이다. 일부 화용론

이론에서처럼 화용적 추론을 사용한다면 분명 함축을 도출할 수 있을 것이다. 그렇다면 위에서 든 수많은 상황에서 유도된 의미는 함축에만 속하게 될 것이다. 직접의미는 완전하지 못하여 완전한 명제를 이룰 수 없으며 함축 또한 부분적 심지어 전체적인 직접의미를 포함하여 양자는 동일한 전제로서 후속 화용적 추론에 참여할 것이다. 이렇게 직접의미를 희생시키는 방법은 적합성이론에서는 받아들일 수 없는데 왜냐하면 이 같은 방법은 발화에서 문자적으로 표현된 명제를 무시한 처리방법으로 문자적 명제의미가 사라지기 때문이다. 이럴 경우 발화의 진리조건적의미를 어디에서 찾을 수 있단 말인가? 그러므로 적합성이론의 각도에서 외축을 제시할 때에는 반드시 Grice가 설정한 함축 개념에 대한 수정이 뒤따라야 한다. Grice가 논하지 못한 수많은 현상이 외축에 속한다. 즉 Grice가 논한 바 있는 광의의 대화함축과 고정함축도 외축으로 다시 정의되어야 한다. 더군다나 Grice의 함축은 협력원칙과 대화격률이 있었기에 도출될 수 있었다. 그러나 적합성원리를 기본으로 하는 적합성이론에서는 이러한 산출 방법을 사용하지 않는다(본장 4.2의 논의 참고). 당연히 구체적인 현상은 구체적으로 분석해야 그 성격을 확정지을 수 있다.

기능적독립 외에도 외축은 함축과 같이 후속발화에 의해 취소되어도 모순이 일어나지 않는 취소가능성(cancellability)이 있으며 일련의 화용적 추론 절차를 통해 도출되므로 계산가능성(calculability)도 있다. 그러나 이러한 특징은 외축만 지니고 있는 것이 아니며 모든 발화의 비부호화된 의미들이 공통적으로 지니고 있는 것이다. 외축 자체에 대해서는 여전히 내용이 중복되는 몇 가지 기본 정의만 존재할 뿐이다. Carston은 외축을 의미개념이 아닌 인지화용개념으로 보았고 명시가 화용적 과정에서 적합성원칙의 제약을 받으므로 외축에 대해 더 이상 정의할 필요가 없다고 보았다. 이러한 관점을 지니게 된 원인은 기존 논문에서 외축을 원래 함축이라고 생각한 현상을 분석하는 데 사용해 왔고 분석 가운데 이미 충분한 정의가 내려져 형식적인 묘사 작업이 더 이상 필요하지 않다고 생각했기 때문이다. 그러나 우리는 외축에 대한 형식화 논의가 외축의 실제를 이해하는 데 도움이 되고 명시과정 중 적합성원칙의 구체적인 작용 방식을 이해하는 데 도움이 되며, 화용론 및 언어 철학에서 요즘 일어나고 있는

쟁론에 대해 신선한 해답을 찾는 데 도움이 되리라 생각한다.

　외축(혹은 이에 해당하는 다른 명칭의 개념)이 추론의 결과이며 발화가 원래 지닌 부호화된의미가 아니라고 한다면 외축 존재의 가능성과 필요성을 무슨 근거로 단정 지을 수 있는가? 언어철학과 화용론에서 제시한 논증은 기본적으로 반증의 형식이다. 위에서 제시한 미결정논제는 일종의 간접적인 증거이다. 만약 명시와 외축이 없다면 언어적 의사소통은 정확한 뜻을 전달할 수 없으며 진리치 또한 확정 지을 수 없을 것이다. 사실 이러한 논점 배후에는 또 하나의 가설이 숨겨져 있다. 그것은 바로 의미표상론(Kempson 1996)이다. 각 표상론의 요점을 종합해 보면 의미를 명제식으로 나타내려면 반드시 심적표상이 있어야 하며 그래야만 인간의 뇌 중추인지과정(central cognitive processes)의 계산과 추론에 참여할 수 있다. 이러한 표상은 완전한 명제 내용이 있어야 하며 생략이나 내포 성분은 용납하지 않는다. 그렇지 않을 경우 정보가 불완전함으로 인하여 연산자 추론을 할 수 없거나 잘못된 추론을 할 수 있다. Carston(2000)은 이와 관련하여 다음과 같은 예를 들었다. 그녀 자신의 신념 속에 (32)와 같은 가정이 있는 상황에서 런던에서 뉴질랜드 웰링턴에 계시는 어머니에게 전화를 걸었고 어머니는 (33)과 같이 그녀에게 말했다. 여기에서 (32), (33)과 같이 두 개의 전제가 있다 하더라도 (34)와 같은 결론을 얻을 수는 없다. 왜냐하면 (32)와 (33)이 (35)와 (36)으로 의미보충될 경우 그와 같은 결론을 도출해 낼 수 없기 때문이다.

(32)　要是下雨, 我们就不能打网球了。
　　　(비가 온다면, 우리는 테니스를 칠 수 없게 된다.)
(33)　正在下雨。
　　　(비가 내리고 있다.)
(34)　我们不能打网球了。
　　　(우리는 테니스를 칠 수 없게 되었다.)
(35)　要是今天(7月19日)上午在这里(伦敦)下雨, 我们就不能打网球了。
　　　(오늘(7월 19일) 오전에 여기(런던)에 비가 내리면 우리는 테니스를 칠 수 없게 된다.)

(36) 惠灵顿(7月19日上午)正在下雨。
      (웰링턴(7월 19일 오전)에 비가 내리고 있다.)

Recanati(1993)는 언어사용자가 직관에 근거하여 '말해진것'[이 개념은 이미 재정립되어 대체로 외축에 해당된다]을 감지할 수는 있지만 발화 원시논리식이 직접 나타낸 (불완전한) 부호화된의미에 대해서는 오히려 어떠한 느낌도 없다고 했다. 이는 일종의 직접적인 증거라고 할 수 있다. 그러나 이러한 생각 자체가 직관적이므로 논증이 필요하다.

3. 외축의 형식화 정의

이제 우리는 외축의 형식적인 특징을 밝히고자 한다. 적합성이론의 외축에 대한 기본적인 정의에 따르면 외축은 발화논리식의 발전이다. 이 정의는 외축과 함축의 근본적인 차이를 말해 준다. 논리식이 어떻게 발전되든지 간에 명시와 논리식 사이에는 언제나 포함관계가 존재한다. 외축은 언제나 원래발화논리식의 부호화된의미를 포함한다. 반면 함축은 원래발화논리식과 일치하는 부분이 전혀 없을 수도 있다. 그러나 논리식에 대한 발전인 이상 형식상으로 볼 때 거친 부분에서 세밀한 부분으로의 일련의 명시과정이 있으며 그 과정에서 외축이 생성되고 외축순서가 정해진다. 그중 의미상 가장 세밀한 외축은 그 다음으로 세밀한 외축을 논리적으로 함의(entail)하며 계속된 유추를 통하여 가장 거친단계(coarse-grained)까지 도달한다. 구체적인 화용적 과정에서 볼 때 어떤 특정한 맥락에서 의사소통에 참여하는 화자와 청자의 마음속에는 당연히 하나의 외축밖에 없다. 그러나 동일한 외축순서를 지니고 있다 하더라도 화자와 청자의 마음속의 외축은 정밀도 면에서 완전히 일치하지 않으며 근본적으로 유사할 뿐이다. 왜냐하면 화자와 청자 모두 최적의적합성을 추구하며 의미를 표현하고 이해하지만 각자 배경으로 가지고 있는 가정은 완전히 일치하지 않기 때문이다. 이 점에 대해서는 4.2에서 자세히 다룰 것이다. 한편 동일한 명제라 하더라도 맥락이 다르면 그에 따라 부호화된 정보량도 다르며 이로 인해 추론의 여지도 다르게 나타난다. 그러므로 맥락에 따라 동일한 명제라 하더라도 명시의 정도에 차이가 있다.

　명제의미의 심적표상과 관련하여 적합성이론 학파에서는 종종 Fodor(1975)의 관점에 의거해 중추인지활동 연산과 추론의 대상은 사고의언어(the language of thought)로서 자연언어와 다르다고 주장한다. 어떤 논리 체계를 채택하여 발화에 대해 표상을 하든지 간에 사고의언어의 구체적인 형식을 단정할 방법은 아직까지 없다. 이는 발화의 추론의미를 논함에 있어 난제로 존재한다.─논리식이 어떻게 발전되어야 하는지, 최종적으로 어떤 형식을 취해야 하는지 어떻게 알 수 있을까? 아직까지 화용론의 실제적인 방법론에서는 이 문제를 진지하게 고려한 적이 없다. 다만 발화의 각도에서 추론의미만 간략하게 고찰했을 뿐이다. 그러므로 함축을 연구할 때 종종 의사소통에서 사용된 발화로 내포의미를 나타내곤 했다. 또한 기본적으로 하나의 발화로 하나의 함축을 나타냈다. 외축을 연구할 때에도 하나의 발화로(어떤 때에는 단지 하나의 발화만을 사용하여) 하나의 외축을 나타냈다. 더욱 구체적으로 설명하자면 먼저 발화의 논리식을 분석하여 불분명한 부분을 밝힌 후 발화의 각도에서 원래발화를 발전시킨 것을 외축으로 간주했다. 여기서는 이러한 방법을 발화 시각이라고 칭할 것이다. 이 시각을 채택할 것인가의 여부는 본고의 형식화 묘사에 큰 영향을 줄 것이다. 화용론자들이 이 문제를 대한다면 이것이 유일하게 가능한 방법이라고 여길 것이다. 그렇지 않다면 아마도 외축과 함축을 고찰하고 나타내기 어려울 것이다. 화자가 자신의 말을 더욱 분명하게 전달하고 싶을 때에는 언제나 더 복잡하고 세세한 발화로 자신의 뜻을 나타내기 마련이다. 즉 화자는 더 많은 부호화된 정보를 나타냄으로써 청자에게 추론의 여지를 비교적 적게 주려고 할 것이다. 당연히 그러한 의사소통은 경제적이지 않을 뿐더러 효율적인 면에서도 손해이다. 廖秋忠(1984)은 생략의 원인이 여기에 있다고 했다. 우리는 그것을 모든 미결정현상의 원인으로 본다. 그러므로 발화 시각을 채택한다는 것은 외축이나 함축을 화자가 말할 수 있지만 말하지 않은 발화로 본다는 것을 의미한다. 여기서는 어쩔 수 없이 이러한 시각을 채택하기는 하지만 거기에 대해 명확한 설명이 있어야 된다고 생각한다.

　우리의 가정은 다음과 같다: 발화 시각을 인정할 경우 외축의 정의에 따라

외축의 명제와 원래발화논리식 사이에 비교적 엄격한 형식 제약이 존재한다. 이 제약이란 도대체 무엇인가? 그 대답은 외축의 각종 예에서 쉽게 귀납될 것 같지 않다. 이미 존재하는 각종 외축이 사실상 결코 동일한 현상이 아니므로 다시 분류하고 정리하여 성질을 규명해야 한다. 이에 하나씩 나누어 정리하는 방법을 채택하고자 한다. 먼저 기본외축과 상위외축의 차이에 대해 정의할 것이다. 다음으로 접속사 해석과 관련된 외축을 발화간외축으로 명명할 것이다. 세 번째로 중의성해소, 발화간외축과 상위외축을 담화외축이라는 하나의 유형으로 통합할 것이다. 그런 후에 아직까지 새롭게 정의되지 못했던 포괄적인 외축의 개념을 조정할 것이다. 마지막으로 명시과정에 대해 더 심화된 논의를 하고자 한다. 본고에서 논의하고자 하는 중점은 기본외축의 형식 묘사이다. 기타 외축에 대해서는 주요 특징 외에 가능한 해석 방법과 해결 방안을 개괄적으로만 제시하고 더 구체적인 내용에 대해서는 이후의 과제로 남겨두기로 하겠다.

3.1. 기본외축의 형식 고찰

먼저 관련된 정의를 내린 후 하나씩 설명하며 살펴보고자 한다.

(37) 명제정렬집합
      E를 명제로 구성된 정렬집합으로 설정한다. 만약 <P_1, P_2, P_3,...P_n>이 E의 부분집합이라면 P_{n+1}은 P_n을 함의하고 P_n은 P_{n-1}을 함의하는 등의 단선적 함의관계가 있다.

(38) 기본외축집합
      I_n이 발화의 논리식이고 명제의 정렬집합 E가 I_n의 기본외축집합이라고 한다면, IF AND ONLY IF
      E 중의 P_n은 I_n을 의미적으로 함의한다. AND
      (i) P_n은 I_n의 자유변항할당의 결과이다. OR
      (ii) P_n은 형식적으로 I_n을 포함한다.

(39) 형식적포함
      언어연쇄A가 언어연쇄B를 형식적으로 포함한다면, IF AND ONLY IF
      B의 각 상수 언어기호는 모두 A 내에 있다.

의미적함의[34]의 정의는 논리적함의와 동일하므로 여기서 다시 서술하지 않겠다.

(37)~(39)는 형식적 각도에서 세 개의 개념에 대해 정의를 내린 것이다. (38i)은 지시대상부여를 나타내고 (38ⅱ)는 기타 포화상황을 나타내는데 준지표 표현식 의미보충 및 자유의미보충이 여기에 포함된다. 여기에서 미처 언급하지 않은 접속사외축과 개념조정에 대해서는 다음 기타 유형의 범주에서 다룰 것이다. 형식적포함은 외축이 발화 논리식의 발전이라는 기본 특징을 반영한다. 발전이 된 이상 원래발화는 외축의 일부분이 된다. 이 정의는 포함이라는 것에 대한 우리의 직관적 이해와 부합된다. 형식적포함에 대해 더욱 심도 깊게 표현한다면 (38i)을 없애고 (40)과 같이 나타낼 수 있다.

(40) 형식적포함(수정식)
언어연쇄 A가 형식적으로 언어연쇄 B를 포함한다면, IF AND ONLY IF
(i) B의 각 상수 언어기호는 모두 A 내에 있다. AND
(ii) B의 각 자유변항이나 그 할당식은 모두 A내에 있다.

(40)은 다시 (41)과 같이 간략하게 나타낼 수 있다:

(41) 형식적포함(개정식)
언어연쇄 A가 언어연쇄 B를 형식적으로 포함한다면, IF AND ONLY IF
B의 각 언어기호 혹은 그 할당식은 모두 A 내에 있다.

(38)의 수정식은 (42)와 같다.

---

[34] 역주: 원문에서는 '语义蕴含'으로 나타냈다. '蕴含'은 '함의(entail)'를 가리킨다. '语义蕴含'은 '의미적함의', '逻辑蕴含'은 '논리적함의'이다. 한편, 黄华新(2000)에 따르면 언어학에서의 '蕴含'은 논리학에서 '衍推'로 표현되기도 한다. (黄华新[2000], 「略论语义蕴含」, 『浙江社会科学』 第2期, 112쪽 참고)

(42) 기본외축집합(수정식)

I_n이 발화의 논리식이고 명제의 정렬집합 E가 I_n의 기본외축집합이라고
한다면, IF AND ONLY IF

E 중의 명제 P_n은 I_n을 의미적으로 함의(semantically entail)한다. AND
P_n은 I_n을 형식적으로 포함(formally contain)한다.

다음 논의에서 참고한 수정 후 정의는 (37), (42)와 (41)이다.

함의관계는 외축집합의 기본 특징 중의 하나이다. 동일한 기본 층위의 외축
집합 내에 단선적 함의를 나타내는 각 명제 또한 모두 원래발화의 논리식을
함의한다. 후자는 명제일 수도 있고 불완전한 명제 즉 명제함수 일수도 있다.
(42)에서 중요한 것은 형식적포함과 의미적함의 양자가 공동으로 만든 교차
제약 조건에 있는데 이들에 의해 외축과 비외축(함축, 동의관계[synonymy], 환
언[paraphrasing] 및 기타 관계)을 정확하게 구별할 수 있다. 형식적포함만 존재
한다면 두 명제논리식의 의미가 명시관계를 이룰 수 없다. 예를 들어 "如果+S"
구조는 S를 포함하기는 하지만 S를 함의하지 않으며 S의 외축이 될 수 없을
것이다. 또한 "주어+동사+S"구조 또한 S를 포함하지만 반드시 S를 함의하는
것은 아니며 S의 외축이 아닐 수도 있다. 구체적으로 예를 들면 다음과 같다.

(43) 张三吃过了。
(张三은 먹었다.)
(44) 如果张三吃过了, 那你就去吃吧。
(张三이 먹었다면 먹어라.)
(45) 我以为张三吃过了。
(나는 张三이 먹은 줄 알았다.)
(46) 张三吃过了没有?
(张三이 먹었나요?)

여기에서 (44), (45), (46)은 (43)을 포함하고 있으나 (43)을 함의하지는 않
는다.

한편, 함의만으로 명시관계를 확립할 수 없다. 왜냐하면 두 명제 논리식에 공통 성분이 없기 때문이다. 예를 들어 (47)이 (48)과 (49)를 함의한다 하더라도 형식상 (48)과 (49)를 포함하지 않으므로 명시관계가 아니다. 그러나 (47)은 형식상 (43)을 포함하면서 의미상으로도 (43)을 함의하므로 (43)의 외축이라고 할 수 있다.

(47) 张三吃过了早饭。
(张三이 아침밥을 먹었다.)

(48) 张三做了一件事。
(张三이 한 가지 일을 했다.)

(49) 发生了一件事。
(한 가지 일이 일어났다.)

3.2. 기타 외축 유형의 형식 고찰

상위외축의 형식 특징은 다음과 같다. 각각의 연관된 상위외축은 모두 원래 발화를 내포한다. 상위외축집합도 정렬집합이다. 그 단선적 함의는 상위 서술어의 명시의 정밀도에 따라 발전되며 내포된 기본외축은 보존되어 변하지 않는다. 기본외축집합과 다른 점은 상위외축이 정렬집합이고 단선적 함의관계가 존재하지만 원래발화문의 논리식을 반드시 함의하지는 않는다는 점이다. 왜냐하면 상위외축은 구체적인 상위 서술어에 따라 달라지기 때문이다. 예를 들어 상위외축인 (50b)는 (50a)를 함의하지 않는다.

(50) a. 我们饿了。⇒
(우리는 배가 고프다.)
b. 玛丽和彼德声称他们饿了。
(Mary와 Peter는 그들이 배가 고프다고 밝혔다.)

발화간외축: 이상의 논의 속 외축의 정의에 접속사외축까지도 포괄적으로 포함했으나 새로운 방안을 모색하기 위하여 이러한 외축을 단독의 항목으로 만들

고자 한다. 접속사에 대한 Carston의 많은 연구(Carston 1988, 2000, 2002)에서 텍스트 속 'and'의 여러 의미는 적합성원칙의 제약 하에 맥락에 따라 자유의미보충되는 것으로 처리되어 왔다. 그러나 'and' 자체는 어휘상으로 중의가 없으며 오직 더하고 합하는 의미만 있을 뿐이다. 이와 관련된 예문은 본고 1.3 중 B를 참고하기 바란다. 그러나 우리가 의문을 가진 문제는 바로 'and'가 초래한 외축이 정말 기본외축에 속하는가의 여부이다. Carston이 든 예를 볼 때 'and'로 연결된 것은 실제 두 개의 명제나 명시된 것은 두 명제 사이의 접속 관계이다. 일부 발화는 표면적으로 두 개의 동사구가 연결된 것일 수도 있지만 형식의미론의 유형론(type theory)에 따르면 유형인상(type-raising)규칙에 따라 동사구 사이의 연결은 언제나 문장 사이의 연결로 인상될 수 있다.[35] 그러므로 'and'가 나타내는 것은 사실 발화 간에 존재하는 여러 관계의 일종이다. 예문(19)의 'if'의 기능 또한 이와 같다. 여기서는 발화 사이에 존재하는 이러한 관계를 발화간관계(inter-utterance relationship)라고 칭하고 명시를 거쳐 얻은 이러한 관계를 발화간외축(inter-utterance explicature)이라고 하겠다. 사실 텍스트 상 임의의 근접한 두 발화 사이에는 모두 일정한 의미 관계가 있다. 물론 여기에는 소수이기는 하나 각 단락으로 이루어진 발화 사이의 교집합이 0인 관계도 포함된다. 접속사의 작용은 여러 발화간관계 가운데서 하위 범주를 추출함으로써 선택의 범위를 축소시키는 데 있다.[36] 발화간관계는 수사구조이론(rhetorical structure theory)에서 충분히 다룬 바 있다(Mann & Thompson 1988, 王伟 1994, 1995). 한편 더욱 형식화된 Kehler(2002)의 연구와 접합관계를 고찰한 鲁川(2001:제5장 제2절)의 논문도 있다.

더욱 넓은 의미층위에서 문장의미확정(즉 중의해소), 상위외축과 발화간외축을 하나의 외축으로 귀결시킬 수 있다. 여기서는 이를 담화외축(discourse explicature)[37][38]이라고 하겠다. 중의성해소는 담화 중 발화의 실제 의미를 확정

35　이에 대해서는 蒋严, 潘海华(2005: 제6장~ 제8장), 혹은 인터넷에서 바로 다운 받을 수 있는 蒋严, 潘海华(1998)에 자세히 나와 있다.

36　여기에서는 발화 사이의 여러 가능한 관계에 대해 인정한다는 의미이며 접속사다의(多义)론을 찬성한다는 의미는 아니다.

하고 다른 부적합한 의미를 배제시키는 것이며 발화 논리식을 의미보충하는 것은 아니다. 발화간외축은 담화 중 발화간의미관계를 확정하고 다른 부적합한 관계를 배제시키는 것이다. 상위외축은 담화 중 적절한 [원래 내포된] 상위 서술어 및 연관된 상위 주어서술어 구조와 관련되어 있으며 기타 가능한 상위외축은 배제한다. 이들은 모두 하나 이상의 가능한 의미에 근거하여 선택되는데 모두 광의의 중의해소과정에 해당된다.

지금까지의 논의를 바탕으로 외축을 기본외축과 담화외축으로 나누고자 한다. 우리는 이 두 종류의 외축이 서로 다른 외축과정이라고 생각한다. 왜냐하면 몇 가지 동일한 화용 원칙의 제약을 받기는 하지만 각각의 형식 특징이 너무 다르기 때문이다. (이에 대해서는 4.2의 논의를 참고하기 바란다.)

아직까지 개념조정으로 인해서 발생된 외축에 대해서는 논하지 못했다. 이는 언어 철학의 독립된 과제로서 어구 사용의 규범 문제와 관련이 있다. 하나의 단어와 그 단어에 내재된 개념은 언어 사회 사용자들 가운데 일정한 적용 범위를 지니고 있다. 그 사용 규칙에 있어 어느 정도 왜곡이 용납되며 일정한 맥락이 있으면 이해될 수 있다. 이러한 현상은 어구가 맥락에 따라 해석되는 맥락의 존성이 있으므로 외축의 측면에서도 묘사가 가능하다. 그러나 현상의 심층적인 원인에 대해서는 논리실증주의 학설이나 후기 비트겐슈타인의 언어게임, David Lewis의 법칙론 등과 같이 다른 각도에서 논의되어야 한다.[39]

---

37 본고에서는 '담화'를 여러 개의 발화로 구성된 단락으로 정의한다.

38 역주: 필자는 '语篇'을 'discourse'로 보았다. 본고에서는 '话语'와 '语篇' 모두 'discourse'를 가리키는 용어로 사용되었다. 그러나 엄밀한 의미에서 '话语'는 'discourse'를 가리키며 '语篇'은 'text'를 가리킨다. 이에 대한 자세한 논의는 王红利(2006)를 참고하기 바란다. 여기에서는 필자의 영어 용어 'discourse explicature'에 따라 '담화외축'으로 번역하였다. (王红利[2008], 「谈discourse与text的意义及译名」, 『语文学刊』 第3期, 94쪽 참고)

39 앞의 두 학설을 소개한 논저가 너무 많아서 여기에서는 따로 소개하지 않겠다. Lewis의 법칙에 대해 연구는 Lewis(1969)를 참고하기 바란다.

4. 명시, 결합가와 적합성

위에서는 주로 정태적인 측면에서 외축에 대해 논의했다. 그러나 명시라는 화용적 과정을 형상화하는 데에는 동태적인 측면에서의 고찰이 더 필요할 것 같다. 여기에는 두 가지 문제가 있을 수 있다. 첫째, 발화 논리식이 어떠한 출몰 기제로 의미보충을 해야만 의사소통에 참여하는 화자와 청자가 수용 가능하면서도 본고가 정의하는 외축이 될 수 있는가이다. 둘째, 화자가 구체적인 발화를 취하여 청자로 하여금 특정한 외축을 도출시키도록 하는 것은 어떠한 화용원칙에 의해서 인가이다. 이러한 화용 원칙은 화자의 발화에 근거하여 화자의 의도된 의미에 해당하는 외축을 청자가 알 수 있도록 해야 한다. 본 장에서는 기본 외축의 명시과정에 여전히 집중하고자 한다. 다음 논의에서의 '외축'은 특별한 설명이 없는 한 기본외축을 지칭한다.

우리는 외축의 특징과 정의 및 관련된 명시과정 이론에 근거하여 발화의 논리식으로부터 하나의 외축집합을 얻을 수 있다고 본다. 실제 의사소통 과정에서 화용원칙에 의해 청자는 그중 최적의 요소를 도출할 수 있다. 그러므로 명시에는 두 가지 방면이 존재한다. 첫째, 형식상 하나의 외축 집합을 허용한다. 둘째, 화용적으로 하나의 외축을 적합외축으로 확정할 수 있다. 이에 대한 더욱 구체적인 관점을 제시하면 다음과 같다.

하나의 화용적 과정으로서 명시는 형식상으로 발화의 원시논리식에서 출발하여 발화의 의미결합가에 따라 관련된 외축집합을 추론하고 화용적으로는 적합성원칙에 따라 하나의 외축을 확정한다.

4.1. 명시와 결합가

여기서 말하는 결합가는 중국어 문법 학계에서 20여 년 동안 정리, 발전되어 온 결합가문법 이론에서 나온 것이다. 이 이론은 프랑스와 독일의 결합가문법 (valency grammar), 의존문법(dependency grammar)[40], 유럽 형식 통사론 중 격

---

40 역주: 의존문법은 프랑스 언어학자 Lucien Tesnière가 처음으로 체계화한 것으로

문법(case grammar)[41], 의미역이론(theory of thematic roles)과 논항구조이론
(theory of argument structures)[42]의 많은 핵심적인 내용을 흡수하여 중국어 통
사 의미 구조 특히 중국어 고유의 특수 구조와 변이적 배합을 발견하고 묘사,
분석했으며 이를 근거로 이론적으로 많은 새로운 발전을 이뤄냈다. 그 연구
성과는 같은 시기에 발전한 다른 중국어 문법 이론, 예를 들면 변형생성분석,
의미지향연구, 통사위치[43] / 문장의미구조양식이론[44]과 (통사, 의미, 화용이 결

문장의 통사구조를 의존관계로만 포착하는 것이다. 이 의존관계는 문장 내에 있는
동일한 층위에 속하는 한 쌍의 요소 사이에 맺어지는 방향이 있는 문법 관계로서
이러한 두 요소 중 하나가 형태적 혹은 통사적 혹은 의미적으로 다른 하나에 의존
한다. (도수환[1996], 「불어학에서의 의존문법 연구 동향」, 『인문과학연구』 제2집,
89쪽 참고)

[41] 역주: Fillmore(1968)는 격이 보충어의 의미역(semantical role)을 표시한다고 가정
함으로써 통사적 표층구조와 통사적 심층구조를 구별하였다. 이를 토대로 그는
모든 문장은 하나의 명제와 양태성분으로 구성된다고 했는데 전자는 하나의 동사
와 하나 혹은 여러 개의 명사구로 구성되며 후자는 부정, 시제, 서법, 상과 같은
양태 등으로 이루어진다. 특히 모든 명사구는 특정한 격 관계를 통해 동사에 결합
되는데 이 관계는 전통문법의 격 의미(case meaning)에 해당되며, 통사적 심층구조
에서 표층격인 격형태(case form)에 토대가 된다. (임지룡, 김영순[2000], 「한국어
교육을 위한 의존문법과 격문법의 적용 가능성」, 『어문학』 제69집, 123쪽 참고)

[42] 역주: 논항구조는 의미와 관련이 있으며 논항은 동사의 의미와 성격에 따라서 결정
된다고 본다. 또한 논항은 동사의 의미에 따라서 의미역이 배당된다. 예를 들면
'die'와 같은 동사는 하나의 명사구와 함께 문장을 만들기 때문에 1항 술어라고 하
고 'see'와 같은 동사는 2개의 명사구와 함께 문장을 만들기 때문에 2항 술어라고
하며 'give'와 같은 동사는 3개의 명사구와 함께 문장을 만들기 때문에 3항 술어라
고 한다. Chomsky(1981)는 논항과 의미역은 1:1 대응 관계가 성립되어야 한다고
주장하며 의미역기준(Theta Criterion)을 제안하였다. 논항구조의 논항과 의미역은
어휘부에 어휘 정보로 기재된다. Chomsky(1981)의 투사원리에 의해 논항구조의
어휘 정보는 모든 통사구조에서 유지되어야 한다. (정원돈[2015], 「최소주의에서의
논항구조」, 『언어학연구』 제34집, 350쪽, 이상철[2006], 「논항구조와 의미」, 『언어
연구』 제21권 3호, 350쪽 참고)

[43] 역주: '통사위치'의 중국어 표현은 '句位'로서, 동사 V와 동사가 지배하는 일정한
수량과 고정적 위치에 있는 명사성성분 NP로 구성된 추상적인 통사구조형식을 가
리킨다. (沈阳[1994], 「动词的句位和句位变体结构中的空语类」, 『中国语文』
第2期, 139쪽 참고)

[44] 역주: '문장의미구조양식'의 중국어 표현은 '句模'이며 영어로는 'Semantic Sentence

합된) 3개평면이론 등에 상호 침투, 수용되기도 하였다.[45]

사실 결합가 문법을 익히 알고 있는 사람이라면 본고에 처음 제시된 예문을 보자마자 관련된 결합가 연구를 떠올렸을 것이다. 중국어 결합가 연구는 유사한 내포[46]현상에 대해서 고찰한 바 있을 뿐 아니라 중국어만의 독특한 현상을 다수 발견해 내기도 했다. 예를 들어 '的'자 구조의 결합가(袁毓林 1994b, 1995c), 1가 명사와 2가 명사의 결합가(袁毓林 1994a, 1995b), 형용사의 결합가(刘丹青 1987, 张国宪 1993b, 1995) 등과 같다. 본고의 연구 시각에서 본다면 결합가 연구 성과는 외축과 명시과정의 인식과 이해에 큰 도움을 줄 것이라 생각한다.

중국어 결합가이론은 많은 학자들의 관점이 포함되어 있으며 일부 견해는

Patterns'이다. '句模'란 문장 내부 의미구조 양식의 차이에 근거하여 문장을 분류한 것으로 '문장의 의미구조양식'을 가리킨다. 예를 들면 '행위자-동사(행위동작)', '행위자-동사(행위동작)-수동자' 등과 같다. (范晓[1995], 「句模, 句型和句类」, 『语法研究和探索(七)』, 北京: 商务印书馆 참고, 陆俭明[2016], 「句类, 句型, 句模, 句式, 表达格式与构式——兼说"构式-语块"分析法」, 『汉语学习』 第1期, 4쪽 참고)

[45] 결합가이론과 관련하여 참고할만한 주요 논문으로는 沈阳, 郑定欧(1995), 袁毓林, 郭锐(1998), 沈阳(2000)의 주제논문집이 있으며, 『中国语文』, 『语法研究和探索』 등의 학술지나 총서에 등재된 관련 논문, 그리고 袁毓林(1998b)과 陈昌来(2002)의 저서와 杨宁(1990), 张国宪(1993b)의 미발표된 박사논문이 있다.

[46] 역주: 원문에서는 이를 '隐含'으로 나타냈다. 徐思益(2000)에 따르면 '내포(隐含)'는 吕叔湘(1979)의 「汉语语法分析问题」에서 처음 나온 용어로 담화 중 '의미는 내재되어 있으나 담화에 출현하지 않은' 상황에서 명사, 동사 등이 생략된 현상으로 의미층위 개념에 속한다고 했다. '내포(隐含)'는 '생략(省略)'과 비교하여 설명할 수 있다. 예컨대 "你一言, 我一语"에서 '一言'과 '一语' 앞에 '说'나 '来'를 보충할 수 있으나 반드시 꼭 그렇다고 할 수 없으며 실제로 이렇게 보충하여 말하지도 않는다. 이 경우 "你一言, 我一语"라는 말에 '说'나 '来'가 내포(隐含)되어 있다고 하며 '说'나 '来'가 생략(省略)되어 있다고 하지 않는다. 徐思益(2000)는 '隐含'을 'implication'으로 번역하였는데 이는 혼돈을 주기에 충분하다. 왜냐하면 일반적으로 언어학에서 'implication'은 종종 '함언'으로 번역되며 한 명제가 다른 명제의 논리적 귀결일 때, 이 두 명제 사이에 성립하는 관계를 가리키기 때문이다. 徐思益(2000)에서 밝혔듯이 '隐含'은 의미층위의 개념으로 여기에서는 이러한 사실을 고려하여 '내포'로 번역하였다. (徐思益[2000], 「谈隐含」, 『新疆大学学报』 第4期, 91쪽 참고)

적용 범위와 논의 범주가 달라서 아직까지 완전히 통일되지 못했다. 그러므로 본고에서는 본 연구의 목적에 부합되는 관점만을 취하고자 한다. 소위 '결합가'란 의미론적 개념으로서 袁毓林(1998a, b)이 말한 '항'가와 유사한데 즉, 한 문장에서 동사와 관련이 있는 명사성성분의 수량(여기에는 개사(介詞)가 이끄는 명사성성분도 포함)을 말한다. 본고에서는 袁毓林이 정의한 '문장'을 '문형 및 그 문장에 속하는 구조체'까지 확장시키고자 한다.[47] 이렇게 하면 袁毓林(1994b, 1995c)이 말한 '강등된 주어서술어 구조'[48]를 포함시킬 수 있다. 또한 그로 인하여 원래 정의에서의 '동사'를 '용언'까지 확장시킬 수 있다. 여기에는 형용사 서술어와 강등된 용언까지 포함된다. 의미상의 항가는 문형 층위에서 통사상의 필수논항[49], 수의적보충어[50], 자유부가어[51]와 같이 세 가지 형식으로

---

47 沈家煊(2000b), 袁毓林(2002a)의 문형과 결합가에 대한 논의를 보기 바란다.

48 역주: 원문에서는 이를 '降級主謂結构'로 나타냈다. 袁毓林(1994)에서는 이와 관련하여 '降級述谓结构(down-graded predication)'를 언급했다. 중국어 '开车的司机'는 뒤의 명사 '司机'를 생략하고 '开车的'라고만 해도 뜻이 통한다. 그러나 '开车的技术'에서 '技术'를 생략하고 '开车的'라고만 하면 원래 뜻을 나타낼 수 없다. 袁毓林(1994)은 그 이유에 대해서 전자 '开车的司机'는 '开车'와 '司机' 사이에 잠재적인 주어서술어 관계가 성립하지만 후자는 그렇지 못하다고 했다. 그는 '开车的技术'와 같은 구조에서 수식을 받는 명사는 모두 강등된 술어구조를 포함한 명사라고 했다. 여기서 '技术'는 사람이 생산 노동 등의 활동에서 얻은 경험을 나타내며 이는 '经验<某人 干 某事>'와 같이 표현될 수 있다. 즉 '技术'라는 명사는 '어떤 사람이 어떤 일을 한 경험'이며 여기서 '某人 干 某事'는 강등된 술어구조를 나타낸다. (袁毓林[1994], 「句法空位和成分提取」, 『汉语学习』 第3期, 8쪽 참고)

49 역주: 필수논항은 언제나 필수적으로 출현하는 논항이다. 이와 달리 수의논항은 의미적으로는 필수적이지만 통사적으로는 생략이 가능한 논항을 말한다. (정지수 역[2009], 「논항이론과 중국어 동사 논항구조 연구(1)」, 『중국어문논역총간』 제25집, 599쪽 참고)

50 역주: 원문에서는 이를 '可用补足语'라고 했다. 영어로는 'optional complement'이며, 독일어 원어로 나타내면 'fakultative Ergänzung'이다. (박정환, 정화영[1994], 「독작문 교수에 있어서 독일어와 한국어 동사의 지배의 불일치에 대한 방해현상에 대하여-의존문법을 중심으로」, 『인문논총』 제45집, 9쪽 참고)

51 역주: 원문에서는 이를 '自由说明语'라고 했다. 영어로는 'free adjuncts'이며, 독일어 원어로 나타내면 'freie Angabe'이다. 학자에 따라 '자유첨가어', 혹은 '임의첨가어'라고 하기도 한다. 자유부가어는 결합가와 관계없는 성분으로서 통사적으로 마

실현된다. 그러나 수의적보충어와 자유부가어 양자 사이의 경계는 비교적 모호하여 신뢰할 만한 변별 방법이 부족하다[52]. 수의적보충어에는 일반적으로 통사적 결합가 성분으로 간주하지 않는 개사구 및 시간, 방향, 장소와 같이 모든 구문에 다 존재하는 생략성분이 포함된다. 한편 결합가와 용언은 상호 의존적이다. 만약 용언(문장의 용언 및 강등된 용언까지 포함)이 잠재적이면[53] 결합가성분 또한 명시의 의미보충 대상이 된다.

결합가 이론에서 용언이 될 수 있는 어구(예를 들면 동사)는 이론적으로 여러 의미 항가와 연계하여 서술하고자 하는 사건의 가장 완전한 명제 내용을 나타낼 수 있다. 당연히 구체적인 어구는 연계 가능한 의미 성분에 대해 각기 다른 겸용성 규칙을 가진다. 통사 층위에서 실현될 경우 동사는 각기 다른 문형에서 (만약 두 개 혹은 세 개의 필수논항을 수반한다면) 각기 다른 필수결합가 위치를 가지게 된다.[54]

일단 용언과 선정된 결합가 성분(필수논항과 일부 수의적보충어)으로 특정한 결합식을 구성하면 기타 수의적결합가 위치는 잠재적결합가 위치가 된다.[55] 우리는 명시란 구조체(문형과 그 하위에 있는 종속 구조)의 잠재적결합가성분 및 잠재적용언에 대해 의미보충을 하여 유사한 새로운 단일발화표현식의 명제 및 논리식을 도출하는 결합가 과정이라고 생각한다. 이러한 의미보충과정을 화용결합가라고도 한다. 화용결합가는 우리의 정의에 완전히 부합된 외축집합을 도출할 수 있을 뿐 아니라(더구나 이런 집합 밖에는 도출할 수 없다), 직접의미에 대한 우리의 직관과도 부합된다.[56]

음대로 첨가하거나 삭제시킬 수 있다. (김이천[2006], 「독·한 동사의 통사적 결합가 대조 분석」, 『언어와 언어학』 제37집, 102쪽, 이병찬[1991], 「의존문법의 이론 -Valenz를 중심으로」, 『人文論叢』 제26집, 61쪽 참고)

52 张国宪(1993b)과 袁毓林(1998b)의 논의를 참고하기 바란다.

53 '잠재적'이라는 것에는 내포와 생략이 포함된다. 이 둘에 대한 차이는 张国宪(1993a)을 보기 바란다.

54 马庆株(1998) 참고.

55 邵敬敏(1998) 참고.

56 鲁川(2001)이 제시한 '결합원(配元)', '확장결합원(扩元)', '증가결합원(增元)', '포

그러나 상술한 명시과정은 규범적(canonical) 문형 구조에만 적용된다. 중국어 결합가 연구가 새로운 점은 중국어 고유의 비규범적 구조를 대량 발견해 냈다는 것이다. 현대중국어 중 시간과 도구를 나타내는 주변 의미 성분은 개사구로 충당될 수도 있고 단독의 명사구로 충당될 수도 있다. 때문에 이러한 명사구의 문장 중 위치가 수의논항 위치(예를 들면 화제, 초점, 기타 부가어[adjunct] 등)가 아니라 필수논항 위치라면, 명시과정 중 이들을 반드시 초점화 혹은 화제화 시켜서 빈 공간을 만든 후 그 자리에 생략된 핵심의미성분(예를 들어 행위자, 수동자 등)을 넣음으로써 필수논항 위치를 차지하게 해야 한다. 초점화나 화제화의 또 다른 기능은 통상적으로 필수논항 위치를 차지하는 핵심의미성분을 초점이나 화제 위치에 놓음으로써 마찬가지로 공간 부족의 난제 또한 해결할 수 있다는 것이다.[57] 이러한 처리는 명제의 진리조건의미를 바꾸지 않으면서도 우리의 직관과 부합하는 외축을 도출할 수 있다. 이는 외축은 원래발화와 반드시 동일할 필요는 없다는 것을 알려줄 뿐 아니라 우리가 제시한 형식이 비교적 적절한 것이라는 것을 알려준다. 그러므로 명시에 대한 정의는 다음과 같다.

(51) 명시: 사건의 논리의미 표현 프레임에 따라 구조체의 잠재적 의미 결합가 성분 및 잠재적 용언에 대해 의미보충을 하여 유사한 새로운 단일발화표현식의 명제 및 논리식을 도출하는 결합가 과정이다. 필요시 초점화나 화제화로 빈 공간을 만듦으로써 필수논항의 위치를 확보하여 핵심의미성분을 보충해 내거나 이를 이용하여 생략된 핵심성분을 초점위치나 화제위치로 이동시킬 수 있다.

초점화와 화제화의 예를 들면 다음과 같다.

화결합원(饱和配元)'과 '非饱和配元(비포화결합원)', '중추역할(中枢角色)'과 '주변역할(周边角色)' 등은 본고의 용어와 상통하는 부분이 있다.

57 袁毓林(1996b) 참고.

(52) a. 最近我们老是吃食堂。
         (최근 우리는 언제나 식당 밥을 먹는다)
         [장소를 나타내는 명사구가 주변 의미 성분으로서 문장의 빈어 위치를 차지] ⇒
      b. 最近我们老是在食堂吃午饭。
         (최근 우리는 언제나 식당에서 점심을 먹는다)
         [a발화의 빈어가 개사구로 변하여 비필수논항 위치를 차지하고, 비어 있는 필수논항 위치에 빈어를 보충]
      c. 最近我们午饭老是吃食堂。
         (최근 우리는 점심은 언제나 식당 밥을 먹는다)
         [초점위치에 핵심의미성분을 보충해 내고, 빈어 위치는 원래대로 놓아 둠]
      d. 午饭我们最近老是吃食堂。
         (점심은 우리가 최근 언제나 식당 밥을 먹는다)
         [화제위치에 핵심의미성분을 보충해 내고, 빈어 위치는 이전과 동일함]

4.2. 적합성원칙

앞에서도 언급한 바와 같이 명시는 형식적으로 발화의 원시논리식으로부터 출발하여 발화의 의미결합가에 따라 관련된 외축집합을 연역해내는 것이다. 그러나 이는 단지 이론상으로만 가능하다. 실제 언어교제에서 화자의 의도 가운데 전달하고자 하는 외축은 순서가 있는 명제집합이 아니다. 청자가 획득할 것이라고 기대하는 것, 그리고 실제로 도출된 것 역시 여러 명제로 구성된 집합이 아니다.—의사소통에 참여하는 화자와 청자의 마음속에는 시종 하나의 명제만 있으며 심지어 다른 이해에 대한 선택이 있을 것이라고는 전혀 생각하지 못한다. 언어교제에 실제적으로 나타나는 이러한 고효율성은 적합성이론에서 제시한 의사소통적합성원칙으로 해석될 수 있다. 적합성이론에 따르면 인간은 언어로 의사소통할 때 맥락효과(contextual effects)로 인한 인지적인 이득이 있을 것이라고 본능적으로 기대한다. 발화라는 것은 어느 정도 미결정적인 부분을 함유하고 있으므로 청자는 접수된 발화의 논리식을 가공하여 화용적 추론으로 미결정논제를 의미보충하여 필요한 맥락효과를 얻어야 한다. 그러나 화용적 추론에는 눈덩이효과(snowball effect)가 있다. 즉 전용된 맥락정보가 많을수록 연역하여 얻은 결론 또한 많아서 기대되는 맥락효과 또한 그에 상응하게 증가하게 된다. 이러한 맥락효과를 획득하는 데에는 처리노력(processing effort)이 필요하다. 즉 일정 시간 동안 인간의 지력과 정력이 소비되어야 한다.[58] 그다지 중요하지 않은 효과를 위해 많은 힘을 기울인다면 인지적으로 득보다 실이 많을 것이다. 인간은 본능적으로 이러한 상황을 회피하려 하며 적은 노력으로 큰 효과를 얻으려 한다. 이러한 노력과 맥락효과의 합리적인 배합을 최적의적합성(optimal relevance)이라고 한다. 이와 관련된 원칙을 의사소통적합성원칙(Sperber & Wilson 1986/1995:맺음말)이라고 한다.

(53) 의사소통적합성원칙
모든 직시적 의사소통 행위는 그 자체에 최적의 적합성을 지닌 하나의 추정을 전달한다.

(54) 최적의적합성 추정
a. 화자가 청자에게 분명하게 드러내고자 하는 상정된 집합 I에는 그 자극을 청자가 처리할 만한 가치가 있을 만큼 충분한 적합성을 지닌다.
b. 이 분명한 자극은 화자가 I를 전달하기 위해 사용할 수 있는 자극들 중에서 최적의적합성을 지닌 것이다.

---

[58] 역주: 적합성이론은 효율적인 의사소통이 이루어지도록 청자가 화자의 발화를 추론하는 과정에서 이전 발화를 해석하는 연역적장치(deductive device) 속에 있던 상정 내용에서 나온 그 맥락이 주는 최대한의 맥락효과(contextual effect), 혹은 인지적효과(cognitive effect)를 가짐으로써 최소의 처리노력(processing effort)을 하게 되고 결과적으로 최적의적합성을 얻게 된다고 보고 있다. 즉, 맥락효과가 크면 클수록 적합성이 많다는 것이며 그 적합성의 기대를 만족시키기 위해 청자는 충분한 인지적효과도 가져야 한다. (이미순[2009], 「항진 명제 발화의 해석에 대한 재검토」, 『담화와 인지』 제16권 2호, 130쪽 참고)

실제 의사소통 과정에서 의사소통에 참여하는 화자와 청자 모두 무의식적으로 상대방이 불가피하게 적합성원칙의 제한을 받고 있다고 추정하므로 청자는 근본적으로 모든 가능한 의미 해석을 하나하나 비교할 필요가 없다. 청자는 순리적으로 자신이 가장 먼저 한 이해가 최적의 적합한 이해라고 여기며 더 이상 다른 해석을 찾지 않는다. 그렇지 않다면 적합성원칙의 제한을 동일하게 받는 화자가 말하는 방식을 바꿀 것이다. 같은 이치로 화자 또한 순리적으로 자신이 전달하고자 하는 의미를 청자가 알 수 있다고 여긴다. 이렇게 하여 적합성이론은 의사소통 성공의 필요충분조건에 인지적인 해석을 해 주었다. 적합성원칙이 언어 의사소통의 고효율성을 해석해 주기는 했으나 그렇다고 언어 의사소통이 언제나 성공적이라는 것을 의미하지는 않는다. 예를 들어 의사소통에 참여하는 화자와 청자 중 한 사람이 상대방의 배경지식이나 상황에 대해 잘못된 가정을 할 경우 사람마다 적합성원칙을 모두 적용 받기 때문에 그로 인해 발생된 오해나 무지로 인해서 의사소통 실패가 일어날 수도 있다. 실수 자체가 적합성원칙이 거짓임을 증명할 수는 없다. 적합성원칙이 해석하고자 하는 것은 의사소통의 성공가능성에 대한 것이며 이에 대해 이론상 필요충분조건을 제시해 준다. 실제로 우리는 때때로 상대방의 배경을 완전히 파악하지 못할 때도 있고(완전한 정보를 얻지 못함), 잘못된 정보를 접수할 때도 있다(예를 들어 거짓 뉴스의 잘못된 인도를 받을 수도 있음). 또한 잘못된 기억으로 인해 잘못된 추론을 할 수도 있기 때문에 의사소통에 추측성분(추측되는 것은 상대방의 지식 상태이다)이 있을 수밖에 없다. 이런 측면에서 볼 때 의사소통은 고도로 위험한 행위와 같으며 수시로 잘못이 발생할 수 있다. 그러나 한편으로는 화자와 청자가 지식의 공통기반(common ground)을 공유하는 많은 상황 하에서 혹은 서로 너무 많은 지식이 필요하지 않은 일상의 많은 의사소통 상황에서의 의사소통은 매우 고효율적이고 정확하다—이는 적합성원칙에서 소위 말하는 인류 진화의 결과이다. 그렇지 않다면 누가 언어 의사소통에 참여하려고 하겠는가?

만약 적합성원칙의 이러한 해석을 받아들이고 적합성원칙을 인정한다면 왜 의사소통 참여자인 화자와 청자의 의도가 들어간 외축이 순서가 있는 명제집합이 아니라 하나밖에 존재하지 않는지에 대해 쉽게 이해할 수 있을 것이다. 이와는 달리 의사소통에 참여하는 화자와 청자의 의도로 인한 함축은 여러 개 있을 수 있다. 왜냐하면 함축은 원래발화문장과 완전히 다른 명제이기 때문이다. 특히 화자는 저맥락의사소통의 형식으로 의미가 모호한 약한명제를 전할 수 있다. 예를 들면 시적 표현이 그러하다. 그러나 발화가 동시에 여러 명제를 함축하더라도 이러한 명제는 내용적으로 서로 독립되어 있으며 논리식상으로 유사한 부분이 전혀 존재하지 않는다. 게다가 적합성원칙의 작용으로 의사소통에 참여하는 화자와 청자가 의도하고 있는 함축 또한 상대적으로 확정적이다.[59]

4.3. 정교화

명시와 결합가를 연결하여 논의하다보니 원래 존재하지 않던 문제가 갑자기 발생하게 되었다. 바로 제1절 1.3 A와 1.3 B의 (20)~(21)의 상황을 어떻게 해석해야 하는가이다. 이러한 상황에서의 명시는 관형어의 의미보충과 관련 있으므로 결합가로 설명할 수 있는 범주에 속하지 않는다. 현재 생각할 수 있는 해결 방법은 관형어를 자유부가어로 보는 것이다. 이는 张国宪(1993b)의 다음과 같은 정의와 전혀 충돌하지 않는다: "[자유부가어]는 결합가보유어의 의미를 보충하는 기능을 가지고 있지 않다. 이러한 성분의 출현 여부 및 수량은 결합가보유어의 제약을 받지 않는다. 그러므로 결합가보유어와는 어떠한 의미상의 필요관계도 존재하지 않는다." 이외에 张国宪은 다음과 같이 기술했다. "……자유부가어의 출몰은 의사소통 환경에 의존하므로 자유부가어 유무를 예측할 방법은 없다.……" 그러나 관형어는 일반적으로 자유부가어로 간주되지 않는다. 왜냐하면 관형어는 명사구의 일부분일 뿐이며 결합가 위치를 독립적으로 차지할 수 없기 때문이다. 만약 명시가 관형어 위치로 발전된다면 특별한

59　추론의화용론, 적합성이론과 적합성원칙에 대한 자세한 논의와 관련해서는 Sperber & Wilson(1986/1995), Carston(2002) 및 기타 논저와 논문을 참고하기 바란다. 罗仁地, 潘露莉(2002)는 화용적 추론과 적합성이론을 기본 출발점으로 하여 기능 언어학과 문법화 이론의 입장에서 언어 가운데 추론의 작용에 대해 논했다. 시각은 본고와 다르나 내용은 본 장의 일부와 상통하는 부분이 있다.

계기가 있어야 한다. 이러한 계기가 바로 적합성원칙이 초래한 정교화 (elaboration)[60]라는 화용적 과정이다.[61] 우리가 해석하고자 하는 이 현상 자체는 이미 완전한 명제식이 갖춰져 있다. 그러나 1.3 A의 예문은 청자가 적합성을 지닌 의미를 얻기에 부족하다. 이에 적합성원칙에 따라 청자는 문장 중 특정 성분을 정교화하여 이해해야 한다. 정교화의 대상은 자연히 관형어 위치이다. 왜냐하면 관형어는 개념의 적용 범위를 더욱 명확하게 하기 때문이다. 1.3 B 중 숫자 이해와 관련된 상황에 대해서 Carston(1988)은 신그라이스화용론에서 숫자의 의미를 함의인 "n보다 작다(즉 최소 n이다)"와 광의의 대화함축인 "n 보다 크다(즉 최대 n이다)"로 나누고 이 두 가지 의미에서 "딱 n이다"를 도출하는 것에 대해서 동의하지 않았다. Carston은 숫자는 수치 본의만 있을 뿐이며 다른 의미는 모두 맥락에 근거해서 자유롭게 의미보충하여 도출해야 된다고 했다. 예를 들어 예문(21)과 같이 "대략 n이다"와 같은 의미도 있을 수 있다. 실제 의사소통 현장에서 다른 특수한 이유 때문에 수치를 정교화하여 이해하는

---

60 정교화라는 개념은 袁毓林(2002a)에서 보인다.

61 역주: '정교화'는 의미상 더 구체적이고 상세한 발화의미를 제시하는 화용적 과정이다. 위의 기술과 직접적 관련이 있는 것은 아니나 중국어에서 '정교화'를 동사의 논항구조와 연관하여 기술한 袁毓林(2004)의 연구는 참고할만하다. 袁毓林(2004)에 나타난 표현의 정교화는 의미상 더 구체적인 하위 동사가 상대적으로 추상적인 상위 동사를 대체할 수 있으며 하위 동사가 상위 동사의 하나의 실례로서 상위 동사가 출현한 구문에 치환될 수 있음을 나타낸다. 袁毓林(2004)은 이러한 표현의 정교화라는 화용 기제가 동사의 논항구조와 구문의 논항구조의 불일치 문제를 해석해 줄 수 있다고 했다. 중국어에서 '给'라는 동사는 전형적인 이중빈어구문 "NP(A)+V+NP(D)+NP(P)"에 출현하는 동사이다. 예를 들면 "小明给小华一个斜线球"와 같다. 그러나 이 문장은 "小明踢小华一个斜线球"와 같이 동사 '踢'가 '给'를 대체할 수 있다. '踢'는 '给'의 하위동사로서 '给'의 전형적인 의미인 '수여'의 의미 뿐 아니라 구체적인 방식도 나타낼 수 있다. 여기서 주목할 것은 2가 동사인 '踢'가 3가 동사의 구문 "NP(A)+V+NP(D)+NP(P)"에 출현했다는 것이다. 袁毓林(2004)은 표현의 정교화는 구문 속 동사의 치환을 촉발함으로써 동사와 구문의 논항구조상의 불일치를 일으키며 그렇게 함으로써 동사의 논항구조로는 해석하기 어려운 문장의 구조 방식과 의미 표현이 나타날 수 있다고 했다. (袁毓林[2004], 「论元结构和句子结构互动的动因, 机制和条件—表达精细化对动词配价和句式构造的影响」, 『语言研究』 第4期, 4쪽 참고)

경우를 제외하면 청자는 수치 본의로만 이해할 뿐 다른 해석은 생각하지 못할 것이다. 때로는 고민하여 생각해야 되는 식의 어투 또한 청자로 하여금 "대략 n이다"라는 해석을 할 수 있게 한다. 그러나 가장 중요한 원인은 적합성원칙 이다. 이 특수한 정교화과정 중 숫자는 일종의 메타변항(meta-variable)으로 간주되어 더 발전되어 할당될 수도 있다. 즉, 발화 속 숫자를 완전히 준지표 구조로 처리하여 자유의미보충에 형식적인 제약을 가할 수도 있다.

4.4. 이론적 심화

중국어 결합가이론을 연구하기 위해서는 이론의 성질과 기능 문제[62]를 고려해야 한다. 결합가이론의 주요 연구는 줄곧 통사 층위의 구조 묘사, 그중에서도 동사-논항구조에 대한 묘사에 치중되어 왔다. 그러나 결합가는 통사 문제에 국한되어 있지 않다. 문장성분구조 배열의 다른 논리 가능성을 생각한다면 의미결합가 문제를 생각하지 않을 수 없다. 그러므로 결합가 연구는 관련된 구조의 단순 묘사로부터 통사와 의미 관계에 대한 연구로까지 확장되어야 한다. 구체적으로 말해 의미결합가에서 통사결합가의 사상관계[63]를 연구해야 한다. 중국어 결합가이론의 연구는 기본적으로 유사 심층구조를 지닌 이론틀을 사용하지 않으므로 의미-통사의 사상 문제를 논할 때 종종 '생략-복원' 그리고 '내포-보충'의 화용적 과정[64]의 힘을 빌린다. '화제화'와 '초점화'와 같은 항목 이동 수단조차도 실제로는 표층상의 조작이며 구체적 문장 간의 변형이다.[65] 우리의 용어로 말하면 이러한 조작은 암암리에 발화를 전제한 것이며 명시의 과정으로 볼 수 있다. 이렇게 될 때 결합가 연구는 통사-의미-화용 세 가지 층위의 내용을

---

[62] 陆俭明(1998), 范晓(2000)와 金立鑫(2000) 등이 방법론적인 측면에서 결합가이론에 대해 논의한 것을 참고하기 바란다.

[63] 역주: 원문에는 '映射关系'라고 되어 있으며 'mapping relation'을 나타낸다.

[64] 吴为章(2000) 참고.

[65] 예를 들어 袁毓林(1998d)은 자신의 연구가 "표층구조의 통사 조작에 지나치게 의존하여 표층구조 중 논항의 위치와 배열 방식이 설정된 기초문형과 불일치할 경우에는 반드시 통사상의 항목이동으로 처리해야 한다."고 했다.

아우르게 된다. 사건의 명제논리구조를 의미결합가의 기초로 본다면 사건의미론(event semantics)이 제공한 수단으로 의미결합가를 나타낼 수 있다.[66] 그리하여 다음과 같은 관계로 나타낼 수 있다.

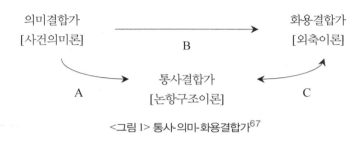

<그림 1> 통사·의미·화용결합가[67]

위의 그림 중 의미 부분은 통사결합가에 기초를 제공해 준다. A는 사상관계를 나타낸다. 의미결합가도 명시의 기초이다. 그러나 진정한 명시는 통사결합가 결과에 따라 진행되는 것으로 명시는 또한 통사결합가 배열 조합의 측정 수단이다. 명시는 초점화와 화제화의 원인이라고 어느 정도 말할 수 있다. 왜냐하면 외축을 도출하기 위해서는 항목의 증가가 있어야 되기 때문이다. 통사상 강제성을 지닌 결합가 위치가 이미 다 채워졌다면 때때로 항목 이동으로 처리해야 할 필요가 있다. (만약 심층구조에서의 조작이 있다면 당연히 이는 별도로 논해야 한다) 그러므로 C는 통사·화용 상호 양방향 관계를 반영한다. 다시 A관계로 돌아가 보자. 표면적으로 봤을 때 결합가 연구의 기본 전략은 A에 대한 논의 위에 있어야 한다. 그러나 현재 중국어 결합가 연구는 여전히 엄격한 의미의 사건의미 표현 방법을 채택하고 있지 않다. 그러므로 본보기로 삼을 만한 것은 의미역/관계(thematic roles/relations) 혹은 의미격(semantic case)의 분류와 중국어 의미역위계(thematic hierarchy)의 수립뿐이다. 전체 발화의 명제의미

---

66 사건의미론과 관련된 논저는 Parsons(1990), Landman(2000)과 Rothstein(2004) 및 이 책의 제6장을 참고하기 바란다.

67 역주: 그림에 대한 연번과 제목은 원문에 제시되지 않았으나 내용의 이해를 돕기 위해 역자가 임의로 제시하였다.

구조에는 유효한 표현과 분석 수단이 결여되어 있다. 그러므로 많은 통사 연구 논저에서 실제적으로 채택하는 논증은 B루트이고 다시 C루트에서 논항구조 분석을 한다. 즉 결합가 연구는 A관계에 대한 운영시스템을 만든 적이 없으며 늘 채택하는 운영 방법(결여된 항목 복원, 변형, 초점화, 화제화)은 주로 B나 C 두 관계에서 이루어진다. 때문에 해석도 대다수 기능, 인지적 측면에서 이루어지고 은유, 이상적인지모형, 활성화, 표현정교화 등과 같은 형식통사론의 추상화는 거의 찾아 볼 수 없다.

본고는 이미 적합성원칙의 작용에 대해 논한 바 있다. 여기에서 우리는 '활성화(activate)'와 관련하여 개념을 확대해 보고자 한다. '활성화'는 최근 중국어 문법 연구에 비교적 자주 사용되는 신 개념 중의 하나이다. 통상적이지 않은 결합가 관계를 만났을 때, 문자 상으로 합리적인 명제를 도출하지 못했을 때 '활성화'에 의거하여 잠재적인 의미항을 이끌어내고 꼭 필요한 개념을 제공해 줌으로써 연관된 명제 구조를 보완하고 더 나아가 구문의 합리성을 해석해 준다. 이 때 비정상적인 구조 속의 변칙 의미 결합과 관계된 항목만이 활성화라는 과정을 거치고 '정상적' 구문은 '활성화'와 무관한 것처럼 보이는 오해가 있을 수 있다. 사실 인지심리적 측면에서 보면 문장 속 각 단어마다 어휘항, 논리항, 백과사전항과 같이 세 개 혹은 두 개 방면의 항목이 존재한다.[68] 발화를 이해할 때 어휘, 논리 두 항목은 반드시 활성화 되어야 하며 백과사전항 하위 내용은 선택적으로 활성화될 수 있다. 그러나 백과사전항 하위 내용은 또한 다른 많은 개념과 서로 연결되어 있어서 단계별로 활성화 될 수 있으며 그 확산의 폭에는 자연적 경계가 존재하지 않는다. 만약 언어 사용자가 충분한 시간 및 힘과 관심만 있다면 발화를 처리할 때 각 단어를 모두 연관된 개념의 연관된

---

[68]   역주: Moeschler(1996)는 Sperber & Wilson의 적합성이론에 대해 '계산적', '추론적', '인지적'이라고 했다. 그중 '계산적(computationnelle)'이라고 한 이유는 불완전한 형식의 체계(각 발화문에 논리형식을 연결)를 사용해서 어떤 해석이 의사소통에서 우선되는지를 계산할 수 있다고 주장하기 때문이다. 개념들은 심리적 대상들이며 그 각각은 기억항과 일치한다. 각 항 아래에는 개념과 관련된 세 유형의 정보 즉, 논리항, 백과사전항, 어휘항이 있다. (이성재[1999], 「Mais와 관여성」, 『한국프랑스학논집』 제28집, 15쪽 참고)

항목으로 활성화시킬 것이며 종횡결합식의 복사성 연상을 일으켜 더욱더 많은 개념으로 활성화시킬 것이다. 그러나 실상은 결코 그렇지 않다. 언어의 이해는 즉시 발생되어 순간적으로 완성되는 과정이어서 청자가 길게 생각하는 것을 허용하지 않는다. 그러므로 청자가 구체적인 맥락에서 얻어낸 최적의적합성을 지닌 백과사전 내용을 획득할 수 있어야만 첫 번째 순간에 활성화 적용이 되며 다른 내용이 청자의 고려 범주에 미처 들어가기도 전에 관련된 발화에 대한 이해는 이미 종료된다. 즉 개념활성화는 언어 이해 중 적합성원칙의 제약을 받는다. 활성화 해석을 할 때 적합성원칙을 고려하지 않는다면 일부 예상되는 의미개념만이 활성화되며 다른 많은 개념들은 고려되지 못하는 이유를 설명할 방법이 없을 것이다. 이러한 주장이 힘을 얻으려면 '인지이해'와 '인지화용해석'의 차이를 구별할 필요가 있다. 전자는 과학적 사고, 문제풀이, 바둑, 창작, 문헌 해석, 번역, 명상 등과 같이 즉각적인 언어 이해가 필요 없는 인간의 사유 인지 활동에 적용될 수 있다. 이러한 활동은 최대인지효과를 목적으로 하며 시간의 제약을 받지 않는 것들이다. 후자는 언어이해와 같이 시간의 제한을 엄격하게 받는 비논증형(non-demonstrative)으로서 무의식적 인지활동에 적용된다.[69] 이 경우에는 최대적합성이 아닌 최적적합성을 추구하는데 왜냐하면 시간은 근본적으로 청자가 모든 맥락효과에 대해 일일이 비교하고 선정하는 최대적합의 해석을 허락하지 않기 때문이다. 그러므로 화용원칙은 있어도 되고 없어도 되는 부분이 아니며 결합가이론에 없어서는 안 되는 것이다.

5. 언어유도론인가, 맥락주의인가?

논의 자체는 위에서 이미 충분히 이루어졌다고 본다. 외축을 다시 새롭게 분류하여 기본외축에 대해 초보적인 형식 구분을 하였고 결합가 측면에서 명시과정을 고찰하였다. 또 명시과정에 대한 적합성원칙의 제약에 대해서도 살펴보았다. 이제 지금까지의 많은 논의를 바탕으로 언어철학과 관련된 쟁점을 하나

---

[69] Sperber & Wilson(1986/1995:제2장)에 상세한 내용이 나와 있다.

소개하고자 하는데 바로 언어유도론과 맥락주의의 논쟁에 외축 연구가 어떻게 기여했는가에 대한 것이다.

진리치가 문장의미층위에서 독립적으로 확정될 수 있는가의 여부는 언어철학에서 오랫동안 논의되어 온 화제이다. Russell과 Frege의 논리철학이론이나 그 후에 발전된 진리조건의미론[70] 학자들은 종종 이에 대해 긍정적인 태도를 보여 왔다. 이러한 관점을 직해주의(literalism)라고 한다.[71] Austin의 일상언어철학이나 그 뒤를 계승한 화용론 학자들은 이에 대해 부정적인 태도를 보여 왔다.[72] 그들은 진리치는 맥락의존성이 있기 때문에 문장의미층위에서 절대로 확정될 수 없다고 했다. 이러한 관점을 맥락주의(contextualism)라고 한다.[73] 직해주의자들도 문장 중 대명사와 지표사가 이끄는 자유변항이 맥락에 의해서만

---

70 역주: 진리조건의미론에서는 문장의 의미를 그 문장의 '진리조건'과 동일시한다. 즉, 문장의 의미는 그 문장이 참이 되기 위한 조건이다. 진리조건의미론은 어떤 언어에 속하는 문장 하나하나가 어떤 조건에서 '참'이 되고 '거짓'이 되는지 밝혀주는 것을 목표로 삼는다. 여기서 '참'이라는 것은 그것과 부합하는 상황이 실제로 존재함을 뜻하고 '거짓'은 그와 같은 상황이 존재하지 않음을 뜻한다. (박종갑[1996], 「언어의 도상성과 그 의미적 대응물에 대하여—국어 사동문을 중심으로」, 『한민족어문학』 제30집, 35쪽 참고)

71 역주: 직해주의(Literalism)로 이해할 수 있는 Frege의 이론에서 명제를 구성하는 요소는 언제나 의의(sense)이고 의미의 해석은 의의를 통해서만 가능하다. (김진웅[2014], 「화시와 맥락, 그리고 합성성의 원리에 관하여」, 『한국어의미학』 제45집, 186쪽 참고)

72 역주: Austin의 화행이론(speech act theory)에서는 언어를 문장이나 단어의 집합이 아니라 하나의 행위로 인식하였다. Austin은 문장 형식을 진술문과 수행문으로 구분하는데 여기서 수행문은 발화와 함께 행위가 구성되거나 혹은 발화가 행위 구성을 지향하는 문장을 지칭한다. Austin은 수행적발화(Performative utterance)라는 개념을 통해 발화의 성격이 발화자와 분리될 수 없음을 주장했다. 예를 들어 '대회가 개최되었다'라는 발화는 기자에 의해 진술된 경우와 대회장에 의해 진술된 경우 서로 다른 결과를 초래한다. 이렇듯 맥락 하에서 발화가 단순히 언어적 표현이 아니라 수행성을 띤다는 사실은 언어와 사회의 관계를 재정의하는 중요한 전환점을 시사하였다. (박해광[2007], 「문화 연구와 담론 분석」, 『문화와 사회』 제2권, 97쪽 참고)

73 이에 대한 논의는 Carston(2000, 2002), Bezuidenhout(2002) 및 Recanati(2003, 2004)에 자세히 나와 있다.

그 지칭의미를 확정할 수 있다는 사실을 인정한다. 그러나 이것만으로는 그들이 옹호하는 이론을 부정하기에 부족하다. 왜냐하면 이러한 자유변항이 논리식 가운데 명확한 언어유도를 남김으로써 언어 사용자는 유한하면서도 명확한 단계를 거쳐 맥락정보를 획득하고 이로써 자유변항에 대한 해석을 완성하기 때문이다. 그러므로 명확한 언어유도만 있다면 문장 해석이 완전히 맥락에만 의존한 해석 과정은 아니라고 할 수 있다. 이러한 개량된 직해주의를 언어유도론(linguistic direction)이라고 한다. 맥락주의를 주장하는 철학자들은 맥락의존의 자유성과 임의성을 논증하고자 애써왔다.[74] 근 5년 동안 이러한 논쟁은 지표주의(indexicalism)[75]와 맥락주의의 논쟁으로 변했고 이와 관련한 많은 논문과 저서가 나왔다. 여기에서 말하는 지표주의는 언어철학자 Stanley가 단독으로 쓴 논문 및 그와 다른 학자가 공저한 일련의 논문(Stanley 2000, 2002, Stanley&Szabó 2000)에 근거한다. Stanley는 극단적인 언어유도론을 제기하였다. 그는 모든 비언어적인 맥락요소가 진리조건을 확립하는 데 미치는 영향은 문장의 논리식에서 그 단서를 찾을 수 있다고 했다. 맥락에 의존한 모든 진리조건에 대한 해석은 모두 자연문장구조 중 맥락민감성분에 대한 할당에 근거한다(Stanley 2000). Stanley와 공동저자가 채택한 대책은 문장의 논리식에서 지표성분을 늘림으로써 언어유도를 완성하고 지표성분에 대한 할당을 통해 단계적이면서도 제한적으로 맥락요소를 끌어들여서 맥락요소의 자유로운 개입 및 진리조건에 임의적으로 영향을 주는 가능성들을 배제하는 것이다. Carston은 외축과 명시에 대한 고찰 결과를 이용하여 맥락주의를 수호했다(Carston

---

74 Bach(2000), Travis(2000)과 Recanati(2002)에 상세한 내용이 나와 있다.

75 역주: 지표주의(Indexicalism)라는 용어는 Recanati(2004)에서 소개된 것으로 가장 대표적인 학자는 Stanley이다. 지표주의(Indexicalism)에 따르면 지표사를 포함하지 않은 문장이 갖고 있는 진리조건의 맥락의존성은 모두 그 문장의 통사구조(syntactic structure)로 이해된 논리적형식(logical form, LF)에 존재하는 이른바 '숨겨진' 지표사의 의미에 의해 설명될 수 있다. 또한 지표주의는 발화맥락에 따른 문장진리조건의 변화가 숨겨진 지표사의 의미에 의해 전적으로 결정되는 것은 아니며 특히 해당 맥락 하에서 화자가 가지고 있는 의도에 의해 영향을 받을 수 있다는 사실을 인정한다. (강진호[2013], 「맥락주의와 '공유된 내용'의 문제」, 『철학적 분석』 제27집, 33쪽 참고)

2000, 2002). Carston이 든 사례는 본고의 윗부분에서 논의한 바 있는 자유의미보충이다. Carston은 자유의미보충을 지표주의자가 처리할 수 없는 하나의 반례로 보았다. 왜냐하면 그녀는 관련 발화의 논리식에 자연스럽게 변항을 도입할 수 없다고 생각했으며 잠재적성분에 대해 단계적이면서도 유도적으로 예측가능한 할당은 더더욱 할 수 없다고 생각했기 때문이다. 그러나 본고의 고찰은 이러한 문제에 대해 다른 답을 제시하고자 한다. 우리의 연구 결과는 다음과 같다. 원래발화의 논리식에 대한 발전으로서의 외축은 여전히 언어 부호화 형식의 제약을 많이 받으므로 진정으로 자유로운 의미보충은 결코 존재하지 않는다. 이러한 결론은 어느 정도 지표주의를 지지하는 경향이 있다. 의미표상의 측면에서 볼 때 구조체의 잠재적결합가성분을 변항으로 표현하여 명시에 언어 유도를 해 줄 이유가 있다. 그러나 결합가이론을 전면적으로 받아들인다면 잠재적성분을 변항으로 나타내는 문제는 결코 중요하지 않다. 왜냐하면 결합가성분에 대한 구조체의 규정은 여전히 언어의 형식 방면에 속하므로 변항으로 나타내지 않고도 단계적 도출이 가능하기 때문이다. 다시 말해 우리는 지표주의를 받아들이지는 않지만 언어유도론을 지지하는 경향이 있다. 한편 본고의 연구 결과는 맥락주의를 지지하지 않지만 명시에 대한 적합성이론의 제약에 대해 비교적 구체적인 실행 단계를 제공해 줄 수 있다. 정교화과정을 결합가의 시각으로 해석하는 것은 쉽지 않지만 수사의미의 정교화와 같이 부분적 현상에 대해서는 할당의 측면에서 분석이 가능하다. 나머지 상황(1.3A) 또한 특수 의미 제약을 받아 그 명시과정이 그렇게 자유로운 양상으로 나타나지는 않는다. 사실 이러한 현상은 또한 낮추어말하기(understatement)[76], 느슨하게말하기(loose

---

[76] 역주: 화자가 선택하는 발화 형식은 청자의 입장에 대한 화자의 평가를 반영하여 결정된다. 만약 화자가 자신이 말하는 발화의 형식과 내용이 청자의 취향에 맞지 않을지도 모른다는 가능성이 있음에도 불구하고 특정 유형의 정보를 전하고자 하는 의도가 있다면 발언의 강도를 누그러뜨려 부드럽게 말하는 발언 기법을 취할 것이다. 또한 청자가 가지고 있을 거라고 예상하는 믿음에 대해 화자가 확신할 수 없다면 청자의 내적 영역으로 지나치게 파고 들어가지 않기 위해 '낮추어말하기(understatement)'의 방식을 취할 수도 있다. (김종현[2000], 「부가의문문 발화행위에서 인식양태의 설정과 요청의 위계」, 『담화와 인지』 제7권 2호, 149쪽 참고)

talk)[77]와 같은 화용 현상 분석 및 성질 규명과 관련이 있으며 이에 대한 충분한 해석이 있다면 4.3의 논의에서 나온 문제까지 아우를 수 있을 것이다. 그러나 이것 또한 논외의 문제이다.

---

[77] 역주: 발화에 의해 표현된 명제가 그것이 표상하는 원래의 생각과 어느 정도 유사할 때 그것을 '언어의 느슨한 사용(loose use of language)'이라 부른다. 일상적으로 사용되는 대부분의 발화는 언어의 느슨한 용법에 해당되며 은유(metaphor)는 이것의 극단적인 예라고 할 수 있다. (국지연, 이성범[2007], 「'말해진 것'의 명시의미—적합성이론 분석」, 『담화와 인지』 제14권 2호, 7쪽 참고)

제8장 인지과학과 중국어 전산언어학

1. 언어연구의 가치 지향과 평가 참조

왜 언어를 연구하는가? 언어학은 어떤 쓸모가 있는가? 어떻게 언어학 연구 성과와 그 수준을 평가할 것인가? 이는 많은 언어학자, 특히 언어학에 막 입문한 학생들이 즐겨하는 질문이다. 아래에서는 이 세 가지 질문에 대해 간략히 토론하면서 본론의 머리말로 삼고자 한다.

1.1. 언어학의 연구 공간

언어학은 두 가지 정의 방식이 있다. 하나는 전통적인 정의로서 언어학은 언어를 연구하는 과학(학문)이라는 것이다. 또 하나는 현대적인 정의인데 언어학은 언어에 대한 과학적 연구라는 것이다.[1] 이 두 가지 정의는 모두 '언어'와 '과학' 이 두 개의 키워드를 담고 있다. 그러나 언어의 범위는 아주 넓어서 음성, 어휘, 통사, 의미에서부터 화용까지를 포괄한다. 과학적 연구의 패러다임은 아주 많다. 구조주의에서부터 후 구조주의까지, 기능주의에서 형식주의까지. 이렇듯 언어학의 연구 공간은 너무나 넓다. 이에 대해서 모든 연구자들은 반드시 선택을 해야만 한다. 그러나 선택의 근거는 대부분 연구자의 가치관, 즉 무엇때문에 언어를 연구하는가에 의해 결정된다.

---

[1]   Lyons(1968: 1)는 '언어학은 언어에 대한 과학적 연구로 정의될 수 있다(Linguistics maybe defined as the scientific study of language)'라고 하였다.

1.2. 현대 과학기술을 위한 언어 연구

언어학이 추구하는 여러 가지 목표 중에 우리는 현대 과학기술을 위한 언어 연구를 제안하고 언어 연구의 현대성과 응용성을 강조하고자 한다. 구체적으로 아래의 두 층위의 의미가 담겨 있다. 첫째, 언어연구가 현대 과학 기술을 위해 사용되어 언어학의 연구 성과가 더욱더 과학적 이해 가치와 실제적 응용 가치를 가지게 하는 것이다. 예를 들어 인간 자체의 지능의 이해와 관련해서 언어의 각도에서 접근하여 새로운 생각의 틀을 개척하고, 대뇌의 활동을 모방하여 새로운 컴퓨터 원리, 새로운 연산 방법과 소프트웨어 기술을 발전시키는 것이다. 언어 구조의 세밀한 묘사와 형식화 처리는 컴퓨터가 자연언어를 처리하는 데 든든한 토대를 제공한다. 이를 통해 언어정보처리 산업이라는 새로운 시장이 개척된다.

1.3. 언어 연구의 컴퓨터 참조

어떻게 한 시대 언어연구의 성취와 수준을 평가할 것인가? 白硕(1996)은 언어학 지식을 평가할 때 필요한 참조물이 고정된 검증 기준이다. 예를 들어 전통적인 언어학은 모어 화자들이 참조물이 되고 모국어 교육의 필요를 만족시키는 것을 목표로 한다. 그러므로 습득된 언어지식은 오늘날의 관점으로는 완벽하지 않고 지나치게 단순화 된 것이다. 묘사언어학은 비모국어 화자를 참조물로 하여 외국어 교육과 이문화에 대한 이해를 충족시키는 것을 목적으로 한다(예를 들어 지난 세기 초 인류학자들의 각종 인디언 언어에 대한 기록과 묘사). 많은 모국어 화자들의 관습적인 현상이 밝혀지면서 언어학 지식은 양적인 측면에서 질적인 측면까지 눈에 띄게 향상되었다. 후대에 컴퓨터가 출현하고 컴퓨터가 자연언어를 이해하게 되면서 컴퓨터는 언어학 지식의 새로운 참조물이 되었다. 컴퓨터는 형식화된 지식만 처리할 수 있기 때문에 컴퓨터가 자연 언어를 처리하도록 하려면 언어학 지식을 형식화해야 한다. 언어학 지식을 형식화하는 과정에서 인간은 컴퓨터를 참조물로 하지 않고는 밝히기 어려운 현상과 규칙을 인식하게 되었다. 오늘날은 인터넷이 언어학 지식의 새로운 참조물이 될 것이다. 인터넷에서 전송되는 정보의 많은 부분이 자연언어이기 때문에 언어학은 필연적으로 인터넷 정보처리에서 중요한 중요한 역할을 해야 한다. 예를 들어 인터넷 정보의 문서 분류, 빠른 검색, 정보 추출, 정보 필터링 등은 모두 언어학적 지식이 뒷받침되어야 한다.[2]

이렇게 되면 언어연구는 자연과학의 탐구, 이해 기능뿐만 아니라 과학기술의 사회적 기능을 갖추고 언어에 대한 과학적 이해를 바탕으로 인류에게 복을 가져다 줄 것이다.

2. 지능 시스템과 인지과학

언어는 인간 지능의 중요한 구성 부분이고 신흥 인지 과학은 지능 체계를 연구하는 것을 본연의 목표로 삼고 있다. 그러므로 인지과학은 필시 언어학에 긍정적인 영향을 미치고 언어학의 과학화와 현대화를 위한 기회를 제공할 것이다. 이를 위해 아래에서는 인지과학에서의 몇가지의 중요한 부분을 간략하게 소개하기로 한다.

2.1. 정신과 두뇌의 이원적 대립과 인지 중개 이론

주지하듯이 사람은 일종의 정신을 가진 동물이다. 소위 정신(mind)이란 인간의 지각, 주의, 기억, 학습, 사유, 이해, 창의 등의 여러 심리 활동을 가리키는 것으로서 두뇌(brain)에 상대되는 개념이다. 인간의 정신활동 중에 판단, 추리, 상상처럼 지식을 이용하여 문제를 해결하는 심리적 능력은 지능(intelligence)이라고 불린다. 지능은 또한 새로운 상황에서 적절하게 반응할 수 있는 능력으로 정의될 수 있는데 왜냐하면 새로운 상황에서 적절한 반응을 보이려면 필연적으로 지식을 이용하여 판단, 추리, 상상을 해야 하기 때문이다. 뇌는 정신을 담고 있는 신체 부위로서 뇌의 활동(즉 뇌의 처리과정)의 결과로 정신이 생긴다. 뇌

---

[2] 필자는 인용 과정에서 (내용을) 보충하였다. 만약 오류가 있다면 그 책임은 필자에게 있다.

의 처리과정은 뇌 속의 뉴런(neuron) 사이에 정보를 전달하는 생물 전기학과 화학 과정으로 표현된다.

문제는 어떻게 두뇌 속 뉴런의 활동이라는 저차원의 생리현상으로 정신이라는 고차원의 심리현상을 설명하고 해석할 것인가이다. 이러한 정신과 두뇌라는 두 개의 차원의 괴리를 메우기 위해 기능주의자들은 사람의 두뇌와 정신 사이에 하나의 인지 평면이 존재한다고 가정하고 이 추상적인 이론적 평면에서 뇌의 처리 과정이라는 구체적인 생리적인 현상을 걸어 내어 두뇌가 어떻게 작동하는지에 대해 설명할 수 있다고 생각한다. 이처럼 인지(cognition)는 인간 지능이 뇌에서 조직되는 방식과 작동 원리에 대한 기능주의자의 이론을 담고 있는 개념으로서 인지 구조(의미, 도식, 범주, 원형, 명제 근원, 네트워크 등)와 인지 과정(예를 들어, 기억, 인코딩, 탐색, 사유, 개념형성, 확산적 활성화, 기본적 추론, 은유적 투사, 언어이해 등)라는 두가지 측면을 포함한다.

2.2. 인지(활동)이란 무엇인가?

인지는 인지 활동이라고 칭하기도 한다. 즉, 인지는 사람이 지식을 사용하여 복잡한 문제를 해결하는 심리적 과정이다.[3] 인지활동은 일반적으로 감각이나 지각처럼 저차원의 심리활동을 포함하지는 않는다. 예를 들어 빛에 대한 감각, 도형지각의 형성은 일반적으로 지식을 이용하지 않기 때문에 인지 활동에 속하지 않는다. 그러나 사람들은 북극성 주위의 별 무리를 작은 곰(작은 곰 자리로 명명)이라고 생각하고 그 부근의 큰 별 무리를 큰곰(큰곰자리로 명명)이라고 생각하고 큰곰자리의 7개의 빛나는 부분의 별을 술을 담는 그릇(북두칠성으로 명명)으로 생각하는데 이러한 것은 인지 활동에 속한다. 왜냐하면 이것은 지식에 기초한 은유적 연결(사람들이 생활 속에서 익숙한 개념을 낯선 사물에 연결)이기 때문이다. 인지활동은 일반적으로 문제해결(problem resolution), 대수방정식의 풀이 등과 같은 고차원적인 심리활동을 말한다. 예를 들어 이미 알고

---

[3] § 2.2-2.6은 李家治(1985) 등의 문헌을 참고하였다. 여기에서는 일일이 언급하지 않겠다.

있는 방정식: 8x + 5 = 4x +17일 때, x의 답을 구하면?

x의 값을 구하려면 주어진 방정식을 변환하여 x=……이러한 형식을 도출해 내야 한다. 이러한 과정에서는 '방정식의 등호 양쪽에 같은 숫자를 더하고, 빼고, 곱하고, 나눠도 등식은 변하지 않는다'는 등가 변환 규칙(rule)을 지켜야 한다. 사실 규칙은 단지 제약 조건일 뿐이고 사람들은 언제, 어떤 상황에서 어떤 규칙을 사용하고 어떤 조작을 하는지를 명확하게 하기 위해 전략(strategy)을 사용해서 거시적으로 문제 풀이 과정을 이끌어 가야 한다. 문제의 답을 구하는 과정에서 가장 자주 사용되고 유효한 책략은 "수단-목적 분석법(mean-end analysis)"이다. 예를 들어 위의 방정식을 풀 때 x=……이라는 목적에 이르기 위해서는 등식 우측의 4x와 등식 좌측의 상수 5와 계수 8을 제거할 방법을 찾아야 한다. 그래서 등식 양쪽에서 동시에 4x와 5를 뺀 다음 다시 8로 나누면 x=3이라는 답을 얻게 된다. 사실상 사람들은 이러한 전략과 규칙을 결합하여 '이항합병동류항'이라는 프로그램화된 말로 정리해 내었다. 비록 이러한 문제 풀이는 매우 복잡한 인지활동이지만 그 과정과 그에 사용된 방법과 규칙을 분석함으로써 아주 기계적이고 형식화된 문제 풀이 방법인 '알고리즘(algorithm)'을 만들어 낼 수 있다. 예를 들어 다음과 같다.

if 'X=N' → Hold & check ; N:number(숫자)
if N on left → S(N) ; S : subtract(빼기)
if N x on right → S(Nx) ;
if N x on left, N≠1 → D(N). D : divide(나누기)

만약 어떤 프로그래밍 언어로 위의 알고리즘을 프로그램화 한다면 컴퓨터에서 자동으로 방정식의 답을 구할 수 있을 것이다. 이 예는 인간의 심리 활동에 대한 인지적 연구가 궁극적으로는 매우 엄밀한 계산과 분석을 해낼 수 있음을 보여준다. 한편으로는 (이러한 사례가) 인지의 본질은 계산으로서 일련의 제약이 있는 변환과 조작이고 단계마다 목표 지향적(goal-directed)이며 규칙의 제약(rule-constrained)을 받는다는 점을 말해준다. 이 점에 대해서는 다음 절에서 논의하겠다.

2.3. 인지과학이란 무엇인가?

간단히 말하자면 인지과학(cognitive science)은 정신을 연구하는 학문이다. 구체적으로 말하자면 인지과학은 지능체계(자연적/인공적)의 내부구조, 기능, 작동 원리를 연구하는 학문이다. 여기에서 자연적인 지능체계는 인간의 두뇌를 가리키고, 인공적인 지능체계는 컴퓨터를 가리킨다. 인지과학은 새롭게 부상하는 선도적 학문 분야로서 철학, 심리학, 언어학, 컴퓨터공학, 신경생리학 등 여러 학문이 융합하는 과정에서 발전한 것이다. 인지과학은 정보처리(information processing)의 관점에서 인지구조와 인지과정을 연구하는 것이다. 예를 들어 기억은 컴퓨터의 저장장치에 비유되고, 사고는 정보처리에 비유된다(즉 부호 연쇄에 대한 제약 기반의 변환을 한다). H.Simon과 A.Newell은 유명한 물리 기호 체계 가설(hypothesis of physical symbolic system)을 제시하였다. 지능의 기초는 기호의 조작이고 기호의 탄생, 배열, 조합을 통해 지능체계는 외부의 사건을 내부의 기호 사건으로 내재화 하고 제어하면서 지능으로 표현해 낸다. 따라서 모든 인지체계(자연적인 인간의 두뇌이든 인공적인 컴퓨터이든지)의 본질은 기호 처리 체계이다. 그리고 기호 조작의 실체는 계산(computation)으로서 특정 의미 해석을 가지는 기호 표현식의 규칙 제약적인 변환으로 표현된다. 예를 들어 인간의 정신 표현은 일종의 형식적인 기호 표현식이고 체계적인 물리적 상태(즉, 일종의 뉴런의 작동 방식)에 대응되는 어떤 기본적인 요소들의 이산적인 배열이다. (인지) 체계와 관련된 모든 의미 내용은 심층적인 기호 표현식과 그 변환 형식과 기호 관계 구조에 의해 규정된다. 분명히 이것은 일종의 의미적으로 중단되는 물리적인 기호 조작이기 때문에 일종의 계산이다. 그러므로 '인지는 계산이다'는 인지과학의 전형적인 신념이다.

2.4. 인지과학의 역사적 배경

인간의 지능 문제는 줄곧 철학자들이 관심을 가져왔던 주제로서 플라톤에서 데카르트에 이르기까지 위대한 철학자들이 이 문제에 대해 상세하게 논의했었다. 그러나 컴퓨터가 출현하고 컴퓨터가 인간의 지능 문제를 모방하기 시작하면서 인지과학이라는 학문과 그 특유의 성격이 비로소 확립되게 되었다.

1956년 MIT에서 통신과 정보론에 관한 학술대회가 열리고 심리학자 Miller는 단기 기억의 용량에 관한 논문을 제출했고, 심리학자 Bruner는 사유 연구에 관한 논문을 제출했고, 언어학자 Chomsky는 문법의 형식적 특징에 관한 논문을 제출했고, 컴퓨터공학자 A.Newell, 심리학자 H.Simon은 '논리 이론가'에 관한 논문(컴퓨터가 휴리스틱(heuristic) 프로그램을 사용하여 인간처럼 문제를 해결한다는 것을 의미함)을 제출하였다. 같은 해 컴퓨터공학자 M.Ninsky, J.McCarthy, A.Newell과 심리학자 H.Simon 등은 프리모츠 칼리지에 모여 컴퓨터 과학 기술 분야의 문제점을 탐구하였다. 이들은 특히 인간의 지능을 컴퓨터로 시뮬레이션하는 문제를 논의했고 McCarthy는 인공지능(Artificial Intelligence)이라는 용어를 만들었다. 컴퓨터로 사람의 지능을 시뮬레이션한다는 생각은 인지과학의 탄생을 촉발시켰다.

1975년 Chomsky와 심리학자 J.Piaget는 인간 지능의 기원에 대해 현장에서 변론을 하였다.[4] 심리학자 Gardner는 이 일을 평론하면서 "인지의 시대가 도래하다(Cognition comes of age)"라고 언급하였다. 1977년 인지과학(Cognitive Science) 학술지가 창간되었고 인지과학학회가 창립되고 해당 학술지가 학회 기관지가 되었다. 1979년 정식으로 제1회 인지과학학회 연례학술대회가 개최되었다. 이는 인지과학의 탄생을 의미한다.

2.5. 인지과학의 연구내용과 핵심 가설

인지과학의 특징은 범위가 넓고, 핵심이 명확하고 단계가 분명하다는 것이다. 정신과 관계된 문제는 신경의 기초에서 사회 문화 요소까지, 철학적 사변

---

[4]   자세한 내용은 Piatelli-Palmarini(1980)(ed.)을 참고하기.

에서 컴퓨터 프로그램 구현까지 모두 인지과학자들이 흥미진진하게 논의하는 것들이다. 그들이 자주 논의하는 문제는 다음과 같다. (1) 복잡한 행위의 신경생리학적 기초, 유전적 요인 ; (2) 문제 해결과 추리 과정; (3) 기호체계, 자연언어, 음성, 그래픽, 숫자, 시각영상 등; (4) 지각의 구현(presentation)과 기호 표상 (representation) 문제; (5) 기억 모형, 예를 들어 작업 기억, 단기 기억, 중기 기억, 장기 기억 등; (6) 지식 표시 이론, 예를 들어 심리표상(의상), 도식, 범주, 원형, 명제, 프레임, 각본, 네트워크 등; (7) 자연언어의 이해와 생성; (8) 학습모형, 문제의 표현, 해결 조건과 동작 등; (9)인지에 영향을 주는 목적, 정서, 동기; (10) 인지에 영향을 주는 사회 문화 배경.

이렇게 하여 아래의 그림과 같이 인지 평면을 핵심으로 하는 인지과학의 연구 층위가 구성된다.

대뇌 신경 체계
↑
인지평면
↓
심리, 정신, 사유
↓
외현행위
↓
문화, 역사

왜 이런 것들을 연구하고 어떻게 이런 복잡한 문제를 연구해야 하는지에 대해서 인지과학은 다음과 같은 두 가지 중요한 핵심 가설에 기초하고 있다.

(1) 인지라는 독립적인 심리적 표상 층위가 존재한다. 인지과학은 인간의 인지 활동이 기호, 도식(schemes), 심상(imagery), 관념(idea) 및 다른 심리 표상 형태로 기술되어야 한다고 본다. 이러한 표상 층위에서 연구를 진행할 때 연구자가 처리하는 것은 부호, 규칙, 표상처럼 사물을 나타내는 실체로 사용되며 이러한 실체는 입력과 출력 사이에 존재하는 표상 재료이다. 이에 따라 연결, 전환을 탐색하거나 이러한 실체의 표상 방식을 비교할 수 있다. 인간의 다양한

행동, 동작, 사유를 해석하기 위해서 이러한 수준은 꼭 필요하다.

(2) 컴퓨터를 인간 사유의 모형으로 사용할 수 있다. 컴퓨터가 정보를 변환하고 처리하고 추론하고 행동을 바꾸는 능력이 있다면 같은 방식으로 인간의 사유 특징을 기술해 낼 수 있고, 컴퓨터로 인간의 인지 과정을 완전하게 시뮬레이션할 수 있을 것이다. 이것이 2.3에서 언급한 물리적 기호 체계 가설이다.

2.6. 인지과학의 학문적 성격, 연구 전략, 방법론적 특징

학문적 성격으로 봤을 때 인지과학은 신흥 융합학문이다. 인지과학은 심리학, 뇌신경학, 컴퓨터공학, 언어학 등 여러 학문 분야에 걸쳐 있다. 비록 인지과학의 기초가 되는 학문은 정신의 표상과 계산 능력 및 인간 두뇌 구조와 기능상의 표현을 발견하고 컴퓨터로 시뮬레이션하고 검증한다는 공통된 목표를 가지고 있지만 인지과학은 공인되고 통일된 연구 패러다임이 없다. 즉 일치된 가설이나 방법이 존재하지 않는다. 따라서 서로 다른 학문 분야에 종사하는 인지과학자들은 자신들이 좋아하는 패러다임을 모든 연구 분야에 추가하는 경향이 있고 인지과학을 각자가 자기 분야에 맞는 시험적인 해석으로 이해되기를 바란다.

연구 전략적인 측면에서 인지과학은 융합학문이라는 신념을 가지고 여러 학문 분야와 협력하고 상호 영향을 주고받기를 희망한다. 인지과학의 많은 문제들은 고전적인 철학적 문제에 뿌리를 두고 있다. 예를 들어 사유, 의식, 정신과 뇌의 관계 등이 인지 연구의 시발점이 된다. 인지과학은 연구의 지향점이 감정, 문맥, 문화, 역사에 편중되지 않는다. 비록 그것들이 동작, 사고에 영향을 주지만 가능한 배제되어야 한다.

방법론적으로 인지과학은 실험심리학과 인공지능의 방법론을 종합해서 실험과 프로그램 기술을 모두 중시한다. 그러므로 뇌 기능에 대한 인지과학의 연구는 기존의 철학적 사변을 넘어 엄밀한 실험에 기초한 경험적 학문으로 자리 잡았다.

3. 인지과학과 언어학의 상호영향

인지과학은 의심할 여지없이 언어학에 새로운 연구 패러다임을 제공할 것이고, 또한 언어학은 인지과학에 광범위하고 체계적인 연구 주제와 덜 엄밀하지만 확실히 통찰력 있는 방법을 제공할 것이다.

3.1. 언어연구에 대한 인지과학의 영향

인지과학은 우리가 새로운 언어관과 방법론을 형성하는 것을 도울 수 있다. 우리는 언어학을 인지과학이라는 흐름 속에 두어 인간의 정신을 더 넓게 탐구하는 위대한 사업의 일부로 만들어야 한다. 이렇게 하면, 언어학자의 시야를 넓히고 우리가 새로운 언어관과 방법론을 형성하도록 도울 수 있다. 인지적인 측면에서 보면, 언어는 인지의 도구이자 수단이자 인지의 결과로서 인류 보편적인 인지 조직의 한 부분이다. 동시에 인지과학의 실험 설계 방법, 모형 수립 방법, 추상적인 심리 표상 층위를 설정하는 방법, 컴퓨터로 시뮬레이션하고 검증하는 방법 모두 언어 연구의 방법론 혁신에 특히 중요한 역할을 한다.

인지과학은 형식문법과 기능문법의 다양한 이론모형, 특히 그 안에 있는 언어지식의 표상 층위와 형식화의 표상 방법을 인간 인지의 관점에서 이해하고 평가하는 것을 도울 수 있으며, 이러한 이론모델에서의 관련 개념, 규칙, 가설 등에 대한 심리적 현실성을 검증한다. 더 나아가 더욱 효과적인 언어학 모형을 세우는 작업을 촉진시킨다.

인지과학은 언어학을 오늘날의 첨단학문으로 발돋움시키는 데도 기여할 수 있다. 周光召(1995)의 말처럼 "사람의 사고와 의식은 어떻게 사람의 뇌에서 생기는가? 컴퓨터로 시뮬레이션해 볼 수 없을까? 이것은 가장 기본적인 과학적 문제들 중 하나이다. 인간의 뇌는 자연세계의 (진화) 과정에서 가장 위대한 걸작이며, 뇌의 비밀을 철저히 밝히는 것은 자연 과학이 직면한 가장 큰 도전이다. … 뇌는 논리 연산 측면에서는 고속으로 작동하는 컴퓨터보다 훨씬 못하지만 도형 식별과 직감적 판단의 능력은 훨씬 뛰어나다. 이러한 모순은 다음과 같은 것을 암시한다 : 인간 뇌의 작업 원리는 현재 컴퓨터의 구조와 연산 방식과는 달리 논리적 사고, 추상적 사고 외에 형상화된 사유 능력을 가지고 있다. …
따라서 인간 뇌의 인지 과정과 패턴을 탐구하는 것은 창조적으로 컴퓨터공학을
발전시키는 데 꼭 선택해야 하는 작업이다. 인지과학은 신경과학, 심리학, 언어
학, 컴퓨터공학, 철학이 만나는 지점에서 발전한 것으로, 인간의 지능과 인지
활동을 연구대상으로 한다." 따라서 인지과학의 한 부분을 구성하는 언어학은
반드시 인지과학이 필요로 하고 추진해 가는 방향으로 계속 발전시켜 나가야
한다. 또한 언어학은 인지과학과 함께 오늘날의 첨단학문의 무대 위로 도약해
야 한다.

3.2. 인지과학에 대한 언어학의 공헌

언어는 인간 지능의 중요한 부분으로 언어 능력은 인간의 가장 기본적인 인
지 능력이다. 그러므로 언어는 인간의 정신을 살펴볼 수 있는 하나의 창문이며,
언어를 연구하는 것은 어느 정도 정신을 연구하는 것이다. 예를 들어 인지과학
은 일반적으로 인간의 외형적인 행위에서 유기체의 정신 능력을 파악하고, 다
시 정신 능력에서 유기체의 어떤 성질을 추론하는 것이다. 그래서 인간의 언어
행위를 관찰함으로써 인간의 언어 능력을 파악할 수 있고, 그에 따라 인간의
어떤 정신적 특징(예를 들어, 회귀적 능력 등등)을 추론할 수 있다. 아동의 언어
습득(language acquisition)에서 관찰되는 두 가지 사실, 즉 속도가 빠르고 입력
이 올바르지 않다는 사실에서 인간의 타고난 언어능력(linguistic competence)
이 존재한다는 가설을 세울 수 있고 더 나아가 인간의 두뇌에는 (언어능력)과
관련된 기제를 추론해낼 수 있다. 게다가 긴 역사, 많은 성과, 비교적 일치된
결론이 존재하는 언어 연구의 특징은 특히 언어학이 인지과학의 핵심적인 구성
요소가 되는 데 유리하게 작용한다.[5]

또한 언어는 가장 체계적이며 관찰하기 편하다. 그래서 우리는 그 입력과
출력의 관계를 분석하여 입력과 출력의 사이에 있는 인간 두뇌의 작동기제를

---

[5]   Halle(1973) 참고하기.

가정하고 두뇌의 언어 처리 기제에 대한 인지 가설을 만들 수 있다. 특히 인지 연구는 소위 블랙박스 모델(black box model)이라는 이론적 성격이 강한 가설로서 신경생리학적 해부 실험이나 실증 연구와는 거리가 멀다. 그러나 언어연구, 특히 실어증 환자의 언어 결손에 대한 뇌 손상 부위와의 연관성에 대한 연구는 고차원적 인지연구를 어느 정도 낮은 수준의 신경연구와 연결하고 관련지어 신경과학의 실증적 토대 위에서 인지과학의 이론적 가설을 세울 수 있다. 이에 아래에서는 언어구조에서의 공범주(empty category)에 관한 심리실험과 뇌 손상 부위와의 관계에 관한 실험을 소개하겠다.[6]

3.2.1. 언어 구조의 공범주 및 심리현실성

주지하듯이 한 문장의 의미는 문장에 있는 단어의 의미를 단순히 합친 것이 아니다. 단어 외에도 그 안에 구조적인 요소들이 작용한다. 외현적인 구성 요소로는 어순(word-order), 굴절(inflection), 허사(function word) 등이 있으며, 내현적인 구성 요소로는 구조 층차(structural hierarchy)와 구조 관계(structural relation) 등이 있다. 예를 들어:

(1) a. I know who₋ᵢ Josephine thinks[eᵢ] is clever.

     b. I know whomᵢ Josephine ought to consult[eᵢ]

(2) a. Which booksᵢ did John read[eᵢ] in the bath tub?

     b. Do you recall which booksᵢ John proclaimed[eᵢ] were unreadable?

예 (1)에서 알 수 있듯이, 관계 대명사의 형태격(주격 또는 목적격)의 확정은 그 하위구조(underlying structure)에서의 위치에 따라 결정된다. 예(2)에서 알 수 있듯이 의문사구(Wh-phrase)는 모두 문장의 첫머리에 위치하지만, 그 의미역(thematic role)이 다르기 때문에 문장의 의미 해석에서의 위상이 다르다. 이와 같은 미세한 차이는, 그 내재된 기저 위치(underlying position)에서 그 의미

---

6   아래의 소개는 Fodor(1995)를 자세히 참고하기.

해석을 추구해야만 파악이 가능하다. 따라서 이론적으로, 또는 인지적으로, 그 원래의 자리에 또 하나의 흔적(trace), 즉 공범주(e로 대표될 수 있음)가 남아 있다고 가정할 수 있다. 흔적은 음성 형식이 없지만, 통사적인 역할을 한다. 그것은 이동한 의문사구를 결속하고 의미적으로 이동한 성분(즉, 선행성분)과 공지시(co-reference) 관계에 있다. 결속은 아래 첨자로 그 선행성분과 공지시 관계라는 것을 표현할 수 있다.

문제는 이런 인지 가설이 심리적 현실성(psychological reality)이 있느냐는 것이다. 이것은 오직 심리실험을 통해서만 검증된다. 아래에서는 세 가지 방면의 심리실험을 소개하겠다.

실험 하나: 자기 시간 통제형의 독해 패러다임(self-paced reading paradigm). 예를 들어:

(3) a. What$_i$ did the cautious old man whisper[e$_i$] to his fiancee during the movie last night?
b. What$_i$ did the cautious old man whisper to his fiancee about[e$_i$] during the movie last night?

피실험자가 버튼을 한 번 누르면 화면에 단어가 뜬다. 피실험자는 스스로 이해했다고 생각할 때 다시 버튼을 누르고 그 다음 단어를 보게 된다. 시간의 길이에 상관없이 모두 통계를 낸다. 실험 결과 (3a)의 "to his fiancee during the movie last night"를 이해하는 것이 (3b)의 "to his fiancee about[ei] during the movie last night"보다 빨랐다. 동사 'whisper'에는 타동사 용법("John whisper a message to his friend")과 자동사 용법("John whisper to his friend", 또는 "John whisper about the message") 2가지 용법이 있기 때문에 피실험자가 (3b)의 'whisper'를 읽을 때 그것이 (3a)와 같이 공범주가 있다고 여겼다가 나중에 뒤의 단어를 읽으면서 공범주가 'about' 뒤에 있다는 것을 알게 된다.

바로 이렇게 공범주 삽입을 잘못하여 나중에 수정하는 과정에서 의미를 파악하는 데 더 많은 시간이 걸린 것이다. 이는 사람이 문장을 처리할 때 공범주의 위치를 식별할 수 있을 뿐 아니라 이동한 성분과 관련된 흔적을 성급하게 찾으려는 심리적 경향이 있음을 보여준다.

실험2: 시각적 탐지 인식(visual probe recognition). 예를 들어:

(4)   a. The terrorists wanted to disrupt the ceremonies.
        b. [The new mayor at the center podium]$_i$ was shot[e$_i$]
(5)   a. The terrorists wanted to disrupt the ceremonies.
        b. The new mayor at the center podium was furious.

위의 문장 b와 그 배경문장 a를 화면에 표시하고, 그 다음에 사라지게 하고, 다시 mayor와 같은 탐지어를 표시하고, 그것이 앞의 문장에 나타나는지 판단하도록 요구한다. 실험 결과, (4)류 문장을 정확히 판단하는 시간이 (5)류 문장보다 짧았다. 한 가지 가능한 설명은 문장 끝에 있는 공범주가 앞의 선행어와 동일하고, 활성화(activate)된 선행어가 탐지어의 판정에 도움이 된다는 것이다.

실험3: 청각-시각 교차 모델 작동(cross-modal priming). 예를 들어:

(6)   The police man saw the boy$_i$ [that$_i$ the crowd at party accused[e$_i$] of the crime].

피실험자에게 위의 문장을 들려주고, 공범주[e$_i$]가 있는 부분이 될 때 화면에 girl 등(boy 관련)의 단어가 표시되면 피실험자가 소리 내어 읽도록 한다. 그리고 화면에 나타날 때부터 소리내어 읽기까지 걸린 시간을 계산한다. 또한 'officer'(policeman 관련), 'people'(crowd 관련), 기타 관련 없는 단어도 대조하도록 표시해 준다. 실험 결과 공범주[e$_i$]와 boy와 관련된 단어만 반응 시간이 가장 짧았다. 이 또한 공범주가 존재하고 공범주가 문장의 의미 해석에 일정한 역할을 한다는 것을 말해준다.

3.2.2. 공범주를 처리하는 신경 기초

위는 비교적 추상적인 심리학적 측면에서 공범주가 심리적 현실성을 가지고 있다는 것을 증명할 뿐이다. 현재 문제는, 인간이 공범주를 처리하는 신경의 기초는 무엇인가? 일반 사람의 뇌를 해부할 수 없는 윤리적 한계를 감안할 때 실어증 환자의 언어 표현에서 간접적으로 그 답을 찾을 수밖에 없다.

실어증(aphasia)은 뇌의 일정 구역에서 발생하는 질적 병변으로 인한 언어 장애, 즉 언어표현이나 이해 측면의 장애를 말한다. 이 중에서 비교적 전형적인 두 가지는 (1) 브로카 실어증(Broca's aphasia)으로, 언어 이해는 상대적으로 정상적이지만 말이 유창하지 않고 문법에 맞지 않는다. 그 손상 부위는 이마 아래쪽 뇌로서 대뇌 좌측 전두엽에 위치한다. (2) 베르니케 실어증(Wernicke's aphasia)은 말은 유창하고 비교적 문법에 들어맞지만 이해를 전혀 못한다. 그 손상 부위는 좌뇌 뒷부분에 위치한다. 브로카 실어증 환자들은 문법능력이 떨어져 말하기(작문)은 어렵지만 발화에 대한 이해력은 괜찮다. 이는 "언어 이해에 있어 문법은 불필요하지 않은가"라는 질문을 야기한다. 이점을 비교적 확실하게 알기 위해서는 다음과 같은 실험을 통해 증명하는 것이 필요하다.

실험1: 문장-그림 맞추기 실험(sentence-picture matching test). 예를 들어:

(1)   a. It was the girl$_i$ who$_i$ [e$_i$ chased the boy].
        b. It was the boy$_i$ whom$_i$ [the girl chased e$_i$].

위의 a는 주어 분열구조(subject-cleft construction), b는 목적어 분열구조(object-cleft construction)이다. 피실험자(브로카 실어증 환자)가 문장을 듣고 나면 그들에게 상응하는 그림을 선택하게 한다. 브로카 실어증 환자는 (1a)에 대해서는 아주 잘 선택하는데 이는 이 문장을 잘 이해할 수 있다는 것을 말한다. 그러나 (1b)에 대해서는 제대로 선택하지 못하는데 이는 그들이 이 문장을 잘 이해하지 못한다는 것을 의미한다. 왜 그런가? 원래, 브로카 실어증 환자는 (1a)라는 문장을 처리할 때 동작주는 기본적으로 앞에 위치한다는 전략(agent-first default strategy)을 사용한다. 그들은 이러한 비언어적인 인지 전략으로 추론을 해서 매번 성공하였다. 그런데 (lb)와 같은 문장을 접하면 이러한 전략은 효력을 상실한다. 왜냐하면, 이러한 문장을 이해하려면 공범주가 선행어와 조응관계를 가진다는 통사 지식을 활용해야 하지만 브로카 실어증 환자의 통사 지식이 손상되어 이러한 지식을 사용할 수 없기 때문이다.

이에 근거할 때 브로카 실어증 환자는 공범주와 같은 통사 문제를 처리하는 뇌신경 부위가 손상되었다고 판단할 수 있다. 동시에, 이 실험은 브로카 실어증 환자가 관계 대명사에 부가하는 형태격(예, (1a), (1b)에 있는 주격, 목적격 등)도 활용할 수 없음을 보여준다.

시각탐지식별실험에서 베르니케 실어증 환자는 정확한 판단을 할 수 있었지만, 브로카 실어증 환자는 그렇지 못했다. 이에 다음과 같은 실험으로 바꾸어서 다시 시험해 보았다.

실험2: 청각-시각 교차형 어휘 연상 실험(cross-modal lexical priming).
예를 들어:

(2) The man liked the tailor$_i$ with the British accent who$_i$ [e$_i$] claimed to know the queen.

이것은 주어관계화 관계절 구조(subject-relative construction)이다. (실험에서는) 헤드폰으로 이 문장을 들려주고 공범주[e$_i$] 위치나 다른 곳에 가면 화면에 공범주의 선행어 'tailor'와 관련되는 측정 단어 'cloth', 또는 이와 무관한 측정 단어 'weight'(accent와 관련됨)를 대조시켜 보여준다. 그리고 피실험자에게 큰 소리로 읽게 하고 시간을 계산한다. 실험 결과 (i) 정상인(제어그룹)은 빈자리 채우기(gap-filling)에 정확하게 반응하고 전체 문장의 의미를 정확하게 이해할 수 있었다. (ii) 베르니케 실어증 환자는 빈자리 채우기는 정확하게 반응했지만 전체 문장의 의미를 정확하게 이해하지는 못했다. (iii) 브로카 실어증 환자는 빈자리 채우기는 정확하게 반응하지 못했지만 전체 문장의 의미는 대체로 이해해 낼 수 있었다. 실험은 예문을 바꿔서 다시 진행되었다.

(3)   The priest enjoyed the drink$_i$ that the caterer was serving [e$_i$] to the
        guest.

측정 단어인 wine과 boat를 사용하여 1, 2에서 테스트했는데, 결과는 대체로
예문(2)와 같다. 이에 대해서는 베르니케 실어증 환자가 공범주와 선행사의 통
사적 의존 관계를 찾을 수는 있지만 동사가 결정하는 논항 구조, 즉 명사성
성분에 의미역을 할당할 수 있는 능력이 부족하다고 해석할 수 있다. 이 때문에
베르니케 실어증 환자는 여전히 문자를 이해할 수 없다. 이런 의미 해석 능력이
부족하여 베르니케 실어증 환자가 만드는 문장은 내용면에서 불합리하거나 심
지어 터무니 없다. 브로카 실어증 환자는 공범주와 선행어의 통사적 의존 관계
를 찾을 수 없어 이런 통사적 관계에 의존하는 논항구조를 이해하는 것은 힘들
고 동작주가 문두에 있을 것이라는 문법 외적인 인지전략에 의존해야 한다.
목적어 자리에 공범주가 존재하는 관계절을 포함한 문장(예: 1b)을 만나면 이러
한 인지적 책략은 더 이상 효과가 없고 결국 이해에 실패하게 된다. 이것은
언어 이해에도 반드시 문법 지식이 뒷받침되어야 함을 증명한다.

위의 실험에서 이러한 가능한 결론을 도출할 수 있다. (1) 브로카 실어증 환
자의 손상된 대뇌의 신경조직은 통사 의존 관계와 같은 추상적인 통사 지식을
관장하며, 단기 기억과 같은 기능도 할 수 있다. (2) 베르니케 실어증 환자의
손상된 대뇌의 신경조직은 통사 성분 사이의 의미 관계와 같은 의미 지식을
관장한다. 여기서 얻을 수 있는 이론적 함의는 다음과 같다. (1) 언어지식은
통사, 의미 등의 모듈(modular)로 나누어진다. (2) 각각의 유형별 언어 지식(통
사 지식, 의미 지식)은 언어 처리에 있어서 특정한 역할을 한다. (3) 대뇌에
각각의 언어 기능을 관장하는 특정한 부위와 상응하는 신경 기반이 있다.

분명히, 이러한 유형의 연구는 인지 과학과 신경 과학의 거리를 단축시키고,
인지 연구라는 주로 여러 가설에 의존하는 블랙박스 모델이 신경 생리학이라는
실험에 기초한 화이트 박스 모델로 이행하게 할 수 있다. 결국, 인간의 사고를
연구하는 일종의 반투명한 연구 모델인 그레이 박스가 될 희망이 생겼다.

4. 인지과학과 컴퓨터의 자연언어 이해

고급 수준에서의 인지 활동은 일종의 직렬적(serial) 정보 가공 과정으로서, 일종의 규칙의 제약을 받는 지식 표상의 기호 표현 형식에 대한 변환의 과정(즉, 논리 연산)으로 이해할 수 있다. 그것은 또한 궁극적으로 일정한 알고리즘과 계산 행위로 환원될 수 있다. 인간의 정신 과정은 부호 처리의 계산 과정으로 이해될 수 있고, 인간의 언어 이해 과정은 지식 표상에 있어서의 계산 과정으로 이해될 수 있으며, 이는 컴퓨터의 자연언어 이해를 기술적으로 가능하도록 만든다.[7] 따라서 언어에 대한 인지적 연구를 확대한다는 것은 바로 언어에 대한 전산 분석을 의미한다. 분명히 인지과학은 전산언어학에 있어서 지극히 중요한 인식론과 방법론적 의미를 가지고 있다.

4.1. 인지연구에서 전산분석으로

위에서 언급했듯이 인지과학은 컴퓨터를 인간의 사고의 모델로 사용할 수도 있고 컴퓨터로 인간의 인지과정을 시뮬레이션 할 수도 있다는 기본적인 신념을 가지고 있다. 언어가 인간 인지의 가장 중요하고 체계적인 것이기 때문에, 연구자들은 자연스럽게 컴퓨터를 사용하여 인간의 언어 이해 과정을 시뮬레이션하려고 시도함으로써 컴퓨터 과학에서 하나의 중요한 연구 분야인 자연언어이해(natural language understanding)를 만들어 냈다. 그리고 그것이 점점 발전하여 종합적인 첨단학문인 전산언어학(computational linguistics)이 되었다. 그렇다면 어떻게 컴퓨터가 자연 언어를 이해하도록 할 수 있을까? 전형적인 인공지능 방법은 언어처리를 문제 풀이 과정으로 보고, 인간이 언어를 이해하는 작동 기제를 파악하고, 문제해결 과정을 형식화한 다음, 일종의 형식화 체계(formalism)로 다시 쓰고 마지막으로 프로그램 언어로 표현하여 컴퓨터에서 구현하는 것이다.

---

[7] 자세한 논증은 袁毓林(1996a) § 4.1을 참고하기.

일반적으로 이러한 유형의 전산언어학 연구는 다음과 같은 세 가지 단계로 수행된다.[8]

제1단계는 수학 모델링이다. 연구해야 할 문제를 언어학적으로 형식화 (linguistic formalism)시키고, 정확한 수학으로 엄밀하고 정연하게 표현하도록 한다. 다시 말해서 관련된 언어 문제를 위한 수학적 모델을 만드는 것이다. 이 단계는 적절한 형식문법(formal grammar)을 선택함으로써 문장의 구조를 어떤 수학적인 형식으로 분명하고 명확하게 표현할 수 있도록 하고, 이러한 형식문법 하에서 문장구조를 어떻게 분석할 수 있는지에 대한 방법과 절차를 검토하는 것을 포함한다. 적절한 의미 표시 체계를 선택하는 것은 문장의 의미를 어떤 수학적인 형식으로 명확하고 분명하게 표현할 수 있게 해준다. 그리고 이러한 형식 체계 하에서 문장의 의미 구조를 어떻게 분석하고 표시할지 연구한다.

제2단계는 알고리즘 설계이다. 이러한 엄밀하고 정연한 수학 형식을 알고리즘 (algorithm)으로 표시하여 전산적인 형식화(computational formalism)가 되도록 한다. 이 단계에서는 구문 분석의 엄격한 절차(procedures)를 검토해 기계적이고 명확하게 단계별로 분석 결과에 접근해야 한다.

제3단계는 프로세스 구현이다. 알고리즘에 따라 프로그램 언어로 컴퓨터 프로그램을 작성하여 컴퓨터상에서 구현(computer implementation)하게 하는 것이다.

예를 들어 Winograd(1983)는 인지주의 전산언어학의 훌륭한 사례라고 할 수 있다. 그는 다음 두 가지 질문에 영감을 불어넣어 하나의 언어 연구를 위한 인지 패러다임(cognitive paradigm)을 설계하려는 시도를 했다.

1) 한 사람이 말을 하고 이해하려면 어떤 지식을 가져야 하는가?
2) 의사소통 과정에서 이 지식을 사용하기 위해 인간의 정신은 어떻게 조직되는가?

---

8   冯志伟(1992: 84); 钱锋(1990: 26-27) 참고하기.

그는 언어 사용을 일종의 지식에 기초한 의사소통 과정으로 간주하고 사람이 발화를 하든지 청취를 하든지 간에 반드시 일정한 지식을 가져야 한다고 보았다. 예를 들어, 어순 규칙, 어휘와 단어의 구조, 의미 특징, 지시관계, 시제 체계, 담화구조, 말하는 사람의 태도, 운율규칙, 문체 규칙, 세계지식 등이 있다. 이론적인 면에서, 그는 사람이 어떻게 언어 지식을 습득하고, 이러한 지식을 운용하는지 탐구하려고 했고, 실제 운용에 있어서는 사람이 습득하고, 저장하고, 운용하는 과정을 컴퓨터로 시뮬레이션하려고 했기 때문에, 그는 이러한 패러다임을 전산적인 패러다임(computational paradigm)이라고 불렀다.[9]

정보 가공 과정의 관점에서 보면, 사람이 발화를 하거나 이해를 할 때, 대뇌에는 묘사된 외부 세계에서의 사물이나 사건에 대한 심리적인 이미지가 있는데, 이를 내부 언어라고 할 수 있다. 사람이 언어를 처리하는 과정은 외부 언어를 내부 언어로 바꾸고, 가공을 거쳐 내부 언어를 외부 언어로 바꾸는 과정이다. 컴퓨터도 이와 유사한 과정으로 자연 언어를 처리할 수 있다.

(컴퓨터가) 먼저 한 언어의 내부 표상을 확정한다. 그런 다음, 한정된 언어 부분 집합 중의 문장을 내부 표상으로 전환하는 방법을 모색한다. 그래서 컴퓨터에게 언어를 이해시키는 핵심은 일반적인 자연 언어의 문장에 대한 의미 해석을 해야 한다는 것이다. 즉, 일반적인 내부 표상을 설정하는 것이다. 내부 표상은 자연언어처리의 핵심이다. 그것은 언어 지식과 세계 지식을 묘사하고 이용하는 시스템에 영향을 미치기 때문에 전체 처리 시스템에도 영향을 미친다.[10]

학자들은 인간이 언어를 처리하는 심리적 과정에 대한 인식이 저마다 다르기 때문에 자연언어처리 시스템을 만들기 위해 서로 다른 이론과 방법을 사용했다. 이 중 한 부류는 문법 이론은 다를 수 있지만 기본적으로 통사 분석을 중시하는 시스템이다. 예를 들어, Winograd는 1972년에 블록으로 이루어진 가상의 세계

---

[9] Winograd(1983) 제1장: "Viewing Language as a Knowledge-Based Process", pp.1-34.
   또한 이 책에 대한 黃奕(1985)의 소개와 서평을 참고하기.

[10] 杨抒(1988: 21-23) 참고하기.

에서 대화를 이해하고 처리하는 SHRDLU 시스템을 고안했는데, 이 시스템은 (컴퓨터상의) 로봇을 통해서 명령을 듣고 해당하는 블록을 조작을 하고 블록 장난감이 처한 상태에 대해 대답하는 방식으로 설계되었다. 그가 생각하기에 통사규칙이 해결해야 할 문제는 언어가 도대체 어떻게 조직되어 의미를 표현하는가 하는 것이다. 그는 Halliday의 시스템 문법(Systemic Grammar)을 채택하여 통사 구조를 문장을 생성하는 과정에서 일련의 통사 구조 선택의 결과로 간주하였다. 의미는 일정한 외부 세계 모형에 의해 추론되어 통사 분석을 지시함으로써 문장의 정확한 의미 해석을 도출한다.

예를 들어, "I rode down the street in a car."에서는 세계지식(거리가 자동차에 있을 수 없는 것)을 적용하여 추론해야 "in a car"가 "street"라는 수식어를 배제할 수 있다. Woods는 1972년 달의 화학 성분에 관한 LUNAR 시스템을 설계했는데, 이 시스템의 통사 부분은 Chomsky(1965)의 변형생성문법 모델에 따라 표준 이론에 의해 지정된 심층 구조를 분석하여 의미 부분에 입력시켰다. 의미 부분은 구문상의 심층 구조에 따라 다시 의미 정보 분석을 진행한다. 데이터 검색 부분은 입력구의 의미에 따라 데이터베이스를 직접 조회할 수 있도록 일종의 체계적인 형식언어(즉, 검색 문구)로 컴파일해 결과적으로 결과(즉, 응답)를 발생시킨다.

Simmon은 1973년 Fillmore의 격문법(Case Grammar)에 의해 의미적 네트워크 이론을 세웠다. 다른 유형의 시스템은 상세한 통사 분석을 하지 않고 어구에서 직접 의미 정보를 추출한다. 예를 들어, Wilks는 전체 담화의 내용이 약간의 간단한 기본 정보로 구성되어 있다고 생각한다. 복잡한 문장도 언어학자가 생각하는 차원이 있는 트리 구조가 아닌 기본 정보가 개념을 통해 실시간 선형적 순서로 연결되어 있는 것이다. Wilks는 1973년 인공지능의 방법으로 영어-프랑스어 기계 번역의 모델을 설계했다. 이 모형은 통사 분석을 하지 않고 하나의 '의미 템플릿'으로 입력 문장의 정보를 받아들인다. 즉, 이 시스템은 출발언어의 입력 문장을 하나의 의미 구조로 직접 처리하고, 중간 언어 성분인 의미 구조에 따라 목표 언어 문장을 생성하고 특정 영역에 사용되는 술어연산을 한다. Schank는 인간의 두뇌에 개념적 기반(conceptual base)이 존재한다고 보고 언어의 어구를 개념적 기반과 연결시키는 과정을 언어 이해의 과정이라고 보았다.

　개념적 기반은 완벽한 구조를 가지고 있으며, 사람은 종종 초기 입력에 따라 후속 정보를 예상할 수 있다. 통사 분석은 언어 이해에 그다지 쓸모가 없는데, 언어 이해에 필요한 것은 문장의 의미를 입력하는 것이지 통사 구조가 아니기 때문이다. 컴퓨터가 언어를 이해하기 위해서는 사람의 심리과정을 시뮬레이션해야 하고, 사람처럼 문맥, 환경, 지식, 기억 등에 따라 예상(expectation)을 함으로써 의미 정보를 획득해야 한다. 통사적 지식은 단지 안내의 역할을 할 뿐이다. 즉, 입력된 단어에 근거하여 개념 구조를 형성하고 찾아 확인하기 편리하도록 문법 형식을 예상하는 것이다. Schank는 1973년 개념 의존(Conceptual Dependency, CD) 이론을 제시하며 MARIE 모델을 구축했다. 이러한 서로 다른 이론과 방법들은 "사람이 어떻게 언어를 이해하는가?"라는 문제에 대한 연구자들의 다른 견해에 기초해 발전된 것인데, 다시 말해 그들은 각각 다른 전산 패러다임으로 그 인지 패러다임을 구현했다.[11]

4.2. 두 종류의 전산 패러다임: 규칙 기반과 통계 기반

　위에서 소개한 전산 언어학의 연구 패러다임의 특징은 규칙, 즉 지식(규칙으로 표시됨)에 기초한 방법으로 흔히 인공지능이라고 하는 방법이다. 이러한 방법은 컴퓨터가 자연 언어를 처리하기 위해서 사람과 같이 문법, 의미, 화용, 담화, 주제 사물, 주변 세계 등에 관한 지식과 논리적 추리력을 가져야 한다고 가정한다. 사람이 언어를 처리할 때의 심리상태와 심리과정이 그러하므로, 컴퓨터는 사람과 동일하고 비슷한 지식을 가져야만 자연언어를 처리할 수 있다.

　비교적 늦게 생겨난 코퍼스언어학(corpus linguistics)은 코퍼스 통계에 기초한 방법, 즉 확률에 기초한 방법을 사용한다. 이러한 방법은 컴퓨터가 인간처럼 지식을 이용해서 언어를 이해하지 못하고, 인간도 언어를 이해하는 데 필요한

---

[11]　楊抒(1988: 22-26); 范継淹、徐志敏(1980: 9-19) 참고하기.

각종 지식을 형식화하여 규칙으로 만들 수 없다고 간주한다. 이를 감안할 때 코퍼스 언어학적인 방법론에서는 우리가 방대난 양의 언어 데이터를 정량화하는 통계분석을 할 수 있다면 언어 성분의 분포와 언어 성분 간의 관계 등을 확률적으로 예측해 컴퓨터의 지식과 추리력 부족을 보완할 수 있다고 가정한다.[12]

코퍼스 언어학은 품사 표기 등 구조와 의미를 다루지 않아도 되는 측면에서는 매력적인 성적을 거뒀지만 대명사 조응 등 복잡한 구조와 의미를 다루는데는 아직까지는 만족할 만한 성과를 얻지 못했다. 프로젝트의 관점에서 보면, 코퍼스 언어학은 다양하게 응용될 수 있는 가능성을 가지고 있지만 우리는 규칙에 기초한 방법을 더 선호한다. 규칙에 기초한 방법은 Hans Karlgreen 교수의 말을 빌리자면, "전산학적인 방법으로 인간 언어 행위의 모델을 만들고, 이를 통해 사람들이 어떻게 듣고 쓰고, 새로운 지식을 학습하고 과거의 지식을 새롭게 익히는지, 또한 어떻게 언어정보를 이해하고 저장하고 조직하는지를 알 수 있다." 그는 심지어 전산언어학의 가장 기본적인 문제를 "사람들의 대부분의 활동이 어느 정도 기계적인 조작으로 간소화될 수 있는가"를 이해하는 것이라고 보았다.[13] 분명히, 이러한 연구 방법은 인지과학과 언어학 연구에 시사하는 바가 더욱 크다.

4.3. 중국어의 전산 구조와 전산 모형

1970년대 말 중국과학원 심리연구소의 李家治 등이 컴퓨터가 중국어를 이해하는 문제를 연구를 했다. 그들은 Qillian의 의미 기억 네트워크 이론으로 중국어를 자동으로 이해하는 심리학 모델을 개발했다.[14] 아울러 중국사회과학원 언어연구소의 范継淹 등이 인간과 컴퓨터의 대화를 연구해 철도 여객운송 자동응답시스템을 개발했다. 이는 진정한 언어학 모델에 속한다. 이를 위해 范

---

12 桂诗春、宁春岩(1997) §7.7.2.2: 코퍼스 방법, pp138-149 참고하기.
13 黄建烁(1991: 31) 참고하기.
14 李家治、郭荣江、陈永明(1982) 참고하기

継淹은 중국어의 판단의문문을 매우 체계적으로 연구하고 언어와 정보의 관계, 문법적 분석의 이론과 방법에 대한 전반적인 검토와 반성을 통해 일종의 '의미 단어 문법'을 제안했다. 이것은 중국어학 연구 분야에 시사하는 바가 크다.[15] 1970년대 중반, 중국사회과학원 언어연구소의 刘倬 등은 영-중 기계 번역연구를 진행하였다. 그들은 영어-중국어의 번역을 용이하게 하는 '중간어 성분'의 발전에 노력을 기울였다. 그들은 중국어 통사와 의미의 심층 구조에 대해서도 다루었는데 이는 중국어 문법 연구에도 일정한 참고의 가치가 있다.[16]

1980년대 후반부터 1990년대까지 베이징대학 컴퓨터학과/중국과학원 컴퓨터연구소의 白碩은 언어학 이론과 방법에 기초한 일련의 전산언어학 연구를 실시했다. 白碩(1995: 2)은 자연 언어 처리(이해, 생성, 인간과 컴퓨터의 대화, 기계 번역 및 음성/문자 입력의 후처리를 포함)를 기술적 배경으로 하여, 자연 언어의 형태, 통사, 의미, 화용 등의 층위와 상호 작용의 전산 구조를 제시하고 언어학 지식을 재구조화하여 제품으로 만들 수 있는 전산 모델을 제안하였다. 이 책은 언어학 규칙이라는 특수한 형식의 지식발견의 논리적 실질을 연구하고, 언어학 지식발견과 관련된 각 차원의 형식화 메커니즘을 제시하였다. 그리고 이 책은 수학적인 모델링, 논리적 기술, 알고리즘 묘사 및 구체적인 구현, 그리고 결과에 대한 언어학적인 해석까지 다루었다. 저자는 언어학에서 전형적인 분포 분석 방법을 채택하고, 실제 코퍼스의 다양한 특징을 고려하여 중국어의 상황을 결합시켰고 수학, 논리, 알고리즘과 프로그램 구현의 각도에서 코퍼스에서 발견되는 정확한 언어학 지식(주로 품사 분류와 통사 규칙)의 이론과 방법을 전면적으로 서술하였다.

저자는 우선 수학적 관점에서 분포 이론을 보완하고 확대시켜 단어, 구, 단어 결합의 분류 문제에 분포 분석 방법을 도입했다. 저자는 품사 분류의 수학적 이론을 논의할 때 품사 분류의 부동점(不动点) 이론을 제시하고, 분포 분석의 과제는 최대 부동점을 찾는 것이라고 하였다. 그는 이 연구를 통해 언어학계의

---

15 范継淹、徐志敏(1981、1982)와 范継淹(1986)에서의 관련 문장 참고하기.
16 刘倬(1981) 참고하기.

분포 분석과 관련된 '논리 순환'에 관한 오해를 해소하고 최대 부동점이 진정한 의미에서 컴퓨터 연산의 본질이라는 것을 증명하였다. 또한 이 과정에서 분포 분석 방법의 두 가지 기본적인 논리 전제를 명확히 했다. 첫째 단어의 동질성과 언어 경계의 명확성의 관점에서 품사 분류 과정에서 "무엇을 발견하느냐"와 "발견할 수 있는가"라는 두 가지 문제를 해결해야 한다. 통사 규칙을 발견하는 수학 이론을 논의할 때, 저자는 구조적인 방법으로 문형 추론에 기반한 변환 규칙 시스템을 만들고 기본 문형이 무엇인지와 몇몇 문형에서 어떻게 다른 문형을 얻을 수 있는지를 설명하였다. 이 중에서 추론 규칙은 문형 추론 규칙과 문맥 추론 규칙을 포함하며, 그것들은 모두 다시쓰기 규칙(rewrite rules)이다. 또한 이러한 규칙은 시스템과 분포 분석의 관계를 발견하는 것이라고 설명하였다. 동일 분포 관계와 다시쓰기 규칙으로서의 추론 규칙은 본질적으로 일종의 '변환'이다. 그렇게 해서 저자는 단어의 분포 분석에서 구 구조의 분포 분석 연구로 확대해 나갔다. 이어서 그는 분포 분석을 단어의 결합(word complex, 즉 원 거리의 단어 다원적 조합, long-distance dependent word ntuple, 예를 들어 "영어는 내가 10년 전에 할 수 있었다."에서의 "영어……말하다")까지 확장시켰다. 저자는 만약 두 단어가 같은 분포를 가진다면, 그것들은 반드시 동시에 충족되거나 어떤 변환도 충족하지 못한다는 것을 발견하였다. 그래서 변환은 단어의 다원적 조합과 다원적 통사 환경 사이의 일종의 추론 관계이다. 단어 결합은 변환 과정에서의 변하지 않는 상수이자 다원적 환경(문맥)의 충전물이다. 그러나 다원적 환경(문맥)은 어떤 통사 구조에서 단어 결합의 잉여적 부분을 제거한 것이다. 단어 결합은 여러 가지 서로 다른 다중 환경(문맥)을 분포의 프레임으로 사용하기 때문에 변환 분석은 단어 결합의 분포 분석이며 변환 분석을 통해 단어 결합을 분류할 수 있다. 이렇게 해서 문장은 단어 결합에 환경(문맥)이 더해져서 구성된 것으로 간주할 수 있다. 그리고 문장 의미는 단어 결합의 의미와 환경(문맥)의 의미로 분해될 수 있다. 예를 들어 다음과 같다.

"강을 건너지 않기로 했다"는 "강을 건너다"라는 의도를 철회함을 가리킨다.
"밥은 먹지 않기로 했다"는 "밥을 먹다"라는 의도를 철회함을 가리킨다.

다원적 통사 환경인 "不……了"의 의미는 "사건 E를 실현하려는 바램을 취소하였다"이고 "강을 건너다(过河)", "밥을 먹다(吃饭)"의 의미는 문장의 의미이다. 저자는 심지어 단어결합의 분포 분석을 통해 단어결합에서의 종속 성분의 의미격을 귀납하고자 하였다. 그 근거는 동일 분포의 단어결합과 내부 의미역 관계와 외부의 조합능력이 같은 의미구조류와 대체적으로 대응된다는 것이다. 이렇게 하면, 동일 분포의 단어와 동일한 위치에 있는 종속 성분의 의미격은 같은 것이다. 예를 들어, 위의 예에서 '강', '밥'의 의미격은 동일하다. 이것은 방법론의 차원에서 언어학 연구에 시사하는 바가 아주 크다.

4.4. 인지언어학/전산언어학 지향의 중국어 문법 연구

위에서 소개한 그러한 인간의 인지 모델에 기초한 전산언어학 연구는 인지에 기초하고 전산 처리를 지향하는 언어 연구 방향(a cognition-based and computation-oriented approach of linguistic study)을 탄생시켰다. 이런 연구 방법은 중국어 문법 연구에 이미 실제로 적용되어 어느 정도 효과를 거두었다. 예를 들어, 袁毓林(1993)은 인간의 언어 이해는 통사, 의미 등 언어학 지식 이외에 상식에 의존한다고 지적하였다. 예를 들어 다음과 같다.

(1) He hit the car with the rock. (그는 돌덩이로 차를 쳤다)
(2) He hit the car with the dented fender. (그는 움푹 파인 흙받이로 차를 쳤다)

사람들은 '치다(hit)'와 '바위(rock)' (동작-도구), '자동차(car)'와 '움푹 파인 흙받이(dented fender)'(전체-부분) 사이의 관계에 대한 그들의 세계지식(world knowledge)을 이용하여 이 두 문장의 문법구조(with the rock이 부사어로서 hit the car를 수식하고, with the dented fender가 관형어가 되어 car를 수식함)를 결정하여 마침내 정확한 의미 해석을 도출해 낸다. 그러나 'hit'와 'rock'의 "동작-도구" 관계, car와 dented fender의 "전체-부분" 관계와 같은 지식은 일일이 다 파악하기가 어렵고 형식화하기도 쉽지 않다. 이에 저자는 새로운 발상을 제시했다. 언어 이해와 관련된 부분의 상식을 하나의 통사, 의미 지식으로 해석하고, 언어학의 통사, 의미 묘사 수단을 통해 형식화한다. 그중 하나의 방법은 명사의 결합가 연구로서 사물 사이의 복잡한 관계에 관한 상식을 사물을 대표하는 관련 명사 사이의 통사 의미 관계로 변환시키는 것이다. 이러한 이론적 토대 위에서 袁毓林(1992, 1994a)은 각각 현대 중국어의 1가 명사와 2가 명사의 통사적, 의미적 특징을 연구하고 인지과학의 연구 성과를 결합하여 확산적으로 활성화되는 의미 기억 기제와 비단조 추론의 논리적 기제를 사용하여 문장과 관련된 의미 해석 문제를 분석하였다. 예를 들어:

(3) 这种酒很淡。(a.味儿淡 > b.颜色淡)
    이 술은 도수가 낮다. (a. 맛이 싱겁다 > b. 색깔이 연하다)
(4) 这种花很淡。(a.颜色淡 > b.味儿淡)
    이 꽃은 연하다. (a. 색깔이 연하다 >b. 맛이 싱겁다)

이러한 의미 이해상의 불평행성은 의미 기억과 의미 추론의 방식에서만 답을 찾을 수 있다. 예를 들면, 명사 '술'은 [액체, 음료, 자극적인 맛, 색깔...]과 같은 그룹의 의미를 활성화할 수 있고, 명사 '꽃'은 [식물의 기관, 관상적 색, 맛...]과 같은 그룹의 의미를 활성화할 수 있으며, 형용사 '연하다(淡)'는 [(맛, 색이) 진하지 않음, (함량이) 희박함, (태도가) 열정적이지 않음...] 등의 의미를 활성화할 수 있다. 사람들은 반드시 상식에 근거해서 술이 특별한 맛이 나는 음료로서, [맛]이 그 강한 특징이라면, '술이 싱겁다'는 것을 그냥 '술의 도수가 약하다'라고 이해한다. 왜냐하면 '특별한 설명이 없으면 기본적인 어떤 명제는 항상 성립한다'라는 기본적인 추론(reasoning by default) 원리에 근거해서 말을 듣는 사람은 다음의 사실을 믿을 만한 이유가 생기는 것이다. 즉, 만약 발화자가 '이 술은 색깔이 연하다'를 표현하려면 술의 주변적인 특징인 '색깔'을 말해야 한다. 마찬가지로 '이 꽃은 연하다'에서 꽃의 기본적인 특징은 충분히 생략할 수 있으며, 의미 해석에서 우선적으로 (색깔) 의미를 보충해서 이해해야 한다. 흥미롭게도, 白硕은 1990년대 후반에 범주 문법의 연산 규칙을 사용하여 언어

이해 시스템을 만들어 온라인상의 정보를 빠르게 찾기 위한 서비스를 시도하였다. 이 시스템에서, 그는 동사, 형용사의 결합가 정보를 이용하는 것 외에 명사 결합가 연구의 성과를 대량으로 받아들여 시스템의 표상 능력과 추론 능력을 강화시켰다.

袁毓林(1996a)은 심지어 확산적으로 활성화된 의미 기억 모형과 기본 추론의 비단조적 논리를 이용하여 일종의 언어 이해의 미시적 메커니즘을 설계하고자 했다. 이 메커니즘을 통해 같은 문장에서 서로 다른 단어 항목 간의 의미 연결과 제약관계를 설명하고, 사람의 뇌가 언어정보를 처리하는 어떤 심리적 과정을 밝혀 인지심리학과 컴퓨터가 자연언어를 이해하기 위한 강력한 언어학적 토대를 제공하고자 하였다. 그 사례로서, 저자는 다음의 예를 중점적으로 분석하였다.

(5) a. 这房子很大。├ b. 这房子面积很大。
　　 이 집은 크다.　　이 집은 면적이 넓다.
(6) a. 这箱子很大。├ b. 这箱子体积很大
　　 이 상자는 크다.　　이 상자는 부피가 크다

(5a)와 (6a)의 통사, 의미 구조는 같지만 의미 해석은 다르다. 이에 대해 인지적 관점에서 다음과 같은 가정을 할 수 있다. 1) 뇌에서 의미가 저장되는 방식은 네트워크(network) 형식이며, 의미 추출 방식은 확산적 활성화(spreading activation) 형식이다. 또한 상식과 생활 경험(예를 들어, 집은 거주하는 공간이고 상자는 물건을 담는 도구라는)의 작용 때문에, 사람들은 집이라는 단어를 듣거나 볼 때 [면적]이라는 의미 노드가 우선적으로 활성화되고, 그것은 다른 단어의 의미 노드와 연결될 가중치가 커진다. 사람들이 '상자'라는 말을 듣거나 볼 때는 [부피]라는 의미 노드가 우선적으로 활성화되고 다른 단어의 의미 노드와 연결되는 가중치가 증가한다. 2) 의미 추론의 방식은 지식의 기본적 추리에 기초한다. 비록 '크다'의 의미는 [면적, 부피, 수량, 강도, 힘]과 같은 의미 노드와 연결될 수 있지만, 사람들은 '집이 크다'라는 말을 듣거나 볼 때 [집의 면적

이 넓다고 바로 이해할 수 있다. '상자가 크다'라는 말을 듣거나 볼 때는 [상자의 부피가 크다]라고 바로 이해할 수 있다. 왜냐하면, 청자는 화자가 의사소통의 기본적 규약을 지킨다고 믿기 때문이다. 만약 화자가 [집의 부피가 크다] 또는 [상자의 면적이 크다]와 같은 의미를 표현하려면, 화자는 반드시 특별한 부가 설명을 해야 한다. 이 경우에는 '부피' 또는 '면적'이라는 단어를 생략할 수 없다.

매우 의미있는 것은, 姬东鸿, 黄昌宁(1996)이 중국어 형용사와 명사의 의미 조합에 대한 전산 모델을 구축했을 때, 袁毓林(1994b)의 의미의 확산적 활성화와 기본 추리의 메커니즘, 의미 특징의 강약의 우선순위, 관련 규칙과 전략을 다중속성 승계로 인한 충돌을 해소하는 기제로 활용했다는 점이다. 예를 들어:

(7)　王明很难受。(a.心里难受 〉 b.肚子难受)
　　　왕명은 괴롭다. (a. 마음이 괴롭다. > b. 배가 아프다)
(8)　这孩子很灵。(a.脑子灵 〉 b.耳朵灵)
　　　이 아이는 영특하다. (a. 머리가 좋다. > b. 귀가 밝다)
(9)　衣服很大方。(a.样子大方 〉 b.领子大方)
　　　옷이 멋있다. (a. 디자인이 예쁘다 > b. 옷깃이 세련되다)

여기서 명사인 '王明'은 심리적 속성도 있고 생리적 속성도 있다. 형용사 '难受(괴롭다)' 역시 심리적 속성도 묘사할 수 있고 생리적 속성도 묘사할 수 있다. 이렇게 되면 명사의 의미가 형용사의 의미와 서로 조합될 때 다중 속성의 충돌 문제가 발생할 수밖에 없다. 어떻게 이런 충돌을 해소할 수 있을까? 袁毓林이 제시한 심리적 속성이 생리적 속성보다 강하고, 전체적 속성이 국소적 속성보다 강하는 우선순위에 근거할 때 이 속성이 상속되는 우선적 규칙으로 이 문제를 해결할 수 있다. 이러한 인지에 기초한 언어 연구는 전산언어학 연구자와 심리 언어학 연구자 모두가 관심을 가지는 내용이다.

袁毓林(2004)은 단어의 의미와 용법을 인지도식(cognitive scheme) 개념으로 분석하고 그 안에서 알고리즘화된 규칙으로 전환할 수 있는 형식적 표상을 유도해 냈다. 예를 들어:

(10)   满身是汗～全身是汗　　　　满商场的人～全商场的人
　　　온 몸이 땀범벅이다 ~ 온몸이 땀범벅이다. 상점에 가득 찬 사람 ~ 온 상
　　　점의 사람
(11)   满脸是汗～*全脸是汗　　　　*满公司的人～全公司的人
　　　얼굴이 땀으로 범벅이 되다~*온 얼굴이 땀이다. *온 회사의 사람~모든
　　　회사의 사람

‘满’과 ‘全’의 의미와 용법의 비대칭성에 대해서는, 은유 투사(metaphor projection) 이론으로 설명할 수 있다. ‘满’과 관련된 언어 표현은 용기 (container) 은유를 기초로 하고 ‘全’과 관련된 언어 표현은 세트(suite) 은유를 기반으로 한다. 사람들의 관념 속에서 신체와 쇼핑몰은 용기로도 볼 수 있고 세트로도 볼 수 있다. 그러나 ‘사람’은 ‘회사’와 같은 추상적인 기구와 내용물과 용기의 관계를 가지기가 어렵다. ‘얼굴’이라는 신체의 부위는 일반적으로 더 작은 부분으로 분해될 수 없으므로 세트가 아니다. 주목할 점은 용기 은유에 기초한 언어 표현에서 용기는 공간적으로 위상 가변성(입체, 평면 등)이 있다.

(12)   满杯子啤酒～满头白发～满纸荒唐言～满枝头麻雀～满门抄斩～
　　　满眼春色
　　　한잔 가득찬 맥주~ 온통 백발이다~지면 가득히 황당한 말이다~모든 나
　　　뭇가지에 참새가 가득하다~ 온 집안이 풍지박산나다~사방이 봄기운으
　　　로 가득하다.

용기 은유와 같은 심리적 특징의 설명은 추상적인 도식 즉, 일종의 심상도식 (imagery scheme)으로 해야 한다. 서로 다른 은유는 사람들이 사물과 사건을 감지할 때 서로 다른 인지 방식을 반영하여 다른 심상을 구성한다. 심상은 구조 화된 도식으로 추상화 될 수 있으며 도식은 구조 성분과 그 구성 방식으로 분해 될 수 있다. 은유표현의 구성성분과 그 구조관계와 해당 도식의 구성성분과 그 구조방식 사이의 투사관계를 찾아낸 다음에 생성식을 사용하여 알고리즘 형태의 은유표현에 관한 의미 해석 규칙을 써내는 것이다. 예를 들어 용기 은유

의 경우 심상도식의 구조성분은 내부와 외부의 두 부분으로 나누어져 사람들의 심리속에서 용기라는 구조물 형태를 가지게 된다. 이 점을 이해한다면 우리는 용기 은유적 표현의 문법적 형식에서 의미적 표현의 형식화 및 수정을 거쳐 알고리즘화할 수 있는 규칙 시스템을 제시할 수 있다. 만약 '테이블 가득 사탕, 테이블 가득한 사탕, 테이블이 사탕으로 가득하다' 등의 형식은 'S$_1$: 滿 + NP$_1$ + (的/是 +)NP$_2$'로 표현되고 하나의 술어 논리를 사용하여 아래와 같이 S$_1$에 대한 의미 해석 규칙 R$_1$을 제시할 수 있다.

if: 滿+NP$_1$ + (的/是 +) NP$_2$; then:
{ i.'NP$_1$' is-a CONTAINER, 'NP$_2$' is-a CONTENTS ; 'NP$_2$' is-in 'NP$_1$' ;
ii. $\exists y$, $\forall x$ [is-in(x, y)] $\rightarrow$ x='NP$_2$', y='NP$_1$' ;
iii. CONTAINER has many SUB-SPACE, i.e. , $y=y_1+y_2+...+y_n$;
iv. CONTENTS has many SUB-CONTENTS, i.e. , $x_1+x_2+...+x_n$;
v. $\forall y_i$, $\exists x_i$ [has (y_i, x_i)] $\rightarrow$ $x_i \in$ 'NP$_2$', $y_i \in$ 'NP$_1$', I=1,2,...,n }

만약 예문 '滿桌子(的/是)糖果(책상에 온통 사탕이다)'를 R$_1$에 대입하면, 다음과 같은 의미 표현식 M$_1$을 도출할 수 있다:

'桌子'是容器, '糖果'是容物 ; '糖果'在'桌子'上 ;
'테이블'은 용기이고, '사탕'은 내용물이다 ; '사탕'은 '테이블' 위에 있다;
存在着一张桌子, 所有的'糖果'都在这张'桌子'上 ; '桌子(面)'有许多子空间, '糖果'有许多子集 ;
하나의 테이블이 존재하고, 모든 '사탕'이 이 '테이블'에 있고; '테이블'에는 많은 작은 공간이 있고, '사탕'은 많은 부분집합이 있다;
'桌子(面)'的每一个子空间中都有一些'糖果'。
테이블(면)의 각 공간에는 약간의 사탕이 있다.

용기 은유에 있어서 심상도식의 구조 성분은 하나의 전체와 약간의 부분, 각 부분을 전체로 구성하는 방식의 구조형태이다. 이 점을 이해하면 용기 표현에 대한 전산 분석을 참조하여 세트의 각 부분을 하나의 용기로 간주하여 용기 세트가 될 수 있다. 이에 상응하여 용기에 담긴 내용물도 이산적인 내용물이 된다. 이렇게 하면 세트 은유적 표현의 통사 형식에서 의미표현의 형식화까지 그리고 수정을 거쳐 알고리즘화 된 규칙 시스템을 제시할 수 있다. 만일 '온몸 상처, 온몸의 상처, 온몸이 상처투성이다'와 같은 형식을 'S$_2$: 全+NP$_1$+(的/是 +)NP$_2$'라고 하면 하나의 술어 논리를 사용하여 아래와 같이 S$_2$에 대한 의미 해석 규칙 R$_2$를 제시할 수 있다.

if: 全+NP$_1$+(的/是+)NP$_2$; then:
{ i.'NP$_1$' is-a-set-of CONTAINERS, 'NP$_2$' is-a-set-of CONTENTS ; 'NP$_2$' is-in 'NP$_1$' ;
ii. $\exists$ y, $\forall$ x [is-in(x, y)] $\rightarrow$ 'NP$_2$', y='NP$_1$' ;
iii. CONTAINERS is-a SET consists of many SUB-SET, i.e. , y=y$_1$+y$_2$+...+y$_n$;
iv. CONTENTS is-a SET consists of many SUB-SET, i.e. , x=x$_1$+x$_2$+...+xn;
v. $\forall$ y$_i$, $\exists$ x$_i$ [has(y$_i$, x$_i$)] $\rightarrow$ x$_i$ $\in$ 'NP$_2$', y$_i$ $\in$ 'NP$_1$', i=l, 2,..., n;
vi. λ(x$_1$, x$_2$, ..., x$_n$) [is-in(x$_1$, y$_1$) & is-in (x$_2$, y$_2$) & ... & is-in(x$_n$, y$_n$)];
vii. $\sum$x=x$_1$+x$_2$+...+x$_n$ }

만약 예문 '全单位(的)职工(온 직장의 직원)'을 R$_2$에 대입하면, 다음과 같은 의미 표현식 M$_2$를 도출할 수 있다:

'单位'是一套容器, '职工, 是一批容物; '职工'在'单位'中;
'직장'는 하나의 용기이고 '직원'은 내용물이다 ; '직원'은 '직장' 안에 있다;
存在着一个'单位', 所有的'职工'都在这个'单位'中 ;
하나의 '직장'이 존재하며, 모든 '직원'은 이 '직장'에 속해 있다;
'单位'有许多子集(即部门), '职工'有许多子集 ;
'직장'에는 많은 부분집합(즉,부서)이 있고, '직원'은 많은 부분집합이 있다;
'单位'的每一个子集(即部门)中都有一个'职工'的子集 ;
'직장'의 부분집합(즉, 부서) 마다 '직원'이라는 부분집합이 존재한다;
每一个子单位(即部门)中的职工子集的总和就是'全单位(的)职工'。
'직장'의 부분집합(즉, 부서) 마다 존재하는 '직원'의 부분집합을 합친 것이 바로 '전체 직장의 직원'이다.

이러한 연구의 목표는 단어 공기 제한 문제를 은유적 관점에서 분석하고, 은유적 분석을 심상 도식의 추상적 수준까지 향상시키는 것이다. 이를 통해 언어의 인지적 해석을 알고리즘 규칙과 형식적 표상으로 변환함으로써 인지와 전산이 통합되기를 바란다.

5. 맺음말: 입문의 단계

많은 젊은 학생들은 전산언어학에 관한 공부와 연구를 하려면 어떤 지식적인 준비가 있어야 하는지를 질문한다. 이 질문에 대해서는 전산언어학의 정의에서 대답할 수 있다. 간단히 말하자면 전산언어학은 컴퓨터로 그리고 컴퓨터를 위해 언어를 연구하는 종합적인 학문이다. 컴퓨터를 사용하여 언어를 연구하는 것은 컴퓨터라는 전자장치를 언어 연구의 보조 도구로 사용하는 것이다. 예를 들어 컴퓨터를 이용하여 코퍼스 수집, 분류 및 정리, 분포 통계, 각종 데이터 추출 등을 하는 것이다. 이것은 화학, 물리학, 생물학에서의 전산 화학, 전산 물리학, 전산 생물학과 약간 비슷하다. 즉, 간단한 방정식과 알고리즘을 사용하여 컴퓨터상에서 대량의 중복 연산을 하거나 실험 결과를 컴퓨터로 매우 세밀하게 전산 분석하고 반복하여 새로운 이론의 수준을 향상시키는 분야이다. 더 중요한 것은 컴퓨터공학의 이론, 개념, 방법을 가지고 언어를 연구하는 것을 가리키는 것인데, 필자는 이점이 전산언어학의 더 본질적이고 심오한 특징이라고 생각한다. 예를 들어 白碩(1995)이 이론 컴퓨터공학의 관점으로 현대언어학의 방법을 분석하고 전산적으로 시뮬레이션을 했던 방법은 이런 연구의 이론적 매력과 실용적 가치를 어느 정도 보여준다.

이 점에서 전산신경과학(computational neuroscience)은 우리에게 훌륭한 모범 사례가 된다. 전산신경과학은 신경과학의 새로운 학문 분야로서, 인간과 동물의 신경계가 어떻게 미시적 조직과 그것의 상호작용을 사용하여 정보를 상징화하고 처리하는지를 알아내기 위해 뇌 모델을 수립함으로써 신경계 정보 가공의 전산 원리를 규명하는 것을 목표로 한다. 구체적으로는 신경과학이 뇌 구조와 기능을 뇌 전체 및 세포와 분자 수준에서 수행하는 생물학적 연구를 수학적으로 요약하여 법칙과 알고리즘을 찾아내고 현대 디지털 컴퓨터나 인공 신경 네트워크를 사용하여 시뮬레이션을 하는 것이다. 이 학문의 최종 목표는 뇌의 전기신호와 화학신호를 분석하여 어떻게 신경정보를 표현하고 처리하는지, 지능 활동 중에 생기는 변화의 규칙을 고찰하는 것이다. 이런 뇌 시뮬레이션 연구는 일반적으로 간소화된 뇌 모델(simplifying brain models)을 사용한다. 가장 성공적인 생체 뇌 모형이라고 해도 뇌 조직의 실제 기능을 모두 밝혀낼 수 없기 때문에 신경과학은 중요한 원리를 포착하여 간소화하는 시뮬레이션을 한다. 간소화 모델 연구에서는 모델을 수립하는 이론적 프레임워크, 알고리즘 및 그 제약조건을 제시해야 한다. 그리고 이러한 간소화 모델에서의 알고리즘과 그 제약조건은 종종 현대 디지털 컴퓨터 또는 신경 컴퓨터를 통해 규명할 수 있다. 전산신경과학은 대량의 컴퓨터 연산을 의미하지도 않고 반드시 현대화된 컴퓨터를 사용해야 함을 의미하지도 않는다. 전산신경과학에서는 뇌의 인지 과정의 특징을 기술하여 정보 가공 과정과 정보 저장 과정을 컴퓨터와 비교함으로써 새로운 개념과 수학적 표현을 도출하는 것을 추구한다. 예를 들어, Hopfield가 전산신경과학 모델을 만들 때 컴퓨터를 이용하여 많은 양의 수치 계산을 하지는 않았다. 그러나 이 모형은 뇌의 정보(즉 학습)를 얻고 정보 추출(즉 기억) 과정을 이해하는 데 도움이 된다. 따라서 이러한 수학적 시뮬레이션은 여전히 전산신경과학의 한 부분이라고 할 수 있다. 마찬가지로, 필자는 전산언어학이 반드시 대량의 컴퓨터 연산을 해야 하는 것도 아니고 현대화된 컴퓨터를 사용해야 한다고 보지는 않는다. 전산언어학에서는 인간의 두뇌 속에서 일어나는 언어처리 과정의 특징을 기술하여 언어 정보의 가공, 저장 과정과 컴퓨터를 비교함으로써 새로운 개념과 수학적인 표현을 도출하여 컴퓨터가 문법 규칙 또는 문법 형식 체계를 처리하기 쉽도록 하는 연구를 추구한다. 전산신경과학은 지능활동의 신경 기반의 새로운 개념 및 새로운 알고리즘을 이해하고, 새로운 알고리즘과 그 제약조건을 현대의 여러 컴퓨터와 비교하면서 지능화 컴퓨터, 지능화 로봇, 그리고 지능화 무기를 설계하는 새로운 원리를 발견하는 데 중점을 둔다. 또한 전산신경과학이 제시한 뇌 모형은 신경체계의 어떤 행위에 대해 검증 가능한 예측을 할 수 있다. 이를 통해 생체 뇌 연구 작업의 성과를 비교적 일찍 예견할 수 있었다. 따라서 두뇌에 대한 전산신경과학의 시뮬레이션 연구는 정보과학의 발전을 위한 탄탄한 신경과학의 토대가 되었을 뿐만아니라 신경과학과 심리학의 발전에도 커다란 촉진 작용을 하였다.[17] 필자는 이론 컴퓨터공학의 관점에서 진행된 전산언어학 연구를 활용하여 정보과학, 신경과학, 심리학의 발전을 촉진시킬 뿐만 아니라 언어학의 발전을 촉진시키는 데도 큰 기여할 수 있기를 바란다.

　컴퓨터를 위한 언어 연구는 컴퓨터가 자연 언어를 처리할 수 있도록 언어를 연구하는 것을 말한다. 이것은 두 가지 측면의 작업을 포함한다. (1) 자연 언어의 구조와 의미의 규칙을 찾아서 형식화와 알고리즘화를 용이하게 하는 통사, 의미 규칙을 추출하고, 적절한 문법 이론 모델을 만들어, 언어의 통사, 의미를 더욱 잘 조직화하는 것이다. (2) 언어의 통사, 의미, 화용 층위에 대한 언어학자들의 연구 성과를 수학적으로 정리하고 형식화 시스템을 사용하여 언어의 구조와 의미 규칙을 조직하고 표현하며 적절한 알고리즘을 찾아내어 문장의 구조분석 또는 의미 해석의 엄격한 절차(procedure)를 묘사한 다음 궁극적으로는 알고리즘에 따라 해당 컴퓨터 프로그래밍 언어로 코딩하여 구현하는 것이다. (1)에서 말한 작업은 전적으로 이론언어학자가 해야 하는데 이론언어학자의 관심사가 전산언어학자와 반드시 일치하는 것은 아니기 때문에 전산언어학자는 종종 언어학에서 그들이 원하는 통사, 의미 규칙 또는 문법 이론 모델이 존재하지 않는다는 사실을 발견하곤 한다. 따라서 전산언어학자는 직접 통사, 의미 규칙을 찾거나 심지어는 컴퓨터에 더 적합한 문법 이론 모델을 구축해야만 한다. 컴퓨터 처리를 위해 언어를 연구한다는 점에서 전산언어학은 전산화학과 전산신경과학과 구별된다. 전산화학에서는 컴퓨터를 위해 화학을 연구하는 일이 존재하지 않는다. 전산신경과학에서도 컴퓨터를 위한 신경의 구조와 기능을 연구하는 임무는 존재하지 않는다. 그렇다면 왜 전산언어학은 컴퓨터를 위한 언어연구라는 점을 특별히 강조해야 할까? 원인은 두 가지일 수 있다: (1) 언어학의 연구대상은 자연언어이며, 언어학의 연구도구(언어현상을 묘사하고 언어

---

[17]　沈政·林庶之(1992) 제2장:전산신경과학 pp. 44-49 참고하기.

법칙을 기술하며 연구 결과를 종합하는 것으로 사용)도 자연언어이다. 자연언어는 언어연구의 대상언어(object language)이자 언어연구의 메타언어(meta language)이다. 컴퓨터는 자연언어를 직접 이해할 수 없기 때문에 우선 자연언어로 표현된 언어의 법칙을 형식화, 부호화해야 한다. (2) 언어는 일종의 정신(mind)적인 활동으로서 사람의 인지, 심리와 밀접하게 연관되어 있다. 컴퓨터가 자연 언어를 이해할 수 있도록 하기 위해서는 컴퓨터를 정보 가공 모델로 하여 인간이 언어를 이해하는 심리적 과정을 고찰하여 컴퓨터상에서 시뮬레이션할 수 있어야 한다.

이렇듯이 전산언어학 방면의 학업과 연구를 하려면 언어학과 컴퓨터공학에 대한 기초 지식부터 알아야 한다. 언어학의 경우, 음성학, 실험음성학, 음운론, 통사론, 의미론, 화용론, 담화언어학 등이 포함된다. 컴퓨터공학의 경우, 시스템 구조, 자료구조, 알고리즘 이론, 프로그래밍 언어, 형식 언어, 오토마타 이론, 복잡성과 계산성 이론, 인공지능 원리 등이 포함된다. 두 학문이 종합된 전산언어학 분야도 있다. 이 밖에 심리학은 인지심리학, 신경심리학, 실험심리학, 언어심리학 등이 있다. 그리고 수리 논리에 관한 지식도 빼놓을 수 없다. 더 확장한다면 뇌과학, 신경생물학, 서양현대철학(특히 정신철학, 과학철학)도 주목해야 한다. 그러나 이렇게 많은 학문 분야와 내용을 몇 년 안에 다 배워야 하는 것은 아니다. 그러나 안목을 넓히고 장기적인 목표와 계획을 세울 필요는 있다. 일반적으로 6년에서 10년 기간을 투자하여 어느정도 전체를 한번 공부하는 것은 누구나 할 수 있을 것이다.

이제 어떻게 이 방면의 연구를 시작할 것인지를 논의해 보겠다. 많은 면에서 이것은 사람마다 처한 환경에 따라 서로 다른 방식으로 결정된다. 예를 들어, 나의 선배인 陳小荷는, 북경대학에서 박사 학위를 공부하는 동안에는 전산언어학 방면의 지식을 많이 접하지 못했다. 그는 박사 논문에서 중국 강서성 풍성(丰城) 방언의 문법을 연구하였다. 그러나 졸업 이후에는 북경어언대학 언어정보연구소에 근무하면서 업무의 필요성으로 인해 부단히 전산언어학 방면의 지식을 공부하고 프로그램 코딩을 공부했다. 또한 코퍼스를 구축하기도 했으며 '905의미 프로젝트'에 참여하면서 공학 프로젝트에 부합하는 의미 분석 체계 문제를 고찰하고 연구하였다. 그는 또한 자동 구문분석의 관점에서 중국어 품사 문제를 고찰하는 연구 등을 하면서 점차 전산언어학 분야로 들어오게 되었다. 王惠는 베이징대 중문과 대학원 재학 중에 ≪타동성 체계로 본 현대중국어 구문(从及物性系统看现代汉语句式)≫이라는 주제로 석사논문을 완성하였다. 석사과정 졸업 이후에는 베이징대 전산언어학연구소에서 근무하였다. 이때 그는 연구 업무의 필요성에 의해서 중국어 정보처리에 대한 내용을 공부하게 되었고 중국어 정보처리를 위한 문법정보사전과 의미사전 연구에 매진하였다. 詹卫东은 저장대 중문과 학부 시절에 이미 언어정보처리에 관한 지식을 접했다. 그리고 베이징대 중문과 대학원에 입학하여 陆俭明 교수에게 중국어 문법을 배웠고 동시에 전산언어학연구소에서 俞士汶 교수의 지도를 받았다. 그는 박사과정 기간 동안 이런 학업 방식을 지속하여 전산언어학 분야에 대한 탄탄한 기초 지식을 구비하였다. 졸업 후에는 베이징대 중문과에 남게 되었다. 아울러 그는 전산언어학연구소에서 연구 업무를 맡아 중국어 정보처리를 위한 중국어 구 구조의 제약조건과 의미지식의 표상 등의 문제에 대해 체계적이고 심층적인 연구를 진행하였고 독창적인 연구 결과를 만들어냈다. 그러나 대부분의 사람들은 필자와 마찬가지로 중문학과에서 공부하고 졸업 후에는 중문학과에서 근무하게 될 것이다. 따라서, 필자의 학습 경험을 소개하는 것이 독자들에게도 어느 정도 참고가 될 수도 있을 것이다. 1980년대 초, 필자는 ≪百科知识≫에서 이론 컴퓨터공학, 인공지능, 언어 정보 처리에 관한 글을 보게 되었다. ≪国外语言学≫과 ≪中国语文≫에서는 전산언어학, 특히 중국어와 관련된 컴퓨터와 인간의 대화, 기계번역 분야의 글들을 읽었다. 1984년 항저우대학 중문과 대학원을 다닐 때는 '수리논리' 수업에서 邱国权 교수가 강의하는 수리논리와 인공지능, 수리논리와 자연언어처리의 관계에 대한 강의를 자주 들었다. 그리고 邱国权 교수의 도움을 받아 베이직 프로그래밍 언어를 배웠다. 필자는 그 당시 컴퓨터 관련 서적도 읽었는데, 특히 范継淹 교수의 문법연구와 정보처리가 서로 융합되어 상호간에 시너지 효과를 발휘하는 연구 모델에 탄복하였다.

1985년 봄, 필자는 항저우 대학에서 范継淹 교수의 인간과 컴퓨터의 대화에 관한 강좌를 들었을 뿐만 아니라 호텔에서 그에게 중국어 문법 연구의 방법

문제에 대해 가르침을 청했다. 필자는 范継淹 교수의 훌륭한가르침에 많은 도움을 받았다. 그 때 그 감동은 아직도 잊을 수가 없다. 필자는 1987년 북경대학 박사과정에 진학하면서 베이징대 여러 교수들이 함께 조직한 인공지능의 철학적 기초에 관한 세미나에 참여하였다. 이 세미나는 베이징대 중문과 朱德熙, 陆俭明 교수, 컴퓨터공학과 马希文, 林建祥 교수, 심리학과 王苏 교수, 철학과 赵光武 교수 등이 주축이 되어 진행한 것이다. 필자는 컴퓨터공학과 젊은 교수인 王培가 주관한 인공지능과 인식론에 관한 세미나에 참여했다. 또한 林建祥 교수가 주관하는 기계학습 세미나에 참여하였다. 그리고 그 당시 马希文 교수의 박사과정 학생이었던 白硕과 언어분석과 컴퓨터 처리 문제를 자주 토론했다. 1990년 필자는 칭화대 중문과에 근무하게 되었다. 그 때는 罗振生 교수의 도움을 받아 칭화대 지능기술 및 시스템 국가 실험실의 컴퓨터 실습실을 이용하면서 C언어와 코딩 방법을 공부하였다. 컴퓨터공학의 기술적 측면의 관련 지식을 공부하고 아울러 계속해서 중문과와 컴퓨터공학과의 관련 세미나와 대학원생 논문주제 발표와 졸업 논문 발표에 참여하였다. 또한 罗振生 교수를 도와 전산언어학 분야 대학원생을 지도하기도 하였다. 필자는 기본적으로 언어학적이고 이론적인 관점에서 컴퓨터가 자연 언어를 이해하는 문제를 고민하였다. 특히 언어의 이해와 관련된 지식의 형식적 표현 문제에 집중하여 동사, 명사의 결합가의 역할을 연구하고 이와 동시에 의미 추론과 관련된 인지적 기제와 논리적 기제의 문제를 고찰하였다. ≪언어의 인지 연구와 전산분석(语言的认知研究和计算分析)≫이라는 (필자의) 책에서 여러 편의 논문이 이런 배경에서 작성되었다. 지금 되돌아보면 문법학자들이라면 누구나 할 수 있는 연구는 다음과 같은 것이라고 생각한다. 즉, 자신이 생각하기에 비교적 특별하고 흥미로운(재미있는) 언어현상을 선택하는 것이다. 예를 들어 어떤 문법적 형식이 있다고 하자. 그러면 어떻게 일정한 언어 부호의 연쇄가 하나의 형식을 이루고 특정한 의미를 가지는지를 고민해 보는 것이다. 그리고 이러한 문법 형식이 나타내는 의미를 이해하기 위해서는 어떤 통사, 의미 등의 언어 내적인 지식이 필요하며 어떤 백과사전적인 지식이 필요하며 어떤 규칙과 논리적 추론이 필요한지 등을 생각해 본다. 그런 다음, 이러한 형식과 그에 관한 용례를 구체적으로 기술하고 분석하여 이 형식을 합법화 시킬 수 있는 통사, 의미 제약 조건을 찾아내고 가급적 명확하게 표현하도록 노력한다. 그리고 어떤 상식과 추리방식이 이러한 이해 과정에 관여했는지, 그것들은 어떻게 관련된 통사, 의미 지식과 상호작용을 하는지를 다시 생각해 보는 것이다 그리고 비교적 추상적인 통일된 모델을 이용하여 언어이해과정(각 요인 및 그 작용 방식)을 표현할 수 있는지를 고찰하는 것이다. 이 단계까지 할 수 있다면 문법 형식의 의미 이해를 위한 초보적 논리 모델을 만든 것이나 다름없다. 엄밀한 수학적 모델로 정리하거나, 그 형식 모델이 컴퓨터로 연산이 가능한지를 판단하거나, 연산의 복잡성을 분석하거나 알고리즘을 설계하거나, 프로그램으로 구현하는 등의 연구 작업은 (언어학자가 할 것이 아니라) 전적으로 컴퓨터공학 전공자가 하는 것이다.

전산언어학의 연구는 일종의 시스템 공학적인 작업이기 때문에 언어학자는 가능한 신뢰할 수 있고 간단한 초보적인 모델을 제시하기만 하면 된다. 따라서 언어학자에게 있어서 전산언어학 연구의 주요 임무는 가급적 언어현상을 상세하고 명확하게 기술하고, 관련 요소의 작용 방식과 그 관계를 탐구하여 문법에 맞고 자연스러운 언어현상이 되게 하는 여러 제약 조건을 제시하는 것이다. 언어학자가 프로그램 코딩을 할 수 있는지, 알고리즘 이론과 자료구조를 이해하는지의 여부는 그렇게 중요하지 않다. 물론 컴퓨터가 어떻게 일하는지(특히 자연언어를 어떻게 처리하는지)의 원리를 어느 정도 이해한다면 가장 좋기는 하다. 이렇게 된다면 (자연언어처리 과정에서) 어떤 제약조건과 규칙이 중요하며 어떤 언어학 모델이 정보처리에 유용한지를 이해하는 데 도움이 될 것이다. 그러나 우리는 언어학자이기 때문에 인지, 전산 등의 관점에서 언어 문제를 고찰할 때, 주요한 목적은 여전히 다양한 언어 이론과 분석 방법의 효과를 검증하는 데 있다. 또한 필자는 컴퓨터를 참조 대상으로 하여 언어학의 연구 수준을 향상시키고 언어학이 진정으로 엄밀한 의미의 학문이 되기를 바란다.

제9장 언어유형론과 중국어 연구[*]

19세기 언어유형론은 세계의 언어를 분류하는 학문으로 이해됐으나 현대 언어학에서 유형론은 분류를 위한 학문에 그치는 것이 아니라 '언어보편성과 언어유형론'의 줄임말로 여겨지고 있다. 그만큼 인류 언어 공동의 비밀을 탐색하는 핵심 학문에서 중요한 자리를 차지하고 있다.

언어유형론은 현대 언어학의 한 분과로서 다른 학문과 상호 보완적인 관계를 지니고 있다. 범언어적 비교와 이를 통한 인류 언어의 보편성을 도출하는 임무를 수행하기 때문에 언어 구조 내부를 심층적으로 연구하는 방법과는 구별된다. 언어유형론은 현대 언어학의 한 학파이기도 하다. 유형론은 인류 언어의 규칙과 기제를 밝혀내기 위해서 기본적으로 광범위한 범언어적 검증, 더 나아가 범시대적 검증이 필요하다고 믿는다. 또한, 범언어적 비교와 귀납추리를 기반으로 하는 연구 패러다임을 형성하였다. 수십 년간 유형론은 많은 연구 성과와 중요한 과학적 발견들을 이룩하였으며 앞으로 우리가 고찰하고 규명해야 할 새로운 과제들을 끊임없이 제시해 주고 있다. 유형론이라는 학문이 갖고 있는 생명력과 활력을 잘 보여주는 것이다.

유형론, 특히 어순유형론과 그 응용에 대해 刘丹青(2003a)에서 이미 소개한 바 있어 본고에서는 간략하게 이 학문을 소개할 계획이다. 좀 더 상세한 설명은 앞의 논문을 참고하기 바란다. 본고에서는 중국어 연구의 현황과 전망에 대해

---

[*] 이 장은 『중국어문논역총간』 제30집(2012)과 제31집(2012)에 발표된 자료를 수정 및 보완한 것이다.

알아보고 앞의 논문에서 자세히 다루지 않았던 내용을 논의하고자 한다. 주요 내용은 다음과 같다.

1. 언어유형론의 방법론적 특징은 무엇인가?
2. 중국어 연구에 왜 유형론적 시각과 방법론을 도입해야 하는가?
3. 유형론적 시각은 중국어 연구에 어떤 촉진제 역할을 하는가?
4. 중국어는 유형론과 일반언어학 이론에 어떻게 이바지할 수 있는가?
5. 중국어 연구에서 유형론 연구 성과와 방법을 어떻게 더 잘 참고할 수 있을 것인가?

1. 언어유형론의 방법론적 특징

세계적으로 언어학을 연구하는 학자라면 어떤 학파이든 모두 언어 간 비교 작업을 해보았을 것이다. 광범위하게 이야기하면 단일 언어 연구보다 이러한 언어 간 비교는 유형론적인 성격을 띠게 된다. 그러나 엄격한 의미에서 현대 유형론 연구는 자신만의 엄밀하고 과학적인 방법론적 특징을 갖고 있으며 이러한 특징들은 주제 선정, 언어 자료 선택, 비교, 귀납, 서술이라는 각 연구 과정이나 절차에서 잘 구현되고 있다. 이러한 방법은 언어유형론의 선구적인 글인 Greenberg(1963)에 그 기반을 두고 있으며 그 후 유형론자들에 의해 끊임없이 수정·보완되었다. 다음은 이에 대한 분석이다.

1.1. 주제 선정

과학의 가장 중요한 역할은 사물과 사물 간의 연계성, 특히 표면적으로는 잘 드러나지 않는 사물 혹은 요소 간의 내재적 상호관련성을 발견하는 것이다. 언어유형론이 추구하는 언어보편성 역시 서로 다른 언어 요소 간의 범언어적 상호관련성을 말한다. 유형론적 탐색이 선택한 과제들은 바로 상호관련성을 갖고 있을 가능성이 큰 요소들이다(유형론적인 매개변수typological parameter, 類型参项라 부름). 그 예로 Greenberg(1963)는 일차적으로 45개의 언어보편성을 제시하였는데 대다수가 어순과 관련되어 있다. 특히 절의 기본 성분(주어S, 목적어O와 동사V) 어순과 부치사[1] 어순 유형(전치사 혹은 후치사)이라는 두 개의 매개변수와 관련되어 있다. 예를 들어, SOV 언어와 후치사 간, VSO 언어와 전치사 간, 부치사 유형과 속격어 간, 부치사 유형과 비교문 어순 간의 상호 관련성이 그것이다. 非어순적 요소와 관련된 보편성도 있다. 예를 들면, 명사의 성과 수의 관계에서는 '성'이 있으면 수가 반드시 존재한다'는 보편성이 존재하며, 굴절(굴절법)과 파생(조어법)의 관계에서는 '굴절이 있으면 반드시 파생 존재' 한다는 보편성이 존재한다. 그 밖에도 유형론자들이 고찰한 과제들로는 격 범주와 어순유형의 관계(SOV 언어는 격 형태를 보이는 패턴), 격 표지와 지칭성 및 유정성(animacy)의 관계(한정적인 목적어와 유정성이 높은 목적어는 격 표지를 갖는 패턴), 의미역과 통사적 위치의 관계 등이 있다. 모두 문법 분야의 연구인데 유형론 연구의 핵심은 문법이지만 유형론의 방법론은 음성 및 의미 부분, 더 나아가 언어의 다양한 측면을 연구대상으로 삼는다. 예를 들면, 무성유기음과 유성유기음의 관계(유성음에서 유무기가 구분되면 무성음은 반드시 유무기를 구분), 파열음 및 마찰음과 파찰음의 관계(폐쇄마찰음이 있으면 반드시 폐쇄음과 마찰음이 대립함), 혀의 전후 위치와 입 모양의 관계(전설원순모음이 있으면 후설원순모음이 반드시 존재)(이상의 음성적 보편성은 雅柯布森1959 참조), 어순과 음운변동의 방향, 색채어 간의 관계(파란색이 있다면 검정, 하양, 빨강, 노랑, 초록은 반드시 있음), 친족 명칭에서 성별과 친소 사이의 관계(가까울수록 남녀를 구분) 등이 있다.

유형 비교의 매개변수는 비교 가능성이 있는 것이어야 한다. 즉 보편성을 갖는 범주가 각각의 언어에서 실현되는 상황을 고찰하는 것이다. 따라서 형태-통사적 수단 보다는 의미기능범주가 비교의 출발점이 된다. 예를 들어, 통사 구조로서의 이중목적구조 보다는 논항 구조로서의 이중타동구조가 훨씬 더 보편성을 지닌다. 의미기능범주(행위자, 수동자, 수령자, 도구, 처소 등 혹은 한정, 비한정, 총칭 등)는 어느 언어이든 표현될 필요가 있으며 다만 표현되는 형태-

---

[1] 역주: 저자는 원문에서 '介词'라는 용어를 사용하였으나, 번역문에서는 중국어를 논할 때는 '개사'로 번역하고, 전치사와 후치사를 포괄하는 성분을 나타날 때에는 '부치사'로 번역하였다.

통사적 수단이 다를 뿐이다. 반면 이중목적구문이 존재하지 않는 언어가 있는 것처럼 형태-통사적 수단은 언어마다 차이가 크고 비교 가능성도 적다. 따라서 매개변수로 선택할 통사적 요소는 절의 기본 성분(주어, 목적어, 동사), 인칭대사, 개사(介词) 등과 같이 상당한 보편성을 지닌 것이어야 한다. 언어 체계의 요소는 헤아릴 수 없을 만큼 많지만, 이 가운데서 적절한 매개변수를 찾아내는 것이 유형론 연구가 성공할 수 있는 첫걸음이라 하겠다.

1.2. 언어 자료 선택

유형론 연구 자료는 언어 표본(language sample)을 기반으로 한다. 충분한 언어 수, 다양한 어족, 지역 및 유형이라는 세 가지 측면이 모두 균형을 이룬 언어 표본을 대상으로 시행하는 유형론적 고찰은 다른 학파의 '임시적'인 유형 비교와 구별되는 가장 두드러진 특징이다. Greenberg(1963)의 선구적인 논문에서 거론된 30개의 언어 표본은 아시아, 유럽, 아프리카, 오세아니아, 북남미 등 6대주에 걸친 언어를 포함하며, 중국티베트어족, 인도유럽어족, 알타이어족, 셈함어족, 피노우그리아어족, 오스트로네시아어족, 니제르콩고어족, 인디언제어, 일본어, 한국어 등 다양한 어족과 어족이 불분명한 언어까지 포함하여 유형의 다양성을 잘 보여주었다. 1966년의 개정판에서는 142개 언어를 포함한 언어 분류 부록까지 포함하였다(언어 표본을 확대하여 일부 보편성은 예외가 발견됨).

Greenberg의 획기적인 발견으로 학계에서는 더 많은 언어 자료를 수집하려는 움직임이 일기 시작하였고 여러 언어에 대한 조사 기술이 활발히 진행되면서 유형론 연구에 더 좋은 여건을 만들었다. 그 후의 주요 연구들을 보면 언어 표본 구축에 큰 진전이 있었음을 알 수 있는데 예를 들어 Berlin & Kay(1969)는 색채어의 보편성을 고찰하는 데 수백 개 언어를 검토하였고 Keenan & Comrie(1977)는 관계화 할 수 있는 통사적 성분의 위계에 관한 연구에서 50개 언어를, Hawkins(1983)는 350개 언어를 근거로 어순 보편성을 연구하였다. Dryer(1992)는 어순유형 고찰을 위해 625개 언어를 수집하였는데 2003년에 발표된 중국티베트어족 어순에 관한 연구에서는 언어 표본이 910개로 대폭 확대되었다. 여기서 주목할 점은 다각적으로 균형을 이룬 언어 표본을 구축하는 데 학자들이 힘썼다는 사실이다. 예를 들어, Dryer는 어떤 구조의 어순이 동목 어순과 조화를 이루는지 확인하기 위해 단순히 조화를 이루는 언어의 전체 비율만을 따지지 않고 다각적인 통계를 내었다. 625가지 언어를 친연성에 따라 205개 그룹으로 분류하고 이를 다시 유라시아 대륙, 동남아, 오세아니아, 남미 등 6대주로 나누었다. 그리고 특정 구조가 205개 그룹의 대부분 언어에서 조화를 이루고 조화를 이룬 그룹이 반드시 6대주 중 다수에서 우세를 보여야만 진정한 조화라고 할 수 있다. 만약 조화를 이룬 언어 수는 많지만 한 두 개 지역에 국한되어 있다면 친연성이 있거나 인접하였기 때문이므로 진정한 조화라고 볼 수 없다. 언어 표본 자료가 부족한 상황이라면 포함하는 지역을 최대한 확대하는 것 외에 언어 선택이 수의적이어야 한다. 특정 관점에 유리한 표본만을 취하고 관점에 반하는 표본은 제외해서는 안 된다.

1.3. 비교

여러 언어의 언어 자료를 비교할 때에는 자료의 상호관련성에 대해서도 최대한 주의를 기울여야 한다. 언어현상은 매우 복잡하며 다양한 요소의 제약을 받기 때문에 선택한 언어 자료가 논제와 관련이 있는지 명확히 해야 한다. 또한, 그중에서 매개변수와 관련된 부분과 다른 요소의 간섭을 받은 성분을 정확하게 구분해내어 범언어적 통계를 낼 때 이러한 간섭요인에 따른 언어 자료는 제외해야 한다. 물론, 간섭을 일으킨 요소 자체도 별도로 연구를 진행할 가치가 있으나 언어 자료에 대한 통계를 낼 때 섞여 들어가지 않도록 해야 한다. 훌륭한 주제 선정은 기획 단계에서부터 이미 이와 같은 문제들을 모두 고려한다. 예를 들어 Greenberg(1963)는 절의 기본 성분 어순을 비교할 때 특별히 내용명사가 긍정문의 주어와 목적어를 충당하는 경우로 그 범위를 한정시켰다. 이 구조가 어순이 가장 안정적이고 비교 가능성이 높기 때문이다. 일부 언어에서는 대사가 주어, 목적어를 충당할 때의 어순이 실체명사와 다른 경우가 많다. 프랑스어의 경우, 대사 목적어는 OV 어순이지만 명사 목적어는 VO 어순이다. 또 어떤 언어는 의문문의 어순이 평서문과 다른데 스웨덴어의 의문문은 항상 정동사가 주어 앞에 있는 VS 어순이지만 평서문은 SV 어순이다(王晓林1991: 364). 또 어떤 언어는 부정문의 어순이 긍정문과 다른데 白语[2]의 경우 목적격 표지를 수반하지 않는 명사 목적어는 긍정문에서 VO 어순이지만 부정문(그리고 의문문)에서는 OV이다(徐林·赵衍荪 1984: 77). 따라서 대사 주어와 목적어, 의문문, 부정문은 통계에서 일단 제외해야 한다. 한편, 어떤 언어들에서 절 어순이 이러한 요소의 영향을 받는지, 어떤 영향을 받는지, 왜 이런 영향이 존재하는지의 문제 역시 연구할만한 가치가 있는 과제들이다. 하지만 절의 기본 어순 비교 연구와는 별도로 진행되어야 한다.

1.4. 귀납

비교 분석을 했다면 범언어적 언어 자료에 대한 철저한 통계와 귀납이 이루어져야 한다. 이것은 규칙, 보편성 혹은 패턴을 밝혀내는 매우 중요한 단계이다. 한 가지 매개변수에 따른 언어 자료들은 단순히 '그렇다/아니다' 혹은 '유/무'로 양분되지 않는다. 다음과 같은 두 가지 상황에 특히 주의해야 한다.

첫째, 두 가지가 공존하는 경우이다. 예를 들어 VO와 OV 어순의 경우, 단순 VO 유형(瓦语와[3] 영어)과 단순 OV유형(藏语[4] 일본어) 외에 두 가지 어순이 공존하는 언어도 있다(白语, 라틴어, 러시아어). 부치사 유형도 단순 전치사형(영어, 러시아어)과 단순 후치사형(일본어, 터키어) 외에 두 가지 모두를 보유한 언어도 있다(독일어, 중국어). 두 가지가 공존하는 경우 이것이 조건변이형인지 자유변이형인지 구분해야 한다. 프랑스어와 白语의 경우, VO와 OV 어순은

---

[2] 역주: 주로 云南省 북서부 大理白族自治州에 거주하는 白族이 사용하는 언어 이다.

[3] 역주: 佤族은 주로 云南省에 거주하며 이들이 사용하는 언어가 佤语인데 오스트로 아시아어족에 속한다.

[4] 역주: 藏族은 주로 西藏자치구, 青海, 甘肃, 四川, 云南 지역에 거주한다. 이들이 사용하는 언어가 藏语이며 티베트버마어족에 속한다.

각기 다른 조건에 따라 변이하나, 러시아어는 뚜렷한 형태-통사적 조건(그러나 담화-화용 조건은 있음)이 없다. 조건변이형일 경우는 최대한 명확한 조건을 찾아내야 하고 자유변이형이라면 어떤 변이형이 우세한지 알아야 한다. 라틴어와 러시아어의 타동사 구문은 VO와 OV 두 가지 어순이 모두 존재하나 뚜렷한 통사적 조건은 없다. 다만 텍스트 출현 빈도를 보면 라틴어는 OV 어순, 러시아어는 VO 어순이 우세하다. 문법을 기술할 때는 보통 우세한 상황만을 소개한다. 본인이 직접 조사할 경우, 설문조사에만 의존하다보면 관련 상황을 파악하기가 쉽지 않으므로 담화 통계를 내는 것이 도움이 된다.

둘째, 관련 매개변수가 적용되지 않으면 이 언어는 매개변수와 무관 (irrelevant)하다. 예컨대 Dryer(1992)는 관사(article)와 동목 구조의 조화성에 대하여 연구하였는데 일부 언어는 前관사를 사용하고 일부는 後관사(접미사)를 사용하였다면 모두 통계에 포함해야 한다. 그러나 러시아어와 같이 관사가 없는 언어는 매개변수와 무관하므로 통계에 포함시킬 수 없다.

1.5. 서술

범언어적 고찰을 통해 발견된 사실은 특정 형식으로 서술하게 된다. Greenberg가 그의 선구적인 논문에서 사용한 함축적 보편성(implicational universals)은 유형론에서 가장 기본적이면서도 권위 있는 표현방식이 되었다. 이 방식은 언어 요소 간의 범언어적 상호관련성을 명확하게 표현할 수 있다. Greenberg가 도출해낸 31번째 보편성을 보자(이하 약칭 G31).

> G31 만약 주어 혹은 목적어를 담당하는 명사가 동사와 성의 일치 관계가 있다면 형용사와 명사도 성 일치 관계를 가진다(형용사의 일치 관계란 수식을 받는 중심 명사와의 일치 관계를 말한다-인용자주).

> 이를 공식으로 표현하면 다음과 같다(⊃은 함축을 나타냄).
> 동사와 주어, 목적어에 해당하는 명사의 성 일치 관계 ⊃ 형용사와 피수식 명사의 성 일치 관계

함축적 보편성은 다음과 같이 4분표로도 표현할 수 있다.

+동사 성 일치, +형용사 성 일치	-동사 성 일치, +형용사 성 일치
-동사 성 일치, -형용사 성 일치	*(+동사 성 일치, -형용사 성 일치)

4분표는 함축적 보편성의 단일방향성을 직관적으로 보여준다. 즉 함축식의 선행 조건은 후행 조건을 함축하지만 후행 조건은 선행 조건을 함축하지 않는다. 다시 말해, 위 표의 우측 상단처럼 형용사가 성 일치 관계가 있지만 동사는 없는 경우가 존재하듯이, 선행 조건이 있으면 반드시 후행 조건이 있지만 후행 조건이 있다고 해서 선행 조건이 반드시 있는 것은 아니다. 또한, 4분표는 선행 조건은 있으나 후행 조건이 없는 경우를 배제하는데, 표의 우측 하단처럼 동사는 일치관계가 있으나 형용사는 없는 언어는 존재할 수 없다. 그 밖에도 4분표는 함축식의 후행 조건이 (선행 조건에 의존하지 않기 때문에) 더 무조건적이고 용이하게 출현하는 우세한 특질임을 보여준다.

만약 고찰 결과 양방향 함축의 보편성, 즉 'P if and only if Q'[5](P⊇Q)의 논리적 함축 관계를 발견한다면 4분표에 두 개의 빈칸이 생겨난다. 즉 우측 상단처럼 (-,+)의 경우도 출현할 수 없다. 그러나 실제로 범언어적 연구에서 완전한 양방향 함축 관계는 거의 찾아볼 수 없다.

서술형으로 표현한 함축적 보편성은 위의 예보다 훨씬 더 풍부한 정보를 우리에게 제공해준다. 다음의 예를 보자.

G30 만약 어떤 언어의 동사에 인칭-수 범주가 있거나 혹은 성 범주를 가진다면 시제-서법 범주도 갖는다.

G20 지시사, 수사, 묘사형 형용사 중에 적어도 하나 혹은 모두가 명사 앞에 올 수 있다면 이 언어들은 항상 이러한 어순으로 나타난다. 만약 후치한다면 어순은 후치하거나 그 반대가 된다.

G27 만약 어떤 언어가 접미사만 있다면 후치사를 사용하고, 접두사만 있다면

---

[5] 역주: 원문에서는 '当且仅当P, Q'로 표기하였다.

전치사를 사용한다.

G35 양수(dual)를 가진 언어만이 삼수(trial)를 갖고 복수(plural)를 가진 언어만이 양수를 가진다.

G5 만약 어떤 언어가 SOV 어순이 주요 어순이고, 속격이 중심명사 뒤에 나타난다면, 형용사도 명사 뒤에 나타난다.

G30에서 선행 조건은 이접형(析取型)[6]으로 구성되어있다(A 혹은 B). G20은 후행 조건이 이접형이며 한 가지 보편성이 여러 성분의 어순과 연관되어 있다. G27의 경우는 어순과 관련된 두 가지 보편성을 포함한다. 어순 보편성은 대부분 충분조건식으로 표현하지만, G35는 필요조건식으로 표현하였기 때문에 여기에서는 선행 조건이 무조건적인 우세한 특질이다. 또한 '삼수가 존재하려면 양수가 반드시 있어야 하고, 양수가 있으려면 복수가 반드시 있어야 한다'라는 충분조건식으로도 전환 가능하다. G35의 더욱 큰 특징은 두 가지 보편성이 양수를 통해 긴밀히 연결되고 이를 통해 위계를 도출할 수 있다는 점이다. 함축식은 다음과 같다.

삼수 ⊃ 양수 ⊃ 복수

다음으로 소개할 보편성의 또 다른 서술 방법인 위계(hierarchy)는 사실 함축적 보편성을 배열한 것이다. 위의 함축식을 우선 위계에 따라 배열하면 '복수>양수>삼수'이다. G5의 특징은 두 가지 선행 조건을 이용하여(연접형) 하나의 후행 조건을 함축한다. 후속 연구에서 Hawkins(1983)는 예외가 발생하지 않게 하기 위해 선행 조건이 둘이나 혹은 그 이상인 복합적인 함축적 보편성(complex implicational universals)을 자주 채택하였다.

이러한 복합적인 함축적 보편성은 논리 함축식 혹은 4분표로 표현할 경우 더 복잡해지지만, 전혀 불가능한 것은 아니다. Hawkins(1983: 89)는 서로 관련

---

6 역주: 또는(or)이라는 논리적 관계를 나타내며 명제 결합기호로 나타내면 '∨'이다.

된 여러 보편성을 기반으로 다음과 같이 방대한 복합적인 함축적 보편성을 제
시하였다.

> 보편성 XIV. Prep⊃((NDem∨NNum⊃NA) & (NA⊃NG) & (NG⊃NRel))

위의 식을 문자로 표현하면 다음과 같다. '만약 어떤 언어가 전치사형 언어이
고 명사가 지시사나 수사 앞에 위치하면, 묘사형 형용사와 함께 쓰일 때도 앞에
위치한다. 또한, 만약 명사가 묘사형 형용사 앞에 위치하면 그 명사는 속격어
앞에 위치하며, 명사가 속격어 앞에 위치하면 그 명사는 관계절과 함께 쓰일
때도 앞에 위치한다.'

언어보편성을 서술하는 데 자주 사용되는 또 다른 방법은 바로 위계이다.
위의 수 범주에 관한 보편성인 G35를 통해, 위계가 사실상 여러 함축적 보편성
을 조합한 방대한 함축적 보편성임을 알 수 있었다. Berlin & Kay(1969)의 색채
어에 관한 보편성은 약 100개에 가까운 언어를 기반으로 도출해낸 위계이다
(Comrie1989 참조). 통사 유형론에서 가장 권위 있는 성과는 바로 Keenan &
Comrie(1977)가 50개 언어를 기반으로 도출해낸 명사어 접근성 위계(Noun
Phrase Accessibility Hierarchy)이다(Comrie1981에서는 속격어까지만 논의됨).

> 주어 > 직접 목적어 > 간접 목적어 > 사격어 > 속격어 > 비교 기준[7]

이는 한 언어에서 관계화 할 수 있는 명사어는 통사적 위치에 따라 상기의
위계를 따른다는 사실을 보여준다. 즉 한 가지 통사적 성분만 관계화 할 수
있다면 그것은 주어일 것이고, 두 가지 성분이 가능하다면 주어와 직접 목적어

---

7   역주: Keenan & Comrie(1977: 66)은 원문에서 'object of comparison'이라고 하였으
     나, 이 글에서는 刘丹青이 사용한 '比较句基准'을 그대로 번역하여 '비교 기준'이
     라 하였다. 예를 들어 설명하면, X is larger than Y 구조에서 larg(er)는 형용사,
     than은 비교 표지, Y는 비교 기준이 된다. 뒤에 나오는 비교문 관련 보편성 G22도
     마찬가지로 번역하였다.

가 되는 식으로 우측 항목이 좌측 항목을 함축하게 된다. 함축식에 따라 배열하면 좌우가 바뀌게 된다.

비교 대상 ⊃ 속격어 ⊃ 사격어 ⊃ 간접 목적어 ⊃ 직접 목적어 ⊃ 주어

기능언어학 등 다른 학파에서도 이러한 위계를 이용하여 통사, 화용 혹은 인지언어학의 원리를 설명한다. 그중 일부는 엄격한 유형론적 검증이 이루어진 것이나, 일부는 소수 언어에 대한 연구를 통해서만 얻어진 것이어서 얼마나 보편성을 지니는지는 더 검증이 필요하다.

유형론적 성과를 서술하는 또 다른 방법은 조화성이다. 조화성이란 두 개 혹은 그 이상의 언어 요소의 공기성을 말한다. 예컨대 VO는 전치사와 조화를 이루고 OV는 후치사와 조화를 이룬다. P가 있으면 Q가 있고 Q가 있으면 P가 있듯이 절대적 조화는 논리적으로 양방향 함축적 관계에 의존한다. 그러나 사실상 인류 언어에서 양방향 함축적 보편은 극히 드물기 때문에 조화성은 통계적 경향성을 반영할 뿐이다. 요소 간의 조화성을 보여주려면 관련 통계 수치를 제시하여야 한다. 여기에 Dryer(1992)처럼 언어를 그룹별·계층별로 분류하여 통계의 과학성을 제고시킨다면 더욱 설득력을 얻을 수 있다. 속격어(Gen으로 표시) 어순과 동목 구조 어순의 조화성에 관한 Dryer의 통계 수치를 보자.

	아프리카	유라시아	동남아·오세아니아	호주·뉴기니섬	북미	남미	합계
OV&GenN	17	21	5	16	30	23	112
OV&NGen	6	3	1	2	0	0	12
VO&GenN	5	4	4	6	6	5	30
VO&NGen	22	5	12	0	21	3	63

표에서 알 수 있듯이 OV 언어의 경우, 6개 지역 중 4개 지역에서 속격어가 후치하지만 6개 지역 모두에서 속격어가 전치하는 언어그룹 수가(네모 부분) 속격어 후치 언어 그룹의 수보다 훨씬 많은 것으로 보아, '속격어+명사' 어순과

OV 어순이 조화를 이룬다고 볼 수 있다. VO 언어의 경우, 모든 그룹에서 속격어가 전치하는 언어그룹을 찾을 수 있고 심지어 호주, 뉴기니아섬 지역은 6:0으로 속격어 전치가 절대적으로 많다. 그러나 네모 부분의 수치에서 알 수 있듯이, 나머지 5개 지역 중 4개 지역에서 속격어가 후치하는 언어 그룹이 훨씬 많다. 큰 지역을 기준으로 따져보면 4:2이므로 '명사+속격어' 어순과 VO어순 역시 조화를 이룬다 하겠다. 이 두 가지 조화를 합치면 속격어와 목적어 위치가 조화를 이루고 중심명사와 동사의 위치가 조화를 이룬다. 따라서 조화는 절대적인 규칙이 아닌 인류 언어의 어떤 패턴을 보여주는 것이므로 유형에 대한 예측력은 함축적 보편성보다 떨어진다. 그러나 표지의 유무 혹은 우세열세 현상을 판단할 때에는 이처럼 통계를 기반으로 조화성을 살펴보는 것이 매우 필요하다.

1.6. 설명

언어유형론이 다른 학문과 구별되는 점은 바로 앞에서 소개한 연구 절차들을 따르고 있다는 점이다. 인류 언어의 보편성을 탐구하자는 목표에서 출발한 유형론 연구는 서술 단계에서 연구가 종료되는 것이 결코 아니다. 다음으로 이어지는 작업은 바로 언어보편성에 대한 설명이다. 그러나 보편성에 대한 설명은 유형론자만의 관심사가 아니다. 설명 단계에 이르면, 유형론과 다른 학파의 경계선이 모호해져서 유형론자 사이에서도 서로 다른 이론을 취할 때가 있다. 어떤 유형론자는 담화기능을 통해 보편성을 설명하기도 하고, 어떤 학자는 인류의 인지모델 혹은 듣기·말하기 처리 과정을 통해 설명하려 한다. 또 어떤 이는 문법화와 역사 변천 과정을 통해 일부, 심지어 수많은 언어보편성을 설명하고자 한다. 이들은 모두 기능해석학파로 부를 수 있으며 유형론자 가운데 대다수를 차지한다. 예를 들어 어떤 학자는 심리언어학의 듣기·말하기 실험을 통해서 무거운 성분 후치현상(Arnold & Wasow2000)이 인류 언어에 광범위하게 존재하며 어순보편성에도 영향을 준다는 사실을 증명하였다. 문장을 이해할 때 무거운 성분은 화자의 단기기억에 부담을 주기 때문에 뒤에 나타나는 것이 훨씬 단독으로 처리하기 용이하다는 것이다. 문장을 생성할 때 무거운 성분은 화자가 더 많은 시간을 들여 생각하게 하므로 휴지 뒤에 나타나기 마련이다. 따라서 뒤에 나타나는 것이 훨씬 처리하기 용이하다. 소수의 유형론자는 생성 언어학과 마찬가지로 언어 선천성 혹은 통사 형식적인 해석을 시도한다. 그 예로 Hawkins(1994)는 언어 처리 기제를 통하여 어순 보편성을 해석할 때 어순 보편성이 처리하기 쉬운 것은 통사 구조이지 담화나 화용 구조가 아니라고 강조하였다. 그 밖에도 인류 언어 단일지역기원설로 설명하려는 학자도 있다. 유형론자의 특징은 설명을 시도할 때에도 잘 드러나는데, 그들은 엄격한 유형론적 고찰을 통해 얻어낸 자료와 규칙을 설명의 근거로 삼는다. 그러나 다른 학문은 개별 혹은 소수의 언어 연구에서 얻은 이론적 원칙으로 설명하곤 한다.

유형론자라고 해서 모두 위와 같이 대규모의 언어 표본으로 조사를 시행하는 것은 결코 아니다. 사실상 의미 있는 과제에 대해 모두 이러한 고찰을 시행할만한 여건이 보장되지는 않는다. 매우 전문적이고 미세한 문법 주제들은 일반적인 언어 표본 자료에서 찾기 어렵고 몇몇 심도 있게 연구된 언어에서만 그 자료를 찾을 수 있기 때문이다. 예를 들어 비교문의 부정(我不比他高/我没有他高), 양도 가능성이 다른 각종 소유 관계의 통사 형식, 실제-가상의 연속체에서 서로 다른 위치에 있는 조건문의 통사 차이 등이 그러한 것들이다. 그 밖에도 여건이 허락되어 일부 지역이나 어족에 대해 언어 표본적 고찰을 시행한다면 가치 있는 발견을 할 수 있을 것이다. 이를 통해 도출된 함축적 보편성 혹은 위계 등 부분적인 보편성이 인류 언어의 보편성을 반영할 수도 있으므로 향후 더 넓은 범위의 범언어적 비교를 통해 검증할 수 있을 것이다. 또한 특정 유형이나 어족 내부의 특징만을 반영하는 것이라 해도 이것 역시 유형론적 의미를 지닌다.

한편, 유형론의 주제 선정 각도, 고찰 결과에 대한 설명 등은 개별 언어에 대한 깊이 있는 연구를 전제로 한다. 유형론은 개별언어에 대한 연구와 다양한 언어의 광범위한 비교가 병행되어야 발전할 수 있다. 이러한 이유로 유형론자들은 유형론에서 발견한 중요한 보편성과 패턴을 바탕으로 하나의 혹은 여러 종류의 언어를 연구하곤 한다. 이렇게 언어보편성을 이해하고 설명함으로써 가치 있는 새로운 과제를 발견하는 한편, 개별 언어의 유형적 특징까지 밝혀내는 것이다. 예를 들어, Kortmaun(1999)은 Keenan & Comrie(1977)의 명사어 접근성 위계에서 출발하여 영어 관계절에 대한 범-방언적 비교를 통해 영어방언 관계절의 중심 명사 관계화 위계가 표준영어보다 훨씬 언어보편성에 부합한다는 사실을 발견하였다. 그뿐만 아니라 일부 영어 방언의 주격, 목적격 대사가 '혼용'되는 것은 사실 필요로 하는 격 표지가 재배치되는 것으로, 결코 일반적으로 생각하는 비규범적 현상이 아님을 범언어적 비교를 통해 밝혔다. 충분한 경험에 따른 범언어적 배경과 언어보편성에 대한 높은 관심을 바탕으로 하는 개별언어에 대한 유형론적 연구는 이런 측면에서 일반적인 세부 연구와 구별된다. 이러한 연구 흐름은 중국어 연구가 현재 필요로 하는 방향이므로 본보기로 삼을 만하다. 이어서 유형론을 배경으로 한 기존의 중국어 연구와 향후 개척 가능한 분야에 대해서 논의해 보겠다.

2. 중국어 연구에 있어 유형론적 시각과 방법의 도입 필요성

현대 언어학의 3대 학파인 형식, 기능, 유형 가운데 유형론은 중국에서 가장 덜 알려진 분야이다. 중국의 전통 언어문자학은 타민족 언어에 대한 관심이 적었기 때문에 중국 전통 고서에서 중국어 이외의 언어문자에 대한 기록을 찾아보기 어렵고 연구 역시 전무하다. 1950년대는 지나치게 전문적이고 분업화된 교육 과학 연구 체계를 추구하였고 언어 연구팀과 학술적 관심 역시 표준중국어에 지나치게 집중되어 있었으며 순수 언어를 위주로 하는 언어 연구 체계를 공고히 하던 시대였다. 그렇기 때문에 중국어, 외국어 및 소수민족 언어 사이에는 어떠한 실질적인 교류도 없었다. 고대, 현대 중국어 간, 표준어와 방언 간에도 소통이 부족하여 범언어를 기반으로 하는 언어보편성 탐색은 더욱 보기 드물었다. 이렇게 유형론적 시각이 결여된 중국 언어학 연구의 성과로는 일반언어학 이론에 이바지하기 어려웠다. 기존 연구들이 주로 중국어로 발표되었던 것은 표면적인 이유에 불과하다. 더욱 중요한 까닭은 유형론적 시각이 결여된 상태에서 진행된 중국어 연구와 이를 기반으로 하는 이론적 탐구가 중국어, 특히 표준중국어에 대한 기술과 해석에만 집중되어 인류 언어의 본질적 속성을 얼마나 반영하는지는 관심을 기울이지 않았기 때문이다. 이는 국제 언어학계에서 인류 언어의 본질적 속성과 변이 한계에 관심을 기울이고 있었던 것과는 상당한 거리를 보인다. 역으로 유형론적 배경이 결여되었거나 기껏해야 영어 등 개별 인구어와의 비교를[8] 통한 중국어 특징에 대한 탐구는 단편적일 수밖에 없었으며 인류 언어의 변이 범위와 유형론적 틀에서 본 중국어의 진정한 특징은 무엇인지 밝혀낼 수도 없었다. 더욱 심각한 것은 실제 사용뿐만 아니라 연구 분야에서도 표준중국어가 독보적인 지위를 차지하고 있었기 때문에 표준중국어에 국한된 좁은 시야에서 구축된 이론적 틀은 범언어적 적용성이 매우 떨어졌다. 그럼에도 그 이론적 틀을 그대로 가져와 고대중국어, 방언 및 차이가 더 많이 나는 민족 언어의 기술과 연구에까지 적용하였기 때문에 표준중국어 내의 변이형이나 표준중국어와 다른 타민족 언어만의 특징을 충분히 드러내기 어려웠고 중국어라는 색안경으로 말미암아 언어적 사실을 왜곡하기 일쑤였다. 만약 이러한 변이형과 민족 언어를 인류 언어의 보편성과 더욱 넓은 유형적 배경 속에서 연구한다면 더욱 객관적인 시각으로 가치 있는 성과를 거둘 수 있을 것이다. 다음은 중국어를 예로 들어 이에 대해 간단히 이야기해 보고자 한다.

품사 문제는 중국어 학계에서 가장 관심 있게 논의되는 영역이다. 지난 반세기 동안 얻은 성과로 우리는 중국어만의 특징을 지닌 품사를 포함한 중국어 품사 현상 전반에 대한 인식을 제고시킬 수 있었다. 그러나 중국어 품사 연구는 소수 학자를 제외하고는 모두 영어, 러시아어와 같은 몇몇 인구어와의 비교를 통해 전개되어서 광범위한 범언어적 시야가 상당히 결여되어 있었다. 이러한 좁은 시야에서 얻어진 포괄적이지 못한 견해로 말미암아 현재까지 미개척 분야가 상당히 많이 남아 있다.

형용사의 예를 보자. 『马氏文通』 이후 중국학자들은 동사와 구별되는 형용

---

8   원주: 사실 영어는 인구어 전체를 대표할 수 없는 언어이다. 많은 인구어들이 영어와는 다른 유형적 특징을 지니고 있는데 러시아어의 경우 관사가 없고 라틴어와 싱할라어(Sinhalese)는 SOV 형 언어이며 싱할라어는 후치사 언어이기도 하다. 파슈토어(Pashto language)와 독일어는 틀 전치사(框架介词, frame preposition)를 사용한다. 로망스어족은 주절이 없고 러시아어는 평서문에 계사가 안 쓰이는 등 일부 인구어의 특징은 오히려 중국어와 더 가깝다.

사라는 품사가 있다는 관점을 보편적으로 수용하였다. 그러나 이는 면밀한 관찰 없이 무조건 서양의 전통 문법을 답습한 결과이다. 외국학자들은 중국어 형용사의 품사적 지위에 대해 의문을 제기하면서 형용사에 독립적인 품사적 지위를 부여하지 않고 자동사의 하위부류로 처리하거나(赵元任1968) 심지어 완전한 동사로 간주하였다(McCawley1992). 그 이유는 바로 중국어 형용사가 술어에 위치할 수 있으며 동사와 어떠한 차이도 없다는 데에 있다. 반면, 인구어의 경우 형용사를 독립적인 품사로 보는 이유는 계사 없이는 술어가 될 수 없고 단독으로 관형어가 될 수 있기 때문이다. 중국 내에서 이러한 견해가 완전히 받아들여진 것은 아니지만 이에 대한 힘 있는 반대 의견 역시 없는 실정이다. 일찍이 朱德熙(1982)는 [+정도부사 결합], [-목적어 결합]이라는 두 가지 연접형 통사 기준을 통하여 (성질)형용사를 동사와 구분하려 하였다. 즉 이 두 가지 기준을 모두 만족해야 형용사라고 보았다. 그러나 이 두 기준으로도 분류할 수 없는 것이 있는데 바로 목적어를 갖지 못할 때 혹은 관형어를 담당할 때의 '病, 碎, 破, 烂, 腐烂' 등이다. 赵元任의 관점은 중국어와 서양 언어의 비교를 기반으로 하였기 때문에 서양의 전통 문법을 그대로 적용한 관점 보다는 중국어의 특수성을 일깨워주었다는 점에서 진일보한 것이지만, 그의 관점 역시 중국어와 소수의 인구어를 비교하는 수준에 머무르고 있다. 그러나 언어유형론이 발전하면서 사람들은 형용사에 대한 더 큰 그림을 보게 되었고 중국어 형용사에 대해서도 더욱 포괄적인 인식을 하게 되었다.

다른 한편으로 일부 유형론자는 형용사가 명사, 동사와 함께 3대 내용어(content word)로서 보편적인 기능을 하고 있다고 지적한다. 명사, 동사, 형용사는 인류 언어의 통사적 성분에서 지칭, 진술, 수식이라는 3가지 기본적 기능과 대응되기 때문이다(Croft2000). 그러나 다른 한편으로 '속성어'(단어의 문법적 성질을 정하기 전에 형용사에 대응되는 의미로 명명한 단어 유형)의 범주화는 언어마다 상당히 큰 차이를 보이며 흔히 알고 있는 중국어와 서양 언어의 차이보다 훨씬 더 크고 복잡하다. 다음은 중국어 '속성어'의 유형론적 지위를 확립할 때 알아두어야 할 몇 가지 유형론적 사실들이다.

(1) 어떤 언어는 통사적 기준으로 형용사라는 품사를 명확하게 분류해내기

어렵다. 하지만 형용사가 동사와 비슷하기 때문만은 아니다. 이러한 경우로는 형용사-명사 융합형(남미 Quechua어, Bisang 2002, Chap.6)과 형용사-동사 융합형(티베트버마어족 Manipuri어, Bhat 2002: 51)이 있다. 다시 말해서 속성어의 형태-통사적 기능이 어떤 언어에서는 명사와 차이가 없으나(예를 들어 명사의 격 등 형태적 변화가 있으며 자유롭게 논항이 되고 명사도 자유롭게 관형어가 될 수 있음) 또 다른 언어에서는 동사와 차이가 없다(예컨대 동사처럼 자유롭게 시제 등 형태 변화가 가능하며 직접 술어를 담당하지만, 관형어가 될 때는 동사가 필요로 하는 관형어 표지를 가짐). 실제로 인구어의 조상언어로 손꼽히는 범어(梵語) 역시 형용사-명사 융합형 언어로서 형용사가 독립적인 하나의 품사로 나누어져 있지 않다(Bhat 2000: 50). 그러나 Dixon(2004)과 같은 저명한 유형론자는 더욱 면밀히 살펴본다면 개별 언어에서 원형 형용사와 전형적인 명사/동사의 형태-통사적 차이점을 찾아 형용사라는 품사를 구축할 수 있다고 보았다. 다만 언어마다 어휘집(lexicon)의 크기는 큰 차이를 보일 수 있다.

(2) 형용사 자체가 하나의 품사를 이루는 언어 역시 두 가지 유형으로 나누어 볼 수 있다. 바로 동사 근접형 형용사(예컨대 모두 고유어로 이루어진 일본어의 -i류 형용사)와 명사 근접형 형용사(예컨대 영어의 경우)이다. 따라서 단순히 영어와 같은 명사 근접형 형용사 언어만으로 형용사가 하나의 품사를 구성하는지를 판단해서는 안 된다.

(3) 형용사가 독립적인 품사를 이루는 언어라도 형용사의 어휘집 크기는 큰 차이를 보인다. 영어 등 유럽 지역의 인구어는 형용사가 순수한 개방류이지만 어떤 언어에서 형용사는 자유롭지 못한 폐쇄류이다. 예를 들어 서아프리카 Igbo 어에는 '큰, 작은, 검은, 흰, 새로운, 오래된, 좋은, 나쁜'과 같이 8개의 형용사만이 존재한다. 그 밖에도 폐쇄적인 형용사 체계를 지닌 언어를 보면, Sango어가 약 60개, Kilivila어는 약 50개, Acoli어는 약 40개, Luganda어는 약 30개, Bemba는 약 20개, Supyire어는 약 10개 정도이다(Bhat 2000: 49, Dixon 1982 에서 재인용).

(4) 형용사의 원형성 정도가 다를 수 있는데 원형적일수록 형용사의 어휘집에 포함될 가능성이 크다. 원형성은 형용사가 나타내는 속성의 유형과 관련

된다. 연령(늙은, 나이 든, 나이가 적은……), 크기(큰, 작은, 긴, 짧은, 두꺼운, 얇은……), 평가(좋은, 나쁜……)를 나타내는 기본어는 형용사로 표현되기 가장 쉬운 속성들이다.

(5) 형용사를 구별하는 가장 일반적인 통사적 특징은 어떤 형태적 표지 없이 자유롭게 관형어가 되는가이다.

이와 같은 유형론적 성과를 바탕으로 중국어의 형용사를 바라보면 문제는 더욱 분명해진다.

자세한 관찰 없이 의미유형에 따라 서양 언어의 형용사 품사를 그대로 답습하는 것은 분명히 문제가 있다. 왜냐하면 의미상으로 같은 부류(속성어)라 하더라도 문법적으로는 같은 부류가 아닐 수 있기 때문이다. 많은 언어의 형용사 어휘집은 매우 폐쇄적이며 영어와 같은 언어의 형용사보다 그 크기도 훨씬 작다. A언어의 많은 형용사가 B언어로 번역될 때에는 다른 품사로 표현될 수 있는 것처럼 말이다.

외국 학자들처럼 영어 등 언어 형용사와의 비교를 통해 중국어 형용사의 품사적 지위를 부정할 필요도 없다. 영어가 '형용사-명사' 근접형 언어일 뿐, 세계 언어에는 '형용사-동사' 근접형 언어가 매우 많이 존재한다. 이들 언어의 형용사가 직접 술어를 담당하는 등 영어의 형용사와 매우 다른 면모를 보인다고 해서 형용사가 아니라는 법은 없다. 주목할 것은 이러한 동사 근접형 형용사가 문법적으로 동사와 구별되는 특징을 지녔는지 여부이다.

이 점을 고려하여 중국어 형용사가 동사와 구별되는 문법 특징을 지녔는지 면밀히 검토하는 것은 매우 중요한 작업이 될 것이다. 그러나 이 변별 기준의 운용성을 살피는 동시에 이를 통해 도출해낸 차별적인 특징이 형용사의 본질적 속성과 보편적 특징을 반영해 줄지도 주목해야 한다. 朱德熙는 정도부사와 결합하고 목적어를 취할 수 없다는 두 가지 조건의 연접성을 변별기준으로 삼았다. 郭锐(2002)는 근래 들어 중국어 품사 연구에서 가장 영향력 있는 저서로서 품사 분류 기준과 분류 결과에서 기존의 연구들을 뛰어넘는 성과를 거두었다. 그러나 형용사에 대한 연구는 朱德熙의 이 두 가지 기준을 이어받았는데 아마도 운용성이 높기 때문일 것이다. 그러나 유형론적 관점에서 보면 이 두 가지 기준의 타당성과 분류 결과에 대해서는 좀 더 논의해볼 필요가 있다. 목적어를 취할 수 없다는 기준 자체가 형용사의 본질적 특징을 반영해주지 못한다. (真)목적어를 취하지 못하는 품사와 구성원이 매우 많기 때문이다. 대표적으로 상당수의 동사가 그러하다. 정도부사와 결합할 수 있어야 한다는 기준도 마찬가지로 '很感谢, 很喜欢'과 같은 많은 동사가 정도부사를 취할 수 있다. 여기서 알 수 있듯이 정도부사와 결합하느냐는 해당 기준 역시 형용사의 본질적 특징을 반영하지 못한다. 즉 이 두 기준이 본질적 특징을 반영하지 못하기 때문에 분류 결과에 편차를 보이는 것 역시 이상한 일이 아닌 것이다. 郭锐(2002: 196-197)의 분류 결과에 따르면 형용사의 99.47%가 술어를 담당할 수 있지만 29%만이 관형어가('的' 없이 직접 관형어가 되는 경우) 될 수 있다. 분류 결과를 보면 절대다수의 형용사가 동사의 본질적 속성인 '술어 담당'이라는 특징을 지니고 있지만 관형어 담당이라는 형용사의 본질적 특징은 지니고 있지 않다.

郭锐 스스로도 이러한 단어들을 '형용사'로 분류하는 것은 적절하지 않다고 보았다. 그는 197쪽 각주에서 이러한 명칭은 전통을 답습한 것 이외에도 '중국어의 형용사가 영어 등 언어의 형용사와 의미상 보편적인 대응 관계를 지녔기 때문'이라고 지적하고 있다. 郭锐의 처리방법은 중국어 형용사의 독립적 지위를 부정한 赵元任 등 학자의 의견과 일맥상통한다. 郭锐는 영어와 중국어의 동질성을, 赵元任은 영어와 중국어의 차이점을 부각했지만 두 학자 모두 '영어 등의 언어'를 기준으로 삼았고 영어 형용사 어휘집에 대응되는 중국어 어휘를 어떻게 처리할지에만 집중하여, 인류 언어 전체에 대한 비교 가능성은 고려하지 못하였다. 인류 언어의 틀에서 형용사의 본질적 속성 혹은 원형적 속성을 볼 때 29%만이 관형어로 쓰일 수 있는 품사는 형용사라고 볼 수 없다. 유형론적 각도에서 보았을 때, 중국어 형용사가 영어 형용사에 모두 대응되는지를 살필 것이 아니라 원형성이 높은 속성어의 품사적 지위에 대해 더 관심을 기울여야 할 것이다. 郭锐의 형용사 분류 결과는 객관적으로 중국어 형용사를 동사에 포함해야 한다는 입장에 힘을 실어주었다.

그렇다면 인류 언어 전체로 볼 때 중국어는 형용사라는 독립적인 품사를 가진 것일까? 张伯江(1997)의 연구는 이 문제에 좋은 답을 제시해 주고 있다.

이 연구에서는 유형론적 성과를 바탕으로 형용사의 범언어적 원형적(본질적) 특징에 부합하면서도 동사와는 구별되는 품사가 중국어에 존재하는지를 논하였다. 그가 사용한 변별 기준은 형용사의 원형적 특징과 보편적 기능에 부합하는지, 즉 표지 없이 관형어가 되는지 여부이다. 고찰 결과는 '그렇다'였다. 중국어에는 관형어 표지 '的' 없이 관형어로 쓰이는 성질형용사(性质形容词)가 분명히 존재한다. 비록 이러한 형용사들이 술어로 쓰일 수도 있지만, 이것은 동사 근접형 형용사 언어의 보편적 속성이므로 이를 근거로 형용사의 성격을 부정할 수는 없다. 또한 관형어로 쓰일 때 '的'를 쓰지 않는 것도 동사와 구별되는 특징이다. 여기서 덧붙여야 할 것은 '的'를 필요로 하는 술어형 관형어는 관계절로 보아야 한다는 점이다. 술어 뒤에 오는 '的'는 관계절 표지(张伯江처럼 형용사 접미사로 보지 않아도 됨)이기 때문이다. 예를 들어 '游泳的学生', '聪明的学生'은 각각 '学生游泳' '学生聪明'의 관계절이다(刘丹青2005 참조). 이 기준에 따라 张伯江은 '安静', '诚实', '孤立'와 같이 전통적으로 형용사로 분류되었던 상당수의 단어들을 분리해 내었는데 이러한 단어들은 赵元任처럼 자동사의 하위부류로 귀속시킬 필요가 있다. 이들은 '的'가 있어야 관계절을 이룰 수 있으며 단독으로 관형어가 될 수 없기 때문이다. 张伯江의 기준에 가장 부합하는 형용사는 바로 기본적인 속성을 나타내고 범언어적 비교에서도 가장 원형에 속하는 구성원인 '大, 小, 黑, 白, 老, 少, 高, 低, 好, 坏' 등이다. 이는 매우 이상적인 분류 결과라 하겠다. 그러나 유감스럽게도 중국 내 학자들은 언어보편성 각도에서 문제에 접근하는 것에 아직 익숙지 않기 때문에 张伯江의 견해는 대체로 받아들여지지 못하고 있다. 앞으로 유형론이 널리 보급됨에 따라 이러한 관점에 동의하는 학자들도 늘어날 것이라 본다.

张伯江의 기준에 따르면 중국어 '비술어형용사(非谓形容词)'인 구별사(区别词)도 전형적인 형용사에 속한다. 물론 이것도 타당한 처리 방법이지만 다른 방법 역시 고려할 수 있다. 정도부사의 수식을 받는 것은 형용사의 본질적 속성을 보여주지는 못하지만, 내부적으로는 보편적이며 외부적으로 배타적이지 않은 보조적 특징(沈家煊1997 참조)이므로, 이에 근거하여 구별사를 독립적인 품사로 분리할 수 있다. 만약 단순히 '的'와 함께 쓰여 관형어가 되는지를 기준으로 삼는다면 자유롭게 성질관형어가 되는 명사나(예컨대 学生食堂, 木头桌子, 问题解答, 个性差异 등) 직접 관형어로 쓰일 수 있는 동사를(예컨대 处理原则, 调查方案, 销售合同 등) 형용사와 구분해 내기 어려워진다.

중국어라는 더 넓은 배경으로 볼 때 중국티베트어족(광의이든 협의이든)은 전체적으로 동사 근접형 형용사 언어 혹은 형용사·동사 융합형 언어에 속한다. 하지만 이 두 유형은 동일한 것이 아니다. 우리는 인구어 혹은 중국어의 기존 틀을 답습하여 개별 언어의 형용사 유무와 그 범위를 확정해서는 안 되며 반드시 유형론을 기반으로 개별 언어의 실제 상황을 고찰하여야 한다. Bhat(2002: 51)가 언급한 티베트버마어족 Manipuri어의 속성어는 관형어로 쓰일 때 반드시 동사 관형어와 동일한 표지를 써야 한다. 이러한 언어는 형용사·동사 융합형 언어로 보고 속성어를 동사의 하위부류로 귀속시켜 형용사라는 독립적 품사가 존재하지 않는 언어로 보는 것이 타당하다. 그러나 모든 티베트버마어족 언어가 그러한 것은 아니다. 티베트버마어족의 많은 언어에서 형용사가 관형어로 쓰이면 두 가지 어순을 갖는데 중국어, Manipuri어와 그 상황이 매우 상이하다. 예를 들어 景颇语의[9] 경우, 형용사가 앞에 오면 관형어 표지를 필요로 하는데 이는 동사가 관형어로 쓰일 때와 같다. 그러나 뒤에 올 경우에는 표지를 쓰지 않으며 동사 관형어는 절대 명사 뒤에 놓일 수 없다(戴庆厦·徐悉艰 1992: 88). 이처럼 형용사가 뒤에 오면 표지를 필요로 하지 않으면서 동사와 다른 어순을 갖는 상황으로 볼 때 景颇语는 형용사라는 독립적인 품사를 갖고 있다고 볼 수 있다. 비록 이 품사가 술어로 쓰일 때 동사와 마찬가지로 일치관계와 서법 등의 범주를 나타내는 접미사를 쓰는 등 동사와 많은 유사성을 갖고 있지만 말이다. 다른 한편으로 景颇语 '형용사' 관형어의 두 가지 어순은 완전히 자유로운 것은 아니며 어휘별로 차이를 보인다. 따라서 뒤에만 올 수 있으며 표지 없이 관형어가 되는 구성원(바로 가장 기본적인 단음절어)만이 독립적인 형용사라 할 수 있고 명사 앞에만 오는 '형용사'는 동사에 포함하든지 상태사(状态

---

9   역주: 景颇族는 중국 云南省과 미얀마 접경 지역에 주로 거주하는 소수민족이다. 이들이 사용하는 언어가 景颇语로 티베트버마어족에 속한다.

词)에 포함시킬 수 있다(예컨대 중첩식). 景颇语는 安多藏语[10], 纳西语[11], 哈尼语[12] 등(戴庆厦, 传爱兰2002 참조) 티베트버마어족 언어의 패턴을 잘 보여주고 있다. 이처럼 형용사가 아니라 속성어를 분리하는 것은 우리에게 익숙한 인구어의 형용사 범주에 부합하지는 않지만, 언어의 문법 규칙을 명확하게 이야기할 때는 훨씬 간단명료해진다는 장점이 있다. 왜냐하면 동일한 품사의 단어가 두 가지 다른 어순을 갖는 경우가 사라지기 때문이다.

후치사 역시 유형론적 시각의 결여로 연구가 제대로 이루어지지 못한 품사 중의 하나이다. 중국어 연구는 항상 영어와 같은 전치사형 언어를 참조 대상으로 하였기 때문에 중국어 개사(介词) 이론 역시 전치사라는 개념만 존재해왔다. 이로 인해 기능적으로는 개사의 성격을 지니나 위치가 뒤에 오는 허사(虛词)에 대해서 제대로 인식하지 못하였다. 중국어의 전치사는 모두 동사에서 유래하였기 때문에 동사의 특성이 어느 정도 남아 있어 사람들은 언어적 직관력으로 이러한 동사성 전치사를 개사로 판단하였다. 그러한 이유로 다른 문법화 경로를 거친 개사를 개사로 보는 견해가 쉽게 받아들여지지 않았다. 다른 언어에서는 부치사가 명사, 부사 등 품사에서 유래할 수 있는 등, 한 언어에서 부치사가 다양한 어순과 기원을 지닐 수 있다는 점을 알고 있다면 그 위치와 유래가 다양한 것 역시 전혀 이상한 일이 아닐 것이다. 예를 들어 현대중국어의 '上, 里, 下, 中, 之外, 以内, 之间'과 같은 일부 방위사(方位词)들은 이미 고도로 문법화되어 명사적 성격을 상실하였다. 통사적으로도 개사와 마찬가지로 단독으로(혹은 전치사와 함께) 의미역(thematic role)을 나타내는 기능과 통사적 강제성(예컨대 在, 从, 到 등의 뒤에 위치)을 지녀 이미 명사에서 유래한 후치사가 되었다. 그러나 중국어 문법학의 틀 안에서 이들은 이미 명사성을 상실하였음

---

10 역주: 암도어는 티베트어 3대 방언 중 하나이다.

11 역주: 纳西族은 云南省 북서쪽과 四川省 남쪽 지역에 대부분 거주하고 티베트자치구 芒康현 등지에도 일부 거주하는 소수민족이다. 이들이 주로 사용하는 언어가 纳西语인데 티베트버마어족에 속한다.

12 역주: 哈尼语는 중국 남서쪽 국경지대에 거주하는 소수민족인 哈尼族이 대부분 사용하는 언어로서 티베트버마어족에 속한다.

에도 명사의 하위 부류인 '방위사'에 귀속되어 있으며 허사로 간주되지 않기 때문에 각종 허사 사전에서 누락되어 있다. 허사처럼 하나씩 나누어 설명할 필요가 있는데도 말이다. 이처럼 방위명사에서 온 후치사를 방위사로 분류하는 것이 완전히 정확한 것은 아니지만, 적어도 '귀속시킬 곳'은 있는 셈이다. 그러나 일부 후치사들은 매우 자주 사용되고 중요함에도 불구하고 방위사에 포함되어 있지 않기 때문에 기존 품사 틀에서 수용할 수 있는 항목이 없어 '귀속시킬 곳'이 없는 경우도 있다. 예컨대 '(从)明天起'의 '起', '三个月来'의 '来', '自三月份以来'의 '以来' 그리고 '到星期天为止'의 '为止' 등은 지금까지도 각종 문법서나 허사 사전에서 제외되고 있다. 또 일부 후치사는 '조사(助词)'로 분류되어 있는데, 그 예로 비유(比况)를 나타내는 '似的'는 그 기능이 전치사 '像'과 유사하고 심지어 '像'보다 더 허화되어 있다. 郭锐(2002: 235)가 지적한 바와 같이 '조사는 허사의 잉여류로서 허사 가운데 개사, 접속사, 어기사에 포함되지 못하는 것을 조사라 하기 때문에 조사 내부 구성원 간의 개별성은 크고 공통점은 적다'. 다시 말해 '조사'라는 명칭을 통해 알 수 있는 것은 별다른 특징이 없거나 그 특징을 알 길이 없다는 것이다. 그러므로 조사는 엄밀히 말해서 하나의 품사가 아니라 분류할 수 없는 기능어(허사)와 형태요소의 집합이다. Comrie(서신을 통한 의견교환) 역시 particle(조사, 소명사)은 '전-이론(pre-theoretic)'적 개념이라고 지적하였다. 즉 이론적으로 그 성질이 명확하게 정해지지 않은 성분이라는 것이다. 그러므로 어떠한 성질의 성분인지 정할 수 있다면 최대한 정확하게 그 성질을 밝혀내야 한다. 예를 들어 상 표지, 관형어 표지, 부사어 표지 등으로 분류해 내어야 하며 막연하게 '조사'라는 꼬리표를 붙여서는 안 된다. 유형론에서 말하는 후치사라는 개념에 대해 알고 있고, 부치사가 여러 어휘에서 기원할 수 있다는 점을 알고 있다고 가정해 보자. 허화된 방위사, 후치하는 '起'와 마찬가지로 허사 '似的' 역시 사격 성분을 이끄는 개사 기능을 하므로 모두 후치사로 분류하는 것이 가장 자연스럽고 체계적인 방법일 것이다. 개사 유형에 관해서는 刘丹青(2003a)에서 자세하게 논의하였다.

이상에서 알 수 있듯이 유형론적 시각은 우리로 하여금 인구어라는 좁은 시각에서 벗어나 중국어의 언어적 사실과 본질적 특징을 더욱 정확하게 밝혀낼 수 있도록 해준다. 품사뿐만 아니라 통사 역시 그러하다. 따라서 유형론적 시각을 도입해야만 중국어 연구 성과가 인류 언어의 비밀과 본질을 탐구하는 데 이바지할 수 있을 것이다.

3. 유형론적 시각을 통한 중국어 연구의 촉진

언어유형론이 중국어학계와 중국내 전체 언어학계에서 전반적으로 큰 영향력을 발휘하고 있지는 않지만, 일부 학자들은 현대 언어유형론의 이론과 성과를 바탕으로 중국어 연구를 진행하여 가치 있는 연구 성과들을 내놓으면서 중국어 연구에 기여하고 있다.

중국어 연구자들은 중국어의 여러 어순 현상에 대하여 줄곧 당연하게 여겨왔다. 통사 혹은 화용적 입장에서 어순 현상을 연구해왔으나 동사-목적어 어순 및 관형어-중심어 어순 간의 관계 같은 서로 다른 어순 간의 상관성에 대해서도 그다지 주의를 기울이지 않았다. Greenberg(1963)의 선구적 논문이 발표되면서 가장 먼저 충격을 받은 것은 해외에 있는 중국어 연구자들이었다. 왜냐하면 그제야 비로소 중국어 절의 어순은 SVO형으로 영어와 동일하지만, 명사절의 어순은 철저한 핵 후행(head-final) 언어로서 SOV 어순인 일본어나 한국어 유형과 더욱 유사함을 알게 되었기 때문이다. 어순유형론 관련 연구 성과를 살펴보면, 중국어처럼 내부적으로 유형적 차이를 보이는 언어는 상당히 적음을 알 수 있다. 이는 중국어 어순 현상에 대해 심도 있게 관찰하고 탐구하도록 만들었다. 그리하여 VO 어순과 VO 어순의 출현빈도 통계조사(Sun & Givón1985), 방위사의 후치사적 성격에 대한 인식과 중국어 어순의 역사적 변화 연구(屈承熹1984와 인용 문헌), 언어접촉과 남북 중국어 어순 유형의 차이(桥本万太郎1985) 등과 같은 연구가 등장하게 되었다. 이 가운데 논쟁이 되거나 동의하는 학자가 매우 적은 관점도 있다. 현대중국어는 본질적으로 SOV형 언어라든가 중국어는 예부터 지금까지 SVO에서 SOV로 유형적 변화를 겪고 있다는 등의 의견이 그 예이다. 그러나 이러한 연구는 과거에 소홀이 여겨졌던 중국어의 언어적 사실과 그 중요한 특징을 언급하였다는 점에서 의의가 있다 하겠다.

중국내 일부 학자들 역시 유형론적 시각을 연구에 도입하였다. 그 시작으로 陆丙甫·陆致极(1984)는 Greenberg(1963)을, 沈家煊(1989)은 Comrie(1981)의 유형론 관련 저술들을 번역하여 중국에 소개하였다. 먼저 역자들의 연구부터 소개하겠다.

陆丙甫와 그의 공동연구자들은 일찍이 언어보편성이라는 각도에서 중국어 부사어-동사 구조와 관형어-명사 구조의 어순 문제에 접근하였다. 钱乃荣이 펴낸 『現代汉语』(1990)는 문법 부분(钱乃荣·金立鑫·陆丙甫 지음)에서 범언어적 비교, 언어보편성 시각 그리고 고찰 성과들을 도입하였는데 중국어, 영어, 러시아어, 일본어, 한국어, 바스크어(Basque), 타갈로그어(Tagalog), 라오스어, 요루바어(Yoruba) 등 여러 대륙에 걸친 10여개 언어의 비교 자료를 근거로 다양한 종류의 부사어가 표면적으로는 언어마다 다른 어순의 차이를 보이는 것 같지만(시간-장소-도구-방식 혹은 방식-도구-장소-시간) 술어 동사를 기준으로 보면 중심어를 축으로 어순배열 순서가 동일함을 지적하였다. 즉 모두 시간-장소-도구-방식의 순서로 중심어에 가깝게 위치한다는 것이다. 후자에 속하는 언어는 부사어가 기본적으로 동사 뒤에 오기 때문에 어순이 거울에 비친 것처럼 전자와 정반대의 순서를 띤다. 부사어가 앞뒤 모두에 올 수 있는 언어도 있지만 중심어를 축으로 한 배열 순서(효과적으로 묘사하고 해석하기 위해 궤도층으로 기술하고 있음) 역시 철저하게 위의 규칙을 준수하고 있었다. 이런 범언어적 비교는 부사어의 어순이 표면적으로는 차이를 보이지만 사실상 고도의 보편성을 지니고 있음을 보여주며 중국어 부사어 어순 배후에 존재하는 보편적 기제를 이해하는 데에 도움을 주었다.

陆丙甫는 범언어적 비교와 언어보편성 연구 성과를 토대로 중국어 어순 현상에 대한 고찰에 줄곧 주목해왔다. 저서 『核心推导语法』(1993)에서 그는 범언어적 고찰 대상을 수식어에서 동사-목적어 구조까지 확대하였고 Greenberg와 Hawkins 등 유형론자의 연구 성과를 도입하여 다른 언어들과 마찬가지로 중국어도 논항과 수식어가 모두 중심어를 축으로 의미의 긴밀도에 따라 그 순서가 배열되며 의미적 요소가 어순 배열에 있어서 중요한 역할을 하고 있음을 밝혀내었다. 미국에서 완성한 박사논문(Lu 1998)은 중국어 어순의 좌우비대칭

현상을 중심으로 다양한 언어의 유형론적 비교를 통하여 화용적 요소가 중국어 및 많은 언어의 관형어 어순에 제약을 가하는 중요한 요소임을 중점적으로 논하였다. 문장의 어순은 구(舊)정보에서 신(新)정보로 조직된다는 원칙을 명사절 내부에까지 확대 적용하여 '명사의 한정성에 기여도가 큰 관형어가 기여도가 작은 관형어의 앞에 위치'한다는 새로운 원칙을 도출하였다. 이 화용적 원칙으로 인해 과거 '모든 기타 조건이 동일할 경우, 중심명사의 의미와 밀접한 관련을 보이는 관형어는 관계가 먼 성분보다 중심 명사에 가깝게 위치'한다는 의미적 원칙과 함께 명사 내부의 많은 어순 현상을 규명할 수 있게 되었다. 관형어가 앞에 올 경우 어순이 안정되지만 뒤에 올 경우 어순이 자유로운 좌우 비대칭 현상이 초래되는 현상 역시 설명이 가능해졌다. 최근 몇 년 들어, 陆丙甫는 어순과 표지문제(중국어 '的', '地'와 개사의 출현여부)를 접목하여 유형론을 기반으로 한 고찰을 진행하고 있다. 陆丙甫(2004)는 다양한 언어를 비교하여 '거리-표지 대응율(distance-marking correspondence, 距离-标记对应律)'이라는 중요한 언어보편성을 제기하였다. 이것은 어순과 구조 층위에 있어서 중심어와 가까운 성분은 표지를 생략할 수 있지만 반대의 경우는 표지가 필요한데, 이는 중국어에서 명사가 직접 부사어를 담당하는 현상 등을 매우 효과적으로 기술·설명하였다(예, 电话联系, 集团购买 등).

沈家煊은 중국에서 기능-인지 문법을 적용하고 알리는데 앞장서온 학자이다. 학계에서 주로 주목하는 것은 그가 중국어 기능-인지 문법에서 일궈낸 연구 성과들이며 이 연구들은 실제로 언어유형론을 초석으로 삼고 있다. 초기에 영중 대조연구를 진행할 당시 그는 언어 간 비교를 통해 중국어의 특징을 밝히는 데 심혈을 기울여 왔다. 후에 대표적 저서인 『不对称与标记论』(1999d)은 유표성 이론(Markedness Theory)을 저서 전체의 이론적 틀로 삼고 있다. 그의 유표성 이론은 프라하 학파의 관련 학설을 계승하였는데 더욱 중요한 것은 언어유형론의 '세례'를 거친 유표성 이론을 체계적으로 수용하였다는 점이다. 그는 『形容词句法功能的标记模式』(1997)에서 유표성 이론의 이러한 함축적 의미를 자세하게 소개, 분석하였는데 Greenberg, Hawkins, Keenan, Comrie, Croft 등 유형론자들이 범언어적 연구를 통해 구축한 유표성 이론을 기반으로 중요한 이론적 관점을 도출해 내었다. 예를 들면 형태적으로 혹은 통사적으로 대립되는 두 가지 요소는 왜 무표적이거나 유표적인지는 범언어적 고찰로 얻어낸 함축적 보편성과 4분표를 통해 알 수 있다는 것이다. 沈家煊 (1999d)은 범언어적 표지모델과 범언어적 '언어통용성(语言通性)'의 상호관련성을 지적하였으며 범언어적 비교를 통한 단수-복수의 표지 모델을 예로 들어 다음과 같이 설명하였다. 범언어적 비교를 통해서만, 4가지 논리적으로 가능한 '방진도(方阵图)'(본고 1절에서 언급한 '4분표')와 공란 항목을 통해서만 상대적인 현상 중 어느 것이 무표지인지 알 수 있다는 것이다. 그 밖에 沈家煊(1997, 1999d)은 범언어적 비교를 통해 유형론 연구는 유표-무표의 이항대립을 다항의 서열에까지 확대 적용할 수 있다고 지적하였다. 예를 들면, 단수-복수 대립에서 '단수<복수<양수<삼수<소복수'의 위계로 확대 가능하다. 모든 요소는 좌측 항목 보다 유표적이며 우측 항목 보다는 무표적이다. 유형론은 단일 범주의 표지 모델을 서로 관련된 여러 범주의 모델로 확대시켰는데 이를 '유표성 전도 (Marking-Reversal)' 모델이라고 한다[13]. 장애음에서는 무성음이 무표적이고 유성음은 유표적이다. 그러나 공명음으로 보면 유성음은 무표적이고 무성음은 유표적이다.[14] 범언어적 비교를 통해 이러한 '유표성 전도' 모델도 확립 가능하다. 따라서 장애음은 무성음과 공명음은 유성음과 '자연적 관련성'을 구축하게 된다. 沈家煊의 이러한 연구 성과는 유형론에서 많은 발전을 거둔 유표성 이론을 바탕으로 이루어낸 것이다.

「形容词句法功能的标记模式」(1997) 역시 좋은 예이다. 논문에서는 주로 텍스트 통계를 통해 앞에서 언급한 표지 모델을 증명하였다.

13　역주: 沈家煊(1999d：26)은 개체명사에서는 단수가 무표적이고 복수가 유표적이지만, 집합명사에서는 복수가 무표적이고 단수가 유표적이 되는데, 이것을 유표성 전도 현상의 한 예로 들고 있다.

14　역주: 본문에서 저자는 "……对于响音来说, 浊音是有标记的, 清音是无标记的。"라 하였으나 공명음의 경우 유성음이 무표적이고 무성음이 유표적이기 때문에 공명음과 유성음이 '자연적 관련성'을 갖게 된다는 전체 맥락에 따라 수정하여 번역하였음을 밝혀둔다.

	관형어	술어
성질형용사	무표적	유표적
상태형용사	유표적	무표적

　얼핏 보면 이 논문은 언어 내부의 자료를 텍스트 통계 처리함으로써 논증한 것처럼 보이지만, 실제로 연구의 출발점과 과정 그리고 결론 모두 유형론적 의의를 지니고 있다. 먼저 沈家煊은 표지의 유무를 정하기 위해 검증 가능한 기준들을 응용하였다고 설명하면서 '이러한 기준들은 이미 언어보편성과 유형론적 연구에서 일반적으로 수용'되고 있다고 언급하였다. 논문의 출발점이 보편성 및 유형 연구와 밀접하게 연관되어 있음을 알 수 있다. 성질형용사에 대한 고찰 시각 역시 유형론을 기반으로 한다. 즉 어떤 성분이 될 수 있는지 여부뿐만 아니라 그 성분을 담당하기 위해 표지(的, 是)가 부가 되는지 여부도 주목하였다. 특히 범언어적 비교를 통해 가장 원형적인 기본 형용사(중국어에서는 주로 단음절어)들이 어떻게 표현되는지에 주목하였다. 이는 모두 형용사에 대한 범언어적 연구가 주목하는 관점들이다. 논문의 결론 역시 유형론적 가치를 담고 있는데, 성질형용사, 특히 가장 원형적인 형용사의 무표적 기능은 관형어이며 관형어로 쓰일 때 대부분 '的'와 같은 표지를 필요로 하지 않는다는 것이다. 이는 중국어 형용사의 관형적 성격에 대한 张伯江(1997)의 견해와도 상통한다. 즉 중국어에 있는 독립적인 형용사의 통사적 기능은 인류 언어의 형용사가 지니는 일반적 성격에 부합한다는 점을 재차 증명하였다. 더욱 중요한 것은 성질형용사와 구별되는 상태형용사(状态形容词)는 중국어와 많은 동양 언어에만 존재하는 특징인데, 과거 유형론 연구는 이에 대해 그다지 주의를 기울이지 않았다. 沈家煊은 朱德熙(1956)의 상태형용사에 관한 고견을 계승하였으며 성질형용사 표지 모델과 대조하여 상태형용사 연구를 유형론적 표지 모델의 틀로 가져옴으로써 상태형용사 연구가 일반언어학적 의의와 유형론적 의의를 더욱 확실히 지니게 하였다. 다시 말해, 상태형용사가 인류 언어의 일반적인 성격과는 현격한 차이를 보이기 때문에 문법 체계에서 성질형용사와 분리하여 접근하여야 한다. 그 밖에도 沈家煊의 경계성(bounded)과 무경계성(unbounded) 연구

(1995a), 문법화와 형태-의미 왜곡에 관한 연구(1999c), 유표성 전도에 관한 논문(2000)(이상 세편은 沈家煊2002b에서 인용) 모두 유형론의 유표성 이론과 관련되어 있어 언어유형론과 직간접적으로 연관되어 있다 하겠다. 만약 유형론적 시각 없이 중국어 체계 내부에만 주목하여 기술하고 분석하였다면 이러한 중요한 진전을 거두지 못하였을 것이다.

유형론이 중국에 점차 소개되면서 유형론의 귀납법을 도입하여 일정 범위의 언어 자료 내에서 함축적 보편성을 탐구하려는 학자들도 생겨나기 시작하였다. 陈妹金(1993)은 중국티베트 언어 의문문과 의문 수단에 대해 범언어적 비교를 통하여 중국티베트 언어 내부의 5가지 의문 수단 위계를 도출해내었다. 刘丹青(2003a: 279)은 남북 뭇방언 12개 지점의 공간류 전치사의 존재 상황과 파생력을 비교하여 공간 전치사의 기본적인 위계를 다음과 같이 도출하였다.

I 장소 > II 종결점/방향 > III 출발점 > IV 경유

좌측에 속하는 의미역일수록 전용 전치사를 보유하기 쉽고 그 전치사는 우측 각 의미역의 표지 용법을 파생시킬 가능성이 높다. 储泽祥·邓云华(2003)는 수십 가지 언어/방언의 지시대사의 거리 범주 분류 세밀도를 비교하여(2분류, 다분류) 다음과 같은 함축적 보편성 서열을 도출하였다.[15]

성질·상태·방식 > 시간 > 사람 혹은 사물 > 공간

이 서열에서 알 수 있듯이 좌측 범주에 있는 지시사의 분류 세밀도는(2분) 우측 범주에 있는 지시사가 도달하는 세밀도(적어도 2분, 혹은 그 이상)를 함축한다. 즉 공간이 가장 세분화 되어있고 성질·상태·방식 지시사는 가장 덜 세분

---

15 역주: 储泽祥·邓云华(2003)의 연구를 보면 '性状程度'와 '动作方式'를 줄여 '性状方式'로 명명하고 있다. 따라서 이해의 편의를 위해 번역문에서는 '성질·상태·방식'으로 풀어 번역하였다.

화되어있다.[16] 이러한 관찰과 발견은 유형론적 방법론이 아니면 결코 얻을 수 없는 결론이다.

유형론은 중국어에 대한 공시적 연구를 촉진시켰을 뿐만 아니라 중국어 문법의 통시적 연구, 특히 문법화 연구에 도입되면서 큰 활약을 하게 된다. 문법화 이론(Hopper & Traugott 1993, C. Lehmann 1995) 혹은 현대 역사통사론 연구(Harris & Cambell 1995)는 본래 유형론과 밀접한 관련성을 갖고 있다. 문법 변화의 경로와 규칙은 많은 언어에 걸쳐 나타나는 한편, 유형적 제약을 받기 때문에 범언어의 유형론적 비교는 역사 문법을 탐구하는 통찰력 있는 시각으로 자리매김하였다. 뒤의 10장에서 역사문법과 문법화에 대해 자세히 논하고 있기 때문에 여기서는 간단한 예만 들도록 하겠다. 吳福祥(2003)은 한어사와 방언에서 동반격 개사(伴随介词)의 문법화 경로가 '동반 동사>동반격 개사>등위접속사'라고 보았으며 그 예로는 '及', '与', '共', '将', '和', '同', '跟'이 있다. 그는 유형론 연구 성과와 수십 가지 언어에 대한 범언어적 비교를 통하여 SVO 언어의 동반격 개사는 일반적으로 두 가지 문법화 경로가 있다고 제시하였다. 첫번째 경로는 '동반격 개사>등위접속사'이고 두 번째 경로는 '동반격 개사>도구개사>방식개사'이다. 중국어의 경우도 이 두 가지 중요한 경로 중 하나에 해당한다. 이 논문의 더욱 중요한 가치는 범언어적 비교를 통하여 두 가지 경로가 동반격 성분 어순과 관련성이 있음을 밝힌 것이다. 전자는 모두 '동반격 성분+동사' 언어에서 나타나고, 후자는 '동사+동반격 성분' 언어에서 나타난다. 吳福祥은 이 두 경로의 인지 기제를 훌륭하게 규명하였는데 전자는 화용추론

16　원주: 이 서열을 거리범주의 분류 세밀도 우선 순위에 따라 배열하면 거꾸로 '공간>사람 혹은 사물>시간>성질상태방식'이 되기 때문에, 储泽祥의 논문에서 사용한 부호 '>'는 'ᄀ'으로 바꾸는 것이 적절하다. 刘丹青·戴耀晶은 '중국 남동방언 비교 프로젝트(中国东南方言比较项目)'의 대사(代词) 관련 토론회에서(1995년, 华中理工大学) 지시사 거리 범주 분류 세밀도 함축적 관계를 공동 발표하였는데, 결론이 邓云华의 논문과 유사하였다. 이미 출간되거나 회의에서 발표된 일부 방언자료를 토대로 한 이 연구는 후에 정식으로 출간되거나 발표된 바는 없다. 따라서 储泽祥·邓云华는 참고한 언어 수도 훨씬 많을 뿐만 아니라 이 주제와 관련된 독보적인 연구라 할 수 있다.

(pragmatic inferencing)을 특징으로 하는 환유이고, 후자는 은유에 따른 것이다. 유형론적 시각이 도입되면서 중국어 어법사에서 발생한 이와 같은 동사 허화 현상의 이론적 가치를 크게 향상시켰다.

4. 중국어 연구를 통한 유형론과 일반언어학 이론에 기여

중국어 연구를 심화시키기 위해 유형론적 관점과 방법을 일방적으로 수용만 할 필요는 없다. 중국어 연구를 유형론 연구라는 큰 틀에 놓고 볼 때, 중국어 연구는 유형론과 일반언어학 이론에 크게 기여하고 더 나아가 언어학 이론 발전에 중요한 원동력이 될 수 있다. 중국은 언어/방언 자원이 풍부하지만 많은 언어적 사실과 이를 근거로 하는 이론적 귀납이 아직 국제유형론 연구의 주목을 받지 못하고 있는 실정이다. 왜냐하면 현재 중국어와 관련 언어/방언의 연구가 채택하고 있는 기술과 분석 틀은 오늘날의 언어학, 특히 유형론적 틀과 상당한 거리를 보이고 있기 때문에 그 연구 성과가 현대 언어 이론에 쉽게 받아들여지지 않고 있다. 다른 한편으로 기존의 유형론 연구 성과는 중국어와 관련 언어/방언에 대하여 주의를 기울이지 않았기 때문에 유형론 연구에서 귀납된 사실들은 중국의 언어적 사실을 정확하게 반영하지 못하였고, 결국 도출된 언어보편성의 보편성에도 영향을 주었다. 그러나 만약 중국에서 시작하여 다시 세계로 눈을 돌린다면, 다시 말해서 중국내의 풍부한 언어자원에서 시작하여 언어유형론의 발전에 주의를 기울인다면 중국어 등 언어/방언에 대한 연구는 보편적 이론 확립에 크게 공헌할 수 있을 것이다.

중국어 연구가 일반언어학 이론에 영향을 미친 예는 일찍이 존재하였다. 趙元任의 『音位标音法的多能性』(1934)은 기술언어학이 성행하던 시기에 국제 언어학계에 큰 반향을 불러일으켰다. 그 전에는 많은 학자들이 새로운 음소론(音位学)에 따라 모든 언어에서 유일하고도 정확한 음소를 찾아내려고 한 반면, 趙元任은 당시 음소론에 대한 해박한 지식, 중국어와 방언의 음운 현상에 대한 폭넓은 이해 그리고 예리한 관찰력을 통해 福州방언의 운모변이(变韵) 현상에 주목하면서 음소 체계 방안의 '비유일성(non-uniqueness, 多能性 하나로 정해지지 않고 다양한 가능성이 존재함을 의미)'을 제시하였다. 그는 음소를 확립하는 몇 개의 원칙을 제시하였는데 그 후 통용되는 기준이 되었다. 중국내에서 영문으로 발표된 이 논문은 20여년이 지난 후 Martin Joos에 의해 *Readings in Linguistics*(1957)에 수록되면서 구조주의 시기 언어학에서 가장 영향력 있는 논문 중의 하나로 손꼽히게 된다.

趙元任은 중국어 문법 분야에서도 중요한 관점을 제시하였는데(Chao1968, 呂淑相1979 번역) 중국어의 주어는 서양 언어의 주어와 달라서 뒤에 오는 술어와 의미적 관계가 긴밀하지 않기 때문에 화제(topic)와 진술(comment)의 관계로 보아야 한다는 것이다. 이러한 관찰은 유형론에서 중요한 관점이 제기되는 데에 직접적인 영향을 주었다. 8년 후, Li & Thompson(1976)은 주어와 화제의 상대적 중요성을 기반으로 한 유형분류법을 제시하면서 주어 부각, 화제 부각, 양자 모두 부각, 양자 모두 부각되지 않는 4가지 언어 유형을 구분하였다. 과거의 언어학과 유형론은 모두 주어 부각이라는 입장이어서 통사적으로도 주어의 자리만 인정할 뿐, 화제는 담화·화용적 개념으로 간주하였다. Greenberg(1963)가 제시한 45개 보편성에서도 주어와 관련된 보편성은 몇 개 있지만(SOV와 VSO등 유형에서 S는 모두 주어에 해당함) 화제에 대한 언급은 없다. Li & Thompson이 주어-화제 유형론을 제기한지 1년이 지난 후에도 Keenan & Comrie(1977)가 제기한 명사어 접근성 위계를 보면 최고 서열을 점하고 있는 주어만 있을 뿐 역시 화제의 자리는 찾아볼 수 없다. 그러나 논의 과정에서 화제 부각 언어의 경우는 이 위계의 표현 방식이 어떻게 조정되어야할지 전문적인 연구가 필요하다고 언급하였다. 새로이 등장한 주어-화제 유형론이 이미 그 영향력을 발휘하기 시작한 것이다. 사실 그 영향력은 지금까지도 이어지고 있다. 이 분류 방법은 처음으로 화제가 통사유형론 범위에 포함되도록 하였으며, 일부 언어의 경우는 통사 연구에서 화제가 매우 중요한 자리를 차지하여 중국어, 일본어와 같은 언어의 화제 구문 연구를 더욱 활발하게 하였다. 이 유형 분류법에 따르면, 화제 부각 언어로는 중국어, 티베트버마어족에 속하는 傈僳语, 拉祜语가 있다. Li & Thompson은 그들 이전에 趙元任이 이미 중국어는 화제가 부각된다는 특징에 주목하였다고 지적하였다. 이렇듯 화제에 주목한 趙

元任의 중국어 연구는 유형론 연구에 직접적인 선구자 역할을 하였음을 알 수 있다.

주어-화제 유형론이 제기 되고 30년이라는 세월이 흐르는 동안, 중국어 등 언어의 화제 연구도 많은 진전을 거두었다. 그중에서 일부는 형식문법이나 기능문법 각도에서(특히 텍스트 각도에서) 깊이 있는 연구를 진행하였다. 그러나 우리는 유형론적 각도에서 화제 부각이라는 유형적 특징이 통사 전반에 미치는 영향에 대하여 더욱 관심을 기울일 필요가 있다. 이것은 통사유형론에 기여할 수 있는 중요한 분야이기 때문에 중국어 연구자들이 주목할 가치가 있다. 여기서는 徐烈炯·刘丹青(1998)을 비롯하여 화제 구문에 대해 진행된 새로운 연구에 대하여 이야기해 보도록 하겠다.

텍스트-화용적 성분인 화제는 인류 언어에 보편적으로 존재하는 현상이다. 그러나 화제 부각 언어의 특징은 화제가 통사체계에서 중요한 지위를 점하고 있다는 것이다. Li & Thompson의 논문은 일찍이 화제가 이들 언어에서 차지하는 통사적 지위에 대하여 초보적으로 논증하였다. 예를 들어, 화제는 공지시(coreference) 성분을 삭제한다, 화제는 전용 표지가 있으나 주어는 없다, 화제 구문은 관계절에 등장할 수 있다 등이 그것이다. 徐烈炯·刘丹青(1998: 36-42, 275-290)은 화제가 중국어에서 기본적인 통사 성분이며 주어, 타 언어의 화제, 중국내 표준중국어 및 상하이말과의 비교를 통하여 화제가 중국어, 특히 상하이말 등 뭇방언에서 담화적 성분이 아닌 고도로 문법화된 성분임을 다음과 같은 현상을 통하여 논증하였다. 화제 구문의 일반성(常規性), 화제 혹은 화제 구문이 등장하는 위치와 층위의 다양성, 화제 구문 형식 종류의 다양성, 화제 구문의 형태화 현상('의미/화용>통사>형태'라는 문법화의 일반적인 규칙에서 알 수 있듯이 형태화는 통사화를 전제로 함), 화제 구문의 조어법 진입, 화제 구문이 의무적으로 등장하는 조건, 화제 표지 특히 상하이말의 화제 표지(提頓词)[17] 발달과 상용성, 의미의 일반화(화제의 원형의미에서 멀어짐) 등이다. 이

---

17 역주: 화제 표지를 뜻하는 용어 提頓词는 徐烈炯·刘丹青이 처음 제시하였다. 徐烈炯·刘丹青(1998: 79)의 설명에 따르면, 提頓词라는 용어에서 '提'는 화제를 '제시'하는 기능, '頓'은 구조적인 특징인 화제 뒤에 수반되는 '휴지'를 뜻한다.

러한 현상은 주어 부각 언어에서는 찾아 볼 수 없는 것들이다.

徐烈炯·刘丹青(1998)이 출판된 후, 화제 구문이 범위와 정도에 있어서 훨씬 큰 규모로 중국어 통사 구조를 제약하고 있는 것을 발견하게 되었다. 이러한 관찰들을 계기로 언어유형론에서는 화제 부각 언어의 화제 구문과 이 구문이 전체 통사 유형에 미치는 영향에 관하여 더욱더 주목하게 되었다.

徐烈炯(2002b)은 담화 개념구조화 언어(discourse configurational languages)의 유형론적 기준을 참고하여 중국어의 화제 구문, 초점 구문, '连'자문 등에 대한 병렬 구조 검증, 부정문 검증 등 통사적 검증을 통하여 중국어는 분명히 담화 개념구조화 유형의 하위 부류인 화제 언어임을 증명하였다. 다시 말해, 중국어는 초점 구조 언어가 아니라 화제가 통사 구조에서 독점적 위치를 점하는 언어라는 것이다.

필자의 논문 가운데 각각 중국어와 중국티베트어에서 두 가지 특수한 화제 구문을 연구한 논문이 두 편 있다. 刘丹青(2002)에서는 중국어와 남방방언에서 논항이 분열되는 화제 구문에 대하여 논의하였는데, 예를 들어 '衬衫他买了三件' 등과 같은 문장 구조는 하나의 논항을 두 부분으로 분리하여 언어성분 거리 도상성 원칙(distance iconicity principle)을 심각하게 위배한 듯 보인다. 그러나 '衬衫'은 총칭 성분으로 문두에서 화제가 되고 '三件'은 실제 지시(实指)성분으로 진술 부분의 목적어가 되어 화제 구문의 '틀이 내용 보다 크다'는 원칙(부류>개체)에 부합하며, 더 중요한 것은 화제를 선호하는 중국어 문장 구조에도 부합한다. 이러한 구조는 화제가 더욱 부각되는 일부 남방방언에서 더욱 발달되어 있는데 원저우말(温州话)의 '我饭吃爻三碗'(我吃了三碗饭), 푸저우말(福州话)의 '经理红红领带缚蜀条'(经理系了一条红红的领带)와 같은 문장은 중립적이고 매우 일반적인 타동사 구문으로 특정 문맥에 쓰이는 말이 결코 아니다. 吳방언, 閩방언 등에서 분열된 화제어가 차지하는 위치는 더욱 내포적이고 통사적이다. 즉 주어 뒤의 차(次)화제가 되는 것이 일반적이다. 이 구조가 화제 부각 유형과 밀접하게 관련되어 있음을 보여주는 부분이다. 중국어에는 이미 통사적으로 화제 위치가 존재할 뿐만 아니라 이 위치는 기능이 상당히 일반화되어 있기 때문에 논항의 일부분이었던 특수한 화제를 용납할 수 있다.

만약 절에서 화제가 놓일만한 통사적 자리가 없고 타동사 구문이 통사 구조로 투사될 때 이렇게 화제 구문을 선호하지 않는다면 이러한 특수한 화제 구문이 출현하는 것을 용납하지 못 할 것이며, 자주 쓰이는 것은 더욱 불가능한 일일 것이다. 사실상 주어 부각 언어에는 이러한 구조의 문장은 만들어낼 수 없다(*I rice ate three bowls).

Liu(2004)에서는 주어 부각 언어에서는 찾아볼 수 없는 특수한 화제 구문인 동일성 화제 구문(同一性话题结构, 徐烈炯·刘丹青1998에서는 '拷贝式话题结构'라 함)에 대한 면밀한 연구를 진행하였다. 예를 들어, '他主任也当过主任', '他电影么电影不喜欢, 象棋么象棋不喜欢', '我站也站不住' 등이다. 이러한 구조는 고대중국어와 현대중국어 그리고 중국티베트어에서 보편적으로 존재한다. 그러나 이러한 구조는 언어의 경제성 원칙을 심각하게 위배하는 것인데 동일한 성분이 하나의 절에 두 번 등장하면서 어떠한 의미적 요소도 증가되지 않고 있기 때문이다. 그러나 이 구조는 틀이 내용보다 크다는 원칙에 부합하며(동일성 화제를 담당하는 성분은 반드시 무경계성을 띠어야 하며 진술 부분에서 대응되는 성분은 유경계일 수 있음. 무경계>유경계) 중국어가 화제 구문을 선호한다는 점도 만족시킨다. 그렇기 때문에 이러한 구조는 중국어, 특히 뭇방언 등 남방방언에 존재하며 심지어 상당히 자주 사용된다. 또한, 화제의 기능이 강하고 화제만을 위한 통사 위치가 있는 언어에만 존재하며 주어 부각 언어와는 아무런 관련이 없다. 이러한 구조 유형은 모두 화제가 중국어에서 갖는 통사적 특성을 잘 보여주는 것이다.

만약 화제가 단지 화용적 성분이라는 입장을 고수한다면 중국어와 같은 화제 부각 언어가 주어 부각 언어와 다른 중대한 차이를 간과하기 쉽고 이러한 특수한 화제 구문의 성립 조건도 해석할 수 없다. 따라서 화제 부각 언어에서 화제의 통사적 지위에 대한 연구는 화제가 인류 언어의 통사 구조에서 어떤 역할을 하는지 이해하도록 문법 이론을 더욱 심도 있게 만들 수 있으며 단순히 주어 부각 언어로 인류 언어의 규칙을 국한시키는 일을 피할 수 있게 해준다.

사실 당연한 일이지만 우리의 예상을 뛰어넘는 것은 중국어의 다른 통사문제를 연구하면서도 화제 부각 유형이 통사에 영향을 많이 끼쳤다는 사실을 발견할 수 있었다는 점이다.

이 글의 1절에서 소개한 Keenan & Comrie(1977)는 50개 언어를 고찰하여 얻은 명사어 접근성 위계를 통해 관계절이 추출하는 통사 성분이 다음과 같은 서열을 준수한다는 사실을 밝혀내었다.

주어 > 직접 목적어 > 간접 목적어 > 사격어 > 속격어 > 비교 기준

그러나 중국어의 추출 성분 우선서열은 위의 순서를 완전히 지키는 것은 아니다. 절에서 대사가 재지시하는 수단으로 쓰이지 않으면 중국어는 주어와 직접 목적어만이 관계절의 수식을 받는 중심어가 된다. 간접 목적어가 추출되는 것은 매우 어려운 일이며 사격 목적어는 더욱 불가능하다. 다음의 예를 비교해 보자(대괄호는 추출된 후 남은 공간임)

老师在办公室给了学生一本书。
> [   ]在办公室给了学生一本书的老师 (주어 추출)
> 老师在办公室给了学生[   ]的一本书 (직접 목적어 추출)
> ?老师在办公室给了[   ]一本书的学生 (간접 목적어 추출)
> *老师在[   ]给了学生一本书的办公室 (사격어 추출)

여기까지는 명사어 접근성 위계에 부합한다. 그러나 이 서열에 따르면 속격어의 위치는 사격어보다 뒤에 오기 때문에 추출하기가 더욱 어렵다. 그러나 의미적으로는 분명히 속격 성분인데도 추출이 가능한 경우가 있다.

[   ]父亲死了的孩子 (<孩子的父亲死了)
[   ]房屋被烧毁了的居民 (<居民的房屋被烧毁了)
我只闻到[   ]香味的肉汤 (<我只闻到肉汤的香味)
我写了提纲的论文 (<我写了论文的提纲)

만약 이러한 관계절에서 추출된 명사가 속격어라는 것을 인정한다면 중국어

는 명사어 접근성 위계에 가장 큰 도전장을 내민 언어이다.

그러나 이상의 예에서 '孩子'와 '父亲', '居民'과 '房屋', '肉汤'과 '香味', '论文'과 '提纲'은 단지 의미적으로만 소유 관계에 있는 것이다. 주어 부각 언어라면 모두 통사적으로 속격어-명사 관계로 표현될 것이다. 그러나 중국어의 경우는 속격 성분이 화제로도 표현될 수 있는데 그 이유는 이러한 언어는 화제라는 통사 위치에 속격어를 배치할 수 있기 때문이다. 하지만 주어 부각 언어에서는 불가능하다. 위의 예에서 괄호 속의 절에서 괄호 앞의 관계절이 온 것이 아니라 다음과 같은 화제 구문에서 왔을 가능성이 더 크다.

孩子(,)父亲死了。
居民(,)房屋被烧毁了。
肉汤(,)我只闻到香味。
论文(,)我写了提纲。

두 가지 근거를 통해 우리는 이러한 관계절이 소유 구문에서 온 것이 아니라 화제 구문에서 온 것임을 밝힐 수 있다. 먼저 소유 구문에서 속격어와 중심명사 간에는 반드시 혹은 적어도 관형어 표지 '的'를 부가할 수 있다. 그러나 위의 관계절에서 속격어 뒤나 주요명사 앞에 모두 '的'가 없기 때문에 소유 구문에서 온 것이 아니다. 둘째, 화제 구문이 되기 어려운 소유 구문은 상기 예처럼 관계절을 이루기 어렵다. 예를 들면 다음과 같다.

小孩的药很贵。 > ?? 小孩, 药很贵。 > *药很贵的小孩
渔民的对手来了。 >??渔民, 对手来了。 >*对手来了的渔民
论文的奖金都花完了。 >*论文, 奖金都花完了。 >*奖金都花完了的论文

이로써 중국어 관계절이 접근성 위계를 결코 위배하지 않는다는 사실을 확인할 수 있다. 다만 화제가 접근성 위계에서 언급되지 않아서 상기와 같은 현상들을 설명할 수 없었을 뿐이다. 바꾸어 말해서, 접근성 위계에 화제를 추가해야만 화제 부각 언어의 관계절 구성 규칙까지 정확하게 예측할 수 있다.

주절에서의 화제는 담화 성분이자 담화/화용적 조작의 산물이라 할 수 있다. 그러나 관계절에서는 명사구 내부에 삽입되어 있는 절로, 통사적 현상으로 볼 수밖에 없기 때문에 일반적으로 담화/화용적 조작에 영향을 줄 수 없다. 관계절에 안정적으로(抗移動性) 삽입되어 있기 때문에 생성문법에서도 위치를 이동한 '외딴 섬'으로 관계절을 보고 있다. 즉 위치 이동이 불가능한 통사적 위치로 간주한다는 것이다. 그러나 중국어의 화제어적 성격이 관계절에 영향을 주고 화제 구문의 성립여부가 관계절의 성립 여부를 제약한다. 이것은 중국어의 화제 구문이 하나의 통사 구조이며 화제가 통사적 성분으로서 관계화 등 통사적 조작에서 중요한 역할을 담당하고 있음을 잘 보여주는데, 이는 주어 부각 언어에서의 화제(담화 성분에 불과함)가 절대 따라올 수 없는 부분이다. (화제화와 관계화의 관계는 아직도 연구해볼 수 있는 여지가 많음) 이처럼 명사어 접근성 위계에 화제를 추가해야 하듯이, 중국어와 같은 언어에 대한 연구 성과를 통해 기존의 보편성을 수정·보완할 수 있다.

중국어 비교문 연구에서도 화제가 부각되는 특징을 발견할 수 있다.

먼저 주목할 것은 어순유형론에서 현대중국어 비교문의 주요 형식인 '比'자 문을(小张比小王高) 어순 보편성에 위배되는 예외로 간주하였다는 점이다. Greenberg(1963)의 22번째 보편성 원칙을 보면 다음과 같다.

G22 비교문의 유일한 어순 혹은 어순 중의 하나가 '비교 기준-비교 표지-형용사'일 때 이 언어는 후치사 언어에 속한다. 만약 유일한 어순이 '형용사-비교 표지-비교 기준'이면 우연보다 훨씬 높은 빈도로 그 언어는 전치사 언어일 것이다.

이 보편성은 비교문 어순과 부치사 유형의 관계, 더 나아가 비교문의 두 가지 흔한 유형을 지적해 주고 있다. 전자의 예로는 일본어가 있고 후자에는 영어, 고대중국어(예, 猛于虎)와 粵방언(예, 肥过我)이 있다. 가장 흔히 보이는 두 가지 유형에서 비교 표지는 형용사와 대상 사이에 놓인다는 공통점이 있는 점인데 표준중국어 '比'자 구문 유형은 '비교표지+대상+형용사'(比＋小王＋高)

이다. Dik(1997)이 도출한 연결자 가운데 위치 원칙(Relator Principle)에 따르면 연결자(여기의 경우는 비교 표지)는 연결된 두 개의 성분 사이에 놓여야 한다. 비교 표지는 부사어인 비교 기준을 술어의 중심어인 형용사와 연결시키기 때문에 형용사와 기준 사이에 놓여야 마땅하다. 그러나 표준중국어의 비교문 표지 '比'는 중개적 위치에 놓이지 않아 매우 보기 드문 특수한 경우이다. Dryer(1992)는 100여개 언어그룹의 625개 언어를 통해 비교문의 어순을 '형용사와 비교기준'으로 간소화하였다. OV형 언어는 '비교 기준+형용사' 어순을 취하고 VO형 언어는 모두 '형용사+비교 기준' 어순을 따른다. 이 보편성은 비교문과 동사-목적어 구조 어순의 상관성을 보여준다. 그의 언어 표본에서 중국어는 유일하게 SVO언어이면서 '비교기준+형용사'(比小王高)의 형태를 취하는 언어이다.

표준중국어 비교문의 어순은 왜 이렇게 특수한 것일까? 자세히 살펴보면 표준중국어 비교문의 특수성은 화제 부각이라는 특징과 밀접하게 연관되어 있음을 알 수 있다.

刘丹青(2003b)은 '比'자 비교문의 가장 큰 특징이 비교 주체와 속성 주체가 분리 되는 것이라고 지적한 바 있다. 전형적인 비교문은 비교 주체(기준과 비교되는)가 속성주체이기도 하다. 예를 들어 '小张比小王高'에서 '小张'은 비교 주체(기준이 되는 小王과 비교됨)이자 속성 주체('高'로 진술됨)이다. 영어에서 형용사의 비교 주체와 속성 주체는 반드시 동일해야 한다. 왜냐하면 속성 주체만이 형용사 술어의 주어가 될 수 있기 때문이다. 그러나 중국어는 '东西你比我好, 价钱我比你便宜'라고 표현할 수 있다. 두 개의 절에서 비교 주체는 각각 '你'와 '我'이고 속성 주체는 '东西'와 '价钱'이다. 이러한 문장은 영어로 직역하기 쉽지 않다. 영어식 표현으로 번역하면 아마도 'While your goods are better than mine, my price is lower than yours'일 것이다. 영어에서는 속성 주체와 비교 주체(your goods와 my price)는 같은 것이어야 한다.

이렇게 두 가지 주체가 분리되는 특징을 지니는 것은 중국어의 화제 부각이라는 전체적인 유형적 특징이 비교 구문에까지 영향을 주었기 때문이다. 중국어의 술어 앞에는 주어와 화제라는 두 개의 통사적 위치가 있기 때문에(주어 부각 언어는 주어와 별개로 화제의 통사적 위치가 존재하지 않음) 중국어는 속성 주체와 비교 주체가 각각 두 개의 위치를 점한다. 예를 들어 '东西你比我好'에서 '好'의 속성 주체는 '东西'이며 형용사의 주어이다. 비교되는 주체인 '你'는 차(次)화제 위치를 점한다. 만약 '你(,)东西比我好'라고 말해도 비교 주체인 '你'는 주요 화제이고 '东西'는 속성 주체로서 여전히 주어이다. 영어와 같은 非화제 부각 언어는 통사적으로 주어의 자리만 있고 화제의 자리는 없기 때문에 속성 주체와 비교 주체가 동일해야 유일한 자리인 주어에 배치되기 용이하다.

이러한 주체의 특징은 기준에도 영향을 준다. 비교 주체가 속성 주체가 아니어도 되므로 기준 역시 속성과 직접적 관련이 없어도 된다. 예컨대 '价钱我比你便宜'에서 기준인 '你'는 '我'와 마찬가지로 '便宜'가 진술하는 주체가 아니고(*你便宜) '便宜'는 '价钱'을 진술하고 있다. 바꾸어 말해, 비교 기준은 속성 형용사와 논항-주요어 같은 공기관계를 갖지 않는다. 따라서 기준과 형용사의 관계는 멀어도 되며 비교 기준으로써 화제와의 관계는 가깝다고 할 수 있다. 비교 주체가 속성 주체이든 아니든 관계없이 기준은 항상 비교 주체와 비교되기 때문이다. 예를 들어 '价钱我比你便宜'에서 '你'는 '我'와 비교되기 위해 쓰였다. 따라서 중국어에서 기준이 부각되는 것은 화제인 비교 주체와의 관계이지 형용사와의 관계가 아니다. 따라서 '比'가 형용사와 대상 사이에 자리하지 않는 폐단이 어느 정도는 완화된다. '比'가 비교 주체와 비교 기준 사이에 놓이는 것은 중국어 비교문이 비교 주체와 비교 기준의 관계를 부각시키는 유형적 특징을 지녔기 때문이다. '比'자 구문 역시 비교 주체와 기준의 관계를 부각시키는 동사 '比'가 문법화된 것으로 지금까지도 이러한 동사적 특성을 유지하고 있다. 일부 반(半)허화된 구조에서 뚜렷해지는데 '我比起你来, 价钱更便宜'에서 '比'는 비교 주체 '我'와 기준인 '你'를 연결하는 반(半)허화된 동사이며 속성을 나타내는 술어 형용사 '好'와는 직접적 통사적 관계를 갖지 않는다.

'比'자 구문의 문제는 공시적 통사뿐만 아니라 통시적 문법화와도 관계가 있는데, 그 이유는 '比'는 동사에서 비교 표지로 문법화 된 것 역시 이러한 통사적 환경 속에서 완성된 것이기 때문이다. 통시적 문법화에 대해서 刘丹青

(2004)은 화제 표지의 문법화 과정을 통하여 동일한 내용어의 기원, 동일한 기능 기제가 중국어와 같은 언어에서는 일련의 화제 표지로 발전할 수 있으나 다른 언어에서는 불가능한 현상이라고 지적하였다. 또한, 중국어가 화제 부각 언어로서 화제 표지에 대해 강력한 수요가 있었던 반면 주어 부각 언어는 이러한 필요성이 존재하지 않는다. 이는 화제 부각이라는 유형적 특징이 통시적 문법화 과정과 방향에 제약이 됨을 다시 한 번 증명해준다.

여기서 우리는 화제 부각이 중국어와 같은 언어가 지닌 매우 중요한 통사적 특징이며 다양한 공시적·통시적 통사 현상에 영향을 미친다는 것을 알 수 있다. 그리고 이러한 언어들이 왜 중요한 언어적 보편성 원칙에서 벗어나거나 완전히 준수하지 않는지도 알 수 있었다. 또한, 화제 부각 언어의 유형적 특징에 대하여 유형론이 충분히 주목하고 있지 않기 때문에 도출해낸 보편성도 화제 부각 언어의 여러 현상들을 포괄하지 못하고 있다. 화제 부각 언어의 연구는 아직도 연구의 여지가 많이 남아 있기 때문에 언어유형론이 수정·보완되어 발전하는 데에 기여할 수 있을 것이다.

물론 화제 부각만이 중국어의 유일한 유형적 특징은 아니다. 유형론을 이론적 배경으로 삼은 연구가 심화될수록 중국어와 관련 언어의 더 많은 유형적 특징을 찾아낼 수 있을 것이다. 예를 들어 중국티베트 언어 유형적 특징에 많은 영향을 끼친 양사(classifier)가 그러하다. 이러한 특징들에 대한 연구는 언어유형론, 더 나아가 이론언어학 발전에 촉진제 역할을 할 것이다.

5. 유형론 연구 성과와 방법을 중국어 연구에 어떻게 효과적으로 도입할 것인가

앞에서 우리는 많은 실례들을 분석, 소개하면서 중국어 연구자들이 어떻게 언어유형론의 이론, 성과 및 방법을 도입하여 중국어 연구를 촉진시켰고, 역으로 중국어 연구를 통해 유형론과 일반언어학 발전에 기여하였는지 살펴보았다. 이에 덧붙여 다음의 몇 가지를 강조하고자 한다.

(1) 현대 언어유형론의 기본 정신과 주요 성과를 숙지하고 이해해야 한다.

기본 정신은 범언어적 비교 그리고 차이 속에서 보편성을 추구하는 것이며, 주요 성과라 한다면 유형론 연구를 통해 얻어진 사실들을 말한다. 중국은 아직 관련 자료들이 부족한 상황이기 때문에 우선 쉽게 찾을 수 있는 자료부터 충분히 활용하는 것이 좋겠다. 예를 들어 陆丙甫와 陆致极가 번역한 Greenberg(1963), 沈家煊이 번역한 Comrie(1981)와 중국에서 출판된 Croft(1991) 영문판과 여기에 沈家煊이 첨가한 중문 길잡이 부분 그리고 본고에서 언급한 중국내 관련 저서들이 있겠다.

(2) 유형론에서 주목하고 있는 과제가 무엇인지 알아보는 한편, 중국어 연구를 통하여 수정·보완 가능한 과제들, 특히 해외 학자들이 아직 주목하지 않고 있지만 이론적으로 큰 의미가 있는 비교가능한 과제를 찾아야 한다. 이것은 중국학자들의 저력을 보여줄 수 있는 부분이며 과학적 사명이기도 하다.

(3) 중국어를 연구할 때 범언어적으로 사고하려는 습관을 길러야 한다. 언어 표본 비교, 함축적 보편성과 4분표, 위계 등 방법을 최대한 도입하여 성과를 얻고 이를 기술해야 한다.

(4) 국제적으로 통용되는 문법적 틀을 통해 문법 현상을 기술, 분석하고 학자들이 공동으로 노력하여 비교가능한 다양한 언어/방언 데이터베이스(파일의 형태로)를 구축해야 한다. 이 점에 대해서는 刘丹青(2003c)에서 자세하게 논하였으니 참고하길 바란다.

(5) 고대중국어, 현대중국어, 외국어, 소수민족언어 연구진들 간의 소통과 협력을 확대하여 자료 공유에서부터 관련 과제에 대한 학술토론, 더 나아가 공동연구를 진행하여 고대와 현대, 표준중국어와 방언, 타 언어 연구팀, 그리고 연구과제 간의 벽을 허물어 개별 언어 분야에 국한되지 않고 학문과 과제 위주의 학술팀과 학술적 평가체계를 구축해야 할 것이다.

제10장 문법화 이론, 역사통사론과 중국어 역사문법 연구[*]

머리말

최근 20여 년 이래 해외의 문법화 연구와 역사통사론연구는 큰 발전을 이루었으며 일련의 새로운 연구방향과 성과가 등장하였다. 특히 문법화 연구는 현재 일반언어학에서 가장 활발한 연구영역의 하나로 자리매김하였다. 본 장에서는 우선 문법화 이론과 역사통사론의 기본 구조를 간단히 소개한 후, 구체적인 실례들을 통해서 문법화와 역사통사론의 이론, 관점, 시각 및 방법 등을 중국어 역사문법 연구에 도입해야 할 필요성에 대해 설명하도록 한다.

1. 문법화 이론과 역사통사론

1.1. 문법화 이론

1.1.1 일반적으로 말하는 '문법화'(grammaticalization)는 사실상 서로 다른 두 가지 개념을 내포하고 있다. 하나는 일종의 특정한 언어환경, 즉 문법범주와 문법성분의 출현과 형성과정을 가리키는 것이다. 전형적인 형태로는 한 어휘항

---

* 이 장은『중어중문학』제44집(2009)에 발표된 자료를 수정 및 보완한 것이다. 독자의 이해를 돕기 위해 필요한 경우 역주를 추가하였는데 분량이 적은 경우 본문에서 [ ] 안에 제시하였고, 분량이 많아 본문에서 제시하기 어려운 경우에는 아래에 각주로 제시하였다.

목 또는 구조식이 특정한 언어환경에서 모종의 문법기능을 획득하거나 또는
문법소가 계속해서 새로운 문법기능을 생산해내는 것이다(Hopper & Traugott
2003: xv 참고). 문법화의 또 다른 개념은 언어현상의 연구구조(research
framework)를 기술하고 해석하는 것을 지칭하며, 이를 소위 '문법화 이론'이라
고 한다. 문법화 이론은 문법범주, 문법성분의 연원과 변천을 중점적으로 연구
하는 것으로 주요임무는 문법범주와 문법성분이 어떻게 시간과 공간 내에서
생성되고 형성되는가를 기술하는 것 외에, 문법범주와 문법성분이 왜 그러한
방식으로 구축되어 지는가를 해석하는 것에 있다(Heine & Kuteva 2002: 2,
Heine 2003: 575).

문법화 연구는 본래 역사언어학(Historical Linguistics) 범주에 속하는 것으
로, 그 관심대상은 언어의 변천과 직접적으로 관계된다. 이 분야의 연구는
18~19세기 굴절접사의 연원에 대한 역사비교언어학 토론으로 거슬러 올라간다.
'문법화'라는 용어는 프랑스의 언어학자 Meillet가 처음 사용한 것으로, 그는
「문법형식의 진화」(Meillet 1912)에서 문법화를 "본래 독자적으로 사용되는 단
어가 문법기능을 지닌 성분으로 변천하는 과정"이라고 정의하였다. 일반적으로
Meillet의 이 연구는 현대 문법화 연구의 서막을 열었다고 여겨진다. Saussure의
『일반언어학강의』가 발표된 후 구조주의 언어학이 크게 성행한 반면 문법화를
포함한 통시적 언어연구는 등한시되었다. 1970년대에 이르러 언어유형론의 발
전 및 담화언어학, 화용론의 점진적인 성행에 따라 문법화 연구는 비로소 언어
학자들의 주목을 받기 시작하였다(예를 들면 Givón 1971·1975·1977·1979, Li
1975·1976· 1977, Greenberg 1978). 이 시기 문법화 연구의 대표적인 인물로는
Givón을 꼽을 수 있다. 그는 수많은 공시적인 형태·통사적 현상들이 모두 역사
변천의 근거를 지니고 있다고 여겨, '오늘의 형태론은 어제의 통사론이다'라는
저명한 주장을 제기하였다(Givón 1971). Givón(1979)은 체계적으로 문법화 이
론을 운용하여 공시적 형태·통사구조를 연구한 권위 있는 저작이다. 이 책은
전통적인 문법화 연구 모형의 바탕 위에 담화-텍스트 구조의 '문법화'적 연구모
형을 확립함으로써 문법화 연구에 새로운 이념과 관점을 더해주어 당대 문법화
이론의 초석으로 여겨지고 있다.

최근 20여 년 이래 문법화 연구는 역사언어학 전통을 계승한 기초 위에 언어유형론·인지언어학·담화언어학·화용론·사회언어학 등 여러 학문의 이념과 시각 및 기술적 방법을 부단히 참고하고 도입하여, 통시와 공시를 아우르고 또한 다원적 관점을 갖춘 언어이론을 점진적으로 형성해 가고 있다.

1.1.2 문법화 이론이 기타 형태·통사와 관련된 연구구조와 다른 점은 언어체계(structure)와 언어운용, 범주적 성분과 하위범주적 성분, 고정성분과 하위고정성분 및 근거적 성분과 임의적 성분간의 상호의존 관계를 매우 중시하는 데 있다. 그러므로 문법화 이론의 언어관과 기본가설은 많은 부분에 있어 형식주의(구조주의 언어학과 생성언어학)와 현저한 차이가 존재한다. 예를 들면 다음과 같다.

(1)　형식주의는 공시적 연구와 통시적 연구를 엄격히 구분한다. 그러나 문법화 이론에서는 언어란 역사의 산물이며 언어의 공시적 상태는 역사적 변천의 결과라고 인식하므로, 수많은 공시적 현상은 통시적 각도를 떠나서는 해석이 불가능하다. 또 다른 측면에서 보면, 공시적 언어상태에 존재하는 대체형식과 변이현상도 언어의 통시적 연구에 중요한 실마리를 제공하고 있다. 공시와 통시는 단지 언어연구의 두 가지 시각(perspectives)일 뿐 결코 언어 자체의 두 가지 평면은 아니다(Givón 1979, Heine et al. 1991).

(2)　형식주의는 '랑그'(langue)와 '빠롤'(parole) 또는 '언어능력'(competence)과 '언어운용'(performance)의 엄격한 구분을 주장하는 동시에 전자('랑그' 또는 '언어능력')만이 언어학의 연구대상이라고 본다. 그러나 문법화 이론에서는 랑그와 빠롤, 언어체계와 언어사용은 결코 대립되는 것이 아닌 일종의 상징(symbiotic)과 상호작용(interactive)의 관계라고 본다. 언어구조 연구는 언어사용을 고려하지 않을 수 없으며, 반대로 해도 역시 마찬가지이다(Lichtenberk 1991, Hopper & Traugott 1993).

(3)　형식주의는 언어를 하나의 자족적인 체계로 본다. 그러나 문법화 이론에서는 언어란 결코 자족적이지 않으며, 언어 이외의 인지·화용·사회적 요소와 밀접한 관계를 지닌다고 본다.

(4)　형식주의는 언어체계의 동질성(homogeneity)을 주장한다. 그러나 문법

화 이론에서는 언어란 늘 끊임없이 변화하는 것이며, 공시적 언어에 대량으로 존재하는 불규칙과 변이현상이 본질적으로 구현하는 것은 현재 진행 중인 변천이라고 주장한다(Croft 2003: 232). 그러므로 어떠한 공시적 언어체계를 막론하고 모두 동태적이고 개방적인 이질적 체계이다.

(5) 형식주의는 범주의 이산성[discreteness]을 주장한다. 그러나 문법화 이론에서는, 언어변천과정 중의 과도기 상태와 공시적 언어체계 중 다량으로 존재하는 다의·중의·겸품사[multi-category words]·범주의 불명확성 등의 변이현상들은 모두 언어범주가 가지고 있는 연속성을 보여주고, 각종 범주 사이에는 명확한 구분이 없음을 보여주는 것이라고 본다(Heine et al. 1991: 2-3).

(6) 형식주의는 언어기호의 임의성을 주장한다. 그러나 문법화 이론에서는 언어구조, 특히 그중의 문법구조는 객관세계(인간 자신에 대한 것을 포함)에 대한 인간의 인식이 상당 정도 대응 또는 유사관계를 지니며, 문법구조는 완전히 '임의적'인 것이 아니라 근거와 논증을 지닌다고 본다.

문법화 이론의 최종 목표는 '인류 언어의 문법체계는 어떻게 만들어졌으며, 인류 언어의 문법은 왜 그러한 방식으로 구축되었는가'라는 문제에 해답을 제시하는 것에 있다.

1.1.3 전통적인 문법화 연구에서 문법화를 일종의 단순한 통시적 현상으로 보는 것과는 달리, 1970년대 이후 많은 언어학자들은 문법화 현상이 통시적 언어변천에서 구현될 뿐만 아니라 공시적 문법체계 속에서도 나타남을 발견하였다. 이로부터 '통시적 문법화 연구'와 '공시적 문법화 연구'의 두 가지 연구 패러다임이 형성되었다.

통시적 문법화 연구는 문법화를 일종의 언어변천 현상으로 보아 통시적인 각도에서 문법범주와 문법성분의 연원 및 그 변천 경로를 고찰하는 것이다. '통시적 문법화 연구'는 또한 두 가지 연구 모형이 있는데, 하나는 '어휘항목 > 형태항목' 모형('어휘항목에 기초한'[lexical-based] 모형, 어휘적 어원 모형, 어휘문법화[lexical-grammaticalizing] 모형이라고도 칭함)으로 주로 하나의 어휘항목이 어떻게 문법표지와 형태성분으로 변천해 가는지를 고찰한다. 이러한 연구모형은 18~19세기의 역사비교언어학에서 기원하였으며 역사언어학자가 주목하는 연구모형이다. 이러한 연구모형이 명시하는 문법화 연속변이(cline)는 다음과 같다.

① 어휘 > 통사 > 형태·통사 > 형태소(morphophonology) > 영형식[zero]
   (Traugott 1996)

또 다른 통시적 문법화 연구모형으로는 '담화 > 형태·통사' 모형('담화에 기초한'[discourse-based] 모형·담화적 어원 모형·통사화 모형·담화문법화 [discourse-grammaticalizing] 모형이라고도 칭함)으로, 주로 담화구조 또는 화용책략이 어떻게 형태·통사구조로 발전하는지를 고찰한다. 이러한 연구모형은 Givón의 1970년대 연구에서 비롯되었다.

Givón(1979)은 문법화란 사실상 통사화와 '형태화'(morphologization)[1]의 두 부분으로 구성되어 있다고 주장하며, 아래와 같은 유명한 문법화의 단일방향 순환고리를 제기하였다.

② 담화 > 통사 > 형태소[morphology] > 형태음소[morphophonemics] > 영형식[zero]
   (Givón 1979: 209)

Givón(1979: 208-209)의 견해에 따르면, 통사화는 주로 내재관계가 느슨하고 문법기능이 비교적 약한 담화/텍스트 유형이 내재관계가 긴밀하고 문법기능이 비교적 강한 통사유형으로 재분석되는 것을 뜻하며, 텍스트 층위에 속하는 담화기능이 통사 층위의 의미기능으로 재분석되는 것을 뜻한다. 다시 말해, 문법성분은 담화-텍스트 성분의 '통사화'의 결과이다. 전형적인 예로는 수많은 언어에서 '화제-진술 구조'가 '주-술구조'로 발전하는 것(Givón 1979), 두 개

---

[1]   영어 'morphologization'(형태화)라는 술어는 역사언어학 문헌 중에서 지칭하는 바가 완전히 일치하지는 않는데 여기에서는 통사단위가 형태단위로 변천하는 과정을 가리킨다(예를 들어 기능어[function word]가 굴절접사로 변하는 것).

의 주요 단문 병렬구조가 주종복문으로 변천하는 것(Hopper & Traugott 1993; Harris & Campbell 1995), 한정절이 비한정 보어[complement, 영어의 'S+V+C'구조 즉 be동사 뒤에 출현하는 형용사를 지칭함. 중국문법학계에서는 중국어의 보어와 구분하기 위해 朴足语로 번역함]로 변화하는 것(Givón 1979), 수사적 의문문이 종속절로 변천하는 것(Herring SC, 1991), 의문문(질문-대답)이 양보-조건절로 변천하는 것(Leuschner 1998) 등을 들 수 있다. 다른 측면에서 보면 언어 중의 시제[tense], 상[aspect], 지칭, 부정 등 수많은 문법범주는 모두 담화·화용기능으로부터 발전되어 온 것이다(Givón 1979). 예를 들어 Hopper(1979)의 연구가 보여주듯이 수많은 언어의 완결상(perfective) 범주의 의미는 담화과정 중에 사건 '전경화'(foregrounding)의 담화기능에서 기원한다. Li & Thompson(1976a)과 Givón(1979)은 언어 중 주어범주가 담화단계의 화제에서 비롯된다고 규명하였다. 이밖에 수많은 언어의 몇몇 강제적인 어순도 화용촉진의 성분서열 응고화의 결과이다(Givón 1979).

'담화 > 형태·통사' 양식은 특히 문법범주의 담화-화용 기초를 강조하는데, 가장 급진적인 관점은 Hopper(1987)의 '초급문법'(Emergent Grammar)이론을 들 수 있다. Hopper는 인류언어 중의 문법체계는 본질적으로 담화의 부수적 산물이며, 소위 공시적 문법체계는 근본적으로 존재하지 않고 끊임없는 형성과정 중의 문법만이 존재한다고 보았다.

공시적 문법화 연구는 1980년대에 매우 발전하였다. 이러한 연구 패러다임은 문법화를 일종의 공시적 통사, 담화-화용 현상으로 간주하여 언어사용 양식의 유동성 각도에서 담화-화용 현상이 어떻게 형태·통사적 수단으로 기호화되었는가를 중점적으로 고찰한다. 공시적 문법화 연구는 주로 공시적 언어변이 현상의 연구에 치중하며, 특히 동일한 형식의 서로 다른 용법 또는 동일한 기능의 교체형식 연구에 치중한다(전자의 예로 Ford & Thompson[1986]의 영어 'if-then' 용법에 관한 연구가 있고, 후자의 예로는 Lehmann[1995(1982)·1985]의 라틴어 및 로망스어 격표지에 관한 연구가 있음). 기본적인 방법으로는 관련된 문법화 매개변수 또는 기준을 운용하여 서로 다른 기능 또는 서로 다른 형식의 문법화 정도를 측정하는 것이다. 동시에 이에 근거하여 범주성이 비교적 높은 형식 또는 전형적인 용법으로부터 범주성이 비교적 낮은 형식 또는 비전형적인 용법의 문법화 연속체계를 귀납해 내는 것이다.

　공시적 문법화 연구의 또 다른 과제는 어떠한 의미, 담화-화용 기능이 문법 체계에서 기호화되는가를 고찰하는 것 외에, 이러한 문법 기호들이 어떻게 특정한 시간 내에 또는 범시적으로 조직되는가를 고찰하는 것에 있다. 예를 들어 초점성분이 화용범주라면 수많은 언어에서는 음률적 수단(예를 들면 악센트)으로 초점성분을 표기할 것이다. 그러나 몇몇 언어에서는 초점 범주의 문법화를 전문적인 형태표지와 병행하여 표기하는데, 예를 들어 소말리어(Somali)는 전문적인 문법표지 baa를 통해 어구 중 초점성분을 표기한다(Saeed 1997: 189). 이러한 연구모형에서 문법기호(예를 들면 소말리어의 문법기호 baa)의 연원 및 그 발생과정은 결코 문법학자들의 관심대상이 아니며, 그들이 주목하는 것은 어떤 담화-화용 성분기호가 어떤 문법표지로 기호화되는가에 있다. 이러한 종류의 문법화 연구 방식은 많은 부분 범언어적 유형론의 성질을 띠고 있다. 즉 동일한 의미, 담화-화용 범주가 서로 다른 언어에서 기호화되는 방식을 연구하는 것이다. 예를 들어 '시제범주'(Dahl 1985), '전달범주'(evidentiality)(Chafe & Nichols 1986), '능격성'(ergativity)(DeLancey 1981), '중간태'(middle voice)(Kemmer 1993) 등이 있다.

　1.1.4 Meillet(1912)이래로 문법화 연구의 주요 발견은 대체적으로 다음과 같다.

　　(1)　한 어휘성분이 문법화 되는 선결조건으로는 다음 세 가지가 있다. (a) '의미 적합성'(semantic suitability), (b) '구조 근접'(constructional contiguity), (c) '고빈도 사용'(frequency)(Traugott 1996).[2]

2　'의미 적합성'(semantic suitability)은 문법화 발생의 의미조건을 가리킨다. 제 언어 간의 고찰 결과, 비교적 개괄적이고 추상적인 개념 또는 의미, 혹은 인류의 생활·경험과 밀접한 관련이 있는 개념 또는 의미가 가장 문법화되기 쉽다는 것이 밝혀졌다. 예를 들면 매우 많은 언어에서 일반적으로 위치 이동을 나타내는 개념인 '去'·'来' 및 자세를 나타내는 '站'·'坐'가 시제-상 표지로 문법화되었고, '头'·'足'·'背'·'胸' 등과 같이 인체부위를 나타내는 명사들은 격 관계를 나타내는 전치사나 후치사로

(2) 문법화 과정을 초래하는 두 가지 기본기제로는 '재분석'(reanalysis)과 '유추'(analogy)가 있다(Hopper & Traugott 1993·2003).

(3) 문법화 과정 발생을 촉진하는 주요 동인은 '화용 추론'(pragmatic inferencing)으로, 구체적으로 '은유'(metaphor)와 '환유'(metonymy)의 두 가지 인지과정으로 표출된다(Hopper & Traugott 1993·2003).

(4) 문법화 과정의 가장 중요한 두 가지 특징은 '점진성'(gradualness)과 '단일방향성'(unidirectionality)이다(Heine et al. 1991, Hopper & Traugott 1993·2003).

(5) 문법화는 네 가지 '발견적인 원칙'(heuristic principles), 즉 (a) '층위화'(layering), (b) '의미지속성'(persistence), (c) '분화'(divergence), (d) '전문화'(specialization)를 갖는다(Hopper 1991).[3]

문법화되었다. 반대로, 비교적 구체적이고 한정적인 개념이나 의미, 특정문화에 종속된 개념이나 의미 등은 일반적으로 문법화될 수 없거나 문법화되기 어렵다(Heine et al. 1991, Traugott 1996 참조). '구조 근접(constructional contiguity)'이란 문법화의 통사조건을 말한다. 하나의 어휘항이 재분석을 통해서 문법화되기 위해서 일반적으로 특정한 통사성분 혹은 통사구조와 서로 인접해야 한다. 예를 들어 'be going to'구조가 문법화되기 위한 전제 조건은 목적을 나타내는 부정사와 서로 인접하는 것이다. 바꿔 말하면, 'be going to'의 문법화는 'I am going to New York'과 같은 문형에서는 일어날 수 없으며 'I am going [to marry Bill]'과 같은 통사 환경에서만 발생할 수 있다. (Traugott 1996 참조)

[3] Hopper(1991)에 의하면, '층위화'(layering)란 일정 기능 범위 안에 신 층위가 출현하였을 때 구 층위는 곧 소멸하는 것이 아니라 때로 신 층위와 공존하면서 서로 간에 영향을 미치는 것을 말한다. '의미지속성'(persistence)이란 내용어[content word]가 기능어로 변화한 이후에 원래의 실제 의미는 왕왕 완전히 소멸되지 않고 새로이 출현한 기능어는 여전히 원래 내용어의 일부 특징들을 다소 보존하고 있으며, 이러한 잔존되어 있는 특징들이 기능어의 용법에 일정 정도의 제한과 제약을 줄 것이라는 것을 의미한다. '분화'(divergence)란 내용어가 특정한 구조에서 문법성분으로 변화한 이후에 다시 다른 환경에서 다른 방향으로 변화하여 다른 문법성분이 될 수 있음을 말한다. 이는 결과적으로 어원은 같으나 기능은 다른 형식이 출현하게 됨을 의미하는데, 다시 말하자면 서로 다른 문법성분이 동일한 내용어에서 변화됨을 의미한다. '전문화'(specialization)란 특정한 집합에서 동일한 기능을 나타내는 각종 형식이 공존하다가 경쟁과 도태를 통해서 최후에 한두 가지 형식만 남음으로써 이 집합체의 선택가능성을 축소하는 것을 말한다. Hopper(1991)가 제시한 문법화의 '발견적인 원칙'에는 원래 '탈범주화'(decategorilization)도 있지만, 이후의 많은 문법화학자들은 '탈범주화'를 문법화의 발견적인 원칙이 아닌 문법화의 하위 과정으로 보는 경향이 있다.

(6)　전형적인 문법화 과정은 화용–의미, 형태–통사와 음운–음성의 파생과
　　　정을 포함한다. 화용–의미 과정은 '의미축소'(desemanticalization)로 구
　　　현되며, 형태–통사 과정은 '탈범주화'(decategorilization)로 구현되고, 음
　　　운–음성 과정은 '음운축소'(erosion)로 구현된다. 의미축소는 통상 탈범
　　　주화와 음운축소에 앞서 발생하며, 후자 발생의 주요 원인이 된다(Heine
　　　& Reh 1984, Heine & Kuteva 2002, Heine 2003).[4]

1.2. 역사통사론

1.2.1 역사통사론(Historical syntax)은 (형태)통사변천을 연구대상으로 하는
역사언어학의 한 분과학문이다.[5] 형태·통사변천의 연구는 비교적 유구한 전통
을 지니며 그 기원은 18~19세기 역사비교언어학시기로 거슬러 올라간다. 20세
기 초 이전의 역사통사연구는 주로 역사비교언어학 내에서 진행되었으며, 연
구과제는 대부분 문법범주와 형태표지의 변화·어순변천·복문의 출현 및 통사
변천의 기제였다(Harris & Campbell 1995: 14-34 참고).

　구조주의 언어학이 성행한 20세기 전반에는 언어의 공시적 체계의 기술과
분석이 거의 언어학 연구의 전부가 되어버렸고, 역사통사론을 포함한 통시언어
연구는 도태되었다. 1960~70년대에는 생성문법이론이 고무되어 많은 언어학
자가 Chomsky의 문법이론을 운용하여 역사통사를 연구하기 시작하였고, 그로

4　Heine(2003)에 의하면, '의미축소'(desemanticalization)란 구체적이고 객관적인 지
　　칭을 표현하는 의미가 추상적이고 화자의 주관적인 태도를 표현하는 의미로 변화하
　　는 것을 말한다. '탈범주화'란, 독립적으로 운용이 가능한 단어의 지위 상실(접어
　　화)·'음운축소'(erosion)를 포함한 원 형식의 전형적인 형태적 통사 특징이 점진적
　　으로 소멸되는 경우와 음성형식이 약화·감소되어 소멸되는 경우 두 가지를 말한다.
5　일반역사언어학 문헌에서 형태변천·통사변천을 연구하는 학문은 일반적으로
　　Historical morphology(역사형태론)·Historical syntax(역사통사론)로 불려왔다. 그
　　러나, 일반언어학에서는 'Historical Grammar'라는 분과학문이 없기 때문에 많은
　　역사언어학자들은 형태변천 역시 Historical syntax의 연구 범위에 포함시켰다. 실
　　제로 많은 연구 문헌에서 Historical morphology와 Historical syntax가 상대적으로
　　거론되는 것을 제외한다면 Historical syntax의 연구 대상은 형태변천을 포함하고
　　있다.

부터 역사통사론의 부흥이 초래되었다(예를 들면 Klima 1964·1965, Traugott 1965·1969·1972, Kiparsky 1968, R. Lakoff 1968, King 1969, Lightfoot 1979). 한편으로 언어유형론의 눈부신 발전과 화용론, 담화화용론 및 인지언어학의 흥기로 이 시기에 일부 언어학자들은 기능주의 이념을 운용하여 통사적 변천을 연구하였다(예를 들면 Hodge 1970, Givón 1971·1979, Li 1976, Li & Thompson 1974a·1974b·1976b, Greenberg 1978). 그 후 역사통사론은 형식주의와 기능주의라는 두 가지 주요한 유파를 형성하였다.

1.2.2 형식주의 역사통사론과 기능주의 역사통사론은 언어관·기본가설·연구목표에 있어 명확한 대립을 보인다. 형식주의는 연구의 착안점을 문법이론에 두었다. 즉, 생성문법이론을 운용하여 실제적인 통사변천의 고찰과 해석을 시도하여, '이론구동형'(theory-driven) 연구모형을 형성하였다. 이 학파의 기본가설은 다음과 같다.

(1) 인류는 태어남과 동시에 일종의 보편문법을 부여 받는데, 이 보편문법은 아동이 어떻게 언어를 습득하는지를 제어하고, 더 나아가 무엇이 가능한 언어를 구성하는지를 결정한다.
(2) 언어변천은 아동의 언어습득에서 기원하며 두 세대 간의 습득과 전수과정 중에 발생한다(Lightfoot 1979).
(3) 통사변천의 유일한 기제는 재분석이다.
(4) 재분석이 초래한 통사변천은 점진적인 변천이 아닌 돌변이다.
(5) 통사변천은 자족적이며 의미관계·화용책략·담화기능과는 독립적으로 진행된다.
(6) 통사변천은 임의적이고 규칙과 방향이 없으므로 예측이 불가능하다 (Lightfoot 1979, Roberts 1993, Bettye & Roberts 1995).

형식주의 역사통사론은 본질적으로 '언어습득에 기초한'(acquisition- based) 연구모형이다. 이 학파에서 가장 주목하는 문제는 문법체계가 어떻게 변천하는 것인지, 그리고 어떻게 아동 언어습득을 운용하여 언어변천을 해석할 것인지에 있으며, 최종목표는 발화자의 내재된 언어지식을 충분히 설명할 수 있도록 문법이론에 따라 변천을 기술하는 가장 적절한 방식을 찾아내는 것이다.

형식주의와는 달리 기능주의 역사통사론은 '자료'(data)에서 출발하는 '자료구동형'(data-driven) 연구모형에 속한다. 이 학파의 기본가설은 다음과 같다.

(1) 통사변천은 언어사용에서 도래하며 언어를 통한 의사소통(communication)의 산물이다. 언어구조의 변천은 생물의 진화와 마찬가지로 주위 환경에 끊임없이 적응한 결과이다.

(2) 통사변천은 의사소통 쌍방의 상호작용과 정보전달 책략에 의해 촉진된다.

(3) 통사변천은 이산적인 과정이 아니고 점진적인 과정이다. 하나의 형식이 기능 A로부터 기능 B로 변천하게 되면 그 사이에는 일반적으로 과도기적 기능이 존재한다(즉 A>A, B>B).

(4) 통사변천은 종종 의미변천·화용강화·인지책략 등의 요소에 의해 촉진되며, 따라서 통사변천은 의미·화용·담화 및 사회심리·역사문화 요소 등으로부터 독립될 수 없다.

(5) 통사변천은 대부분 규칙과 방향을 가지므로 해석과 예측이 가능하다.

기능주의는 본질적으로 '언어사용에 기초한'(use-based) 연구모형이다. 이 학파가 가장 주목하는 문제는 인류언어의 인지적 특징과 정보전달의 특징은 어떻게 문법적인 것으로 구조화 되는지, 그리고 문법은 어떻게 언어체계와 언어사용의 상호작용을 통하여 변천하는 것인지에 있다. 기능주의의 최종목표는 인류언어의 문법체계는 어떻게 형성되는 것인가에 답안을 제시하는 것이다.

1.2.3 형식주의와 기능주의 사이에는 또 하나의 비교적 평범한 역사통사론학파, 즉 Alice Harris와 Lyle Campbell이 제창하고 실현한 범언어연구모형이 존재하는데, 주요성과로는 Harris & Campbell(1995)이 있다.

이 연구모형은 기본이념에 있어 기능주의의 주장에 완전히 찬성하는 것도 아니고 형식주의의 가설에 완전히 동의하는 것도 아니다. 그들은 성숙한 통사변천이론은 통사변천의 선천적 동인을 소홀히 해서는 안 되며 통사변천의 기능적 동인도 부정해서는 안 된다고 보았다. 언어변천에 대한 그들의 가설은 다음과 같다.

(1) 통사변천 중 재분석은 비록 그 실현과정이 점진적이라고는 하나 본질적으로는 이산적이다. 그러므로 통사변천은 이산과 점진의 두 가지 특징을 동시에 지니고 있다.

(2) 문법변천은 아동의 언어습득에서만 구현되는 것이 아니며 성인의 문법도 변천될 수 있다.

(3) 선천적인 보편문법은 통사변천에 있어 매우 중요한데, 왜냐하면 언어의 공통성은 광범위한 통사변천의 제약을 제공하기 때문이다(Harris & Campbell 1995: 48-50).

형식주의, 기능주의와는 달리 Harris와 Campbell의 범언어비교모형은 처음으로 하나의 비교적 완전한 통사변천이론모형을 구축하였다. 모형의 주요 내용은 다음과 같다.

(1) 통사변천의 기제 세 가지(재분석, 확대[extension]와 차용[borrowing]).[6]

(2) 보편의미를 지닌 약간의 '통시조작'(diachronic operations).

(3) 통사변천을 제약하는 약간의 보편원칙.

(4) 공통적 특징을 지닌 약간의 문법범주와 통사구조식.

(5) 통사변천의 성질.

그들은 완전한 통사변천이론은 적어도 다음을 포함한다고 하였다.

---

[6] Harris & Campbell(1995)의 '확대'(extension)는 개념적으로 다른 역사언어학자들이 말하는 '유추'(analogy)와 대체로 같은데, 하나의 구조형식이 기저층구조를 직접적으로 고치지 않은 상태에서 표층표현식에 변화가 발생한 것을 말한다. 확대의 본질적인 특징은 규칙의 조건을 제거함으로써 모종의 새로운 변천을 더욱 큰 언어환경의 범위로 보급하는 것이다. analogy가 역사언어학 문헌에서 흔히 다른 의미로 사용되었기 때문에 Harris & Campbell(1995)은 extension이라는 술어를 채택하였다.

(1) A에서 A′로의 변천 원인을 기술한다.

(2) A에서 A′로의 변천 기제를 제기한다.

(3) 자연언어 중 통사변천이 가능한 유형을 정리해내어 어떠한 변천이 인류 언어에서 발생 가능한 것이고, 어떠한 변천이 그렇지 아니한 것인지 귀납한다.

(4) 통사변천의 형식상의 제약을 제기하여 왜 인류의 언어는 다른 변천이 아닌 모종의 변천을 겪어야 하는지 해석한다.

(5) 새로운 영역으로 확산된 기존구조와 완전히 새로운 구조를 포함하여 언어 중의 새로운 구조의 연원을 제기한다(Harris & Campbell 1995: 8).

Harris(2003)는 그들의 이러한 범언어연구모형의 목적은 다음에 있다고 하였다.

(1) 통사 변천의 특징을 정확하게 기술한다(과정을 기술하고 성질을 그려내고 기제를 설명한다).

(2) 통사변천의 공통성을 찾아내어 개괄한다(특정한 통사변천 배경의 일반규칙을 개괄한다).

(3) 통사변천에 대하여 해석한다(통사변천의 원인을 설명한다).

(4) 통사변천의 이론을 구축한다.

1.2.4 역사통사론은 현재에 이르기까지 수많은 연구영역에서 일련의 중요한 성과(예를 들면 자연언어 중의 형태−통사변천·언어접촉상태 하의 형태−통사변천·문법화·통사변천의 기제와 동인·원시어 또는 언어 초기단계의 형태−통사 재구·공시통사변이의 해석 및 통사변천의 예측)를 거두었을 뿐만 아니라, 서로 다른 학파와 연구모형을 형성하였다. 비록 이러한 서로 다른 학파와 연구모형은 언어관·통사변천관 및 기본이념에 있어 완전히 일치하지 않거나 심지어 상호대립 되기도 하지만, 적어도 다음 몇 가지 부분에 있어서 그들의 견해는 대체적으로 일치한다.

(1)	역사통사론은 통사변천의 사실을 연구대상으로 삼는다.

(2)	통사변천 연구는 변천사실에 대하여 정확하게 기술해야 하는 것뿐만 아니라, 이러한 사실들에 대하여 합리적인 해석을 해야 한다.

(3)	역사통사연구는 통사변천의 특징·성질(통사변천이 돌발적인 변천인지 점진적인 변천인지·임의적인지 규칙적인지·가역적인지 불가역적인지), 기제(통사변천의 기제가 재분석에 국한되는지 아니면 확장/유추와 차용을 포함하는지)와 동인(아동 언어습득·언어접촉인지 아니면 담화화용 요소인지)에 대하여 설명과 해석을 제시해야 한다.

(4)	역사통사론은 통사변천의 공통성과 제약에 대하여 설명해야 한다(어떠한 변천이 특정언어의 속성이며, 어떠한 변천이 공통적인 특징을 반영하는지, 어떠한 변천이 자연언어에서 발생할 수 있으며, 어떠한 언어변천이 그렇지 않은지).

2. 문법화와 역사통사론에 기초한 중국어 역사문법 연구

이상으로 문법화 이론과 역사통사론에 대한 기본구조·주요가설 및 발전과정을 간단히 살펴보았다. 아래에서는 문법화와 역사통사론의 일부 이론과 관점이 중국어 역사문법 연구에 미친 시사점과 참고기능을 몇몇 구체적인 문제에 대한 토론과 결부하여 설명하도록 한다.

2.1. 문법창조와 문법변천

어떠한 문법변천(grammatical change)이든 모두 개체의 문법창조(grammatical creation)에서 생겨난다. 그러나 특정한 문법창조가 결코 필연적으로 문법변천을 야기하는 것은 아니다. 개체의 문법창조는 언어환경을 넘어선 '확장'(extension)과 언어집단을 넘어선 '확산'(spread) 내지 '전파'(propagation)를 통해서만 최종 규약화(conventionalize)에 진입한 후, 비로소 한 언어의 문법변천으로 실현될 수 있다(Croft 2000, Hopper & Traugott 1993). 이 점을 고려하여 기능주의 역사통사론 학자들은 사실상 문법변천을 다음의 두 부분으로 나눌 수 있다고 생각하였다. 하나는 특정한 담화에서 실제 발생한 변천(문법창조)이

고, 다른 하나는 이러한 변천의 전파 또는 확산이다. 그러므로 완전한 문법변천
은 본질적으로 변천의 '작동'(actuation)과 변천의 확산으로 구성되는 '2단
계'(two-steps) 과정이다(Croft 2000: 4-6). 변천발생과 변천확산의 구분은 다음
과 같다. 창조적인 문법변천은 늘 어떠한 제한을 받는 화용과 형태-통사의 언
어환경에서 발생하며, 이러한 변천이 확장을 통해 다른 언어환경에서 사용되거
나 확산을 통해 규약화된 후에야 비로소 이 문법변천이 어떤 언어에서 이미
생겨난 것이라고 생각할 수 있다(Hopper & Traugott 1993: 38, Harris &
Campbell 1995: 73 참고). 다른 한편으로는 결코 모든 창조적 문법변천이 발생
후 확장·확산되는 것은 아니다. 일부 문법변천은 출현초기에 다른 경쟁요소
(competing motivations)에 의해 저지될 수도 있으며, 심지어 그로 인해 문법변
천이 무산되기도 한다(Harris & Campbell 1995: 73 참고).

과거 중국어문법의 통시적 변천 연구는 문법창조(변천의 발생)와 문법변천
(변천의 발생·확장·확산 최종 완성된 전체 단계를 포함)의 두 가지 개념을 그다
지 구분하지 않았으며, 특히 종종 하나의 복잡한 문법변천 과정을 단순한 문법
창조와 동일시하곤 하였다. 이러한 상황은 과거에 문법성분의 출현 시간을 단
정 지을 때 더욱 분명히 드러났다. 예를 들어 중국어의 완료상표지인 '了'가
동사에서 기원한다는 것은 보편적으로 받아들여지는 결론이지만, '了'가 언제
완료동사에서 완료상표지로 변화하였는지에 대해서는 두 가지 다른 견해가 존
재한다. 하나는 상표지 '了'가 晚唐五代에 출현하였다는 견해로, 증거로는 晚
唐五代에 이미 'V+了+O' 형식이 출현한 것을 들 수 있다(王力 1958, 太田辰
夫 1958, 刘坚等 1992, 吳福祥 1996). 다른 하나는 상표지 '了'가 宋代에 출현
하였다는 견해로, 증거로는 이 시기의 문서에서만 비로소 'V+C+了+O' 형식을
볼 수 있으며 그중 '了'는 결과보어 또는 동상보어(phase complements)[7]로 재

---

7 역주: 결과보어의 의미지향은 다음과 같이 주어, 목적어, 동사자체 3가지로 분류할
수 있는데 일부학자는 이 중 동사자체를 지향하는 경우를 따로 분류하여 동상보어
라고 한다.
a. **老王吃饱**了饭。 (주어지향) / b. 老王**打断**了**她的笔**。 (목적어지향) /
c. 老王**看完**了那本小说。 (동사지향)

분석 되어질 수 없다는 것이다(吳福祥 1998). 아래에서는 두 가지 견해가 실은 그 착안점이 다른 것임을 확인할 수 있다. 唐五代시기 '동시대문헌[후대인의 첨삭이 반영되지 않아 당시의 언어를 그대로 반영하고 있는 문헌]'에서 보이는 'V+了+O'의 예는 단지 4개에 불과하다. 게다가 이 네 예문 중의 '了'는 완료상 조사로 분석할 수도 있고 동상 보어 또는 결과보어로도 분석할 수 있다. 이는 '了'의 변천이 여전히 재분석 단계에 있음을 설명해준다. 다음으로 이 네 예문 중의 V는 동작동사로만 제한 되는데, 이는 '了'가 완료상조사로 쓰이는 신기능이 아직 다른 언어환경으로 확대되지 않았음을 설명해준다. 마지막으로 이 4개의 'V+了+O'는 모두 敦煌 變文에서 출현하였으며, 심지어 출현시기가 變文보다 늦고 變文보다 구어화 된『祖堂集』에서는 단 하나의 예문도 찾아볼 수가 없다(曹广順 1995). 이는 '了'의 완료상조사의 용법 및 'V+了+O' 형식이 결코 확산되지 않았음을 설명 한다. 바꿔 말하면 'V+了+O' 형식이 아직 규약화되지 않았다는 것이다. 이와는 반대로 宋代 문헌 중의 'V+了+O' 형식 중 V는 동작동사일 수도 있을 뿐만 아니라 상태동사·존재/출현동사·부정동사·형용사일 수도 있다. 특히 '了'는 'V+C+了+O' 형식에 쓰일 수도 있는데, 이는 완료상조사 '了'가 이미 서로 다 른 언어환경으로 확산되었음을 설명해준다. 다음으로 완료상표지 '了' 및 'V+ 了+O' 형식은 宋代에 서로 다른 지역과 유형의 문헌에서 광범위하게 보이는데, 이는 '了'가 완료상표지로 쓰이는 신기능이 이미 서로 다른 언어집단에서 확산 되기 시작하였음을 설명한다. 다시 말해서 '了'가 완료상표지로 쓰이는 신기능 은 이미 문법창조에서 문법변천으로 변화하였다는 것이다. 즉 상표지 '了'는 晩唐五代에 출현하였다는 견해가 주목하는 바는 문법창조이며, 상표지 '了'가 宋代에 출현하였다는 주장의 착안점은 문법변천인 것이다.

유사한 예로는 또한 교착식 술보구조 'VC'·조합식 술보구조 'V得C'·把구문· 피동문이 있다. 과거에 이러한 문법형식의 연구에서는 주로 이러한 구조가 언 제 출현하고 어떻게 형성되었는지에 주목하였다. 반면에, 이러한 구조의 출현 (문법창조) 이후에 어떻게 확장과 확산을 통해 마지막으로 규약화 규칙 (conventionalized rules)으로 변화하였는가에 대한 연구는 매우 적었다.

문법변천은 발생·확장·확산으로부터 최종완성까지 비교적 긴 역사과정을 거친다. 일부 문법변천은 문법창조에서 최후의 변천 완성까지 심지어 몇 세기가 걸리기도 한다(Traugott & Heine 1991b, Traugott 1996). 예를 들어, 영어의 'be going to'는 공간 위치 이동표현 개념으로부터 특정한 언어환경 내에서 동사의 미래시제 표현개념으로 변천되었는데, 이러한 문법창조는 이미 9세기 영어문헌에서 그 예를 찾아볼 수 있다. 그렇지만 'be going to'의 미래시제 의미는 15세기에 들어서야 비로소 그 구조의 고정의미가 되었다(Traugott & Dasher 2002).

문법변천의 발생(문법창조)은 당연히 역사문법연구의 대상이다. 왜냐하면 앞서 언급했듯이 문법창조는 문법변천의 중요한 요인이며, 특히 수많은 문법창조는 모두 일상 언어사용 중에 발생하는 것으로 모종의 인지화용 요인에 의해 유발 및 촉진되어진다. 그러므로 서로 다른 문법창조 연구는 언어변천의 각종 인지책략과 화용동인을 발견할 수 있다. 그러나 문법창조는 결국 문법변천의 과정 중에 가능한 하나의 작동(actuation)단계에 지나지 않으며, 게다가 앞서 지적한 바와 같이 결코 모든 문법창조가 모두 문법변천으로 실현될 수 있는 것은 아니다. 일부 문법창조는 확장과 확산을 통해 문법규칙으로 규약화될 수 있다. 필자가 앞에서 예로 든 唐五代시기의 'V+了+O' 형식은 최종적으로는 완료상 형식으로 문법화 되었는데 이는 문법창조가 확장과 확산을 통해 문법변천을 일으킨 전형적인 예에 속한다. 그러나 일부 문법창조는 출현 후 꼭 문법변천을 유발하지만은 않으며, 심지어 소실되어 없어지기도 한다. 예를 들어 隋唐시기 출현한 'V+C_1+O+C_2'('打破烦恼碎'[坛经]) 및 唐宋문헌에서 산발적으로 보이는 가능성 술보구조 'VO得'('若解微臣剑得，年年送贡......'[敦煌変文集])가 있다. 그러므로 역사문법연구의 중점은 분명히 문법변천의 확장과 확산 과정에 있어야 한다. 왜 일부 문법창조는 확산 유행할 수 있으나 일부 문법창조는 그렇지 못한 것인가? 배후의 계기는 무엇인가? 조건 또는 제약으로는 무엇이 있는가? 이러한 문제를 명확히 연구하게 되면 자연히 문법변천에 대한 이해는 깊어질 것이다.

2.2. 언어접촉과 중국어의 문법적 변천

최근 10여년 이래 국제역사통사론학계에서는 언어접촉이 초래하는 형태·통사변천에 대해 더욱더 주목하고 있다. 언어접촉은 한 언어의 사용자가 다른 언어를 어느 정도 숙지하게 되는 것을 가리킨다(Harris & Campbell 1995, Croft 2000). 모든 언어는 변천·발전의 과정 중에 다른 언어와 크고 작은 정도의 접촉이 발생한다(Thomason 2001). 언어접촉은 종종 형태·통사성분의 차용과 영향을 초래한다(Thomason & Kaufman 1998, Harris & Campbell 1995, Thomason 2001 참고). Harris & Campbell(1995)과 Campbell(1999)은 심지어 '차용'(borrowing)을 통사변천의 세 가지 기제 중 하나로 보았으며, Gerritsen & Stein(1992)은 언어접촉 및 그로 인한 통사차용과 통사영향(syntactic influence)을 통사변천의 중요한 외적 원인으로 보았다.

최근 몇 년간 중국 내 중국어사학계에서는 역사적으로 중국어문법에 대한 알타이어의 침투와 영향에 주목하기 시작하였다. 이 분야에서 余志鴻(1983·1987·1992·1999)과 江蓝生(1998·2003) 등의 학자는 탄탄한 내용의 연구를 진행하였는데, 특히 江蓝生(1999)은 구체적인 문제에 대한 연구를 통하여 다음을 강조하였다. "우리는 역사언어현상을 고찰하고 분석할 때 역사비교법의 틀에서 벗어나 언어침투·언어융합의 각도에서 파악해야 한다. 다시 말해 언어는 동질체계가 아니어서, 공시층위의 언어에 존재하는 일부 차이는 모두가 해당 언어내부의 통시층위가 반영된 것이라고 단정할 수는 없으며, 언어의 상호침투·상호융합으로 인해 조성된 것일 수도 있다." 江蓝生의 이러한 의견은 매우 주목할 만하다. "언어는 동질체계가 아니므로", 문법변천도 전적으로 동질언어사회의 문법변천일 수는 없다. 따라서 중국어 문법변천을 연구할 때에는 언어접촉 상태 아래에서의 문법변천을 소홀히 해서는 안 될 것이다.

일반적으로 언어접촉 중 한 언어가 다른 한 언어의 영향과 침투를 받아 발생하는 문법변천의 상황으로는 주로 '통사차용'과 '통사영향'의 두 가지 상황이 있다. 전자는 甲이라는 언어의 모종의 문법범주 또는 통사 형식이 복제되어 乙이라는 언어에 진입하는 것을 가리키며(Harris & Campbell 1995), 후자는

乙이라는 언어가 甲이라는 언어의 영향 아래 어떠한 문법형식 또는 문법기능을 생산 혹은 발전해 내는 것을 가리킨다(Gerritsen & Stein 1992). 중국어문법의 변천과정 중 중국어문법에 대한 타민족 언어의 영향과 침투로는 어떤 방식이 있는지, 확실한 언어접촉으로 인한 문법변천 중 어떤 것이 통사차용의 산물이며 어떤 것이 통사영향의 결과인지, 이러한 문제에 대해서는 지금까지도 여전히 심도 있는 연구가 부족한 실정이다. 실제로 과거 중국어문법의 '외부변천'(external changes) 토론 시에 중국어문법이 타민족 언어의 침투와 영향을 받는 방식을 단순히 통사차용과 동일시하는 명확한 경향이 있었다.[8] 그러나 필자의 고찰에 따르면 중국어 문법변천 중 진정한 통사차용의 상황에 속하는 것은 그 수가 매우 적으며 현재 발견된 유일한 실례로는 중국어 1인칭대체사의 포괄식(inclusive)과 배제식(exclusive)의 구분이 있다. 이와 같은 명확한 이분범주는 알타이어(呂叔湘 1941, 刘一之 1988, 梅祖麟 1998 참고)에서 차용한 것이며, 과거에 보도된 알타이어의 침투와 영향을 받은 중국어문법의 실례는 대부분 통사영향이며 통사차용이 아니다. 예를 들면 元代중국어에서 후치사 '上/上头/里/跟底'는 광범위하게 사용되었는데, 이러한 후치사는 장소격·대상격·원인격 등의 문법기능을 나타낼 수 있었다. 余志鸿(1992)은 元代 '上/上头/里/跟底' 등의 후치사는 모두 몽골어에서 직접 차용한 것이라고 주장하였다. 그러나, '上/里/中' 등의 후치사는 늦어도 唐代에 이미 출현하였다. 다만 元代 이전에는 중국어 후치사 범주의 사용이 크게 제한을 받았고 문법기능도 처소격으로만 제한되었을 뿐이다. 따라서 좀 더 합리적인 해석은, 唐宋시기 후치사 범주의 출현은 중국어 내부의 문법창조에 속하며, 元代중국어에서 후치사범주의 신속한 발전은 몽골어의 침투와 영향에 기인하는 것이라고 할 수 있다. 다시 말하자면, 元代중국어에서 후치사 '上/上头/里/跟底'의 광범위한 사용은 결코 통사차용의 결과가 아니고 통사영향의 산물이다.

통사차용이 전적으로 외부변천인 것과 달리 통사영향은 일반적으로 내부변

---

8   일반역사언어학 문헌에서 '외부변천'(external changes)이란 언어접촉이 초래한 언어변천을 말한다.

천(internal changes)과 외부변천의 상호작용으로 나타나는데, 내부변천과 외부변천은 문법형식의 출현 또는 문법기능의 출현에 공통적으로 작용한다. 예를 들어 元代중국어 중 인칭대체사 복수접미사 '们/每'는 무생물명사 뒤에 쓰일 수 있었다.

③ 窗每都颬颬的飞, 椅卓每都生生的走。(钱素庵：哨遍·王哨)

우리는 중국어의 인칭대체사의 복수접미사가 唐代에 발생하기 시작하여 宋代에 출현하였음을 알고 있다. 唐代에는 '弭'·'弥'·'伟'자가 사용되었고, 宋代에는 '懑'·'瞞'·'门'·'们'자가 쓰였다. 그러나 문법기능에 있어서 唐宋시기의 이러한 복수접미사는 단지 인칭대체사 뒤에만 출현할 수 있었다(宋代에 '们/门'은 가끔씩 사람을 가리키는 명사 뒤에 붙어 쓰이기도 하였다). '们/每'가 元代에 들어서서 무생물명사 뒤에 출현하여 복수를 표시하는 용법은 새롭게 출현한 기능이라고 할 수 있다. 만약 순전히 중국어 내부에서만 이러한 변천이 관찰된다고 하면 그 변천의 기제는 '확장'이라고 할 수 있다.

④ '们/每':
    (i) 복수표시/――인칭대체사 또는 사람을 나타내는 명사
                ↓   (i)를 제거하는 조건
    (ii) 복수표시

그러나 문제는 왜 이러한 확장이 元代에 발생하였으며, '们/每'가 무생물명사의 복수를 표시하는 용법이 왜 明代 중엽 이후에 점진적으로 소실되었는가 (현대의 일부 북방방언에서만 가끔씩 그 예가 보이곤 한다)에 있다. 만약 언어 접촉 요인을 고려한다면 이 문제는 비교적 쉽게 해답을 구할 수 있다. 中古몽골어에서 자주 보이는 명사 복수 부가성분으로는 '-d·-s·-n' 등이 있는데 이러한 부가성분은 『元代白话碑』와 『蒙古秘史』에서 통상 '每'로 대역되었다. 中古

몽골어의 복수 부가성분은 사람을 지칭하는 체언 성분에만 사용되는 것이 아니라 모든 명사와 대체사 뒤에 쓰일 수 있다. 그러므로 元代중국어의 '们/每'가 무생물명사의 복수를 표시하는 용법은 비록 중국어 내부에서 생겨난 것이지만, 동인은 中古몽골어의 영향에서 비롯된 것이다. 다시 말하면, '们/每'가 무생물명사의 복수를 표시하는 기능은 내부변천과 외부변천 상호작용의 산물이다.

역사적으로 汉민족과 주변의 기타 민족은 장기간 밀접한 교류와 빈번한 접촉을 해왔으며, 특히 唐代 이후 거란·여진·몽골족은 잇따라 中原의 주인이 되어 汉민족의 정치·문화·언어에 큰 영향을 미쳤다. 중국어 문법변천 중 언어접촉이 초래한 문법변천의 실례는 우리가 현재 이해하고 있는 것보다 더 많을 가능성이 크며, 중국어문법에 대한 이민족 언어의 영향과 침투 방식도 우리가 생각하는 것보다 훨씬 복잡할 것이다. 따라서 언어접촉 상태 아래에서의 중국어 문법변천은 앞으로 심도 있는 연구를 진행해야 할 과제임이 분명하다.

2.3. 통시유형론과 중국어 역사문법 연구

통시유형론(Diachronic Typology)은 현대의 유형론과 기능주의 역사언어학(특히 문법화 학설)이 결합한 산물로 '유형론적 역사언어학'(Typological historical linguistics)이라고도 부른다. 통시유형론은 인류 언어변천의 공통성 제약과 변이모형을 연구하여 언어변천의 규칙을 제시한다. 형태·통사 변천에 대해 말하자면, 통시유형론의 연구 성과는 우리들에게 무엇이 가능한 형태·통사 변천이고, 무엇이 그렇지 않은 형태·통사 변천인지, 그리고 무엇이 절대로 불가능한 형태·통사 변천인지, 또한 어떠한 형태·통사 변천이 보편적으로 보이는 것이며, 어떠한 형태·통사 변천이 극히 제한적으로 보이는 것인지를 알려줄 수 있다(Croft 1990·1996·2003 참고).

구체적으로 중국어 역사문법 연구에 있어서 통시유형론은 적어도 다음 몇 가지 부분에서 우리의 연구에 방향 제시와 도움을 제공할 수 있다.

첫째, 중국어의 어떠한 문법변천에 대하여 두 가지 서로 다른 기술이 존재할 때, 역사유형론적 연구 성과는 둘 중의 어떤 변천 기술이 좀 더 가능한 것이지 여부를 판단하는 데 있어 도움을 줄 수 있다. 예를 들어, 서로 다른 중국어 역사 단계 및 방언에서 동일한 형태소가 수반격전치사로 쓰이기도 하고 등위접속사로 쓰이기도 하는 것을 관찰할 수 있다. 그 예를 보면 古代중국어의 '及·与'와 中古중국어의 '将·共', 近現代중국어의 '和·跟·同'과 吳방언의 '搭·帮', 閩방언의 '合' 등이 있다. 과거에는 수반격전치사와 등위접속사에 간의 변천방향에 대한 두 가지 대립된 견해가 존재하였다. 하나는 '수반격전치사 > 등위접속사'로 보는 견해이고, 다른 하나는 '등위접속사 > 수반격전치사'로 보는 견해이다. 그러나 유형론적 형태·통사연구에 따르면, '수반격전치사 > 등위접속사'는 SVO언어 중 비교적 자주 보이는 변천모형인 반면, '등위접속사 > 수반격전치사'는 현재까지 알려진 인류언어의 형태·통사 변천 중에서 아직 실증이 되지 않았다(吳福祥 2003 참고). Haspelmath(2000)는 심지어 '수반격전치사 > 등위접속사'는 일종의 단일방향성 변천이라고 주장하기도 하였다. 이를 통해 중국어의 수반격전치사와 등위접속사 간의 변천방향은 '수반격전치사 > 등위접속사'임이 분명하며, 그 반대로 진행되지 않았음을 알 수 있다.

둘째, 형태·통사 변천 유형론과 언어의 공통성연구는 문법변천에 대한 우리의 해석이 합리적인지 여부를 검증하는 데 쓰일 수 있다. 예를 들어 중국어역사상 사역표지인 '敎(叫)·让'은 피동표지로 변화하였는데, 일부 학자들은 이러한 변화의 동인을 중국어의 '施受同辞[행위자와 수동자를 동일한 단어로 표시함]'와 같은 통사의미 특징에 귀결시킨다. 문제는 '사역표지 > 피동표지'와 같은 변천모형이 행위자와 수동자가 명확한 형태표지가 있는 수많은 언어에서도 보인다는 점이다 (Zhang[张敏] 2000, 张敏 2003 참고). 그러나 이러한 언어의 형태·통사구조가 완전히 일치하는 것은 결코 아니다. 이를 통해 '사역'과 '피동'은 개념적으로 모종의 내재적 관계가 있는 것이 분명하여, '사역표지 > 피동표지'와 같은 변천의 동인은 인류의 인지-화용책략과 밀접한 관계가 있고, 언어구조와는 직접적인 관계가 없을 가능성이 크다는 것을 알 수 있다. 그러므로 이러한 변천의 동인은 마땅히 언어구조의 밖에서 찾아야 할 것이다.

사실상 이 문제는 Newman(1993)과 张敏(2003)의 연구에서 해결된 바 있다. Newman(1993)은 Langacker(1987)의 인지문법의 틀 안에서 인지적 각도로

北京방언 '给'의 각종 관련용법에 대하여 통일된 해석을 한 바 있다. 그의 분석에 따르면 수여동사 '给'의 時空 도식(schema)은 '给'의 기타 의미용법의 기초형식으로, 후자의 서로 다른 각종 도식은 전자의 변체이다. 그의 논점은 다음과 같다. 원형동사 '给'의 개념화 구조 중 이 동사는 두 가지 개체와 관련되며, 특정한 時空구조 내에서 甲이 乙에게 실물 丙의 소유권을 이전하고 그에 따라 생겨난 것이 통제권의 전이(transfer of control)이다. 실체에 대한 통제권은 사건에 대한 통제권으로 확장할 수 있으며(예를 들면 '给他球'에서 '给他打'로), 이러한 확장은 사역의미와 피동의미의 출현으로 개념 기초를 확고히 하였다. '피동'용법의 출현은 '사역'의미의 약화에 의해 초래된 것이다. 이 약화과정은 아래의 3단계로 나누어진다.

(1) A explicitly permits B to do something.
     A는 B가 어떠한 일을 하는 것을 명확히 허락한다.
(2) A tolerates B's doing something.
     A는 B가 어떠한 일을 하는 것을 용인한다.
(3) A is such that B does something.
     A는 이와 같이 B가 어떠한 일을 하도록 한다.

다시 말해서, A가 B에게 어떠한 물건 X를 준다는 것은 A가 실체 X의 통제권을 B에게 넘긴다는 것을 의미한다. 실체 X가 사건 X′로 되었을 때 (1)의 의미가 출현하게 되는데, 즉 A는 B가 사건 X′를 통제할 것을 허락한다는 것이다(이는 강한 의미의 사역이 됨). 만약 '명확히 허락함'이 좀 더 약화되어 '용인함'이 되면 (2)의 의미가 출현한다(이는 약한 의미의 사역이 됨). 좀 더 나아가 A는 아무 것도 하지 않고 B가 어떤 일을 하게 한다는 것은 (3)에 해당하는데 이는 피동의미에 매우 근접한 것이다. (张敏 2003에서 인용함)

张敏(2003)은 Newman(1993)을 바탕으로 北京방언 '给'의 각종 관련용법의 인지의미론 분석을 진행하여 원형적인 '수여'동작의 '이상화 인지모형'(Idealized Cognitive Model)을 구축하였으며, 이를 가지고 동사 '给'의 문법화 과정 중 개념확장의 인지기초를 기술하였다. 그 인지모형은 다음과 같다.

어떠한 사물을 소유 또는 소지한 甲이 손으로 그 사물을 다른 사람인 乙에게
넘겨주고, 乙은 손으로 그 사물을 받는다.

a. '수여'는 일반적으로 의도적인 행위이다
b. '수여'의 (원형) 가설은 수여자가 향유한 피수여물의 소유권이다
c. 향유한 피수여물의 소유권＝수여자가 수여 전 그 사물에 대해 향유하는
   통제권
d. '수여'의 원형결과는 소유권 전이이다
e. (c)와 (d)에 따르면, '수여'의 원형결과는 피수여물에 대한 수여자 통제
   권의 전이이다
f. 통제권은 사물뿐 아니라 사건에까지 미친다
g. 원형의 수여는 상실이며, 원형의 획득은 수익이다

위에서 언급한 첫 번째 문장은 전형적인 '수여' 사건에 대한 전체적 기술이
며, 다음은 그 사건으로부터 나올 수 있는 여러 가지 특징들이다. 예를 들어,
비록 원치 않는 '수여'가 있다고 할지라도 정상적·전형적인 수여는 의도적인
것이다(즉 a). 설령 어떤 사람이 어떤 사물에 대해 소유권을 가지지 않을지라도
그 사물을 다른 사람에게 '수여'할 수 있지만, 이는 전형적인 수여에 해당하지
않는다(즉 b). 다른 특징들도 모두 마찬가지이다.

위의 인지모형은 확실히 수여동사가 사역표지로 문법화되고, 다시 좀 더 나
아가 피동표지로 발전되는 개념화 기초를 비교적 잘 해석할 수 있다. 게다가
張敏 본인이 강조한 바와 같이 이 인지모형은 보편성을 띠고 있어서, 일반적으
로 언어에 따라 달라지는 것이 아니다. 또한 이 인지모형은 독립동인
(independently motivated)을 가지고 있으며, 그중의 어떤 특징도 결코 해석하고
자 하는 문법화 현상을 참조하여 만들어진 것이 아니다.

張敏(2003)의 이 연구는 더 큰 배경에서 '수여동사 > 사역표지 > 피동표지'
와 같은 문법화 과정의 범언어적 특징을 제시하였을 뿐만 아니라, 더 높은 단계
에서 이러한 문법화 과정의 기제와 동인을 해석하였다. 게다가 중국어 역사문
법 연구에 있어 언어유형론·인지언어학적 시각의 중요한 기능을 충분히 드러내
보였다.

셋째, 통시유형론은 전통적인 역사언어학이 기량을 발휘하기 어려웠던 부분(예를 들어 역사문헌자료가 부족하고 또한 친족 언어 간의 커다란 공시적 차이 중에서 변천의 실마리를 찾기가 힘든 상황)에서 변천방향과 경로에 초보적인 지도를 할 수 있다(張敏 2003). 통시유형론이론 중 중요한 관념으로 '공시유형론의 동태화'(The dynamicization of synchronic typology)가 있는데 기본 맥락은 다음과 같다. 유형론 연구는 어떠한 문법 매개변수에 근거하여 일부 언어유형을 구축할 수 있다. 만약 이러한 유형들이 직접적인 관계라는 증거가 있다면, 이들이 나타내는 언어 상태를 연결하여 하나의 통시적 과정으로 풀어낼 수 있다. 이 과정 중에 나타나는 서로 다른 유형은 서로 다른 발전단계를 나타낸다. 그리고 두 가지 공시유형인 X와 Y가 직접적인 관계인지 아닌지의 여부는 주로 중간유형인 XY의 존재 여부에 달려있다. 관련사실을 확정한 후 문법화 정도와 문법화 과정의 '단일방향성' 원칙에 따라 X와 Y 사이의 변천방향(X가 Y로 변화하는지 아니면 Y가 X로 변화하는지)을 판단할 수 있다(Croft 1990·1996, 張敏 2001·2003, 못福祥 2003 참고). 이러한 동태유형론 모형을 운용하여 문법변천을 연구한 가장 전형적인 예로는 Greenberg의 지시사 변천경로에 관한 연구(Greenberg 1978), 에티오피아 셈어(Semitic) 중 어순변천의 연구(Greenberg 1980) 및 Croft(1991)의 세계어의 부정표지변천에 대한 연구를 들 수 있다. 중국어학계에서는 張敏(2002)의 연구가 가장 체계적이고 깊이가 있으므로 아래에서 연구 방법과 성과를 간단히 소개하도록 한다.

현대중국어 각 방언의 부정사 형식은 대체로 다음과 같은 규칙이 존재한다. 北方방언의 일반적인 부정사는 기본적으로 양순파열음계열의 단어(예를 들면 北京방언의 '不'[p-])이고, 존재동사의 부정형식은 종종 일반적인 완료부정사와 형태가 동일하거나 부분적으로 같거나 또는 뚜렷하게 관련되며, 대부분 양순비음계열의 단어(예를 들면 北京방언의 '没·没有'[m-])이다. 그러나 다수의 南方방언 부정사는 일률적으로 양순비음계열의 단어로 그중 존재동사의 부정식은 종종 일반적인 완료부정사와 형태가 동일하지만(예를 들어 广州방언의 '呢度冇[mou]人这里没人', '我冇[mou]去我没去'), 일반부정사는 상술한 두 가지와 그 형태가 다르다(예를 들어 广州방언의 '我唔[m]去我不去'). 주목할 만한 것은

广西·广东·湖南·福建·海南 등지의 南方방언에서는 일반부정사가 오히려 존재 동사의 부정형식과 형태가 동일하다(또는 그 주요부분이 같음)는 점이다. 이러한 방언은 粤방언과 平话[9](예를 들면 玉林·阳江·南宁平话), 客家방언(예를 들면 西河·陆川), 闽방언(예를 들면 海口·文昌 등), 湘방언과 湘南土话[10](예를 들면 林武·怀化·江永 등) 및 广西지역 내의 官话(예를 들면 桂林·柳州)를 포함한다. 广西 玉林방언을 예로 들어 보자. 이 방언의 '冇([mau^{24}], 阳上)'는 만능 부정사이다. 그 주요기능은 미완료상인 동사를 부정하는 것으로, 广州방언의 '唔'와 北京방언의 '不'에 해당한다. 그러나 한편으로는 완료상표지 '着'와 함께 사용하거나 '曾'과 결합하여 '冇曾'을 구성한 후 완료상의 부정식에서 사용될 수도 있다. 이 경우에는 广州방언의 '冇'·'未/未曾' 및 北京방언의 '没/没有'와 대등하다. 이 부정사는 또한 '有'와 결합하여 존재와 소유를 부정할 수 있다. 이 밖에 '冇'는 또한 직접 명령문에 사용되어 금지를 나타낼 수 있는데, 대체로 广州방언의 '咪' 및 北京방언의 '别'·'甭'과 대등하다. 음운지위로 볼 때 玉林방언의 '冇'와 广州방언의 '冇'는 완전히 일치한다. 广州방언과 다른 점이 있다면 이 '冇'는 존재의 부정형식으로는 쓰일 수 없고, 영락없는 일반동사의 부정사라는 것이다.

玉林방언(상술한 기타 南方방언을 포함하여) 부정사에서 나타나는 이러한 비정상적인 특징의 원인은 무엇인가? 왜 이러한 방언들은 기타 南方방언에서는 완료상의 부정 그리고/또는 존재·소유의 부정에 대응하는 '冇'를 각종 부정유형에서 사용할 수 있는 것인가?

张敏은 중국어방언 부정사 체계의 현 상태를 착안점으로 삼아 통시유형론의 연구 성과(특히 Croft 1991에서 발견한 '부정−존재 변화권역')를 참조하여 상

---

9 역주: 广西지역 방언의 하나로 고대부터 명칭이 있었으나 구체적으로 어떤 의미인지 아직까지 설명이 되지 않고 있으며 중국어의 어떤 방언에 해당되는지도 아직까지 정해지지 않고 있음.

10 역주: 주로 湖南省 남부의 郴州市와 永州市에 분포하며, 湖南省 대부분 지역에서 사용하는 湘방언과는 다른 매우 독특한 방언, '湘南土语' 또는 '湘南语'라고도 부른다.

술한 문제에 대해 심도 있는 연구를 진행하였다. 그 결론은 다음과 같다. 중국어 南方방언의 부정사 체계에서는 일찍이 하나의 중요한 문법화 현상이 출현한 적이 있다. 즉 존재부정형식이 일반부정형식의 방향으로 변천하는 것으로, 서로 다른 방언 내에서 이러한 변천의 속도는 각기 다르다. 玉林방언과 屯昌방언을 대표로 하는 방언에서는 이러한 변천이 여러 차례 연이어 발생하여 순환을 형성하게 되었다. 나아가, 張敏은 또한 비슷한 유형의 '부정−존재 변화'가 일찍이 현대 北方방언과 古代중국어에서도 발생한 경우가 있음을 논증하였다.

玉林방언 중의 부정사와 같은 비교적 특수한 용법은, 만약 통시유형론의 방법과 성과 그중에서도 특히 '공시유형론의 동태화'와 같은 개념을 도입하지 않았다면 심도 있는 연구가 매우 어려웠을 것이다. 張敏의 연구는 통시유형론의 관점과 방법을 중국어 역사문법 연구에 도입할 필요가 있음을 다시 한번 보여주었다.

2.4. 문법화 역사적 변천과 중국어공시언어현상의 해석

공시언어연구는 언어현상에 대하여 정확한 기술을 해내는 것뿐만 아니라 언어현상에 대하여 합리적인 해석을 진행해야 한다. 공시언어현상의 해석에는 각종 매개변수를 필요로 하지만, 기능주의는 통시적 변천이 가장 중요한 매개변수라고 본다. 왜냐하면 "우리가 사용하는 언어는 결코 현재 사용자가 창조해낸 것이 아니고, 수천수만 년의 변화를 거쳐 점진적으로 형성된 것이기 때문이다. 문법은 마땅히 이전에 제한이 비교적 적은 언어사용 모형이 규약화되어 출현한 결과물로 보아야 한다. 그러므로 공시구조에 따라 언어를 해석하는 것은 단지 '언어는 왜 이러한 방식으로 구성되는가?'라는 문제에 대해 부분적인 설명을 할 수 있을 뿐이며, 언어 및 언어사용의 수많은 특징은 통시적 변화를 참고해야만 비로소 만족할 만한 해석을 제시할 수 있다."(Heine 1997: 5-6) 사실상 현대의 문법화 연구와 기능주의 역사통사론은 1970년대에 발전하기 시작하였는데, 이는 대부분 Givón(1971), Li & Thompson(1974a·1976b), Greenberg(1978) 등의 학자가 통시적 변천의 각도에서 공시적 형태·통사 변이

를 해석한 연구 패러다임에서 기원한 것이다. 게다가 30여 년 이래 문법화 연구
와 기능주의 역사통사론의 가장 두드러진 특색 및 가장 중요한 성과도 통시와
공시의 결합에서 구현되었다.

다른 언어와 같이 중국어의 수많은 공시현상도 통시적 변천의 각도에서 해석
할 수 있는데, 특히 몇몇 통사 의미·형태 또는 조어·어음/운율 등의 영역에서
나타나는 비대칭 또는 변이 현상은 통시적 변천 또는 문법화를 통해서만 합리
적인 해석을 얻어낼 수 있는 듯하다. 아래에서 몇 가지 예를 들어 설명을 해보
자.

(1) 통사 비대칭현상. 현대 표준중국어에서 '敎(叫)/让'피동문과 被피동문 모
두 피동을 표시하는 구조식이지만 이 둘은 통사적으로 명확히 다르다. 즉 피동
을 표시하는 '敎(叫)/让'피동문 중에는 통상 행위자가 나타나야 하지만 被피동
문에는 나타나지 않아도 된다.

⑤　　书被孩子撕破了。　　　　　书叫/让孩子撕破了。
　　　书被撕破了。　　　　　　　*书叫/让撕破了。

왜 이런 통사 비대칭현상이 발생하는 것인가? 해답은 이 두 가지 구조식의
통시적 변천에서 찾아볼 수 있을 것이다. 피동을 표시하는 '敎(叫)/让'피동문은
사역구조식이 변천한 것으로, 문법화의 통사환경은 'X$_{사역자}$+敎/让+Y$_{피사역자}$
+VP'이다. 사역문에서 피사역자(causee) Y는 필수논항이므로, '敎(叫)/让'문이
사역식에서 재분석을 통해 피동식 'X$_{수동자}$+敎/让+Y$_{행위자}$+VP'로 변화한 후에도
원래 구조식 중 Y의 강제적 출현과 같은 통사적 속성이 여전히 보존되기 때문
이다. 이는 일종의 전형적인 '의미지속'현상에 속한다. 중국어의 被피동문은
화제문 'S+被$_{동사}$+V$_{목적어}$'에서 기원한다. 秦汉 시기에 동사 '被'의 문법화와 더
불어 'S+被$_{동사}$+V$_{목적어}$'는 피동구조식 'S$_{수동자}$+被$_{피동표지}$+V$_{술어동사}$'로 재분석되
었다. 이후 확장을 거쳐 被피동문에는 'S$_{수동자}$+被$_{피동표지}$+NP$_{행위자}$+V$_{술어동사}$' 구조
식이 또다시 출현하였다. 왜냐하면 被피동문은 발생 초기에는 일종의 무행위자
피동식(agentless passive) (즉 'S$_{수동자}$+被$_{피동표지}$+V$_{술어동사}$' 구조식)이었기 때문

이다. 그러므로 현대중국어에 이르기까지 被피동문은 여전히 'S_{수동자}+被_{피동표지}+V_{술어동사}'와 'S_{수동자}+被_{피동표지}+NP_{행위자}+V_{술어동사}' 두 종류의 변이형식을 지니고 있다.

(2) 의미 비대칭현상. 표준중국어의 조합식 술보구조 'V得C' 중 C가 자동사(Vi로 표기함)이거나 또는 방향동사(Vd로 표기함)일 경우에 'V得C'는 가능성을 나타내는 술보구조이다. 그러나 C가 형용사(A로 표기함)일 경우에 'V得C'는 가능성을 나타내는 술보구조일 수도 있고 실현을 나타내는 술보구조일 수도 있다. 이상의 내용을 간단히 정리하면 아래 표1과 같다.

<표 1>

형 식	가능성	실 현
V得Vi	+	-
V得Vd	+	-
V得A	+	+

이전의 연구에서는 일반적으로 이렇게 가능성을 표시하기도 하고 실현을 표시하기도 하는 'V得A'를 일종의 중의구조로 본 후 해결책을 만들어서 서로 다른 통사·의미구조를 분화해냈다. 문제는 똑같이 'V得C' 구조에 속하는데 어째서 'V得Vi', 'V得Vd'는 이러한 '중의성'이 없는가라는 것이다. 순수한 공시적 분석은 이러한 의미의 비대칭성에 대하여 해석이 불가능하다. 그러나 통시적 변천과정을 고려한다면 상술한 공시적 평면 위의 'V得C' 변이는 쉽게 해석이 가능하다.

唐五代시기 'V得Vi'·'V得Vd'는 'V得A'와 같이 모두 실현을 나타하는 기능과 가능성을 나타내는 기능 두 가지를 가질 수 있었다. 예를 들면 다음과 같다.

⑥ V得Vi
野外狐狸搜得尽, 天边鸿雁射来稀。(姚合：腊日猎){실현을 나타냄}
若是火云烧得动, 始应衣器满人间。(来浩：题庐山双剑峰){가능을 나타냄}

⑦　V得Vd
　　癭木杯, 杉赘楠瘤刮得来。(皮日休：夜会问答){실현을 나타냄}
　　惊蛙跳得过, 斗雀袠如无。(王贞白：芦苇){가능을 나타냄}
⑧　V得A
　　已应春得细, 颇觉寄来迟。(杜甫：佐还山后寄三首){실현을 나타냄}
　　地脉尚能缩得短, 人年믿不展教长。(吕岩：七言){가능을 나타냄}

실현을 표시하는 'V得Vi'··'V得Vd'의 의미는 기본적으로 교착식 술보구조 'VC'와 동일하기 때문에 불필요한 문법형식으로 변하였다(蒋绍愚 1995, 吳福祥 2002). 唐宋 이후 'V得Vi'··'V得Vd'는 실현을 나타내는 기능을 점진적으로 교착식 술보구조 'VC'에게 물려주었다. 현대중국어로 발전하면서, 'V得Vi'··'V得Vd'는 이미 완전히 '실현' 의미를 잃어버리고 '가능성' 의미의 통사구조로 문법화었고, 그 결과 <표1>에 나타나는 두 개의 의미공백[표 중의 '·'를 지칭함]을 형성하였다. 그러나 'V得A'는 의미적으로 대응하는 교착식 상태보어 구조 'VC' ('洗净'··'缩短'류의 VC는 상태보어구조가 아닌 결과보어구조임)가 없기 때문에, 'V得Vi'··'V得Vd'와 같이 실현을 나타내는 의미기능을 다른 형식에 물려주고 '추측성 가능'이라는 문법의미를 나타내는 문법형식으로 문법화될 수 없었다. 그러므로 'V得A'는 현대중국어에 이르기까지 여전히 실현과 가능성을 나타내는 기능 두 가지를 가지고 있는 것이다(상세한 내용은 吳福祥 2002 참고). 이상의 내용을 통해서 'V得C'의 공시적 평면에서의 의미 비대칭은 사실상 통시적 변천의 결과임을 알 수 있다.

(3) 운율모형의 비대칭현상. 현대중국어에는 몇몇 언어형식의 경중음 모형과 의미 간에는 일종의 비대칭적 관계가 나타난다. 赵元任(1979)은 이를 '왜곡관계'(Skewed Relations)라고 불렀다. 예를 들면 다음의 예에서 '要'는 중의를 지닌다.

⑨　'要走了。'
　　a.　가야겠다, '要'는 조동사임.
　　b.　요구하여 가져간다, '要'는 주요동사임.

'要'를 주요동사로 해석할 때에는 반드시 강하게 읽어야 하지만 조동사로 해석할 때에는 약하게 읽거나 강하게 읽을 수 있다. 다시 말해 '要'자를 강하게 읽을 때 중의가 있다는 것이다.

또 한 종류의 왜곡관계는 앞의 예와 상반되는데, 강하게 읽으면 뜻이 하나이고 약하게 읽으면 뜻이 두 개이다. 예를 들어 아래의 문장 중 '也'도 중의가 있다.

⑩　'你也不是外人，我都告诉你。'
　　a. '也'가 '같음'을 표시, 실제 의미임.
　　b. '也'가 완곡의 어기를 표시, 추상적 의미임.

'也'를 강하게 읽으면 반드시 실제 의미를 나타내고, 약하게 읽으면 실제 의미를 나타내기도 하며 추상적 의미를 나타내기도 한다. 왜 상술한 두 가지 왜곡관계가 존재하는 것인가? 沈家煊(1999c·2002b)은 문법화의 각도에서 매우 정확하고 세밀한 해석을 제시하였다. 沈家煊의 견해에 따르면, 문법화 변천의 전반적인 추세는 형식과 의미의 변천이 평행하게 이루어지는 것으로, 의미가 추상적으로 변할수록 형식도 작고 간단해진다. 그러나 형식 변천과 의미 변천 사이에도 비대칭이 존재하는데, 구체적으로 '형식변화의 정체'와 '의미지속성'이라는 두 가지 규칙이 있다. 이 두 가지 문법화 규칙이 바로 공시적 평면에서 형식과 의미 사이에 두 가지 왜곡관계를 만든 원인이다.

'형식변화의 정체'는 형식변화가 의미변화에 뒤처진다는 것을 가리킨다. 형식 F1의 의미 M1이 이미 M2로 변하였지만, 적어도 일정 기간 내에는 여전히 F1 형식을 유지하며 F2로 변하지 않는다는 것이다. 그러므로 이 기간 내에 F1은 M1을 나타내기도 하며 M2를 나타내기도 한다. 이러한 상황은 공시적 평면에서 첫 번째 유형의 왜곡관계를 조성하게 된다. 예를 들어 주요동사 '要'의 의미가 비록 이미 조동사로 추상화되었지만, 강하게 읽는 형식은 여전히 당분간은 지속 불변할 것이다. '의미지속성'은 변화 후의 형식이 여전히 원래 형식의 의미를 지니고 있는 것을 가리킨다. 어떤 형식이 이미 F1에서 F2로 변하였지만(그 의미가 이미 M1에서 M2로 변화하였기 때문에), 적어도 일정 기간 내 또는 일정한 형식 내에서는 F2가 여전히 M1의 일부분 또는 전체의 의미를 지니고 있다. 따라서 F2는 M2를 나타내기도 하며 M1을 나타내기도 한다는 것이다. 이러한 상황은 공시적 평면에서 두 번째 유형의 왜곡관계를 형성하게 된다. 예를 들어 실제 의미를 나타내는 부사 '也'가 완곡 어기의 '也'로 추상화된 뒤에는 약하게 읽을 수밖에 없지만, 여전히 '같음'이라는 실제적 의미를 지닐 수 있다.

3. 맺음말

중국어는 3천여 년 지속된 문헌 역사와 풍부하고 다양한 방언 유형을 보유하고 있다. 또한 중국에는 다수의 소수민족 언어가 존재하며, 이러한 언어는 역사적으로 장기간 중국어와 접촉관계를 지녀왔다. 중국어가 지닌 이러한 역사언어학 연구의 자원적 우위는 기타 언어와 비교할 수 없을 정도이다. 필자는 중국어 역사문법 학자들이 중국어사 연구의 우수한 전통을 계승 및 확대 발전하고, 해외 역사언어학 중 좋은 이론과 방법을 참고하여 학술이론의 갱신·연구시야의 확대·연구구조의 조정·이론의식의 강화·연구방법의 개선 등을 시행한다면 중국어 역사문법 연구가 21세기에는 반드시 큰 성과를 거둘 것이라고 굳게 믿는다.

제11장 실험음성학과 중국어 음성연구[*]

1. 실험음성학 연구현황

두 해 전쯤인가 한 저명한 문법학자가 나에게 "음성학은 용도가 무엇인가?"
고 물었던 것을 기억한다. 이것은 음성학이 약간 위태로운 정도가 아니라 그
명예가 붕괴될 처지에 이르렀음을 의미한다. 이에 본 연구는 음성학이 조금
유용한 학문이 아니라 매우 유용한 학문이며, 문법 및 의미와 관련된 문제까지
해결할 수 있는 학문이라는 것을 하나하나 예를 들어 밝히고자 한다.

사실 음성학의 역할에 대한 질문은 일찍이 여러 사람들로부터 받아왔다. 다
른 점이 있다면 그들이 저명한 언어학자가 아니었다는 것뿐이다. 처음에는 그
질문이 매우 이상하게 느껴졌다. 왜냐하면 실험음성학의 활발한 연구 상황을
들여다보면 그것이 얼마나 유용한 학문인지를 쉽게 알 수 있기 때문에 "용도가
무엇인가"라는 질문은 응당 실험음성학자가 다른 언어학자에게 던져야 하는
질문이라고 생각했기 때문이다. 그러나 만약 약간의 제한을 더하여 "언어학 영
역에서 실험음성학의 용도가 무엇인가"라고 묻는다면 이것은 이유 있는 질문
이 된다.

실험음성학 현황은 다음과 같다―¹

---

* 이 장은 『중국어문논역총간』 제29집(2011)과 제30집(2012)에 발표된 자료를 수정
  및 보완한 것이다.

1 이 문장은 ≪南开语言学刊≫에서 문미 말이음표가 마침표로 대체되었는데, 여기
  에서는 원래대로 되돌린다.

1.1. 극도의 외적확장과 내적위축

실험음성학은 언어학 외부에서 급속도로 새로운 영역을 넓혀가고 있다.

수많은 非언어학자들이 실험음성학 관련연구를 진행하고 있다. 예를 들어 Microsoft, Motorola, Bell 등의 컴퓨터, 통신업계는 모두 자체적으로 음성실험실을 보유하고 있다는 것이 가장 두드러진 실례이다. 국제적인 규모의 언어과학기술학회를 개최하면 학회 참가자들이 수 천 여명에 이르는데 이중 95% 이상이 언어학과 무관한 참가자이다. 또, 두툼한 《语音科学手册》[2] (Hardcastle & Laver 1997)에는 800페이지 분량의 26편의 논문이 실려 있는데 이중 백 여페이지에 달하는 겨우 4편만이 언어학과 관련 있는 논문이다. 내가 호주국립대학교(ANU)에서 유학할 당시 그곳에는 언어학과가 두 개, 그리고 중국어과, 일본어과, 유럽어과 등이 개설되어 있었지만 나와 내 스승 이렇게 두 사람만이 실험음성학을 전공하고 있었던 반면 물리대학에는 십 수 명의 사람들이 실험음성학 관련연구를 하고 있었다.

한편 실험음성학은 지금도 언어학 영역에서 거주권을 취득하기 위해 고군분투하고 있다.

언어학자조차도 음성학의 용도가 무엇인지를 모를 정도라면 음성학이 어떤 처지에 놓여있는지를 미루어 짐작할 수 있다. 실험음성학이 공학계열에서는 광범위한 용도를 자랑하지만 언어학에서는 그 용도가 미미한 수준이다. 그렇기 때문에 언어학자들의 실험음성학에 대한 견해는 구조주의 이래로 배척의 목소리가 잦아들지 않았다. 이에 관한 내용은 1.2.와 2.3.을 참고하기 바란다.

외적 확장과 내적 위축을 단적으로 보여주는 사례로 언어학계의 실험음성학자들조차 대부분 언어학 이외의 다른 과제를 수행하고 있다는 것을 들 수 있다. 이상할 것도 없는 것이 그 과제들은 사회적 의의뿐만 아니라 경제적 수익이 보장되며 '이론과 실제가 결합'된 형태라는 특징이 있다. 그렇지만 언어학과는 거리가 멀다. 내 스승인 费国华(Phil Ross)도 '법 음성학(forensic phonetics)'

---

[2]   역주: 저서의 영문명은 'The Handbook of Phonetic Sciences'로 참고문헌에 제시되어 있다.

방면의 저서를 내기도 하였으며(Ross 2002), 몇 년 전 필자 역시 스승이 경찰을 도와 음성을 감정하는 것을 두 차례 도운 적이 있는데 두 개의 녹음 테이프를 대상으로 어느 정도의 허용범위 내에서 동일인(speaker identification)과 비동일인(speaker discrimination)을 판단할 수 있는지를 밝혀내는 작업이었다.

1.2. 냉담과 맹신

共时와 通时가 분리된 이래 공시음운학은 음소론부터 음운론에 이르기까지 실험음성학을 동일한 범주로 여기지 않았다. 몇 대의 후학에 이르기까지 깊은 영향을 끼친 赵元任(1980: 175)의 평론을 살펴보자.

"실험음성학은 주변학문이라고 볼 수 있다. …… 실험음성학이 시작된 이후 지금까지 실험음성학이 해결할 수 있는 문제들은 언어학에서 요구하는 기준에 턱없이 부족하기 때문이다. 어떠한 정밀한 실험이 가능하더라도 언어를 연구하는 데 필요한 다양한 측면을 실험만으로는 만족시킬 수 없으며 문제에 해답을 제시해줄 수 없기 때문이다. 이런 이유로 언어학자들은 실험음성학을 언어학의 일부로 간주하지 않는다."

이는 음소론에 종사하는 대부분 학자들의 공통된 견해이다(물론 다른 견해가 존재하겠지만[3]). 음소론 학자들은 거의 口耳之学[4]적인 방법론에 의존하는 전통음성학 대가들로서 실험음성학에 대하여 "겉으로는 실험을 중시하되 실제로는 꺼리어 멀리하는" 실용적인 태도를 취한다. 그들은 설령 각종 측정기가

---

[3] 예를 들어, 구조주의 당시의 대표자이자 다년간 Language의 편집장을 맡았던 Bloch(1948)의 태도는 비교적 개방적이어서 "음성분석기는 음소론에 있어서 매우 중요한 의미가 있다. 장차 더욱 많은 언어학자들이 음성분석기를 이용하여 언어학 문제를 해결한 것이며, 그렇게 되면 현재의 많은 가설들이 새로운 발견으로 인해 수정이 불가피하게 될 것이다."라고 적었다.

[4] 역주: 口耳之学이란 〈荀子·劝学篇〉에서 "小人之学也, 入乎耳出乎口, 口耳之间则四寸耳, 曷足以美七尺躯哉."라고 이르고 있는데 뜻은 귀로 들은 것을 입으로 전하기만 할뿐 조금도 제 것으로 새기지 못하는 학문을 가리킨다. 이 말이 음성학의 연구방법론을 일컫는 말로 쓰이면 '입과 귀에 의거하는 학문'이라는 의미를 나타낸다.

아주 세밀한 부분까지 분석할 수 있을지라도 만약 귀로 분별할 수 없다면 그것은 음향학이지 언어학과는 관련이 없다는 입장을 취한다.

후대 생성음운론 학자들의 견해 또한 이와 크게 다르지 않다. 극단적인 예를 들자면 Foley(1977)는 아예 음성학을 배제했다. 또 Anderson(1981)은 음운론은 음성학과 직접적인 관계가 없으며 음운론이 정립하고자 하는 핵심원리는 음성학을 참고할 필요가 없다고 여겼다.

최근 몇 년간 이런 태도에 큰 변화가 생겼다(朱曉農 2002b). 하루가 다르게 발전하는 컴퓨터 기술로 인해 음성분석용 소프트웨어의 사용이 더욱 편리해지고 일반화되었다. 점점 더 많은 논문이 실험음성학적 통계수치를 이용하여 논증에 힘을 더하고 있다. 이런 상황은 또 다른 문제를 야기할 수 있는데, 실험수치를 지나치게 의존하거나 심지어 맹신하는 연구로 치달을 수 있다는 점이다. 예를 들어, 광동어에 과도음이 존재하는지에 대하여 학계에서는 줄곧 이견이 존재했다. 그런데 몇몇 학자들이 광동어에 과도음 w가 존재하고 있음을 실험음성학적으로 밝혀냈다. 하지만 이것은 지나치게 실험음성학에 의존한 것으로 볼 수 있다. 왜냐하면 음소의 귀납은 여러 가지 가능성이 존재하기 때문이다. 또 어떤 학자는 수치와 도표를 임의적으로 인용하고서는 이로써 음운학 과제를 해결할 수 있다고 여기기도 한다. 이런 문제점을 해결하기 위해서 우리는 실험, 측정, 데이터처리 등의 과정에서 원칙, 방법 그리고 절차에 대하여 정확하게 이해할 필요가 있다. 한 가지 강조할 것은 언어실험은 반드시 체계적이고 철저해야한다는 것이다. 스펙트로그램을 임의적으로 이용해 버릴 경우 무엇이든 다 설명이 가능하게 된다. 왜냐하면 하나의 언어신호에는 무궁무진하고 수시로 변하는 다양한 종류의 물리적 형식이 존재하기 때문이다. 최근 20~30년 이래 음성학의 최대 성과는 아마 이 경험적 상식을 실험으로 증명해낸 것일지도 모른다.

2. 현재의 음성학

우리는 앞서 음성학의 난감한 처지를 살펴보았는데, 그러면 음성학은 도대체 무엇을 할 수 있으며, 음성학을 어떻게 정의해야 하는 것인가?

(1)　음성학은 언어의 발음을 연구하는 과학이다.
(2)　현재의 음성학은 곧 실험음성학이다.
(3)　언어학에서의 음성학은 실험음운론을 뜻한다.

첫 번째 말은 하나마나 한 소리 같고, 두 번째 말은 사람들을 현혹시키는 소리 같고, 세 번째 말은 혼잣말 같이 들릴 것이다. 그러나 그 의미를 하나하나 차례로 밝히고자 한다.

2.1. 대외적으로는 '언어학적 음성학'

음성학이란 말 그대로 인류언어의 발음을 연구하는 과학이라는 것을 굳이 설명할 필요가 없을 것이다. 그러나 최근 십여 년간 음성학은 내가 재학할 당시에는 상상할 수도 없는 수준과 범위로 확장되어 왔다. 현재 수학, 컴퓨터, 엔지니어링, 심리학, 신경생리학, 음향학, 생물학, 인공지능, 의학, 재활, 치안, 사법, 통신 등 여러 학과 혹은 부문에서 음성을 연구하고 있으며, 이에 종합적인 명칭인 '음성과학', 혹은 '여러 분야에서의 음성과학(phonetic sciences)'이라는 명칭이 생겼다. 여러 분야에서 연구하는 대부분의 음성과학은 언어학과 큰 연관성이 없다. 십 수 년 전에 내가 실험음성학을 처음으로 접했을 때, 음성인식에 관한 문제를 해결하는 데에는 두 가지 방법이 있었다. 하나는 언어학자가 발전시킨 '음성지식기반 식별법(knowledge-based approach)'이었고, 또 하나는 자연과학자가 발전시킨 '통계기반 식별법(statistics-based approach)'이었다. 내 기억에 당시 인문대학에 실험음성학으로 학위논문을 작성하는 사람은 나 한 사람뿐이었고, 물리대학에는 대여섯 사람이 있었다. 처음에는 두 세 사람이 늘 나를 찾아와 음성에 관한 세부적인 문제에 대하여 물어보거나 발음의 음향속성, 조음기초 등에 대하여 자문을 구하곤 했다. 하지만 점점 발걸음이 뜸해지더니 한 학기가 지난 뒤에는 음성지식기반 식별법에 대한 관심이 식어버렸는데 그 이유는 그들에게 한층 실용적인 통계기반 식별법이 갖추어졌기 때문이었다.
다양한 음성과학 중에서 우리가 비교적 관심이 있는 것은 Ladefoged(1997)이 제시한 '언어학적 음성학(linguistic phonetics)'이다. 그는 언어학과 관련 있는 음성을 연구대상으로 삼았다. 그림 1에서 좌측 타원형은 광의의 음성학─ 여러 분야에서의 음성과학이고, 우측 타원형은 언어학이다. 음성학은 현재 그 범주가 확대되어 그림 1의 교집합 부분인 LP(linguistic phonetics)에서 보이듯 극히 일부분만 언어학과 관련이 있다. 이 LP는 실험음성학의 일부이자 언어학의 일부이기도 하다. Ladefoged은 이 부분을 '언어학적 음성학'이라고 했는데 이는 매우 일리 있는 말이라고 생각된다. 왜냐하면 이 부분은 광의의 음성학에서 아주 작은 영역에 해당하므로 만약 독립적인 지위를 보장해주지 않으면 곧 묻혀버릴 수 있기 때문이다.

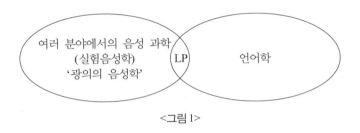

<그림 1>

위와 같은 이유로 "음성학은 언어의 발음을 연구하는 과학이다."라는 말은 하나마나한 소리가 아니다. 이 말은 '언어학적 음성학'을 의미하는 것으로, 대외적인 공식명칭이자 광의의 음성학에 상대되는 표현이다. 음성과학에 종사하는 여러 분야의 연구자 대부분이 비록 언어학에 대하여 별다른 관심이 없다고 하더라도 일부 연구자는 그래도 언어학에 관심을 가지고 있으며 이렇게 언어학에 관심을 가지는 음성학이야말로 언어학에서 필요로 하는 음성학이다.

'언어학적 음성학'은 그림 1에서 교집합에 해당하므로 이 부분은 좌우 양쪽 영역 사람들 모두에게 상대되는 부분이다. 그런데 Ladefoged은 언어학자의 신분으로 위와 같이 언급했으므로 여기에서의 '언어학적 음성학'은 광의의 음성학을 가리키는 말이라고 볼 수 있다. 언어학에서 볼 때 이 교집합은 또 다른 명칭으로도 부를 수 있는데, 이 부분은 2.3.에서 다시 다루겠다.

2.2. 음성학은 곧 실험음성학이다

현재의 음성학은 곧 실험음성학이다.

이미 21세기가 되었으며 컴퓨터 시대에 진입했기 때문에 현재 실험을 하지 않는 음성학은 사라졌다. 바야흐로 '모두 실험에 참여하는' 때가 도래한 것이다.

음성학의 여러 분야는 연구 각도가 다를지라도 실험이라는 공통분모를 가지고 있기 때문에 음성학은 곧 실험음성학이다. '언어학적 음성학'은 광의의 음성학이자 실험음성학의 일부분이기도 하다.

실험음성학이라고 하면 복잡한 측정기와 어려운 연산이 떠오르기 십상이다. 아주 빗나간 생각은 아니지만 현재 컴퓨터용 소프트웨어의 사용이 편리해지고 대부분의 음성분석과 음성합성이 가능해짐에 따라 손만 뻗으면 개인 책상위에서 음성실험실을 구축할 수 있다. 여기에 생리, 공기역학 등의 측정기만 추가한다면 비록 소규모일지라도 언어학적 음성학이 필요로 하는 음성실험실을 저렴한 비용으로 마련할 수 있게 되었다. 이 뿐만 아니라 간단하고 직관적인 실험도 가능하다. 예를 들어, Ohala는 음성첨가현상에 대하여 다음과 같이 설명했다. Simson, Thomson은 m 뒤에 동일한 발음부위의 폐쇄음 p가 첨가되어 Simpson, Thompson과 같이 발음된다. 이런 현상은 공시적 변이에서 흔히 관찰되는 것으로서 Fromkin을 Frompkin으로 발음하는 것도 같은 현상에 속한다. 형식화된 표현식은 '∅>p/m'이며, "m 뒤에서 p가 첨가된다."라고 읽는다. 이 현상은 변별자질로 더욱 정밀하고 개괄적으로 표현할 수 있다. 어떤 사람은 이 표현식을 '해석'으로 인식하는데 실은 간결하게 개괄한 기술에 더욱 가깝다. 진정한 해석은 실험음성학의 도움이 필요하다. Ohala는 이 현상을 시간의 '분배 오류'에서 기인한 것으로 보았다. From(p)kin을 예로 들면, 비음 m에서 구강음 k로 옮겨가는 과정은 다음의 몇 단계를 거친다. (1) m의 발음을 멈춘다. (2) 목젖으로 비강통로를 막는다. (3) 연구개에 장애를 형성한다. (4) 장애를 제거한다. (5) k를 발음한다. 만약 (3)과 (4)가 뒤바뀌면, 즉 연구개의 장애형성이 먼저 이루어진다면 이때 제거되는 장애는 m을 발음하고 난 뒤의 양순음이므로 결국 p가 첨가된다.

음성연구는 오래 전부터 시작되었지만 실험음성학은 훨씬 늦게 탄생했다. 먼 옛날 인도의 음성학자는 이천여 년 전에 이미 산스크리트 문자의 발음에 대하여 상세하게 묘사할 줄 알았는데, 지금의 조음음성학적 각도에서 봐도 그 묘사가 매우 정확하다. 고대 그리스의 음성학은 다른 학문에 비해 뒤쳐져 있었지만 당시 그리스인은 그리스어의 폐쇄음이 세 종류로 나누어진다고 하였다. 흥미로운 것은 유성음을 무성유기음과 무기음의 '중간음'으로 간주한 점이다. 이후 음성학 저서들은 19세기까지 장장 이천여 년 동안 줄곧 이 견해를 유지했다. 중국의 음성학은 시작이 늦은 편인데 의식적인 연구는 东汉 声训과 反切이후라고 볼 수 있다.

沉括의 ≪梦溪笔谈≫ 제13권에 기재된 한 일화에서 이른바 '실험음성학'과 '법 음성학'에 관한 이른 시기의 사례를 찾아볼 수 있다. 전하는 바에 의하면, 북송의 어떤 사람이 대나무와 짐승의 뼈 등으로 '인공성대'를 제작했는데, 인후에 장착하고 숨을 내쉬어 사람의 말소리를 모방할 수 있도록 고안된 것이었다. 한번은 성대에 문제가 있는 어떤 사람이 누명을 썼는데, 입이 있어도 억울함을 토로할 수가 없었다. 이때 사건을 심의하던 한 관료가 이 인공성대를 가져와서 이 사람에게 말을 하게 했는데 뜻밖에 대략 몇 마디의 말을 알아들을 수가 있었으며 결국 이 사람은 억울한 누명을 벗을 수가 있었다고 한다.

공업혁명 이후 서구에서는 발음원리를 탐구하기 위한 몇 가지 실험이 행해졌는데, 예를 들면 다윈의 조부인 Erasmus Darwin(1731~1802)은 은박지로 손가락 굵기의 원통을 제작해서 입 안에 넣은 뒤 여러 모음을 발음하면서 어느 부위가 납작해졌는지를 관찰하여 혀의 위치를 파악했다고 한다. 현대 실험음성학의 시작은 2차 세계대전 이후 음향분석기가 발명된 이후라고 볼 수 있다. 최근 녹음설비와 컴퓨터 기술의 발전에 힘입어 실험음성학은 비로소 대약진의 기회를 맞이하게 되었다.

2.3. 대내적으로는 '실험음운론'이다

그림 1의 교집합 부분인 '언어학적 음성학'은 광의의 음성학에 상대되는 부분

이자 동시에 언어학에 상대되는 '실험음운론(experimental phonology)'이다. 실험음운론은 실험을 통해 언어학 관련 문제들을 해결하는 것으로 실험을 통하지 않으면 잘 해결되지 않거나 해결하기 힘든 음운론적 문제를 해결할 뿐만 아니라 이전에는 관심이 없었거나 관심을 가질 수 없었던 문제를 제기할 수도 있다.

먼저 'Experimental phonology'를 무슨 근거로 '실험음계론'이 아니라 '실험음운론'으로 번역하는지에 대하여 설명하겠다. 첫째, 그 연구대상이 음운체계가 아니라 개별적이고 구체적인 음운이기 때문이다. 둘째, 개별적인 음운체계를 연구하는 것이 아니라 여러 음운체계 간의 공시적 분포특징을 연구대상으로 삼기 때문이다. 셋째, 역사적 음성변화 역시 연구대상으로 삼는데 이는 음계론이 아닌 음운론과 관련이 있는 것이기 때문이다. '音系学'이란 중국에서 만들어 낸 용어로서 이에 대응되는 영어 단어가 없기 때문에 영어로는 똑같이 phonology(音韵学)라고 번역한다. 음계론이란 형식화를 연구하는 음소론을 계승한 것이기 때문에 이 둘은 모두 '音韵学 phonology'라는 긴 강에서 특정 시대의 특정 분지 혹은 유파라고 볼 수 있다. 본고에서 사용하는 음운론이라는 표현은 하나의 통칭으로서 영어의 phonology에 해당한다. 음운론은 연구하는 언어에 따라 중국어음운론, 일본어음운론 등으로 나뉘고, 시간에 따라 통시음운론(협의의 음운론), 공시음운론(음소론, 음계론)으로 나뉜다. 또 방법에 따라 해석적 성격의 실험음운론, 형식음운론으로 나뉘는데, 형식음운론은 발전과정에 따라 음운의 종류를 기술하는 음소론, 규칙과 체계를 중시하는 생성음운론, 표현방식을 중시하는 자립분절음운론, 적용순서를 중시하는 최적성이론 등으로 나뉜다.

음성학과 공시음운론의 관계는 트루베츠코이 이래 그다지 가까웠던 적이 없다. 음소론은 '기능음성학'을 표방하며 순수 음성학을 언어학에서 제외시켰는데 Sommerstein(1977: 1)은 "음운론은 언어학의 분지이다. 그러나 거의 대부분의 사람들은 음성학이 언어학에 속하지 않는다고 생각한다. …… 어떤 의미에서 음성학의 종점은 음운론의 시발점이다. 음성학은 음성과 운율을 정의하고, 음운론은 그 음성과 운율이 실제 언어에서 어떻게 사용되는지를 연구한다."고 했다. 십 수 년, 약 이십 년 전에 이에 관한 열띤 논쟁이 있었는데 논쟁을 위한 특별집이 간행되기까지 했다. 이 둘의 관계에 대하여 당시 100%의 연관성을 주장하는 사람들부터 0%의 연관성을 주장하는 사람들까지 다양한 견해가 존재했다. 0%의 연관성을 주장하는 사람으로서 Anderson(1981)은 음계론은 '자립적'인 영역이므로, 음성학의 도움이 전혀 필요하지 않다고 주장했다. 하지만 그의 견해는 현재 어느 누구의 지지도 받지 못하고 있다. 100%의 연관성을 주장한 사람들은 음성학과 음계론은 결코 분리될 수 없으며 이 둘은 하나의 학문, 즉 '융합되어 있는(integrated) 하나의 덩어리'라고 주장했다. 이 견해를 지지하는 학자는 많지 않았는데, Ohala(1990)는 이러한 견해를 지지하는 대표적인 학자로서 음계론은 독립적으로 존재할 수 없다고 단언했다. Ohala는 음계론 학자들이 거론하는 음성학이란 '분류학적 음성학(taxonomic phonetics)'이지 '과학적 음성학(scientific phonetics)'이 아니라며 과학적 음성학이란 음운론에 관여하는 음성학이라고 주장했다. 물론 대부분의 사람들은(나를 포함하여) 음성학과 음계론 사이의 '접점(interface)'을 인정하는 중간자적 입장을 취하고 있다. 그러나 이 중간자적 입장은 또 다른 문제를 야기한다. 즉 접점이 몇 퍼센트인가에 대한 문제이다. 과연 어떤 문제가 음성학과 완전히 무관한 오로지 음계론에 해당하는 문제인가에 대해서는 중간자적 입장에 선 사람들도 중용을 지키는 데 어려움이 있다.

이어서 실험음운론의 한 예를 소개하겠다(朱晓农 2003b). 赵元任(1935)은 내파음 ɓ, ɗ, ʄ의 분포에 빈자리가 생긴다면 그 자리는 항상 연구개 내파음인 ʄ라는 것을 발견했다. 그 이유에 대하여 그는 이렇게 말했다. "이치는 간단하다. 설근과 연구개가 만나는 지점에서 성문까지는 공간이 좁아져서 ʄ는 상대적으로 공간이 큰 [b], [d]에 비해 제약을 많이 받기 때문이다. 또한 성대가 조금이라도 진동을 하면 좁은 공간은 바로 공기로 꽉 차버려서 공기압이 형성되므로 공간 및 시간적 제약으로 말미암아 제9번과 같이 매달려있는 듯 한 느낌, 혹은 제10번과 같이 안으로 '파열하는' 느낌의 소리를 만들 수 없다[5]. 본래 설근에서 형성되는 파열음은 제약을 많이 받는 것은 말할 나위가 없고, 유성음화조차

---

[5]   역주: 제9번은 약한 내파음, 제10번은 강한 내파음이다.

매우 어려운 발음부위이다."라고 설명했다.

위와 같은 명쾌한 설명으로 인해 赵元任은 당대 실험음운론의 주창자인 Ohala에 의해 실험음운론의 선구자로 손꼽혔으며 발음원리 및 공기역학의 측면에서 공시음운론과 통시음운론의 두 가지 문제를 동시에 해결했다. 첫째, 인류언어에 있어서 유성폐쇄음의 공시적 분포특징을 밝혀냈다. Maddieson(1984) 317 종의 언어자료에 의하면 유성폐쇄음의 분포특징이 모두 위와 같다고 한다. 원인은 바로 위에서 언급한 "본래 설근에서 형성되는 폐쇄음은 …… 유성음화 조차 매우 힘든 발음이다."에서 찾을 수 있다.

둘째, 중국어 음운학사에 존재하는 한 가지 음성변화 현상을 해명했다. 洪音[6] 群母 * g 는 晉나라 후기에서 北朝 초기에 匣母 * ɤ 로 변했다. 이런 음성변화가 발생한 원인은 역시 "본래 설근에서 형성되는 폐쇄음은 …… 유성음화 조차 매우 힘든 발음이다."에서 찾을 수 있다. 그렇지만 왜 細音字 중의 g는 여전히 남아있는 것인가? 이 이유 또한 위에서 모두 언급했다. 즉, g 뒤에 과도음 i 가 이어질 경우 장애형성 부위가 앞으로 이동하는데 이렇게 되면 공간이 상대적으로 넓어지면서 제약이 감소되어 유성폐쇄음은 보다 쉽게 유지될 수 있기 때문이다. 우리는 여기에서 한 가지 예측을 할 수 있다. 유성파열음의 소실은 장애형성 부위가 뒤쪽에 있는 발음부터 시작되었으리라는 것이다. 즉, 목젖음의 소실이 가장 빠르고 순서대로 연구개, 경구개, 치음, 순음일 것이다.

특이하면서도 재미있는 것은 赵元任은 실험음운론의 선구자로 인식되고 있음에도 불구하고 본인은 실험음성학을 중시하지 않았다는 것이다. 赵元任은 당시 본인의 통찰력, 정확한 인식과 투철한 견해가 오늘의 공시·통시음운론에 어떤 영향을 끼칠지 생각하지 못했을 것이다. 나는 이것이 개인의 관심사가

---

6   역주: 洪音이란 발음할 때 구강 체적이 큰 음을 말한다. 宋元대의 음운학자들은 운모를 开口呼, 合口呼로 나누었고, 각각 1, 2, 3, 4等으로 세분했다. 1, 2等은 과도음이 없는 운모로서 발음할 때 구강 공명강이 비교적 크므로 洪音이라고 칭했다. 明淸대 음운학자들은 개구호, 합구호를 开口呼, 齐齿呼, 合口呼, 撮口呼 이렇게 4호로 세분하였는데, 이 때문에 어떤 사람들은 개구호를 개구홍음, 제치호를 开口 细音, 합구호를 合口洪音, 촬구호를 合口细音이라고 칭하기도 한다. (온라인 신화 자전, http://xh.5156edu.com)

달랐기 때문이라고 생각한다. 구조주의 학파의 기본적인 방향은 개별 언어의 특정한 상황을 묘사하는 것에 중심을 두었다. Martin Joos는 세상에 완전히 똑같은 두 장의 나뭇잎은 존재하지 않는다고 했다. 세상에 하나 밖에 없는 음운체계를 기술하자면 귀로 정확하게 듣기만 하면 될 것이다. 그렇지만 특정한 음운체계를 넘어 음운체계 간의 대조연구를 진행할 때는 보편성에 입각한 연구방식을 채택하게 되는데 이때는 발음 원리에 입각한 해석이 결여될 수 없으며 실험음성학의 도움이 절대적이게 된다. 한 가지 명심할 것은 기초연구와 조작기술 사이에는 항상 시간차가 존재하므로 실험음성학의 성과는 곧바로 언어학에 응용될 수 없으며 이를 위하여 누군가가 별도의 연구를 진행해야 한다는 점이다.

2.4. 언어학적 음성학-실험음운론의 임무

실험음운론이 주목하는 것은 음성의 발음, 전파, 감지, 조합 및 기능, 분포, 변화 이렇게 여섯 가지 분야이다.

전통적으로 음성학은 생리/조음음성학, 음향음성학, 청취음성학 이렇게 세 영역으로 나뉜다. 실험음운학은 이 세 영역에서 연구를 계속하고 있다.

음성이 개별 언어에서 어떻게 조합이 되어 의미를 전달하는지에 관한 연구는 음소론, 음계론에서 담당한다. 실험음운론 역시 이 문제에 대하여 관심을 기울이는데 그 이유는 음성의 성질을 연구하기 위해서는 음성의 체계와 기능에 대하여 관심을 기울일 수밖에 없기 때문이다. 이것은 '이론이 실제에 관련된' 문제일 뿐만 아니라 연구가 심화될 수 있는지, 심지어 연구가 성립할 수 있는지에 대한 전제조건이기도 하다. 그렇지 않다면 실험음운론은 더 이상 '언어학적 음성학'이 아니게 된다.

실험음성학과 유형론의 발전에 힘입어 세계에 존재하는 다양한 언어의 음성 특성에 대한 이해가 날로 높아지면서 자연스럽게 위에서 언급한 연구영역 외에 두 영역이 추가되었다. 즉, 다섯 번째는 음성이 세계적으로 어떻게 분포되어 있는가, 여섯 번째는 이 음성이 어떻게 변화하는가에 대한 것이다.

생리·음향·청취음성학은 음성학의 공인된 영역이다. 그러나 음성의 연구영역이 대폭 확대되는 상황에서 언어학적 음성학은 이 세 영역의 연구에 대하여 제한을 두게 되었는데 그 이유는 음성학이 생리학, 해부학, 공기역학, 음향학 그 자체는 아니기 때문이다. 음성학이 연구하려는 문제는 반드시 뒤에 언급한 세 영역과 관련이 있어야 한다. 즉, 언어학적 음성학은 생리학, 음향학적인 문제를 다루지만 음성의 구조, 배치, 분포, 변화를 이해하는 것과 밀접한 관계가 있다. 음성학이 찾아낸 수치는 생리학 혹은 음향학과 관련이 있을 수 있다. 이 수치가 있어야 한편으로는 음운체계 내부의 구조와 배치, 음운체계 간의 분포 양상, 통시적 음성변화와 공시적 음성변화 그리고 각종 음운과정에 대하여 만족스러운 기술을 할 수 있고, 하나하나의 단음을 자연부류로 귀납할 수 있다. 동일한 자연부류에 속하는 음성들은 통시적 음성변화와 공시적 파생과정에서 동일한 현상을 보인다. 정리하자면, 생리·음향 청취음성학 이 세 영역의 연구성과를 토대로 음성의 조합 및 기능, 분포, 변화 이 세 영역에서 심화된 연구가 가능하다는 뜻이다. 바꾸어 말하면, 뒤의 세 영역을 연구하기 위해서는 앞의 세 영역에 대한 연구가 필수적이다.

3. 중국어 음성학에 있어서 실험음성학의 공헌

3.1. 정명의 필요성

실험음성학의 발전은 p 첨가 혹은 g 탈락 현상에 대한 연구가 시사하는 바와 같이 공시적 음운연구에 매우 유용하다. 본 절에서는 실험음성학이 음성을 기술하는 데 있어서 얼마나 큰 역할을 할 수 있는지에 대하여 소개하겠다. 지금까지 중국어 음성학에서 사용되는 용어는 대부분 조음음성학이 수십 년 전에 인식한 것을 토대로 한다. 최근 이 삼십년 동안의 발전에 힘입어 음성학의 내용은 크게 쇄신되어 낡은 관념에 대한 새로운 인식이 쌓이게 되었으며, 이에 따라 명칭을 새로이 해야 할 필요성이 제기되었고, 또한 명칭을 새로이 할 수 있는 근거도 충분히 마련되었다.

"명칭이 바르지 않으면 조리가 서지 않는다."는 말이 있다. 이 말은 현재 연구에 있어서 필수사항이기도 하다. 학문연구에 있어서 명칭이란 개념의 창조,

정의, 이해와 불가분의 관계가 있다. 그러므로 '정명'은 두 가지 내용을 담고 있다. 하나는 사물을 정확하게 인식하여 개념을 정의하는 것이고, 또 하나는 이에 합당한 명칭을 찾는 것이다. 앞서 소개한 공자의 명언은 다음과 같이 이해할 수 있다. 용어를 정확하게 사용하지 못했다는 것은 곧 개념을 제대로 이해하지 못했다는 것이며, 이는 곧 이치 또한 정확하게 설명할 수 없음을 뜻한다. 이를 중국어 음성학에 적용해보면, 잘못된 인식으로 지어진 잘못된 명칭은 잘못된 설명과 잘못된 결과를 초래한다는 것을 의미한다. 그러므로 본 절에서 논하고자 하는 '정명'이란 '명분' 싸움이 아니며, 또한 호불호의 문제도 아니다. 여기에서 '정명'이란 인식을 확장하여 개념을 새롭게 하는 것에 있다. 만약 옛 이름이 모순을 야기하고, 오해와 곡해를 일으켜서 인식의 확대에 저해가 된다면 응당 새로운 명칭에 대하여 진지하게 고려해야 할 것이다. 이에 관한 몇 가지 예를 소개하겠다.

3.2. 조음부위 명명의 근거

'발음부위와 발음방식'에서 '발음'이란 협의의 발음, 즉 조음을 일컫는다. 광의의 발음이란 발성에 조음을 더한 것이다. 여기에서 발성이란 음원을 뜻하는 것으로 광의의 발음에 입각해서 말하자면 인후 부위의 상태를 말한다. 그리고 조음이란 공명을 뜻하는 것으로 성문 상부의 공명강 상태를 말한다.

중국어 음성학에서 조음부위의 명명은 능동부위, 즉 혀의 부위를 기준으로 이루어졌다. 예를 들어 t 는 '설첨전음', tɕ 는 '설첨중음', tʂ 는 '설첨후음'이라고 부른다. 그런데 이렇게 명명하면 다음과 같은 문제점이 발생한다. (1) 국제음성학계의 규범에서 벗어난다. 국제음성학계에서 1차 명칭은 고정부위를 기준으로 하기 때문이다. 물론 분류를 더욱 세분화하기 위하여 능동부위를 보조적으로 이용하여 2차 명칭을 기술할 수는 있다. 그러므로 앞서 예로 든 t, tɕ 는 국제음성부호로 각각 '치음/치경음', '치경구개음'이라고 해야 한다. 권설음 tʂ처럼 고정부위만으로 정의하기 어려운 소수 음성에만 능동부위의 명칭을 보조적으로 사용할 수 있다. 두 가지 구체적인 예를 더 들어보면, (2) 치음(dental)

과 치경음(alveolar)을 능동부위인 설첨(전)음이라고 부르면 이 두 음을 분간할 수 없다는 문제점이 있다. (3) '설첨음'은 동시에 모음과 자음을 가리키므로 이 또한 적합하지 않다. 음성학은 생리학, 음향학과 같아서 지역특성으로부터 자유롭다. 그러므로 표1과 같이 자음의 1차 명칭은 고정부위(표 1 상단을 참조)를, 2차 명칭은 능동부위의 명칭을 기준으로 삼아야 한다.

<표 1> 자음표(폐부 기류)(부분)

	双唇	唇齿	齿间	齿/龈	龈后	卷舌	硬颚	软颚	小舌	咽	喉
파열음(爆发音)	p b			t d		ʈ ɖ	c ɟ	k g	q ɢ		ʔ
접근음(近音)		ʋ		ɹ		ɻ	j	ɰ			

3.3. Approximant는 접근음이지 계속음이 아니다

조음방법에 대한 용어에도 수정해야 할 부분이 있는데 여기에서 큰 혼란을 야기하는 용어 하나를 소개하겠다. Approximant는 새로운 단어라고 할 수 없지만, 자의에 따라 '접근음'으로 번역하겠다. 과거 국제음성부호는 이 행[7]을 모두 semi-vowel '반모음'과 continuant '계속음[8]'으로 불렀다. Clements(1990)에 의하면, approximant는 Ladefoged(1982)에 의해 도입되어 frictionless continuant(无擦通音)를 대체하게 되었다. 그러나 사실 이보다 앞선 1979년판 국제음성부호에 이미 이 단어가 채택되었다.

Approximant는 사용된 지 이미 20년이 넘었음에도 불구하고 중국어에서는 상응하는 용어가 없어서 계속 '通音'이라는 명칭을 사용해왔다. approximant의

---

7   역주: 국제음성부호(IPA, 1996)에서는 'ʋ, ɹ, ɻ, j, ɰ'를 Approximant에 포함시키고 있다.

8   역주: 중국어 음성학에서 사용하는 '通音'을 이현복·심소희 <중국어 음성학> 교육 과학사 (1999: 76)는 '이동음'이라고 번역했다. 내용에 의하면, '이동음'이란 장애유 지단계에서 성도가 거의 열려져 있어 기류가 통과할 때 마찰이 없거나 매우 경미한 음을 '이동음(通音)' 또는 '무마찰 이동음(无擦通音)'이라고 한다. 그렇지만 원문 에서는 continuant를 '通音'으로 적고 있기 때문에 본고는 영어를 기준으로 삼아 '通音'을 '계속음'이라고 번역한다.

대역으로 '通音'을 사용하면 다음과 같은 문제가 발생하게 된다. (1) '通音'은 continuant의 의미이지, approximant의 의미가 아니다. (2) '通音'이란 본래 중국어에서 매우 혼란스러운 용어로서 한 종류가 아니라 여러 종류의 소리를 뜻한다. 협의의 의미로는 반모음(王力 1983)을 뜻하기도 하며, 광의의 의미로 鄭张尚芳(1964)은 마찰음, 비음, 설측음, 무마찰 通音, 반모음이 이에 속한다고 했으며, 赵元任(1968)은 설측음과 日성모만 이에 속한다고 보았다. (3) 최근 continuant와 approximant의 용법이 더욱 세분되었는데, 전자는 무성 약한 마찰음[9], 후자는 유성 약한 마찰음(非噝音 unsibilant)에 속한다. Lavoie(2001: 21)도 연구개 약한 마찰음인 x:ɣ를 'some Kind of continuant'와 'approximant'라고 기술했다. (4) 국제음성부호에서 이 행의 음가에 대한 인식이 크게 넓어져서 approximant라는 새로운 용어를 만들었고 대신 continuant 혹은 semi-vowel이라는 용어를 사용하지 않게 되었다. 그러므로 애매모호한 '通音'이라는 용어는 사용하지 말아야 할 것이다. 접근음, 활음, 약한 마찰음, 계속음은 그 관계가 서로 복잡하게 교차되어 있으므로 朱晓农(1987, 2003b)을 참고하기 바란다[10].

'通音 continuant'은 그 뜻이 여러 가지로 풀이될 염려가 있기 때문에 적당하지 않다. 그러므로 '近音'이라는 용어로 approximant를 번역하겠다. 이에 상응하여 lateral approximant는 '설측 접근음'이라고 번역한다.

---

9   역주: 朱晓农은 마찰강도에 따라 '噝音(sibilant)'과 '非噝音(unsibilant)' 두 종류로 나누었는데, 전자는 강한 마찰음을, 후자는 약한 마찰음을 나타낸다. '呼音'이란 朱晓农이 만든 용어로 '약한 마찰음'을 뜻하며 非噝音과 같은 의미이다(朱晓农 2003b: 11).

10   역주: 朱晓农은 유성음의 마찰정도를 아래 그림과 같이 정리하였다. 그림을 보면 저자가 설명하려고 하는 개념과 그에 상응하는 발음들을 일목요연하게 이해할 수 있다. 朱晓农은 유성 呼音인 발음하기가 쉽고, 유성 폐쇄음은 상대적으로 발음하기가 어려우며, 유성 噝音은 발음하기가 가장 어렵다고 적고 있다(상동 14쪽).

	元音	滑音/近音	呼音	噝音
无擦 ――――――――――――――――――――――――――――→ 强擦				
	i u a	j w/ɥ ʋ l	ɣ v β ʎ	z z̧ ʐ

3.4. 非폐기류 기제

1993년판 국제음성부호 자음표는 1989년판에 비해 큰 변화가 있었다. 바로 폐기류의 기제에 따라 두 장의 자음표, 즉 폐기류 pulmonic 자음표와 非폐기류 non-pulmonic 자음표로 분리한 점이다. 전자는 일반적이고 호흡과 관련이 있으며 폐기류가 동력원인 자음인데 반해 후자는 호흡과 관련이 없으며 폐기류를 동력원으로 사용하지 않는 자음으로 흡착음 click, 내파음 implosive, 방출음 ejective이 있다. 이어서 이 非폐기류 자음의 명칭에서 나타나는 새로운 견해를 소개하겠다.

<표 2> 자음표(非폐기류)

흡착음	유성 내파음	방출음
ʘ 双唇 bilabial	ɓ 双唇 Bilabial	p' 双唇 Bilabial
ǀ 齿 Dental	ɗ 齿ʔ龈 Dental/alveolar	t' 齿ʔ龈 Dental/alveolar
! 龈后 (Post)alveolar	ʄ 硬颚 Palatal	
ǂ 龈颚 Palatal-alveolar	ɠ 软颚 Velar	k' 软颚 Velar
ǁ 龈边音 Alveolar lateral	ʛ 小舌 Uvular	s' 龈擦音 Alveolar fricative

3.4.1. implosive는 흡기음 또는 전성문폐쇄음이 아니라 내파음이다

implosive는 '내파음'이라고 번역하는 것이 가장 적당하다. 내파음은 东南方言과 民语에서 자주 보이는데, 과거에는 이를 '흡기음' 혹은 '전/앞 성문폐쇄음'이라고도 불렀다. 李方桂선생과 赵元任선생은 20세기 30년대에 이미 implosive 기류의 기제에 대하여 심원한 인식을 가지고 있었다. 단지 당시의 음성학이 초기 발전단계에 머무르고 있었기 때문에 내파음에 대하여 합당한 음성부호와 용어를 설정하지 못해서 어쩔 수 없이 장기간 '흡기음' 혹은 '전/앞 성문폐쇄음'이라는 용어를 사용할 수밖에 없었다. 그러나 지금 우리는 '내파음'에 대한 충분한 인식을 하고 있으며 이에 대한 음성부호와 용어를 설정하기에 이르렀으므로 더 이상 '흡기음', '전/앞 성문폐쇄음 ʔb'와 같은 용어와 음성부호를 사용할 필요가 없게 되었다.

'흡기음'은 주동적인 들숨을 뜻한다. 그러나 implosive는 적극적인 들숨의 결과물이 아니라 후두부를 하강시키고, 두 뺨을 부풀려서 내는 피동적인 결과물로서 공기역학에 따른 자연스러운 산물이다. 즉, 이 소리는 상위 분류표준인 폐기류와 非폐기류의 기제와 연관이 있다. 폐기류와 관련된 소리는 모두 '주동적인 호흡'으로 내는 소리이다. 非폐기류와 관련된 소리는 모두 '호', '흡'과 관련이 없다. 왜냐하면 호흡이란 본래 폐운동이기 때문이다. 非폐기류는 후두의 升降, 구강 용적의 확대 등 생리적 운동에 의해 성문 상부의 공기를 압축하거나 희박하게 함으로써 소리의 동력을 형성하기 때문에 이 소리는 폐호흡과 관련된 용어로 표현하지 말아야 한다. 가장 중요한 것은 음성학적으로 진정한 의미의 폐부 흡기음이 존재하는데(Catford 1988), 선행연구에 의하면 중국의 경우 甘肃, 宁夏 등지의 방언에서 그 예를 찾을 수 있다(张淑敏 1999, 王森 2001, 阎淑琴 2002).[11]

'전/앞 성문폐쇄음 ʔb'와 같이 사용하는 것도 합당하지 않다. 내파음은 기본적으로 모두 유성음(지금까지 나는 무성 내파음에 관한 학계의 보고를 두 번 접했다. 각각 국내와 국외의 사례인데, 후자는 아직 검증이 필요하다.)인데 '유성파열음'과 '성문폐쇄음 ʔ'은 서로 모순이 된다. 성문폐쇄음을 발음할 때 갑상연골은 수평방향으로 성대를 팽팽하게 잡아당기는데, 유성파열음을 발음할 때에 성대는 팽팽하지도 느슨하지도 않은 비교적 자연스러운 상태에 놓이기 때문이다. 그러므로 'ʔb'류와 같이 '전 성문폐쇄음+파열음'이 동시에 발음된다는 것은 불가능한 일이다. 왜냐하면 성대가 팽팽함과 느슨함을 동시에 형성할 수 없기 때문이다. 만약 순서대로 발음한다면 성대를 먼저 팽팽하게 하여 성문폐쇄음의 발음준비를 마친 후에 성대를 느슨하게 하여 유성음을 발음하게 되는데 이렇게 하면 일반적인 유성음을 발음하는 것과 다를 바가 없게 된다. 물론 내파음을 발음할 때에도 성대가 팽팽하게 긴장하지만 이것은 후두가 하강하면서 형성되는 긴장이므로 성문 폐쇄음 ʔ과는 엄연한 차이가 존재하며[12] 더욱

---

11   역주: 阎淑琴(2002: 102)은 인류의 음성은 대부분의 호기음(egressive)과 소수의 흡기음(ingressive)으로 이루어져있으며, 흡기음은 缩气音 implosive와 嗒嘴音 click 으로 세분된다고 했다.

중요한 것은 진정한 의미의 전 성문 폐쇄음의 동화발음인 ʔm, ʔl 등이 존재하므로, 'ʔ-'로써 내파음을 표시하거나, '전 성문 폐쇄음'으로 내파음을 가리킬 수 없다는 것이다. 또 북부의 吳語와 프랑스어에 있는 /p/와 같은 무성파열음을 앞 성문폐쇄음화된 것이라고 여기는 사람들도 있는데, 발음원리를 따져볼 때 이것은 수긍할 수 있는 부분이다.

3.4.2. ejective는 긴장후음이 아니고 방출음이다

ejective 는 '방출음'이라고 번역하는 것이 합당하다. 만약에 '긴장후음'이라고 번역한다면 부분적 특징만을 고려한 탓에 오해의 여지가 생기게 된다. ejective를 '후음/후화음'이라고 부르기도 하는데, 이는 더욱 잘못된 것이다. ejective의 뜻은 '방출하다'이고, 방출음 p' t' k'가 인강 및 구강 내 공기를 압축하여 방출하는 특징과 일치한다. 실제로 성문 상부의 공기를 압축하기 위해서는 후두를 마치 피스톤 운동처럼 상승시켜야 하는데 '긴장후음'은 기껏해야 몇 개의 신경과 근육활동의 일부일 뿐 가장 중요한 공기역학적 운동이 결여되어 있다. 또한 '긴장후음'은 운동 방향을 명시하고 있지 않는데 이는 가장 핵심적인 부분이다. 왜냐하면 후두를 아래쪽으로 긴장시키면 이때 형성되는 소리는 ejective가 아닌 내파음이 되기 때문이다. 만약에 수평 방향으로 긴장시키면 creaky voice가 된다. 이때 "수평 방향으로 긴장시킨다."라는 표현이 '긴장시킨다'라는 본래 의미와 가장 잘 부합된다. 후두를 위쪽 혹은 아래쪽을 향해 긴장시키라는 것은 모두 유표적 의미가 있는 것이므로 반드시 방향명사를 추가적으로 사용해야 한다.

방출음은 희귀한 발음으로 느껴질 수 있지만 사실 폐쇄음 중 네 번째로 자주 보이는 발음이자 전 세계 18%의 언어에 존재하는(Fallon 2002: xv) 발음이기도 하다. 특히 아프리카, 아메리카 토착어에서 많이 찾아볼 수 있다.

---

[12] 내파음을 제대로 발음하지 않는다면 후두의 상태는 일반적인 유성음과 비슷하게 된다. 구강 내에는 기압이 형성되지 않고 파열 역시 명확하게 발생하지 않는다. 성문 폐쇄음을 발음할 때에도 후두는 하강할 수 있다(Cun 2004). 이는 모두 음성학적 자유 변이음에 속한다.

3.4.3. click은 㗲音이다

click을 '혀 차는 소리'로 번역하는 경우가 있는데 이는 발음 부위의 중점을 간과하는 것이다. click에는 다섯 종류가 있는데, 네 가지는 혀를 차는 소리이고, 한 가지는 입술을 차는 소리이다. 이 소리를 '흡기음'이라고 번역하는 사람도 있는데 이것은 내파음을 '흡기음'으로 번역하는 것보다 더욱 부당한 것이다.

필자는 click을 '㗲音(zhōuyīn)'으로 번역하고자 한다. 왜냐하면 구어에서 '㗲'는 전형적인 치경폐쇄음 click을 의미하기 때문에 명명 원칙에 부합된다. 다만 이 글자가 흔하게 사용되지 않는다는 것이 흠이다. 구어에서 '嘖(zé)'는 click의 일종이기 때문에 '嘖音'으로 번역하는 것도 나쁘지 않지만 '嘖'는 치폐찰음이라는 문제가 있다. '㗲嘖音'은 폐쇄(찰)음이지만 일반적인 폐쇄음과는 다음과 같은 차이점이 있다. (1) 기류의 기제가 다르다. 㗲嘖音을 발음할 때 기류의 움직임은 연구개 기류기제로서 기류는 안으로 들어온다. (2) 㗲嘖音은 장애가 두 군데에서 형성된다.

㗲音은 극히 희귀한 소리가 아니어서 남아프리카 언어에서 많이 관찰된다. 그리고 음소로 설정하지 않는다면 일반 언어에 모두 존재하는 소리이기도 하다. 이 소리는 변방음으로서 부르는 소리로 존재하기 때문에 전체 음운체계에서 음소의 지위를 차지하지는 않는다. ≪广韵≫에는 '㗲, 닭을 부를 때 내는 소리이다'라고 설명되어 있다. 혀끝을 치경에 위치시킨 뒤 장애를 제거하고, 기류를 안쪽으로 빨아들이면서 '㗲㗲㗲㗲'라고 소리를 내며 닭에게 모이를 주는 소리이다. '嘖'는 이와 다르게 혀끝을 치아 뒷부분에 혹은 치경 앞부분에 위치시키고 '嘖嘖嘖嘖'라고 탄복하며 내는 소리이다.

3.5. 발성

최근 이삼십년 실험음성학의 발전에 따라 후두 부위의 발성상태(phonation type)에 대한 인식 역시 확대되어 현재 우리는 성조의 묘사를 포함한 많은 음성 현상에 대하여 알게 되었다. 계속해서 동남 일대 중국어와 民语에서 흔히 나타나는 '긴장후음/후음화'현상에 대하여 소개하겠다.

Laryngealization은 영어에서 무척 애매모호한 단어이다. Clark & Yallop(1995: 22)는 이 단어를 신중하게 사용할 것을 당부했다. 중국어에서 '긴장후음/후음화'는 더욱 애매모호한 표현으로 '긴장후음, 후화음, 긴장후음작용, 긴장후음성분' 등과 같이 성질이 완전히 다른 기류기제와 발성 및 조음작용을 나타내는 데 사용되고 있다. 지금까지 조사한 바에 의하면 '긴장후음'라는 용어가 출현한 지역과 가리키는 바는 아래와 같이 16종류의 상이한 의미로 정리될 수 있다(朱曉農 2003c).

100. 성문폐쇄음
110. 후색말음
111. 단음절 뒤에서 변별적으로 사용되는데, 긴장자음, 긴장모음과 혼동하기 쉽다. 吳语.
112. 장음절 뒤에서 종종 상승성조와 함께 나타난다. 上海话.
120. 중 성문폐쇄음 aʔa, 연음하지 않는 모음 사이에 나타난다. '西安 xi'an'
130. 전 성문폐쇄음
131. 비음 전 성문폐쇄음 ʔm, 상승성조로 시작하지 않는 곳에서 나타난다. 북부 吳语.
132. 무성폐쇄음 전 성문폐쇄음 ʔp, 긴장자음(610)과 혼동되기 쉽다. 정도가 약한 완전긴장음(630)으로 볼 수 있으며, 성조 시작부분의 하강을 유도한다. 프랑스어, 북부 吳语, 한국어.
200. 비음머리음 mb, 苗瑶语.
300. 내파음 ɓ, 성조 시작부분의 하강을 유발한다. 吳语, 闽语, 粤语.
400. 갈라짐소리 creaky voice ɜ̰, 台州, 缙云, 韶关.
500. 방출음 t'
600. 긴장음
610. 긴장자음 fortis/lenis, 무성폐쇄음 앞 성문폐쇄음(132)과 혼동되기 쉽다.
620. 긴장모음 tense/lax, 黎语, 载瓦语.
630. 전체긴장음, 전체 음절이 긴장하는 소리. 미주 인디안어의 단음절, 高坝侗语의 고평조, 温州话의 阴上字. 전체긴장음을 발음할 때에는 발음기관, 성도, 후두가 모두 긴장하기 때문에 긴장자음, 긴장모음, 단음절 뒤에 일반적으로 성문폐쇄음, 무성폐쇄음 앞 성문폐쇄음 등이 동반된다.

700. 가성, 信宜와 容县의 지소사 변조
위에서 소개한 많은 종류의 소리는 서로 후두부의 긴장 정도가 서로 다르다. 그래서 '긴장후음/후화음'라고 명명해도 문제가 없다. 이 외에 특수한 후음화 현상에 속하는 이완후음을 소개하겠다.
800. 이완후음
810. 哼声/浊耳声 murmur/whisper voice: 북부 吴语.
820. 气声/浊送气 breathy voice : Hindi, Urdu.
830. 吼声 growl: 宁波, 镇海.

위에서 소개한 바와 같이 '긴장후음/후화음'라는 두 용어는 지나치게 남용되고 있다. 그러므로 개념을 명확히 해야 하는 부분은 그 활용범위를 제한할 수 있는 용어를 사용해야 할 것이다.

3.6. 성조

성조는 성모나 운모에 비해 간단할 것 같지만 사실 성조에 대한 연구가 가장 미흡하다. 성조의 기원, 변화는 물론이고, 공시적 분포, 변이, 습득뿐만 아니라 단음절 성조와 다음절 성조의 관계, 성조와 기타 언어 단위의 관계 등에 있어서 우리가 알고 있는 것이 가장 적은 것이 바로 성조이다. 그 원인은 전사방법의 한계에서 찾을 수 있다. 현재 실험음성학의 발전에 힘입어 연구 상황이 크게 달라졌다. 우리는 기본주파수를 규범화하는 프로세스와 연속적인 기본주파수를 묘사하는 방법을 고안해냈으며 5도표기법을 세분화하거나 간단히 할 수 있는 4도영역제라는 성조표기법도 제안하였다. (Zhu 1999, 2002, 朱晓农 1996, 2004a, 2004b)

3.7. 소결

앞서 소개한 용어들은 이전에 적당한 대역용어가 없었다. 그 이유는 기류기제, 발성상태 등에 대한 이해가 최근 20~30년 사이에 이루어졌기 때문에 赵元任 당시 이 용어들을 번역할 여건이 조성되지 않았기 때문이다. 십 수 년 전나는 <음성부호의 채택과 용어정의의 융통성(音标选用和术语定义中的变通性)>에서 용어는 융통적 사용이 가능하다고 주장했다. 주요 내용은 "문제의 근원은 사물의 연속성과 분류의 이산성, 사물의 변동성과 분류의 정지성, 이 두 가지 모순에서 비롯된다"는 것이다. 지금의 견해는 음성부호와 용어는 비록 융통적 사용이 허용된다고 할지라도 이것은 단지 임시변통적인 응급처치에 불과하다는 것이다. 인식의 심화와 더불어 개념은 타당하게 분화하여야 하며, 용어와 부호는 응당 새로운 것을 추가하거나 쓸모없어진 것을 폐기하는 등의 조정이 필수적이다.

새로운 개념이 출현할 때 기존의 용어를 변통해서 사용할 것인지 아니면 새로운 용어를 만들 것인지에 대한 문제는 오래된 과제이기도 하다. 기존의 용어는 친숙하지만 오해의 소지가 있으며 새로운 용어는 오해의 소지는 없지만 생소하여 익숙해지기 위한 시간이 필요하다. 굳이 선택하자면 나는 새로운 용어를 만들 것을 지지한다. 이유는 개념이 새로운 것이라는 데 있다. 초심자는 항상 새로운 개념을 익히기 마련인데 기존의 용어를 사용한다면 새 개념이라는 것을 인지하지 못할 수도 있으며 이는 지식의 쇄신과 발전에 저해되기 때문이다.

4. 역사음운론에 있어서 실험음성학의 공헌

4.1. 보편적인 음성변화와 다섯 가지 재현: 실험음성학의 역사적 재현에 대한 새로운 요구

실험음성학이 역사음운론에 도움을 줄 수 있다는 것은 이미 널리 알려진 사실이지만 그 가치를 진정으로 인정받기 시작한 것은 최근 몇 년 사이의 일이다. 이것은 실험음성학의 발전에 힘입은 것이기도 하지만 Ohala가 지난 30여 년 동안 부단히 기울여온 노력의 성과이기도 하다. 그는 "역사상 발생했던 모든 음성변화는 실험음성학 연구실에서 재현되어야 한다(Ohala 1989, 1993)"라는 명언을 남겨 많은 사람들로 하여금 끊임없이 발전할 수 있도록 격려했다. 중국 역사음운론에서 실험음성학의 도움을 받은 연구는 이제 겨우 발걸음을 뗀 상태이며 중국 역사음운론에 있어서 실험음성학이란 막 솟아오르기 시작한 태양과도 같은 존재이다. 실험음성학은 역사음운론과 함께 음성변화의 상대적 순서를 발견하고 설정할 수 있으며, 더욱 중요한 것은 음성변화에 관한 실질적인 해석—물리, 생리, 청취적 각도에서 자연적 음성변화의 인과관계를 규명할 수 있다는 점이다. 대부분이 통계적 자료일지라도 말이다.

역사음운론은 음성변화-변화원인, 과정, 기제, 패턴-를 파악하는 것을 주요 목표로 삼는다. 최근 십여 년 동안 음성학, 사회언어학, 유형론의 큰 발전은 우리로 하여금 언어의 변화를 파악하려면 변화 중에 있는 언어를 그 출발점으로 삼아야한다는 사실을 일깨워주었다. 즉, 실제언어의 연구를 통해 축적된 지식으로 역사문헌을 연구해야 한다는 뜻이다. 음성변화를 연구하는 데에는 두 가지 중요한 부분이 있다. 하나는 내적 음성변화, 즉 자연적 음성변화에 주목하는 것이고, 다른 하나는 언어접촉으로 인한 외적 음성변화에 주목하는 것이다. 보통 외적 음성변화의 원인은 매우 불확정적이며 변화방향 또한 임의적이다. 언어접촉으로 인한 특정상황의 특정변화 역시 무척 다양하지만 이것은 역사현상의 하나로서 현재의 역사연구와 마찬가지로 중복되지 않는 현상은 개별적 처리대상으로 간주한다. 그러므로 음성변화를 파악하기 위한 목적에서라면 지금으로서는 외적 음성변화의 가치를 정확하게 평가하기가 곤란하다.[13]

내적 음성변화의 원인에 대한 해석은 매우 다양한데 비교적 중요한 것으로는 첫째, 경제원칙, 변별원칙, 구조적 빈자리 채우기 원칙 등 추상적이고 목적론적인 원인을 들 수 있다. 둘째, 해당 언어 사용집단 내부의 사회·문화적 구동 요소가 그 원인이 될 수 있다. 셋째, 생리, 물리, 청취 상의 보편적 원칙 역시 원인이라는 것이다. 보편원칙에 부합하는 보편적인 음성변화 현상은 실험음운론이 가장 주목하는 부분이다. 보편적인 음성변화 현상은 (1) 역사적으로 계속 재현되고, (2) 다른 언어에서도 재현되고, (3) 언어 습득과정에서 재현되고, (4) 실어증 환자에게서도 거울처럼 재현되고, (5) 실험실에서도 재현되기 때문이다. 실험

---

13 그러나 외적 음성변화 자료를 일정한 목표 하에 체계적으로 검색하고 관찰한다면 자연적 음성변화의 속성을 이해하는 데 도움이 될 것이라고 생각한다.

음운론은 재구원칙을 제시할 수 있다. 왜냐하면 재구하는 역사적 음성변화는 앞서 제시한 다섯 종류의 검증을 통과해야하기 때문이다. 이는 口耳之學을 창설한 초기 음운학자들의 의도와도 부합하는 부분이기도 하다. 이 다섯 가지의 재현은 口耳之學을 구체화, 과학화한 것이라고 볼 수 있다(朱曉農 2004e).

4.2. 모음의 연쇄적 고모음화: 청자가 주체인가, 화자가 주체인가?

중국어 역사에 있어서 큰 규모의 연쇄적 고모음화는 지금까지 모두 세 번 발생했는데 모두 a와 연관이 있다(朱曉農 2005a). 장모음은 연쇄적 음성변화 과정에서 항상 고모음화 되었는데, 이것은 Labov(1994)의 '연쇄적 음성변화 3원칙' 중의 첫 번째에 해당한다. 그러나 왜 고모음화는 가능한데 저모음화는 불가능한지에 대한 설명은 없다. 西晉 말에서 北朝 초기에 발생했던 연쇄적 음성변화(歌魚侯幽: *aj〉 *a〉 *o〉 u〉 *ou)를 통해 가능성 높은 두 가지 원인, 즉 청자가 주체인지 혹은 화자가 주체인지를 알아보자. 두 가지 가설은 각각 다른 음성변화의 출발점에 서있다. 청자가 주체라는 가설은 歌部 *aj〉 *a에서 시작하여 魚侯幽를 차례로 고모음화하며, 화자가 주체라는 가설은 魚部에서 시작하여 侯幽를 고모음화함과 동시에 歌部로 빈자리를 채운다. 이 두 개의 가설은 '발음의 초기상태'로 회귀한다는 더욱 기본적인 가설을 바탕으로 한다. '발음의 초기상태'란 발음기관이 자연스러운 상태에서 발성하고 조음하는 것을 의미한다. 초기상태에서 내는 가장 자연스러운 성조는 4도표기제에서는 낮내림음 [21]이고, 5도표기제에서는 [21~31]이다. 그리고 가장 자연스러운 모음은 중모음 ə이다. 변별력이 가장 높은 조형과 음소는 수평조와 /a/이다.

화자 주체: 초기상태로 회귀를 말한다. 연쇄적 고모음화는 a의 고모음화가 원인일 것이다. 길고 낮은 모음 a가 쉽게 고모음화 되는 이유는 화자 입장에서 볼 때 긴 시간 동안 입을 크게 열고 있기가 힘들기 때문이다. a를 일정 시간동안 길게 발음하다보면 조음기관은 자연스럽게 중모음 ə 초기상태로 돌아가게 된다. 이때는 응당 발성을 멈춘 다음 조음기관을 초기상태로 되돌려야 한다. 그렇지만 발성이 아직 완전히 멈추기 전에 조음기관이 초기상태로 회귀되면

'시간분배의 오류(mis-timing)'가 발생하여 a↑ 활음의 전이 상태가 형성된다.

경제원칙 등 목적론적 관념은 왜 먼저 발성을 멈추지 않는지에 대하여 설명이 불가능하다. 왜냐하면 먼저 발성을 멈추면 힘을 더욱 절약할 수 있기 때문이다. 게다가 어떤 음이든 연장된 후에는 힘을 아끼려는 것과는 무관하게 초기 상태로 돌아가려고 하기 때문에 뒷부분에는 과도음이 첨가되기 마련이다. 초기 상태로의 회귀는 실험으로 증명할 수 있는 가설들이 존재할 뿐만 아니라, 다른 음성변화 현상도 설명이 가능하다(朱曉農 2004f). 더욱 중요한 것은 연쇄적 고모음화는 왜 항상 장모음에서만 발생하고 단모음에서는 발생하지 않는지, 어째서 같은 종류의 연쇄적 고모음화가 반복해서 출현하는지를 설명할 수 있다는 것이다.

청자 주체: 과소교정을 뜻한다. 모음 최초의 대변이는 歌部 *aj에서 시작되었을 것이며 청자가 주체였을 것이다. 음성신호의 물리적 특성과 청각적 인지가 항상 일대일로 대응하는 것은 아니다. 청자가 일대일 대응이 아닌 음성신호를 듣고 귀납할 때 해석상의 오류가 발생할 수 있다. aj를 발음할 때 혀를 j위치까지 이동하지 않고 j쪽으로 이동하려는 움직임만 표현하는 것이 화자의 의도일지라도 청자는 이것을 장모음 a를 발음할 때 자연스럽게 초기상태로 회귀하는 것으로 받아들일 수 있다. 이런 음성변화는 청자가 원인이다. 화자의 입장에서 어쩌면 aj를 발음했을 수도 혹은 a를 발음했을 수도 있다. 그러나 청자의 입장에서는 두 종류의 발음을 명확하게 들었음에도 불구하고 한 종류의 발음 a..a↑로 인식할 수 있다. 일반적인 상황에서 청자는 a..a↑를 정확하게 aj 또는 a로 회복할 수 있다. 그렇지만 해석하는 과정에서 오류가 발생하면 본래 화자의 의도인 aj를 장모음 a의 무의식적이고 자연스러운 발음인 a↑로 여기게 되어 청자가 그 발음을 재현할 때는 자기 생각대로 a로 잘못 고쳐 발음하게 되는데 이런 예를 과소교정(hypo-correction)이라고 한다.

위에서 소개한 두 종류 음성변화의 원인은 매번 발생할 때마다 개별적이고 임의적이어서 보통 사회적 규범에 의해 교정되기 때문에 음성변화로 발전되기가 쉽지 않다. 그러나 다음 두 가지 경우에는 음성변화로 발전할 가능성이 높다. 하나는 완전히 임의적인 선택이 반복적으로 발생하다가 어느 날 정말로 확산되는 경우이고, 또 하나는 인구이동이 혼잡한 상황에서의 해당 지역의 언어집단에 속해있지 않은 청자가 사회적 규범을 자연스럽게 받아들이지 못하는 경우이다. 이민족이 해당 지역의 언어를 배울 때에는 화자가 의도적으로 행하는 언어목표를 포착하지 못하거나 변별자질이 없는 부대적인 특징을 모방의 목표로 삼는 결과 음성변화가 발생한다. 최초로 장모음이 연쇄적으로 고모음으로 변한 것은 五胡十六国 민족 대융합의 시기였는데 인구이동과 이민족의 중국어 학습은 음성변화의 촉매제 역할을 했을 것이다.

4.3. 浊声의 운명

上古音 群母는 4等이 모두 완전했으나 中古音에서는 3等字만 남게 되었다. 왜 并定의 폐쇄음은 변함이 없는데, 洪音 群母만 마찰음으로 변하여 匣母로 편입되었을까? 그리고 왜 细音字는 마찰음으로 변하지 않았을까? 전에는 이 문제를 제기한 사람이 아무도 없었지만 실험음성학이 출현한 오늘날에는 이 '원인'에 대하여 실질적인 설명을 할 수 있게 되었다(朱晓农 2003b).

실험음성학은 우리에게 무성폐쇄음에 비해 유성폐쇄음이 더 지속하기 어렵다는 것을 알려주었다(Ohala 1983). 유성폐쇄음을 발음할 때에는 우선 장애를 형성한 다음 성대를 진동시키고 마지막으로 장애를 제거한다. 문제는 성대의 진동에 있는데, 기류가 성문을 통과 한 뒤에 구강에 머무를 때 구강 내 기압이 높아져서 성문 상하의 기압차가 거의 같아지게 된다. 그러면 성대진동에 필요한 성문하압이 부족해지기 때문에 결국 유성음은 발음하기가 어려워진다. 설사 발음에 성공했다고 하더라도 지속하기가 매우 어렵다. 그렇다면 왜 g는 지속이 특히 더 힘들까? 해답은 앞서 소개한 赵元任(1935)의 설명에서 찾을 수 있다. "설근과 연구개가 만나는 지점에서 성문까지는 공간이 좁기 때문에, 상대적으로 공간이 큰 [b], [d]에 비해 제한을 많이 받는다. 또한 성대가 조금이라도 진동을 하면 좁은 공간은 바로 공기로 꽉 차버려서 공기압이 형성"되기 때문이다. g가 지속하기 힘든 발음이라면 왜 细音인 '群奇琴强'와 같은 예에는 여전히 남아 있는지에 대한 의문이 생긴다. 이것은 g 뒤에 介音 i가 장애 형성

지점을 앞으로 이동시켰기 때문이다. 즉, 여기에서의 /g/는 연구개음이 아니라 경구개음인 ɟ이다. 이렇게 장애 형성지점이 앞으로 이동하면 '구강 내 공간이 상대적으로 확장'되면서 유성음도 보다 쉽게 지속될 수 있게 된다. 이로써 장애 형성지점이 앞으로 이동할수록 더욱 넓은 구강공간이 확보되기 때문에 무성음화에 대한 대항력이 높아짐을 알 수 있다. 즉, 유성폐쇄음은 장애 형성부위가 뒤에 위치한 음부터 시작된다는 것이다.

4.4. 음성변화의 상대적 연대

역사비교언어학의 결함은 古音을 재구하는 데 있어서 그 절대 연대를 확정할 수 없다는 것이다. 문헌을 참고한다고 하더라도 그 연대는 여전히 매우 광범위하다. 지금까지 북경어의 구개 접근음 성모 j가 권설 접근음 ɻ로 바뀐('荣' ju ŋ〉 ɻ u ŋ) 현상만이 1860년 전후에 발생한 것으로(朱曉農 2003a) 알려져 있으며, 경순음화, 무성음화, 입성의 소실 등과 같은 중요한 음성변화도 대략 비슷한 시기일 것으로 추정한다. 실험음성학의 도움으로 우리는 일부 역사적 음성변화는 음성변화가 시작된 상대적 연대를 유추할 수 있게 되었다. 상대적 연대를 유추할 수 없을 경우에는 간접적으로 절대적 연대를 확정할 수 있다. 예를 들어, 洪音 群母의 마찰음화, 3等韵의 장모음화 및 介音 i의 첨가는 둘 중 어느 것이 앞선 것일까? 上古 3等字에는 구개介音이 없었다(蒲立本 2000). 潘悟云(2000: 153)은 구개개음은 ≪切韵≫의 시대에서 멀리 떨어지지 않을 것이라고 추정했다. 하지만 群母의 마찰음화를 고려해볼 때 구개개음의 형성연대는 그보다 더 일러야 群母의 음성변화를 위한 시간이 확보된다. 3等字는 구개개음이 형성된 이후에 群母 g의 장애형성부위를 ɟ까지 앞으로 이동시킴으로써 마찰음화를 피할 수 있었다. 그러므로 3等字 구개개음의 추가가 먼저 발생했고 (최소 北朝 초기), 1, 2, 4等 群母가 匣母로 합쳐진 것은 그 뒤에 이루어졌다고 볼 수 있다. 그렇지 않다면 구개개음이 없는 3等字 또한 群母를 소실했을 것이기 때문이다.

4.5. 上声의 재현

실험음성학적 접근은 많은 개념을 명확하게 할 수 있다. 특히 일부 古音의 재구는 이를 통해서만 실현이 가능한 경우도 있다. 아래 上声 재구의 예를 소개하자면, 첫 번째 예는 증거는 많아 보이지만 성질이 모두 다르기 때문에 표준으로 삼기 어렵다. 두 번째 예는 모든 실질적인 증거들을 총망라만 했을 뿐 이론과 논리가 부족한 것처럼 보이지만 사실 가장 정확한 접근방법이라고 여겨진다.

中古上声의 재현: Sagart(1986)가 中古 上声을 -ʔ 말음으로 재구할 때, 梅祖麟(Mei 1970)이 제공한 温州, 建阳, 浦城, 定安, 文昌 방언 외에 澄迈, 海口, 万宁闽南话(Ting 1982), 黄岩(赵元任 1928), 乐清(Nakajima 1983), 南雄(Egerod 1983)의 예를 들었다. 中古 혹은 그 이전의 上声은 어쩌면 후두폐쇄음이 말음이었을지도 모르지만 앞서 소개한 방언의 예 중에는 이에 합당하지 않는 것들이 있다. 예를 들어 温州 上声은 후두폐쇄말음의 문제가 아니라 전체 음절이 긴장하는 온 긴장음이다. 黄岩은 후두폐쇄말음이나 중간후두폐쇄음도 아닌 짜내기소리 이며(朱晓农 2004d), 乐清 역시 후두폐쇄말음이 아닐 것이다. 南雄의 상황은 확실하지는 않지만 인접해 있는 韶关의 중간후두폐쇄음이 짜내기소리라는 사실을 주목해야 한다(朱晓农·寸熙 2003). Sagart는 성질이 완전히 다른 여러 종류의 성문폐쇄말음, 짜내기소리, 내파음, 온 긴장음을 모두 같은 것으로 여겼는데 실험음성학의 도움이 더욱 절실한 부분이다.

上声의 기원: 최근 성조의 기원은 역사음운학 초미의 관심사가 되었다. 현재 진행 중인 한 연구를 소개하겠다. 이 연구는 실험음성학적 원리와 언어학적 관점에서 上声의 기원을 논리적으로 유추한 것이다. 上声의 기원에 대해서는 두 가지 견해가 지배적이다. 첫째, 중국어 성조는 처음부터 존재했던 것이 아니라 비 성조적인 것으로부터 변형된 것이다. 둘째, 처음 성조의 존재를 인식한 후 초기(남북조 후기에서 당나라 초기) 上声의 조형은 상승조, 阴上은 높은 상승조, 阳上은 낮은 상승조였다.

'非성조적' 특징이란 발성, 분절음, 음세기(향도를 포함하는, sonority), 음길이를 모두 포함한다. 이 네 가지 요소 중 음길이는 상관이 없다. 왜냐하면 장음은 높은 소리로 발음될 수 있을 뿐만 아니라 낮은 소리로도 발음될 수 있으며, 단음 역시 마찬가지이기 때문이다. 음세기는 기본주파수에 작용할 수 있다. 비성조언어에서 세게 발음하면 음높이가 높게, 약하게 발음하면 음높이가 낮게 나타난다. 그러나 이것은 음의 고저 차이를 형성할 수 있어도 调形의 변화를 일으킬 수는 없다. 게다가 성조언어는 약하게 발음한다고 해도 음높이가 따라서 낮아지지는 않는다. 소리의 향도와 음세기는 직접적인 관련이 있다. 자음을 배제하고 성조정보가 실리는 모음에 대해서만 논하자면 Jespersen(1904) 이래 저모음은 향도가 높고 고모음은 향도가 낮으며 중모음은 중간이라고 알려져 있다. 그러나 성조의 종류가 모음의 고저와 일치하지 않기 때문에 향도 역시 가능성에서 배제된다. 그러므로 성조는 발성 또는 분절음 이렇게 둘 중 하나로부터 발생한 것으로 범위가 좁혀진다.

초기의 조형은 음양이 각각 평행을 이루며 平声은 수평조, 上声은 상승조, 去声은 하강조, 입성은 짧은조였을 것이라고 인식되어 있다. 唐나라 승려 处忠은 ≪元和韵谱≫에서 당시의 네 개 성조에 대하여 "平声者哀而安, 上声者历而举, 去声者清而远, 入声者值而促。(평성은 애잔하면서 높낮이가 없고, 상성은 힘차게 올라가며, 거성은 맑으면서도 멀리 뻗치며, 입성은 곧바르면서 급하게 막힌다)[14]"라고 묘사했다. 阴上이 높은 상승조인 이유는 '上声'이 그 명칭이 알려주듯 상승하는 조형이기 때문이다. '历而举'란 힘차게 올라가는 느낌을 말하는 것이니, 이는 높은 상승조를 가리키는 것으로 후두부 긴장을 수반했을 수도 있다.

우리는 上声의 기원은 다음과 같이 구체화할 수 있다. 어떤 발성 혹은 분절음이 상승조를 형성했을까? 발성에 있어서는 온 긴장음이 고음을 형성할 수 있고, 분절음에 있어서는 성모, 모음, 비음운미, 성문폐쇄말음 등이 기본주파수의 변화를 생성할 수 있다. 실험음성학은 앞의 4가지 요소는 上声을 생성할 수 없다는 것을 증명한 바 있다. 온 긴장음이 가능성이 없는 이유는 그것이 높은 음을 생성하는 것은 사실이지만 반드시 높은 상승조가 아니기 때문이다.

---

14   역주: 〈중국성운학개론〉, 대광문화사, 박만규 역(1990: 73)을 참조하였다.

설령 높은 상승조를 생성할 수 있다고 하더라도 阳上은 낮은 상승조를 필요로 한다. 성모의 유성과 무성은 성조 시작부분의 하강 혹은 상승을 유발하는데 음절 시작부분의 조형에 대하여 무성성모는 높은음을, 유성성모는 낮은음을 형성한다(Hombert 1978, Zhu 1999). 만약 성조시작부분의 특징이 전체 음절의 调形에 영향을 끼칠 수 있다면 유성성모는 상승조를 형성했을 것이다. 그러나 유성성모 음절에만 上声이 존재하는 것이 아니기 때문에 성모의 유무성 역시 가능성에서 배제된다. 동일한 조건 하에서는 일반적으로 고모음의 기본주파수가 저모음보다 높은데 이것이 이른바 모음의 내재 주파수(Lehist 1970, Zhu 1992)이다. 그렇지만 上声은 고모음에서만 존재하는 것이 아니기 때문에 역시 가능성에서 배제된다. 중국 방언에서 비음운미가 기본주파수의 상승을 유발하는 예를 발견할 수 있다(Rose 1992, Zhu 1999). 그렇지만 上声은 阳声韵에서만 존재하는 것이 아니기 때문에 비음운미 역시 가능성에서 배제된다.

그러므로 현재까지 진행된 연구에 의하면 마지막 후보인 분절음 성문폐쇄말음이 상승조를 형성했다고 보는 것이 上声의 유래를 설명할 수 있는 가장 유력한 가설이다(Hombert et al 1979).

5. 방언연구에 있어서 실험음성학의 공헌

실험음성학은 방언연구에 있어서도 제 역할을 수행하는데, 아래 몇 가지 예를 소개하겠다.

5.1. 짜내기소리의 식별

중국 방언을 묘사하다보면 '中喉音/中折调'[15]라는 용어가 있는데, 이것은 赵

---

15 역주: 원문의 설명에 따르면 '中喉音/中折调'는 (黄岩)上声자를 단독으로 발음할 때 중간에 후두를 잠시 닫았다가 귓속말을 함으로써 단독음절을 마치 두 개의 음절처럼 나누어서 발음하거나 阳上 성조의 경우 매우 낮은 음까지 하강하거나 하강한 후에 바로 상승하여 음절을 발음하는 중간에 음성이 사라져서 성문폐쇄음을 형성하는 발음이므로, 본고에서는 '中喉音'은 중간 후음으로, '中折调'는 중간 끊김조로 번역한다.

元任이 1928년 浙江 黄岩방언과 1929년 粤北 韶关방언에서 발견한 발음이다. 그는 "(黄岩)上声자가 단독으로 발음될 때(특히 阳上) 중간에 후두를 잠시 닫았다가 귓속말을 함으로써 단독음절을 마치 두 개의 음절처럼 나누어서 발음한다", 또 "阳上 성조는 매우 낮은 음까지 하강하거나 하강한 후에 바로 상승하여 음절을 발음하는 중간에 음성이 사라져서 성문폐쇄음을 형성하므로 [ɔ³¹³]은 사실 [ɔ³¹ʔɔ³]으로 바뀌게 된다. 이것은 음성적으로 마치 3개의 소리가 두 개의 음절을 만드는 것처럼 보인다(赵元任 1985)"고 소개했다.

우리의 현지조사와 실험음성학적 분석에 의하면(朱晓农 2004d, 朱晓农·寸熙 2003), 台州와 粤北의 중간 끊김조는 중간 후음이 아니라 짜내기소리로 인한 것이다. 중간 후음(aʔa)과 짜내기소리의 공통점은 음절 중간이 마치 잘린 것처럼 성문이 한번 닫힌다는 것이다. 그렇지만 이 둘의 발음생리는 완전히 상반된 특징을 가진다. 중간후음은 성대를 양 끝으로 팽팽하게 잡아 늘이는 방식으로 성문을 닫는 데 반해 짜내기소리는 성대를 중간으로 수축시키는 방식으로 성문을 닫는다. 음향 특징 역시 상반된다. 후두 폐쇄음은 상승조를 형성하는데 짜내기소리는 하강조를 형성한다. 짜내기소리를 발성할 때 성대는 짧고 두껍게 수축되는데 이때 성대의 길이는 유성음을 발성할 때의 2/3 정도에 해당한다. 발성할 때 성대의 대부분은 진동하지 않고, 성대 앞부분의 일부만 진동하며 기류는 매우 약하다. 성대가 두껍기 때문에 주파수는 20Hz~30Hz까지 낮아져서 종종 측정이 곤란하거나 측정 결과가 매우 불규칙적인 양상을 보인다. 기본주파수 곡선은 중간부분에 끊김 현상이 나타난다. 짜내기소리를 발성할 때 생리적 음향적 특징은 최근 20~30년 실험음성학의 발전에 힘입어 밝혀진 것이므로 이전의 여러 종류의 비유적인 명칭, 예를 들어 중간 후음, 맥동 pulsation, 덜덜거리는 소리 trillization, 지글거리는 소리 glottal fry, fry voice, vocal fry, 긴장후음/후음화 laryngealization 외에 심지어 긴장 후음이라는 명칭도 있었다.

짜내기소리는 드문 현상이 아니라 일상 대화중에, 예를 들어 北京话의 上声, 广州话의 阳平, 缙云의 阴上, 仙居塘弄의 阳平 등과 같이 낮은조에서 흔히 관찰되는 부수적인 현상이다. 이 외에도 粤北 토착어 韶关방언의 '중간 성문폐쇄음', 余干 赣语의 '불연속 성분', 赖源 闽语의 '중간멈춤조', 晋语 孝义방언의 '운모의 중간 멈춤' 혹은 '짧은 폐쇄성분', 汾城방언의 '긴장후음' 등에서도 비슷한 현상이 관찰된다. 韶关话의 '중간 성문 폐쇄음'은 이미 짜내기소리라고 밝혀지기도 했다. 마지막 4개는 赵元任이 묘사한 黄岩话와 비슷하기 때문에 짜내기소리와 유사할 것으로 보인다.

5.2. 방언구획의 조정

짜내기소리의 음성 특징을 규명하고 浙江 중부의 분포 상황을 조사하면 현재 행정구역과 일치하고 있는 吳语 台州 지역과 婺州 지역의 방언 분계선을 조정하여 약간 서쪽으로 이동한 大盘山까지로 정할 수 있을 것이다(Zhu 등재 예정).

5.3. 고모음이탈의 다양한 양상

中古 이후 운모가 i인 开口止蟹 3等字, 4等字는 현대 각 방언에서 마찰음화된 i_z, 설첨음화 된 ʅ, 설측음화 된 tɬ, 비음화 된 ŋi, 중모음화 된 i, 분화된 ei 등 다양한 방식으로 존재한다. 실험음성학의 연구 성과에 힘입어 우리는 통합된 개념인 '고모음이탈'이라는 개념으로 이들을 개괄할 수 있게 되었으며, 마찰음화와 짜내기소리화의 원인에 대해서도 토론할 수 있게 되었다(朱晓农 2004f).

5.4. 식별이 난해한 방언의 本字

앞서 소개한 고모음이탈에서 비음화는 매우 드물면서도 흥미로운 현상이다. 潘悟云은 졸고 ≪元音高顶出位≫를 읽고 나서 温州话 중에 음운지위를 확정하기가 매우 어려운 구어 중의 한 단어가 어쩌면 i의 비음화 및 고모음화 결과일 것이라는 데 생각이 미쳤다고 한다. 温州话 中古 阳韵字는 '样 ji ㅣ像 jiᵥ /dziᵤ'과 같이 운미를 탈락시키고 i로 고모음화 되었다. 그러나 '样'은 '何样,

別样, 不像兵不像民'에서 모두 ⁿɐi 로 바뀌었다. 이 변화는 식별이 몹시 어려워서 郑张尚芳은 '物样'의 합음이라고 하였고, 游汝杰는 ≪温州方言词典≫에서 동음자인 '娘'으로 표기하였다. 이와 유사한 사례가 苍南, 泰顺의 蛮话에서도 종종 발견된다.

6. 형태·의미연구에 있어서 실험음성학의 공헌

실험음성학은 문법과 별다른 관계가 없으며, 음성과 의미의 관계는 더욱 임의적인 것으로 여겨진다. 그러나 최근 우리는 지소사변조의 실험음성학적 연구(朱晓农 2004c, 朱晓农·寸熙 2003)에서 의외의 사실을 발견했다. 음높이와 의미 사이에 일련의 생물학적인 선천적 연관성이 존재한다는 것이다.

지소사 변조는 문법과 음운의 접점을 형성한다. 우리는 생물학 원칙인 "높은 주파수의 성조는 체구가 작은 것을 나타낸다."라는 인식에서 출발하여 여러 방언에 존재하는 지소사 변조와 여러 높은 조 현상에 대하여 해석을 시도한 결과, 지소사의 성조는 아동언어에서 비롯된 것이라는 것을 알아냈다. 지소사 성조는 발생적으로 애칭기능과 지소기능이 있다. 형성과정을 살펴보면, 애칭기능이 약화되고 나서 지소기능이 퇴화된다. 그러므로 '지소(diminutive)'는 '애칭(affective)'이라고 부르는 것이 타당하다. 발성상태가 다른 여러 종류의 지소사 성조(높은 상승조, 높은 수평조, 매우 높은 조, 성문 폐쇄 말음, 짜내기소리, 가성에 이르기까지)는 독립적으로 생성된 것으로 발전 과정을 나타내지는 않는다. 그렇지만 생성 원인과 작용은 모두 높은 조를 돋들리게 하고 강화하려는 데에 있다. r-음화 및 비음화와 높은 조로 바뀐 지소사는 독립적인 결과물로서 r-음화 및 비음화가 높은 조화보다 일찍 출현했다. 그러나 이들이 출현은 모두 어린 아이를 어여삐 여긴다는 연상에서 출발한다. 친근감과 높은음이 관련이 있다는 가설은 지소사 변조의 또 다른 기능(친근→경멸)을 훌륭하게 설명할 수 있다. 또한 전혀 관련이 없어 보이는 많은 언어현상, 예를 들어 北京话, 粤语에 존재하는 중첩형용사, 台湾의 '国语'와 대륙 아동언어의 호칭 등에 低高调形이 사용되는 이유, 영어의 아동용어와 홍콩 여성의 이름에 i가 애용되는 이유,

北京의 여성이 女国音을 사용하는 이유, 남성이 사랑에 빠졌을 때 목소리가 가늘게 변하는 현상, 이처럼 다양한 방식으로 똑같은 효과를 거두는 이유를 설명할 수 있다.

7. 결론

본고는 실험음성학의 현황과 중국 언어학에서의 응용을 소개했다. 실험음성학은 종합적 성격의 광범위한 학문분야이기 때문에 극히 일부분만이 언어학과 관련이 있다. 실험음성학은 대외적으로는 '언어학적 음성학'이며, 대내적으로는 '실험음운론'이다. 언젠가 나는 Ohala에게 experimental phonology가 그의 저서 Experimantal Phonology(1986)의 출판과 함께 탄생한 것이 아닌지를 물었다. 그는 실험음운론이라는 용어가 그때 출현한 것은 사실이지만 이것은 Ladefoged이 20세기 70년대에 제창한 linguistic phonetics와 유사하다고 답했다. '실험음운론'과 '언어학적 음성학'은 동일한 범주에 속한 두 개의 갈래로서 이 둘은 내포하는 바가 다르더라도 그 외연은 같다. 최근 몇 년 동안 이 분야는 신속한 발전을 이루었으며, 일반음성학, 방언연구, 음소론, 음운론, 역사음운학 등 중국어 음성연구에 있어서 없어서는 안 될 매우 중요한 의미를 지니고 있으며, 문법·의미 연구에 있어서도 중요한 기능을 수행하고 있다. 실험음성학의 신통함은 무궁무진하다고 해도 과언이 아니다. 몇 년 동안 "음성학은 용도가 무엇인가"라는 질문에 대하여 나는 뭐라고 대답할지 무척 난감했었다. 그런데 이 글을 완성하고 나니 마음이 한결 가벼워졌다. 음성학은 매우 유용한 학문이다라는 사실을 내 자신이 먼저 공감했다. 아울러 다른 사람들도 공감하기를 바라는 바이다.

제12장 생성음운론과 중국어 연구[*]

1960년대 후반, 생성음운론이 구조주의 음소론의 자리를 대신하여 미국을 비롯한 국제 음운론 학계의 주류 학파가 되었다. 이 시기 이후는 다시 1960년대에서 1970년대에 이르는 고전생성음운론과 1975년 이후의 비선형음운론의 두 단계로 나누어 볼 수 있는데, 그중에서 비선형음운론 시기는 갖가지 이론이 봇물 터지듯 쏟아져 나왔지만 모두 채 몇 년을 넘기지 못하였다. 1990년대 이후에는 최적성음운론(Optimality Phonology)이 거센 돌풍을 일으키게 되면서 생성음운론을 대신해 주류학파로 여겨지게 되었다. 이러한 상황은 중국 내의 적지 않은 학자들에게 곤혹감을 안겨준다. 여전히 생성음운론을 소개하고 연구해야 할 필요가 있는가?

필자는 하나의 언어이론에 있어 표현형식은 중요한 것이 아니라고 생각한다(예를 들면 'A→B/X__Y'의 규칙을 이용하여 표현하였는가와 같은 형식적인 문제를 말한다). 중요한 것은 그 이론이 새로운 연구 소재를 제공하여 기존 이론이 발견하지 못한 새로운 규칙을 발견하고 언어현상들 사이의 관계를 밝힐 수 있는가이다. 이것이야말로 본질적이면서도 방법론적으로도 창의적인 의미를 갖는 이론이라 할 수 있다. 이러한 특징은 표현형식의 변화가 있다고 해서 유행이 지나가듯 시대에 뒤떨어지는 것이 아니다.

그렇다면 생성음운론은 본질적이면서도 방법론적으로 창의적인 의미가 있

---

* 이 장은 『중국어문논역총간』 제32집(2013)에 발표된 자료를 수정 및 보완한 것이다.

는 이론적 특징을 갖추었는가? 나아가, 생성음운론은 중국어 연구에 있어 여전히 중요한 가치를 갖추었는가? 필자는 그러한 가치를 갖추었다고 생각한다. 아래에서 생성음운론이 가장 가치를 가진다고 생각되는 부분을 예로 들어 설명해 보겠다.

1. 음운론과 형태통사론과의 연관성

1.1. 기저구조

많은 학자들이 기저구조에서 표면층으로의 변환을 생성음운론의 특징으로 본다. 기저구조의 가치는 음운과 형태·통사의 접합부분을 음운연구에 도입하고 형태통사론적 제약조건을 마련한 것에 있다. 이를 통해 비단 음운의 층위에서뿐만 아니라 형태적 음운교체와 일부 통사적 조건을 통해서도 음운을 연구할 수 있게 되었으며, 따라서 음운의 공시적인 구조 및 그것과 방언음운 및 역사음운체계와의 연관성에 대해서도 심도 있는 연구가 가능해졌다. 예를 들어, Halle(1962)는 영어의 조어법에 있어 장모음과 단모음의 체계적 교체가 일어나는 현상에 근거하여 기저모음체계를 설정하였다. 이는 오늘날 영어의 공시적 기저모음체계가 여전히 기본적으로는 철자와 상응하고 있음을 설명해냈고(이 때문에 여러 영문철자개혁방안이 무산되곤 했다), 더불어 공시적 기저구조가 17세기의 표면형 모음체계라는 사실 또한 밝혀냈다. 이러한 접근방식은 중국어 연구에 있어 오늘날에도 여전히 가치를 가진다. 구체적인 예를 보자.

(1) 기저구조와 중모음 음소: 생성음운론이 도입되기 전에 중국어의 중모음 음소를 처리하는 방식은 매우 다양했다. 周同春(1982)의 'E'와'ə', 한어병음방안의 'e'와 'o', 王理嘉(1991)의 'e'와 'ɤ'는 두 개의 중모음을 설정한 안이고, 李兆同·徐思益(1981)의 'e, ɤ, o', 王理嘉(1983)의 'e, ɤ, ə'는 세 개의 중모음을 설정한 안이다. 또한 黃伯荣·廖序东(1981)과 林祥楣(1991)의 'e, o, ə, ɚ'와 같이 네 개의 중모음을 설정한 안도 있다. 이렇게 의견이 불일치하게 된 것은 음소를 귀납함에 있어 파생어에만 출현하는 권설음화운(retroflex final)도 반영을 했다거나 일부는 감탄사나 의성어에만 출현하는 음운형식까지도 고려하였기 때문이다.

이렇게 음소를 처리하는 방식은 구조주의의 음소론 원칙에는 부합한다. 음소론에서는 음소를 귀납할 때, 형태적 조건 또는 통사적 조건은 감안하지 않고 음성형식이 나타내는 의미가 무엇인지(동일한 형태소를 포함했는지 여부)를 전혀 모른다고 가정하고 대립, 상보적 분포 및 음성형식의 동일 여부만을 근거하여 음소를 귀납한다(王理嘉 1983, 1991).

그러나 음소라는 것은 본래 문법단위의 표현형식이기 때문에 음운단위나 문법단위 그리고 이들 사이의 관계는 말하는 이의 인지체계 속에 공존하고 있다. 이러한 이유로 생성음운론자들은 음운단위를 분석할 때 형태통사적 조건을 반드시 고려한다. 문법의 음운적 조건을 더하여 예측이 가능한 음운단위는 유도단위(derived unit)가 되고(표준중국어의 '牌儿', '盘儿'의 음운형식은 '牌'와 '盘'의 대표형에서 권설음화 규칙을 통해서 예측이 가능하다), 문법이나 음운적 조건으로부터 예측이 불가능한 음운형식은 유도단위를 생성해내는 기초 형식으로서 어떠한 단위로부터도 생성되어지지 못하기 때문에 기본단위(base unit)가 된다. 이는 즉, 음운, 형태, 통사의 조건을 동시에 고려하여야 하며 기본 음운형식과 파생된 음운형식을 동일한 층열에서 처리해서는 안 된다는 것을 의미한다.

생성음운론을 적용하면 표준중국어 중모음 음소 처리문제는 훨씬 간단한 문제가 된다. 표준중국어 권설음화운의 음운형식은 단음절에 음성규칙을 적용하여 도출해낼 수 있기 때문에 전체 음소의 분석은 단음절만을 고려하면 된다. 단음절형식에서 중모음 음소가 주요모음(운복)으로 기능하는 경우는 다음과 같이 완전하게 상보적 분포를 이룬다.

[ɤ]: 순음성모가 아니면서, 개음절인 경우
[o]: 순음성모이면서, 개음절이거나 u 운미를 가지는 경우
[e]: i 운미를 가지는 경우
[ə]: n 운미를 가지는 경우
[ʌ]: ŋ 운미를 가지는 경우
[ɚ]: 영성모이면서 권설음화운인 경우

단음절과 권설음화운을 두 개의 층열로 구분하여 보게 되면 표준중국어의 권설음화운은 단음절형식에서 도출이 가능한 파생관계가 되기 때문에 모든 생성음운론자들의 표준중국어 중모음 음소 처리에 대한 결론은 일치하게 되어 郑锦全(Cheng C-C,1973), 薛凤生(1986), 王志洁(1999), 端木奕(Duanmu San, 2000a) 등이 모두 표준중국어에 하나의 중모음 음소 /ə/만이 존재한다고 하였다.

결론적으로 중국어의 음소처리에 있어 단음절의 음운형식은 융합(fusion)[1] 되었거나 다음절인 음운형식과 층열을 구분하여 다루어야 하고 단음절 음운형식과 다음절내부에서 해당되는 음절 사이에 음운교체현상이 있는지 여부를 관찰하여 만약 음운교체가 일어난다면 그 제약조건은 무엇인지를 주의해서 살펴보아야 한다. 이때, 단음절 음운형식과 다음절 내부에서의 연성(sandhi) 형식 중에 어떤 것이 기본형이고 어떤 것이 유도해낼 수 있는 형식인지에 대한 세심한 판단이 이루어져야 기본단위와 유도단위를 설정할 수 있다(단음절 음운형식과 연성형식은 모두 기본단위가 될 수 있다는 사실에 유의하여야 하는데, 다음절 내부의 연성형식이 기본형이 되는 경우도 적지 않기 때문이다.[2]

역사비교언어학은 1960년대에 본격적으로 동원관계에 있는 언어를 비교하기 시작했다. 이에 앞서 '어휘형태 귀일화' 작업이 선행되어야 했는데, '어휘형태 귀일화'라는 것은 공시적 어휘교체의 비대칭 현상을 통해 역사적인 원형을 밝히는 일이다. 주목할 만한 것은 역사적인 원형이 공시적으로 기본음운형식, 즉 기저형과 일치하는 경우가 다수 존재하였고, 하나의 언어에서 얻어낸 실마리를 통해 어휘형태의 원형을 찾아내는 과정은 공시적인 기본형을 확정하는 과정과도 동일하다는 점이다. 그러나 역사적 형식이 공시적 언어 속에 잔재하지 않을 수도 있으며 그 흔적이 지나치게 산발적인 경우에는 역사적인 원형이 기본음운형식을 이룬다는 규칙이 공시적인 음운체계에서 간명함의 원칙에 부합하지 않을 수 있다. 그렇기 때문에 용어의 사용에 있어서 공시적인 관점에서

---

1   역주: 언어의 변천 과정에서 흔히 볼 수 있는 현상으로서 2중 모음이 단모음이 되는 현상을 말한다. (전상범[2004], 『음운론』, 서울대학교출판사, 687쪽 참조)

2   이와 관련해서 王洪君(1999: 79-81)을 참고할 수 있다

의 '기본음운형식'과 '원형(original form)'을 구분하여야만 하며, 원형이라는 용어에 역사적 원형이라는 의미를 부여하는 것이 적절하다. 생성문법의 기저층 (기본음운형식)과 표면층(파생음운형식)에 관한 분석과정은 역사언어학 영역의 '내적재구법(internal restructure)'[3]을 크게 개선해주었다고 말할 수 있다.

이론적으로 공시적 음운체계의 단음절과 연성을 서로 다른 층열로 나누어 정리하고, 공시적 측면에서의 대표형(citation form), 연성형(sandhi form), 기저형(underlying phonetic form) 또는 기본형(base form), 표면형(surface phonetic form) 또는 파생형(derived form), 원형(original form)을 구분하는 것은 표준중국어와 방언연구에 꼭 필요하다.[4]

(2) 기저구조와 표준중국어의 운모체계: 중모음의 음소분류 문제가 해결되고 나면 표준중국어의 운모체계는 명확하게 드러나게 된다(王洪君 1999: 64-68). 학계에서 자주 거론되는 개구호(开口呼), 제치호(齐齿呼), 합구호(合口呼), 촬구호(撮口呼)의 사호(四呼)에 의한 분류, 개운미, '-i/-u'운미, '-n/-ŋ'운미에 의한 분류 외에도, 운복의 위치가 개음절에서 고설, 중설, 저설의 대립을 이루고, 폐음절은 [-저설성]와 [+저설성]의 대립을 이루며, 권설음화운만이 혀높이 자질의 대립이 없는 특징을 보인다. 구체적으로 열거하면 다음과 같다.

	운복									
	[+고설성]	ï	i	u	y					
개음절운	[-고설성, -저설성]	ə	iə	uə	yə					
	[+저설성]	a	ia	ua						
		əi	uəi	əu	iəu	ən	in	uən	yn	əŋ
폐음절운	[-저설성]	iəŋ	uəŋ	yəŋ (운복에서의 중모음과						
			고모음이 중화됨)							

---

3 역주: 역사비교언어학에서 고립된 언어(language isolate)는 역사를 기술함에 있어서 동족어(related language)들과의 비교라는 최상의 도구가 없다. 이때 내적인 자료에 의존하여 그 언어의 초기 단계에 대한 암시를 얻는 방법을 내적재구라고 한다. (이을환 外 共译[1987], 『비교-역사언어학』, 학연사, 55쪽, 114쪽 참조)

4 이와 관련해서는 Chen, Matthew Y.(2000: 50-51)를 참조할 수 있다.

[+저설성]	ai uai au iau an ian uan yan aŋ iaŋ uaŋ
권설음화운 [　　　]	ɚ (운복의 [-저설성]과 [+저설성]이 중화되고, [+모음성]자질만이 남음)

생성음운론의 원칙에 근거하여 중모음 /ə/만을 설정하여 도출해낸 운모체계는 다음의 사실을 훌륭하게 설명해낸다.

① 폐음절운의 운복 중에 개음이 있는 [-저설성]의 운모인 uəi, iəu, in, uən, yn의 운복은 상성과 거성에서는 비교적 뚜렷한 중모음인데, 음평과 양평에서는 높이가 애매한 과도음이 된다. 심지어 in과 yn의 경우에는 개음이 운복의 위치까지 연장되어 읽힘으로써 완전히 중모음이 출현하지 않기도 한다. 위의 운모체계는 해당 음절의 운복이 위치상 고모음이 되건 중모음이 되건 음절 자체의 변별에는 영향을 미치지 않으므로 대립이 되지 않고 중화되어, 그 음가가 중모음과 고모음 사이에서 유동적일 수 있다는 사실을 설명해준다. 운복의 앞뒤에는 모두 설배[+고설성]의 자질이 존재하므로 성조의 변화폭이 작을 때에는 운복이 고모음으로 동화될 수 있는 것이다. 운복의 음높이가 고설인지 중설인지의 음가 차이는 압운에도 영향을 미치지 않으므로 əi, uəi, əu, iəu, ən, in, uən, yn은 모두 압운되는 운들이다.

② 단음절 중에서 유일하게 권설음화운은 음평과 양평에서 운복이 중앙모음이고, ei와 en이 권설음화된 음가와 동일하다. 상성과 거성에서는 운복이 반저모음으로 ai와 an이 권설음화된 것과 음가가 동일하다(李思敬 1986). 이에 근거하여, 李思敬(1986)은 학계에서 같은 음성형식으로 양평의 '儿'과 상성인 '而' 및 거성인 '二'을 함께 표기하는 것을 반대하였다. 그러나 위의 운모체계로 볼 때, 학계에서 이와 같이 표기해온 체계상의 근거를 알 수 있다. 단음절의 권설음화운은 한 세트만 존재하며 고모음과 중모음의 대립이나 저모음성의 대립도 없다. 즉, 단음절의 층열에서 권설음화운은 ə와 a의 대립이 이미 중화되어 음가가 두 개의 소리 사이에서 유동적이다. 이러한 사실은 이 두 가지 소리가 기저층에서 하나의 음소임에 영향을 미치지 않는다. 권설음화운에서 대립은 또

다른 층열에서 처리해야 할 파생된 음운형식이다. 사실상 단음절 내부의 ər과 ar은 서로 다른 성조 조건을 가지는 상보적 분포를 이루며, 음가의 변화가 '성조의 변화폭이 작은 음평과 양평에서는 운복의 개구도가 작아지고, 성조의 변화폭이 큰 상성과 거성에서는 운복의 개구도가 커진다'라는 보편적 규칙에 부합한다. 그러므로 발음하는 사람은 이에 대한 차이를 전혀 인지할 수 없다. 만약에 단음절 음운형식과 융합형식의 두 개 층열을 구분하며 기저형식이 화자의 심리 속에서 중요한 작용을 한다는 사실을 이해한다면, 말하는 사람이 이 음가의 차이를 인지하지 못한다는 사실이 놀랍지 않을 것이고, 또한 한어병음방안에서 이들을 하나의 운모로 표기하는 것에도 이의를 제기하지 않을 것이다.

(3) 기저구조와 방언음운체계·역사음운체계: 하나의 음운체계가 가지는 기저층 구조로부터 출발하면 이 기저층과 동일한 계통을 가지는 인접 방언음운체계와의 관계 및 본 음운체계의 역사음운체계와의 관계를 더욱 쉽게 파악할 수 있다. 예를 들어, 북방방언운모의 음운체계는 기본적으로 동일한데 중원 관화지역의 宕江 攝 입성에서 온 '跃', '学', '觉' 등의 글자들만이 한 세트의 개음절로 중모음(음가는 지역에 따라 [io], [yɤ], [iɤ] 등으로 상이하다)으로 독립된 채, [-후설성]의 자질로 제치호 또는 촬구호에서 'ie, ye'와 대립을 이루고 있다. 이러한 체계는 표준중국어와 비슷한 방언음운체계에서 나타나는 특징일 뿐 아니라 표준중국어 문독층의 역사음운체계가 가지는 특징이기도 하다.

1.2. 운율형판설

운율형판설의 핵심은 인류언어가 조어에 있어 음운구조의 제약을 가진다는 것이다. 즉, 언어에서 단어 또는 어간 등의 형태적 층위 또는 의성어나 의태어 또는 명사와 동사 같은 특정 유형의 단어들이 어쩌면 고유의 음운구조제약을 가진다는 것이다. 영어의 단어는 반드시 두 개 이상의 모라를 가진다거나 한국어의 의태어는 반드시 양성모음과 음성모음이 조화된다거나 하는 것이 그 예이다. 이것은 마치 언어가 형태단위를 위해 운율형판(prosodic template)[5]을 준비해두었다가 분절음을 재료로 삼아 이 형판에 맞게 최종적으로 정형해낸다는 말과 같다. 또 다른 관점에서 보면, 이러한 특정 운율형판은 특정한 형태단위와 상관이 있기 때문에 비선형적인 운율구조 역시 어떤 추상적인 형태의미를 전달하는 형식이 되었다고 볼 수 있다. 이것은 보통 분절음의 단선적 배열이 형태의미를 전달하는 것과 비교해보았을 때 고유의 특징을 명확히 갖는다고 볼 수 있다. 이렇게 특수한 비단선적 운율구조는 종종 중첩, 부분중첩, 변형중첩 등과 상관이 있는데, 운율의 다양한 변화를 통해 현실에서의 추상적인 선율변화를 직접 드러낸다. 운율형판설은 언어와 현실 사이의 도상적 관계를 드러내주는 가장 좋은 도구라고 할 수 있다.[6]

운율형판설은 1985년 이후 아랍어의 연구에서 처음 제기되어 오스트로네시아 토착어 등의 해석에도 큰 성공을 거두었다. 형식적으로 보았을 때 운율형판설은 '계수정적변수' 및 형판의 적용묘사법으로 이루어져 실질적으로는 '계수정적변수'가 핵심이 되고 형판의 적용묘사법은 다른 형식 또는 단순히 문자로 풀이한 경우와 똑같은 효과를 거둘 수 있다. '계수정적변수'는 운율구조 본연의 선율 특징을 직접적으로 드러내 보여준다.

필자는 운율구조 본연의 선율 특징을 드러내는 것과 형태적 의미 및 이 두 가지 사이에 존재하는 도상적 관계가 운율형판설이 가지는 근본적 가치라고 본다. 이러한 방식의 접근은 여러 방면에서 중국어의 연구를 촉진시켰다.

冯胜利(1997)는 가장 먼저 2음절의 '표준음보'를 중국어의 '기본운율단어'로 제시하였다. 王洪君(1999)은 더 나아가 형태와 운율의 두 가지 기준에 근거하여 중국어의 운율단어(prosodic word), 유사운율단어(compound prosodic

---

5   역주: McCarthy의 *Formal Problems in Semitic Phonology and Morphology*(1979)에서 처음 제시된 개념으로, 나중에 CV-골격(CV-Skeleton)이라고 불리게 된다. 전상범, 앞의 저서(2004: 471) 참조.

6   역주: 도상적이라는 것은 언어에 실제 세계의 모습이 투영되어 있는 것을 말한다. 통사적 현상을 예로 들면 두 개의 통사적 단위들의 배열순서가 언어사용자의 인식 세계 속에서 그 두 단위들이 나타내는 상황의 상대적인 순서에 의해 결정된다는 연구결과가 있다(이성하[2006], 『문법화의 이해』, 한국문화사, 119쪽 참조). 본문에서는 반복 등의 방식으로 표현되는 운율 유형이 언어사용자의 추상적인 인식행위의 반복 등을 드러낸다는 의미에서 운율과 현실 사이의 도상적 관계를 설명하고 있다.

word), 운율구(prosodic phrase)를 정의하였다. Lu·Duanmu(1991)는 1음절과 2음절이 수식구조와 술목구조에서 서로 다른 조합관계를 가지는 경향에 대해 증명하였다. 이들의 연구에 따르면, 1-1 또는 2-2의 음절배치가 수식구조나 술목구조에서는 모두 자연스럽지만, 3음절의 수식구조, 술목구조는 내부적인 음절배치가 완전히 상반된 모습을 보인다. 3음절의 수식구조는 대부분이 2-1의 배치가 적격인데 반해 1-2의 배치는 부적격 양상을 보인다. 반면 3음절의 술목구조는 1-2의 배치가 적격이고 2-1의 배치가 부적격이다. 端木三(Duanmu 1997)은 1음절과 2음절의 조합이 중국어 조어에 있어서 서로 다른 기능을 한다는 것을 발견했다. '切菜刀'와 '蔬菜加工刀'의 예를 보면 합성어의 수식어 부분이 술목구조로 1-1의 배치는 VO순이 되고 2-2의 배치는 OV순이 된다. 冯胜利(2003)는 중국어의 글말에 이음절화 조어규칙이 존재한다고 하면서, '互帮', '互助', '互相帮助'는 모두 적격인데 '互帮助', '互相帮', '互相助'는 모두 부적격이고 '不及细问'은 적격인데, '不及问'은 모두 부적격인 것을 그 예로 들었다.

王洪君(1994)과 石毓智(1995)는 표준중국어와 방언에 존재하는 의성의태어 '1삽입 이음절화어(嵌l词)', '반절식 이음절화어(切脚词)', '표음어두 이음절화어(表音词头词)'[7] 등을 연구하여 이러한 조어법 사이의 공통점을 밝혀냈다. 먼저 王洪君은 의성의태어 '1삽입 이음절화어', '반절식 이음절화어'에서 두 번째 음절이 첫 음절보다 공명도가 크다는 점, 성모와 운모의 선택제약이 단음절과

7 　역주: 의성의태어를 제외한 세 가지 조어법에 대한 번역어가 존재하지 않아 역자가 번역한 용어를 사용하였다. '1 삽입 이음절화어'는 山西, 河南 일대에서 광범위하게 유행하는 단음절의 이음절화 현상이다. 예를 들어 '拔'[paʔ]라는 단음절을 [paʔlaʔ]로 나누어 읽는 식이다. 반절식 이음절화어는 福州에서 자주 사용되는 음운조어방식으로, 예를 들어 '摆'[pɛ]를 [pɛlɛ]로 나누어 읽는다. 표음어두 이음절화어는 山西 등지에서 유행하며 어근 앞에 의미가 없고 약한 입성음절이 더해지는 것이 특징이다. 이렇게 단음절이 특수한 운율제약을 통해 2음절로 읽히는 현상에 대해 王洪君은 '一生二(이 역시 번역어가 없는데, '이음절화 조어법'으로 번역하는 것이 어떠한가 제안해본다)'이라고 이름하여 설명하고 있다. 더 많은 예와 구체적인 음운제약은 王洪君(1999, 『非线性音系学』, 北京大学出版社, 187-194쪽)을 참조할 수 있다.

같거나 비슷하다는 점을 공통된 특징이라 하였다. 石毓智는 이러한 단어들에 대해 성모의 공명도 차이를 분석하였는데, 전수통계 결과, 北京 의성어의 성모는 많은 수가 두 번째 음절이 공명도가 큰 특징을 가지며, 예외가 되는 소수의 의성어들은 뜻대로 되지 않는다는 감정 색채를 가진 것들이었다. 이외에 'ㅣ 삽입 이음절화어'와 '표음어두 이음절화어'도 성모의 공명도에 있어 공통적인 특징을 가지고 있었다.

Sun Jingtao(1999)는 상고시기의 연면어(连绵词)에 대해서 중요한 연구성과를 거두었다. 상고시기 쌍성어와 첩운어는 운율형판에 있어 4가지유형으로 구분이 가능하며, 이들 유형은 각각의 형태의미를 가진다는 것이다. 다음이 그 분류이다.

(1) 쌍성이며 운모가 [-원순성]/[+원순성] 또는 이와 같은 유표와 무표의 형식으로 대응하여 나타내는 형식으로 '중복'의 의미를 나타낸다. 뒤에 위치한 글자가 기본이 되어 기본의미를 결정한다. 예를 들면 '辗转(*tràntrwàn, 이리저리 뒤척이다)'은 '转(구르다)'의 의미에 '중복'의 의미를 더한 것이다.

(2) 첩운의 형식으로 지소사(diminutive)의 의미나 생동감있는 양태를 나타낸다. 첫 번째 글자가 기본이 되어 그 성모를 유지하며 두 번째 글자의 성모는 고정적으로 l 또는 r로 바뀐다. '蜉蝣(*bəwləw, 하루살이)'와 '丰融(*phəŋwləŋw, 풍성한)'이 그 예이다.

(3) 분열중첩의 형식으로 첫 번째 글자의 성모와 두 번째 글자의 운모가 합쳐진 것이 기본글자가 되고 첫 번째 글자의 운모와 두 번째 글자의 성모는 중첩되는 과정에서 발생한 형태와 음성의 상호작용에 의해 채워진다. '蒺藜(*dzəkjrəj, 남가새)'는 '茨(*dzəj, 남가새)'이고 '髑髏(*dakuraŋ, 두개골)'는 '头(*daŋ, 머리)'이다.

(4) 완전중첩의 형식으로 중언(重言)이라고도 한다. 생동적인 인상의 형태의미를 가진다. 예를 들면 '穆穆(부드러운)', '霏霏(흩날리는)', '耳耳(풍성한)', '虫虫(몹시 화가 난)' 등이 있다.[8]

---

[8] 역주: Sun Jingtao(1999)를 참조하여 저자 원문에는 없는 상고음(*표시는 상고음을

형태와 운율의 상관성, 특히 단음절과 다음절이 중국어의 조어법에 미치는 영향에 대해서는 표준어와 방언을 막론하고 또 공시적인 관점과 통시적인 관점을 막론하고 여전히 많은 이견이 존재하며 깊이 있는 연구가 필요한 문제가 많다.

1.3. 운율계층설

앞서 살펴본 바와 같이 생성음운론이 시작됨과 동시에 음운은 형태통사와는 무관하다는 기존의 관념이 무너지고 음운단위와 음운규칙의 확정에 있어 형태통사적 조건이 도입되었다. 1970년대 말에 제안된 운율계층설(Selkirk 1978)과 1980년대에 이르러 학계의 화두가 되었다(Hayes 1984, Nespor·Vogel 1986, Zec 1988). 운율계층설은 인류언어에 있어 음운과 통사 사이에 놓인 계층이 보편적으로 존재하여 크기가 다른 운율단위를 형성한다는 주장이다. 그 운율단위를 큰 것부터 열거하면 '담화-억양구-운율구-접착구-운율단어-음보-음절-모라'가 된다.

이러한 단위는 각각이 고유의 운율특징이 있는 한편 형태통사적으로 규칙적인 관계를 맺고 있다(예를 들어, 영어의 'black board'는 앞 단어에 강세를 두면 합성어이고, 뒷 단어에 강세를 두면 구이다). 이외에도 미국의 음운론 학자들은 계층에 있어서 운율단어 층위가 특별히 중요하다고 여기어 이를 경계로 하여 음운규칙을 어휘규칙과 후-어휘규칙으로 나누기도 하였다.

이러한 운율계층(prosodic hierarchy)은 인류언어가 보편적으로 가지는 모형인가? 중국어를 이용해 검증해볼 수 있다. 张洪明(Zhang 1992)은 이와 관련해 다음과 같이 설명하고 있다.

(1)   중국어를 분류대상으로 본다면 이러한 계층은 먼저 두 개가 아닌 세 개로 나누어야한다. '담화-억양구'는 화용적인 층위의 초점(focus) 등에 의해 제약을 받는 부분이고, '운율구-접착구-운율단어'는 형태통사적 조건의

의미한다)과 의미를 필요에 따라 삽입하였다.

받는 부분이며, '음보-음절-모라'는 공명도연쇄원칙(Sonority Sequencing Principle)의 제약을 받는 부분이다.

(2) 일부 중국어 방언(平遥방언[9])은 성조연성에 있어 구의 성격을 가지는 술목구조의 성조연성이 운율단어의 성격을 가지는 수식구조에서의 성조연성에 포함될 수 있어서(예를 들면, 迎春化가 있다) 운율계층이 '작은 단위가 큰 단위를 이루는' 일반적인 관계를 이루고 있지 않다.

王洪君(1994, 1999)은 영어는 분명 운율단위로부터 운율단위와 형태통사적 접합점을 찾을 수 있으나 언어보편적으로 모두 이런 현상이 있는 것은 아니라고 하였다. 중국어는 음절이라는 계층에서 형태통사적 접합점을 찾을 수 있는데, 이는 중국어 단음절이 대부분 의미를 가지는 문법단위이기 때문이다. 외래어를 제외하고 연면이나 'l' 삽입 이음절화어 등의 다음절단순어는 앞서 언급했듯이 모두 파생된 것으로 그 기저층이 모두 하나의 음절에 하나의 의미를 가지는 문법단위이다. 영어에 있어서는 하나의 강세를 가지고 자유롭게 운용될 수 있는 운율단어가 음운체계의 핵심이 되고 중국어에 있어서는 하나의 음절이 하나의 의미를 가지는 단음절이 음운체계의 핵심이 된다.

王洪君(2001, 2005)은 또 다른 연구를 통해 형태통사와 운율의 접합점이 되는 최소단위, 즉 영어에서는 단어(기저층에서 하나의 단어강세구간이자 하나의 문법단위), 중국어에서는 한 글자(하나의 음절이 하나의 의미를 갖는 단위)가 개별 언어 체계에서 가지는 중요성을 지적했다. 그 중요성은 다음과 같이 나타난다.

(1) 운율형태통사의 운용에 있어 핵심이 된다. 중국어의 단음절은 운율에 있어 핵심요소이다. 특수한 운율형판이 단음절을 중심으로 '2음절의 1음절화' 또는 '1음절의 2음절화' 방식으로 운용될 때 성조연성은 단음절을 기본성조로 삼아 생성되며 합성어 또는 접착구의 구성방식 역시 구성요소가 1음절인지 2음

---

9 역주: 平遥县은 山西省 太原市에서 남쪽으로 약 100여 킬로미터 떨어진 곳에 위치한다. 이 방언의 성조연성은 문법구조에 따라 몇 가지 유형으로 나눌 수 있어 문법구조를 감안하여 발화 중의 성조를 분별하여야 한다고 한다. (侯精一[1980], 「平遥방언의 성조연성(平遥方言的连读变调)」, 『方言』 01期 참조)

절인지와 상관이 있다(碎纸机 — 纸张粉碎机, ＊煤商店 — ＊种植蒜, 骤然降落 — 骤降 — ＊骤然降 — ＊骤降落). 영어의 운율에서는 단어가 핵심이 되어 음절의 경계, 단어강세의 위치 등이 모두 단어의 층위에서 결정된다.

(2) 모국어 화자의 심리 속에서 이미 경계가 명확히 정해져 있는 단위이다. 이것은 (1)의 특징으로 인해 결정되는 요소로, 운율형태통사의 핵심단위만이 기저층의 고정된 운율구조의 최소단위가 될 수 있고 모국어 화자의 심리 속에 실제로 발화 가능한 통일된 원형으로 환원될 수 있는 최소단위가 될 수 있다.

(3) 의무적 음소 변이의 최대영역으로(중국어의 /a/음소의 변이 영어의 무성파열음의 유무기변이), 이 범위를 넘어서면 선택적인 음운 변이만이 일어날 수 있다(중국어의 무기 무성파열음의 유무성 변이 영어의 어두 h의 탈락 현상 등).

(4) 역사음운의 규칙성이 적용되는 최대영역이다(예를 들어 그림의 법칙[10] 중 세 가지 조건부 예외와 근대중국어의 구개음화 현상 등을 말한다). 이를 넘어서면 불규칙적인 예외현상만이 가능할 뿐이다. 예를 들면 중국어 ‘女婿’의 ‘婿’가 제치호에서 촬구호로 변하는 현상이 있다.

王洪君(2004)에 의하면 중국어에서 음절이라는 층위에서 문법적으로 분리가 가능하고 운율적으로는 접착되는 접착구가 존재하며 예를 들어 ‘桃儿’은 두 개의 문법단위이지만 하나의 음절이다. 음보의 층위보다 한 단계 높은 접착구가 있다(예를 들어 ‘卓子’는 하나의 단어이고 하나의 음보인데 ‘卓子上’은

---

10   역주: 인도유럽어에서 게르만어파(영어, 독일어 등)의 언어들과 다른 언어들 사이의 자음대응관계를 규율화한 것으로 이를 널리 알린 이의 이름을 따서 그림(Grimm)의 법칙이라 한다. 이 법칙은 무성파열음 [p, t, k], 무성마찰음 [f, θ, h/x], 유성파열음 [b, d, g]의 음운대응규칙을 잘 보여주지만 몇 가지 예외가 존재하였다. 예를 들면 독일어의 ‘frater’와 독일어의 ‘Bruder’를 비교해보면 라틴어단어 어두의 [f]가 독일어단어의 어두 [b]에 대응함으로써 그림의 법칙에 어긋남이 없지만 중간의 [t]는 [θ]가 아닌 유성음 [d]에 대응함으로써 그림의 법칙을 위배한다. 이러한 예외들을 고대인구어의 강세와 관련하여 설명한 것이 베르너(K. Verner)이다. 그는 자음 앞의 모음에 강세가 없을 시에만 게르만어의 무성마찰음[f, θ, h/x]가 [b, d, g]로 변한다는 것을 발견하였다. 이를 베르너의 법칙이라고 하는데 이것이 그림의 법칙을 보완함으로써 음성법칙의 엄밀성을 증명하였다. 강범모(2006, 『언어』, 한국문화사, 217-218쪽 참조)

두 개의 단어이고 하나의 음보이다. 만약 운율구와 복합운율구, 유사운율단어, 기본운율단어로 더 세분한다면 중국어의 운율계층은 '담화-억양구-운율구-유사운율단어-접착구-기본운율단어-음보-접착음절구-운율음절-모라'가 된다.

이상의 연구는 운율계층설의 언어보편성을 부정하는 것은 아니다. 중국어의 관련 연구내용을 종합해 보았을 때 형태통사단위와 최소접합점을 이루는 운율단위를 추가하여야 한다는 것을 알 수 있었다. 필자는 이 단위를 '최소운율자유단위'라고 명명한다. 이러한 접합점의 층위 차이는 대체로 같은 운율단위의 층위체계의 서로 다른 언어에서의 융통성있는 운용방식을 결정한다.

1.4. 성조연성과 형태통사의 연관성

모든 음절에 의미변별이 가능한 어휘적 성조가 있다는 것은 중국어의 특징이다. 개별음절은 다른 음절과 결합하면서 성조연성변화를 겪기도 하는데, 이러한 성조연성이 형태통사적으로 연관성이 있다는 것도 중국어 방언에서 일반적인 현상이다. 성조연성이 어떠한 운율조건의 제약을 받는지, 어떠한 형태통사조건적 제약을 받는지, 성조연성이 운율계층의 어떤 층위에서 발생하는지, 형태통사의 경계와는 어떠한 관계를 가지는지 등은 방언의 종류에 따라 여러 가지 유형이 있을 수 있다. 이러한 부분은 중국어가 일반언어학이론에 있어 공헌한 바가 있다고 보아야만 한다.

1980년대 이후, 중국어 학계는 성조연성과 형태통사의 연관성을 중요하게 생각하게 되면서 대량의 관련 코퍼스가 쏟아져 나왔다. 이러한 기초 위에서 생성음운론의 이론에 근거한 분석과 논의도 시작될 수 있었다.

관련 연구성과 중, 陈渊泉(Chen, Matthew, Y. 2000)의 논의는 특히 소개해 볼 만하다. 그의 저서는 중국어의 여러 방언에 존재하는 성조연성현상에 대한 본인의 연구성과와 이에 대한 최근의 인식을 비롯해 기존 연구에 대한 전면적인 논평을 싣고 있다. 예를 들어, 방언의 종류에 따라 연성적용범위(sandhi domain)가 달라짐을 이야기하면서, 표준중국어의 연성적용범위는 최소의 리듬단위(rhythm unit)이고, 吳방언은 음보, 厦门방언은 운율구라고 하였다. 그리고 표준중국어의 성조연성범위인 최소의 리듬단위가 발화 중에 사용되는 영역은 두 개의 단음절이 직접성분으로 쓰일 때와 진행방향(좌→우)으로 두 개씩 묶였을 때 남는 한 개의 단음절일 경우를 제외하고는 직접 억양구로 운용이 가능하다고 했다. 厦门방언의 성조연성은 운율구의 층위에 적용이 가능하다. 그는 또한 중국어 방언의 여러 성조연성에 관한 문제에 대한 학계의 인식은 일치가 되지 않고 있으며, 앞으로 연구할 부분이 많다고도 지적하였다.

2. 음운과 생리적 요소와의 밀접한 연관성

2.1. 자질(feature)이론의 발전과 기하학적자질도형(feature geometry)구조

음성자질(phonetic feature)은 전통언어학에서 이미 제시된 개념인데, 생성음운론의 발전과 함께 여러 차례 중요한 변화를 겪게 된다. 특히 주목해야 할 부분은, 만약 여러 자질이론을 분류의 기준이 생리학적인지 음향학적인지, 자질이 쌍으로 분류되었는가의 두 가지로 정리해볼 때, 서로 다른 시기의 발전이 서로 순환하는 과정을 겪고 있는 것처럼 보인다는 점이다.

생리학에 기초했는가의 기준으로 보면, 전통언어학의 음성 자질 분류는 생리학에 기초한 것이다(예를 들면, 중국 전통음운학에서 '喉, 牙, 舌, 齒, 脣'를 구분한다). Jakobson·Fant·Halle(1952)가 발표한 변별적 자질이론(Distinctive feature theory)은 음향학에 기초한 것으로(예를 들면, [±집중], [±분산]은 음향학에서의 스펙트로그램의 에너지집중구간의 분포에 따른 분류이다), 당시에 과학적 근거를 가진 큰 발전을 이루었다 여겨졌다. 그러나 Chomsky·Halle(1968)에 이르러 생성음운론 표준이론인 SPE는 오히려 생리학적 분류로 회귀하게 되었다([±원순성], [±고설성]).

자질이 쌍으로 분류되었는가의 기준으로 볼 때, 전통언어학은 그렇지만은 않았으나, Jakobson·Fant·Halle(1952)와 1968년 SPE의 자질들은 완전히 쌍을 이루고 있었다. 그러나 1975년 이후의 기하학적자질도형이론에 이르러서는 또 모두가 한 쌍의 값을 가지지는 않게 되었다.

1975년 이후의 기하학적자질도형이론은 입체적인 수형도 모양의 자질관계

모형을 개발하였는데, 이 모형에서 각 마디(node)가 이어진 부분은 조음기관에서 조음자(Articulator)에 해당한다. 이들은 단일값이지 쌍을 이루지 않는다. 예를 들어, 후두(Laryngeal), 인두(Pharyngeal), 설근(Tongue Root), 설배(Dorsal), 설정(Coronal), 순음(Labial) 등은 모두 단일값이다. 각 마디가 연결된 마지막 자질들만이 고정부 또는 조음방법(예를 들어, [±지속성], [±고설성], [±전방성] 등)을 나타내면서 쌍을 이룬다(표지이론에 의거해 기술하자면, '+'값만을 표시하고, '-'값은 표시하지 않아도 될 것이다. 이는 표기 방법의 문제이지 쌍을 이루지 않는다는 것은 아니다).

자질이론은 왜 이런 순환을 겪게 된 것일까? 자질이론의 진정한 발전은 어디에서 찾아볼 수 있을까?

순환은 단순한 회귀가 아니다. 자질에 근거하여 음운단위가 음운체계에서 체계적으로 움직이는 계열관계를 이루고 있음을 보다 더 효과적으로 설명할 수 있게 된 점이 자질이론이 이룬 발전이다.

1968년 생성음운론 표준이론이 음향학적 자질을 버린 까닭은 음소 또는 형태소의 음운 변이 조건, 음절구조의 구성 발화 중 연성현상에서 역사적 음운변화에 이르기까지 이 모든 음성단위의 활동이 모두 음향적인 분류가 아닌 생리적인 분류에 의해 조직적으로 이루어지기 때문이다. 예를 들어, 포먼트 자질이 [+집중]값을 가지는 계열군으로 모음 'o, a, e'와 자음 'k, g, ŋ, ʃ, ʒ'가 있고, [+분산]값을 가지는 계열군으로 모음 'i, u, ə'와 자음 'p, b, m, t, d, s, z, θ, ð'가 있다. 음운체계의 여러 조합이나 교체 또는 역사적 음운변화에 있어 이들은 함께 분류된 적이 없었다. 이런 이유로 음향학적 자질은 1968년부터 외면당하게 되었다.

1975년 이후의 기하학적자질도형이 기존의 조음부위와 조음방법을 가로축과 세로축으로 삼았던 방식에서 수형도의 마디에 대응하는 조음자(Articulator)와 수형도의 마지막 성분에 대응하는 조음방법으로 바뀌게 된 것에는 두 가지 이유가 있다.

(1) 음운론적 행위에 있어 조음자는 '+'값을 가지는 부위만이 하나의 조직적 변화단위가 된다. 예를 들어, 표준중국어의 [+순음성]값을 가지는 자음은 단운

모 'u' 이외에는 어떠한 합구호와도 결합하지 않는 반면, '-'값 계열은 어떠한 조직적인 공동행위를 하지 않는다. 그리하여 중국어의 [-순음성]값을 가지는 자음계열은 일반적인 기술(transcription)에는 사용되지 않는다. 한편 조음위치 중에 고정부와 조음방법은 어떠한 값이든 상관없이 조직적 음운활동을 하는 계열군의 기술에 사용이 가능하다. 예를 들어, [+전방성]값을 갖는 자음은 [+고설성]이면서 [+전설성]인 모음고 함께 쓰일 수 없고, [-전방성]값을 갖는 자음도 동일한 특징을 갖는다.

(2) 조음자는 서로 다른 근육의 지배를 받기 때문에 한 번에 몇 가지 조음자가 하나의 소리를 구성할 수 있다. 예를 들어, 'ü'는 후두[+유성성], 목젖[+하강], 설배[+후설성][+고설성], 순음[+원순성]을 동시에 가질 수 있다.) 그러나 고정부와 조음방법은 모두 이분적 선택을 할 수밖에 없다. 설첨이 전방성을 가지면서 동시에 후방성을 가질 수 없고, 설배의 앞부분이 올라가면 뒷부분이 동시에 올라갈 수 없다. 입술도 원순이면서 비원순일 수 없다.

비록 자질이론의 여러 변화가 많은 학자들을 곤혹스럽게 하고, 기하학적자질 도형의 복잡한 표현방식이 신진연구자들에게 높은 진입장벽이 되기도 하였으나 본질을 이해하고 보면 요지를 파악하는 일이 어렵지만은 않다. 요컨대 자질의 분류는 소리가 조합, 교체, 변화를 겪을 때 함께 움직인다는 점을 설명하기 위함이며, 선행연구들이 증명하듯 음성의 그러한 특징이 생리적 요인과 밀접한 관계를 가진다는 점을 먼저 이해해야 하는 것이다.

중국의 수많은 방언과 민족 언어에는 독특한 어휘성조와 각양각색의 생리학적 특징을 갖는 발음들이 존재하기에, 이들을 연구하는 일은 인류언어의 보편적 자질이론에 무언가 공헌을 할 수 있을 것이다. 지금까지 중국어를 대상으로 삼아 얻은 성과 중에 '후두'라는 조음부위의 변별자질에 있어 성조의 음양과 높낮이를 구분해야 한다는 것은 학계의 인정을 받고 있는 부분이다.

전통적인 자질이론에서는 '후두'에 속하는 자질로 '유성'과 '무성'만이 있다고 설명하였고, 이를 이분지 방식으로 나타내자면 [±유성성]이다. 이는 보통 성대의 이완(유성음)과 긴장(무성음)으로써 결정되는데, 후에 성조의 높낮이(이하 혀 위치의 높낮이와 구분하기 위해 HL로 표기한다)도 이 자질의 쌍으로 귀속시켰다. 그러나 영국계 미국인 음운론자 Moira Yip(1980)은 많은 남방계 방언에서 자음의 유성성과 상관이 있는 성조의 음양과 성조의 높낮이는 각자 다른 범주에 서로 다른 범주에 속한다는 것을 발견하였다. 广东 电白县의 雷방 언에서 몇 개의 성조유형은 분명 음양의 두 가지 조역과 HL의 두 가지 음높이 를 함께 운용한 결과로서, 55(阳H), 44(阴L), 33(阳H), 11(阳L), 11(阳L), 42(阴 HL), 31(阳HL)로 나타났다. 입성의 단조(短调)와 운모의 성문폐쇄와의 관계는 여기에서 논의하지 않겠다. 음양의 범주를 설정하자는 제안은 생리·물리적 근 거 뿐 아니라 청각·인지적 근거도 있으며 음운체계에 있어서도 가치가 있다. 예를 들어, 중국어의 뭇방언에 속하는 많은 방언들이 어떤 경우에는 성조연성 에 있어 단지 음양만이 바뀌고 음높이는 바뀌지 않아 하나의 성조에서 음양의 변환만이 존재하는 경우도 있고, 반대로 음높이만 바뀌고 음양은 바뀌지 않는 경우도 있다. 그리하여 Yip(1980)은 후두자질을 최소 두 종류로 나누기를 제안 했다. 하나는 음역(Register)으로 음양을 관할하는 자질이며, 하나는 음높이 (Pitch)로 HL을 관할하는 자질이 된다. 이러한 제안은 국제 학계에 받아들여 졌다.

음역과 음높이가 관할하는 각 쌍의 변별자질이 중국 내의 방언과 민족언어의 모든 성조체계를 기술하기에 충분할까? 이 질문은 논란의 여지가 있다. 朱晓农 (1996)은 '阴·中·阳'의 음역체계와 '高, 中高, 中低, 低'의 음높이 체계를 제안 하는데, 이 중에는 '阴'-'中高'와 '中'-'高'와 같이 실질적으로 음가가 동일하여 겹치는 부분도 있어서 6개의 음높이값이 도출된다. Duanmu(2000b)는 '음양'의 음역체계와 HL의 음높이 체계를 주장하며 필요하다면 M을 추가적으로 사용하 여 모든 음높이를 기술할 수 있다고 하였다. 그러나 그 역시 이 문제가 어떻게 귀결될지는 더욱 많은 자료의 분석에 달려있다고 덧붙였다.

Yip의 연구는 주목할 만하다. 그는 과거 음높이에만 귀속되었던 성조의 문제 에 성대의 다른 요소들이 관여할 가능성에 대해 설명하였다. 孔江平(2001)은 중국의 민족 언어 연구를 통해 과거 제기했었던 '하나의 언어 속에 존재하는 여러 개의 수평조 현상'이 사실 성대의 다른 요인들에 의한 현상이었다고 발표 하였다. 유성날숨소리(breathy voice)나 짜내기소리(creaky sound) 등이 그러하다.

성대조건의 이러한 차이는 음원의 차이를 야기한다. 조음음성학에서는 이를 목소리의 차이라고 여겼다. 그러나 자질이론에서는 주로 공명강의 차이에 주안점을 두었는데, 이는 조음음성학에서 조음(Articulation)의 차이에 해당하는 것이다. 과거 측정설비의 한계로 인하여 '소리의 조절'에 연구가 집중되었었는데, 현재에는 과학기술의 발전으로 목소리 연구가 나날이 주목받고 있다. 중국의 풍부한 언어 자원들은 이 분야에서 인류언어의 자질연구에 기여할 것으로 기대된다.

2.2. 비선형운율구조와 시간단위

1980년대 이후가 되면서 생성음운론은 '비선형음운론(Nonlinear phonology)'의 단계로 접어든다. 비선형음운론이라는 것은 초기 생성음운론이 갖는 단선적 형식을 겨냥한 말이다. 모든 음운형식이 'A→B / X__ Y'로 표현이 가능하다는 것이 단선형음운론이라면, 비선형음운론에서는 음색을 나타내는 분절음일지라도 그 구조를 '분절음-성모/운모-음절-음보-운율단어'의 여러 층위를 가지며 단순한 선형이 아니라고 간주한다. 이뿐만 아니라 초분절성분 역시 이러한 독립 구조를 가진다 여기는데, 영어의 리듬강세가 2박자 좌머리음보(syllabic trochee) 구조를 가진다는 분석 등이 이에 해당한다. 분절음의 하위구조인 각 쌍의 자질들은 모두 자신만의 선형구조를 가진다. 예를 들어, 한 언어에서 원순모음 조화라든지 권설자음 위치 동화 등의 현상은 각각 순음 층열([+원순성][-원순성]의 지속적인 출현으로 구조를 형성함)과 설정음 층열([+전방성][-전방성]의 지속적인 출현으로 구조를 형성함)에서 일어난다.

비선형운율구조에서 시간단위는 핵심적인 개념이다. 분절성분의 층열구조와 초분절성분의 층열구조 및 자질의 다층열구조는 결국 하나의 선형적 음운형식으로 표현되어 나오게 된다. 이것이 어떻게 가능한가? 시간단위는 비선형운율구조에서 주요한 역할을 한다. 여러 가지 성질의 층차구조와 자질의 다층열구조는 모두 시간단위와 연관이 있다. 예를 들어, 경성으로 읽는 '的[də]' 음절은 동시에 두 개의 시간단위와 연결되어 있다. 자음 d는 앞의 단위 하나에 연결되고, 경성 운모 ə는 뒤의 단위 하나에 연결된다. 경성 음절의 성모가 유성음화되기 때문에, [+유성성]자질은 두 개의 시간단위에 걸쳐 나타나며, [-지속성](폐쇄음)자질은 앞의 시간단위에만 나타난다.

이러한 음운구조는 사실상 청각적으로나 생리적으로 좋은 대응을 이룬다. 청각적으로 인간이 분별가능한 최소의 선형적 단위는 분절음인데, 우리는 경성으로 읽는 '的[də]' 음절을 앞뒤로 출현하는 d와 ə로 나누어져 구성됨을 알 수 있다. 이는 시간단위와 정확히 대응한다. 생리적으로 발음은 여러 계층의 입체적 과정으로 이루어지는데, 분해된 발음동작들 각각이 시간단위와 대응하는 것은 아니다. 수많은 발음동작들은 시간단위의 간격보다 넓다. 예를 들어 '음절'에 대응하는 발음동작에는 근육의 수축과 이완이 1회 출현하는데 이는 여러 개의 시간단위에 걸쳐있다. 경성으로 읽는 '的[də]'에서 [+유성성]에 해당하는 발음동작은 성대의 이완과 성문의 약한 폐쇄와 상관이 있는데 이 역시 두 개의 시간단위에 걸쳐있다. 즉, 분해된 발음동작이 시간단위를 기준으로 하지는 않으나 청각적으로 감지되는 음성은 시간단위를 선형적 최소단위로 삼는다는 것을 알 수 있다.

시간단위는 물질적, 인지적 근거가 있는 언어학 개념이다. 인류의 청각과 시각은 모두 일정한 시간체계를 가지고 동작을 인지한다. 예를 들어, 본래 정적이던 몇 개의 그림을 시각적으로 인지에 필요한 시간보다 짧은 속도로 송출하면 동적인 것으로 인지할 수 있으며, 반대로 우담바라의 개화 모습처럼 본래 연속적으로 움직이는 장면의 변화속도를 느리게 하면 정적으로 인지할 수도 있다. 마찬가지로 굴곡조나 복합모음을 충분히 짧게 나눈다면 이를 수평조나 단모음으로 인지할 수도 있음이 실험을 통해 밝혀졌다. 충분히 짧은 시간이라는 것은 하나의 정적인 선형 상태의 음성단위를 인지하는 최소단위, 즉 시간단위가 된다(어떤 특수한 재능을 가진 사람 또는 훈련을 받은 사람은 일반인을 뛰어넘는 실험결과를 보여주겠지만, 보 통 언어에서 기능을 하는 단위로는 일반인의 인지력을 기준으로 하는 것이 옳을 것이다).

시간단위와 연관이 있는 다층열의 비선형구조는 분절음과 초분절음단위의 조합 및 연성현상 등에 탁월한 해석력을 갖는다. 중국어의 연구에 있어서도 새로운 발견이 있었다.

사실 비선형음운구조의 발단은 중국어 연구와 어느 정도 연관성이 있다. 미국 MIT(Massachusetts Institute of Technology) 언어학과 Woo는 그의 박사학위논문 Woo(1969)에서 모든 굴곡조(contour tone)는 수평조의 결합으로 이루어져 있다는 관점으로 집필되었다. 예를 들어 하강조는 HL로, 상승조는 LH로 분석되어야 한다는 것이다. 이로써 동적인 활동을 하는 굴곡성조의 처리가 동적인 모음인 복합모음 [ai]의 처리와 일치하게 되어([a]와 [i]의 두 분절음으로 분석), 성조를 변별자질의 체계 내에서 분석하는 데 기초를 다져주게 되었다. 나아가 음절의 길이와 음절이 부담하는 성조의 개수 사이에 직접적인 관계가 있다는 주장도 펼쳤다. 그에 따르면, 굴곡성조에서 하나의 수평조 단위(아래에서는 이를 임시로 성조로라고 칭한다)는 하나의 음소와 상관이 있다. 즉, 음절의 두음(onset) 부분은 성조소를 부담하지 않고, 경성 음절의 운은 하나의 음소만을 가지므로 하나의 성조소만을 부담하며(수평조만 가능하다), 일반적인 비경성 음절의 운은 기본적으로 두 개의 음소를 가지기 때문의 두 개의 성조소를 가지는 경사조가 가능하다(상승조: LH, 하강조: HL). 복잡한 굴곡조(하강상승조: HLH, 상승하강조: LHL)는 세 개의 음소를 가지기 때문에 휴지(pause) 직전의 비경성 제3성 음절과 같이 음소를 세 개 가질 수 있는 운에만 올 수 있다. 성조소와 음소의 관계에 대한 Woo(1969)의 논의는 분절음과 초분절음이 각각 선형적 구조를 갖추고 추상적인 시간단위와 연결되는 비선형운율모형과 이미 매우 근접해있다. Woo(1969) 이후의 Leben(1971, 1973)은 성조층열이 분절음과 평행한 층열을 따로 가져야 한다고 제안하였고, Williams(1971년 집필, 1976년 출판)는 성조층열과 분절음층열이 '성조투사규칙(tone mapping rule)'으로 연결되어 있다고 하였다. Goldsmith(1976)에 이르러서는 평행을 이루는 여러 층열들과 이를 연결시키는 매개로서의 시간단위가 정식으로 제안되는데, 이것이 바로 '자립분절음운론(auto-segmental phonology)'이다. 이로부터 음운론은 비선형음운론의 단계로 접어들게 되었다.

1980년대의 비선형음운론은 아프리카 언어의 성조 연구를 통해 성조와 분절음의 관계에 대한 이해에 깊이를 더하고, 나아가 성조를 부담하는 '운 내부의 시간단위(즉, 모라)가 최소의 운율단위임을 명확히 하게 되었다. 또한 기저층의 표류성조(또는 부동성조, floating tone)와 그것과 표면층과의 확장, 삭제 및 기정치 성조 삽입(default tone insert) 등의 개념을 수립하였다. 이러한 바탕에서 표준중국어의 경성과 운의 관계에 대한 새로운 연구 결과도 나올 수 있었다.

Duanmu(1990)와 Lin(1992)의 박사논문은 모두 Woo가 제안한 견해, 즉 굴곡조는 몇 개의 수평조 조합이며, 수평조의 각 성조소는 운 안의 하나의 시간단위와만 연결된다는 방안을 받아들였다. Duanmu는 중국에서 발표된 실험결과에 근거하여 표준중국어의 비경성 음절에서 운 부분, 즉 운모에서 개음을 뺀 부분은 모두 두 개의 시간단위, 다시 말해 2모라로 이루어져 있으며, 이는 단모음이든 복합모음이든 상관없이 적용된다 하였다. 예를 들어, 표준중국어 비경성 음절 '巴'는 '扮'나 '班'과 비교하여 음길이 측면에서 비슷하므로 [paa55]로 전사가 가능하다. 그러나 경성 음절 '巴'는 음길이가 훨씬 짧아서 [pa]로 전사된다. Duanmu는 또한 제3성의 음높이값 214 중에서 H와 제4성의 음높이값 51 중에서 L은 표류성조로서, 해당 음절이 단독으로 읽힐 때나 휴지 직전의 단어 끝 위치에 출현하여 임시로 세 번째 모라를 획득하는 상황에서만 드러나고, 단어의 중간에서는 2개의 모라만 가능하므로 21(또는 성조연성에 의한 35)과 53으로 실현된다고 하였다. 그는 1개의 모라와 대응하는 하나의 수평조를 '성조소(toneme)'라고 부르고, 그림을 통해 2음절 단어의 첫 음절이 두 개의 성조소 자리만을 가지고 두 번째 음절이 세 개의 성조소 자리를 가지며, 3음절 단어의 중간 글자는 한 개의 모라만을 가진다는 것을 분명히 설명하였다. 이러한 설명으로 굴곡조가 마지막 음절에서만 출현하는 현상과 3음절 단어의 가운데 글자에서는 수평조로 읽히는 현상(상승조 35가 수평조 55로 변화)을 해석할 수 있다.

王洪君(1999)은 Duanmu(1990)의 제안을 기초로 삼아[11], 표준중국어 경성의

---

[11]　王洪君(1999)은 필자가 1991년에서 1995년 사이에 강의했던 『生成音系学』의 원고를 모은 것으로, 1996년에 원고를 완성할 때까지 林华(1992)의 연구 내용을 접하지 못하였다.

본질은 음절이 스스로 성조를 갖지 않는 1모라 음절이라고 제안하였다. 단음절어의 성조는 약화되어 삭제되며 하나의 빈 자리로서 표면층의 성조값은 앞 음절의 표류성조가 연장되거나 기정치 성조 삽입으로 채워지게 된다. 앞 음절이 제3성이면 표류성조 H가 존재하고, 제4성이면 L이 존재한다. 이렇게 앞 음절의 표류성조가 자리를 비워두고 기다리는 경성 음절의 모라에 안착하면 제3성의 후반부 음가 '4'와 제4성의 후반부 음가 '1'가 실현된다. 앞 음절이 제1성 혹은 제2성인 경우에는 표류성조가 애초에 없으므로 경성 음절은 앞 음절 성조의 연장이 아닌 앞 음절 성조가 수렴되는 자연스러운 과정의 연장선이 된다. 성조 끝에서 일어나는 수렴현상이란, 높지도 낮지도 않은 중간 높이인 '3' 정도로 음높이가 맞추어지는 것을 말한다. 이것은 음운론적으로 말해서 기정치 삽입이라 할 수 있다. 요약하자면, 제3성과 제4성은 표류성조를 가지는데, 이에 뒤따르는 경성 음절의 성조값은 앞 음절의 표류성조가 확장된 것이고, 제1성과 제2성은 표류성조가 없으므로 기정치 삽입으로 채워지는 것이다. 이러한 방안은 표준중국어의 경성 연성현상 뿐 아니라 비경성 음절의 연성에 대해서도 가장 타당한 안이라고 생각한다.

3. 생성음운론과 중국어 연구

생성음운론이 등장한지 몇 십 년이 지난 오늘날에 생성음운론이 갖는 가치가 무엇인가를 논의해보았다. 생성음운론은 먼저, 인류언어의 공통점에 대한 추구를 가능하게 해주며, 다음으로 형태통사론적 요소를 음운분석에 도입함으로써 음운과 문법 간의 접점을 만들어주기도 하고, 끝으로, 조음·청각적 요소와 음운론의 공통점을 바탕으로 음성모형을 설계하도록 해준다. 실로 다방면으로 중국어 연구를 촉진하는 기능을 하는 것이다. 공시적 음운체계의 체계성, 공시적 음운체계와 방언 및 역사음운의 관계, 여러 의성·의태어 사이의 관계, 의성·의태어의 형태론적·의미론적 상관관계, 합성어·구·문장의 리듬제약, 성조연성의 형태통사적 연관성, 성조연성에서 성조유형과 성조음역의 기능, 경성의 성조값에 대한 설명 등 여러 분야에서 생성음운론적 시각을 통한 연구의 계기가 마련되었고, 이를 통해 새로운 연구자료, 새로운 규칙, 새로운 연관성이 발굴되었다.

동시에 단음절어이면서 성조언어인 중국어가 음운론적로 명확한 유형론적 특징을 가진다는 사실을 알게 된 것은 생성음운론과 일반언어학이론의 자체적 발전의 측면에 있어서도 의의를 가진다. 음절을 성모와 운모의 직접성분으로 나누고 성조를 운과 관련이 있으면서도 운으로부터 독립된 운율구조로 본 것은 전통적인 중국 언어학에서도 이미 존재한 인식이지만, 인류언어의 공통점이라는 측면에서 들여다보지 못하였기에 보편적인 의미를 갖는 언어유형론적 해석이 성립하지 못했다. 1980년대 이후에 중국어를 연구하는 학자들은 이러한 문제를 의식하기 시작하였다. 음역의 음양과 음높이의 HL을 구분하자는 Yip의 제안이나, 張洪明의 운율계층삼분설, 王洪君의 음성과 문법의 최소접합점이 운율계층의 핵심을 결정한다는 주장 등은 모두 국어 뿐 아니라 인류언어의 보편적 유형을 염두에 둔 논의들이었다.

아직 표준중국어의 다층열운율모형 및 각 층위의 형태통사론적 연관성에 대한 이론은 완벽하게 정립되지 않았다. 방언에 대해서는 더욱 그러하여, 새로운 성조연성 유형이 존재할 가능성까지도 있다. 예를 들어 최근 北京대학 중문과의 한 박사생이 閩南 漳平县 溪南镇의 성조연성이 廈门방언에도 속하지 않고 북방방언에도 속하지 않는 독특한 유형이라는 조사를 진행하고 있다. 생리학적인 목소리의 음운론적 기능 및 음운과 리듬강세의 생리학적 발현 등에 대해서는 아직 갈 길이 멀다. 이러한 부분들이 모두 생성음운론의 관점에서 이론적 성숙을 기대할 수 있는 부분일 것이다.

제13장 최적성 이론과 중국어 음운 연구

　　최적성 이론(Optimality Theory)은 1990년대 초 음운론자 Prince와 인지과학자 Smolensky에 의해 시작되었다(Prince & Smolensky 1993, 2004). 최적성 이론은 초기에 주로 음운과 운율형태 현상을 분석하는 데 적용되었기 때문에, 생성음운론(Generative Phonology)에서 발전한 이론으로 간주되었다(McCarthy & Prince 1993).[1] 이후 최적성 이론의 패러다임으로 다양한 언어현상을 분석한 연구가 빠르게 증가하여,[2] 최적성 이론은 십 여 년 만에 음운론뿐만 아니라, 통사론, 형태론, 어휘론, 역사언어학, 모어습득, 외국어학습, 언어정보처리, 사회언어학 등 언어학의 여러 영역으로 확장되어 다양한 언어현상에 대한 강력한 해석력을 제공하였다.

　　최적성 이론의 지속력과 확장은 이론의 주요 가설과 조작성에 기인한다. 첫째, 최적성 이론은 인류언어에 존재하는 문법체계[3]의 보편성과 개별성에 대하

---

[1]　최적성 이론이 출현하기 전 생성음운론은 두 단계의 발전을 거쳤다. ≪영어음운론≫(*The Sound Pattern of English*, Chomsky & Halle 1968)으로 대표되는 전통생성음운론 단계와 ≪자율분절음운론≫(*Autosegmental Phonology*, Goldsmith 1976)으로 대표되는 발전적 생성음운론 단계가 그것이다 (자율분절음운론은 '비단선음운론'이라고 하기도 한다. 王洪君).

[2]　이러한 문헌은 대부분 럿거스(Rutgers) 대학에서 설립한 최적성 이론 웹사이트에 집중되어 있다. 이 웹사이트에는 문헌 검색 체계가 있어서 독자들이 저자 이름, 문헌 제목, 문헌 번호, 키워드 등 서로 다른 방식으로 문헌을 검색할 수 있다. (http://roa.rutgers.edu/)

[3]　여기에서의 '문법'은 '언어의 법칙'을 의미하며, 음운 규칙, 형태 규칙, 통사 규칙

여 명확한 가설을 제기한다. 인류언어의 문법체계에 존재하는 보편적, 개별적 특징은 최근 반세기 동안 언어학의 가장 근본적인 문제였다. 이에 대하여 최적성 이론은 모든 인류언어의 문법체계에 동일한 제약조건이 존재한다는 언어보편성을 제기한다. 동일한 제약조건은 서로 다른 언어에서 상이한 등급(ranking)을 지니는데, 이는 언어 간의 차별성 즉 개별성이다. 둘째, 최적성 이론의 가설은 실험과 경험 두 가지로 증명 또는 반박될 수 있으며, 이는 최적성 이론의 조작성을 의미한다. 실험 기반 조작성은 모든 언어에 존재하는 보편적 제약조건을 가정한 후 컴퓨터 프로그램을 사용하여 제약조건 등급을 다르게 생성한다. 제약조건의 상이한 등급은 각기 다른 언어의 문법체계를 나타내므로, 동일한 제약조건이 서로 다른 유형의 언어를 만들어내는지 검증할 수 있다. 경험 기반 조작성은 대량의 언어 자료를 관찰하여, 동일한 제약조건의 상이한 등급이 서로 다른 언어에서 발견되는지 검증한다. 셋째, 최적성 이론은 초기에는 음운현상을 분석하는 데 적용되었지만, 이제 하나의 독립적인 이론적 패러다임이다. 서로 다른 여러 언어현상을 분석하는 데에 사용될 뿐만 아니라 동일한 현상에 작용하는 여러 요소의 상호작용을 인정하므로, 최적성 이론의 응용 범위는 언어학의 특정 영역에 국한되지 않는다.

중국은 90년대 최적성 이론이 이미 소개되었으나(王嘉齡 1995, 李兵 1998), 최적성 이론으로 중국어 음운현상을 분석한 연구는 여전히 부족한 실정이다. 이는 최적성 이론의 기본 구조와 주요 개념을 이해하지 못하거나, 제약조건의 평가자(EVAL) 기능이나 조작에 익숙하지 않아서 이론을 활용하기 어렵기 때문이다. 따라서 13장은 최적성 이론의 생성 배경이나 발전을 소개하기보다, 최적성 이론의 기본 구조, 주요 개념, 제약조건의 등급과 평가, 적용 방법을 기술하고, 중국어 음운 연구를 위한 최적성 이론의 활용을 논의할 것이다. 이를 통하여 독자에게 실용적인 도움을 제공하고, 중국어 음운 연구에 최적성 이론을 폭넓게 적용할 수 있도록 돕고자 한다.

등을 모두 포함하는 비교적 넓은 개념이다. 따라서 중국어 문법학계에서 통사 규칙만을 가리키는 데에 사용하는 용어인 '문법'과는 다르다.

1. 최적성 이론의 기본 구조

최적성 이론은 인간 뇌의 언어 기제의 두 가지 기능을 가정한다. 하나는 생성자(Generator, GEN)로, 입력형에 여러 가지 출력형 후보(output candidates, CAN)를 생성한다. 다른 하나는 평가자(Evaluator, EVAL)로, 제약조건의 등급 위계(hierarchy, H)에 따라 여러 후보 가운데 최적의 출력형을 산출한다. McCarthy(2002: 10)는 최적성 이론의 기본 구조를 (1)과 같이 도식화한다.

(1) 입력형 → 생성자 → 출력형 후보 → 평가자 → 최적형 산출

(1)은 인간 뇌 또는 인공지능에서 실제 언어 형식이 산출되는 과정을 나타낸다. '입력형'에서 출발하여 생성자와 평가자를 거쳐 최적형이 산출되는데, 평가자는 최적성 이론의 핵심이다. 최적성 이론은 출력형을 제한하지만 입력형은 제한하지 않는다는 면에서 생성음운론과 기본적으로 다르다. (1)의 각 단계를 구체적으로 살펴보자.

① **입력형(Input)** 입력형은 음이나 음의 연쇄로, 각 음은 일련의 변별적 자질로 구성된다. 최적성 이론은 입력형을 제한하지 않으므로 모든 음운형식이 가능한 입력형이 된다. 여기서 최적성 이론의 '입력형'과 생성음운론의 '기저형'은 다른 개념이라는 것이라는 점에 주의할 필요가 있다. '입력형'은 보편적이고, 무한하며, 모든 언어가 공유하는 반면, '기저형'은 개별 언어에 존재하므로 유한하다. '기저형'은 '입력형'의 일부에 불과하므로, 이 두 개념을 혼동해서는 안 된다.

② **생성자(GEN)** 생성자는 최적성 이론의 생성기능으로, 변별적 자질과 운율 범주 등 보편성을 지니는 형식적 원칙에 따라 출력형 후보를 생성하고 각 후보와 입력형의 관계를 부여한다. 예를 들어, 생성자는 입력형 /a/에 대해 출력형 후보 [a, ã, ạ, e, f, ……]를 생성한다. 이 후보들 가운데, 첫 번째 후보 [a]는 입력형 /a/와 동일하므로 입력형과 가장 가까운 관계를 갖는다. 두 번째 후보 [ã]와 세 번째 후보 [ạ]는 입력형과 그 다음으로 가까운 관계

를 갖는다. [ã]는 입력형 /a/에 비음 성분이 더해진 것이고, [a̩]는 입력형 /a/에서 유성음 성분이 탈락한 것이다. 입력형 /a/와 그 다음으로 관계가 가까운 것은 네 번째 후보 [e]이다. 비원순 비고모음이라는 점을 제외하면 [e]는 /a/와 자질을 공유하지 않는다. 다섯 번째 후보 [f]는 자음이므로 입력형 /a/와 관련이 없다. 이와 같이 생성자가 산출하는 출력형 후보는 입력형과 관계가 가까울 수도 있고 멀 수도 있다.

③ **출력형 후보(CAN)** 출력형 후보는 생성자가 산출한다. 출력형 후보와 입력형은 다대일 관계로, 하나의 입력형에 여러 출력형 후보가 대응된다. 최적성 이론에서 생성자는 제약이 없기 때문에, 생성자는 '지나치게 많이 산출'할 수 있으며 출력형 후보의 수는 무한하다. 부적격 후보는 평가자가 모두 제거하므로 출력형 후보를 지나치게 많이 산출하는 것은 문제가 되지 않는다.

④ **평가자(EVAL)** 평가자는 최적성 이론의 평가 기능으로, 최적성 이론의 기본 구조에서 가장 중요한 역할을 담당한다. 평가자는 여러 후보를 비교하여 최적의 출력형을 선택한다. 평가 기준은 상이한 등급을 지니는 제약조건이다. 등급이 낮은 제약조건보다 등급이 높은 제약조건을 우선 만족하여야 한다. 모든 제약조건은 위배될 수 있지만, 위배 정도는 최소여야 한다. 위배 정도를 판단하는 기준은 두 가지가 있다. 첫 번째 기준은 위배되는 제약조건의 등급으로, 등급이 낮은 제약조건을 위배하는 것은 등급이 높은 제약조건을 위배하는 것보다 위배 정도가 작다. 두 번째 기준은 등급이 동일한 제약조건을 위배하는 경우 위배의 횟수이다. 위배하는 횟수가 작을수록 위배 정도가 작다. 등급이 높은 제약조건뿐만 아니라 등급이 낮은 제약조건에 의해서도 후보가 선택될 수 있다. 제약조건과 등급은 평가 기능에서 가장 중요한 역할을 한다.

⑤ **제약조건(CON)** 제약조건은 언어의 보편성을 반영하며, 두 가지로 나뉜다. 첫 번째 조건은 충실성 제약조건으로, 출력형과 입력형이 일치할 것을 요구하는 조건이다. 두 번째 조건은 구조성 제약조건으로, 유표적 구조의 출현을 금지하고 무표적 구조가 출력형이 될 것을 요구하는 조건이다. 따라서 구조성 제약조건을 유표성 제약조건(markedness constraints)이라고도

한다. 구조성 제약조건은 '음절은 자음으로 시작해야 한다'처럼 명령형이 거나 '음절은 자음으로 끝나서는 안 된다'처럼 금지형으로 설정하는데, 명 령형과 금지형 모두 출력형의 구조가 무표적일 것을 요구한다. 구조성 제 약조건은 출력형 후보의 구조가 무표적일 것을 요구할 뿐 입력형과 출력 형을 비교하지 않는다. 이에 반해, 충실성 제약조건은 출력형과 입력형이 최대한 동일할 것을 요구하므로, 입력형과 비교하여 출력형 후보가 충실한 지의 여부를 판단한다. 충실성 제약조건과 구조성 제약조건은 본질적으로 상호모순적으로, 제약조건에 등급을 할당하여 순위를 정함으로써 두 제약 조건의 충돌을 해결한다.

⑥ **제약조건 위계(Hierarchy)** 제약조건들 간의 위계는 언어 개별성과 언어 유 형을 반영한다. 최적성 이론은 개별 언어의 문법 체계를 서로 다른 등급을 갖는 제약조건들이 위계를 구성하는 것으로 본다. 제약조건은 모든 언어에 보편적으로 존재하지만, 개별 언어마다 제약조건의 위계가 다르다. 즉 서 로 다른 언어는 동일한 제약조건들의 등급이 상이하다. 제약조건의 상이한 등급은 언어 간의 차이를 반영하며, 서로 다른 언어 유형을 반영한다.

⑦ **최적 출력형(Optimal Output)** 최적 출력형은 평가자의 평가 결과로, 실제 언어에서 말하거나 듣게 되는 언어 형식이다. 최적형은 완벽한 형태가 아 니라, 다른 출력형 후보에 비하여 상대적으로 좋은 형태를 의미한다. 제약 조건은 위배가능하며, 일반적으로 모든 출력형 후보는 정도는 다르지만 특 정 제약조건을 위배한다. 제약조건을 위배한 정도가 가장 작은 후보가 최 적형이 되는 것이다. 따라서 최적형은 완벽한 형태가 아니라 여러 후보 가 운데 최선의 선택이다. 즉 최선의 선택이 반드시 완벽한 형태는 아니다.

2. 최적성 이론의 주요 개념

문법 이론은 인류 인지(mind) 이론의 주요 영역이다. 인지를 연구하는 과학 과 뇌(brain)를 연구하는 과학은 다르다. 인지 연구 대상이 개별적 부호로 구성 된 구조라면, 뇌 연구는 연속적이고 동태적인 체계를 규명한다. 최적성 이론은 '적형성이 최적형과 동일하다(grammaticality equals optimality)'는 개념을 제기하여, 문법 현상의 적형성과 뇌신경회로의 최적화를 연계한다. 또한 과거 몇 십년간 언어학의 여러 영역에서 이루어진 언어현상의 적법성에 대한 연구 결과를 연계하였다(Prince & Smolensky 1997). 이러한 관점에서 최적성 이론은 언어학 이론의 중요한 논제에 대하여 새로운 견해를 제공하였는데, 다음은 최적성 이론의 주요 개념이다.

① **적형성의 상대성** 언어 형식의 적형성(well-formedness)은 절대적이 아니라 상대적이다. 적형성의 상대성은 문법 체계에 존재하는 제약조건들 간의 충돌에 기인한다. 출력형이 적형인지의 여부는 다른 출력형과의 비교를 통하여 판단할 수 있다. 예를 들면, '西安'이라는 단어의 입력형 /ɕian/을 음절화할 때 구조성 제약조건 '음절은 자음으로 시작해야 한다'와 충실성 제약조건 '음을 추가하면 안 된다' 사이에 충돌이 생긴다. 입력형 /ɕian/에 대해 생성자가 두 개의 출력형 후보 [ɕi.jan]과 [ɕi.an]을 산출한다고 가정하자 ('.'은 음절 경계를 나타낸다). '음절은 자음으로 시작해야 한다'는 제약조건에 의하면 [ɕi.jan]이 최적의 출력형이다. [ɕi.jan]은 두 번째 음절에 자음 [j]가 있지만 [ɕi.an]은 두 번째 음절 [an]이 자음으로 시작하지 않기 때문이다. 그러나 '음을 추가하면 안 된다'는 제약조건에 의하면 입력형 /ɕian/과 동일하며 추가된 음이 없는 [ɕi.an]이 최적의 출력이다. [ɕi.jan]은 두 번째 음절에 자음 [j]가 추가되었기 때문이다. 이와 같이 두 후보 모두 제약조건을 하나씩 위배한다. 두 후보는 한 제약조건을 만족하고 다른 제약조건을 위배하기 때문에, 둘 중 어떤 후보가 최적형이 되든지 적형성은 상대적이다. 모든 제약조건을 만족하는 언어 형식은 매우 드물며, 존재하지 않을 수도 있다. 최적형의 적형성은 다른 출력형 후보와 비교를 통하여 판단하는 것으로, 절대적인 것이 아니다.

② **보편성과 개별성** 언어에 보편성과 개별성이 있다는 데에는 이견이 없다. 그러나 언어 보편성과 개별성이 실현되는 방식에 대해서는 서로 다른 견해가 존재한다. 인류언어의 구조적 특징과 개별 언어의 구조적 특징의 관계에 대한 언어학적 탐구를 위해서는 이론적 패러다임이 필요하다. 이 패러다임은 언어 간 차이를 허용하는 동시에 차이의 범위를 제한한다. 최적성 이론은 언어의 보편성과 개별성을 기술하는 데에 구체적인 이론적 패

러다임을 제공한다. 최적성 이론의 가설에 의하면 모든 언어에는 동일한 제약조건이 존재하며, 이것이 언어의 보편성이다. 반면 서로 다른 언어는 동일한 제약조건의 등급이 다른데, 이것이 언어의 개별성이다. 다시 입력형 '西安' /ɕian/의 음절화를 예로 들어 언어의 보편성과 개별성에 대한 최적성 이론의 가설을 설명할 수 있다. 최적성 이론의 가설에 따르면, 모든 언어의 문법은 '음절은 자음으로 시작해야 한다'와 '음을 추가하면 안 된다'는 두 제약조건을 가지는데, 이는 언어의 보편성이다. 언어의 개별성은 서로 다른 언어의 문법이 이 두 제약조건에 대하여 상이한 등급을 부여하는 것이다. 중국어에서 '음을 추가할 수 없다'는 제약조건은 '음절은 자음으로 시작해야 한다'는 제약조건보다 상위 등급이므로 [ɕi.an]이 최적의 출력형이 된다. 이에 반해, 영어는 '음절은 자음으로 시작해야 한다'가 '음을 추가하면 안 된다'보다 상위 등급이므로 '음절은 자음으로 시작해야 한다'는 제약조건을 만족시키는 출력형식 [ɕi.jan]이 최적의 출력형이 된다. 영어 화자가 처음 중국어를 배울 때 [ɕi.an] '西安'을 [ɕi.jan] '吸烟'으로 발음하는 것은 영어 문법에 존재하는 제약조건 등급의 영향을 받은 것이다. 영어 화자는 중국어 문법에 존재하는 제약조건 등급을 습득해야만 중국어 발음을 잘 습득할 수 있다. 이 간단한 예를 통하여 동일한 제약조건의 서로 다른 등급이 언어의 보편성과 개별성의 관계를 드러낸다는 것을 알 수 있다.

③ **무표성과 유표성** 언어 구조의 유표성(markedness)에 대한 연구는 프라그학파 및 언어유형론 연구에서 많은 성과를 거두었다. 유표적(marked) 구조는 무표적(unmarked) 구조에 비하여 출현 빈도가 낮고 분포적 제약이 있다. 예를 들어, 개별 언어에서 비모음(nasal vowels)의 출현 빈도는 비음이 아닌 모음(non-nasal vowels)의 출현 빈도보다 항상 낮다(Ferguson 1963). 최적성 이론은 언어 구조의 유표성 개념에 구체적인 구조성 제약조건을 적용함으로써 유표성의 정의 및 구조의 유표성 판단에 새로운 방법론을 제시한다.

첫째, 언어 구조의 유표성은 여러 관점에서 정의할 수 있다. 예를 들어, 서로 다른 음은 공명도 위계를 형성하는데, 공명도가 높은 음에서 낮은 음 순서는 '저모음 > 중모음 > 고모음 > 유음 > 비음 > 파열음, 마찰음'이다 (Zee 1988, 1995). 음절핵(syllable nucleus)을 구성하는 관점에서 보면, 공명도가 가장 높은 음이 음절핵을 담당하는 것이 무표적이고 공명도가 가장 낮은 음이 음절핵이 되는 것이 유표적이다. 그러나 음절 주변을 구성하는 관점에서 보면, 공명도가 가장 낮은 음이 두음과 말음이 되는 것이 무표적이고, 공명도가 가장 높은 음이 두음과 말음이 되는 것이 유표적이다. 이와 같이 유표성은 어떤 관점에서 정의하는가에 따라 달라지는 경우가 많다.

둘째, 특정 언어 형식의 유표성을 판단하기 위해서는 해당 형식을 개별적으로 보지 않고 주변 음운 환경과 관련하여 보아야 한다. 예를 들어, 비모음 [ã]를 개별적으로 보면 구강 모음 [a]보다 유표적이다. 이는 비모음의 발음이 구강과 비강을 모두 사용하는 반면 구강 모음은 구강만 사용하기 때문이다. 그러나 비자음이 인접하는 음운 환경에서 [mã]의 발음은 [ma]보다 유표적이지 않은데, 이는 비자음이 인접한 모음을 비음화하기 때문이다.

셋째, 언어 구조의 유표성은 자음이나 모음 같은 분절음 층위에만 반영되는 것이 아니라 운율 층위에도 반영된다. 예를 들어, 운율 단위의 하나인 음절 구조에도 무표성과 유표성의 구분이 있는데, 가장 무표적인 음절 구조는 CV이다. 이는 CV가 '음절은 자음으로 시작해야 한다'와 '음절은 말음이 있어서는 안 된다'는 두 가지 구조성 제약조건을 만족하기 때문이다. CVC는 CV보다 유표적 음절 구조인데, '음절은 말음이 있어서는 안 된다'는 조건을 위배하기 때문이다. VC는 CVC보다 유표적 음절 구조로, CVC는 '음절은 말음이 있어서는 안 된다'는 조건 하나를 위배하지만, VC는 말음이 출현하는 동시에 두음 위치에 자음이 출현하지 않으므로 '음절은 자음으로 시작해야 한다'와 '음절은 말음이 있어서는 안 된다'는 두 가지 구조성 제약조건을 모두 위배하기 때문이다.

상술한 바와 같이, 최적성 이론이 언어 구조의 유표성을 판단하는 기준은 해당 구조가 구조성 제약조건을 만족하는 정도이며, 구조성 제약조건은 다양한 측면에서 언어 구조의 무표성을 판단한다. 구조성 제약조건을 위배하는 언어 구조는 구조성 제약조건을 만족하는 언어 구조보다 유표적이다.

④ **언어 유형** 언어유형론의 기본적인 연구 방법은 귀납과 추론으로, 여러 종류의 말뭉치를 구축하여 언어자료를 비교하고 규칙을 도출하여 언어 유형을 귀납한다. 이에 반해 최적성 이론에서 언어 유형을 연구하는 기본적인 방법은 연역과 추론이다. 즉 일련의 제약조건을 가정하고 제약조건 간에

서로 다른 등급 위계를 설정하여 다양한 언어 유형을 예측한 후, 실제 언어 자료를 통하여 예측을 검증한다. 최적성 이론은 언어 보편성과 개별성에 대한 가설로부터 언어 유형을 추론한다. 제약조건이 모든 언어에 보편적으로 존재하는 반면 제약조건 간의 상이한 등급 위계가 개별 언어에 특수하게 존재하는 것이라면, 제약조건 간의 서로 다른 등급 위계는 가능한 언어 유형에 대응된다. 다시 말하면, 각 언어 유형은 제약조건 간의 가능한 등급 위계에 대응하는 것이다. 최적성 이론에서는 언어 유형에 대한 이와 같은 추론을 '계승 유형론'(Factorial Typology)이라고 하는데, 제약조건 간의 가능한 등급 위계의 수가 제약조건 수의 계승이기 때문이다. 예를 들어, 제약조건이 3개 있을 경우 3의 계승(3!)은 6(1x2x3=6)으로, 3개의 제약조건은 6가지 등급 위계가 가능하다. 제약조건의 가능한 등급 위계 수만큼 언어 유형이 있으므로, 언어 유형의 수는 제약조건의 가능한 등급 위계의 수와 같다.

유형론 연구에서 귀납하는 모든 언어 유형은 제약조건 간의 서로 다른 등급 위계로 설명할 수 있다. 예를 들어, 야콥슨(Jakobson)은 세 가지 음절 성분인 두음 자음, 핵모음, 말음의 중요도가 동일하지 않다는 점에 주목하였다. 모든 음절은 핵모음이 있지만, 두음 자음이나 말음이 모든 음절에 존재하는 것은 아니다. 또한 모든 언어가 음절에 반드시 두음 자음이 출현할 것을 요구하는 것은 아니며, 음절에 반드시 말음이 출현할 것을 요구하는 언어는 없다. 언어 간 음절 유형의 차이는 해당 언어가 두음 자음의 의무적 출현을 요구하거나 말음을 금지하는지의 여부에 기인한다. 야콥슨(Jakobson 1962)의 음절유형론은 (2)와 같이 요약할 수 있다(Prince & Smolensky 1993: 85에서 재인용).

(2)

		두음 자음	
		의무적	선택적
말음	금지적	$\sum^{CV}$	$\sum^{(C)V}$
	선택적	$\sum^{CV(C)}$	$\sum^{(C)V(C)}$

(2)는 두음 자음의 의무적 출현 여부와 말음 금지 여부에 따라 귀납한 4가지 언어 유형이다. 이 4가지 언어 유형은 ① 두음 자음의 출현이 의무

적이고 말음을 금지하는 언어($\sum^{CV}$), ② 두음 자음의 출현이 의무적이나 말음이 선택적으로 출현하는 언어($\sum^{CV(C)}$), ③ 말음 출현을 금지하지만 두음 자음의 출현이 선택적인 언어 ($\sum^{(C)V}$), ④ 자음 말음의 출현과 두음 자음의 출현이 모두 선택적인 언어($\sum^{(C)V(C)}$)이다. 언어 유형 ①은 CV 한 가지 음절 유형을 허용하며, ②는 CV와 CVC 두 가지 음절 유형을 허용한다. ③은 CV와 V 두 가지 음절 유형을 허용하며, ④는 CVC, CV, VC, V 네 가지 음절 유형을 허용한다.

　야콥슨의 음절유형론은 최적성 이론에서 두 가지 구조성 제약조건 '음절은 자음으로 시작해야 한다(O$_{nset}$)'('두음 자음 요구'로 간칭), '음절은 말음이 있어서는 안 된다(*C$_{oda}$)'('말음 금지'로 간칭)와 충실성 제약조건 간의 서로 다른 등급 위계로 설명된다(Prince & Smolensky 1993: 86). (3)을 보자.

(3)

		두음 자음	
		두음 자음 요구 ≫ 충실성	충실성 ≫두음 자음 요구
말	말음 금지 ≫ 충실성	$\sum^{CV}$	$\sum^{(C)V}$
음	충실성 ≫ 말음 금지	$\sum^{CV(C)}$	$\sum^{(C)V(C)}$

　(3)에서 부호 '≫'는 제약조건 간의 등급 위계를 나타내며, 부호 왼쪽의 제약조건이 오른쪽의 제약조건보다 등급이 높다. 최적성 이론은 동일한 제약조건들 간의 상이한 등급 위계로 서로 다른 언어의 음절 유형을 예측한다. ① 구조성 제약조건인 '두음 자음 요구'와 '말음 금지'가 충실성 제약조건인 '충실성'보다 상위제약인 경우 '두음 자음 요구, 말음 금지 ≫ 충실성'이 된다. ② 충실성 제약조건인 '충실성'이 구조성 제약조건의 등급이 '두음 자음 요구'와 '말음 금지' 사이인 경우 '두음 자음 요구 ≫ 충실성 ≫ 말음 금지'가 된다. 이러한 등급 위계를 지니는 언어는 두음 자음의 출현이 필수적이지만 말음을 금지하지는 않는다($\sum^{CV(C)}$). ③ 구조성 제약조건인 '말음 금지'와 '두음 자음 요구'의 등급 위계가 바뀌고 '충실성'이 중간에 놓이는 경우 '말음 금지 ≫ 충실성 ≫ 두음 자음 요구'가 된다. 이 등급 위계를 지니는 언어는 말음의 출현을 금지하지만 두음 자음의 출현을 필수적으로 요구하지는 않는다($\sum^{(C)V}$). 충실성 제약조건인 '충실성'의 등급이

두 구조성 제약조건보다 높은 경우 '충실성 ≫ 말음 금지, 두음 자음 요구'가 된다. 이 등급 위계를 지니는 언어는 두음 자음의 출현이 의무적이지 않으며 말음의 출현도 금지하지 않는다($\sum^{(C)V(C)}$). 이와 같이 최적성 이론에서 제약조건 간의 상이한 등급 위계를 연구하는 것은 서로 다른 언어 유형을 연구하는 것과 같다는 것을 알 수 있다.

3. 최적성 이론의 제약조건 평가 과정

최적성 이론에서 제약조건의 평가 과정을 이해하려면 먼저 평가표(tableau)를 살펴볼 필요가 있다. 최적성 이론이 '평가 기능'으로 최적의 출력형을 산출하는 평가 과정은 평가표에 담겨 있다. 평가표는 두 가지가 있다. 하나는 이미 알고 있는 제약조건 간의 등급 위계에 따라 최적의 출력형을 결정하는 것으로, 이러한 평가표를 '위배평가표(violation tableau)'라고 한다. 다른 하나는 이미 알고 있는 최적의 출력형에 근거하여 제약조건 간의 등급 위계를 결정하는 것으로, 이러한 평가표를 '비교평가표(comparative tableau)'라고 한다. 최적성 이론 연구에서 자주 보이는 것은 위배평가표이며, 비교평가표는 최근 연구에서 등장하였다. 최적 출력형의 평가 과정을 이해하기 위하여 먼저 평가표에서 사용되는 부호의 의미를 이해해야 한다. (4)는 위배평가표에서 자주 사용되는 부호이다.

(4)
/ /　　입력형
[ ]　　출력형 후보
☞　　최적 출력형
≫　　제약조건들 간의 등급 위계, '≫'의 왼쪽 제약조건이 오른쪽 제약조건보다 상위 등급이므로 우선 만족하여야 함
*　　제약조건의 위배, '*'의 수는 제약조건을 위배한 횟수를 나타냄
!　　제약조건의 치명적 위배

<표 1>~<표 4>는 위배평가표와 비교평가표의 적용의 차이를 보여준다. 우선 <표 1>을 살펴보자.

<표 1> 제약조건의 등급 위계에 근거한 최적 출력형 평가(1)

입력형 /x/		조건 A ≫ 조건 B ≫ 조건 C		
출력형	☞ 후보 [a]			*
	후보 [b]		*	
	후보 [c]		*!*	
	후보 [d]	*!		

첫 번째 줄에서 왼쪽 칸은 입력형 /x/이며, 오른쪽 칸은 3개의 제약조건이 대문자 A, B, C로 제시되어 있다. 제약조건 간의 등급 위계는 '조건 A ≫ 조건 B ≫ 조건 C'로 조건 A가 조건 B보다 상위제약이며, 조건 B는 조건 C보다 상위제약이다.

두 번째 줄에서 다섯 번째 줄 왼쪽에 4개의 출력형 후보 [a], [b], [c], [d]가 세로로 배열되어 있다. 오른쪽 칸은 각각 '조건 A', '조건 B', '조건 C'이며, '*'는 각 후보가 해당 제약조건을 위배한 횟수를 나타낸다.

먼저 후보 [d]를 보면, [d]는 조건 A를 위배했기 때문에 조건 A와 만나는 칸에 '*'가 있다. 조건 A의 등급이 가장 높기 때문에 조건 A를 우선 만족해야 한다. 따라서 조건 A를 위배하는 것은 치명적이므로 '!'를 사용하여 나타낸다.

후보 [c]와 [b]는 조건 B를 위배했는데, 후보 [c]는 조건 B를 두 차례 위배하므로 '**'로 표시하고 후보 [b]는 조건 B를 한 차례 위배하므로 '*'로 표시한다. 후보 [c]는 후보 [b]보다 '*'가 많기 때문에 치명적이므로 '!'로 표시한다.

마지막으로 후보 [a]를 보면, [a]는 등급이 낮은 조건 C를 위배하였지만 등급이 높은 조건 A와 조건 B를 만족하였다. 따라서 다른 후보와 비교하였을 때 후보 [a]가 최적 출력형이 되므로 '☞'로 표시한다.

이제 <표 2>를 보자. <표 1>과 <표 2>는 제약조건 B와 제약조건 C의 등급이 다르다. 등급이 동일한 제약조건 사이에는 위계가 존재하지 않으므로, B와 C의 사이에는 '≫' 대신 ','를 사용한다. 또한 조건 B와 조건 C에 해당하는 칸의 경계를 실선이 아니라 점선으로 나타내어 조건 B와 조건 C를 위배한 결과가 동일하다는 것을 나타낸다.

<표 2> 제약조건의 등급 위계에 근거한 최적 출력형 평가 (2)

입력형 /x/		조건 A ≫ 조건 B, 조건 C		
출력형	☞ 후보 [a]			*
	☞ 후보 [b]		*	
	후보 [c]	*!		
	후보 [d]	*!		

먼저 후보 [c]와 [d]를 보면, 두 후보 모두 등급이 가장 높은 제약조건 A를 위배하였기 때문에 배제 대상으로 평가된다. 다음으로 후보 [a]와 [b]를 보면, 두 후보는 각각 조건 B와 조건 C를 한 차례 위배했다. 조건 B와 조건 C는 등급의 차이가 없기 때문에 두 조건을 위배한 결과가 동일하여 최적 출력형을 결정할 수 없다. 그러나 후보 [c], [d]와 비교하면 후보 [a], [b]는 둘 다 최적의 출력형이다. [a], [b]는 각각 조건 C와 조건 B를 위배하였지만 조건 A를 만족시켰기 때문이다. 이처럼 하나의 입력형이 두 개의 최적 출력형에 대응되는 경우는 일반적으로 언어에서 자유 변이로 표현된다. 홍콩 웨(粵)방언에서 [n]와 [l]가 구분되지 않는 현상이 자유 변이의 예이다.

실제 언어자료를 분석할 때는 최적의 출력형을 알지만 제약조건의 등급 위계를 모르는 경우가 더 많다.[4] 표준중국어의 3성 변조현상을 예로 들면, 두 개의 3성([214.214])을 연이어 발화할 때 첫 번째 3성이 2성([35])으로 변하고 두 번째 3성은 변하지 않는다([214])는 것을 알고 있다. 전통 생성음운론에서 표준중국어 3성 변조의 규칙은 '/214/ → [35]/__[214]'로 기술한다. 최적성 이론에서는 표준중국어의 3성 변조를 어떻게 분석하는지 살펴보자. Prince & Smolensky(1993)가 제기한 두 가지 포괄적 제약조건인 '복잡한 언어 구조를 금지한다(*Complex)'와 '입력형과 출력형은 일치해야 한다(Identity)'를 성조 범주에 적용하면 성조에 대한 두 가지 제약조건 '굴곡조(*Complex Tone)를 금지한다'와 '성조의 입력형과 출력형은 일치해야 한다(Identity Tone)'를 도출

---

4   자연 언어의 최적 출력 형식은 우리가 일상생활에서 듣고 말하는 언어 형식이다. '자연 언어'는 사람이 말하는 언어로, 컴퓨터 언어는 자연 언어에 포함되지 않는다.

할 수 있다. 이는 새로운 제약조건을 만드는 것이 아니라 최적성 이론의 포괄적 제약조건을 성조라는 구체적인 상황에 적용한 것이라는 점을 강조할 필요가 있다. 즉 '굴곡조를 금지한다'는 '복잡한 언어 구조를 금지한다'의 구체적 적용인 것이다. 이와 같이 최적성 이론의 많은 포괄적 제약들은 구체적 의미를 부여하여 실제 언어자료의 분석에 활용할 수 있다.

이제 3성 변조의 최적 출력형이 [35.214]이며 3성 변조를 제한하는 제약조건을 알지만, 두 가지 제약조건의 등급 위계는 아직 알지 못한다. 이 경우 비교평가표를 사용하면 제약조건의 순서를 결정할 수 있다. <표 3>을 보자.

<표 3> 최적 출력형에 근거한 제약조건의 등급 위계 설정

입력형	출력형 후보	굴곡조 금지	성조 충실
/214.214/	→ [35.214]	1	1
	~ [214.214]	2 W	L

<표 3>은 비교평가표로, <표 1>과 <표 2>는 제약조건의 등급 위계를 알고 최적 출력형을 평가하는 데 반해, <표 3>은 이미 알고 있는 최적 출력형에 근거하여 제약조건 간의 등급 위계를 결정한다.

<표 3>의 왼쪽 칸은 두 개의 3성이 연이어 출현하는 입력형 /214.214/를 나타낸다. '214'는 3성의 음높이값을, 두 '214' 사이의 '.'는 음절 경계를 나타낸다. 그 다음 칸은 두 개의 출력형 후보 [35.214]와 [214.214]이다. 이미 알고 있는 바와 같이, 두 후보 가운데 [35.214]가 승자(winner)이며 이는 '→'로 나타낸다. 반면 패자(loser)인 [214.214]는 '~'로 나타낸다.

이제 오른쪽 두 칸을 보면, 각 칸의 위에 두 제약조건 '굴곡조 금지'와 '성조 충실'이 제시되어 있다. 제약 간의 등급 위계를 결정하기 위해서는 어떤 제약이 승자를 선호(favor)하는지 비교할 필요가 있다. 승자 [35.214]에는 굴곡조가 하나 있는 반면 패자 [214.214]에는 굴곡조가 두 개 포함되어 있기 때문에, '굴곡조 금지'는 [35.214]를 선호하는 것이 분명하다. '굴곡조 금지'와 승자 [35.214]가 만나는 칸의 숫자 '1'은 해당 후보 [35.214]가 제약조건 '굴곡조 금지'를 한

차례 위배했다는 것을 나타낸다. '굴곡조 금지'와 패자 [214.214]가 만나는 칸의 숫자 '2'는 해당 후보 [214.214]가 '굴곡조 금지'를 두 차례 위배했다는 것을 나타낸다. 숫자 '2' 옆의 'W'(winner)는 제약조건 '굴곡조 금지'가 승자를 선호하는 것을 나타낸다.

제약조건 '성조 충실'과 후보 [35.214]가 만나는 칸의 숫자 '1'은 해당 후보가 '성조 충실'을 한 차례 위배했다는 것을 나타낸다. 반면 '성조 충실'과 후보 [214.214]가 만나는 칸에는 아무 숫자도 없는데 이는 후보 [214.214]가 입력형 /214.214/와 일치하므로 '성조 충실' 조건을 만족했다는 것을 의미한다. 이 칸의 'L'(loser)은 제약조건 '성조 충실'이 패자를 선호한다는 것을 나타낸다.

승자를 선호하는 제약조건은 패자를 선호하는 제약조건보다 상위등급이다. '굴곡조 금지'는 승자를 선호하고 '성조 충실'은 패자를 선호하므로, 두 제약조건 간의 등급 위계는 '굴곡조 금지 ≫ 성조 충실'이다.

<표 1>~<표 3>은 최적성 이론의 서로 다른 평가 과정을 보여준다. 위배평가표 <표 1>과 <표 2>는 제약조건의 등급 위계에 근거하여 최적의 출력형을 확정하며, 비교평가표 <표 3>은 최적 출력형에 근거하여 제약조건 간의 등급 위계를 결정한다. 최적성 이론을 실제 언어현상에 적용할 때에는 여러 가지 문제를 만날 수 있는데, 다음 절은 중국어 음운현상에 최적성 이론을 적용하는 방법을 논의한다.

4. 최적성 이론의 적용 방법

중국어 음운현상 분석을 위한 최적성 이론의 적용은 일반적으로 5단계를 수반한다. 광저우(广州)방언 입말에 나타나는 (5)의 음운 변화를 예로 들어 5단계를 살펴보자(白宛如 1982).

    (5)   今日   kɐm.iɐt → kɐm.mɐt
                      琴日(어제) ts'ɐm.iɐt → ts'ɐm.mɐt
                      琴日(어제) k'ɐm.iɐt → k'ɐm.mɐt

[1단계] **음운 변화 규칙 설정** 국제음성부호로 전사된 언어자료를 이용할 때, 의미에 근거하여 음의 연쇄를 형태소에 대응하는 음운형식으로 나누고, 각 형태소의 음운 기저형과 표면형을 파악하여 음운 환경과 음운 변화 규칙을 설정한다. 이는 음운 분석에 일반적으로 요구되는 단계로, 최적성 이론을 적용하여 음운현상을 분석하는 데에도 기본 작업이 된다. (5)에서 각 음의 연쇄는 2개의 형태소를 포함하며 두 번째 형태소는 '日'이다. '日'의 음운 기저형은 /iɐt/이며 표면형은 [mɐt]이다. /iɐt/가 [mɐt]로 변하는 데에는 조건이 있는데, 선행 음절이 반드시 말음 [-m]를 지녀야 한다는 것이다. 만약 '日'/iɐt/에 선행하는 음절이 말음 [-m]를 지니지 않으면 '日' /iɐt/는 [mɐt]로 변하지 않는다. 따라서 광저우방언 '日'의 음운 변화 규칙은 '[i]로 시작하는 음절이 비음 말음을 지니는 음절에 후행하면 [i]가 [m]로 변한다'와 같이 설정할 수 있다.

[2단계] **제약조건 확정** 음운 변화 규칙을 설정한 후 음운 변화를 유발한 제약조건을 확정해야 한다. '日'의 기저형 /iɐt/의 음절 구조에 대해서 두 가지 가설을 설정할 수 있다. 하나는 '日' /iɐt/에 자음 두음이 없다고 보는 가설이고, 다른 하나는 '日' /iɐt/의 모음 /i-/를 자음으로 간주하여 /i-/를 반모음 /jɐt/로 분석하는 것이다. 음운 변화 현상을 유발한 제약조건을 확정하기 위해서는 먼저 최적성 이론 연구에 유사한 현상을 해석할 수 있는 제약조건이 제기된 적이 있는지 살펴보아야 한다. 최적성 이론 연구에서 광저우방언 음운 변화와 관련된 두 가지 제약조건 (6)을 찾을 수 있다.

(6)
'음절은 두음이 있어야 한다(Syllable must have onset)' (Prince & Smolensky 1993)
'*모음 두음'(*M/V)(Prince & Smolensky 1993) ('*'는 '금지'를 의미)

'日' /iɐt/를 두음이 없는 음절로 가정하면 '음절은 두음이 있어야 한다'는 제약조건을 위배한다. 이 조건을 만족하려면 '/i/ → [m]'의 음운 변화가 필요하다. 한편 '*모음 두음'는 모음은 두음을 담당할 수 없으므로 두음 위치에서 금지된다는 것이다. 그런데 '日' /iɐt/는 두음 위치에 모음이 출현하므로 '*모음 두음' 제약조건을 위배한다. 따라서 '*모음 두음' 제약조건을 만족하려면 '/i/ → [m]'의 음운 변화가 요구된다. 이 두 제약조건은 모두 '日' /iɐt/의 음절 구조가 무표적일 것을 요구한다. 이와 같은 구조성 제약조건과 더불어 충실성 제약조건인 '음 삽입 금지'와 '음 탈락 금지'도 작용하여 음운 변화 결과가 입력형과 지나치게 달라지지 않도록 한다.

관련 제약조건을 최적성 이론 연구에서 찾을 수 없을 경우에는 새로운 제약조건을 제기할 수 있다. 그러나 새로운 제약조건을 제기하는 것은 큰 책임이 따르는데, 최적성 이론은 제약조건이 모든 언어에 존재한다는 것을 가정하므로 제약조건을 새롭게 제기한다는 것은 언어보편적인 제약조건이 증가하는 것이기 때문이다. 또한 최적성 이론은 제약조건의 상이한 등급 위계가 언어의 서로 다른 유형을 반영한다고 가정하므로, 새로운 제약을 제기하는 것은 언어 유형의 수가 계승적으로 증가하는 것을 의미한다. 따라서 새로운 제약조건을 제기하기 전에 이미 있는 제약조건을 모두 활용해야 한다. 새로운 제약조건을 만들 때에는 명령식 또는 금지식의 정의를 사용하며, 제약조건을 정의할 때에는 '……을 제외하고', '……일 경우에만/해야만', '가능한 한/최대한' 등의 가정 표현을 사용할 수 없다.

[3단계] 제약조건의 등급 위계 설정 광저우방언 음운 변화를 유발하는 제약조건을 확정한 후 제약조건의 등급 위계를 설정해야 한다. 등급 위계는 후보들 간에 '승자'와 '패자'를 비교하여 판단한다. '승자'는 사용되는 언어 형식이고 '패자'는 사용되지 않는 언어 형식이다. 승자를 선호하는 제약조건은 패자를 선호하는 제약조건보다 상위 등급을 차지한다. 등급 위계를 설정하는 것은 비교평가표로 나타내는데, <표 4>는 광저우방언 음운 변화의 제약조건의 등급 위계 설정하는 근거를 보여준다.

<표 4> 최적 출력형에 근거한 제약조건의 등급 위계 설정 근거

입력형	출력형 후보	*모음 두음	자음 두음 요구	음 삽입 금지	음 탈락 금지
	→ [kɐm.mɐt]			1	1
/kɐm.iɐt/	(a) ~[kɐm.iɐt]	1 W	1 W	L	L
	(b) ~[kɐm.miɐt]			1	L

<표 4>에서 왼쪽 칸은 입력형으로, 형태소 '今日'의 기저형인 /kɐm.iɐt/이다. 두 번째 칸은 3개의 출력형 후보이다. 우리는 첫 번째 후보가 '승자'라는 것을 이미 알고 있으며, 이를 '→'로 표시한다. '패자' 후보인 (a)와 (b)는 '~'으로

표시한다. 세 번째부터 여섯 번째 칸은 첫 번째 줄에 4가지 제약조건을 제시하였다. 각 후보와 제약조건이 만나는 칸에 해당 후보가 제약조건을 만족하는지를 나타낸다. '1'은 제약조건을 한 차례 위배한 것을 의미하며, 숫자가 없는 것은 해당 제약조건을 위배하지 않았음을 나타낸다. 제약조건 아래 칸의 'W'는 제약조건이 '승자'를 선호하는 것을 나타내며, 'L'은 제약조건이 '패자'를 선호하는 것을 표시한다.

먼저 각 후보와 제약조건 '*모음 두음'이 만나는 칸을 보면, 승자 [kɐm.mɐt]와 '*모음 두음'이 만나는 칸은 비어있다. 이는 승자가 제약조건을 만족시켰다는 것을 의미한다. 패자 (a)와 '*모음 두음'이 만나는 칸에는 '1'이 있는데, 이는 (a)가 '*모음 두음'을 한 차례 위배했다는 것을 의미한다. 패자 (a) [kɐm.iɐt]와 승자 [kɐm.mɐt]를 비교하면, 제약조건 '*모음 두음'이 선호하는 것이 승자 [kɐm.mɐt]임을 알 수 있다. 왜냐하면 승자는 조건을 만족하는 반면 패자 (a)는 위배하기 때문이다. 패자 (b)와 '*모음 두음'이 만나는 칸에는 아무 숫자가 없는데, 이는 패자 (b)가 '*모음 두음'을 만족했다는 것을 의미한다.

이제 각 후보와 제약조건 '자음 두음 요구'가 만나는 칸을 보자. 승자는 이 제약조건을 위배하지 않았으므로 승자와 제약조건이 만나는 칸은 비어있다. 패자 (a)와 이 조건이 만나는 칸에는 '1'이 있는데, 이는 패자 (a)가 조건을 한 차례 위배하였다는 것을 의미한다. 같은 칸에 있는 'W'는 '두음 자음 요구'가 승자를 선호하는 것을 의미한다. 패자 (b)와 제약조건이 만나는 칸은 비어 있는데, 이는 패자 (b)가 조건을 위배하지 않았음을 의미한다.

후보와 제약조건 '음 삽입 금지'가 만나는 칸을 보자. 승자와 패자 (b)가 이 조건과 만나는 칸에는 각각 '1'이 있다. 이는 승자와 패자 (b)가 이 조건을 한 차례씩 위배하였다는 것을 나타낸다. 그러나 패자 (a)는 이 조건을 위배하지 않기 때문에 패자 (a)와 조건이 만나는 칸에는 숫자가 없다. 승자와 패자 (a)를 비교하면, '음 삽입 금지'가 선호하는 것은 패자 (a)이다. 따라서 패자 (a)와 '음 삽입 금지'가 만나는 칸에 'L'이 있다. 승자와 패자 (b)를 비교하면, 둘 다 두 번째 음절에 [m]가 삽입되었기 때문에 '음 삽입 금지' 제약조건을 위배하였다. 따라서 이 제약조건은 승자를 선호하지도 않고, 패자 (b)를 선호하지도 않는다.

이제 마지막 제약조건인 '음 탈락 금지'를 보자. 패자 (a)와 패자 (b)는 이 조건을 모두 만족했다. 두 패자 후보는 모두 입력형의 음이 탈락하지 않았기 때문에, 입력형 /i/가 출현하지 않는 승자만이 이 조건을 위배하였다. 승자를 패자 (a), (b)와 비교하면, '음 탈락 금지'가 선호하는 것은 두 패자이다. 따라서 패자 (a), (b)가 이 조건과 만나는 칸에는 모두 'L'이 있다.

각 제약조건이 승자를 선호하는지 패자를 선호하는지 판단한 후 제약조건 간의 등급 위계를 설정할 수 있다. 승자를 선호하는 제약조건은 패자를 선호하는 제약조건보다 상위 등급이다. 즉, 제약조건 아래 'W'가 있는 것은 제약조건 아래 'L'이 있는 것보다 상위등급이다. 따라서 '*모음 두음'과 '자음 두음 요구'는 '음 삽입 금지'와 '음 탈락 금지'보다 상위등급이다. '*모음 두음'과 '자음 두음 요구' 아래에는 'W'만 있고 'L'이 없지만, '음 삽입 금지'와 '음 탈락 금지' 아래에는 'L'만 있고 'W'가 없기 때문이다. 이로부터 광저우방언 음운 변화의 제약조건의 등급 위계는 '*모음 두음, 자음 두음 요구 ≫ 음 삽입 금지, 음 탈락 금지'임을 알 수 있다.

[4단계] 제약조건의 등급 위계 검증 제약조건의 등급 위계를 설정하면 이 위계가 정확한지 검증해야 한다. 검증의 방법은 제약조건의 등급 위계로 최적의 출력형을 도출할 수 있는지를 보는 것이다. 최적 출력형을 얻을 수 있으면 제약조건의 등급 위계가 정확하지만, 그렇지 않으면 수정이 필요하다. 제약조건의 등급 위계의 검증은 위배평가표를 사용한다. <표 5>로 [3단계]에서 설정한 등급 위계를 검증할 수 있다.

<표 5> 제약조건의 등급 위계에 근거한 최적 출력형 평가 (1)

	입력형 /kɐm.iɐt/	*모음 두음, 두음 자음 요구 ≫ 음 삽입 금지, 음 탈락 금지			
후보	(a) [kɐm.mɐt]			*	*!
	(b) [kɐm.iɐt]	*!	*!		*
	☞ (c) [kɐm.miɐt]			*	

<표 5>는 3개의 후보를 제시한다. 후보 (b)는 상위 제약 2개를 위배했다. 이 위배는 모두 치명적이므로 '!'으로 표시한다. 회색 음영 칸은 후보 (b)가 평가 과정에서 배제되어 하위 제약을 만족하는지의 여부를 더 이상 논의하지 않는다는 것을 의미한다.

이제 후보 (a)와 후보 (c)를 비교하면, 후보 (a)는 '음 삽입 금지'와 '음 탈락 금지'를 모두 위배했지만, 후보 (c)는 '음 삽입 금지'만을 위배했다. 이 두 제약

조건은 등급의 차이가 없으므로, 후보 (a)와 (c)는 위배의 횟수로 평가한다. 후보 (a)는 위배 부호 '*'가 2개이지만 후보 (c)는 1개로, 후보 (a)가 '음 탈락 금지'를 위배한 것은 치명적이다. 따라서 후보 (c)가 최적 출력형으로 선택된다. 이 평가 결과는 <표 4>의 승자와 일치하지 않으므로, 제약조건 및 제약조건의 등급 위계에 문제가 있어 수정이 필요하다는 것을 보여준다.

[5단계] 제약조건 및 등급 위계의 수정 <표 4>는 승자가 후보 (a)인데 <표 5>에서 평가한 최적의 출력형은 후보 (a)가 아니라 (c)인 이유를 살펴보자. 후보 (c)는 (a)에 없는 반모음 [i]가 있는데, 광저우방언의 음절은 반모음을 지니지 않는다. 반모음이 포함된 후보를 배제하는 방법은 반모음을 두음으로 가정하여(Duanmu 1990) '복잡한 두음을 금지한다'는 제약으로 반모음을 지니는 후보 (c)를 배제하는 것이다. '복잡한 두음을 금지한다'는 제약은 새로운 것이 아니라, 최적성 이론에서 사용되고 있는 제약조건인 '복잡한 언어 구조를 금지한다(*Complex)'를 두음에 적용한 것이다. 제약조건 '복잡한 두음을 금지한다'를 충실성 제약조건인 '음 삽입 금지'와 '음 탈락 금지' 상위에 배치한 <표 6>을 보자.

<표 6> 제약조건의 등급 위계에 근거한 최적 출력형 평가(2)

후보	입력형 /kɐm.iɐt/	*모음 두음, 두음 자음 요구 ≫ *복잡 두음 ≫ 음 삽입 금지, 음 탈락 금지				
	☞ (a) [kɐm.mɐt]				*	*
	(b) [kɐm.iɐt]	*!	*!			
	(c) [kɐm.miɐt]			*!	*	

<표 6>은 <표 5>에 제약조건 '*복잡 두음'을 추가한 것이다. 이 제약조건은 충실성 제약조건보다 상위 제약으로, 후보 (c)는 이 조건을 위배하므로 배제된다. 남은 후보인 (a)는 충실성 제약조건 '음 삽입 금지'와 '음 탈락 금지'를 위배하였지만, 다른 후보에 비하여 위배한 제약조건의 등급이 낮기 때문에 최적의 출력형이 된다.

이상에서 최적성 이론으로 광저우방언의 음운 변화 현상을 분석하고, 관련 제약조건과 등급 위계를 '*모음 두음, 두음 자음 요구 ≫ *복잡 두음 ≫ 음 삽입 금지, 음 탈락 금지'로 설정, 검증하였다. 이와 같이 최적성 이론을 활용하여 중국어의 다양한 음운현상을 분석할 수 있다.

5. 최적성 이론의 중국어 음운 연구 적용 전망

　10년 전에 이미 중국 언어학 간행물에 최적성 이론으로 중국어 방언의 음운 현상을 분석한 연구가 발표되었다(钟荣富 1995). 필자의 연구(Jiang-King 1966, 1998, 1999a, b, c, 蒋平 1999a, b) 또한 최적성 이론을 적용하여 중국어 방언 음운현상을 분석한 시도이다. 최근 중국에서는 최적성 이론으로 중국어 방언의 성조를 분석한 연구가 많이 발표된 바 있으며(王嘉龄 2002, 房青 2004, 翟润梅 2004, 张新婷 2004), 이는 매우 고무적인 현상이다. 중국어 방언의 변조현상은 매우 복잡하고, 운율, 강세, 형태, 역사적 음운 변화 등의 요소가 결합되어 명확한 규명이 쉽지 않다. 중국어 방언의 변조현상에 존재하는 제약조건 및 제약조건의 등급 위계를 설정하는 작업은 일반언어학에 기여하는 바도 클 것이다.

　중국어에 나타나는 형태음운 현상도 연구할 가치가 크다. 일반적으로 중국어 는 인도유럽어족 언어같이 풍부한 굴절이나 파생이 없으므로 형태적 음운 교체 (alternation)가 많지 않을 것으로 보이지만 실제로는 그렇지 않다. ≪方言≫과 ≪中国语文≫에 발표된 중국어 방언의 형태적 음운 변화에 대한 연구는 상당히 풍부하다. 특히 중첩과 관련된 형태음운 현상은 거의 모든 중국어 방언에 존재한다. 이와 같은 연구를 토대로 중국어의 여러 방언에 나타나는 형태적 음운 변화의 제약조건과 등급 위계에 대한 연구를 진행할 수 있을 것이다.

　차용어 현상은 동일한 제약조건이 서로 다른 언어에서 실현되는 등급 위계의 차이를 보여준다. 표준중국어와 홍콩 웨(粤)방언의 영어 차용어를 예로 들면, 영어의 음절 구조는 비교적 복잡하지만 중국어의 음절 구조는 상대적으로 간단 하기 때문에, 영어 단어가 중국어에 들어오면 음절 구조가 간략화 된 후 중국어 어휘에 편입된다. 따라서 차용어 연구를 통하여 중국어 화자가 영어 음절 구조를 지각하는 방식을 이해할 수 있다(Yip 2004). 또한 강세언어인 영어는 성조가 없지만 영어 단어가 웨방언에 들어오면 차용어에 성조가 실현된다. 이는 강세와 성조의 관계 연구에 풍부한 언어자료를 제공하는데, 영어 차용어의 강세 음절은 웨방언에서 높은수평조로 변하고 비강세 음절은 중간수평조나 낮은수평조로 변한다(Lai 2004). 이는 '높은성조는 강세에 대응한다'(蔣平 1999b)와 '낮은성조는 비강세에 대응한다'(de Lacy 1999)는 두 제약조건이 웨방언 차용어의 성조 할당에 중요한 작용을 한다는 것을 증명한다.

음운의 역사적 변화에 대한 연구는 중국 성운학의 전통이다. 역사적 음운 변화를 일으키는 요소는 음운 지각의 명확도와 관련되는데(Holt 1997, Padgett & Zygis 2003), 지각을 명확하게 하려는 요소와 발음을 간단하게 하려는 요소 간에 종종 충돌이 발생한다. 이러한 충돌은 역사적 음운 변화를 유발하기도 하고 제한하기도 한다. 최적성 이론은 중국어의 역사적 음운 변화를 유발하거나 제한하는 여러 요소 간의 상호 작용과 충돌을 해석하는 데에 유용한 이론적 틀을 제공할 수 있다.

중국어의 음운현상은 매우 다양하여, 통시적, 공시적, 형태적, 통사적, 모어 습득 관련, 외국어학습 관련 현상을 일일이 다 열거할 수 없다. 앞으로 최적성 이론을 중국어 음운 연구에 적용할 수 있는 범위는 매우 넓으며, 최적성 이론으로 중국어 음운을 연구한 성과는 일반언어학 이론 발전에도 중요한 공헌을 할 것이라는 점은 의심할 여지가 없다.

제14장 중국어 역사음운학의 영역으로 진입하고 있는 중국-티베트어 비교연구[*]

1.

1.1. 20세기 초에 시작된 현대적 의미에서의 중국어 역사음운학(历史音韵学)은 전통음운학에 대한 계승과 발전이라고 정의할 수 있다. 역사음운연구에 있어서 전통에서 현대로의 전환은 대체로 다음의 네 가지로 나누어 설명할 수 있다.

(1) 연구자료
청대 유학자들과 그 이전의 학자들의 고음(古音)연구는 기본적으로 역사문헌자료를 사용한 것이다. 현대의 고음연구에서는 역사문헌자료를 이용하여 범위(예를 들어, 대음자료(对音材料), 고대 중국어 형태변화를 나타내는 자료, 출토문헌 등)를 계속 확대해 가고 있으며 더욱 중요한 것은 살아있는 언어자료—방언어음("역외방언어음(域外方音)"을 포함함)를 역사음운연구의 하나의 독립적인 자료로서 사용한다는 것이다.

---

[*] 이 장은 『중국어문논역총간』 제35집(2014)와 제36집(2015)에 발표된 자료를 수정 및 보완한 것이다.

(2) 연구방법과 이론

전통적인 연구방법이란 기본적으로 역사문헌자료를 귀납하고 정리·비교하는 것으로 이러한 전통적인 연구방법에도 대단히 탁월한 면이 있는데, "당운분석(离析唐韵)[1]"을 예로 들 수 있다. 전통음운학 가운데 체계성을 갖춘 이론으로는, 첫째는 "등운(等韵)[2]"을 들 수 있고, 둘째는 상고음 연구 중의 "대전(对转)[3]"을 들 수 있다. 이 두 이론은 모두 각 시기의 공시적인 음계에 대한 것으로 두 이론 사이에 통시적인 관련은 적다. 다시 말하면, 전통학문에서는 어음의 통시적인 변화에 관한 이론이 결핍되어 있다. Karlgren Bernhard에 의해 역사비교법(历史比较法)[4]과 내부의측법(內部拟测法)[5] 등의 연구방법이 도입된 이후, 역사음운연구는 방법론적으로 점점 풍부해져왔다. 현대의 연구에서는 서양에서 전래된 음운변화이론(예를 들면, 신문법학파(新语法学派)의 "조건론(条件论)")과 음계-음운이론(音系-音韵理论) 등이 보편적으로 사용되고 있다.

(3) 연구대상으로서의 역사단계

전통적인 개념에서는 한계가 불분명한 "고음(古音)"과 "금음(今音)"이라는 개념만이 존재하고 있다. 현대적인 역사음운학에는 "중국어어음사(汉语语音

---

1   역주: 顧炎武이『音学五书』중의『唐韵正』에서『诗经』의 용운(用韵) 분석을 기초로『唐韵』의 오류를 바로 잡은 것을 가리킴.

2   역주: 음운학용어. 상고음에서 元音이 서로 같으나, 韵尾가 다른 것을 가리키는 말이다. 일반적으로 阴阳对转을 가리키며, 鱼阳对转[a:aŋ], 鱼铎对转[a:ak], 阳铎对转[aŋ:ak]을 예로 들 수 있다.

3   역주: 중국고대의 일종의 반절법으로, 주로 反切图(韵图)의 형식으로 나타난다. 宋元시기에 反切图는『切韵』,『广韵』,『集韵』등을 위해 설계되었다.

4   역주: 언어의 역사연구에 있어 중요한 방법 중의 하나. 중국어사 연구에 있어서 역사비교법의 응용은, 곧 중국-티베트어족의 여러 언어를 비교연구하는 것이다. 이 연구방법은 상고중국어와 중국어사 연구에 큰 도움을 준다. 예를 들어, 현대중국-티베트어족의 언어 가운데 중국어와 밀접한 관계에 있는 여러 언어에 복합모음이 존재한다면, 칼그렌이 재구한 것처럼 중국어상고음체계 중 복합모음이 없는 것은 과학적인 근거가 부족한 것이다.

5   역주: "拟测"는 "重建"이라고도 부른다. 역사문헌자료가 부족한 상황에서, 현대 언어와의 비교를 통해 상호 비교하고, 그 친족관계를 결정하며, 일정한 어음의 원시적인 형식을 확정하는 연구방법이다.

史)"라는 개념이 있는데, 상고음(上古音)과 중고음(中古音) 이외에도 근대음(近代音) 또한 연구 분야에 포함되어 있다. 그러나 각 단계 사이에는 과도기가 존재하며 각 단계의 내부도 다시 세분할 수 있다.

(4) 학술관념

전통적인 연구는 기본적으로 고음의 음류(音类)를 분석하는 것에 불과하지만, 현대적인 연구에서는 고음의 음가(音值)도 재구(构拟)해야 한다. 전통적인 학자들은 "고음이 어떠한 것인지"에만 관심을 기울였고, 실용적인 역할로써 "경전 독해"를 위해 부차적으로 익혀야하는 학문이라는 전통어문학의 고정관념에서 완전히 벗어나지 못했다. 현대적인 학문은 추상성을 해석해내는 것을 중시하고, 언어적 체계에 맞추어 고대중국어를 재건하려는 시도를 하고 있으며, 특히 중국어어음의 통시적 연변규칙과 경향을 밝혀내려고 노력하고 있다.

1.2. 상고음(上古音)은 어떻게 연구해야하는가? 청대 유학자들의 연구방법은 상고음의 운부(韵部)를 귀납하고 해성자(谐声字)의 체계를 비교정리하며 가차(假借)나 이문(异文) 등의 자료를 정리하여 『광운(广韵)』으로부터 상고음을 유추했다. 현대학자들은 청대 유학자들보다 나중에 시작했지만 더욱 세밀한 연구방법을 사용하였다. 예를 들면, 수리통계법(数理统计法)을 사용하여 압운자료를 처리한 점, 고문자(古文字)자료를 이용해서 『설문해자(说文解字)』의 해성자를 바로잡은 점, 출토문헌 가운데의 가차나 이문 등을 이용한 점 등이다. 현대적인 언어이론의 선도적인 역할에 따라 중고음을 바탕으로 상고음을 추정할 때 더욱 과학적으로 연구할 수 있게 되었다.

상고 운모체계 연구(上古韵母系统研究)의 기초는 줄곧 『시경(诗经)』을 위주로 하는 운문(韵)자료를 귀납해서 얻은 운부체계였으며 해성자는 보조자료로 사용해왔다. 해성자는 운문자료를 배제한 채 단독으로 운부체계를 귀납할 수 없는데, 그 이유는 서로 다른 해성체계는 설령 서로 같은 운부라고 할지라도 서로 계련(系联)될 수 있는 가능성이 매우 적기 때문이다(특히 성모의 서로 다른 해성계열(谐声系列) 사이에서 더욱 그러하다). 예를 들면, 갑골문을 이용해서 은대(殷代) 운모를 연구할 때에도 기본적으로 주대(周代) 음운을 대표하는

『시경』 운부의 틀에 기초하여 연구를 진행하는데, 은대와 주대의 운부에 체계적인 차이가 있는지에 대해 판단하기 쉽지 않다. 상고성모(上古声母)를 연구할 때 운문자료는 조금도 도움이 되지 않으므로 해성자 자료와 체계성이 비교적 약한 가차, 이문 그리고 중고음 등에 의거하여 연구를 진행할 수밖에 없다. 이런 이유로 상고성모의 연구는 운모의 연구보다 더욱 어렵다. 한자는 비음소문자(非音素文字)라는 제약 때문에 선천적으로 고음을 재구하기에 불리한 것이다. 또 다른 문제는, 역사 이전 시기의 문헌 부족으로 인해 더 이른 시기의 중국어사의 연구에 있어 문헌에 대한 의존도를 줄일 수밖에 없다. 학계에서의 다년간의 노력을 거쳐 많은 연구 성과가 나왔기 때문에, 역사문헌자료의 틀 안에서 상고음, 특히 전기상고음(혹은 원고음(远古音)/원시중국어음(原始汉语音)이라고 지칭함)에 대한 심도 있는 연구를 진행할 수 있을 만한 여지는 더 이상 많지 않다.[6]

중고음(中古音) 연구에 있어서 현대학자들은 중국어방언(汉语方言) 등의 살아있는 언어자료를 이용하여 놀랄만한 성취를 이뤄냈다. 그러나 연대가 오래된 상고음은 현대중국어방언 중에 남아있는 흔적이 대단히 적어서 중국어방언의 역사비교가 상고음 연구에 미치는 영향은 매우 제한적이다.

이러한 상황 하에서 중국어 상고음 연구가, 특히 상고음 성모 연구에 대한 돌파구 역할을 할 수 있으리라는 희망은 또 다른 종류의 살아있는 언어자료인 ——친족언어자료(亲属语言材料)에 있으며, 이 연구분야에 대해 희망을 거는 것은 매우 자연스러운 일이다. 王力(1963: 162)와 李方桂(1971: 5)는 모두 일찍이 이에 대해 희망을 표현한 적이 있다. 오늘날에 와서 이는 이미 단순히 희망에 불과한 것만은 아니다. 설령 매번 앞으로 한 걸음 나아가는 일에 어려움이 있다고 하더라도, 중국-티베트어 비교연구(汉藏语比较研究)는 중국어역사

---

6   근래에 진한시기(秦汉时期)의 간백(简帛)이 대량으로 출토되었는데, 그 가운데 고음에 대한 많은 정보가 포함되어 있어서, 역사음운학자들의 연구가 필요하다. 그러나 이러한 자료도 또한 한자의 국한되어 있기 때문에, 성격상 전래문헌을 뛰어넘지 못한다. 또한 비교적 후대에 생성된 문헌이므로 선사시기 문헌의 공백을 메울 수 없다.

음운학의 영역 안으로 진입하고 있다.

1.3. 중국어가 중국-티베트어족(汉藏语系)에 속해있다는 사실은 절대다수 언어학자들의 공통적인 인식이다. 그러나 이 어족에 어떤 언어를 포함하고 있는지에 대해서는 각기 다른 분류방법이 존재한다. 비교적 통용되는 분류법은 중국-티베트어족이 중국어, 티베트-버마어계(藏缅语族), 몽몐어계(苗瑶语族)와 따이까다이(壮侗语族, 혹은 '동다이어계(侗台语族)'라고 일컬어지기도 함)어계(Li, F.-K. 1937, 马学良 1991)을 포함하는 것이다. 또 하나의 분류법은 몽몐어어계와 쫭동어계를 중국-티베트어족에서 분리해내고, 오스트로네시아어족(南岛语组)와 함께 "오스트로네시아-타이어계(澳泰语系)"(Benedict 1972)를 구성하는 것이다. 이 밖의 또 하나의 관점은 중국어와 오스트로네시아어족 사이에 발생학적으로 관계가 있는 것으로 보고, 오스트로네시아어족과 중국-티베트어족을 합쳐서 하나의 대어족인 "중국-오스트로네시아어족(华澳语系)"(Laurent Sagart 1993, 2004; 邢公畹 1991, 潘悟云 1995b)를 구성하는 것이다. 중국어와 티베트-버마어계(藏缅语族)는 친족관계라는 것을 의심하는 이는 거의 없다.

최근 100년 이래로 중국-티베트어족에 대한 연구논저가 다수 출간되고 있다. 중국어와 중국-티베트어족의 여타 언어 사이의 비교연구성과 또한 연달아 나오고 있다. 중국-티베트어족 언어의 비교연구방법을 통해서 중국어상고음을 재구하는 것에 이미 상당한 기초를 마련하게 되었다.

1.4. 중국어 상고음 재구의 관점에서 보면, 가장 중요한 것은 중국-티베트어족의 동원사(同源词)[7]/관계사(关系词)의 비교연구이다. 20세기 80년대 이래로 중국-티베트어 동원사/관계사 비교연구 중에서 자료를 충분히 활용하고 체계를

---

[7] 역주: 동일한 유래를 가진 어휘들을 가리킨다. 두가지 층위의 의미를 가지는데, 첫째는 한 언어 가운데 어형과 의미가 다른 언어 속에서 관련된 어휘와 유사한 어휘를 가리킨다. 둘째는 한 언어에서 본래 역사적으로 같은 유래를 가지는 어휘를 가리킨다.

갖추고 있는 논저들을 아래에 나열한다. 필자의 견문으로는 한계가 있으므로 내용이 부족하고 누락된 것들이 많을 것이다. 여기에서는 대체적인 윤곽만을 제공하고자 한다.

(1)
龔煌城(1980)은 182조의 중국어, 티베트어, 버마어의 삼향대응(三向对应 중국어, 티베트어, 버마어 등 세 언어의 동원사가 한 묶음으로 어휘의 조합을 이룸) 李方桂의 중국어상고음 재구체계를 기초로 모음(元音)을 비교했다.

(2)
Bodman(1980)이 "원시중국어(原始汉语)"를 연구할 때 사용한 중국-티베트어 동원사(汉藏语同源词)는 500쌍(对)[8]에 달하며 중국어와 비교했던 자료는 티베트어 위주였다. 그는 주로 자음(声母, 韵尾, 介音)을 연구하는 데 주력했다.

(3)
Coblin(1986)은 500쌍(对)/조(组)에 달하는 중국어와 티베트－버마어(藏缅语)의 동원사를 수집하고 배열하여 하나의 자료집을 완성했다. 그는 각각의 동원사에 대해서 "원시중국-티베트어(原始汉藏语)"를 재구했다.

(4)
俞敏(1989)은 500여 쌍의 중국어와 티베트어의 동원사로 상고음 운부를 요목으로 배열하여 주로 운모를 대응했다. 그는 중국어고음의 재구("티베트어지향(藏语指向)"이라고 지칭함)에 대해서 매 항에서 선행 연구와 다른 점이 있다.

(5)
曾晓渝(1994)는 전문적으로 중국어와 수이어(水语)의 관계사에 대해 연구했

---

8   본 논문에서 "쌍(对)"이라고 하는 것은, 일반적으로 하나의 티베트어와 이에 대응하는 하나의 중국어어휘를 가리킨다. 그러나 일부 상황에서는, 대응하는 두 어휘중 한 편(주로 티베트-버마어(藏缅语))의 언어에 두 개 이상의 同族词(같은 언어가운데 속함), 혹은 同源词(서로 다른 언어에 속함)가 상대 언어의 어휘와 대응하는경우도 있다.

는데 연구자료는 300여 쌍이다.

(6)
전광진(1996)은 이전 연구자들이 제기했던 자료를 최대한 수집하고, 증거가 부족한 자료를 삭제했으며 600여 쌍의 중국어와 티베트어(간혹 버마어도 사용함)의 동원사를 찾아냈다.

(7)
邢公畹(1999)은 그가 설계한 "어의학비교법(语义学比较法)"을 써서 좡어-다이어계(壮傣语支. 다이어"傣语"라고도 함) 자료를 가지고 중국어와 비교했고 수집한 중국-다이어(汉傣语) 관계사는 1000쌍 정도이다.

(8)
施向东(2000)이 예로 열거한 중국-티베트어 동원사는 400여 쌍이다. 그는 施向东의 "어의학비교법(语义学比较法)"을 사용했다. 한 조에는 하나의 음의(音义)상 관련이 있는 계열의 어휘를 배열했는데, 각각의 조 안에는 많은 경우 한 쌍 이상으로 되어 있기 때문에 실제로는 1000쌍 이상을 열거한 것이다. 이 저작은 현재까지의 중국-티베트어 어휘비교와 관련된 저작 가운데 가장 많은 자료를 수록하고 있다.

(9)
邢公畹(2011)은 Coblin(1986)의 자료 중에서 약 130쌍의 중국-티베트어 동원사 선택해서 중복되는 증거를 제시했으며 여타 민족의 언어 자료도 보충하여 제시했다.

(10)
陈其光(2001)은 289쌍의 중국-몽몐어(汉-苗瑶语) 관계사를 열거하고, 그 관계사의 성모·운모·성조를 비교했는데 그 가운데 대략 170쌍은 동원사이다.

(11)
吳安其(2002)는 근 100개의 핵심어휘로 그가 재구한 상고중국어, 원시티베트-

버마어(原始藏緬语), 원시동다이어(原始侗台语), 원시몽몐어(原始苗瑶语), 그리고 원시중국-티베트어(原始汉藏语)를 비교했으며 중국어 상고음을 재고할 때에도 상당히 많은 동원사 자료를 사용했다.

(12)
金理新(2002)은 중국어 상고음을 재구할 때, 중국–티베트어 동원사를 주요 근거자료로 제시하고 있다. 자료량은 아주 많지만 구체적인 수량에 대한 통계가 없다.

(13)
黄勇(2002)은 중국어와 동어(侗语)의 관계사를 연구했다. 그도 "어의학비교법"을 사용하였는데, 사용한 자료에는 90개조의 200여 쌍의 관계사가 있다.

(14)
龚群虎(2002)는 중국어(汉语)와 다이어(傣语)의 관계사를 연구했는데, 1000여 쌍의 관계사 중에서 상고 관계사의 층위(上古关系词层)와 중고 가차사의 층위(中古借词层)를 구분했다.

(15)
黄树先(2003)은 600여개의 중국–버마어 동원사(汉缅同源词)에 대해서 郑张尚芳과 潘悟云의 상고음 재구체계를 기초로 삼아 비교를 진행했다.

(16)
Matisoff(2003)는 비록 주로 원시티베트-버마어(原始藏緬语)를 연구하기는 했지만 중국어와도 관련이 있다. 그 가운데 그가 재구한 원시티베트-버마어와 비교한 중국어 단음절 어휘는 약 600개이다.

2.

중국-티베트어 비교(汉藏语比较)는 상고음 연구 중의 일부의 결론을 심도있게 증명하는 데 도움을 줄 수 있으며 연구가 필요한 분야를 언급하기도 한다.

구체적인 상황은 매우 복잡하므로 본문에서는 일일이 상세하게 서술할 수 없지만 아래에서 일부의 문제를 골라서 최대한 간략하게 설명하겠다.

2.1. 모음(元音)

歌部와 魚部의 元音은 a이다. 이는 汪荣宝(1923)가 동한(东汉) 이후 생겨난 산스크리트-중국어대음(梵汉对音)을 통해서 고증해낸 것이다. 그의 연구 이후 줄곧 더 이른 시기의 체계를 갖춘 증거를 찾아낼 수 없었다. 현재 중국-티베트어 비교는 이 문제에 대해서 긍정적인 증거를 제시하고 있다. 이 밖에 운복(韵腹)이 a로 재구되는 운부(铎部, 阳部, 月部, 元部, 叶部, 谈部 등)의 글자는 기본적으로 소수민족언어의 동원사의 a 모음과 대응한다.

郑张尚芳(1984)은 幽部를 u로, 侯部를 o로 재구했다. 이러한 재구에 대한 증거는 산스크리트-중국어 독음 중에서도 보이며(俞敏 1984a 참조), 중국-티베트어 비교자료는 더욱 직접적인 증거를 보완해주고 있다.

李方桂(1971)는 i 모음으로 脂, 质, 贞 세 운부의 운복을 재구했는데, 이로써 중국-티베트어 비교결과가 유력한 증거를 얻게 되었다.

S. E. Yakhontov(1960b)는 歌, 月, 元, 微, 物, 文 등의 운부에서 설치음 합구자(舌齿音合口字)를 원순모음(圆唇元音)으로 재구했는데, 이러한 운부의 티베트어 동원사 중에서 일부는 고대티베트어 가운데 o, u의 모음이 되는 경우가 있다. 그러나 S. E. Yakhontov의 재구음과 완전히 맞아떨어지는 것은 아니다. 이 몇 개의 운부에 대해서는 더욱 세밀한 고찰이 필요하다.

王力(1958는 支, 锡, 耕部의 운복을 e로 재구했고, 李方桂(1971)는 i로 재구했다. 이 세 운부의 글자들이 고대티베트어의 e와 i 에 대응되는 경우가 적지 않으므로 이에 대한 연구가 좀 더 필요할 것으로 보인다.

郑张尚芳(1987)이 재구한 상고모음(上古元音)은 장단음(长短音)의 차이가 있다. 단모음(短元音)은 주로 후대의 3등운자이다. 고대티베트어(古藏文)의 모음에는 장단음의 구분이 없다. 버마어(缅语)와 태국어(泰语)의 모음은 장단음의 구분이 있고 郑张尚芳과 潘悟云이 재구한 상고중국어모음의 장단음은 엄정한 대응관계를 갖추고 있다. 중국-티베트어 비교가 중국어 상고음 모음의 장단음 구분설을 증명하는 데 도움이 될지 아직 더 많은 연구가 필요하다.

고대티베트어(古藏文)는 a e i o u 다섯 개의 모음이 있다. 버마어의 모음의 자모는 21개이나, (장단음 등의 구분을 제외하면) 7개로 귀납할 수 있다. 태국어의 모음 부호는 만약 각종 부가성분을 포함시키면 30개가 넘으며 8개로 귀납할 수 있다. Coblin(1986)은 원시중국-티베트어(原始汉藏语)로 재구한 6개의 모음은 a i i u ə o 이다. 吳安其(2002)가 재구한 원시중국-티베트어의 5개의 모음은 고대티베트어와 같다. 李方桂(1977)가 재구한 고대다이어(古台语)는 9개의 모음이 있고, 梁敏, 张均如(1996)가 재구한 원시동다이어(原始侗傣语) 또한 9개의 모음이다. 吳安其(2002)는 6개의 모음으로 재구했고, 고대동다이어(古侗台语)는 5개의 모음으로 재구했다. 王辅世, 毛宗武(1995)는 고대몽몐어(古苗瑶语)를 15개의 모음으로 재구했으며 그 재구음에서 장단음을 구분했다. 그런데 吳安其(2002)는 6개로 재구했다. Matisoff(2003)는 원시티베트-버마어(原始藏缅语)는 6개의 모음으로 재구했다. Bodman(1980)는 "원시중국어(原始汉语)"의 모음체계를 a e i o u ɨ 6개로 재구했다. 郑张尚芳(1984)의 중국어 상고음 6개의 모음체계는 a e i o u ɯ 로 보드만과 비슷하다. 필자는 Bodman과 郑张尚芳의 모음체계가 앞에서 소개한 여타의 체계보다 더 낫다고 생각한다. 하지만 이 모음체계에 관한 문제는 앞으로 중국-티베트어 비교연구를 포함한 여러 방면에서 증명할 필요가 있을 것이다.

현재까지 모음의 재구(构拟)와 직접적으로 관련이 있지만 아직 증명되지 않은 문제 중 하나는 원시중국어 운부(原始汉语韵部)와 『시경』 운부가 전체적인 체계에 있어 동일한 것인지에 관한 문제이다.

2.2. 운미(韵尾)

상고음의 음성운(阴声韵)이 입성운(入声韵)의 파열음 운미와 어떠한 구별이 있었는지에 대해서 학계에서 아직까지 일치된 의견은 없다. 고대티베트어 중에서 중국어의 음성운(阴声韵)과 대응하는 어휘는 일부분은 파열음 운미를 가지고 있었고(입성운의 파열음운미와 구별이 없다) 일부분은 개운미(开韵尾)였다. 논리적으로 생각해보면 원시중국-티베트어의 파열음 운미가 티베트어 중에서 일부분이 소실된 것일 수도 있고 티베트어에서는 나중에 일부 파열음 운미가 생겨난 것일 수도 있다. 또 한 가지의 가능성은 중국어의 음성운의 일부분이 입성운에서 유래한 것일 수도 있을 것이다. 고대티베트어에서 세 종류의 파열음 운미를 가진 어휘와 상고중국어의 각 운부 사이의 관계를 정리해보는 것이 이 문제를 제대로 살펴보는 데 도움이 될 것으로 믿는다.

李方桂(1971)는 歌部를 -r 운미로 재구했다. 사실 歌部의 글자들은 자주 티베트어의 -r 운미를 가진 글자와 대응한다. 그러나 음운체계의 관점에서 보면 歌部와 평행한 脂部, 微部의 운미는 歌部와 같다. 이 두 운부 가운데 얼마나 많은 글자가 티베트어의 -r 운미의 글자와 대응하는지(또한 얼마나 많은 글자가 대응될 수 없는지)에 대해 신중히 감별할 필요가 있다.

일부 학자들은 중고중국어의 거성이 상고음의 -s 운미에서 유래했다고 생각하고 있다. 전광진(1996)의 통계에 의하면, 중국-티베트어 동원사 가운데 중국어 거성자는 5분의 1정도의 비율을 차지하며 중국-티베트어 동원사 가운데 -s 운미를 가진 고대티베트어 어휘 중의 약 40% 정도가 중국어 거성자에 대응하는데, 확률적으로 우연의 일치로 대응했을 가능성은 많지 않다. 그런데 -s운미를 가진 티베트어 어휘가 평성 또는 입성자와 대응되는 경우는 그리 적지는 않았다(각각 4분의 1정도의 비율을 차지함). 만약 -s 운미에서 거성이 유래했다는 학설을 증명하려면 이 문제에 대한 구체적인 해석이 필요하다.[9]

---

9 어떤 학자들은 중국어와 티베트-버마어의 성조는 분화 이후에 각자 생겨난 것으로, 발생학적으로 관계가 없고 역사비교를 사용할 수 없다고 생각한다. 그러므로 티베트-버마어의 -s 운미에서 중국어의 거성이 유래되었다는 관점은, 방법론적으로 성립하지 않는다고 여기고 있다. 필자가 생각하기에 이 문제에 대해 두 가지의 설명이 가능하다. 첫째, 중국어와 티베트-버마어 성조 발생의 기제가 서로 다르므로 서로 대응관계가 성립하지 않는다는 관점에 대해서 말하면, 이는 중국어의 한 성조(예를 들어 거성)와 티베트-버마어의 어떤 비성조음소(예를 들면 -s) 사이에 대응관계가 존재할 수 있다는 가능성이 성립될 여지를 주었다고 볼 수 있다. 둘째, 언어와 방언의 분화 이후에 음소사이에 대해서 진행된 연구는 결코 역사비교법을 사용하기에 적절하지 않은 것은 아니다. 더 구체적으로 말하면, 새로운 음소가 생겨나는 조건이

2.3. 개음(介音)

중고 3등운(中古3等韵)은 i/j 의 개음(介音)을 가지고 있는데, 이는 해성체계 (谐声系统)에도 매우 적게 나타나 있고, 일반적으로 이 개음은 해성행위(谐声 行为)에 참여하지 않는 것으로 여겨진다. 중국어와 대응되는 티베트어 또는 버마어에서도 그 흔적을 찾아볼 수가 없다. 다수의 학자들은 이러한 현상을 보고, 중고 3등운 가운데 상당부분의 i/j 의 개음은 후대에 생겨난 것이며, 상고음에는 본래 없었던 것으로 생각한다. 이러한 설명이 일리가 있어 보이지만 계속해서 논증을 해야 할 여지가 있다.

S. E. Yakhontov(1960a)의 연구 이래로 2등운은 상고시기에 l/r 의 개음을 가지고 있고 来母와 관계가 있다는 관점이 널리 받아들여져 왔다. 중국-티베트어 비교자료 가운데 분명히 2등운자와 대응되는 l/r 의 개음을 가진 티베트어와 버마어 어휘가 있다. 그러나 l/r 의 개음을 가지지 않은 어휘와도 빈번하게 대응한다. 도대체 l과 대응하는지 아니면 r과 대응하는지, 또한 어떤 경우에는 왜 이러한 대응관계를 볼 수가 없는지 등의 의문에 대한 해답을 찾아야한다.

俞敏(1984b)은 중고 중뉴 3등자(中古重纽3等字)가 r 의 개음을 가지고 있다고 밝혔고, 麦耘(1992)은 r 을 포함한 介音이라고 생각했다. 중뉴 3등(重纽3等)과 来母의 해성관계도 매우 밀접하다. E. G. Pulleyblank(1962), Baxter(1977), 余乃勇(1985), 郑张尚芳(1987)은 모두 중뉴 3등운(重纽3等韵)의 개음이 상고음에 존재했거나 r 혹은 l 의 개음을 가지고 있었을 것으로 추측했다. 친족언어의 Cr-/Cl- 등의 성모는 중국어의 3등운과 대응하는데 자료를 비교하다보면 이런 예들을 자주 발견할 수 있다. 陆志韦(1947)의 관점에 따르면 중뉴가 없는 3등운 중의 唇音, 牙音, 喉音(喻四 제외)의 글자는 모든 3등운 庄知组와 来纽자의 개음(介音)과 중뉴 3등(重纽3等韵)과 같은 종류이다. 그러므로 이러한 대응관계에 있는 글자가 중뉴 4등(重纽4等韵), 喻四, 精章组와 日纽字에 속하지 않으면 위에서 서술한 가설과 모두 일치한다.

분화 이전에 이미 존재하고 있었는지를 살펴보는 것이 관건이라고 볼 수 있다.

2.4. 성모(声母)

이른 시기의 복성모 연구(复辅音研究)는 모두 중국어 역사문헌자료를 중심으로 진행되었다. 그러나 중국-티베트어 비교(汉藏语比较)의 각도에서 보면 더 심도 있는 정보를 얻게 될 것이다. 티베트-버마어(藏缅语), 좡동어(壮侗语), 몽몐어(苗瑶语)는 모두 복성모(复辅音)를 가지고 있으며, 비록 단성모화(单辅音化)하는 경향을 보이고 있지만 이 언어들의 비교적 이른 시기에 복성모가 아주 풍부했을 것이다. 중국-티베트어비교는 오래 전부터 줄곧 상고중국어의 복성모 연구에서 중요한 역할을 하고 있다.

다수의 학자들은 상고중국어(上古汉语) 혹은 원고중국어(远古汉语)에서 Cl-/Cr- 과 같은 성모를 가지고 있다고 보고 있다. 그러나 여기에서 l/r를 복성모(复辅音)의 한 부분으로 볼 것인지 혹은 개음(介音)으로 볼 것인지에 대해서 많은 학자들은 특별히 구분하지 않는다. 음운 재구의 관점에서 이것은 그렇게 중요한 문제는 아니지만 이 문제가 상고중국어에서 원시중국-티베트어(原始汉藏语)의 음절구조에 대한 인식과 관련이 있을 수 있다(孙宏开 2001 참고).[10]

Cl-/Cr-를 제외하면 친족언어 자료, 특히 고대티베트어 중에서는 더 복잡한 복성모가 존재한다. 예를 들면, sC-류, lc-/rC-류[11]와 발음부위가 서로 다른 파열음, 파찰음, 마찰음, 비음의 상호조합 등이 그것이다.[12] 이 가운데 다수는 예전 학자들의 중국어 상고음을 재구할 때 한 번도 사용하지 않던 것(사용할 수 있을 것이라고 생각지 못했거나 감히 사용하지 못한 것들)이다. 물론 친족언어의 음

---

[10] 潘悟云(1999)은 원시중국-티베트어에 대해 "차요음절(次要音节)"를 재구했다. 그는 복성모의 연구에서 시작하여 후대의 일부 복합성모를 복합음절로 재구했다. 그의 재구기준은 南岛语였다. 왜냐하면 그는 오스트로네시아어족(南岛语)와 중국-티베트어(汉藏语)는 亲缘관계가 있다고 생각했기 때문이다. 이는 또 다른 각도에서 원시중국-티베트어의 음절구조를 살펴볼 수 있도록 하는데, 이러한 관점은 아직도 검증과정을 거치고 있다.

[11] 일반적으로 '来'母와 관계가 있는 복성모는 Cl-류로 재구한다. 어떤 학자들은 티베트어에 근거하여, lC-류로 재구할 것을 제안하기도 한다. (王珊珊 2004)

[12] 그러나 어떤 것은 기본성모이고, 어떤 것은 형태접두어소와 기본성모의 조합일 가능성도 고려해야한다.

운현상을 아무런 기준 없이 그대로 중국어상고음의 재구에 가져온다면 안 되겠지만, 중국-티베트어 비교자료를 사용하면 확실히 사고의 폭이 더 넓어질 수밖에 없다.

복성모 문제는 중국-티베트어 비교와 중국어 상고음 연구 가운데 상당히 특수한 중요한 위치를 차지하고 있는데, 그 이유는 중국어가 상고음 이전과 중고음 이후에 나타나는 다수의 차이점(음절구조, 형태 등)이 복성모 문제와 관련이 있기 때문이다. 이 문제는 현재 상고음을 다룬 수많은 논저에서 토론이 빈번하게 진행했으므로 본 논문에서는 다루지 않도록 한다.

복성모 문제 이외에도 여타 성모의 재구 역시 중국-티베트어 비교자료에서 영감을 얻을 수 있다. 예를 들어, 来母는 상고음 초기에 중고음의 독음 방법처럼 l 로 재구했으나, 나중에 적지 않은 학자들이 r 로 수정했고 l 로 喩四를 재구했는데, 이에 대한 결정적인 이유는 중국-티베트어 비교결과에서 유래한다. 또 하나의 예를 들면, 중고음 章组와 喩四는 일부 글자들이 상고음에서는 牙音으로 귀납되는데, 이는 해성현상에서도 볼 수 있으나 중국-티베트어 비교연구에서 더 많은 증거자료를 제시해주고 있다.

3.

일부의 원칙적이고 전제적인 성격의 문제들을 아래에서 토론해보겠다.

3.1. 중국-티베트어 동원관계연구와 중국-티베트어 비교연구와의 관계를 살펴보자. 논리적으로 두 언어 사이에 동원관계가 존재하는지를 확인하기 위해서는 그 두 언어 사이의 동원사를 이용하여 역사비교연구의 기초연구를 진행해야 한다. 또 다른 측면에서 말하면 두 언어가 동원관계라고 논리적으로 증명할 수 있는 주요한 방법의 하나는 바로 동원사 사이의 비교(형태비교방법도 있는데 이는 아래에서 토론하기로 한다)이며, 동원사를 찾으려면 역사비교 방법을 통하지 않으면 안 된다. 이는 순환논증이 아닐까? 중국-티베트어동원사비교의 기초는 확고한가? 우선 중국-티베트어의 관계를 확실히 연구하고 나서 비교연

구를 논해야하는 것인가?

필자의 견해는 다음과 같다. 첫째, 인지과학의 관점에서 말하면 사람의 객관적인 사물에 대한 이해는 본래 순환적으로 진행되고 일회성의 논리 추론으로 얻어지는 경우가 매우 적으며, 적어도 인지의 초기단계는 이와 같다. A에 대한 모호한 인지에서 출발하여 불확실한 가능성 B를 도출했고, 다시 B를 통해서 A를 돌아본다면 더욱 명확하게 볼 수 있을 것이다. 이러한 순환과정을 거치면서 인지는 점차 심화된다. 언어의 동원관계 연구는 언어 사이의 약간의 대응관계가 성립하는 소량의 어휘들에서 출발하여, 우선 이들 사이에 동원관계에 있다고 가정한 후 이러한 실마리에 따라 더욱 많은 어휘들을 정리하면 점차적으로 확실한 대응관계를 얻게 되고 더욱 진일보하여 동원사를 찾아낼 수 있다. 당연하게도 만약 추후에 신빙성이 떨어지는 대응규칙을 귀납해낼 수 없다는 사실이 밝혀진다면 원래의 가설은 부정될 것이다. 이러한 탐색과정은 학술연구 방법에서 상당히 자주 보이는 것이다. 비교를 통해 진행된 고음의 재구가 성공할 수 있을지의 여부로 동원가설이 성립되는지를 검증할 수 있다. 비교연구와 동원관계 연구 사이의 관계는 상호보완적인 것이다.

또 다른 측면에서 보면, 인지의 심화 단계에서는 이러한 종류의 순환고리에서 확실하게 벗어나서 하나의 논리적인 전제조건(최소한 잠정적인 전제조건이어야 한다)을 확립하고 한 방향으로 추리를 해야 한다. 중국-티베트어 연구에 있어서는 두 종류의 노력이 진행되고 있는데, 하나는 언어 외부의 노력인 민족사의 각도에서 한족과 티베트족, 버마족의 언어가 동원관계임을 논증하는 것이다(俞敏 1980, 邢公畹 1984, 吳安其 2000, 黄树先 2002 등 참조). 다른 하나는 각각의 언어 자체를 연구하는 데 대한 노력으로 어휘의 의미체계 혹은 동원체계의 비교(邢公畹 1995/1999, 施向东 2000 등 참조)와 핵심어휘의 비교(郑张尚芳 1995, 江获 2000, 金理新 2001, 吳安其 2002, 黄树先 2005 등 참조)를 근거로 중국-티베트어족의 각 언어 사이의 관계를 살펴보는 것이다.

학계의 부단한 노력에도 불구하고 "중국-티베트어족 동원설(汉藏语系同源说)"은 여전히 최종적인 사실로 증명되지 못한 가설적인 명제이다. 사실 과학적으로 대다수의 명제들은 본래 최종적인 증명에 도달할 수 없으며 진리에서 가장 근접한 곳까지만 도달할 수밖에 없다. 과학에서의 연구과정은 바로 상대적인 진리로부터 절대적인 진리를 향해 부단히 근접해가는 하나의 과정이다. 중국-티베트어 관계에 대한 문제 또한 이와 유사해서 수천 년 전 심지어 수만 년 전으로 거슬러 올라가야하는 명제이므로, 우리는 그 신빙성이 얼마나 높은지에 대해서만 증명할 수 있고 어떤 사람도 그 "신빙성이 담보된 역사"를 서술할 수는 없다. 만약 중국-티베트어 관계에 대해 확정적인 결론이 내려진 이후에 중국-티베트어 비교연구를 시작하려고 한다면, 이는 이 방면의 연구는 아예 포기하는 것과 같은 것이다. 따라서 이러한 태도를 취해서는 안 된다. 하물며 지금은 이 명제에 대한 신빙성이 이미 상당히 높아졌으므로(그중의 핵심인 부속명제인 "중국어와 티베트어, 버마어의 동원관계"의 신빙성은 매우 높다) 중국-티베트어 동원사비교의 근거는 대단히 확고해진 것이다.

3.2. 상고중국어 연구와 원시중국어 연구의 관계에 대하여 혹자는 역사비교의 순서에 따라 친족언어 내부에 대해서 각자의 고대형식을 완정하게 재구하여야 하며, 그런 연후에야 더 이른 시기의 그들의 공동조어를 추론(이것을 소위 "층위재구(层级构拟)"라고 한다)할 수 있다고 생각한다. 또한 현재 원시중국-티베트어를 재구할 때 다량의 친족언어 자료를 근거로 하는데, 이는 마치 후대의 중국어 고음을 추론하는 것과 같기 때문에 논리적인 문제를 야기한다고 생각한다.

상층에 위치한 조어(祖语)를 재구할 때 당연히 하층에 위치한 각 친족언어의 고대 형식에 대하여 대략적으로 재구를 해보는 것이 필요하다. 그러나 하층의 문제를 전부 해결해야만 상위의 문제를 고려할 수 있는 것이 아닌가? 아니다. 비교법에 기초한 역사언어학 연구는 일방적으로 이른 시기를 근거해서만 추론할 수 있는 것은 결코 아니며 종종 이른 시기와 늦은 시기의 양방향으로 동시에 추론해야한다. 예를 들어, 친족언어 A와 B에 모두 x라는 종류의 음류(音类)가 있을 때, 언어접촉의 요소를 배제할 수 있다면 대개 그 조어에도 x라는 종류의 음이 있을 것으로 판단할 수 있는데(우선 음가의 재구문제는 다루지 않겠다), 이것은 이른 시기를 근거로 추론하는 방법이다. 만약 A라는 언어에 y라는 종류의 음이 있고 B라는 언어에는 명확하지 않다면 다음과 같이 판단할 수 있을 것이다. (1) 두 언어가 분화한 이후 A언어에서 독자적으로 y가 생겨났다. (2) y는 조어에서 이미 존재하고 있었고 B언어에서는 계승되지 못했다(이러한 상황은 거의 드물다). (3) B언어는 원래 y를 가지고 있었지만 시간이 오래 지났거나 혹은 다른 원인에 의해서 소멸되었다. 만약 (3)번의 가설을 신뢰할 수 있다면 A언어로부터 이른 시기로 조어를 추론해 올라가야하고, 다시 그 조어에서 늦은 시기로 B언어를 추론해 내려가야 할 것이다. 만약 후대로 추론해 내려가는 것을 성공한다면, 기본적으로 조어에서 y의 재구 역시 성공했다는 것을 증명할 수 있다. 만약 실패한다면, 조어가 y를 가지고 있다는 가설 또한 성립하지 못한다. 늦은 시기로 추론해 내려가는 방법이 성공할 수 있을지와 관련된 여러 요인들이 있을 수 있다. 그중 가장 근본적인 요인은 B언어 속에서 y를 지지하는 일정한 증거를 찾을 수 있는지, 최소한 B언어의 자료와 이 가설이 서로를 받아들일 수 있는지의 여부이다. 예를 들어, 민족언어 자료를 이용하여 상고중국어의 복자음을 연구하려면 반드시 한자자료의 지지를 받아야 한다. 복자음 연구를 예로 들면, 민족언어의 관점에서 원시중국-티베트어는 이전 시대로 추론해 올라가는 것을 위주로 하는 것이고, 해성자 등의 자료와 민족언어 자료로 원시중국-티베트어와 상고중국어를 살펴보면 이른 시기와 늦은 시기에 대해 쌍방향으로 모두 추론할 수 있을 것이다. 이른 시기와 나중 시기의 쌍방향으로 추론하는 것(혹자는 "층위재구(层级构拟)"와 "역층위재구(溯层级构拟)"의 결합이라고 함)은 역사비교원칙에 부합할뿐더러 많은 상황에서 반드시 사용되어야하는 방법이다.

현재 학계에서 원시중국-티베트어를 재구할 때, 티베트-버마어의 언어자료를 중시하는 정도가 확실히 중국어 자료를 중시하는 정도를 넘어섰다. 여기에는 최소한 두 가지의 원인이 있다. 첫째는, 한족과 티베트족, 버마족 사회의 발전이 불균형하게 발전되어왔으므로 언어의 발전 또한 평행하게 이루어지지 못했으며, 중국어와 비교할 때 티베트어와 버마어의 특성이 원시중국-티베트어와 유사하다는 것이다. 둘째는, 고대 티베트어와 버마어의 문자는 표음문자로써 한자로 표기한 것이 아니라는 것이다.

어떤 학자는 중국어의 상고음을 재구하기 위해서는 반드시 중국어 자체의 자료에 근거해야한다는 견해를 견지하고 있다. 사실 이전의 연구들은 기본적으로 이러하였고 확실히 효과를 거두었다. 그러나 모든 사람들은 이미 일부의 문제들이 이 범위 내에서 해결되기 쉽지 않다는 것을 알게 되었다. 지금까지 중국어의 상고음 연구를 진행한 결과, 중국-티베트어 비교연구 성과를 이용하지 않고 큰 돌파구가 있기를 희망하기에는 실제적으로 낙관적인 전망을 찾아볼 수 없었다. 다시 복자음 문제를 예로 들면, 일부 성모와 来母와의 해성관계가 복자음의 증거인지, 아니면 단지 어음과 무관한 특수해성(特殊谐声)관계인지, 또는 시공간과 관련이 있는 어음의통전(语音通转)인지, 관념이 서로 다른 상황 하에서 단지 해성자료 자체만으로는 결론을 내리기 힘들다. 그렇지만 민족언어와 비교해보면 이 문제는 명확히 해결될 수 있다. 이를 통해서 王力와 李方桂가 중국-티베트어비교가 중국어 상고음 연구에 일으킬 수 있는 효과에 대해 아주 큰 희망을 품고 있었다는 것을 잘 이해할 수 있다. 당연히 분화된 이후의 중국어는 원시중국-티베트어와 동일할 수 없기 때문에 우리는 후자를 재구하는 방법에 따라 전자를 재구할 수 없다. 필자는 막 분화가 일어난 원시중국어(原始汉语, 혹은 원고중국어远古汉语)에 대한 재구와 원시중국-티베트어에 대한 재구가 서로 결합되어야 하며(원시중국-티베트어의 특징이 민족언어 가운데 더 많이 나타남), 주진중국어(周秦汉语, 일반적으로 "상고중국어上古汉语"라고 함)의 재구는 원시중국어/원고중국어의 재구 간에 연관이 있고 연관정도가 높을수록 신빙성이 높다고 말할 수 있다고 생각한다.

위의 내용을 종합하면, 원칙적으로 중국어 자체의 자료를 근거로 진행한 중국어 상고음 재구와 중국-티베트어 비교연구를 기초로 진행한 중국어 상고음 재구는 서로 대립되는 것이 아니고 상호보완적인 것이다. 이제까지의 중국어 역사음운학계에 있어서 후자는 약한 고리였으므로 더욱 많은 연구와 노력이 요구된다.

이와 관련하여 다음과 같은 문제들이 있다. 민족언어의 고음체계의 재구가 아직 완벽하지 않은 상황에서 중국-티베트어 비교연구를 진행해도 될까? 사실 이에 대한 답안은 이미 위에서 토론한 내용 속에 포함되어있다. 민족언어와 중국어의 비교연구 역시 민족언어의 고음 연구의 일부이다. 민족언어의 역사비교연구는 실제로는 내부비교와 외부비교의 두 방면을 포함하며, 전자는 확실히 주요한 연구이지만 후자 또한 필수불가결한 것이다.

3.3. 중국-티베트어 비교연구와 중국어 역사문헌연구에 대해 살펴보자. 역사 비교는 문헌고증과 서로 결합시켜야한다는 것에는 의심할 여지가 없지만 중국-티베트어 비교에서 어떤 식으로 결합시켜야할지가 새로운 문제이다. 아래에서 토론할 문제는 여러 문제 가운데 단지 하나의 측면에 불과하다.

중국어 역사문헌 가운데 상고중국어 자료는 연구의 기초 가운데 하나이다. 친족언어 자료에 투영되거나 추론되어져 나온 원시중국어/원고중국어 혹은 상고중국어의 일체의 가설은 모두 중국어 자체의 자료와 서로 수용되어야 하며 차이가 있는 곳은 해석이 필요하다.

그러나 연구자는 역사문헌자료에만 얽매여서는 안 된다. 여기에는 세 가지 측면에서의 의미가 있다. (1) 중국어문헌의 담체(載体)인 한자는 제약을 가지고 있으며 상고음을 재구할 때는 친족언어 자료를 차용하는 것에 비중을 둘 수밖에 없다. (2) 중국-티베트어 비교의 결과가 지향하는 연대와 중국어역사문헌에는 일정한 거리가 있다. 현재 보이는 가장 이른 시기의 문헌(출토문헌을 포함함)은 단지 은상(殷商)시기에 이를 뿐이고 수량도 많지 않으며 중국어와 친족언어의 분화는 분명히 이보다 더 일찍 발생했다. 만약 원시중국-티베트어와 원시중국어/원고중국어의 일부 언어의 특징이 은상시기 이후에 변화가 있거나 흔적만 남아있다면 전혀 이상하지 않을 것이다. 그러므로 해석의 방법이 있기만 한다면 두 자료가 완전히 일치할 필요는 없다. (3) 고음재구로 역사문헌자료를 해석하는 것은 결코 우리 연구의 목적이 아니다. 우리의 목적은 언어의 역사를 이해하는 것이며 중국어상고음의 재구가 중국어어음사(汉语语音史)뿐만 아니라 중국-티베트어 역사연변규칙을 이해하는 데도 도움이 되기를 바란다. 만약 정말로 이런 단계까지 해낼 수 있다면, 반드시 역으로 역사문헌자료의 해석에 도움을 줄 수 있을 것이다.

한 가지 중요한 문제는 학술의 진보에 따라 우리는 문헌의 해독에 대해 부단히 수정하고 개진해야 하는데, 중국-티베트어 비교연구는 이 방면에서 우리에게 많은 도움을 줄 수 있다. 과거에는 우리가 중고 이후 중국어의 모식에 맞춰 상고중국어를 이해하려는 경향이 많았고, 이는 당연히 이치에 맞는 것이지만 문제가 전혀 없는 것은 아니었다. 실제 중국어 상고시기부터 중고시기까지 유형적인 변화를 볼 수 있는 아주 많은 징조들이 있는데, 예를 들면 형태에 있어서 상고중국어와 후대의 중국어는 매우 다른 것이었다. 상고중국어/원시중국어를 친족언어 가운데에 놓고 인류가 사용하는 언어 중의 하나라는 큰 배경 아래에서 연구를 진행한다면, 문헌 문자 자료가 반영된 고대중국어의 진면목을 더 훌륭하게 탐구할 수 있고 문헌의 제약도 최대한 피할 수 있다.

이상의 내용을 종합하면, 원시중국-티베트어와 원시중국어/원고중국어의 연구는 중국-티베트어 비교를 위주로 해야 하고 동시에 문헌과 결합하여 고증해야한다는 것이다. 우리는 친족언어 중의 현상과 문헌 중에 반영되어진 중국어의 현상이 서로 잘 결합되어 연구가 진행되기를 희망한다.

3.4. 친족언어문자 자료의 연대와 역사시대의 층위에 대해 이야기해보자. 일찍이 어떤 학자는 고대티베트어는 7세기에 창제되었고 고대버마어는 12세기에 창제되었는데, 이것은 시기적으로 중국어의 상고시대보다 늦은 것이기 때문에 중국-티베트어가 분화하고 오랜 시간이 지난 후의 티베트어와 버마어의 상태를 나타낼 뿐이라며, 이를 중국어상고음과 비교할 수 있는지 하는 의구심을 제기한 바 있다.

우선 명확하게 해두어야 할 하나의 문제는 자료의 실제연대와 역사언어학상에서 말하는 "역사시대층위(历史时代层次)" 중의 "역사시대(历史时代)"는 서로 다른 개념이라는 것이다. 현대베이징방언(现代北京话)과 현대광조우방언(现代广州话)은 동시대의 언어이지만, 광조우방언의 수많은 음운적 특징은 베이징방언과는 완전히 동일한 역사적 층위에 있지 않다. 고대티베트어의 실제연대는 중국어의 중고시기에 해당되지만, 전체적으로 혹은 다수의 특징으로 말하면 그것이 기록하고 있는 당시 티베트어의 상대적인 역사시대층위(원시중국-티베트어를 예시하여 설명할 때)는 오히려 기본적으로 상고중국어에 해당한다.

이는 언어발전의 불균형으로 인해 친족언어가 분화된 이후에 각기 연변 속도와 방식의 차이로 인해 만들어진 결과이다. 두 친족언어의 역사시대층위가 동일한 지 아닌지의 여부는 두 언어 사이의 특징에 대해 말하는 것이다. 실제 연대에 대해 말할 때, 어떤 경우에는 역사시대층위를 참고하여 판단할 수 있는데, 이를 제외하고 실제 연대와 역사시대층위 간의 관계는 그다지 크지 않다[13].

당연히 서로 다른 역사시대층위의 자료도 서로 비교할 수 있으며 이는 바로 층위를 초월한 비교이다. 사실상 사람들은 항상 현대 친족언어의 자료를 가지 고 상고중국어와 비교하는데, 원칙적으로 이것 또한 마찬가지로 역사비교법의 정신에 위배되는 것은 아니다. 게다가 친족언어의 고문자와 고문헌을 이용하여 비교자료의 연대와 시대를 더 이른 시기로 앞당길 수 있다.

동일하지 않은 시기 혹은 동일하지 않은 역사시대층위의 친족언어 자료 사이 에 비교가 가능한지의 여부와 비교결과가 유효한지의 여부를 알기위해서는, 우 선 비교한 언어현상이 언어 사이에서 대응관계를 형성하고 있는지를 살펴봐야 하고 이로부터 언어분화 이후에 나타난 요소들을 배제해야한다. 그 다음으로 각자의 역사시대층위를 분별해서 최대한 상대적인 선후관계를 확정지어야 한다. 이 두 과정도 상호보완적인 것이다.

역사시대 층위문제는 매우 광범위한 문제로 전문적인 연구가 필요하기 때문 에 본 논문에서 더 이상의 상세한 내용을 다루기는 불가능하다.

3.5 형태. 고대티베트어의 형태는 상당히 풍부했다. 현대의 다수 티베트어와 버마어의 형태도 현대중국어의 형태보다 풍부하다. 이를 통해 추론할 수 있는 것은 원시중국-티베트어는 풍부한 형태를 가지고 있었고 중국-티베트어계의 형 태는 발전과정 속에서 부단히 소실되었다는 것이다. 이를 통해서 상고중국어/ 원고중국어도 비교적 풍부한 형태를 가지고 있었으리라고 가정할 수 있다.

실제로 역사문헌 중에서 상고중국어의 형태적인 흔적을 볼 수 있다. 예를

---

13 자료의 실제연대와 계통수 분기점의 상대적인 분화와 층위에 관해서는, 원시 인도 유럽어족을 재구한 고전적인 역사비교법 저서들 속에서 다루고 있으므로 이를 참고 하라.

들면, 상고중국어 가운데 일군의 어휘들은 유성음성모는 자동사가 되고 무성음성모는 사동사가 된다(王力 1965, 潘悟云 2000 : 129~131)[14]. 고대티베트어에서는 s-의 접두음이나 혹은 유성음성모를 무성음성모로 변화시키는 방법을 통해서 사동의 형태를 나타냈다. 현대티베트어의 각 언어에서도 보편적으로 s-접두음(혹은 이와 유사한 sə-/ʃã-등의 접두음), 혹은 무성음성모/유기음성모, 또는 긴장모음[15] 등이 사동의 형태를 나타내고 있으며(马学良 1991) 이러한 어음형식 사이에는 서로 비슷한 발생학적인 유래가 있을 것으로 추측할 수 있는데, 상술한 상고중국어의 형태에도 대응관계가 있을 가능성이 있다. 위에서 살펴본 바와 같이 동원사 연구 이외에 형태비교 또한 중국-티베트어 비교연구를 축적하고 개척을 시도해야 할 새로운 길이다(金理新 2000 참조).

형태와 어음 사이에 밀접한 관계가 있다는 것은 바로 형태음소[16]가 존재한다는 것이며, 또한 형태음소와 기본음운음소는 빈번하게 서로 중첩되고 형태음소는 음운음소로 전환될 수도 있다. 예를 들어, 고대티베트어 가운데 일부 복자음이 있는데, 이는 접두음과 기본성모의 결합으로 이루어진 것이다. 만약 원시중국어/상고중국어에도 접두음이 있었다면 반드시 해성현상과 가차현상에 영향을 주었을 것이다. 말하자면 일부의 해성현상과 가차현상이 나타내는 성모의 상황이 반영하고 있는 것은 당시의 기본성모가 아니라 접두음과 기본성모의 조합일 수 있다. 형태변화의 서로 다른 형식 사이에는 항상 어음대응이 존재하지만 반드시 발음이 서로 유사한 어음변환만 있는 것은 아니다. 이는 줄곧 제기

---

14 어떤 학자는 상고중국어의 자동과 사동의 차이는 다양한 형식으로 드러나기 때문에, 성모의 유성음/무성음으로 자동/사동을 나타내는 것은 언어규칙이 아니라고 생각한다. 그러나 필자는 이것이 잘못된 견해라고 생각한다. 하나의 언어 속에는 여러 가지 형식으로 하나의 어법현상을 표현하기도 하면, 이는 정상적인 현상이다. 고대티베트어의 자동/사동이 바로 이러한 실례로, 이는 현대티베트어와 현대버마어의 각각의 언어 가운데에서도 자주 보인다.

15 역주: 근육에 전체적으로 힘을 주어 내는 발음으로, 성문이 정지위치에서 벗어나는 정도가 비교적 크고, 소리의 세기가 비교적 강하다. 예를 들어, [i]와 [u]는 긴장모음이고, [ɪ]와 [ʊ]는 긴장모음이 아니다.

16 역주: 동일한 형태소에 속하는 음소의 유형을 가리킨다. 예를 들면, 복수의 형태소에 속하는 음소류인 /-s, -z, -əz/는 형태음소이다.

되어왔던 해성과 가차관계에서 강조된 어음의 유사성이나 동일성과는 다른 것이다. 만약 상고음시기에 아직 모음전환의 형식이 존재했다면 이것은 운모에도 적용할 수 있다는 말이 된다. 이에 비춰볼 때, 형태와 관련이 있는 해성이나 가차의 원칙을 새롭게 인식할 필요가 있을 수도 있다. 형태음소의 연구는 향후의 상고음 연구와 중국-티베트어 비교연구에 있어서 모두 중요한 연구방향이 될 것이다.

중국어 상고음을 연구하고 재구할 때 형태의 요소를 고려해야하는데 이는 대단히 도전적인 성격이 강한 일이다. 가장 우선적인 장애는 한자라는 서체형식이 고대중국어의 형태를 거의 드러낼 수 없게 한다는 것이다. 그 다음으로 곤란한 문제는 만들어진 가설에 부합하는 이중의 대응관계가 성립해야한다는 요구인데, 이는 곧 어음뿐만 아니라 형태적인 의미(形态意义)도 대응해야하는 것이다. 潘悟云(2000)이 형태음소에 대해 토론했을 때 최대의 문제점은 일부의 형태적 의미를 제대로 설명하지 못한 것이다. 이 밖에도 중국어의 형태(특히 구형형태(构形形态))는 주나라와 진나라 시대에 이미 쇠락해서 이미 생산력을 잃었을 가능성이 있으며, 그 어음형식은 이미 상응하는 어근 속에 녹아들어갔을 수도 있다. 그 외의 일부의 형태와 형식은 기나긴 세월 속에서 여러 차례의 변화를 거듭했고(梅祖麟1980은 "거성별의去声别义"에 서로 다른 역사적인 층위가 있는 것으로 봄) 그 상황이 상당히 복잡했기 때문에 명백하게 밝혀내기는 쉽지 않다. 또 하나 고려해야 할 것은 바로 비교대상으로서의 친족언어 중의 형태(특히 古代의 상황에서)인데, 우리가 지금 알고 있는 것이 제한적이므로 이는 당연히 비교연구에 영향을 미치게 된다. 그러나 몇몇 분야에서는 이미 어느 정도의 성과를 거두었으며 앞으로 더욱 많은 발전이 있을 것으로 예상된다.

3.6. 역사비교 연구에서 동원사와 상고 차사의 상이한 지위에 대해 이야기해보자. 동원사(同源词)와 상고차사(上古借词)는 두 가지의 서로 다른 개념이다. 양자는 쉽게 구별되지 않기 때문에 민족언어학계에서는 비교적 모호한 "관계사(关系词)"라는 개념을 사용한다. 동원사와 차사를 효과적으로 변별할 수 있

을까? 이것이 중국-티베트어 비교자료를 이용하여 중국어상고음을 재구하는 데 어떤 영향을 미칠 것인가?

역사비교법에서는 동원사의 기준으로 어음이 대응하는지와 어의가 서로 관련성이 있는지를 들고 있다. 어음이 대응한다는 것은 반드시 서로 유사해야하는 것은 아니며 어의가 관련성을 가진다는 것은 동일해야한다는 것은 아니므로 차사가 아닌 동원사로 인정받기에 더욱 수월하다. 그러나 중국-티베트어족은 인도유럽어족과 다른 다음과 같은 특징이 있다. 즉, 이른 시기에 분화가 일어났고 일찍부터 빈번히 교류했으며, 이른 시기에 대량의 차사 또한 어음상의 대응관계를 형성했고, 차용된 이후 장시간의 연변과정 속에서도 서로 유사해지지 않아서(이러한 상황은 아마도 매우 적을 것임) 위에서 서술한 기준을 실행하기는 쉽지 않다.

그러나 이러한 특징들 때문에 이른 시기의 차사가 중국어 상고음 연구에서 차지하는 역할은 그 어휘들이 동원사가 아니라는 이유만으로 그리 약해지지 않으며 반대로 더욱 유리해진다. 만약 두 언어 사이의 차사가 이미 대응관계를 형성하고 어음에 있어 원래의 언어와 유사하면 정확하게 고음을 재구하는 데 사용할 수 있다. 따라서 상고중국어어음의 재구작업에서 동원사와 상고 차사를 명확히 구분하지 못하는 상황이 반드시 장애가 되지는 않는다.

邢公畹이 고안한 "어의비교법"(혹은 "심층대응법(深層対応法)", "동원체계연구법(同源体系研究法)")은 동원사와 차사를 분별하는 데 도움이 될 것이다. 邢公畹은 두 언어 사이의 음운형식에 대응관계를 가지고 있지만 의미가 다른 상태로 쌍을 이룬 어휘들은 반드시 동원관계를 가지고 있다는 주장을 폈다(邢公畹 1999 : 2~3, 邢凱 2004). 이 방법(이론일 수도 있음)은 실제로 연구를 하면서 비록 문제가 존재하긴 했지만 상당한 성과를 거두기도 했다. 의구심을 표하는 목소리 가운데에는 다수의 차사가 심층에서는 근사한 대응관계를 형성하고 있는 것처럼 보이지만 우연의 일치일 수도 있다는 것을 지적하는 경우가 있다. 필자는 어의의 심층 대응과 어음의 대응관계를 모두 중시한다는 원칙을 견지하기만 한다면, 소수의 우연의 일치 때문에 결론의 전체적인 신뢰도가 흔들릴 수 없다고 생각한다. 진정한 문제는 대량의 차사가 발생한 시기를 어떻게 구분할 수 있을 것인가의 문제이다. 바꿔 말하면, 중고이후의 차사와 상고관계사(동원사 혹은 상고차사)를 조심스럽게 구분해야한다. 이 문제를 제대로 처리하지 못하면 연구를 잘못된 길로 인도할 것은 확실하다. 이러한 측면에서 龔群虎(2002)는 가치 있는 시도를 진행했으며 그 연구성과는 참고할 만한 가치가 있다.

이 문제는 동원관계 및 접촉관계의 연구와 관련이 있다. 우리는 중국-티베트어의 여러 언어가 동원이라고 가정할 수 있고 그들 간의 접촉은 대량으로 이뤄졌다고 본다. 양자는 서로 어떤 영향을 준 것인가? 이런 영향은 중국-티베트어 비교를 이용하여 중국어 역사음운을 연구하는 작업에 있어서 무엇을 의미하는가? 하나의 이론적이며 실천적인 문제로서 학계에서 이에 대한 전면적인 응답이 있기를 기다리고 있다.

3.7. 동원사 또는 상고차사의 음의택대에 대해 살펴보자. 소위 "택대(择对)"라는 것은 서로 다른 언어에서 대응되는 어휘를 찾는 것을 가리키는데, 그중에 어음과 어의 양방면의 고려가 있어야한다. 어떻게 선택해서 대응해야 할까?

郑张尚芳(1995)은 일찍이 이 문제를 다루었는데 그의 견해는 대체로 다음과 같다. a. 핵심어휘를 가지고 비교한다(해당 논문의 부록에서 저자가 재구한 "중국-오스트로네시아어 300개 핵심어휘 비교표(华澳语言比较三百核心词表)"는 독자의 의견을 구하는 원고임). b. 친족언어와 대응할 중국어어휘를 정확히 선택한다. c. 어음대응규칙에 있어서 중요한 것은 변이성분의 대응관계를 찾는 것이다. d. 어의의 측면에서 서로 통하는 것을 찾되 완전히 같을 필요는 없다. e. "동원이형사(同源异形词)"와 "이원동형사(异源同形词)"의 비교를 중시한다. f. 일부 문화적인 깊이가 있는 문화어휘를 경시하지 않는다. g. 형태적으로 접사의 대응관계에 주의를 기울인다.

黄行(2001)은 동원사를 확정하는 다음의 몇 가지 원칙을 주장했다. 어음대응규칙의 확률론 원칙, 동원사의 어치 변이(语值变异)와 집합원칙(集合原则), 재구의 비선형 원칙(构拟的非线性原则), 재구의 무표기항 우선 원칙(构拟无标记原则) 등이다.

이러한 원칙들은 모두 중요한 의견이다. 이 가운데 필자의 몇 가지 미숙한 생각을 아래에서 이야기해보고자 한다.

(1) 핵심어휘의 비교에 관하여

이는 어음대응을 만드는 기초이며 이러한 기초가 있으면 "보기에 약간만 같으면 바로 대응쌍으로 묶는" 오류를 피할 수 있다. 필자는 다양한 단계를 갖춘 어휘표를 제작할 것을 건의한다. 핵심어휘로부터 일반기본어휘로, 그리고 다시 보통어휘에 이르기까지, 일군의 어휘(실제로는 개념임)를 서로 다른 "단계(阶)"로 구분하는데, 예를 들면 제1 ~ 100번째의 개념은 제1단계가 되고, 제101 ~ 300번째의 개념은 제2단계가 되며, 제301 ~ 700번째의 개념은 제3단계가 되고, 제701 ~ 1500번째의 개념은 제4단계가 되는 식이다. 비교할 때에는 제1단계로부터 시작할 수 있으며, 획득한 어음의 실마리를 근거로 하여 다음 단계 가운데 계속해서 가능한 관계사를 찾는 것이다.

(2) 중국어 어휘의 선택에 관하여

이것은 가장 논쟁을 불러일으키기 쉬운 문제이다. 본 논문에서는 두 가지 문제만 언급하기로 한다. ① 어휘와 어음을 어떻게 선택할지에 있어 현재까지의 고음재구체계의 영향을 받는다. 王力의 견해에 따르면, 하나의 –m운미를 가진 티베트어 어휘로 談部, 侵部, 冬部 중에서 대응하는 중국어의 어휘를 선택할 수 있다. 그러나 李方桂의 견해에 따르면, -ŋ운미로 재구되는 中部(冬部)는 반드시 배제되어야한다. 반면에 陆志韦의 관점에 의하면, 비교범위를 蒸部와 東部로까지 확대되어야한다. 이는 내부자료를 기초로 한 중국어 상고음 연구성과가 중국-티베트어비교에 대한 중요성을 설명해준다. ② 어휘의 시대에 있어서 일부 학자들은 시기적으로 나중에 생겨난 어휘를 친족언어의 어휘와 비교해서는 안 된다고 지적한다. 이는 이론적으로 옳은 견해로서 일부 연구자들은 확실히 이 문제에 대해 충분히 주의하지 않았다. 그러나 어떤 어휘는 문헌에서는 나중에 출현했지만, 해당어휘가 비교적 이른 시기의 어원을 가지고 있다는 사실을 나타내는 증거가 있다면 비교작업을 여전히 진행할 수 있는 것이다.

역사문헌상에 나타난 시기가 늦는다는 것이 반드시 해당 어휘의 원류의 시기 또한 늦는다는 것을 의미하는 것은 아니다. 사실상 선진문헌과 『설문해자』에 등장하지 않거나 늦은 시기에 등장하는 것으로 여겨지는 어휘가 오히려 고문자 자료에서 출현하는 경우도 있다. 이 문제에 대해서는 하나의 이론상의 인식이 필요하고 동시에 학계에서 인정을 받는 검증절차가 거치는 것이 필요하다.

(3) 어의 변화에 관하여

우리들은 하나의 동일한 어휘가 서로 다른 중국어의 방언 속에 존재하지만 어휘의 의미는 다양한 형태로 변형된 상황을 자주 볼 수 있다. 이해할 수 있는 것은 커다란 시간의 간격으로 인해 친족언어 중의 동원사가 서로 다른 방향으로 발전할 간격도 커질 수 있다는 것이다. 또한 어의의 변화와 동일성을 비교하면, 차사(借词)가 아닌 동원사(同源词)로 판명될 가능성이 조금 더 높다. 중요한 것은 대응시키는 어휘가 어의에 있어 완전히 동일할 것을 요구해서는 안 된다는 것이다. 그러나 우선 느낌에 기대어 마음대로 어휘를 선택해서 대응해서는 안 되겠지만, 그 다음으로는 의미상 완정하게 대응하는 일부의 어휘가 확실하게 있다는 사실이다. 그러므로 중국-티베트어비교에 적용되는 어의대응조례(语义对应条例)를 명확하게 정리하는 것이 급선무이다. 중국어방언어휘의 대응관계, 지금까지의 중국-티베트어 비교연구의 경험과 교훈, 그리고 어의연변(语义演变)의 일반적인 이론들을 근거로 일부의 조례들과 근거가 되는 유형들을 귀납하고 추론하여 비교연구를 진행하는 연구자들에게 참조가 되고 안내하는 역할을 제공할 수 있도록 한다.

어휘를 선택하여 대응관계를 찾아내는 문제(择对问题)는 깊이 사고해야 할 것이 적지 않다. 예를 들어, 복자음을 어떻게 볼 것인가에 대한 선택대응의 효과 등과 같은 것으로, 이 논문에서는 상세히 다루지는 않겠다. 이상의 내용을 종합해보면, 중국-티베트어비교에 적합하고, 학계에서 공인하며, 엄격하고, 조작성과 검증성을 갖춘 하나의 형식의 선택대응방법이 절실하게 필요한데 이러한 방법은 현재 수립해가고 있으며 완벽해질 때까지 계속 개진되어야한다.

4.

4.1. 중국-티베트어 비교연구가 중국어 역사음운학에 지금까지 어떤 영향을 가져왔고, 앞으로 무엇을 가져다 줄 것인가? 앞서 1.1에서 언급했던 네 가지측면으로 나누어 설명해보자.

(1) 연구자료

새로운 자료에는 살아있는 언어자료인 현대의 친족언어자료가 있고 역사문헌자료인 고대소수민족문자 및 관련문헌이 있다.

(2) 연구방법과 이론

중국-티베트어 비교연구가 진행되기 이전에 중국어 역사음운학에서는 이미 역사언어학과 관련된 모든 방법 및 이론을 적용해본 적이 있다. 이런 측면에서 지금의 문제는 중국-티베트어비교가 무엇을 가져다줄 수 있는지가 아니라, 중국-티베트어 비교가 중국어음운학 연구와 결합된 이후에 어떤 효과를 만들어내느냐이다. 필자의 얕은 학식과 견문으로는 이미 만들어졌거나 앞으로 만들어질 중요한 연구방법과 이론의 범위 안에서 시험 삼아 언급하는 수밖에 없을 것이다. 첫째는 동원사 연구인데, 현재 가장 전망이 밝은 연구방법은 "어의학비교법"으로 이미 앞에서 서술한 바 있다. 둘째는 역사음운의 모형과 규칙에 대한 연구로, 江荻(2002a)가 이미 의미 있는 연구들을 진행했다. 셋째, 중국-티베트어의 어음구조(음계구조와 음절구조를 포함함)와 운율문제에 대한 연구이다.

그리고 현재까지 아직 형성되지 않은 방법과 이론인 역사층위비교인데, 이 분야는 향후의 연구에 중요한 영향을 미칠 것이다. 친족언어 자료와 원시중국-티베트어는 시기적으로 동일한 것이 아니며 서로 다른 언어는 언급할 필요가 없지만 동일한 언어 중의 음운, 어휘 또는 어법 성분이 서로 다른 역사의 시대적 층위 속에 놓여있을 가능성도 있다. 만약 역사의 시대적 층위가 있어서 명확하게 구분할 수가 없다면 자료의 오용을 초래할 수 있다. 역사의 시대적 층위를 명확하게 구분할 수만 있으면 층위에 따라 비교연구를 진행할 수 있다. 여기에는 어떻게 역사시대의 층위를 판단할 것인지와 어떻게 층위를 구분할 것인지 두 가지의 문제가 있다. 예를 들면, 魚部의 글자들은 티베트어의 a와 o의 모음과 대응되는데, 이는 도대체 상고중국어의 魚部에 두 가지 모음이 있는 것인가? 아니면 티베트어에 본래 두 개의 층위가 있는 것인가? 만약 후자에 해당된다면, 그것은 어떤 층위인가? 중국어와는 어떻게 대응되는가? 문제가 있는 곳에 방법과 이론이 있다. 심도 있는 연구가 진행됨에 따라 다양한 방법과 이론이 계속 생겨날 것이다.

(3) 연구대상으로서의 역사단계

일반적으로 중고음 이전 시기를 개괄적으로 상고음 시기라고 하는데, 중국어 상고음은 "先秦"시기의 음을, 실제로는 주대(周代)의 음을 핵심으로 삼는다. 지금 점점 더 많은 학자들이 사실상 주대와 진대의 중국어(周秦汉语)라고 할 수 있는 "상고중국어(上古汉语)" 이전 시기에서 원고중국어(远古汉语) 혹은 원시중국어(原始汉语) 단계를 확연히 구분 짓고자 하는데, 비록 현재상황이기는 하지만 명확하게 분획하는 것은 대단히 곤란하다고 생각하고 있다. 특히 중요한 것은 원시중국-티베트어를 중국어사 연구의 범위 내로 포함시킬 수 있다는 것이다. 이처럼 연대를 거슬러 고증하고 다시 시기를 분획하는 방법은 단순히 연대를 연장하거나 단계를 세분하는 것이 아니라 연구의 통찰력을 더욱 확대하는 것이다.

(4) 학술관념

통찰력을 키우는 것이 곧 학술관념을 키우는 것이다. 우리는 중국어어음의 연변규칙에 대한 단서를 탐색하는 것뿐만 아니라, 중국-티베트어어음 연변규칙을 살펴볼 수 있기를 바란다. "야망"은 크게 가져야하고 그것으로부터 인류언어 내부의 보편성을 찾아내야한다. 이러한 "야망"이 설사 우리 이 세대에서는 실현할 수 없다고 하더라도, 우리는 최선을 다해 할 수 있는 작업을 해서 다음 세대의 학자들이 우리 세대의 연구자들보다 더 멀리 나아갈 수 있도록 도와주어야 한다.

종합적으로 보면, 중국-티베트어 비교연구는 중국어역사음운학에 신선한 피를 수혈하고 새로운 추진력을 제공하며 새로운 학문적인 격동을 불러일으키고 있는 것이다.

4.2. 전진을 위해서 우리는 무엇을 해야 하는가? 앞에서 이미 일부를 토론했지만 다음의 몇 가지를 보충해보고자 한다.

(1) 중국-티베트어족 내부의 각 친족언어에 대한 연구작업은 부단히 쇄신되어야한다.
필자가 고려하는 네 가지의 문제는 다음과 같다.

① 중국-티베트어족의 범위
특히 오스트로네시아어족(南島语)과 중국-티베트어는 과연 친족관계가 있는지, 오스트로네시아어와 중국어, 티베트-버마어(藏缅语), 쫭동어(壮同语), 몽몐어(苗瑶语)는 각각 어떤 관계인지 등에 관한 문제들인데, 이는 원시중국-티베트어 연구의 관건일 수도 있다. 우리는 이에 대해서 심도 있고 격렬한 토론이 벌어지길 기대한다.

② 중국-티베트어내부의 친소관계
대다수의 학자들은 중국어와 티베트-버마어(藏缅语) 사이에 밀접한 관계가 있어서 원시중국-티베트어를 재구할 때 티베트-버마어의 자료를 더욱 많이 이용해야 한다고 생각하는데, 이렇게 재구된 결과가 아마도 "원시중국-티베트어(原始汉—藏缅语)"에 근접한 것일 것이다. 이것은 당연히 합리적인 것이지만 우리에게 하나의 사실을 일깨우기도 하는데 그것은 바로 반드시 친소관계의 층위 구분에 따라 재구를 진행해야한다는 것이다.

③ 친족언어의 고음재구와 음운연변규칙
지금 우리에겐 얼마간의 연구성과(Li, F.-K. 1977, 王辅世、毛宗武 1995, 吳安其 2002, 江荻 2002b)가 있지만 아직 충분하지는 않다. 이 방면의 연구에 대한 관건이 되는 내용은 말하지 않아도 알 수 있다. 중국-티베트어 비교에 기

초한 중국어 고음연구에 대해서 말하면 친족언어의 역사음운에 대한 연구성과
는 가장 중요한 기회가 될 것이다.

④ 중국-티베트어의 유형학 연구
각각의 친족언어의 음절구조유형, 모음체계유형, 형태유형 및 그들의 고대부
터 현재까지의 연변과정은 모두 중국어 역사음운연구와 직접적인 연관관계가
있다. 이 방면에서는 아직 총체적으로 문제를 아우르는 연구성과가 나오지 않
고 있다.

(2) 민족언어 연구학계와 중국어사 연구학계가 상호작용을 하는 관계를 수립
해야한다.
중국언어학계의 이 두 영역의 학자들은 오랜 시간에 걸쳐 서로 존중하고 자
주 교류해야한다. 작금의 학술 발전은 긴밀한 교류와 상호간의 학습이 필요
하다. 중국어역사음운학에 대해서 말하자면 더욱 깊은 층위에서 친족언어를 숙
지해야한다. 현재의 중국어학계에서 소수 학자들 이외에 주로 민족언어학계의
연구성과를 이용하여 중국-티베트어 비교연구를 진행하고 있는데, 비록 이것이
보완 수단인 것은 분명하지만 이런 식의 연구는 심도가 없고 쉽게 오류를 저지
를 수 있어서 장기적으로 좋은 방법이 될 수 없다.
지금 중국어사 연구와 민족언어 연구에 모두 정통한 인재가 부족한 것으로
보인다. "양방면에 정통한 인재"라는 말은 이미 낙후된 용어일 수도 있으며,
중국-티베트어비교는 하나의 학술영역으로서 이 학술영역에서 연구를 진행하
기 위해서는 본래 두 방면에 모두 정통해야한다. 미래의 학문 발전을 위해서
학계에서는 이러한 인재들이 체제상의 고려를 포함한 장기적이고 전면적인 사
고능력을 가질 수 있도록 육성하고 격려해야한다.

(3) 전면적인 자료정리 작업이 필요하다.
지금까지 각각의 학자들이 고증해낸 동원사의 수량이 상당히 늘었지만 매번
서로의 의견에 차이가 있었던 곳은 자료의 신뢰도에 대한 차이였다. 따라서
자료의 정확성을 향상시키고 좋은 자료를 선별해야한다. 만약 하나의 연구팀을

조직해서 하나의 연구프로젝트를 수립하여 실시할 수 있다면, 이러한 자료를 집중적으로 정리하여 중국-티베트어 동원사 비교연구의 초보적인 성과에 대해 종합하고 분석을 가해야한다. 설사 정확성이 좀 떨어진다고 하더라도 향후 연구에도 큰 도움을 줄 수 있을 것이다.

4.3. 학술 이외의 몇 가지 문제에 대해 이야기해보겠다. 중국-티베트어 비교연구가 중국어역사음운학의 영역으로 진입한지 아직 오래 되지 않았다. 중국-티베트어 연구에 있어 중국어 고음 재구는 하나의 신천지이며 중국어 음운학에 있어 중국-티베트어비교는 하나의 새로운 참가자이다. 양자 간에는 적응기가 필요하다. 적응이 필요하다고 한 이상 착오가 생기는 것을 피할 수 없고 의견충돌이 있을 수도 있다. 이것이 지극히 정상적인 일이다. 20세기 초를 회고해보면 새로운 연구방법과 이론이 막 중국전통음운학의 대문을 넘어 들어왔을 때 당연히 착오도 피할 수 없었고 충돌도 끊임이 없었다(우리는 지금까지 때때로 汪荣宝 1923과 章炳磷 1924의 토론에 대해 회고하곤 한다). 그러나 우리의 선배학자들은 모두 극복했다. 이번에도 우리는 당연히 극복할 수 있을 것이다.

20세기 초 중국어역사음운학이 전통에서 현대로 전향하는 시기에 주도적인 역할을 했던 사람은 서양의 중국어학자였다. 이는 당시 중국과 서양의 학계의 상황에 따라 결정된 것이다. 서양의 언어학자들이 중국-티베트어 비교 및 중국-티베트어 비교연구성과를 이용한 중국어 고음 연구에 있어 한 발 앞서나가기는 했지만 국내의 연구도 전혀 뒤처지지 않았다. 중국학자는 중국어역사음운과 중국-티베트어 비교연구 방면에서 당연히 선천적으로 우위를 점하고 있다. 우리는 외국학계의 장점을 배워야함과 동시에 자신이 가진 우월성을 발휘해야한다. 우리는 이러한 역사적인 기회를 놓쳐서는 안 된다. 중요한 것은 반드시 이번 기회를 잡아야 한다는 것이다.

제15장 역사층위 분석법과 한어 방언 연구

1. 층위의 개념과 분류

한어 방언은 수천년 동안 변화, 접촉, 융합의 과정을 겪어 왔다. 한어 방언의 공시적 계통은 순수한 단일 계통이 아니라 서로 다른 방언 층위가 누적되어 이루어진 복잡한 계통이다. "평면적 계통이라 하더라도 입체의 절단면이 아니라 입체를 압축한 것에 해당한다." (王洪君 1992: 153) 역사적, 지리적 이유로, 한어 방언의 복잡성과 층위적 다양성은 남방의 한어 방언에서 더욱 두드러진다. 방언 속의 층위 구분은 방언 연구자가 반드시 직면해야 하는 과제이며, 한어 방언 연구가 깊이 있게 진행될 때에 필연적으로 얻게 되는 결과이다. "언어 층위 연구는 수 십 년 간 한어 방언학에서 가장 관심을 끌어온 과제 중의 하나이다." (何大安 2000: 261)

역사층위 분석법은 한어 방언의 문백이독 연구의 기초에서 오랫동안 심화, 발전되어 온 한어 방언의 음운 분석 방법이다. 역사층위 분석법의 이론과 방법에 대하여 현재 중국 국내외의 한어 방언 연구자들이 완전히 일치된 의견을 보이는 것은 아니다. 여기에서는 학자들의 연구 성과를 종합하고, 층위의 기본 내용 및 관련된 개념과 방언 연구 속에서 역사층위 분석법이 구체적으로 어떤 역할을 하는지를 간단히 소개하고자 한다.

일찍이 학자들은 한어 방언에 문백이독[1] 현상이 있다는 것에 주의를 기울

---

1   역주: 독서음과 입말소리가 다르게 읽히는 현상을 가리키는 것으로, '문文'은 독서

였다 (赵元任 1928/罗常陪 1930). 1970-80년대에는 중국 국내외 학자들의 협력으로 문백이독 연구에 있어 몇 가지 중요한 성과를 거두었다. 罗杰瑞는 상당히 이른 시기에 한어 방언음 속의 층위 문제에 주의를 기울였다. 그는 『민방언 어휘의 시대 층위(闽语词汇的时代层次, 1979)』에서 절운의 어떤 글자들이 厦门 말에서 두 가지, 세 가지, 심지어 네 가지로 소리 나서 '石'자의 경우 입말에서는 단독으로 쓰여 [tsioʔ˩]로 읽히면서 '돌'이라는 의미를 나타내지만, '石'자가 '돌벼루'라는 의미를 나타낼 때에는 [siaʔ˩], 문독에서는 [sik˩]으로 읽힌다고 하였다. 이 중에서 [ioʔ]이 가장 오래된 층위, [iaʔ]이 비교적 늦은 두 번째 층위, [ik]이 가장 최근의 층위이다. "한 방언의 층위에도 문백의 두 층위만 있는 것은 아닐 것이다 (何大安 1981), 방언 층위의 구조는 매우 복잡해서 '문백'이라는 두 글자로는 결코 개괄할 수가 없다 (杨秀芳 1982), 현대 한어 방언의 형성은 대부분 여러 층위가 누적된 결과이다 (徐芳敏 1991), 층위 간에는 '중첩' 형식으로 경쟁과 대치의 과정을 완성했을 수 있다 (徐通锵 1991, 王洪君 1992), 하지만 '뒤섞인 소리로 읽기'가 이루어져, 이 때문에 층위 분석이 더 어려워졌을 수도 있다 (王洪君 1987, 杨秀芳 1993), 방언으로 고음(古音)을 재구할 때에는 먼저 층위 대응부터 분명히 해야 한다 (张琨 1984, 1991, Chang Kuang-yu 张光宇 1987, 1990, 1996), 이상하게 보이는 많은 음운 변화도 모두 방언접촉과 융합의 각도에서 원만하게 해석할 수 있다(何大安 1986, Hsu Hui-li 许慧丽 1990, Wang & Lien 王士元, 连金发 1993, 王福堂 1994)"고 何大安(2000: 263)은 밝혔다. 방언의 문백이독 해석에 깊이 들어갈수록 학자들은 방언 층위에 관심을 갖게 되었다. 방언 자료들로 고음을 재구하거나 어떤 방언의 옛말을 재구하면서 만약 방언 간의 층위 대응이 분명하지 않다면 재구의 결과도 편차가 있거나 심지어 오류가 있을 수도 있다.

어떤 방언에서 만약 하나의 고음(이 때의 고음은 일반적으로 『절운(切韵)』으로 대표되는 중고음을 가리킨다)에서 유래된 하나의 글자 또는 어떤 계열의 글자가 이 방언의 공시적인 음운 계통 속에서는 다른 형식의 음류 몇 개로

음, '백白'은 입말소리이다.

소리 난다고 해 보자. 그러면 이 다른 형식의 음류 몇 개의 소리 간에는 층위 관계가 있을 것이다. 방언의 소리 층위는 크게 보면 이원(異源) 층위와 동원(同源) 층위의 두 가지로 나눌 수 있다(이 장에서의 층위 개념과 분류는 王福堂 2003의 관점에서 주로 가져왔다).

이원 층위는 소리 층위 중에서도 서로 다른 방언으로부터 비롯된 층위로, 가장 흔한 것이 문백이독이다. 즉, 일반적인 상황에서 보면 백독은 원래 그 지역의 고유한 것으로, '고유 층위'라 부를 수 있는 것이다. 문독은 다른 지역의 방언에서 비롯된 것으로, '이원 층위'라 부를 수 있는 외래 층위이기도 하다. 어떤 방언 속에는 글자음이 문백의 두 층위에 그치지 않고, 더 많은 층위가 있어 상황이 더 복잡하다. 문백이독은 서로 다른 방언(소리)의 음류가 누적된 결과로, 앞뒤로 직접 변화가 이어지는 것이 아니다. 문독 층위와 백독 층위 간에는 소리 변화 관계가 없으며, 이들은 방언(소리)이 접촉하면서 만들어진 일종의 경쟁 관계를 이룬다. 문백이독을 제외하면, 기저층도 이원 층위에 속한다. "기저층은 원래 지리학의 용어로, 가장 깊은 지질 층위를 가리키는데, 간혹 겉으로 드러날 수도 있다. 언어학에서 이 용어를 빌려와 역사적으로 이미 치환된 언어에 남겨진 흔적(대부분은 음가 특징이나 개별 어휘로 발현된다)을 가리킨다(王福堂 2003: 2)". 상하이 교외와 절강성 남부의 吳방언에서는 '帮'과 '端' 성모를 ʔb와 ʔd로 성모를 유성음화 시키고 숨을 들이키며 읽는다(이 소리와 관련된 음성학, 생리학적 속성은 이 책의 11장을 참조할 수 있다). 이런 변화는 중국어의 역사 변화로는 해석할 수가 없다. 그런데 壯侗어 성모 파열음 가운데 입술소리와 설첨음에는 오로지 유성음만 존재한다. 다른 부위에는 무성음만 있는데, 이는 보편적인 현상이다(王福堂 2003: 2). 이것은 초기 壯侗어와 吳방언의 접촉 이후에 남게 된 자취로, 吳방언 속에 있는 壯侗어 기저층이다. 중국 내에서는 상당히 일찍부터 이런 현상을 토론하였는데, 이를 百越어 기저층으로 보았던 鄭张尚芳의 1988년 논문 「浙南和上海方言中緊喉浊塞音声母ʔb、ʔd 初探」에서 참고할 수 있다.

동원 층위는 방언 자체가 변화하여 형성된 음류가 중첩된 것으로, 이 서로 다른 음류들이 동원 층위에 속한다. 이들 사이의 관계는 음변 관계에 속하며,

일반적으로 소리 변화의 각도에서 해석이 가능하다. 예를 들어 '북경어 영성모 uei 운모 양평자가 음평조로 변화하면서 한글자 한글자, 한단락 한단락과 같은 방식으로 변화가 진행되었는데, 이는 일종의 확산식 음변이다(王福堂 2003: 7).' 역사 독음의 남은 퇴적물 성분도 이 글에서는 동원 층위에 넣었다. 이들 음류는 소리 변화가 일정한 단계까지 진행된 후에 여러 가지 원인으로 변화가 정체되어 앞으로 더 이상 나아가지 못 하고 생겨난 것으로, 정체 현상에 속한다. 이들 음류와 동원 층위의 다른 음류 간에는 변화의 해석 가능성은 없으며, 이들 이 반영하고 있는 것은 동원 음류 간의 통시적인 차이로, 구체적인 분석에 있어 서는 이들의 구분에 주의해야 한다.

방언 자체의 변화로 만들어진 음류 중복 또는 음류 이독은 층위로 보지 않아 야 한다는 데에 대하여, 학계에서는 아직도 서로 다른 관점을 보이고 있다. 하 지만 鄭張尙芳(1983)에서와 같이 역사 층위에 대하여 거론한 초기 글의 토론 내용이 실제적으로 이 글 앞에서 구분 지었던 동원 층위 범위에 속하는 것으로, 아래에서 다시 거론하도록 하겠다. 이런 의미에서, 방언 자체의 변화로 형성된 음류 중복 또는 음류 이독 또한 층위의 일종으로 볼 수 있으며, 역사 층위 분석 법의 내용을 풍부하게 할뿐만 아니라, 구체적인 소리 층위 분석 때에도 실제로 이 이독을 뒷전으로 하고 다른 층위 문제에만 신경을 쓸 수는 없다.

潘悟云(2004)은 역사 층위에 몇 가지 종류가 있다고 제시하면서, 그중 한 가지는 음변 지체층이고 또 다른 하나는 외래어 차용층으로, 이 둘을 제외하면 주동적인 층위로 보았다. 음변 지체층과 외래어 차용층은 시발점은 다르다 하 더라도 성질상 매우 유사해서 이들을 역사 층위의 두 가지 다른 유형으로 처리 해야 한다고 주장하였다. 이 글에서는 潘悟云 선생의 음변 지체층을 동원 층위 가운데 더 오래된 것으로, 외래어 차용층을 이원 층위로 귀속시켜 두 가지의 서로 다른 층위 유형으로 구분하였다. 선생이 "주동적인 층위는 방언의 연속 변화를 전제로 한 것이다"라 하셨던 주동적인 층위는 이 글에서는 동원 층위 가운데 방언 자체가 변화하여 음류 이독 층위가 된 것에 해당한다. 이 밖에도, 하나의 글자가 다른 소리로 난다 해서 반드시 이것이 층위 관계라 할 수는 없다. 예를 들어 '경중(轻重)'에서의 '중(重)'과 '중복(重复)'에서의 '중(重)'[2]은 중고

시기에는 서로 다른 반절에 속하였으며 의미도 달라, 실제로는 모양만 같은 글자였다. 또한 훈독, 오독, 피휘 등의 이유로 글자의 소리에 변화가 일어난 것도 층위 현상은 아니다. 왜냐하면 이런 것들은 개별적이고 고립적이며 우연히 일어난 말소리 현상으로, 소리 변화 조건의 제약을 받지 않고 그 소리와 본래의 글자가 갖고 있는 소리와는 아무 관계도 없기 때문이다.

어휘와 문법에도 층위 문제가 있지만 본 장에서는 소리의 층위 문제를 주로 언급하겠다.

역사 층위 분석법보다는 층위 분석법이 더욱 알맞은 명칭으로, 실질적으로는 방언 구분의 소리 층위와 방언끼리의 층위 대응을 가리키는 것이다. 하지만 한어 방언 가운데에는 『절운(切韻)』(『광운(广韻)』)의 음운 계통이 있어 참조의 틀이 될 수 있어서 소리 층위를 논할 때에 흔히 『절운』(『광운』) 계통이나 심지어 더 이른 시기 한어 어음의 역사 발생과 연관 짓게 되기 때문에 층위 분석은 자연스럽게 '역사'의 의미를 띄게 되며, 따라서 일반적으로 이를 역사 층위 분석법이라 부르게 된 것이다. 사실 방언 소리의 층위는 반드시 중고 또는 더 이른 시기의 역사 발생과 반드시 연관 지을 수 있는 것은 아니다.

2. 역사 층위 분석법의 구체적인 적용

학자들은 역사 층위를 논할 때에 통상적으로 이원 층위 문제에 주목하고, 동원 층위에 대해서는 많은 경우 역사적 침전 성분인 지체 층위의 소리 현상에나 주목한다. 이 중 방언 자체의 변화로 생겨난 이독에는 그다지 관심이 없고, 겨우 음변 관계라는 점만 인식할 따름이다. 사실 그 이면의 문제는 훨씬 복잡하며, 특히 이러한 이독이 이원 층위로 비롯된 이독과 함께 섞여 있을 때에, 때로 이들은 구분하기가 더욱 나쁘다. 이 장에서 역사 층위 분석법을 소개하면서 한어 방언에 구체적으로 적용할 때에는 동원 층위와 이원 층위를 동시에 살펴보도록 하겠다.

---

2   역주: '경중(轻重)'에서의 '중(重)'은 발음이 zhòng이며, '중복(重复)'에서의 '중(重)'은 발음이 chóng이다.

역사 층위 분석법을 적용하여 어떤 방언의 소리 층위 문제를 분석할 수도 있고 그것으로 어떤 방언 편의 소리 층위 문제를 분석할 수도 있다[3]. 아래에 몇 가지 예를 들었는데, 이들을 보면 역사 층위 분석법을 적용하여 구체적으로 방언의 층위 문제를 어떻게 분석하는지를 알 수 있다.

郑张尚芳(1983)은 중국 내에서 비교적 일찍 역사 층위 분석법으로 방언 소리 층위를 분석하는 글에 적용하였다. 溫州방언의 '歌'운 1등은 현재에는 15개의 운모가 있는데, 이를 첫째 u, o, ɤu, øy, ø, m, n, ŋ, uɔ, oŋ, uŋ와 둘째 a, ɛ, ai, e의 두 가지로 나눌 수 있다. 첫 번째 것은 이 글의 층위 분류에서는 당연히 동원 층위에 속하며, 운모의 차이는 성모 때문에 발생하는 변화로 일종의 음변 관계이다. 두 번째 것은 운모가 더 이른 층위의 발음법을 대표하는 것들로, 역사 어음 가운데 남겨진 성분이다. 이 글의 관점에서 보자면 이들은 동원 층위에 속한다. 선생은 溫州방언의 '歌'운 분화를 전체적으로 관찰하여 '歌'운 1등의 15개 운모를 오래된 것과 새로운 것의 두 가지 큰 층위와 다섯 개 단계의 작은 층위로 나누었다. 오래된 층위에는 가장 오래된 ai→e와 그 다음인 ɛ→a, 새로운 층위에는 비교적 새로운 ɔ→o→(uɔ, oŋ)와 그 다음인 u→ø, 그리고 최신인 ɤu→ øy가 포함된다.

이 글에서는, 溫州 '歌'운자의 분화 상황이 보여주는 것은 소리 변화가 대체로 일부 글자에서 두 가지로 소리 나는 현상을 먼저 보이다가 그 후에 성모와 운모가 같은 글자로 진행된다는 것으로 이해한다. 성모가 다르면 운모의 변화에도 영향을 크게 끼쳐, 동일한 운모라 하더라도 성모가 다르면 변화 양상이 달라지며 발전 속도도 달라진다. 예전의 운 하나와 오늘날 방언 음류의 대응 관계는 반드시 1:1인 것은 아니며, 1:x일 수 있다. 이때의 'x'는 예전의 운 하나가 오늘날 몇 개로 분화된 것을 나타낸다. 각각의 옛 운류의 방언 운의 조치(调值) 망, 즉 읽기 방법의 분포 범위를 밝혀내는 것은 방언 비교와 대응 관계 연구 및 백독으로 읽히는 글자의 변화를 고찰하는 데에 도움이 된다.

---

3   역주: '편(片)'은 한어 방언보다 하위의 개념으로, 하나의 한어 방언은 몇 개의 편으로 이루어져 있다.

이와 유사한 것으로는, 하나의 방언점에서 옛 운류가 오늘날 어떤 운모로 변화하였는지를 논한 대표적인 논문인 项梦冰의 「连城 客家방언의 옛 '遇'섭 합구 1등 글자의 현대음(连城(新泉)客家话古遇摄合口一等字的今读)」(2004: 179-195)이 있다. 连城新泉 客家방언의 옛 '遇'섭 합구 1등 글자들은 오늘날 'øə, ie, ʅə, au, aŋ, u, auʔ, ɥə'의 여덟 가지 운모로 발음된다. 이 중에서 'au('精' 모와 '明'모일 경우), auʔ, ɥə' 운모로 읽는 글자들은 그 독음이 반만 읽는 글자 라든가 성부에 의한 유추 독음 또는 서로 다른 반절로부터 비롯된 것들과 관계 가 있어서, 예외로 볼 수 있다. 나머지 운모인 'øə, ie, ʅə, au('疑'모일 경우), aŋ, u'의 운모 분포는 대략 아래 표와 같다 (项梦冰의 논문 표3에서 인용).

<표 1> 连城 客家방언의 옛 '遇'섭 합구 1등 글자의 현대음 음운 분포

		øə	ie	ʅə	au	aŋ	u
帮조		+					
端조			+				
泥조			+				
精조				+			
见조	见溪	+	(+)				
	疑				+	+	+
晓조		+					
影조		+					
글자 갯수		66	36	10	3	4	4

"'见'조 이외에는 连城 客家방언 옛 '遇'섭 합구 1등 글자의 현대음은 상당 히 규칙적인 것이, '帮, 晓, 影'조를 만나면 '-øə'로, '端, 泥'조를 만나면 '-ie', '精'조를 만나면 '-ʅə'로 읽는다.[4] '见'조에서 '见, 溪' 성모를 만나면 '-øə'로 읽지만, 다른 글자들은 '-ie'로 읽으며, '疑'를 만나면 오늘날에는 '-au, -aŋ, -u'

로 읽는다(188쪽)." 글쓴이가 구분한 '遇'섭 합구 1등 글자의 현대음 분포(øə, ie, ɿə)는 일종의 상보 관계로 볼 수 있다. 층위의 각도에서 보자면, 이 글의 관점에 따라 서로 다른 운모들 사이라고 하는 것은 동원 층위 사이에서 변화한 것으로('疑'모와 결합하여 '-au, -aŋ, -u'로 읽는 것에 대하여 글쓴이는 나중에 다른 글에서 다시 논의하였다), 이는 소리 변화의 각도에서 이해한 것이다. 그런 다음 글쓴이는 여기에서 나아가 이들 운모 사이에서 일종의 어떤 변화 과정이 있었음을 분석해 내었다. 글쓴이는 먼저 옛 '遇'섭 합구 1등이 초기에 '*u' 였다고 가설(옛 '遇'섭 합구 1등 글자에 대한 학자들의 재구음은 다르지만, 대다수 客家방언에서 옛 '遇'섭 합구 1등이 오늘날 u라는 점에서 보면, 이 가설에는 문제가 없다)을 세웠는데[5] '*u'에서 시작하여 連城 客家방언의 옛 '遇'섭 합구 1등 운모는 아래와 같은 과정을 겪었을 것이다 (项梦冰의 글 191쪽에서 인용).

$$\begin{array}{c}
\\
\\
*u \rightarrow *ʉ \begin{array}{c} \nearrow \\ \\ \searrow \end{array} \begin{array}{c} *ᵻ \rightarrow *i \\ \\ *ʉ \rightarrow øə \end{array} \begin{array}{c} \nearrow \\ \\ \searrow \end{array} \begin{array}{c} *ɭ \rightarrow ɿə \\ \\ *ɪ \rightarrow *e \rightarrow ie \end{array}
\end{array}$$

'*u'에서 '*ʉ'로 된 것은 앙원음화로, 闽西 清流(长校江坊) 客家방언에서 옛 '遇'섭 합구 1등 운모를 'ʉ'로 발음하는 것이 대표라 할 수 있다. '帮'조와 '见'계의 '*ʉ'는 복모음화 되어 øə가 되며(실제 음가는 ʉə로, ʉ는 혀의 위치가 약간 앞쪽이며 아래쪽이다), '*ʉ'에서 '*ᵻ'로 된 것은 모음이 순음 방향으로 나아가는 현상으로 闽西 永定(下洋) 客家방언의 옛 '遇'섭 합구 1등 운모를 'ᵻ'로 발음하는 것이 대표라 할 수 있다. 連城 客家방언에는 '端, 泥, 精'조와 '见'모 글자 몇 개에서 순음 방향으로 나아가는 현상이 일어난다. '*ᵻ'는 다시 아래쪽, 그리고 앞쪽으로 바뀌어 'i'가 된다. 그런 다음 다시 성모의 분화를 따르는데,

---

'精'조를 만나면 설첨음화되어 'ㄱ(新泉官庄、新泉乐江 및 新泉 주변의 庙前正溪、
庙前水北 방언이 대표라 할 수 있음)'로, '端, 泥'조를 만나면 저음화되어 'e(그
중 *I에서 *e로의 단계를 겪기도 하는데, 新泉官庄과 新泉 주변의 宣和下曹 방언
이 대표라 할 수 있음)'가 되며, '*ㄱ'가 복모음화 되어 'ㄱə'가 되며, '*e'에 개음이
추가되면 'ie'가 된다.

이상은 옛 '遇'섭 합구 1등 운모가 오늘날 '-øø, ie, -ㄱə'로 읽히게 된 주요
경로로, 글쓴이는 '-aŋ, -au, -u' 세 개 운모의 경로를 이어서 논의하였다. 이
세 개의 운모는 비음 성모인 [ŋ]와만 함께 한다. 비음 성모와 고모음 운모인
'i, u'가 함께 하면 종종 모음이 탈락되어 음절성 비음이 되기도 한다. 新泉
방언에서 '五' 또는 '伍'를 [aŋ] 운모로 읽는 것은 음절성 비음이 되었다가 다시
모음이 생겨나게 된 결과로 볼 수 있다. 즉, *ŋ→*ʰŋ→*əŋ→*ɐŋ→Aŋ(aŋ)과 같
은 변화가 된다. 이런 음 변화는 '遇'섭 합구 1등의 *u가 앙음화되기 이전에
일어나는데, 왜냐하면 '五'를 음절성 비음으로 읽는 客家방언에서 '遇'섭 합구
1등의 'u'는 대부분 앙원화가 일어나지 않기 때문이다. '-au' 운모와 [ŋ]이 함께
하는 것에는 '蜈, 梧' 두 글자밖에 없는데, 이 운모가 옛 것을 유지한 것인지
아니면 새로 생겨난 것인지에 대해서는 더 연구할 필요가 있다고 글쓴이는 보
고 있다. '-u' 운모가 [ŋ]와 함께 하는 것 중에 상용자는 '吳'가 있는데, 이는
성씨로, 新泉 방언에는 吳씨 성을 가진 원주민이 없고 그나마 新泉 주변 일대
에 吳씨 성 마을이 꽤 있기는 하지만 '吳'를 '-u' 운모로 읽는 것이 '*u'를 기점
으로 한 음 변화에는 개입하지 않았을 것으로 보인다.

위의 두 편의 논문은, 본문의 관점에서 보자면, 모두 동원 층위의 음변 문제
에 속한다.

潘悟云(2002)은 실제로는 글자의 연원을 따진 논문이다. '囡'는 사실은 '女
儿'의 합음이다. '女'자 소리의 분석을 통하여 장강 이남 지역에서는 麻운의
독음에 비교적 큰 두 개의 층위가 있으며, 중고 시기 전기에는 ε류로 소리가
나, 佳운과 같은 운이었음을 지적하였다. 중고 층위에서는 a로 소리가 나, 佳운
과 같지 않은 운이었다. 나중에 중원 지역 소리의 영향으로 吳방언 지역의 麻운
도 거의 a로 변화하였지만, 많은 吳방언 지역에서는 이 a가 o로 바뀌었다. 이는

'女儿'의 '女'와 같은 특별한 방언 단어에서만 나타나는데, 溫州, 丽水에서는 아직도 佳운과 같은 소리로 읽는다. 이는 중고 시기 전기 층위에 해당한다.

이 논문에서 좀 더 설명이 필요한 것은, 이 논문에서 '역사 층위 분석법'이라는 개념을 제시하였다는 점이다. 논문에서는, 한어 각 방언마다 특수한 역사가 있기 때문에, 각지의 이민이 고래로 현재까지 끊임없으며, 모든 시기마다 비교적 큰 규모의 이민이 방언 속에 영향을 끼쳐 흔적을 남겼을 것이며, 이로써 여러 층위가 겹쳐지게 되었다. 이는 한어 각 방언에서 가장 두드러지는 특징이다. 각 역사 층위에는 서로 다른 역사적 원류가 있는데, 한어 방언에서 역사 비교를 진행할 때에는 먼저 각 역사 층위부터 분리해 내어 역사 층위 분석법으로 역사 비교법의 부족한 점을 채워야 한다.

陈忠敏의 『吴방언과 인근 방언 鱼운의 독음 층위(吴语及邻近方言鱼韵的读音层次, 2003)』는 "층위 개념 및 역사 층위 비교법으로 吴방언 및 인근 방언의 鱼운 운모 독음을 연구"한 장편의 논문이다. "구체적인 방법은, 鱼운 독음 층위가 가장 복잡한 吴방언의 방언점 한 곳을 심층 분석하여 이 방언점의 鱼운 독음 가운데 네 개의 층위를 골라내고 그런 다음 네 개의 층위 속에서 층위별 대표 글자를 골라내어 층위의 거리에 따라 다른 吴방언 및 인근의 기타 방언들과 층위를 대응시켜 층위를 비교하는 것"이다.

鱼운과 虞운 문제에 관해서는 罗常培(1931), 潘悟云(1983), 梅祖麟(1993, 1995, 2001a, 2001b) 등에서 모두 서로 다른 정도에서 서로 다른 방면의 연구를 했다. 이 글은 鱼운과 虞운에 관한 대규모의 사례 연구이다.

『절운』에서 鱼운과 虞운은 두 개의 다른 운부로, 당시의 방언에서 鱼운과 虞운은 차이가 있었음을 반영하고 있다. 이러한 차이는 오늘날 남방 방언 가운데에도 서로 다른 정도로 반영이 되어 있다. 한편으로는 鱼운의 문독 층위가 虞운 운모와 같고, 鱼운의 백독 층위는 虞운 운모와 다르지만, 다른 한편으로는 鱼운의 백독 층위 가운데 운모가 또 다른 독음 층위가 있어 이들 간의 관계가 상당히 복잡하다. 이들이 서로 다른 층위에 속하는지, 아니면 동일한 층위 가운데 서로 다른 변이인지, 이에 대해서는 자세한 구분이 필요하다.

글쓴이는 吴방언의 13개 지점의 鱼운 문독 층위(鱼운과 虞운이 서로 섞여 있음) 운모의 독음 가운데 庄조와 知,章조 운모의 변화에 대하여 해석하고, 그런 다음 절강 남부 开化 뭇방언이라는 구체적인 대상으로 연구를 진행한 후, 이를 출발점으로 다른 뭇방언의 魚운 독음과 비교하였다.

开化 방언의 魚운은 아주 복잡하여, -ɑ, -ɤ, -i, -ie, ɿ:ə, -u, -y, -ui의 8개 운모가 있다(ɿ:ə 운모에서는 ɿ가 주요모음이고, ə가 경과음). 그중 -u, -y, -ui는 문독 층위의 독음으로, 魚운과 虞운이 서로 섞여 있는 층위에 속한다. -ɑ, -ɤ, -i, -ie, ɿ:ə는 백독음이다. 开化 방언은 知조 뒤에서는 오늘날 -ɑ와 –ie 사이에 대립이 있다. 이와 같은 음운 분화상의 대립은, 이들이 동원 층위 내부의 변화가 아니라, 서로 다른 층위에 속할 때의 현상임을 설명해 주는 것이다. 开化 방언과 주변 뭇방언을 비교해 보면, 开化 방언 魚운의 백독에는 오늘날 ABC 세 가지의 층위로 구분이 가능한데, 이들은 아래와 같다.

A *ɯa →   *ua   →   uɑ   →   uʌ
                        ↘
                                      ɑ   →   ɔ

B *ɯ → ɤ(저모음화, 앙모음화)   →   ə(저모음화, 앙모음화)
              ↘ əɯ(모음이 앞으로 분열)
              ↘ ɯə   →   ɤə(모음이 뒤로 분열)

C *i → ɿ / 설첨음_____   →   -ɿ:ə
              ↘ ie(ɛ)(모음이 뒤로 분열)   →   e(ɛ) /설첨 또는 설근음
              ↘ ei(ɛ) (모음이 앞으로 분열)

"开化 방언에서 魚운 운모를 -ɑ로 읽는 것은 뭇방언 중에서 魚운 운모 독음 가운데 가장 최초의 층위임을 대표하는 것이다. 왜냐하면 이 독음은 상고 한어에서 魚운 주요 모음을 *a로 읽었던 것과 유사하기 때문이다." "뭇방언 가운데 魚운 운모를 -ɑ 또는 저모음으로 발음하는 지역은......모두 뭇방언의 서남쪽, 지리적으로는 连城과 한 가지 방언 편(片)이 되므로, 딱 뭇방언 处衢 방언 편 가운데 龙衢 소편(小片)에 상당한다. 우리는 魚운이 ɑu-ʌ-ɔ-uʌ-uɑ 등의 저모음인

그런 층위를 魚운 A 층위라 부른다. 이들 방언의 A 층위 운모 가운데에는 모두 원순 모음이 하나인데, 개음이 -u이거나 아니면 주요모음이 ɑ 또는 ɔ이다. 상고 한어의 魚운 주요모음이 *a인 것과 관련지어, 우리가 *ua를 이들의 최초 형태로 본다면, 이후의 변화는 개음 -u의 영향으로 전체 운모의 모음이 후고모음화 되고 원순화된 것이다."

B 층위를 开化 방언에서는 ɤ로 읽는데, 广丰, 常山, 玉山, 江山 등의 방언에서는 ə, əɯ, ɯə, ɤə로 읽는다. 이들 운모가 각자 방언에서는 모두 -ie와 대립하면서 두 개의 층위로 나누어진다. ɤ, ə, əɯ, ɯə, ɤə가 이 중 하나의 층위이고, -ie는 또 다른 층위의 운모(아래 참조)가 된다. 글쓴이는 *ɯ를 이들의 공통 원류로 설정하였는데, 이들 운모에는 계통적으로 저모음화 또는 모음 분열(앞으로 든 뒤로든)의 변화가 일어났다.

C 층위의 최초 형태는 *i였을 것으로 추측되는데, 모음 분열(앞으로든 뒤로 든)이나 개음 탈락을 겪어 뭇방언에 오늘날 ɿ, ie(ε), ei(ε), ɿ:ə, e(ε)가 생겨났다.

开化 방언에서 魚운 운모 독음은 실제로 네 개의 층위가 있는데, ABC 세 개의 층위는 魚운 백독 층위이고, D 층위는 魚운과 虞운이 서로 섞여 있는 층위인 -u, -y, -ui이다. "ABCD 네 개의 층위가 있는 방언점은 뭇방언 서남쪽인 江西 上饶 지구의 上饶, 玉山, 广丰과 절강 处衢 지구의 开化, 常山, 江山, 龙游 및 절강 丽水 지구의 龙泉, 遂昌 등이다. BCD 세 개의 층위가 있는 방언점은 절강 丽水 지구의 丽水, 庆元, 缙云과 金华 지구의 金华, 永康, 武义, 东阳, 义乌, 汤溪와 衢州 지구의 衢州 등이 있다. 温州 지구와 台州 지구 및 북부의 모든 뭇방언에는 CD 두 개의 층위만이 있다."

글쓴이는 뭇방언 魚운 백독의 층위에 대하여 살펴본 뒤에 연이어 다시 뭇방언과 경계를 접하고 있는 江淮관화, 徽방언, 赣방언, 闽방언의 魚운까지도 뭇방언의 ABCD 네 가지 층위에 근거하여 살펴보았다.

글쓴이의 어려움에 대하여 어떤 사람들은 완전하게 동의하지 못할 수도 있겠지만, 글쓴이가 魚운 층위를 분석하면서 사용한 역사 층위 분석 방법은 여전히 배울 점이 있다.

이상 두 논문은 모두 운모의 층위 문제를 다룬 것으로, 그중 하나는 방언의 운모 동원 층위에서의 변화 문제를, 또 다른 하나는 점에서 면으로 확대하듯이 여러 방언의 운모 층위 문제를 다른 것인데 그중 이원 층위 문제는 주로 문백독으로, 그중에서도 특히 백독 층위 문제에 주목하였다. 동일 층위 가운데 다른 운모 사이의 음변 문제도 있다. 이상의 논의에서 볼 수 있는 것은, 방언 운모의 층위를 따질 때에 아래와 같은 점에 주의해야 한다는 것이다.

(1) 어느 방언의 어느 운모에서 하나의 독음만 있다면, 여기에는 층위 문제가 없거나, 또는 이 글에서 다루고 있는 층위가 아니라는 것이다. 어떤 방언의 어떤 운모에 약간 다른 음류가 있다면, 이것은 아마도 층위 문제일 가능성이 있다. 당연히 이 때에 훈독, 오독, 피휘 등 층위 현상에 속하지 않는 것들은 배제하는 것을 전제로 한다.

(2) 만약 다른 음류 사이에 성모 뒤에서 상보적 분포를 보이는 음운이 있다면 서로 다른 운모 사이에는 동원 층위의 관계가 있을 것이다. 이런 관계는 일종의 순수한 음변 관계로, 소리 변화로 해석될 가능성이 있다. 소리 변화의 기점을 확인할 때에는 한어 소리 변화의 역사를 살펴야 하지만 동시에 초기의 음운 구조에 얽매여서도 안 된다.

(3) 만약 다른 운모가 어떤 특정 성모 뒤에서 대립 관계를 보이면, 운모 사이에는 일종의 이원 층위 관계가 되는데, 이것도 우리가 통상 문백이독이라 부르는 것이다. 이는 다른 방언(소리) 접촉의 결과이자, 역사적으로 누적된 결과이지, 음변 관계가 아니므로 소리 변화의 각도에서 해석할 수 없다. 하지만 동원 층위의 예전 층위의 성모 뒤쪽에 오는 운모에서 때로는 대립 관계를 보이기도 하는데, 이런 점은 주의가 필요하다.

(4) 특정 성모 뒤에서 다른 운모 사이에 몇 가지 대립 관계를 보인다면, 운모 간의 층위는 하나에 그치지 않고, 여러 층위가 있을 가능성이 있다.

(5) 이원 층위 사이의 운모의 대립 현상은 일반적으로 한 개의 방언에만 있지 않고 종종 주변 방언에서도 유사한 표현이 있다. 물론 구체적인 글자 대응에 있어서 완전하게 일치하지는 않는다.

(6) 운모에 여러 층위가 있는 방언에서, 여러 층위 사이에는 층위의 선후 문제가 있다. 일반적인 방언은 층위가 이를수록 해당 면적은 좁으며, 층위가 늦을

수록 해당 면적은 넓다. 층위의 선후 판단을 위해서는 한어 소리의 역사를 살피는 한편, 주변 방언 사이에서의 층위 대응까지도 살펴봐야 한다.

(7) 동원 층위의 음류 사이의 변화를 논할 때에 음류 사이의 음변 단계마다 이웃 방언의 소리 현상을 증거로 삼을 수만 있다면 가장 좋다. 이렇게 음변을 해석할 때에 가장 설득력이 있다. 마찬가지로, 이원 층위를 논할 때에 어떤 층위의 음류가 다른 방언 사이에 있다면, 음가까지 반드시 같다고 할 수는 없다. 다른 음가 사이에서 충분히 논리적인 음변 해석을 할 수 있을 뿐만 아니라 이들이 서로 다른 음가라고 해서 각 방언의 소리 변화 사실과 모순되지도 않는다.

이상은 방언 운모 층위의 일반적인 규칙을 설명한 것일 뿐, 어떤 방언에는 운모의 동원 층위와 이원 층위가 뒤섞여 있어, 구분하기가 쉽지 않다. 소리 이외의 다른 조건을 찾아 두 층위를 구분할 수 있도록 할 필요가 있다. 苏州 사투리의 歌운 글자들이 바로 이런 상황을 보이고 있다. 王福堂(2003)이 이에 대한 논의하였다.

əu	驼搓歌
ɒ	他哪那
əu文 ɒ白	多拖
əu文 i白	左
ɒ文 əu白	大

"운모에는 əu, ɒ, i의 세 개 소리 형식이 있지만, 문백의 배합이 결코 단순하지 않은 것이, i는 백독에만 나타난다. əu는 단독으로 출현하기도 하는데, 때로는 ɒ 또는 i와 교체하는 문독, ɒ와 교체하는 백독과 함께 하는 것은 보기에도 새로운 문독으로부터 밀려 난 오래된 문독이다. 즉, 백독 i, 구문독 əu, 신문독 ɒ가 되는 것이다. 하지만 운모가 동일한 '多', '拖', '大'는 문백 상황에서는 상반되어 모순적이다. 단어 측면에서 보더라도 ɒ 운모가 실제로 두 가지로 나뉘어 져야 한다. '多-呢', '拖-箱子'의 독음은 구어에서는 오래 전부터 있었던 백독이지만, '大伟-'와 '他哪那' 등의 독음은 현지의 구어에서는 사용되지 않고 다만 서면어에서만 나타나 새로운 문독이 된다. 문독이기도 하고 백독이기도 한

이 ɒ 운모는 다른 운모를 배제한 결과가 아니며, 다른 방언 자음을 빌려 만들어진 것이다. 이처럼 歌운의 세 가지 소리 형식은 마땅히 əu, i, ɒ白, ɒ文의 네 가지 층위로 나뉜다. 苏州 사투리의 歌운 글자는 중고 시기 이후의 역사 변화로 보자면 운모는 일찍이 고모음화의 과정을 겪었으며, 그중 əu가 이러한 변화의 결과이다. 백독 ɒ는 옛 소리 형식이 남은 것이고, 백독 i는 원래 ɒ 운모였던 글자들에서 나중에 i 개음이 파생되어 나왔다가 다시 변화한 결과이다. 문독 ɒ는 관화에서 빌려 온 것이다. 이처럼 ɒ白, i, əu는 반드시 동원 층위에 속하며, ɒ文는 이원 층위에 속한다. 이 중 ɒ白와 ɒ文(ɒ文도 사실은 관화의 옛 소리 형식이 남은 것)의 소리 형식은 서로 같다. 하지만 문백의 차이 때문에 구분되는 것이다. 이상을 종합하면, 쑤저우 사투리의 歌운 글자의 층위는 ɒ白1, i白1-2, əu白2, ɒ文이 된다."

방언 사이의 상호 접촉으로 때로 방언의 구조적 변화가 나타나기도 한다. 何大安(1988: 67-70, 77-92)은 사천 永兴 방언의 송기 유성 성모의 형성에 대하여 논하였다. 永兴은 사천 내에서도 이민으로 만들어진 湘방언의 방언섬으로, 그 주변은 모두 서남 관화를 사용한다. 이 방언에는 湘방언의 일반적인 특징이 있는데, 예를 들어 불송기 유성 자음이 있다. 하지만 永兴 방언이 다른 곳과 다른 점은, 송기 유성 자음도 있다는 점으로, 이는 일반적인 湘방언에서는 볼 수 없다. 연구 결과, 불송기 유성 자음은 중고음의 평, 상, 거, 입 네 개의 성조에 해당하는 곳에서 나타날 수 있으며, 송기 유성 자음은 중고음 평성자에 해당하는 경우에만 나타나는데, 오늘날 永兴의 성조로 보자면 이는 양평(阳平)이다. 오늘날의 양평 중에서 불송기 유성 자음으로 읽는 것들은 송기 유성 자음으로 읽는 것들과 섞이지 않는다. 다시 말하자면, 송기와 불송기는 상보적 분포이다. 여기에서 미루어 볼 수 있는 것은, 송기 유성 자음은 불송기 유성 자음으로부터 분화되어 왔다는 점이며, 이와 같은 분화의 원인은 서남 관화로부터의 영향이다.

중고의 유성 자음과 서남 관화, 永兴 湘방언은 아래와 같은 대응 관계가 있다.

	서남 관화	永興 湘방언
去声(中古上、去声字)	p　t　k……	b　d　g……
阳平(中古平声字)	ph　th　kh……	bh　dh　gh……
阳平(中古入声字)	p　t　k……	b　d　g……

永興에 원래 불송기 유성 자음만 있었다면, 이 불송기 유성 자음은 한편으로는 불송기 무성 자음(거성, 양평)과, 또 다른 한편으로는 송기 무성 자음(양평)과 경쟁하였을 것이다. 송기와 불송기는 서남 관화의 이러한 경쟁 관계에서는 구분이 가능하였다. 게다가 서남 관화는 사천의 우세 방언이고 湘방언은 몇 개의 지역에서만 사용하기 때문에, 서남 관화의 지속적인 영향 아래 永興은 송기와 불송기의 구분을 따라 하기 시작하였을 것인데, 이것은 이해가 가능한 부분이다. 양평인 bh, dh, gh……는 ph, th, kh……의 영향을 받았으며, b, d, g……로부터 점차 분화되어 나온 것[이상의 주요 내용은 何大安(1988: 67-68)에서 인용한 것인데, 何大安은 이 문제에 관하여 상당히 상세하게 논하였다]이다.

　방언 간의 접촉으로 인한 영향으로 방언 성모와 성조는 복잡한 양상을 보일 수 있다. 예를 들어 복건 浦城, 石陂水北 방언이 그러하다(郑张尚芳 1985). 浦城은 복건, 절강, 강서 세 성의 접경지로, 石陂水北는 闽北방언에 속한다. 하지만 그 속에는 吳방언의 특징도 적지 않은데, 이는 吳방언과 접촉한 결과임이 확실하다. Ho, Dah-an (何大安 1996: 215-234)에 상세한 논의가 나오므로, 참고할 수 있다.

3. 한어 방언 연구에 있어 역사 층위 분석법의 장래와 전망

　1920년대 이래 한어 방언 조사는 큰 성과를 거두었으며, 엄청나게 풍부한 방언 자료를 쌓았다. 동시에 한어 방언 연구 또한 높은 성적을 내었다. 하지만, 앞서 말하였듯이, 한어 방언은 수 천 년의 변화, 접촉, 융합을 거쳤으므로, 내부적으로 이미 하나의 순수한 단일 계통이 아니고 여러 가지 서로 다른 층위를 가진 복잡한 중층 계통이다. 복잡한 한어 방언을 어떻게 이해하고 그중에서 서로 다른 언어 층위를 걸러 낼 것인가 하는 것은, 한어 방언학자라면 반드시 마주해야 할 과제이다. 역사 층위 분석법은 한어 방언 운용에 있어 한어 방언에 대하여 더욱 깊이 있게 연구한 결과물이기도 하며, 한어 방언 연구에서 앞으로 반드시 나아가야 할 요구 사항이기도 하다. 한어 방언 연구에서 역사 층위 분석법은 아래와 같은 몇 가지 진전을 이루었다.

(1) 어떤 구체적 방언의 복잡한 소리 현상에 대하여 소리 층위를 분석해 낸다. 동원 층위에 속하면, 그 음변 과정을 설명하고, 이원 층위에 속하면, 어떤 다른 방언과 접촉한 결과인지를 설명해 낸다. 특정 한어 방언에 관한 개별적 자료는 이미 적지 않지만, 많은 방언의 어음 현상은 매우 복잡하다. 하지만 그 중 소리 층위 문제는 깊이 있는 분석이 부족하다. 한어 방언의 개별적 소리 층위에 관한 명확한 분석은 방언 비교 연구에 있어 분명 기초가 된다.

(2) 관계가 밀접한 어떤 방언들에 대하여 그 소리 층위를 분석해 낸다. 구체적인 방언과 관계가 밀접한 그 주변의 방언들은 어음 층위 표현에 있어 일치하는 부분이 많은 경우가 흔하다. 어떤 구체적인 방언의 소리 층위를 분석할 때에 "관련 방언들의 층위 표현을 빌릴 수 있다". "관련이 있는 작은 방언들을 모아 이들의 역사적 접촉, 발전을 관찰하는 것은 개별 방언의 역사 연구에 있어 매우 중요한 후속 작업이다. 丁邦新 선생께서 소위 방언 구획사 연구라는 것을 제안하셨는데, 그의 생각이 바로 이것이다 (杨秀芳 1993)".

(3) 한어 옛 소리를 추정할 때에 한어 방언의 소리는 중요한 참고 자료가 된다. 하지만 오랫동안 방언 소리는 그 자체의 발전과 다른 방언(언어)과의 부단한 접촉융합으로, 복잡한 층위를 만들어 내었다. 혹시 누군가 서로 다른 층위에 속하는 정상적인 소리 현상을 동일 층위의 이상 소리 현상으로 간주하고 재구한다면, 이는 층위의 선후 문제를 판단함에 있어 세심하지 못 한 것으로, 이렇게 되면 착오를 낳게 될 수밖에 없다. 역사 층위 분석법으로 소리 층위를 판단하게 되면, 옛 소리를 추정하는 데에 충분히 도움을 줄 수 있다.

(4) 특수한 글자의 원류 문제를 고증한다. 심지어 이 속에서 중요한 소리 현상을 발견해 낼 수도 있는데, 예를 들자면 앞서 潘悟云(1995a)의 제안과 같은 것이 그러하다.

역사 층위 분석법을 사용하게 되면 한어 방언 소리 연구의 많은 문제들을 해결할 수 있다. 하지만 역사 층위 분석법은 한어 방언 연구의 만병통치약이 아니다. 실제로 이를 활용하는 데에도 분명 한계가 있으며, 그중에서도 "가장 큰 곤란은, 다른 음류 속에서 우리가 어떻게 한 음류의 독법을 다른 음류의 독법과 같은 층위에서 온 것인지를 알 수 있느냐는 것이다. 동일한 음류의 서로 다른 독법은 서로 다른 층위에서 온 것일 수 있다. 예를 들어(厦门방언, 괄호 속의 글자는 필자가 가필한 것) 清운 백화의 ĩ:iã의 이독(精 ᴄtsĩ : ᴄtsiã)은 서로 다른 층위의 독음인데, 이들과 庚운의 ĩ:iã 이독은 동일한 층의 독법으로 구분해야 할 것인가? 만약 그렇다면 이 두 가지 층위 중에서 清, 庚 두 운의 구분은 합류가 되어야 하고, 만약 아니라면 혹자는 清운의 ĩ와 庚운의 iã를 동일한 층위의 두 가지 운모로 보거나 또는 清운의 iã와 庚운의 ĩ를 동일한 층위의 두 가지 운모로, 심지어 이들 간에는 동일 층위 관계가 전혀 없다고 보기도 할 것이다. 만약 이들이 서로 다른 층위라면 清운의 ĩ와 庚운의 iã는 서로 다른 층위의 독음이 우연히 일치한 것이거나 또는 뒤의 층위가 앞선 것과 동일한 것으로 조정된 것일 뿐이다(杨秀芳 1993)". 개별 방언 내부의 서로 다른 음류 사이의 층위는 판단하기가 어렵다. 사실 서로 다른 방언의 동일한 음류 사이에도 유사한 문제가 있다. 같이 鱼운에 속하는 글자도 A 방언에서는 i인 것이 B 방언에서는 ie라고 해서 이들이 반드시 동일 층위 또는 다른 층위인가? 또 A 방언에서 i이고 B 방언에서도 i라 해서 이들은 반드시 동일 층위 또는 다른 층위인가? 층위를 밝혀내는 데에 물론 어려움이 있겠지만, 역사 층위로 한어 방언의 소리 층위를 분석하는 것은 여전히 가능한 방법으로 여겨진다. "한어 방언은 대략 동일한 공간에서 오랫동안 접촉과 융합을 겪었으며, 여기에서 생겨난 층위 구조상의 다양성과 이러한 다양성이 언어 변화 이론에 있어서의 가치라고 하는 것은, 다른 언어와는 비교하기 어렵다. 한어에는 삼 천 년 이상의 끊임없는 문헌 전통이 있어, 층위 분석에 있어 가장 유익한 근거가 될 수 있다. 이는 다른 언어 연구자들은 범접할 수 없는 부분이기도 하다. 우리는 언어 층위학 연구가 한어 방언학의 유입으로 앞으로 더욱 범위가 풍부해 지고, 언어학사를 재건함에 있어서도 다루는 분야가 더욱 풍부해져서 한층 시야가 넓어지고 깊이를 더할 수 있기를 바란다(何大安 2000)."

제16장 사회언어학과 중국어방언학의 새로운 전기*

1. 중국어방언학의 성질과 특징

중국어방언학사는 전통방언학과 현대방언학으로 양분할 수 있다.

한대 揚雄의 『方言』에서부터 청말 민국 초기 章太炎의 『新方言』에 이르기까지, 중국 전통방언학의 연구목적은 현재로써 과거를 증명하거나 과거로써 현재를 증명하는 데 있었다. 다시 말해 현재의 방언으로 고문헌을 고증, 해석하거나 반대로 고문헌 속의 자료로써 현재의 방언을 해석하는 데 있었다. 전통방언학은 문헌학(Philology)의 범위에 속한다. 지방지(地方志)와 같은 고대의 민족학 저서들에도 일련의 구어 속 어휘 등이 기록되어 있지만 여전히 문헌학의 연구틀을 벗어나지 못했기 때문이다.

현대 언어학의 시각에서 중국어방언을 연구한 것은 19세기 중엽이후 연이어 들어온 서양의 선교사들로부터 비롯된다. 선교사들은 서양언어학의 이론과 개념으로써 중국어방언의 어음을 기록하고 분석하였다. 또 방언 속 구어 어휘들을 기록하고 정리하였으며 방언의 통사 연구는 물론 방언 간 비교와 분류 연구까지도 진행하였다. 하지만 중국의 전통방언학과는 계승 관계가 전혀 없었던 탓에 그들의 연구는 방법과 목표 면에서 전통방언학과 역시 큰 차이를 보였다.

서양선교사의 연구 작업과 중국학자들의 기술언어학은 시간의 전후 관계 상

---

* 이 장은 『중국어문논역총간』 제36집(2015)에 발표된 자료를 수정 및 보완한 것이다.

서로 맞물려 있다. 하지만 중국의 기술언어학은 선교사들의 연구 성과를 그대로 받아들이지 않고 각지 방언을 그와는 다른 각도에서 다시 한 번 새롭게 연구하였다. 林语堂, 罗常培 등 초기의 학자들도 서양선교사들의 연구 성과에 주목하고 그것을 전문적으로 소개한 바 있으나 선교사들을 준방언학자 쯤으로 보았던 탓인지 선교사들의 기록을 기껏해야 대조물 정도로만 여겼다.

현대 중국학자들의 방언 연구는 1923년을 기점으로 삼는다. 왜냐하면 그해 北京대학의 연구소에 국학 분과를 설립한 沈兼士가 민간가요의 조사를 제기하였는데, 이때 방언은 가요를 조사, 기록, 연구하는 데 있어 필수불가결한 참고 수단이었기 때문이다. 이에 그는 "방언연구는 가요 연구를 위한 첫 걸음이라 할 수 있다"며 방언의 조사와 기록의 필요성을 제기했다. 그로 인해 1923년 주간지 『歌谣』 및 그 증간에는 방언의 조사연구에 관한 여러 편의 글들이 연재된다. 그중 가장 중요한 글로는 沈兼士의 『今后研究方言的新趋势』와 林语堂의 『研究方言应有的几个语言学观察点』이 있다.

1924년 1월 北京대학 국학연구소는 "방언조사회"를 세운다. 그리고 같은 해 방언조사회는 방언조사 선언서를 발표하며 당시 사용되는 방언구어의 조사와 연구를 주장하였다. 林语堂 등은 국제음성기호(IPA)에 기초한 방언음 자모 초안을 작성하고 이것을 이용하여 北京, 苏州, 厦门 등 14개 지역 방언음을 표기한 뒤 실례로 삼았다. 하지만 그들이 그 뒤로 어떤 방언음 조사보고서를 발표했는지는 알 수 없다. 방언조사회를 중심으로 한 학자들을 가요파라고 부를 수 있는데, 가요파는 비록 3년(1923~1925)밖에 되지 않아 그 역사가 매우 짧고 실제 작업도 많지 않다. 하지만 그것의 성립은, 현재의 방언음과 고대 문헌 간 상호 증명이라는 목적을 둔 중국 전통방언학과의 결별을 의미하는, 중국 방언학연구의 역사적 전환점이었던 동시에 사용 중인 방언 구어의 조사와 연구를 중시하는 현대 방언학의 시작이기도 하였다.

중국의 현대 방언학은 赵元任의 『现代吴语的研究』(1928)로부터 시작된다. 그는 서문에서 다음과 같이 자신의 집필 의도를 상세히 설명하고 있다. "중국의 어음을 가장 상세하게 그리고 가장 많이 연구한 사람을 꼽는다면 스웨덴의 중국음운학자인 Bernhard Karlgren일 것이다. 그의 업적은 1915년부터 1926년까지 연이어 간행된 『Etudes sur la phonologie chinoise』에 모두 실려 있다. 하지만 전국적인 방언 조사는 한두 사람에 의한 일 년의 노력이나 개인의 한두 해노력으로 이룰 수 있는 것이 아니다. Karlgren이 얻은 자료는 그 자신 스스로가 수당(隋唐)대 어음의 대략적 면모를 고증하는 데는 충분할 수 있었다. 하지만 중국의 방언지를 만들고자 했다면 오랜 기간 수많은 연구자들의 체계적인 조사와 연구가 있어야만 비로소 가능했을 것이다. 이 같은 작업의 중요성은, 작업 자체가 가진 중요성이든 국학에서 차지하는 지위상의 중요성이든, 또는 교육으로 응용되는 데 있어서의 중요성이든 모두 이미 많은 사람들이 언급해왔다." 상기 발언은 방언에 대한 그 당시 조사 연구에 다음의 세 가지 목적이 있음을 보여준다. 첫째, 방언을 기술한다("그 자체의 중요성", "방언지"), 둘째, 역사음운을 연구한다("국학"), 셋째, 국어 등 "교육상의 중요성"을 널리 알린다.

　반대로 유럽의 현대 방언학은 방언지리학에서부터 비롯했던 탓에 그 목적도 당시 유명했던 "어음 변화에는 예외가 없다"는 신문법학파의 단언을 검증하는 데 있었다. 1876년 Leskien은 "언어의 변화에는 예외가 없다"고 단정지었다. 그리고 같은 해, 또 한 명의 독일 언어학자인 Georg Wenker가 Rhineland 지역의 모든 초등학교 교사들에게 짧은 문장 40개와 단어 300개가 나열된 질문표를 발송하고 교사들로 하여금 현지 방언을 알파벳으로 기록하도록 하였다. 그리고 다시 조사 범위를 독일 전역으로 빠르게 확대시켜 총 44만여 개의 답변지를 수집하였다. Wenker는 먼저 언어 특징의 지리 분포를 지도 상에 표기하고자 하였다. "어음 변화에는 예외가 없다"는 말을 확신했기에 자신의 연구가 이 같은 단정에 논증을 제공할 수 있기를 바랐기 때문이다. 표준 문학언어의 어음 변화는 외부의 영향으로 인해 분명히 불규칙적이었지만, 그럼에도 불구하고 벤커는 여전히 외부의 영향을 받지 않은 "순수 방언" 속에서 철저히 규칙적인 변화와 어음 구조를 찾을 수 있을 것이라 여겼다.

　하지만 Wenker의 기대는 결코 실현되지 못하였다. 그의 첫 번째 지도는 Rhineland 방언을 기록한 것으로서 1881년에 출판되었다. 신문법학파의 단정이 정확하다면 동일한 어음 변화 규칙에 속한 어휘들은 지리 분포 상의 경계선이 같아야했다. 하지만 Wenker의 지도는 물론 그 뒤로 출판된 여타 지도들에도 동일한 어음 변화 규칙에 속한 어휘들의 지리 분포 경계선이 모두 상이했다. 이는 곧, 동일한 지역 방언 어휘라도 그것의 어음 변화는 결코 획일적이지 않다는 것을 보여준다. 예컨대 고지대의 독일어 어음과 저지대의 독일어 어음 변화 규칙에는 남북 분계선이 존재하지 않았다. 고지대와 저지대 독일어의 어음 변화에 따른 어휘를 모두 사용하는 지역이 존재했기 때문이다. 다시 말해, 남북의 구분에는 과도적 중간지대가 존재했다. 이러한 과도적 중간지대에서는 p, t, k가 색찰음과 치찰음(嗤音)[1]으로 변하는 규칙을 일부 어휘들만이 따르고 있었다. 그 결과 Wenker의 지도는 신문법학파의 믿음, 즉 한 어음의 변화가 발생하면 그 어음을 가진 모든 어휘들에도 동일한 변화가 발생할 것이라는 믿음을 완전히 부정했다.

미국의 방언연구는 20세기 초부터 전개되었는데 북미 대륙 영어 방언의 조사 연구와 지도 제작만 보면, 그것의 이론과 방법이 모두 유럽으로부터 도입된 탓에, 유럽 방언학의 아류로 보아야 할 것이다. 그러나 한편으로, Boas와 E. Sapir를 필두로 한 미국학자들의 미주 인디언어 연구는 방언학의 새로운 차원을 열었다고 볼 수 있다. 관례적으로 그들의 연구를 기술언어학과 인류언어학(Anthropological Linguistics)으로 부르고 있지만, Gitksan어가 동, 서 두 방언으로 나뉘는 것처럼, 인디언어에도 방언 차가 존재했던 탓에 그것의 조사와 연구 역시 방언에서부터 시작할 수밖에 없었다. 그들의 연구가 유럽학자들과 가진 공통점은 양자 모두 방언 입말을 연구 대상으로 삼고 현지 조사를 통해 자료를 취했다는 점이다. 반대로 차이점은 유럽학자들의 연구가 주로 방언지리학 및 당시 방언과 언어 역사 간의 관계에 치중했다면 미국학자들의 연구는 방언의 기술, 언어의 분류, 언어와 문화 간 관계, 언어와 사유 간 관계에 치중했다는 점이다. 미국학자들의 이 같은 연구방향이 곧 기술언어학과 인류언어학을 탄생시키는 결과를 낳았다.

---

[1] 원문에는 "丝音"으로 되어 있으나 용어 검색이 불가하다. 그 직전에 출현한 용어— "색찰음"—를 바탕으로 미루어 보건대, 치찰음을 가리키는 "嗤音(sibilant)"이 아닌가 사료된다(陈新雄, 竺家宁, 姚荣松, 罗肇锦, 孔仲温, 吴圣雄 编著(2005), 『语言学词典(增订版)』, 台北: 三民书局, p. 235 참고). 번역은 이를 따랐다.

중국 현대방언학의 기원은 미국 기술방언학의 직접적인 영향을 받아 탄생, 발전한 것으로서 유럽의 방언지리학과는 전혀 무관하다. 1927년 10월 淸华대학 대학원은 赵元任과 杨时逢을 뭇어 지역으로 보내 현지조사를 수행토록 하였다. 그리고 이듬해 赵元任은『現代吴语的研究』를 출간한다. 책에서 뭇어 각 지역 어음에 대해 그가 보여준 기술의 정밀함은 당시 해외 기술언어학 (Descriptive Linguistics)과 비교해 그 수준을 넘어서면 넘었지 결코 부족하지 않다. 신빙성있는 자료에 정교한 어음 분석, 명료한 도표에 참신한 방법과 탁월한 안목까지 갖춘 이 책은 현대 언어학 지식을 토대로 중국어방언을 연구한 시대의 고전으로 꼽힌다. 그 결과 이 책에서 중국어방언을 조사, 기록하고 분석하며 세운 규범들은 줄곧 후대의 방언학자들에 의해 이어져오고 있다.

그러나 서양의 기술언어학적 관점에서 보면 중국의 기술방언학은 그 시작부터가 순수한 기술언어학이 아니었다. 독음을 조사하는 양식이 중고 절운 음계 상에서 차지하는 한자의 지위를 기초로 했기에 어음의 귀속범주를 분석하고 귀납하는 것 역시 중고 음계 상의 명목과 불가분의 관계에 있었기 때문이다. 조사 양식을 설계하는 것에서부터 성모, 운모, 성조 계통을 귀납하고 정리, 조사, 보고하는 것에 이르기까지, 그리고 방언 간 상호 비교에서부터 방언의 고대 음을 재구하는 데 이르기까지 모두 전통 음운학 지식의 도움이 필요했고 중고 절운 음계와 분리될 수도 없었다. 이렇듯 방언 연구의 전과정은 거의 대부분 역사언어학과 연관되어 있다. 결과적으로 중국의 기술방언학은 사실상 서양의 기술언어학과 중국의 전통 역사음성학이 결합된 산물이었으며 그 결합은 상당히 성공적이었다.

2. 기술언어학과 사회언어학

비록 유럽 전통방언학의 탄생이 기술언어학에 시기적으로 앞서지만 방언을 기록하고 기술하려던 생각은 그 뒤로 출현한 기술언어학과 조금도 다르지 않다. 그리고 그런 점은 1920년대 탄생된 중국 현대방언학과도 일치한다.

기술언어학은 프라그학파, 코펜하겐학파와 같이 구조주의 언어학(structural

linguistics)의 세 분파 중 하나로서 미국학파라고도 불린다. 구조주의 언어학의 창시자인 스위스 언어학자 Saussure(1859~1913)는 일찍이 언어학을 "내부언어학"과 "외부언어학"으로 나눌 수 있다고 여겼다. "내부언어학"은 언어 체계의 내부구조만을 연구하지만 "외부언어학"은 지리적, 사회적 요인을 언어와 함께 연구하므로 인류학, 사회학, 심리학 등 사회 관련 학문분야에서 언어를 연구하려 한다. 구조언어학은 내부언어학에 속한다.

"우리는 결코 하나의 언어 형식이 발화 공동체(言语社区)의 여러 상황 속에서 어떻게 적용되는지를 탐구하지 않는다"고 언급했던 것처럼(L. Bloomfield 1927), 미국의 기술언어학 대가인 Bloomfield도 언어를 사회적 맥락에서 연구하지 않았다. 기술언어학은 언어적 실체, 즉 언어 그 자체의 구조만을 연구할 뿐이다.

Saussure는 또 "랑그"(langue)와 "빠롤"(parole)을 구분하였다. 랑그는 언어 체계로서 추상적이지만 빠롤은 개인 발화로서 구체적이다. 기술언어학에서 먼저 고려하는 것은 랑그이지 빠롤이 아니다.

사회언어학은 기술언어학과 정반대라고 할 수 있다. 그것의 우선적 고려 대상이 빠롤이지 랑그가 아니기 때문이다. 사회언어학은 언어에 외재하는 사회적 요인과 관련지어 언어를 연구하자고 주장하며 사회 생활 속의 실제 언어가 어떻게 사용되는지를 연구한다. Labov는 사회언어학을 "현실 사회의 언어학(socially realistic linguistics)"이라고 여겼다(Labov 1972). 그래서 그는 "만약 일상생활 속에서 취한 언어를 자료로서 연구한다면 언어학은 분명 과학의 궤를 따라 더욱 빠르게 발전할 것"(『拉波夫语言学自选集』 중 「중국의 독자에게」)이라고 하면서, 일상 생활 속 언어를 연구 자료로 삼았을 뿐만 아니라 그것을 그 사용자의 사회적 배경, 예컨대 공동체, 계층, 지위, 성별, 연령, 인종, 방언, 지역, 문체 등과도 연계시켰다. 사회언어학의 근본 취지는 언어 공동체의 사회적 맥락 속에서 공시적 측면의 언어 사용 규칙과 변화를 연구하고 그 규칙과 변화들을 해석할 수 있는 언어학이론을 세우는 데 있다. 뉴욕 백화점에서 사용하는 r음의 사회계층별 분화, 흑인 영어의 어법 특징 등의 연구가 그 예에 속한다.

Saussure의 관점에서 사회언어학은 곧 외부언어학이다.

결론적으로 구조언어학은 내부언어학에 속하며 랑그 및 그 체계를 우선적으로 연구하는 반면 사회언어학은 외부언어학으로서 랑그가 아닌 빠롤을 먼저 연구한다.

짚고 넘어가야 할 것은, 사회언어학은 기술언어학과 연구방향과 범위, 방법 면에서만 다르기 때문에 기술언어학이 자신과 전혀 다르다고 여기지도 않을 뿐만 아니라 오히려 방언에 대한 기술이 사회언어학의 기초 작업이라고까지 생각한다는 점이다. 예컨대 사회방언에 대한 계층별 연구는 필히 언어 변종(语言变体)에 대한 정확한 기술을 토대로 삼아야 한다.

3. 방언학과 사회언어학의 공통점과 차이점

3.1. 방언학과 사회언어학의 공통점

현대방언학의 탄생이 사회언어학보다 훨씬 이르지만 그 둘의 연구 대상과 목적은 상치한다.

첫째, 유럽 전통방언학의 본래 의도는 언어지리적 관점에서 언어 변천의 역사를 연구하고 그 결과로써 신문법학파의 "어음 변화에는 예외가 없다"는 주장을 검증하는 데 있었다. 이러한 점에서 방언학은 역사언어학의 발전에 지대한 영향을 미치며 사회언어학의 목표 중 하나와 일치하게 된다.

1822년[2] 독일 언어학자인 Jacob Grimm은 『Deutsche Grammatik』수정판에서 인도-유럽어의 어음 변화 규칙, 즉 "Grimm 법칙"이라 불리는 유기유성파열음에서 (무기)유성파열음이나 (무기)유성마찰음으로의 변화, 유성파열음에서 무성파열음으로의 변화, 무성파열음에서 무성마찰음으로의 변화 규칙을 제시한다. 1876년 August Leskien은 여기서 더 나아가 "어음변화에는 예외가 없다"는 신문법학파(Neo-grammarians)의 중요 주장을 제기한다. 그리고 같은 해 또

---

[2]   원문에는 "1922"년으로 나와 있으나 번역의 과정에서 역자가 "1822"로 수정하였다 (http://en.wikipedia.org/wiki/Jacob_Grimm 참고).

다른 한 명의 독일 언어학자인 Wenker는 Rhineland 지역의 방언을 조사하며 언어 특징의 지리 분포를 제일 먼저 지도상에 표기하고자 하였다. "어음 변화에는 예외가 없다"는 단언을 확신했기에 그는 자신의 연구가 이 같은 단정에 논증을 제공할 수 있기를 바랐기 때문이다. 표준 문학언어의 어음 변화는 외부의 영향으로 인해 분명히 불규칙적이지만, 그럼에도 불구하고 Wenker는 여전히 외부의 영향을 받지 않은 "순수 방언" 속에서 완전히 규칙적인 변화와 어음 구조를 찾을 수 있을 것이라 여겼다. 하지만 Wenker의 기대는 결코 실현되지 못하였다. 각각의 방언지도집 모두가 신문법학파의 "어음변화에는 예외가 없다"는 관점을 증명할 수 없었기 때문이다. 이를 근거로, 프랑스방언학자 Jules Gillieron은 어음이 규칙적으로 변화한다는 것은 그저 환상에 불과할 뿐이라고 여겼다. 1906년 그와 Mario Roques는『语音学幻想』을 공동집필하며 어음변화에 규칙이 있다는 견해에 반대하고 외부의 변화를 통해 어음변화의 결과를 해석하고자 하였다. 그 뒤 프랑스방언학자 Albert Dauzat도 자신의 『La géographie linguistique』(1922)에서 그와 똑같은 견해를 피력하였다. 그는 지역 방언이 (예외 없이)연이어 변화한다는 견해에 반대하면서[3], 현대 사회 속에서는 방언에 대한 표준어의 영향이 방언의 혼성을 야기한다고 보았다. 그는 이것이 역사적 시기 속에서도 동일하게 보였던 현상으로서 중심 도시의 방언이 기타 방언에 영향을 끼칠 수 있다고 주장하였다. 그는 심지어 유사 이전의 어계나 어족도 일정 정도 그 같은 현상을 보여 왔다고까지 주장하며, 소위 순수 방언 내부에서만 연속된 변화 규칙이 존재한다는 생각은 일종의 환상이라고 여겼다.

사회언어학도 언어 구조가 영원불변하지도, 그렇다고 순식간에 변화하는 것도 아니라고 여겼다. 관련 변이들은 오랜 시간 속에서 서로 함께 변화하고 그 결과는 지리적으로 등어선(isogloss)의 확산으로 반영된다. (Weinreich 1968) 어음의 변화는 언어 자체의 역사와 사회라는 두 방면의 제약을 받을 수 있으며

---

3   원문에서는 "连续不断发展"이라고 하여 "发展"이라는 용어를 사용하였으나 문맥상 그 초점이 "어음 변화에는 예외가 없다"는, 즉 조건이 동일하다면 변화는 예외 없이 동일하게 연속하여 출현한다는 주장을 계승하느냐 반대하느냐에 있으므로, "변화한다"로 번역하였다.

그 때문에 어음 변화에 대한 연구는 반드시 역사와 사회라는 두 측면을 모두 고려해야 한다.

사회언어학의 목표 중 하나도 언어의 변화, 즉 언어에는 어떤 변종들이 있는지, 어떻게 변화하는지, 그리고 어떤 규칙이 있는지를 연구하는 데 있다. 하지만 사회언어학은 지리적 각도에서가 아닌 사회적 각도에서 언어의 역사 변천과 그 원인을 연구한다. 예를 들어, Labov는 Massachusetts주의 Martha's Vinyard 에서 이중모음 ay와 aw의 앞 모음 a가 각기 다른 연령, 직업, 민족 군의 발음에서 어떻게 분포하고 변화하는지를 조사한 뒤 a가 중앙화 추세에 있다는 결론을 내렸다. 그러나 동시에 사회언어학은 언어 변이 연구에 있어 언어 체계의 내부적 요인도 배제하지는 않는다. Labov는 근래 들어 『Principles of Linguistic Change』라는 세 권의 저서를 집필 중인데 제1권 『Internal Factors』는 일찍이 1994년에, 제2권 『Social Factors』은 2000년에 출판되었다. 그리고 제3권에서는 심리 요인과 언어 변화 간의 관계를 논할 것이다(Labov 1994). 이를 통해 우리는 라보브의 최종 연구목표가 여전히 그의 스승인 Weinreich와 함께 제기했던 문제, 즉 언어 변화의 시작과 제약, 과정, 결과(嵌入: 즉, 언어 변화 확산의 결과—역주) 및 평가에 있음을 알 수 있다. 그러므로 사회언어학과 전통방언학 간에는 방법 상의 차이에도 불구하고 얻어낸 결과는 결국 같게 된 오묘함을 보이고 있다고 할 수 있다.

하지만 중국어방언학은 현재의 연구성과로 볼 때 기본적으로는 여전히 기술언어학의 범위에 속하므로 전사한 방언 자료를 통해 언어 변화의 성과를 연구한다는 것은 상당히 드문 일이라 할 수 있다. 사회언어학이 언어의 변화를 연구하는 목표와 이미 거둔 성과는 중국어방언학에 매우 중요한 시사점을 던져준다.

둘째, 사회언어학의 연구 대상은 일상 생활 속에서 실제 사용되는 언어이다. 언어는 추상적인데 반해 방언은 구체적이라는 점에서 실제 사용된 언어란 곧 방언을 가리킨다. 따라서 사회언어학과 방언학의 연구 대상은 일치한다. 사회언어학의 세 대가 — William Labov, Peter Trudgill, Dell Hymes — 중 두 명은 실제로 방언을 연구했던 기초 위에 사회언어학을 정립한 학자들이다. Labov가 주로 연구한 것은 뉴욕의 도시 방언이었고 Trudgill이 연구한 것은 영국의 Norwich 방언이었다. Hymes의 학문 배경은 인류학인데, 인류언어학 역시도 실제 사용된 언어나 방언을 연구 대상으로 삼는다. Labov의 스승이자 초기의 사회언어학자였던 Max Weinreich가 연구했던 것도 바로 중유럽의 Yiddish어(유태인이 사용했던 언어의 일종)였다.

셋째, 사회언어학은 사회방언에 대한 조사와 연구를 중시한다. 일례로 언어의 연령별 차이(age grading)를 들 수 있다. 사실 중국어방언학에서도 일찍부터 신방언과 구방언을 조사하고 그 둘 간의 차이를 비교하여 중국어의 역사적 변천을 연구했던 학자들이 있었다. 예컨대 1980년대에는 上海 방언의 연령차와 시대적 변천을 연구하기 위해 500명의 각기 다른 연령대에 속한 上海 사람들을 조사한 바 있다. 33개에 달하는 언어 변항을 대상으로 조사를 진행하였는데 그 결과는 上海 방언의 시대적 변천을 연구하는 데 있어 풍부한 증거를 제공해 주었다. 하지만 이 같은 연구 성과는 1960년대 미국에서 태동한 사회언어학과는 직접적인 관계가 전혀 없었다.

3.2. 방언학과 사회언어학의 차이점

사회언어학과 전통방언학은 이념과 목적, 조사방법 등에서 최소 다음과 같은 차이를 보인다.

첫째, 기술언어학은 언어를 질서정연한 동질체(ordered homogeneity)로 생각하지만 사회언어학은 그것을 질서정연한 이질체(ordered heterogeneity)로 여긴다. "질서정연한 동질체"란 언어나 방언 체계가 내부적으로 일치한다는 것을 뜻한다. 이는 한 언어공동체 내의 모든 상황 속에서 각 구성원들이 사용하는 언어나 방언의 기준이 일률적이며 그것의 구조와 변화도 규칙적임을 의미한다. 예를 들어, 苏州시 사람이라면 그들 간에 사용되는 苏州어가 남녀노소에 상관 없이 체계상의 일치를 보이는데 이는 苏州어에 오직 하나의 기준만이 존재한다는 것을 뜻한다. 반면에 "질서정연한 이질체"란 언어나 방언의 체계가 내부적으로 일치하지 않다는 것을 가리킨다. 인적구성과 상황별로 상이할 수 있고 또 각 계층마다 각기 다른 기준이 존재하는데, 비록 내부적으로는 분명한 차이가 존재하지만 그러한 구조와 변화에도 여전히 규칙은 존재한다는 것이다. 예컨대 苏州시 사람들은 연령, 성별, 교육정도, 사용 상황 등에 따라 하는 말도 각기 다른데, 이를 바꿔 말하면, 苏州어에는 하나 이상의 기준이 존재한다는 것을 가리킨다.

둘째, 기술언어학의 목적이 현재의 동질적인 언어를 기술하는 데 있는 데 반해 사회언어학의 목적은 현재의 이질적인 언어, 즉 언어의 변이나 변종(variant)을 연구하는 데 있다. 사회언어학은 나아가 언어변이와 각종 사회 요인 간 상호관계 및 변종 확산의 사회 기제를 토대로 공시적 언어 변이 속에서 통시적 언어 변이 규칙을 연구한다. 그리고 최종적으로는 언어 변이 이론을 정립한다. 사회언어학에서는 발화공동체 내의 언어 사용자 간에, 그리고 그들의 언어 사용상에 보이는 규칙적인 차이가 언어구조에 내포되어 있으므로 언어의 이해란 곧 질서정연한 이질체의 구조를 이해하는 것이라고 생각한다(Weinreich 1968).

셋째, 전통방언학은 한 방언의 어음을 포괄적으로 조사하여 어음 체계로 귀납하는 것을 궁극적인 목적으로 삼는다. 하지만 사회언어학은 어음 체계를 전면적으로 조사하고 귀납, 연구하는 데에 결코 큰 관심을 기울이지는 않는다. 그보다 사회언어학은 서로 다른 계층, 연령, 사용 상황에 따른 언어 차이, 즉 언어 변항을 조사하고 연구하는 데 관심을 집중한다.

전통방언학은 기술언어학적 시각을 견지하는 까닭에 방언을 조사할 때면 해당 방언을 가능한 한 포괄적이고도 상세하게 기록하려고 한다. 그리고 그로부터 방언의 음소, 성모, 운모, 성조 체계 등을 귀납하는데 그 목적은 해당 방언 체계의 전체적인 면모를 기술하는 데 있다. 그 결과 지역 방언에 대해 완결된 조사보고서에는 적어도 성모, 운모, 성조 체계와 그들의 결합관계, 연독변조, 동음자표, 현재의 방언어음과 중고음 간의 비교 등의 내용이 포함되어야 한다.

사회언어학은 언어 변이를 탐구하는 데 주력하므로 계층별 특징을 연구하고 또 그에 따른 모델을 세우는 데 관심을 둘 뿐 결코 자신의 소임을 방언 체계의 포괄적인 기술에 두지를 않는다. 사회언어학은 오직 사회 계층별로 의미가 있는 일개 또는 몇 개의 언어 변항(linguistic variable)만을 조사, 연구한다. 예컨대

Trudgill은 영국 Norwich시에서 자음 3개와 모음 13개만을 포함한 16개의 어음 변항을 조사하였고 Labov도 New York에서 -r 변항만을 조사하였다. 이렇듯 두 사람은 모두 이들 두 지역의 어음 체계 전체를 포괄적으로 조사, 기술하지 않았다.

사회언어학은 계층별 사회방언을 연구하는 데 목적이 있기 때문에 방언 간 지역차에는 큰 관심을 기울이지 않는다. 또한 사회언어학은 계층별 특징을 지닌 언어변항을 중점적으로 탐구하므로 방언학의 방언 기록과 기술은 사회언어학의 시발점이라고만 생각한다.

넷째, 방언학자와 사회언어학자는 모두 현지조사 방법을 사용하지만 추구하는 이념이 다르기 때문에 구체적인 수행 방법 역시 크게 다르다. 방언학에서는, 피조사자(informant)가 엄격한 과정을 거쳐 선정되며 1지역 1인 조사로써 기준이 정해지므로, 피조사자의 성별, 직업, 계층 등은 고려하지 않아도 된다. 다만 이상적인 피조사자라면 아래의 조건을 갖추어야 한다.

(1) 그(또는 그녀, 이하 동일)의 발음 기관은 건강하고 정상이며 발음에 영향을 미치는 장애가 없어야 한다. (2) 현지 방언이 그의 모어이며 언어를 습득한 이후로 줄곧 순수한 현지어를 말해왔어야 한다. (3) 중년 이상이어야 하며 노년이 가장 좋다. (4) 중고등학교 이상의 교육 수준을 가져야 한다. (5) 가급적 이야기 나누는 것을 좋아하며 지역 문화에 익숙한 사람이어야 한다. 방언학자들은 이 같은 피조사자가 한 말이 곧 현지 표준 방언이라고 생각한다.

사회언어학자들도 현지 조사를 수행한다. 하지만 피조사자에 대한 요구가 방언학자들과는 크게 다르다. 사회언어학에서는 상기 피조사자의 5대 조건 중 (1)을 제외한 나머지는 모두 고려치 않는다. 왜냐하면 다양한 계층과 다수 화자들에게서 무작위적으로 표본을 추출, 조사하는 것이 그것의 특징이기 때문이다. 예를 들면, 일찍이 영국 Norwich시에서 방언을 조사했던 Trudgill의 조사대상은 60명이었다. 그중 50명은 네 개 지역의 선거인 명부에서 임의적으로 추출하였고 나머지 10명은 어린 학생들이었다. 그런 다음 정량분석을 통한 확률 통계 방법을 이용하여 언어 규칙을 설명하였다. 사회언어학은 이처럼 실제로 사회학과 통계학의 방법을 차용하여 언어를 조사, 연구한다.

다섯째, 방언학은 편벽 지역의 방언과 노인들의 방언을 조사하는 데 집중한다. 그리고 그것을 통해 오래전부터 서서히 변천해온 언어현상을 찾고자 한다. 역사언어학 연구에 이용되었던 유럽의 초기 방언학이 특히 그와 같았다. 방언지리학은 농촌 지역 방언구의 조사자료를 보다 중시했는데 등어선(isogloss) 제작은 이들 자료를 토대로 해야만 비로소 세부적 요구수준에 다다를 수 있기 때문이다. 예컨대『湖北方言调查报告』(赵元任 등 저, 商务印书馆 1948년판)의 조사지역을 보면 반드시 현이나 도시만이 아닌, 다수가 시골 농촌이었다. 이에 비해 사회언어학은 일반적으로 대·중도시나 소도시의 방언을 조사하고 연구하는 데 치중한다. 그 이유는 도시에 더욱 풍부한 사회현상과 복잡다단한 사회계층 그리고 좀 더 다종다양한 사회방언이 존재하기 때문이다. 뿐만 아니라 사회언어학은 절대 노인 방언에만 치중하지도 않는다. 사회언어학에서 노년은 그저 연령계층 속의 한 계층일 뿐이다.

여섯째, 전통방언학 상의 방언구와 사회언어학 상의 발화공동체는 다소 차이가 있다. 방언구는 방언지리학과 방언분류학 상의 개념으로서 언어구조의 특징을 근거로 구획된 단위이다. 사회언어학 상의 발화공동체(speech community)는 언어의 계층적 특징과 교제 정도, 자기동일시를 근거로 구분지어진 단위이다. 방언구는 일단 정해지면 등어선과 그 범위가 모두 명확하며 새로운 기준에 따라 방언구를 다시 구분하지 않는 이상 바꿀 수도 없다. 반면에 발화공동체의 범위는 경우에 따라 크기도 하고 작기도 하다. Gumperz가 언급했듯이, "대다수가 오래 유지되어온 집단으로서, 작게는 면대면으로 교제하는 파트너에서부터 크게는 지역으로 나눌 수 있는 현대의 국가나 동업조합, 그리고 지역패거리까지, 연구할 만한 언어적 특징이 드러나기만 한다면 모두 발화공동체로 볼 수 있다."(祝畹瑾 편(1987)에서 재인용) 방언지리학에서 보면 이중방언 상용구는 그중 어느 한 방언구로 귀속되든지 두 방언의 과도적 구역으로 처리되든지 한다. 하지만 사회언어학에서 이중방언 상용구는 그 자체로 하나의 독립된 발화공동체를 구성할 수 있다. 즉 하나의 동일 발화공동체에 이중언어 또는 다중언어 현상의 존재를 허용한다. 예를 들어 싱가포르는 하나의 발화공동체임에도 사용되는 언어가 화어(华语), 영어, 말레이시아어, 타밀어로 네 개에 달한다.

일곱째, 사회언어학의 "언어변종"과 기술방언학의 "음소변종"은 개념을 바라보는 시각이 완전히 상이하다. 구조언어학에서는 의미를 구분하는 기능이 "음소변종"에 없다는, 즉 한 음소로 동일하게 귀속되는 두 개 혹은 그 이상의 음성은 어휘의미를 구분할 수 없다고 생각한다. 이는 언어 자체의 구조와 체계라는 측면에서 본 것이다. 하지만 사회언어학에서의 "언어변종"은 사회적 의미를 구분할 수 있다. 예컨대 北京어의 영성모 합구호에는 [ø]와 [v] 두 개의 변종이 존재한다. 따라서 "中文"의 "文"을 uen으로도 또 ven으로도 읽을 수 있다(林燾 1982). 이 두 변종에 대해 구조언어학에서는 음소적 측면에 입각하여 구분할 필요가 없다고 하겠지만 사회언어학에서는 그것이 사회적 의미를 구별할 수 있는지 살펴봐야 한다고 생각한다. 그리고 그 결과로서, [v] 변종으로 발음하는 것은 다수가 여성임을 밝혀냈다. 이는 uen이나 ven에는 남녀를 구분하는 사회적 기능, 즉 사회 구성원을 변별하는 자질이 있다는 것을 말한다. 사회언어학에서의 "언어변종"이란 "사회적 기능을 변별할 수 있는 언어변종", 즉 동일한 사회 분포를 갖는 언어형식의 집합이라고 할 수 있다.

여덟째, 사회언어학은 정량연구와 분석을 중시한다. 이는 주로 두 가지 측면에 기인한다. 그중 하나는, 사회언어학에서는 언어변항과 사회변항 간의 관계를 연구해야 하는데 수리통계 방법을 이용한다면 양자 간의 상관성을 더욱 잘 설명할 수 있기 때문이다. 정량분석을 이용한 상관성 연구는 일반 과학적 방법이기도 하다. 나머지 하나는, 사회언어학에서는 다수 화자에 의한 언어변종 조사를 실시해야 하는데 조사를 통해 수집된 다량의 자료가 수치화, 확률통계, 정량분석을 거쳐야만 비로소 관련 문제를 설명할 수 있기 때문이다. 정량분석은 사회언어학의 여러 분야에 사용될 수 있다. 예컨대 사회변항의 수치화, 언어변항의 계량화, 가중치의 설정과 계산, 언어태도의 계량화, 언어유사도 계산, 언어경쟁력 계산, 어휘 변화의 계량과 설명 등이 그에 속한다. 또 각 분야에서 이용되는 계산방법이나 공식도 각기 다를 수 있다. 아래는 香港 젊은이들의 일상용어 조사에 사용된 정량분석의 예와 그에 대한 설명이다.

먼저 "香港 젊은이들의 일상용어 조사표"(<표 1>)을 보도록 하자.

조사자 성명:	조사시간	피조사자 성명:			
연령:	직업:	성별:			
교육수준:					
사회변항(사용역)	粤어	영어	보통화	기타	가중치
1. 가정					
1.1 배우자/친구와					1
1.2 자녀와					0.9
1.3 형제자매와					0.8
1.4 TV, 영화					0.7
1.5 부모와					0.6
1.6 신문잡지					0.5
1.7 서신					0.4
1.8 이웃과					0.3
합계					
평균(백분율)					
2. 업무					
2.1 직장 동료와의 업무 논의					1
2.2 공무 회의					0.9
2.3 업무 보고서 작성					0.8
2.4 직장 동료와의 한담					0.7
2.5 메모 작성					0.6
합계					
평균(백분율)					
3. 기타					
3.1 쇼핑					1
3.2 술집과 식당					0.9
3.3 유행가					0.8
3.4 정부 부처					0.7
3.5 전화 회사 등					0.6
3.6 공공교통					0.5
3.7 경찰, 보안					0.4
합계					
평균(백분율)					
총계(평균)					

　　표의 맨 좌측은 언어를 사용하는 영역(domain), 즉 사회변항으로서 크게 가정환경, 업무환경, 기타환경 세 가지 범주로 나뉜다. 각각의 범주는 다시 몇 개의 변항으로 나뉘는데, 일례로 업무환경은 다섯 개 영역(변항)으로 나뉜다. 각 영역에서 언어를 사용하는 시간도 다소 상이할 수 있다. 언어사용의 시간량

에 따라 각 영역은 각기 다른 등급으로 분류되는데 언어사용이 가장 많은 영역에는 1급, 다소 많은 영역에는 2급이 부여되는 식이다. 업무환경의 각 영역을 보면 직장 동료와의 업무 논의가 가장 빈번할 것이므로 1급을 부여하고 공무회의는 며칠마다 한 번씩 열리므로 2급을, 업무보고서 작성은 2주에 한 번쯤 쓸 것이므로 3급을, 업무시간 중 한담은 불가하므로 매일마다 가끔씩만 나누기 때문에 4급을, 메모작성의 기회는 더더욱 적을 것이므로 5급을 부여한다. 물론 사람들마다 각기 다른 상황에 처할 수 있으므로 여기서는 확률에 따라 등급을 분류한다. 등급이 높을수록 부여되는 가중치도 높아 1급은 1점, 2급은 0.9점의 가중치가 부여되며 그 이하 매 등급마다 0.1점씩 차감된다.

각 영역마다 하나씩의 언어를 사용하는데 가장 높은 점수는 5점, 가장 낮은 점수는 0점이다. 가령 "직장 동료와의 업무논의"는 粤어를 사용하여 4점이고 여기에 가중치 1을 곱하면 최종점수로 4가 부여된다. 또 "직장 동료와의 한담"은 粤어을 사용하여 5점이고 여기에 가중치 0.7을 곱하면 최종점수 3.5가 부여된다. 나머지도 이 같은 방식으로 계산한다. 표에서 "평균"은 각 항목의 합계를 백분률로 나타낸다. <표 2>는 어떤 화자 한 명이 업무환경에서 사용한 언어 조사 결과를 수치화한 샘플이다. 결과는 이 화자가 업무 시간에는 영어 사용빈도가 52.3%로 가장 높고 보통화 사용빈도가 12.9%로 가장 낮다는 것을 보여준다. 랜덤으로 50명을 조사할 경우 이 같은 방식을 똑같이 적용한 뒤 마지막에 이들의 데이터를 종합하여 통계낸다면 결론을 도출할 수 있다.

<표 2> 업무환경에서의 사용 언어 조사 결과 통계 샘플

2. 업무	粤어	영어	보통화	기타	가중치
2.1 직장 동료와의 업무 논의	3	2	1	0	1
2.2 공무 회의	1	4	0	0	0.9
2.3 업무 보고서 작성	0	5	0	0	0.8
2.4 직장 동료와의 한담	4	1	0	0	0.7
2.5 메모 작성	1	2	3	0	0.6
합계	7.3	11.5	2.8	0	
평균(백분율)	33.8%	52.3%	12.9%	0%	

아홉째, 전통방언학은 "계층방언, 언어충성도, 언어태도, 코드스위칭, 언어계획"등의 문제를 거의 연구하지 않는다. 하지만 이들 문제는 사회언어학의 필수 연구영역이다.

4. 중국어방언학 조사방법의 위기

4.1. 단일화자 조사와 다수화자 조사

전통방언학에서는 언어를 질서정연한 동질체로 보기 때문에, 어느 지역의 방언이든지 내부적인 어음 체계는 일치할 것이므로, 전형적인 현지어 발화자를 찾아내기만 하면 표준 현지어를 조사할 수 있다고 생각한다. 하지만 현지조사 경험에 따르면 현지인마다의 어음 체계가 완전히 일치하지 않는 경우가 종종 있다. 예컨대 上海시 金山구 朱泾镇의 두 노년 피조사자자사 중에서 한 명은 8개 성조를 구사하였지만 또 한 명은 양상성을 양거성에 귀납시켜 7개 성조만 구사하였다. 또 그중 한 명은 원순 ŋ운을 하나 더 구사했던 반면 다른 한 명은 yʮ운을 하나 더 구사하였다. 그리고 이러한 차이가 있다는 것을 깨달았을 때 그들은 보통 자신의 발음이 표준 현지어임을 고집하며 상대의 발음이 표준이 아니라고 지적했다. 이 같은 상황에서 조사자는 종종 누구의 발음을 기준으로 할 것인지 결정하기가 쉽지 않다. 사실 사회언어학의 방언학적 관점에서 보면 지역방언의 내부적 차이는 객관적으로 존재하는 실체이다. 그럼에도 전통방언학은, 자신의 고정관념에 얽매여, 지역방언을 조사할 때면 애초부터 표준발음의 피조사자만 선정하고 그 외 사람들의 발음에는 관심을 두지 않았다. 하지만 실제로도 다수 화자의 계층별 조사가 있어야만 해당 지역의 방언을 더 정확하고 더 포괄적으로 기록할 수 있다. 어휘 조사라면 다수 화자의 계층별 조사가 더더욱 요구된다. 어법, 어음과 비교해 어휘는 상대적으로 확고한 체계성이 부족하므로 어휘수와 품사가 사람마다 다르고 직업에 따라 다를 수 있기 때문이다.

언어변이 연구는 목적 면에서, 오직 다수 화자의 조사를 통해서만 비로소 언어변이의 갖가지 복잡한 상황과 변화 방향을 발견할 수 있다고 본다. 아래 그 실례를 들어본다.

현대 上海 방언 어음의 변천을 조사, 연구하기 위해 일찍이 1983년부터 上海 방언의 내부적 차이를 사회언어학적 방법으로써 조사한 연구자들이 있었다. 그들이 설계한 "사회변항(social variable)"으로는 연령(35세~45세, 46세~55세), 성별(남, 여), 교육수준(전문대, 중고등학교, 초등학교) 세 항목이었고 피조사자는 500명에 이른다. "언어변항(linguistic variable)"은 33개 항목으로서 성모 6개, 운모 21개, 성조 6개 항목이며, 그 외 개별 한자 독음 19개 항목을 포함한다. 각 변항에 대한 피조사자들의 반응은 모두 인원수와 백분률로 통계 처리하였다. 사회변항, 피조사자의 인원수 및 백분률은 <표 3>과 같다.

<표 3> 上海 방언의 내부 차이 조사 사회변항표

사회 변항	연령		성별		교육수준		
	35~45세	46~55세	남	여	전문대학	중고등학교	초등학교
인원수	247	253	141	359	60	361	79
백분율	49.40%	50.60%	28.20%	71.80%	12%	72.20%	15.80%

<표 4>는 이 중 7개의 언어변항과 그에 대한 피조사자들의 사용상황을 백분률로 나타낸 것이다.

<표 4> 上海 방언의 내부 차이 조사 언어변항표

언어변항	내파음 없음	설첨 불분류	dz성모 없음	烟 = 衣	打 ≠ 党	谷 = 角	음평, 상성 없음
백분율	90% 이상	80% 이상	90% 이상	40% 이상	90% 이상	90% 이상	80% 이상

조사결과에서는 70%의 중년 화자들이 33개 언어변항 중 29개 항목에서 동일한 변화 추세를 보였다(石汝杰, 蔣劍平 1987).

4.2. 한자 기반 조사법과 단어 기반 조사법

4.2.1. 한자 기반 방언조사법

중국어방언 조사는, 1920년대부터 관례적으로, 미리 선정된 한자의 독음을 먼저 기록한 뒤 성조, 운모, 성조 체계를 도출하고 다시 어휘와 어법을 조사하는 방법을 취해왔다. 미리 선정된 한자는 방언자음조사 양식에 기입되는데, 이 양식은 1930년 중앙연구원 역사언어연구소에서 처음으로 제정된 후 증보와 수정을 거쳐 현재『方言调查字表』란 명칭으로 통용된다. 이 표는『切韵』으로 대표되는 중고음 체계에 따라 배열되며 선정된 한자는 그것의 음운지위에 따라 표의 특정 란에 기입된다.『方言调查字表』작성을 통한 중국어방언 조사에는 두 가지 기본 인식이 존재한다. 하나는 절운 음계가 현대 중국어방언의 원류라는 것이고 또 하나는 어음변천에 규칙이 존재한다는 것이다. 이 같은 인식에 토대를 둔다면, 현대방언과 절운음계 간에 어음 간 대응 관계가 존재한다는 점에서, 절운음계에 기초한 현대방언음계의 조사와 정리 및 연구는 합리적이고도 편리한 방법일 것이다.

이 조사자료를 이용하여 방언어음을 조사하는 데는 또 다른 장점이 있다. 상대적으로 짧은 시간 내에 방언어음 체계의 윤곽을 대략적으로 이해할 수 있다는 것이다. 예컨대 훈련을 받은 조사자라면 30분 내에 방언 내 해당 한자의 성조 유형과 성조값을 파악할 수 있다.

하지만 이런 조사 방법은 문자에 기반한 언어 조사이기 때문에 그것의 결과가 이론적으로 해당 방언의 한자 독음체계라고 밖에 볼 수 없다. 이 방법을 "한자 기반 방언조사법"이라고 부르는데, 이 방법의 결과를 독음체계로 밖에 볼 수 없는 데는 몇 가지 이유가 있다. 각 지역 방언들에는 보편적으로 문독음과 입말음 간 이독(文白异读)현상이 존재하는데, 피조사자는 보통 한자를 보면서 조사에 응하므로 문독음을 발음한다. 그런데 조사자표의 어떤 한자는 심지어 매우 일반적임에도 불구하고 해당 방언의 입말 속에서 아예 사용되지 않는 경우도 존재한다. 예컨대 "坏"자는 溫州의 입말에서 사용되지 않는다. 그리고 "晚"자는 上海 입말 속에서 단독으로 쓰이지 않는다. 또 "宵"는 上海에서 "元

宵”나 “宵夜”로만 쓰일 뿐 그 자체가 단독으로 쓰인 적이 없다. 또 이들 낱자의 성조는 연독의 영향을 받아 파악하지 못할 때도 많다. 이 때는 연독 단위 속에서의 변조값만을 표시하거나, 입말에서 자주 사용되는 음절임에도 그에 대응되는 한자가 줄곧 없었다면, 방언 속자로만 표기하기도 한다. 河北성 昌黎어의 “罗□[luo³⁵lən⁰]”(사람들에게 폐를 끼치다), “□[tsou³⁵]”(씻다, 특히 방직품 등의 세탁을 지칭한다)가 그 예로서 이들 예는 조사자표상에 포함시키는 게 불가능하다.

상기 조사자표는 지금까지 70년 간 사용되어왔다. 과거 각지의 사숙(私塾)과 초중등학교의 어문교육에서는 한자와 그 독음의 터득을 매우 중시했다. 그중에서도 독음은 현지 방언으로 가르치는 일이 많았기 때문에 사성의 변별을 특히 중시했다. 그런 점에서 방언조사자표는 사실 옛 교육을 통해 많은 한자를 터득하고 독음과 성조 분별에 주의했던 화자들에게만 적용된다. 초중등학교에서의 보통화 교육이 나날이 보편화되어가고 학교에서도 더 이상 한자를 현지 방언으로 어떻게 읽어야 하는지 가르쳐주지 않는 이상 이상적인 화자를 찾기란 점점 어려울 것이고 조사자표의 적합성과 효과 역시 점점 낮아질 것이다.

한자에 기초한 조사 방법은 언어사용의 실제를 토대로 하지 않으므로 조사시 곤란함에 처할 수 있다는 것을 趙元任은 일찍이 1920년대 뭇어를 조사하며 깨달았다. 예컨대 수많은 낱자들이 실제 구어 속에서는 단독으로 쓰이기보다 두 자 또는 그 이상의 단위에서만 사용되므로 피조사자에게 낱자를 읽게 할 경우 그 성조가 낱자 본연의 성조가 아닌 변조값일 가능성이 높다는 것이다. 최근 20년 간 진행된 조사들에 의하면, 그 상황은 날로 심각해져 낱자의 성조 독법이 일관되지 않은 것은 물론 이미 많은 한자들이 방언 독음으로는 읽을 수도 없게 되었다. 이 점은 젊은이들 사이에서 더욱 두드러진다.

4.2.2. 단어 기반 방언조사법

문자는 언어 기호일 뿐이다. 따라서 언어를 조사, 연구하는 것이라면 문자가 아닌 입말에 기초해야 할 것이다. 입말에 기초한 언어학자들의 조사라면, 미주 인디언어나 중국내 소수민족 언어들에 대한 조사 등 이미 많은 경험이 쌓여 있다. 그렇다면 중국어방언 조사는, 한자를 사용하지 않고, 철저히 기술언어학의 원칙과 조사과정에 따라 입말에만 기초할 수 있을까?

董同龢는 1946년에 일찍이 四川성 华阳현(현재의 双流현) 凉水井의 客家어를 입말에만 기초하여 조사, 기록하고 그 자료로써 『华阳凉水井客家话记音』(1947년 출판)이란 책을 펴냈다. 내용은 크게 "서론", "음표기 설명", "어음기록", "어휘"로 나뉜다. "서론"에서는 조사와 기록 방법에 대한 설명이다. "음표기 설명"은 성모, 운모, 성조, 음절의 연독변화, 억양과 음운표에 대한 설명이다. "어음기록"은 대화와 독백식의 한담, 제축사(祷词), 동요, 이야기 등 20개 단락의 담화내용을 포함한다. 이들 담화에는 먼저 매 단락, 매 행마다 국제음성기호로써 음을 표기하고 서면어를 이용하여 축자적으로 역주를 달았다. "어휘" 부분에는 4000개 정도의 단어가 수록되어 있다.

华阳현 凉水井의 客家인들(그들은 자신들을 广东인이라고 부른다)의 客家어(속칭 토속 广东어)는 이미 문자와 괴리되어 있었다. 客家어로 공부하는 사람도 없었고 초등학교와 사숙에서도 모두 일반적인 四川어로 교육했다. 때문에 입말부터 조사를 진행하는 것이 상대적으로 합리적이었다. 董同龢는 정방형의 한자에 전혀 의지하지 않았기 때문에 조사자표를 사용하지 않았다. 그가 취한 조사의 순서는 "적은 량의 단어나 문장 속에서 가장 기본적인 어음들을 변별해 내기 위해 먼저 사물의 명칭이나 표현법을 묻는다. 어음이 충분히 변별되면 단락이나 담화 단위의 언어기록을 시작한다"였다. 이는 피조사자가 자연스럽게 자신을 노출시키는 상황에서 여러 언어현상을 살펴볼 수 있을 것이란 기대 때문이다. 마지막으로 최종단계에서 담화 단위의 언어자료로부터 단어와 어음을 절취한다. 이 같은 조사 방법을 "단어 기반 방언조사법"이라고 하는데, 장점은 조사를 통해 얻은 자료가 자연 언어의 실제 모습에 꽤 근접해 있다는 것이다. 하지만 조사 시간이 많이 요구되기 때문에 이와 동일한 방법으로 중국어방언을 연구하는 학자들은 현재까지도 거의 없다.

단어 기반 조사법은 언어의 실제 사용 상황을 조사한다는 사회언어학 이념에 더욱 근접해 있다. 왜냐하면 한자 기반 조사법은 언어의 역사까지 함께 고려하지만 단어 기반 조사법은 현재의 언어 상태만을 조사할 뿐 역사는 일체 고려하지 않기 때문이다.

5. 방언학 발전의 새로운 전기로서의 사회언어학

5.1. 중국어방언학계의 사회언어학 연구

사회학의 시각에서 수행한 중국 현대방언학자들의 방언 연구도 일찍이 적지 않은 성과를 거둔 바 있다. 하지만 그중에는 1960년대 미국에서 탄생한 사회언어학과 직접적인 관계가 없는 것들도 있는데 상당수가 다음의 두 가지 연구 방향 중 하나에 속한다. 하나는 방언의 연령 계층별 조사 연구이다. 예를 들어 1980년대에는 上海 방언의 연령별 차이와 역사적 변천을 연구하기 위해 연령대가 다양한 500명의 上海 사람들을 조사하여 上海어의 변천을 연구한 바 있다. 林焘도 일찍이 北京과 그 근교의 55명을 상대로 거성의 연독변조를 조사한 바 있다. 조사 결과, 피조사자의 3분의 1이 직전 음절을 올려 읽는다고 밝힌 바 있는데, 이 같이 읽는 것은 지역, 연령, 교육수준, 성별과 모두 관련이 있었다(林焘 1985). 또 하나는 "방언과 지역문화" 연구이다. 필자의 『方言与中国文化』(1986년)가 출간된 이후 지금까지 상당량의 논문과 저서가 연이어 나왔다. 陈原은 1983년 『社会语言学』(学林出版社)을 출간하였는데 이 책은 사회언어학이라는 명칭을 최초로 사용하였다. 黎锦熙는 1920년대에 일찍이 北京의 "여국음(女国音)"을 조사한 바 있다. 또 赵元任은 『现代吴语的研究』에서 绍兴의 "타민(惰民)"방언을 다음과 같이 언급한 바 있다. "绍兴, 宁波 등지에는 '타민'이라고 하는 계급이 존재했다. 그들에게는 신해혁명 이전까지 과거 시험이 불허되었지만 신해혁명 이후부터는 학교 진학도 가능했다. 일례로 绍兴의 동인학교(同仁学校)가 그들만을 위해 설립된 학교였다. 그들의 어음은 소재한 지역의 어음과 달랐는데, 绍兴에서는 이를 '범자안(凡字眼)'이라 불렀다. 하지만 학교 교원들이 모두 일반 계급의 사람들이었기 때문에 그들의 '범자안'은 점점 소실되어갔다. 일반 계급 사람들의 말과 동인학교 학생국의 증명에 근거하면 그들의 발음으로부터 특이한 점 하나를 발견할 수 있는데, 'tz'계의 제치·촬구음(西, 须)이 구개음화되지 않고(绍兴의 어음은 모두 변하여 西와 希가 같고 须

가 虛와 같아졌다) 苏州나 上海에서처럼 여전히 설첨음으로 읽혔다는 것이다. 하지만 또 다른 특이점이 있는지는 조사해내지 못하였다."

언어와 사회의 관계를 연구한 赵元任의 여러 논문들은 사회언어학이 탄생하기 전에 저술된 것이다. 훗날 Anwar S. Dil은 赵元任이 1950년대부터 70년대까지 발표한 관련 논문들을 묶어 『Aspects of Chinese Sociolinguistics』(1976년)이란 논문집으로 출간하였다. 미국의 사회언어학이 탄생하기 전에 저술된 논문 중에는 「Cantian Idiolect: An Analysis of the Chinese Spoken by a Twenty-eight-months-old Child」(1951년)이 있는데, 이 논문은 한 여아의 개인 방언을 기술, 연구한 것으로서 그녀의 어음체계와 어법체계, 그리고 그녀가 사용한 어휘들을 포함하고 있다. 또 「Chinese Terms of Addresses」(1956년)는 호칭어를 연구한 논문으로서 인칭대명사, 인명, 일반 호칭(先生, 太太, 老爷류), 친족호칭을 포괄하고 있다. 그리고 「The Phonology and Grammar of "Skipants" in Chinese」(1976년)[4]은 최초로 중·영 코드 믹싱을 연구한 논문이다.

방언학과 사회언어학 간에는 발생학적 연관성이 존재한다고 할 수 있다.

1980년대 이래로 사회언어학의 직접적인 영향 하에 방언학계가 거둔 연구성과는 계층 방언(특히 연령별 계층 조사 연구), 이중언어와 이중방언, 언어의 성별차이, 청자의 이중언어 태도 평가, 언어태도, 대륙과 홍콩/대만 어휘 간 비교연구, 국외 화교사회와 화어(华语) 등을 포괄한다.

결론적으로 방언학계는 이미 사회언어학으로의 새로운 전기로 들어섰다고 할 수 있다.

5.2. 중국어방언학의 새로운 전기

광의의 서양방언학사에는 세 가지 주요 단계가 포함되어야 할 것이다. 유럽의 방언지리학, 북미의 기술방언학, 그리고 사회언어학이 그것이다. 협의의 서

---

4   원문에는 "The Phonology and Grammar of Skipants"로 되어 있으나 Chao(1976)의 원저에 준하여 상기와 같이 역자가 임의로 제목을 수정하고 기타 논문 제목과의 일관성을 고려하여 연도도 부가하였다.

양방언학은 19세기 말엽 유럽에서 흥기한 방언학과 북미 기술방언학 및 그 후 이를 규범으로 하여 진행된 조사와 연구만을 가리킨다.

사회언어학은 방언학자들의 역할을 대대적으로 바꾸어 놓았다. 방언학자들은 더 이상 자신의 자료를 내보이는 데만 그치지 않고 그 자료를 사회 발전과 상호 연계시키는 데도 주의를 기울였으며 그 과정에서 이론적 문제까지도 탐구하였다. 또 사회언어학은 지역 방언만을 연구하던 방언학의 전통을 탈바꿈시켜 도시 방언의 사회 층차별 계층 연구 같은 사회방언 연구로 그 방향을 전환시켰다. 그러므로 사회언어학은 방언학 발전의 새로운 전기가 되었다고 할 것이며 실제로도 이미 사회언어학을 방언학의 연구 분야로 분류하는 학자들까지 생겨났다.

W. N. Francis가 지은 『Dialectology: An Introduction』(1983)은 다음과 같이 총 여덟 장으로 구성되어 있다. 1.서론, 2.언어변종, 3.언어표본수집, 4.발화자표본수집, 5.자료수집, 6.조사결과 발표, 7.방언학과 언어학 이론: 전통언어학, 구조언어학, 생성어법, 그리고 마지막 장은 "방언학과 언어학 이론: 사회언어학"이다. 그는 Labov가 New York에서 행한 도시방언 조사연구와 Trudgill이 Norwich에서 수행한 소도시방언 조사연구를 소개하면서 사회언어학의 연구방향이 방언학의 기능을 크게 향상시켰다고 결론 맺고 있다. 그러므로 앞으로의 방언학은 자신의 역할을 더 이상 방언 자료의 완전무결한 기록과 공표에만 두지 말고, 과거엔 지리적 관점의 연구가 줄곧 방언학의 지배적 지위를 차지했다면, 이젠 사회계층이나 기타 사회언어학적 시각에서 언어의 변천을 연구하는 데 참여해야 할 것이다. 방언학은 더 이상 Gillieron의 말처럼 언어학의 준회원이 아닌 언어학이라는 대가족의 정식 성원이다.

J. K. Chambers와 Peter Trudgill이 공저한 『Dialectology』(1998)은 장절의 안배와 내용면에서 봤을 때 사회언어학에 더 근접해있다. 책은 크게 세 부분으로 나뉘는데 각 장의 내용은 다음과 같다. 첫 번째 부분은 "배경"으로서 1.방언과 언어, 2.방언지리학, 3.방언학과 언어학, 4.도시방언학으로 구성되어 있다. 두 번째 부분은 "사회변이"를 중심으로 한 5.사회 분화와 언어, 6.사회언어학적 구조와 언어적 혁신, 7.방언의 경계, 8.전이(过渡)가 포함된다. 세 번째 부분은

"언어변이의 기제"로서 9.변이성, 10.사회언어학과 어휘적 확산, 11.지리적 확산, 12.방언학 내부의 일치성을 포괄한다.[5] 저자들은 전통적인 방언지리학과 사회언어학을 유기적으로 결합하고 통일된 이론 원칙을 토대로 양자를 융합하여 방언학의 새로운 전기를 열었다. 이 새로운 전기의 방언학을 "현대방언학"이라고 부를 수 있을 것이다.

중국어방언학 역시 같은 동기로써 사회언어학을 수용하고 자신의 이념과 목적, 연구 방법을 혁신하여 새로운 발전의 전기로 들어서야 한다. 새로운 전기의 중국어방언학은, 한편으로, 사회언어학이 갖추어 놓은 방법을 이용하여 방언을 연구해야 한다. 하지만 또 한편으로 주의해야 할 것은, 사회적 각도에서 언어를 연구하되 중국사회가 서양사회와 많은 부분 다르다는 점에서, 중국의 사회언어학도 자신만의 특색을 가져야하지 유럽이나 미국 사회언어학의 규범들을 그대로 답습해서는 안 된다는 점이다. 아래 그 예를 각각 들어보고자 한다.

사회언어학의 연구방법 중 하나는 사회 네트워크(social network)를 조사하는 것이다. 일상 속에서 한 사람이 타인과 교류하고 말을 하는 데 있어서는 보통 일정한 대상과 범위가 존재한다. 예를 들어 대화상대라면 일반적으로 가족 구성원, 친구, 이웃, 동료, 민간단체의 구성원 등일 것이며 우리는 이들과 사회 네트워크를 구성한다. 하나의 네트워크는 다른 네트워크와 언어적 교류가 없거나 많지 않을 수도 있고, 반대로, 교류가 매우 밀접할 수도 있다. 사회 네트워크는 개인의 언어습득, 언어행위 그리고 언어변화에 상당히 큰 영향을 미치는데 아동에게는 더욱 그렇다. 이와 관련해서는, 영국의 사회언어학자인 Milroy에 의해 귀범이 돼 온 초기 연구가 이뤄진다(Milroy 1980).

사회 네트워크 중심의 조사연구와 계층별 특징 중심의 조사연구는 출발점이 다르다. 전자는 언어변항의 생산과 변화가 실제 의사소통 범위와 밀접하게 연

---

5   원문에 제시된 목차와 영문원서 상의 목차를 비교한 뒤 번역 과정에서 몇몇 부분을 수정하였다. 예컨대, 원문의 "6.社会语言学与语言创新"이 원서에는 "6.Sociolinguistic structure and Linguistic innovation"이라고 되어있어 "6.사회언어학적 구조와 언어적 혁신"이라고 번역하였고 본고의 "语言变异的途径"이 원서에는 "Mechanisms of Variation"으로 되어있어 "언어변이의 기제"로 번역하였다.

관되어 있을 것이란 데서 출발하지만 후자는 동일한 계층에 속한 화자라면 동일한 언어 변항을 공유할 것이라는 데서 출발한다. 물론 동일 계층의 화자들이라면 상호 의사소통의 기회 역시 많을 것이다. 언어란 의사소통에 사용되는 것인 만큼 그것의 새로운 변항은 늘 의사소통 속에서 형성되고 발전한다. 그런 점에서 네트워크 조사법은 변항 연구에 있어 더욱 엄격하고도 합리적인 방법이라고 할 수 있다.

근래 들어 중국에는 수많은 신흥 도시들이 생겨났고 삼협(三峽)이민과 같은 대규모 거주민 이동도 있었다. 이 때 각지의 이주자들은 각자 자신들만의 방언을 갖고 이주하지만 현지에도 현지 방언이 존재하기 때문에 결국엔 그중 어느 한 방언이 주도적 위치를 점하거나 융합을 통해 새로운 방언을 탄생시킨다. 이에 대해서는 연구해볼 만한 가치가 있다. 그리고 이 같은 언어전이 과정을 연구하는 데에 네트워크 조사법을 사용할 수 있을 것이다. 다만, 오랜 추적조사가 뒤따라야 한다는 단서가 붙는다.

한편 Labov는 New York의 백화점들에서 말음인 r 발음을 조사한 결과 빈곤층보다는 부유층이, 흑인보다는 백인이, 남성보다는 여성이, 낮은 지위보다는 높은 지위의 화자가 (r)음을 더 많이 사용한다고 밝힌 바 있다. 과거 중국어방언에도 빈부계층의 현상이 존재했을 가능성이 있는데, 趙元任은 과거 자신이 어렸을 적 자랐던 江苏성 常州의 한 방언에 보인 어음 특징을 다음과 같이 언급하였다. "常州어의 신담(紳談)과 가담(街談)은 두 사회계층을 대표하는데 이 둘에서 보이는 연독변조는 서로 상이하다. 예컨대 '好佬[hau¹ lau⁰]'(좋은 것)를 신담에서는 55-0.2로 읽지만 가담에서는 55-0.5로 읽는다. 하지만 현지인들 대부분은 이처럼 두 가지 변조가 있다는 것을 모른다. '신담'과 '가담'은 외지인들이 붙인 이름이다." 이들 두 유형의 변조는 常州에 병존했지만 출신 성분이 상이한 학생들이 학교에서 서로 의사소통을 하면서 부분적으로 혼잡해졌다. 여기서 "신담"이란 경제적 지위와 사회적 지위가 높은 지방 유지들의 발화형식을 가리키고 "가담"은 일반 평민들의 발화형식을 뜻한다. 하지만 현 중국사회에서는 중국어가 빈부로 계층이 나뉜다고 보기는 어렵다.

사실 중국인 사회에서 계층방언의 주요 차이는 두 가지 측면으로 나타난다.

하나는 교육 수준이 상이하면 문독(文理)과 백독(土白)의 사용빈도에도 차이를 보인다는 것이다. 또 하나는 상하계급 또는 전후세대 호칭에 존재하는 불평등 관계다.

"문독"과 "백독"의 계층분화는 중국어에만 존재하는 사회방언 현상으로서 이들의 대립에는 세 가지 측면의 의미가 있다.

첫째, 책을 읽을 때는 문독음(文读音)을 사용하여 한자를 읽고 말할 때는 한자에 구애됨 없이 방언 입말을 사용한다. 董同龢가 진행한 1940년대의 조사에서, 四川성 成都 부근의 涼水井 客家인들은 독서 시엔 四川관화를, 대화 시엔 客家방언을 이용하였는데 이러한 예가 문독과 백독 간에 보인 특수한 대립현상이다. 또한 江苏성의 丹阳과 浙江성의 金华같은 지역에서는 문독과 백독 체계가 자생적으로 형성되어 외지인들과 대화할 때는 문독음 체계가, 현지인들과 대화할 때는 백독음 체계가 사용되기도 한다. 丹阳의 문독음 성모 체계에서는 파열음과 파열마찰음이 유기 무성음과 무기 무성음 밖에 없어 관화와 동일하다. 하지만 백독음 성모 체계에는 유기 무성음, 무기 무성음, 유성음으로 나뉜다.

둘째, 일상의 입말 속에서도 어휘와 표현 방식에 있어 문독과 백독의 분화가 존재한다. 예를 들어 보통화의 "腹泻"는 문독이지만 "拉肚子"는 백독이다. 방언의 백독 어휘가 나타난 시기는 상대적으로 이르고 고유어인 반면 문독 어휘가 나타난 시기는 상대적으로 늦고 외지어이다. 上海어로 "厨房, 卫生间"은 문독의 어휘이고 "灶披间, 马桶间"는 백독의 어휘이다. "문독" 어휘는 다시 두 개의 하위 범주로 나뉠 수 있는데, 하나는 앞서 언급된 上海어의 "厨房, 卫生间"처럼 평상시 입말에서 상용되는 것이다. 또 하나는 입말에서는 사용되지 않는 서면어 어휘로서 일명 "전문(转文)"이라 부른다. 北京 사람들이 평소 입말에서는 "喝酒"라고 하지만 "饮酒"라고 말했다면 전문이다. 뭇어 지역에서 "花草树木, 蛇虫百足"는 입말이지만 "植物, 昆虫"은 전문이다.

셋째, 표현방식에도 문독과 백독의 분화가 존재한다. 아래 <표 5>를 보자.

<表 5> 문독과 백독 간의 표현방식 비교

문독의 표현방식	백독의 표현방식	
请问尊姓大名? 免贵姓李, 小名大光。	你姓什么？叫什么名字? 姓李, 李大光。	성함이 어떻게 되십니까? 성은 李이고 이름은 大 光입니다.
府上哪里?	你什么地方人?老家哪里?	어디 출신이십니까?
令尊大人还健在吗?	你父亲还在吗?	아버님은 살아계십니까?
敢问贵庚？虚度三十。	你几岁啦？三十。	나이가 어떻게 되십니까? 30입니다.
久违了。	长久不见了。	오랜만에 뵙습니다.
愚弟某某上(书信落款)	弟某某	누구누구로부터(서신 상)
您家千金甚么时候相的亲?	你女儿甚么时候找的对象?	따님은 선을 언제 보았습 니까?

교육수준이 높은 계층은 "문독"을 많이 사용하고 낮은 계층은 "백독"을 많이 사용한다. 비교적 엄숙하고 겸양을 갖춰야 하거나 공식적이고 품위를 따져야 하는 장에서는 문독의 요소들을 많이 사용한다. 방언학계에서는 일찍부터 "문백이독(文白异读)" 현상을 주의 깊게 연구해 왔으나 거의 어음 측면에만 국한해왔다. 따라서 "문독과 백독"에 대한 사회언어학 연구는 분명 매우 의미 있는 작업일 것이다. 현대 중국어의 사회계층 분화에는 교육수준이라는 사회변항이 가장 중요한 것으로 보인다. 그리고 그 다음으로는 계급이나 세대 간 구분이 될 것이다.

상하계급이나 전후세대 간 호칭에는 일종의 불평등 관계가 존재한다. 지위가 높은 사람은 지위가 낮은 사람을, 윗세대는 아랫세대 사람을 직접 호명할 수 있지만 그 역은 불가능하다. 지위가 높은 사람에게는 보통 성씨 뒤에 직함을 붙여 李科长, 王经理, 张老师으로 부르거나 직함 자체를 직접 부른다. 윗세대에게는 호칭만을 사용하고 호명은 피한다. 같은 세대라도 나이차가 존재하면 나이가 많은 사람은 적은 사람을 직접 호명할 수 있다. 하지만 반대는 불가능하며 부른다면 호칭 자체만을 사용하거나 大哥, 二姐 등과 같이 호칭 앞에 순서를 부가한다. 이러한 상황은 영어의 사용 맥락과 크게 다른데 영어에서는 상하계급이나 전후세대 간에도 이름을 직접 부를 수 있기 때문이다. 다만 최상위

지위의 인물이나 군대 또는 공식적인 장(場合)일 경우에 한해서는 President Bush, General Bower처럼 이름 앞에 직함을 부가한다. 이 같은 차이는 동서양의 문화배경이 다른 데서 연유하는데 중국의 전통문화 속에서는 줄곧 "어른과 아이 간에는 따라야할 차례와 질서가 있고 어른을 공경하고 부모에겐 효도하며 형제 간엔 우애가 있어야 한다(长幼有序, 敬老孝悌)"는 생각이 있어 왔기 때문이다.

6. 결론

방언학과 사회언어학은 모두 실제 사용된 언어를 연구대상으로 한다. 그리고 연구목적의 하나로서 언어의 변화를 탐구한다는 점도 공유한다. 하지만 이 둘은 이념과 목적, 조사방법 등에서 적지 않은 차이를 보이는데 그중에서도 가장 중요한 점은 기술언어학이 언어를 질서정연한 동질체로 보는 반면 사회언어학은 그것을 질서정연한 이질체로 본다는 점이다. 사회언어학의 탄생으로 인해 전통방언학은 새로운 도전에 직면해있지만 사회언어학은 분명 방언학 발전의 새로운 전기가 될 것이다. 전통방언학과 사회언어학의 결합으로 방언학은 언어학 분야에서 향후 큰 빛을 발할 것이다. 하지만 동시에 방언학의 전통적인 연구 분야는 변함없이 지속되어야 하며 그중 일부 분야는 더욱 강화될 필요까지 있다는 점도 강조돼야 한다. 새로운 중국어방언학의 특징은 역사언어학, 기술언어학 그리고 사회언어학이 결합된 것이어야 할 것이다.

7. 보론

방언학은 향후 사회언어학적 연구로 발전해야 한다. 하지만 이는 결코 방언학의 전통적인 연구 분야를 포기해야한다는 것이 아니다. 기술방언학은 사회언어학의 토대인 까닭에 없애서도 안되고 또 없앨 수도 없다. 중국 사회는 방언의 사회차보다 지역차가 훨씬 더 심각하다. 지역방언 간의 차이로 인해 소통이나 언어교류 상에서 겪는 곤란함은 흔히 목격되는 사회 현상이다. 반면에 동일한 발화 공동체 내에서 보이는 사회방언 간의 차이는, 지역방언 간의 차이와 비교할 때, 교류가능 정도에 미치는 영향이 미미하다. 더군다나 방언 간 지역차에 대한 연구가 성숙되기까지는 아직 먼데다 그것이 방언비교, 방언역사, 방언지리 방면이라면 더더욱 그렇다. 그러므로 전통적인 연구 분야는 변함없이 지속되어야하며 방언어법연구, 방언역사, 방언지리, 방언비교 등의 영역은 심지어 지금보다도 더 강화될 필요가 있다. 앞으로의 방언연구는 사회언어학 이론과 연구방법뿐만 아니라 유형학 이론과 연구방법까지 도입하여 방언간 비교연구로 확장되어야하며 인접학문, 주요하게는 고대 중국어, 현대 중국어와의 상호소통에도 주의를 기울여야 할 것이다.

▎참고문헌 ▎

自　硕　1995 《语言学知识的计算机辅助发现》，科学出版社。

_____ 1996 《语言实用主义》，罗振生、袁毓林主编(1996) 《计算机时代的汉语和汉字研究》，清华大学出版社。

白宛如　1982 《广州方言连读音变举例》，《方言》 第1期。

包拟古(N. C. Bodman) 1980 《原始汉语与汉藏语》，[中译本]中华书局1995。

毕永峨　1989 《"也"在三个话语平面上的体现：多义性或抽象性》，戴浩一、薛凤生主编1994。

曹广顺　1995 《近代汉语助词》，语文出版社。

陈保亚　1996 《论语言接触与语言联盟》，语文出版社。

陈昌来　2002 《现代汉语动词的句法语义属性研究》，学林出版社。

陈妹金　1993 《汉语与一些汉藏系语言疑问句疑问手段的类型共性》，《语言研究》 第1期。

陈佩玲、陶红印　1998 《台湾官话叙事体中音律单位的语法构成及其规律初探》，《语言研究》 第1期。

陈　平　1998a 《描写与解释：论西方现代语言学研究的目的和方法》，《外语教学与研究》 第1期。陈平1991。

_____ 1987b 《释汉语中与名词性成分相关的四组概念》，《中国语文》 第2期。陈平1991。

_____ 1987c 《话语分析说略》，《语言教学与研究》 第3期。陈平1991。

_____ 1987d 《汉语零形回指的话语分析》，《中国语文》 第5期，陈平1991。

_____ 1988 《论现代汉语时间系统的三元结构》，《中国语文》 第6期。陈平1991。

_____ 1991 《现代语言学研究——理论、方法与事实》，重庆出版社。

_____ 1994 《试论汉语中三种句子成分与语义成分的配位原则》，《中国语文》 第3期。

_____ 1996 《汉语中结构话题的语用解释和关系化》，《国外语言学》 第4期。

陈其光　2001 《汉语苗瑶语比较研究》，丁邦新、孙宏开主编2001。

陈忠敏　2003 《吴语及邻近方言鱼韵的读音层次——兼论"金陵切韵"鱼韵的

音值≫,≪语言学论丛≫ 第二十七辑, 商务印书馆。

程 工 1994 ≪Chomsky 新论：语言学理论最简方案≫,≪国外语言学≫ 第3期。

_____ 1999 ≪语言共性论≫, 上海外语教育出版社。

储泽祥、邓云华 2003 ≪指示代词的类型和共性≫,≪当代语言学≫ 第4期。

戴浩一 1985 ≪时间顺序和汉语的语序≫, [中译本]≪国外语言学≫1988 第1期。

戴浩一、薛凤生主编 1994 ≪功能主义与汉语语法≫, 北京语言学院出版社。

戴庆厦、傅爱兰 2002 ≪藏缅语的形修名语序≫,≪中国语文≫ 第4期。

戴庆厦、徐悉艰 1992 ≪景颇语语法≫, 中央民族学院出版社。

邓恩颖 2000 ≪自然语言的词序和短语结构理论≫,≪当代语言学≫ 第3期。

_____ 2003 ≪汉语方言语法的参数理论≫, 北京大学出版社。

丁邦新 1995 ≪重建汉语中古音系的一些想法≫,≪中国语文≫ 第5期。

_____ 1998 ≪丁邦新语言学论文集≫, 商务印书馆。

_____ 2000 ≪汉藏系语言研究法的检讨≫,≪中国语文≫ 第6期。

丁邦新、孙宏开主编 2000 ≪汉藏语同源词研究(一)——汉藏语研究的历史回顾≫, 广西民族出版社。

_____ 2001 ≪汉藏语同源词研究(二)——汉藏、苗瑶同源词专题研究≫, 广西民族出版社。

_____ 2004 ≪汉藏语同源词研究(三)——汉藏语研究的方法论探索≫, 广西民族出版社。

董秀芳 2003 ≪北京话名词短语前阳平"一"的语法化倾向≫, 吴福祥、洪波主编 ≪语法化与语法研究≫(一), 商务印书馆。

_____ 2004 ≪汉语的词库与词法≫, 北京大学出版社。

范継淹 1985 ≪无定NP主语句≫,≪中国语文≫ 第5期。

_____ 1986 ≪范継淹语言学论文集≫, 语文出版社。

范継淹、徐志敏 1980 ≪自然语言理解的理论和方法≫,≪国外语言学≫ 第5期。

_____ 1981 ≪关于汉语理解的若干句法、语义问题≫,≪中国语文≫ 第1期。

_____ 1982 ≪RID-80 型汉语人机对话系统的语法分析≫,≪中国语文≫ 第3期。

范 晓 2000 ≪动词配价研究中的几个问题≫, 沈阳主编≪配价理论与汉语语法研究≫, 语文出版社。

方　梅　1985 ≪关于复句中分句主语省略的问题≫，≪延边大学学报(社科版)≫ 第1期。人大复印资料，1986.1。

＿＿＿＿ 2000 ≪从"V着"看汉语的不完全体的功能特征≫，≪语法研究和探索≫(九)，商务印书馆。

＿＿＿＿ 2002 ≪指示词"这"和"那"在北京话中的语法化≫，≪中国语文≫ 第4期。

＿＿＿＿ 2004 ≪汉语口语后量关系从句研究≫，≪庆祝〈中国语文〉创刊五十周年学术论文集≫，商务印书馆。

＿＿＿＿ 2005 ≪认证义谓宾动词的虚化≫，≪中国语文≫ 第6期。

方　梅、宋贞花 2004 ≪语体差异对使用频率的影响——汉语对话语体关系从句的统计分析≫，*Journal of Chinese Language and Computing.*

房　青　2004 ≪湘潭方言的声调及连读变调的优选论分析≫，路继伦、王嘉龄主编 ≪现代语音学与音系学研究≫，天津社会科学院出版社。

冯胜利 1997 ≪汉语的韵律、词法与句法≫，北京大学出版社。

＿＿＿＿ 2003 ≪韵律制约的书面语与听说为主的教学法≫，≪世界汉语教学≫ 第1期。

冯志伟 1992 ≪计算语言学对理论语言学的挑战≫，≪语言文字应用≫ 第1期。

＿＿＿＿ 1996 ≪自然语言的计算机处理≫，上海外语教育出版社。

高本汉(B. Karlgren) 1915~1926 ≪中国音韵学研究≫，[中译本]商务印书馆1940。

耿振生 2005 ≪汉语音韵史与汉藏语的历史比较≫，≪湖北大学学报(哲学社会科学版)≫ 第1期。

龚煌城 1980 A Comparative Study of the Chinese, Tibetan, and Burmese Vowel Systems. ≪汉藏语研究论文集≫，北京大学出版社2004。≪汉、藏、缅语元音的比较研究≫ [中译本]，≪音韵学研究通讯≫ 第13期，1989。

龚千炎 1995 ≪汉语的时相、时制、时态≫，商务印书馆。

龚群虎 1994 ≪论元结构理论介绍≫，≪国外语言学≫ 第1期。

＿＿＿＿ 1996 ≪生成语法及词库中动词的一些特性≫，≪国外语言学≫ 第3期。

＿＿＿＿ 2002 ≪汉泰关系词的时间层次≫，复旦大学出版社。

顾　钢 1999 ≪"乔姆斯基理论"四十年发展概述≫，≪天津师大学报≫ 第4期。

顾　阳 2000 ≪导读≫，Andrew Radford编 ≪句法学：最简方案导论*(Syntax: a minimalist introduction)*≫，外语教学与研究出版社。

顾　阳、沈　阳 2001 《汉语合成复合词的构造过程》，《中国吾文》第2期。

桂诗春、宁春岩 1997 《语言学方法论》，外语教学与研究出版社。

郭　锐 2002 《现代汉语词类研究》，商务印书馆。

郭必之 2003 《香港粤语疑问代词"点[tim^{35}]"的来源》，《语言学论丛》第二十七辑，高务印书馆。

_____ 2004 《辨认汉语方言语言层次年代的几个问题》，《中国语文研究》第1期。

郭承铭 1993 《认知科学的兴起与语言学的发展》，《国外语言学》第1期。

郭锡良 2002 《历史音韵学研究中的几个问题》，《古汉语研究》第56期

_____ 2003 《音韵问题答梅祖麟》，《古汉语研究》第60期。

何大安 1981 《澄迈方言的文白异读》，台湾省(中央研究院历史语言研究所集刊》第52本1分册。

_____ 1986 《论永兴方言的送气浊声母》，台湾省《中央研究院历史语言研究所集刊》第57本3分册。

_____ 1988 《规律与方向: 变迁中的音韵结构》，台湾省《中央研究院历史语言研究所专刊之九十》。

_____ 2000 《语言史研究中的层次问题》，台湾省《汉学研究》第18卷特刊。

何九盈 2004 《汉语和亲属语言比较研究的基本原则》，《语言学论丛》第二十九辑，商务印书馆。

何晓炜 2000a 《Chomsky最简方案的新发展——〈最简方案之框架介绍〉》，《外语教学与研究》第2期。

_____ 2000b 《最简方案新框架内的句法推导——Chomsky(1998)〈语段推导评述〉》，《现代外语》第3期。

胡建华 1999 《限制性句法: 句法反对称理论》，《当代语言学》第2期。

胡明扬 1993 《语体和语法》，《汉语学习》第2期。

黄伯荣、廖序东 1981 《现代汉语(修订本)》，甘肃人民出版社。

黄建烁 1991 《计算语言学研究综述》，《国际学术动态》第4期。

黄居仁 2004 《词类歧义的本质与解释——以大量语料库为本的分析研究》，石锋、沈钟伟主编《乐在其中: 王士元教授七十华诞庆祝文集》，南开大学出版社。

黄树先 2002 《从史实看汉缅语关系》，《语言研究》第48期。

_____ 2003 ≪汉缅语比较研究≫, 华中科技大学出版社。

_____ 2005 ≪从核心词看汉缅语关系≫,≪语言科学≫ 第4卷第3期。

黄　行 2001 ≪确定汉藏语同源词的几个原则≫,≪民族语文≫ 第4期。

_____ 2004 ≪汉藏语言关系的计量分析≫。丁邦新、孙宏开主编2004。

黄　奕 1985 ≪认知过程的语言≫,≪国外语言学≫ 第3期。

黄　勇 2002 ≪汉语侗语关系词研究≫, 天津古籍出版社。

姬东鸿、黄昌宁 1996 ≪汉语形容词和名词的语义组合模型≫, *Communications of COLIPS* ≪中文与东方语言信息处理学会通讯≫ Vol. 6,　No.1.

江　荻 2000 ≪论汉藏语言历史比较词表的确定≫,≪民族语文≫ 第3期。

_____ 2002a ≪汉藏语言演化的历史音变模型——历史语言学的理论和方法探索≫, 民族出版社。

_____ 2002b ≪藏语语音史研究≫, 民族出版社。

江蓝生 1998 ≪后置词"行"考辨),≪语文研究≫ 第1期。

_____ 1999 ≪从语言渗透看汉语比拟式的发展≫,≪中国社会科学≫ 第4期。

_____ 2003 ≪语言接触与元明时期的特殊判断句≫,≪语言学论丛≫ 第二十八辑, 商务印书馆。

姜先周 2005 ≪高频及物动词与低频及物动词的及物性差异≫, 中国社会科学院研究生院博士论文。

蒋　平 1999a ≪汉语诸方言声调系统的优选解释≫, 陈恩泉主编 ≪中国的语言和方言≫, 北京语言文化大学出版社。

_____ 1999b ≪形容词重叠的优选解释≫, 邢福义主编 ≪汉语语法面面观≫, 北京语言文化大学出版社。

蒋绍愚 1994 ≪近代汉语研究概况≫, 北京大学出版社。

_____ 1995 ≪内部构拟法在近代汉语语法研究中的运用≫,≪中国语文≫ 第3期。

蒋　严 2002 ≪论语用推理的逻辑属性——形式语用学初探≫,≪外国语≫ 第3期。

蒋严、潘海华 1998 ≪汉语语句的类型表达≫, 黄昌宁主编 ≪1998中文信息处理国际会议论文集≫, 清华大学出版社。下载网址 http://www.cbs.polyu.edu.hk/ctyjiang/file/jnptypesimp.doc

_____ 2005 ≪形式语义学引论≫, 中国社会科学出版社,修订版。

金理新 2000 ≪论形态在确定汉藏同源词中的重要意义≫,≪民族语文≫ 第3

期。

      2001 ≪从核心词看汉语和藏语缅语的亲疏关系≫, ≪民族语文≫ 第6
期。

      2002 ≪上古汉语音系≫, 黄山书社。

金立鑫 2000 ≪动词的语义域及其价语的推导≫, 沈阳主编2000。

科姆里(Comrie,Bemard) 1981 ≪语言共性和语言类型≫, 沈家煊译, 华夏出版
社1989。 英文第二版1989尚无中译本。

孔江平 2001 ≪论言语发声≫, 民族出版社。

拉波夫 2001 ≪拉波夫语言学自选集≫, 北京语言文化大学出版社。

黎锦熙 1924 ≪新著国语文法≫, 商务印书馆。

李　兵 1998 ≪优选论的产生、基本原理与应用≫, ≪现代外语≫ 第3期。

李方桂 1971 ≪上古音研究≫, 商务印书馆1980。

李家治 1985 ≪国外认知科学介绍≫, ≪思维科学≫ 第2期。

李家治、郭荣江、陈永明　1982 ≪机器理解汉语——实验Ⅰ≫, ≪心理学
报≫ 第1期。

李敬忠 1994 ≪语言演变论≫, 广州出版社。

李临定 1988 ≪汉语比较变换语法≫, 中国社会科学出版社。

李思敬 1986 ≪汉语"儿" [ɚ] 音史研究≫, 商务印书馆。

李亚非 1994 ≪核心移位(X⁰-movement)与生成句法的发展≫, 石锋主编 ≪海
外中国语言学研究≫, 语文出版社。

李兆同、徐思益 1981 ≪语言学导论≫, 新疆人民出版社。

梁　敏、张均如 1996 ≪侗台语族概论≫, 中国社会科学出版社。

廖秋忠 1984 ≪现代汉语中动词的支配成分的省略≫, ≪中国语文≫ 第4期。
廖秋忠1992。

      1986a ≪篇章中的框—棂关系与所指的确定≫, ≪语法研究和探索≫
(三)。廖秋忠1992。

      1986b ≪现代汉语篇章中指同的表达≫, ≪中国语文≫ 第2期。廖秋
忠1992。

      1986c ≪现代汉语篇章中的连接成分≫, ≪中国语文≫ 第6期。廖秋
忠1992。

      1991a ≪也谈形式主义与功能主义≫, ≪国外语言学≫ 第2期。廖秋
忠1992。

　　　　1991b ≪篇章语用和句法研究≫,≪语言教学与研究≫ 第4期。廖秋
　　　忠1992。

　　　　1992 ≪廖秋忠文集≫,北京语言学院出版社。

林大津、谢朝群 2003 ≪互动语言学的发展历程及其前景≫,≪现代外语≫
　　　第4期。

林　华 1998 ≪"调素"论及普通话连读变调≫,≪中国语文≫ 第1期。

林　焘 1982 ≪普通话里的V≫,≪汉语学习≫ 第6期。

　　　　1985 ≪北京话去声连读变调新探≫,≪中国语文≫ 第2期。

林祥楣 1991 ≪现代汉语≫,语文出版社。

刘丹青 1987 ≪形名同现及形容词的向≫,≪南京师大学报≫ 第3期。

　　　　2001 ≪论元分裂式话题结构初探≫,≪语言研究再认识—庆祝张斌
　　　先生从教50周年暨80华诞≫,上海教育出版社。徐烈炯、刘丹青主编
　　　2003。

　　　　2002 ≪汉语类指成分的语义属性和句法属性≫,≪中国语文≫ 第5期。

　　　　2003a ≪语序类型学与介词理论≫,商务印书馆。

　　　　2003b ≪差比句的调查框架与研究思路≫,戴庆厦、顾阳主编 ≪现代
　　　语言学理论与中国少数民族语言研究≫,民族出版社。

　　　　2003c ≪试谈汉语方言语法调查框架的现代化≫,≪汉语方言语法研
　　　究和探索——首届国际汉语方言语法学术研讨会论文集≫,黑龙江人
　　　民出版社。

　　　　2004 ≪话题标记从何而来? ——语法化中的共性与个性≫,石锋、沈
　　　钟伟主编 ≪乐在其中——王士元教授七十华诞庆祝文集≫,南开大学
　　　出版社。

　　　　2005 ≪汉语关系从句标记类型初探≫,≪中国语文≫ 第1期。

刘　坚、江蓝生、自维国、曹广顺 1992 ≪近代汉语虚词研究≫,语文出版社。

刘鑫民　2004 　≪现代汉语句子生成问题研究——一个以语序为样本的探
　　　索≫,华东师范大学出版社。

刘勋宁 1988 ≪现代汉语词尾"了"的语法意义≫,≪中国语文≫ 第5期。

刘一之 1988 ≪关于北方方言中第一人称代词复数包括式和排除式对立的产
　　　生年代≫,≪语言学论丛≫ 第十五辑,商务印书馆。

刘　倬 1981 ≪JFY‐Ⅱ型英汉机器翻译系统概述≫,≪中国语文≫ 第3、4期。

鲁　川 2001 ≪汉语语法的意合网络≫,商务印书馆。

鲁国尧 2003 《论"历史文献考证法"与"历史比较法"的结合》, 《古汉语研究》 第58期。

陆丙甫 1993 《核心推导语法》, 上海教育出版社。

       2004 《作为一条语言共性的"距离一标记对应律"》, 《中国语文》第1期。

陆俭明 1982 《汉语口语句法里的易位现象》, 《中国语文》 第3期。

       1985 《关于"去+VP""VP+去"句式》, 《语言教学与研究》 第4期。陆俭明1993。

       1993 《现代汉语句法论》, 商务印书馆。

       1998 《〈现代汉语配价语法研究 第二辑〉序》。袁毓林、郭锐主编1998。

陆俭明、沈 阳 2003 《汉语和汉语研究十五讲》, 北京大学出版社。

陆镜光 2000 《句子成分的后置与话轮交替机制中的后续手段》, 《中国语文》 第4期。

       2004 《说"延伸句"》, 《庆祝〈中国语文〉创刊五十周年学术论文集》, 商务印书馆。

陆志韦 1947 《古音说略》, 《陆志韦语言学著作集》 (一),中华书局1985。

吕公礼 2003 《形式语用学浅论》, 《外国语》 第4期。

吕叔湘 1941 《释"您"、"俺"、"咱"、"喒"、附论"们"字》, 《汉语语法论文集》(增订本), 商务印书馆1984。

       1942 《中国语法要略》, 商务印书馆, 1979年重印。

       1944a 《个字的应用范围,附论单位词前一字的脱落》, 《汉语语法论文集》(增订本), 商务印书馆1984。

       1944b 《文言与白话》, 《国文杂志》 3卷1期。《吕叔湘语文论集》, 商务印书馆1983。

       1944c 《"个"字的应用范围,附论单位词前"一"字的脱落》, 《金陵、齐鲁、华西大学中国文化汇刊〉第4卷。《汉语语法论文集》(增订本), 商务印书馆1984。

       1946 《从主语、宾语的分别谈国语句子的分析》, 《开明书店二十周年纪念文集》。《汉语语法论文集》(增订本), 商务印书馆1984。

       1979 《汉语语法分析问题》, 商务印书馆。

       1985 《近代汉语指代词》(江蓝生补), 学林出版社。

罗常培 1930 《厦门音系》，中央研究院。

_____ 1931 《〈切韵〉鱼虞的音值及其所据方言考》，《中央研究院历史语言研究所集刊》 第2本第3分册。

罗仁地、潘露莉 2002 《信息传达的性质与语言的本质和语言的发展》，《中国语文》 第3期。

马庆株 1998 《动词的直接配价和间接配价》，袁毓林、郭锐主编1998。

马希文 1983 《关于动词"了"的弱化形式/·lou/》，《中国语言学报》 第1期。

马学良主编 1991 《汉藏语概论》，民族出版社。第2版，2003。

麦 耘 1992 《论重纽及〈切韵〉的介音系统》，《语言研究》 第23期。

梅祖麟 1980 《四声别义中的时间层次》，《中国语文》 第6期。

_____ 1988 《北方方言中第一人称代词复数包括式和排除式对立的来源》，《语言学论丛》 第十五辑，商务印书馆。

_____ 1993 《南北朝的江东方言和现代方言》，Paper presented at ICCL‑2, Paris.

_____ 1995 《方言本字研究的两种方法》，《吴语和闽语的比较研究》(中国东南方言比较研究丛书第1辑)，上海教育出版社。

_____ 2000 《中国语言学的传统与创新》，《学术史与方法学的省思》(台湾省中央研究院历史语言研究所七十周年研讨会论文集)。

_____ 2001a 《江东方言在现代吴语、闽语、北部赣语里的遗迹》，香港科技大学讲课稿。

_____ 2001b 《现代吴语和"支脂鱼虞，共为不韵"》，《中国语文》 第1期。

潘悟云 1983 《中古汉语方言中的鱼和虞》，《语文论丛》 第二辑，上海教育出版社。

_____ 1987 《关于汉藏语历史比较中的几个声母问题》，《语言研究集刊》 第1辑，复旦大学出版社。

_____ 1991 《上古汉语和古藏语元音系统的历史比较》，《语言研究》 增刊：《汉语言学国际学术研讨会论文集》。

_____ 1995a 《温处方言和闽语》，《吴语和闽语的比较研究》(中国东南方言比较研究丛书第1 辑)，上海教育出版社。

_____ 1995b 《对华澳语系假说的若干支持材料》，*Journal of Chinese Linguistics (U.S.A.) monograph series 8: The Ancestry Chinese Language.*

_____ 1999 《汉藏语中的次要音节》，《中国语言学的新拓展》，香港城市大学出版社。

_____ 2000 ≪汉语历史音韵学≫, 上海教育出版社。

_____ 2002 ≪"囡"所反映的吴语历史层次≫, ≪著名中年语言学家自选集·潘悟云卷≫, 安徽教育出版社。本文最早发于1995年 ≪语言研究≫ 第1期。

_____ 2004 ≪汉语方言的历史层次及其类型≫, 石锋、沈钟伟主编 ≪乐在其中──王士元教授七十华诞庆祝文集≫, 南开大学出版社。

藩立本(E. G. Pulleyblank) 1962 ≪上古汉语的辅音系统≫, [中译本]中华书局1999。

钱 锋 1990 ≪计算语言学引论≫, 学林出版社。

钱乃荣主编 1990 ≪现代汉语≫, 高等教育出版社。江苏教育出版社2000, 修订版。

桥本万太郎 1978 ≪语言地理类型学≫, [中译本]北京大学出版社1985。

屈承熹 1984 ≪汉语的词序及其历史变迁≫, ≪语言研究≫ 第1期。

_____ 2000 ≪话题的表达形式与语用关系≫, ≪现代中国语研究≫ 第1期。

_____ 2001 ≪"及物性"及其在汉语中的增减机制≫, 戴昭铭、陆镜光主编 ≪语言学问题集刊≫ 第一辑。

瞿霭堂、劲 松 2000 ≪汉藏语言研究的理论和方法≫, ≪语言研究≫ 第39期。

全广镇 1996 ≪汉藏语同源词综探≫, 台湾学生书局。

沙加尔(L. Sagart) 1993 ≪论汉语、南岛语的亲属关系≫, [中译本] ≪汉语研究在海外≫, 北京语言学院出版社1995。

_____ 2004 ≪汉藏南岛语系：对汉藏语和南岛语关系的补充解释≫, ≪上古汉语词根≫ [中译本]附文, 上海教育出版社。

邵敬敏 1998 ≪"语义价"、"句法向"及其相互关系≫, 袁毓林、郭锐主编 1998。

沈 阳 1994a ≪现代汉语空语类研究≫, 山东教育出版社。

_____ 1994b ≪动词的句位和句位变体结构中的空语类≫, ≪中国语文≫ 第2期。

_____ 1994c ≪句法结构中隐含成分的语义所指关系≫, ≪语言研究≫ 第2期。

_____ 1995a ≪数量词在名词短语移位结构中的作用和特点≫, ≪世界汉语教学≫ 第1期。

_____ 1995b ≪领属范畴及领属性名词短语的句法作用≫, ≪北京大学学报 (哲社版)≫ 第5期。

_____ 1996 ≪汉语句法结构中各词短语部分成分移位现象初探≫, ≪语言 教学与研究≫ 第1期。

_____ 1997a ≪名词短语的多重移位形式及把字句的构造过程与语义解 释≫, ≪中国语文≫ 第6期。

_____ 1997b ≪动词的题元结构与动词短语的同构分析≫, ≪世界汉语教 学≫ 第4期。

_____ 1998 ≪带方位处所宾语的动词及相关句式≫, ≪语言学论丛≫ 第二 十辑, 离务印书馆。

_____ 主编 2000 ≪配价理论与汉语语法研究≫, 语文出版社。

_____ 2001 ≪名词短语分裂移位与非直接论元句首成分≫, ≪语言研究≫ 第3期。

_____ 2002 ≪再议句法结构中名词短语的分裂移位≫, ≪语法研究和探 索≫(十一)。

_____ 2003a ≪"V着A"结构分化的语法条件≫, ≪语法研究和探索≫(十 二)。

_____ 2003b ≪题元指派与"VP的"转指的句法条件≫, ≪庆祝〈中国语 文〉创刊五十周年纪念论文集≫, 商务印书馆。

沈 阳、董红源 2004 ≪直接统制与"他"的句内所指规则≫, ≪中国语文≫ 第1期。

沈 阳、何元建、顾 阳 2001 ≪生成语法理论与汉语语法研究≫, 黑龙江教育 出版社。

沈 阳、郑定欧主编 1995 ≪现代汉语配价语法研究≫, 北京大学出版社。

沈家煊 1989 ≪不加说明的话题——从对答看"话题‐说明"≫, ≪中国语 文≫ 第5期。

_____ 1994 ≪"语法化"研究综观≫, ≪外语教学与研究≫ 第4期。

_____ 1995a ≪"有界"与"无界"≫, ≪中国语文≫ 第5期。

_____ 1995b ≪正负颠倒和语用等级≫, ≪语法研究与探索≫(七)。

_____ 1997 ≪形容词句法功能的标记模式≫, ≪中国语文≫ 第2期。

_____ 1998 ≪语用法的语法化≫, ≪福建外语≫ 第2期。

_____ 1999a ≪"在"字句和"给"字句≫, ≪中国语文≫ 第2期。

_____ 1999b 《"转指"和"转喻"》，《当代语言学》第1期。

_____ 1999c 《语法化和形义间的扭曲关系》，《中国语言学的新拓展》，香港城市大学出版社。

_____ 1999d 《不对称与标记论》，江西教育出版社。

_____ 2000a 《说"偷"和"抢"》，《语言教学与研究》第1期。

_____ 2000b 《句式和配价》，《中国语文》第4期。

_____ 2000c 《"N的V"和"参照体—目标"构式》，《世界汉语与教学》第4期。

_____ 2001a 《语言的"主观性"和"主观化"》，《外语教学与研究》第4期。

_____ 2001b 《跟副词"还"有关的两个句式》，《中国语文》第6期。

_____ 2002a 《如何处置"处置式"？——论"把"字句的主观性》，《中国语文》第5期。

_____ 2002b 《著名中年语言学家自选集·沈家煊卷)，安徽教育出版社。

_____ 2003a 《复句三域"行、知、言"》，《中国语文》第3期。

_____ 2003b 《现代汉语"动补结构"的类型学考察》，《世界汉语教学》第3期。

_____ 2003c 《从"分析"和"综合"看〈马氏文通〉以来的汉语语法研究》，载《马民文通》与中国语言学史》，外语教学与研究出版社。

_____ 2004a 《动结式"追累"的语法和语义》，《语言科学》第6期。

_____ 2004b 《语法研究的目标——预测还是解释？》，《中国语文》第6期。

_____ 2004c 《再谈"有界"和"无界"》，《语言学论丛》第三十辑，商务印书馆。

沈　政、林庶之 1992 《脑模拟和神经计算机》，北京大学出版社。

施向东 2000 《汉语和藏语同源体系的比较研究》，华语教学出版社。

石纯一、黄昌宁、王家廞 1993 《人工智能原理》，清华大学出版社。

石定栩 1999 《主题句研究》，徐烈炯主编《共性与个性——汉语语言学中的争议》，北京语言文化大学出版社。

_____ 2002 《乔姆斯基的形式句法——历时进程与最新理论》，北京语言文化大学出版社。

石汝杰、蒋剑平　1987　《上海市区中年人语音共时差异的五百人调查》，

≪语言研究集刊≫, 复旦大学出版社。

石毓智 1995 ≪论汉语的大音节结构≫, ≪中国语文≫ 第3期。

史有为 1995 ≪主语后停顿与话题≫, ≪中国语言学报≫ 第5期。

宋国明 1997 ≪句法理论概要≫, 中国社会科学出版社。

孙朝奋 1985 ≪论汉语普通话的所谓"主宾动"词序——语篇定量研究及其意义≫(*On the so-called SVO word order in Mandarin Chinese, Language* 1985), 戴浩一、薛凤生主编1994。

_____ 1988 ≪汉语数量词在话语中的功能≫(*The discourse function of numeral classifiers in Mandarin Chinese, Journal of Chinese Linguistics.* 1988), 戴浩一、薛凤生主编1994。

_____ 1994 ≪〈虚化论〉评介≫, ≪国外语言学≫ 第4期。

孙宏开 2001 ≪原始汉藏语中的介音问题≫, ≪民族语文≫ 第6期。

孙宏开、江 荻 2000 ≪汉藏语系研究历史沿革≫。丁邦新、孙宏开主编 2000。

太田辰夫 1958 ≪中国语历史文法≫, [中译本]北京大学出版社1987。

陶红印 1994 ≪言谈分析, 功能主义及其在汉语语法研究中的应用≫, 石锋主编 ≪海外中国语言学≫, 语文出版社。

_____ 1999 ≪试论语休分类学的语法学意义≫, ≪当代语言学≫ 第3期。

_____ 2000 ≪从"吃"看动词论元结构的动态特性≫, ≪语言研究≫ 第3期。

_____ 2002 ≪汉语口语叙事体关系从句结构的语义和篇章属性≫, ≪现代中国语研究≫(Contemporary Research on Modern Chinese)第4期。

_____ 2003 ≪从语音、语法和话语特征看"知道"格式在谈话中的演化≫, ≪中国语文≫ 第4期。

陶红印、张伯江 2000 ≪无定式把字句在近现代汉语里的地位问题及其理论意义≫, ≪中国语文≫ 第5期。

万 波 1998 ≪赣语声母的历史层次研究≫, 香港中文大学中国语言及文学学部哲学博士论文。

_____ 2001 ≪赣语 t tʻ 声母的来源及其历史层次≫, 香港科技大学人文及社会科学学部学术报告。

汪荣宝 1923 ≪歌戈鱼虞模古读考≫, ≪国学季刊≫一卷二号。

王福堂 1994 ≪闽北方言中弱化声母和第九调的我见≫, 张光宇编 ≪第三届国际学术研讨会论文集≫。

_____ 1999 ≪汉语方言语音的演变与层次≫, 语文出版社。

_____ 2003 ≪汉语方言语音中的层次≫, ≪语言学论丛≫ 第二十七辑, 商务印书馆。

王辅世、毛宗武 1995 ≪苗瑶语古音构拟≫, 中国社会科学出版社。

王洪君 1987 ≪山西闻喜方言的白读层与宋西北方音≫, ≪中国语文≫ 第1期。

_____ 1992 ≪文白异读与叠置式音变≫, ≪语言学论丛≫ 第十七辑, 商务印书馆。

_____ 1994 ≪汉语常用的两种语音构词法≫, ≪语言研究≫ 第1期。人民大学复印资料1994.8。

_____ 1999 ≪汉语非线性音系学——汉语的音系格局与单字音≫, 北京大学出版社。

_____ 2004 ≪普通话节奏与词法句法的关联≫, 未刊。

_____ 2001/2005 ≪韵律层级模型中的最小自由单位及其类型学意义≫, 第一届肯特岗国际汉语语言学圆桌会议, 新加坡。徐杰主编 ≪汉语研究的类型学视角≫, 北京语言大学出版社2005。

王 还 1985 ≪"把"字句中"把"的宾语≫, ≪中国语文≫ 第1期。

王嘉龄 1995 ≪优选论≫, ≪国外语言学≫ 第1期。

_____ 2002 ≪优选论和天津话的连读变调及轻声≫, ≪中国语文≫ 第4期。

王理嘉 1983 ≪北京话的中元音音位≫, ≪语文研究≫ 第1期。

_____ 1991 ≪音系学基础≫, 语文出版社。

王 力 1958 ≪汉语史稿≫, 中华书局1980。

_____ 1963 ≪汉语音韵≫, 中华书局。

_____ 1965 ≪古汉语自动词和使动词的配对≫, ≪龙虫并雕斋文集≫ 第三册, 中华书局。

_____ 1983 ≪再论日母的音值, 兼论普通话声母表≫, ≪中国语文≫ 第3期。

王 森 2001 ≪甘肃活中的吸气音≫, ≪中国语文≫ 第2期。

王珊珊 2004 ≪也谈古汉语特殊谐声关系≫, ≪音韵论丛≫, 齐鲁书社。

王 伟 1994 ≪"修辞结构理论"评介(上)≫, ≪国外语言学≫ 第4期。

_____ 1995 ≪"修辞结构理论"评介(下)≫, ≪国外语言学≫ 第2期。

_____ 1998 ≪"能"的个案: 现代汉语情态研究的认知维度≫, 中国社会科学

院研究生院语言系硕士学位论文。赵汀阳主编 ≪论证≫ 第3期, 广西
师范大学出版社2003。

王晓琳 1991 ≪瑞典语语法≫, 外语教学与研究出版社。

王志洁 1999 ≪北京话的音节与音系≫, 徐烈炯主编 ≪共性与个性——汉语
语言学中的争议≫, 北京语言文化大学出版社。

温宾利 2002 ≪当代句法学导论≫, 外语教学与研究出版社。

翁富良、王野翊 1998 ≪计算语言学导论≫, 中国社会科学出版社。

吴安其 2000 ≪汉藏文化的历史背景和汉藏语的历史分布≫。丁邦新、孙宏
开主编2000。

_____ 2002 ≪汉藏语同源研究≫, 中央民族大学出版社。

吴福祥 1996 ≪敦煌变文语法研究≫, 岳麓书社。

_____ 1998 ≪重谈"动+了+宾"格式的来源和完成体助词"了"的产生≫,
≪中国语文≫ 第6期。

_____ 2002 ≪汉语能性述补结构"V得/不C"的语法化≫, ≪中国语文≫ 第1
期。

_____ 2003 ≪汉语伴随介词语法化的类型学研究≫, ≪中国语文≫ 第1期。

吴为章 2000 ≪汉语动词配价研究述评≫, 沈阳主编2000。

伍雅清 2002 ≪疑问词的句法和语义≫, 湖南教育出版社。

项梦冰 2002 ≪连城客家话完成貌句式的历史层次≫, ≪语言学论丛≫ 第二
十六辑, 商务印书馆。

_____ 2004 ≪闽西方言调查研究≫ 第一辑, 韩国新星出版社。

邢公畹 1984 ≪汉藏系语言及其民族史前情况试析≫, ≪语言研究≫ 第7期。

_____ 1991 ≪关于汉语南岛语的发生学关系问题≫, ≪民族语文≫ 第3期。

_____ 1995 ≪汉苗语语义学比较法试探研究≫, ≪邢公畹语言学论文集≫,
商务印书馆2000。

_____ 1999 ≪汉台语比较手册≫, 商务印书馆。

_____ 2001 ≪汉藏语同源词初探≫。丁邦新、孙宏开主编2001。

邢　凯 2004 ≪语义学比较法≫。丁邦新、孙宏开主编2004。

熊　燕 2003 ≪客、赣方言蟹摄开口四等字今韵母的层次≫, ≪语言学论丛≫
第二十七辑, 商务印书馆。

_____ 2004 ≪客赣方言语音系统的历史层次研究≫, 北京太学中文系博士
论文, 未刊。

徐芳敏　1991　≪闽南厦漳泉次方言白读层韵母系统与上古音韵部关系之研究≫, 台湾大学中国文学研究所博士论文。

徐　峰 2004 ≪汉语配价分析与实践——现代汉语三价动词探索≫, 学林出版社。

徐　杰 2001 ≪普遍语法原则与汉语语法现象≫, 北京大学出版社。

徐赳赳 1990 ≪叙述文中"他"的话语分析≫, ≪中国语文≫ 第5期。

_____ 1995 ≪话语分析二十年≫, ≪外语教学与研究≫ 第1期。

_____ 2001 ≪〈汉语话语语法〉评价≫, ≪外语教学与研究≫ 第5期。

_____ 2003 ≪现代汉语篇章回指研究≫, 中国社会科学出版社。

_____ 2005 ≪汉语联想回指分析≫, ≪中国语文≫ 第3期。

徐烈炯 1988 ≪生成语法理论≫, 上海外语教育出版社。

_____ 1990/1995 ≪语义学≫, 语文出版社。

_____ 1992 ≪汉语语义研究的空白地带≫, ≪中国语文≫ 第5期。

_____ 主编1999 ≪共性与个性——汉语语言学中的争议≫, 北京语言文化大学出版社。

_____ 2002a ≪功能主义与形式主义≫, ≪外国语≫ 第2期。

_____ 2002b ≪汉语是话语概念结构化语言吗？≫, ≪中国语文≫ 第5期。
　　　　徐烈炯、刘丹青主编2003。

徐烈炯、刘丹青 1998 ≪话题的结构与功能≫, 上海教育出版社。

徐烈炯、刘丹青主编 2003 ≪话题与焦点新论≫, 上海教育出版社。

徐烈炯、沈　阳 1998 ≪题元理论与汉语配价问题≫, ≪当代语言学≫ 第3期。

徐　琳、赵衍荪 1984 ≪白语简志≫, 民族出版社。

徐　蓉 2003 ≪宁波城区大众语码转换之调查分析≫, ≪中国语文≫ 第4期。

徐通锵 1991/1996 ≪历史语言学≫, 商务印书馆。

_____ 2001 ≪声调起源研究方法论问题再议≫, ≪民族语文≫ 第5期。

许余龙 2005 ≪篇章回指的功能语用探索——一项基于汉语民间故事和报刊语料的研究≫, 上海外语教育出版社。

薛凤生 1986 ≪北京音系解析≫, 北京语言学院出版社。

雅洪托夫 (S. E. Yakhontov) 1960a ≪上古汉语的复辅音声母≫, [中译本] ≪汉语史论集≫, 北京大学出版社 1986。

_____ 1960b ≪上古汉语的唇化元音≫, [中译本]同上。

雅柯布森(Jacobson, Roman) 1959 ≪类型学研究及其对历史比较语言的贡献≫, 钱军、王力译注 ≪雅柯布森文集≫, 湖南教育出版社2001。

严学窘 1988 ≪原始汉语研究的方向≫, ≪严学窘民族研究文集≫, 民族出版社。

阎淑琴 2002 ≪固原话中的吸气音≫, ≪语言研究≫ 第4期。

杨 抒 1988 ≪自然语言的认知模型≫, ≪计算机科学≫ 第3期。

杨 宁 1990 ≪现代汉语动词的配价≫, 复旦大学博士论文。

＿＿＿＿ 2000 ≪语法配价、参与者和价语≫。沈阳 主编2000。

杨秀芳 1982 ≪闽南语文白系统的研究≫, 台湾大学中国文学研究所博士论文。

＿＿＿＿ 1993 ≪论文白异读≫, ≪王叔岷先生八十寿庆论文集≫"大安出版社(台北)。

游汝杰 2002 ≪汉语方言学导论≫(修订本), 上海教育出版社。

游汝杰、邹嘉彦 2004 ≪社会语言学教程≫, 复旦大学出版社。

徐乃永 1985 ≪上古音系研究≫, 香港中文大学出版社。

余志鸿 1983 ≪元代汉语中的后置词"行"≫, ≪语文研究≫ 第3期。

＿＿＿＿ 1987 ≪元代汉语"一行"的语法意义≫, ≪语文研究≫ 第2期。

＿＿＿ 1992 ≪元代汉语的后置系统≫, ≪民族语文≫ 第3期。

＿＿＿ 1999 ≪元代汉语假设句的后置标记≫, ≪语文研究≫ 第1期。

俞 敏 1980 ≪汉藏两族人和话同源探索≫, ≪俞敏语言学论文集≫, 商务印书馆1999。

＿＿＿＿ 1984a ≪后汉三国梵汉对音谱≫, 同上。

＿＿＿＿ 1984b ≪等韵溯源≫, 同上。

＿＿＿＿ 1989 ≪汉藏同源词谱稿≫, 同上。

袁毓林 1992 ≪现代汉语名词的配价研究≫, ≪中国社会科学≫ 第3期。

＿＿＿ 1993 ≪自然语理解的语言学假设≫, ≪中国社会科学)第1期。

＿＿＿ 1994a ≪一价名词的认知研究≫, ≪中国语文≫ 第4期。

＿＿＿ 1994b ≪句法空位和成分提取), ≪汉语学习≫ 第3期。袁毓林1998e。

＿＿＿ 1995a ≪词类范畴的家族相似性≫, ≪中国社会科学≫ 第1期。

＿＿＿ 1995b ≪现代汉语二价名词研究≫, 沈阳、郑定欧主编1995。袁毓林1998c。

＿＿＿ 1995c ≪谓词隐含及其句法后果——"的"字结构的称代规则和"的

的语法、语义功能≫，≪中国语文≫ 第4期。袁毓林1998c。

_____ 1996a ≪语言的认知研究和计算分析≫，≪语言文字应用≫ 第1期。

_____ 1996b ≪话题化及相关的语法过程≫，≪中国语文≫ 第4期。袁毓林1998c。

_____ 1998a ≪汉语动词的配价层级和配位方式研究≫。袁毓林、郭锐主编1998。

_____ 1998b ≪汉语动词的配价研究≫，江西教育出版社。

_____ 1998c ≪语言的认知研究和计算分析≫，北京大学出版社。

_____ 1998d ≪关于配价语法研究答客问≫。袁毓林1998b。

_____ 2002a ≪论元结构和句子结构互动的动因、机制和条件——表达精细化对动词配价和句式构造的影响≫，徐杰主编 ≪词汇语法语音的相互关联——第二届肯特岗国际汉语语言学圆桌会议论文集≫，北京语言大学出版社。

_____ 2002b ≪汉语话题的语法地位和语法化程度≫，≪语言学论丛≫ 第二十五辑。徐烈炯、刘丹青主编2003。

_____ 2004 ≪容器隐喻、套件隐喻及相关的语法现象——词语同现限制的认知解释和计算分析≫，提交第12届国际中国语言学年会(2002, 日本·名古屋)。≪中国语文≫ 第3期。

袁毓林、郭 锐主编 1998 ≪现代汉语配价语法研究≫ 第二辑, 北京大学出版社。

曾晓渝 1994 ≪汉语水语关系词研究≫，重庆出版社。

翟润梅 2004 ≪太原方言声调的优选论分析≫, 路継伦、王嘉龄主编 ≪现代语音学与音系学研究≫，天津社会科学院出版社。

张伯江 1997 ≪性质形容词的范围和层次)，≪语法研究和探索≫(八)。

_____ 2000 ≪汉语连动式的及物性解释≫，≪语法研究和探索≫(九)。

_____ 2002a ≪施事角色的语用属性≫，≪中国语文≫ 第6期。

_____ 2002b ≪"死"的论元结构和相关句式≫，≪语法研究和探索≫(十一)。

张伯江、方 梅 1996 ≪汉语功能语法研究≫，江西教育出版社。

张光宇 1990 ≪切韵与方言≫,商务印书馆(台北)。

_____ 1996 ≪闽、客方言史稿≫,南天书局(台北)。

张国宪 1993a ≪谈隐含≫，≪中国语文≫ 第2期。

_____ 1993b ≪现代汉语形容词的选择性研究≫，上海师范大学博士论文。

_____ 1995 ≪论双价形容词≫, 沈阳、郑定欧主编1995。

张 琨 1984 ≪论比较闽方言≫, 台湾省 ≪中央研究院历史语言研究所集刊≫ 第55本3分册。

_____ 1985 ≪论吴语方言≫, 台湾省 ≪中央研究院历史语言研究所集刊≫ 第56本2分册。

_____ 1991 ≪再论比较闽方言≫, 台湾省 ≪中央研究院历史语言研究所集 刊≫ 第62本4分册。

张 敏 1998 ≪认知语言学与汉语名词短语≫, 中国社会科学出版社。

_____ 2001 ≪广西玉林话的否定词——兼论南北方言里几项相关的类型差 别≫(未刊稿)。

_____ 2002 ≪上古、中古汉语及现代方言里的"否定—存在演化圈")，载 *Proceedings of International Symposium on the Historical Aspect of the Chinese Language: Commemorating the Centennial Birthday of the Late Professor Li Fang-Kuei,* Vol Ⅱ. Edited by Anne Yue. University of Washington, Seattle.

_____ 2003 ≪历时类型学与汉语历史语法的新课题≫, "汉语史研究的回顾 与展望"国际学术研讨会论文。

张淑敏 1999 ≪兰州话中的吸气音≫, ≪中国语文≫ 第4期。

张新婷 2004 ≪乌回话连读变调和轻声的优选论分析≫, 路継伦、王嘉龄主 编 ≪现代语音学与音系学研究≫, 天津社会科学院出版社。

章炳麟 1924 ≪与汪旭初论阿字长短音书≫, ≪华国月刊≫(上海)一卷五 期。

章士嵘 1992 ≪认知科学导论≫, 人民出版社。

赵元任 1928 ≪现代吴语的研究≫, 北平清华学校研究院。

_____ 1929 ≪韶州和湾头村的调查手稿≫, 转引自余霭芹 ≪韶关方言的变 音初探≫, 中国东南部方言比较研究第九届国际研讨会论文(杭州), 2002年3月。

_____ 1934 ≪音位标音法的多能性≫[中译本], ≪赵元任语言学论文集≫, 商务印书馆2002。英文原文载 ≪史语所集刊≫ 第四本第四分1934。

_____ 1935 ≪中国方言当中爆发音的种类≫, ≪史语所集刊≫ 第五本第四 分。

_____ 1968 *A Grammar of Spoken Chinese*, 吕叔湘译 ≪汉语口语语法≫,

商务印书馆1979。

_____ 1979 ≪汉语口语语法≫, 吕叔湘译, 商务印书馆。

_____ 1980 ≪语言问题≫, 商务印书馆。

_____ 1985 ≪赵元任语言学论文选≫, 中国社会科学出版社。

郑张尚芳 1964 ≪温州音系≫, ≪中国语文≫ 第1期。

_____ 1983 ≪温州方言歌韵读音的分化和历史层次≫, ≪语言研究≫ 第2期。

_____ 1984 ≪上古音构拟小议≫, ≪语言学论丛≫ 第十四辑,商务印书馆。

_____ 1985 ≪浦城方言的南北分区≫, ≪方言≫ 第1期。

_____ 1987 ≪上古韵母系统和四等、介音、声调的发源问题≫, ≪温州师院学报≫ 第4期。

_____ 1988 ≪浙南和上海方言中紧喉浊塞音声母 ʔb、ʔd初探≫, ≪吴语论丛≫, 上海教育出版社。

_____ 1995 ≪汉语与亲属语同源根词及附缀成分比较上的择对问题≫, *Journal of Chinese Linguistics*(U. S. A.)单刊第8号：*The Ancesty Chinese Language.*

_____ 2002a ≪方言介音异常的成因及e>ia、o>ua音变≫, ≪语言学论丛≫ 第二十六辑,商务印书馆。

_____ 2002b ≪汉语方言异常读音的分层及滞古层次分析≫, ≪南北是非: 汉语方言与变化≫, 第三届国际汉学会议论文集语言组。

_____ 2003a ≪汉语与亲属语言比较的方法问题≫,≪南开语言学刊≫ 第2期。

_____ 2003b ≪上古音系≫,上海教育出版社。

钟荣富 1995 ≪优选论与汉语的音系≫, ≪国外语言学≫ 第3期。

周光召 1995 ≪迈向科技大发展的新世纪≫, ≪中国科学报≫5月29日。

周同春 1982 ≪北京语音的音位系统≫, ≪语言文字论文集(下)≫, 北京师范大学出版社。

朱德熙 1956 ≪现代汉语形容词研究≫, ≪语言研究≫ 第1期。≪现代汉语语法研究≫, 商务印书馆1980。

_____ 1961 ≪说"的"≫, ≪中国语文≫ 第12期。

_____ 1982 ≪语法讲义≫, 商务印书馆。

_____ 1985 ≪语法答问≫, 商务印书馆。

_____ 1986 ≪现代书面汉语里的虚化动词和名动词≫,≪语法丛稿≫,上海教育出版社1990。

_____ 1987 ≪现代汉语语法研究的对象是什么？≫,≪中国语文≫ 第5期。

朱伟华 1987 ≪马泰休斯≫,≪国外语言学≫ 第2期。

朱晓农 1987 ≪音标选用和术语定义的变通性≫,≪语文导报≫ 第3期。

_____ 1996 ≪上海音系≫,≪国外语言学≫ 第2期。

_____ 2002a ≪论汉语元音大转移≫,首届历史语言学会议论文(温州)。

_____ 2002b ≪我看流派≫,中国语言学岳麓论坛论文(长沙)。

_____ 2003a ≪颚近音的日化≫,≪汉语史学报≫总第三辑。

_____ 2003b ≪从群母论浊声和摩擦：实验音韵学在汉语音韵学中的实验≫,≪语言研究≫ 第23期。

_____ 2003c ≪解开紧喉之谜≫,第三届吴语国际学术研讨会论文。

_____ 2004a ≪基频归一化: 如何处理声调的随机差异？≫,≪语言科学≫ 3.1。

_____ 2004b ≪论分域四度标调制≫,第12届国际中国语言学学会年会暨第2届汉语语言学国际研讨会论文。

_____ 2004c ≪亲密与高调: 对小称调、女国音、美眉等语言现象的生物学解释≫,≪当代语言学≫ 第3期。

_____ 2004d ≪浙江台州方言中的嘎裂声中折调≫,≪方言≫ 第3期。

_____ 2004e ≪唇音齿龈化和重纽四等≫,≪语言研究≫ 第3期。

_____ 2004f ≪汉语元音的高顶出位≫,≪中国语文≫ 第5期。

_____ 2005 ≪元音大转移和元音高化链移≫,≪民族语文≫ 第1期。

朱晓农、寸 熙 2003 ≪韶关话的小称调和嘎裂声≫,戴昭铭主编 ≪汉语方言语法研究和探索——首届国际汉语方言语法学术研讨会论文集≫,黑龙江人民出版社。

祝畹瑾主编 1987 ≪社会语言学译文集≫,北京大学出版社。

祝畹瑾 1992 ≪社会语言学概论≫,湖南教育出版社。

邹嘉彦、游汝杰 2001 ≪汉语与华人社会≫,复旦大学出版社,香港城市大学出版社。

Anderson, Stephen R. 1981 Why phonology isn't "natural". *Linguistic Inquiry* 12:4.

Aoun, Joseph & Hornstein, Norbet & Sportiche, Dominique 1981 Some aspects of wide scope quantification. *Journal of Linguistic Research* 1.3.

Arnold, Jennifer E & Wasow, Thomas 2000 Heaviness vs. newness: the effects of structural complexity and discourse status on constituent ordering. *Language* 76-1.

Asher, Nicholas. & Lascarides, Alex 2003 *Logics of Conversation.* Cambridge University Press.

Bach, E. 1986 The algebra of events. *Linguistics and Philosophy* 9: 5-16.

Bach, E. & Jelinek, E. & Kratzer, A. & Partee, B. H. (eds.) 1995 *Quantification in Natural Languages Vols*:1&2. Dordrecht: Kluwer Academic Publishers.

Bach, Kent 2000 Quantification, qualification and context: a reply to Stanley and Szabó. *Mind and Language* 15, Nos. 2 and 3.

Barwise J. & R. Cooper 1981 Scenes and Other Situations. *The Journal of Philosophy* 78:7, 369-397.

Barwise J. & R. Cooper 1981 Generalised Quantifiers and Natural Language. *Linguistics and Philosophy* 4.

Baxter, W. H. Ⅲ (白一平)1997 *Old Chinese Origins of the Chinese Chongniu Doublets*: *A study Using Multiple Character Readings.* Cornell University Ph. D. Dissertation.

Bayer, Samuel Louis. 1997 *Confessions of a Lapsed Neo-Davidsonian*: *Events and Arguments in Compositional Semantics.* New York: Garland Publishing Inc.

Benedict, P. K. (白保罗) 1972 *Sino-Tibetan*: *A Conspectus.* Cambridge University Press. 中译本 《汉藏语言概论》, 署"P. K. 本尼迪克特著", "J. A. 马提索夫编", "乐赛月、罗美珍译", "瞿霭堂、吴妙发校", 中国社会科学院民族研究所语言室1984年印行。

Berlin, Brent & Kay, Paul 1969 *Basic Color Terms*: *Their Universality and Evolution.* Berkeley: University of California Press.

Bernardo, Robert 1979 The function and content of relative clauses in spontaneous narratives. *Proceedings of Fifth Annual Meeting of the Berkeley Linguistics Society.*

Bettye, Adrian & Roberts, Ian (eds.). 1995 *Clause Structure and Language Change.* New York: Oxford University Press.

Bezuidenhout, Anne 2002 Truth-conditional pragmatics. In James Tomberlin (ed.), *Philosophical Perspectives, Volume* 16: *Language and Mind*. Oxford: Blackwell.

Bhat, D. N. S. 2000 *Word classes and sentential functions*. In Vogel & Comrie (eds.).

Biq, Yung-O 1990 Question-words as hedges in conversational Chinese: a Q and R exercise. In Lawrence B. Bouton and Yamuna Kachru, eds. , *Pragmatics and language learning*. Urbana: University of Illinois Press.

_____ 1990 The Chinese Third-Person Pronoun in Spoken Discourse, CLS 26, *Proceedings of the 26th Annual Meeting of the Chicago Linguistic Society*.

_____ 1991 The multiple uses of the second person singular pronoun in conversational Mandarin. *Journal of pragmatics* 16.

_____ 1995 Chinese causal sequencing and *yinwei* in conversation and press reportage. *Berkeley Linguistics Society* 21.

_____ 1996 Recent Development in Functional Approaches to Chinese (co-authored with James H-Y. Tai and Sandra A. Thompson). *New Horizons in Chinese Linguistics*. Dordrecht: Kluwer.

_____ 2000 Recent developments in discourse-and-grammar. 汉学研究[*Chinese Studies*] 18.

Bisang, Walter 2002 *Typology*, lecture text for the 7th Summer Institute of the German Linguistic Society.

Blakemore, Diane 1992 *Understanding Utterances*. Oxford: Blackwell.

Bloch, Bernard 1948 A set of postulates for phonemic analysis. *Language* 24.

Bloomfield, L 1927 Literate and Illiterate Speech, *American Speech* 2:4

Blutner, Reinhard. and Henk Zeevat 2004 *Optimality Theory and Pragmatics*. Houndmills, Hampshire & New York: Palgrave Macmillan.

Bolinger, Dwright 1977 *Meaning and form*. (English language series, 11.) London: Longman.

Brazil, D. 1995 *A Grammar of Speech*. Oxford: Oxford University Press.

Brinton, Laurel J. 1996 *Pragmatic Markers in English: Grammaticalization and Discourse Functions*. Mouton de Gruyter.

Bunt, Harry 1995 Formal pragmatics. In Jef Verschueren, Jan-Ola Östman and Jan Blommaert (eds.), *Handbook of Pragmatics(Manual)*. Amsterdam/ Philadelphia: John Benjamins Publishing Company.

Brown, G. & Yule, G. 1983 *Discourse Analysis*. Cambridge: Cambridge University Press.

Bybee, Joan L. 1985 *Morphology: A Study of the relation between meaning and form*. (Typo: ogical studies in language, 9.) Amsterdam: Benjamins.

Bybee, Joan L. & Hopper, P. (eds.) 2001 *Frequency and the Emergence of Linguistic Structure*, Amsterdam/Philadelphia: John Benjamins.

Bybee, Joan L. & Perkins, R. & Pagliuca, w. 1994 *The Evolution of Grammar——— Tense, Aspect, and Modality in the Languages of the World*. Chicago: The University of Chicago Press.

Campbell, Lyle 1999 *Historical Linguistic: An Introduction*. Cambridge, Massachusetts: The MIT Press.

Carston, Robyn 1988 Implicature, explicature, and truth-theoretic semantics. In Ruth Kempson (ed.), *Mental Representations: the Interface between Language and Reality*. Cambridge: Cambridge University Press.

_____ 1995 Postcript to Carston (1988). In Asa Kasher (ed.) (1998) *Pragmatics: Critical Concepts*. Vol. IV. London and New York: Routledge.

_____ 2000 Explicature and semanties. In Corinne Iten and Ad Neeleman (eds.), *UCL Working Papers in Linguistics, Volume* 12. Department of Linguistics and Phonetics, University College, London. Also In S. Davis & B. Gillon (eds.), (forthcoming) *Semantics : A Reader*. Oxford: Oxford University Press.

_____ 2002 *Thoughts and Utterances: the Pragmatics of Explicit Communication*. Oxford: Blackwell.

Catford, John C. 1988 *A Practical Introduction to Phonetics*. Oxford: Clearendon.

Chafe, Wallace 1979 The flow of thought and the flow of language. In T. Givon, ed. , *Discourse and Syntax*. NY: Academic Press.

_____ 1987 Cognitive constraints on information flow. In R. Tomlin, ed. , *Coherence and Grounding in Discourse*. Amsterdam: John Benjamins.

_____ 1994 *Discourse, Consciousness and Time: The Flow and Displacement of Conscious Experience in Speaking And Writing.* Chicago: University of Chicago Press.

Chafe, Wallace & Nichols, J (eds.) 1986 *Evidentiality*: *The linguistic coding of epistemology.* Ablex, Norwood, NJ.

Chambers, J. K. & Trugill, Peter 1998 *Dialectology*, 2nd edition, Cambridge University Press.

Chang, Kuang−yu(张光宇) 1987 *"Comparative Min Phonology"* Ph. D. dissertation. University of California, Berkeley.

Chao, Yuen Ren 1968 *A Grammar of Spoken Chinese.* Berkeley: University of California Press.

_____ 1976 *Aspects of Chinese Sociolinguistics*: Essays by Yuen Ren Chao. Stanford University Press, California.

_____ 1982 *The dialectal nature of two types of tone Sandhi in the Kiangsu Changchow dialect.* (载 ≪清华学报≫ 纪念李方桂先生八十岁生日特刊, 新14卷。)

Chen, Matthew Y.(陈渊泉) 2000 *Tone Sandhi*: *Patterns across Chinese Dialects*, Cambridge University Press. 外语教学与研究出版社2002。

Chen, Ping 1986 *Referent Introducing and Tracking in Chinese Narrative*, Los Angeles: UCLA Ph. D. dissertation.

_____ 1996 Pragmatic interpretations of structural topics and relativization in Chinese. *Journal of Pragmatics* 26.

_____ 2004 Identifiability and definiteness in Chinese, *Linguistics* 42(6).

Cheng, C-C(郑锦全) 1973 *A Synchronic Phonology of Mandarin Chinese.* Mouton: The Hague.

Cheng, Lisa Lai-shen(郑礼珊) 1991 *On the typology of wh-questions*, Doctoral dissertation, MIT.

Chomsky, Noam 1957 *Syntactic structures.* The Hague: Mouton.

_____ 1965 *Aspects of the Theory of Syntax.* Massachusetts: The MIT Press. ≪句法理论的若干问题≫, 黄长著 林书武 沈家煊译, 中国社会科学出版社, 1985年。

_____ 1975 *Reflections on language.* New York: Pantheon.

_____ 1979 ≪句法结构≫, 中国社会科学出版社。

_____ 1981 *Lectures on government and binding*. Dordrecht: Foris Publications.

_____ 1986 《句法理论的若干问题》，中国社会科学出版社。

_____ 1991 Some notes on economy of derivation and representation. In Robert Freidin, ed., *Principles and parameters in comparative grammar*. Cambridge, Mass. : The MIT Press.

_____ 1993a A minimalist program for linguistic theory. In Kenneth Hale and Samuel Jay Keyser, eds. , *The view from Building* 20: *essays in linguistics in honor of Sylvain Bromberger*. Cambridge, Mass. : The MIT Press.

_____ 1993b 《支配和约束论集》，中国社会科学出版社。

_____ 1995 Categories and transformation. In *The Minimalist Program*. Cambridge, Mass. : The MIT Press.

_____ 1998 Some observations on economy in generative grammar. In *Is the best good enough? Optimality and competition in syntax,* eds. Pilar Barbosa et al. Cambridge, Mass. : The MIT Press and MITWPL.

_____ 2000 Minimalist inquiries: the framework. In Roger Martin, David Michaels, and Juan Uriagereka, eds. , *Step by step: essays on minimalist syntax in honor of Howard Lasnik*. Cambridge, Mass. : The MIT Press.

_____ 2001 Derivation by phase. In *Michael Kenstowicz ed. Ken Hale: a life in language*. Cambridge, Mass. : The MIT Press.

_____ 2004 Beyond explanatory adequacy. In *Adriana Belletti, ed. Structures and beyond*. Oxford: Oxford University Press.

Chomsky, Noam & Halle, Morris 1968 *The Sound Pattern of English*(SPE). New York: Harper and Row.

Chomsky, Noam & Lasnik, Howard 1993 The theory of principles and parameters. In Joachim Jacobs, et al. eds. , *Syntax: an international handbook of contemporary research*. Berlin and New York: Walter de Gruyter.

Chu, Chauncey 1976 Some Semantic Aspects of Action Verbs. *Lingua*, Vol 40.

_____ 1998 *A Discourse Grammar of Mandarin Chinese*. New York: Peter Lang Publishing.

Clark, John & Yallop, Colin 1995 *An Introduction to Phonetics and Phonology*,

2nd edition. Oxford: Blackwell.

Clements, G. N. 1990 The role of sonority cycle in core syllabification. In J. Kingston and M. Beckman (eds), *Papers in Laboratory Phonology I : Between the Grammar and Physics of Speech*. Cambridge University Press.

Coblin, W. S. 1986 *A Sinologist's Handlist of Sino-Tibetan Lexical Comparisons*. Monumenta Serica Monograph Series 18. [前兩章有中译本：汉藏语系词汇比较手册: Ⅰ. 导论 Ⅱ. 原始汉藏语音系, ≪音韵学研究通讯≫ 第19、20期合刊, 1996]

Comrie, Bernard. 1981 *Language universals and linguistic typology: Syntax and morphology*. (2d ed., 1989) Chicago: University of Chicago Press. ≪语言共性和语言类型≫, 沈家煊译, 华夏出版社, 1989。

Croft, William 1990 *Typology and Universals*. Cambridge: Cambridge University Press. 国内英文版(中文书名 ≪语言类型学与语言普遍特征≫), 外语教学与研究出版社2001, 含沈家煊中文导读。

_____ 1991 The evolution of negation. *Journal of Linguistics* 27.

_____ 1995 Intonation units and grammatical structure, *Linguistics*, Vol.

_____ 1996 Typology and grammar, In: Keith Brown & Jim Miller (ed.). *Concise Encyclopedia of Syntactic Theories*. Oxford; NewYork : Pergamon.

_____ 2000 *Parts of speech as language universals and as language-particular categories*. In Vogel & Comrie (eds.).

_____ 2000 *Explaining Language Change*: *An Evolutionary Approach*. London: Longman.

_____ 2003 *Typology and Universals, 2nd edition*. Cambridge: Cambridge University Press.

Cun, Xi 2004. *Phonetic Characteristics of the Implosives in Wuchuan Yue*. MPhil thesis, The Hong Kong University of Science and Technology.

Dahl, Östen 1985 *Tense and aspect systems*. Oxford: Blackwell.

Davidson, Donald 1967 The Logical Form of Action Sentences. In N. Rescher (ed.), *The Logic of Decision and Action*. Pittsburgh: University of Pittsburgh Press. Reprinted in: D. Davidson 1980 *Essays on Actions and Events*. Oxford: Claredon Press.

de Lacy, Paul 1999 Tone and prominence. *ROA*-333. Available online:

http://roa.rutgers.edu/

DeLancey, Scott 1981 An interpretation of split-ergativity. *Language* 57.

Dik, Simon C. 1978 *Functional grammar*. (North-Holland linguistic series, 37) Amsterdam: North-Holland.

_____ 1997 *The Theory of Functional Grammar. Part 1: The Structure of the Clause. ed. By Kees Hengeveld, Second, revised version*. Berlin & New York : Mouton de Gruyter.

Dixon, R. M. W. 2004 Adjective classes. In R. M. W. Dixon & Alexandra Y. Aikhenvald (eds.), *Adjective Classes: A Cross-linguistic Typology*. Oxford University Press.

Dowty, David 1979 *Word Meaning and Montague Grammar*. Dordrecht: Reidel.

_____ 1982 Grammatical Relations and Montague Grammar. In P. Jacobson and G. Pullum (eds.), *The Nature of Syntactic Representation*. Dordrecht: Kluwer.

_____ 1989 On the Semantic Content of the Notion of 'Thematic Role'. In G. Chierchia, B. P. Jacobson and G. Pullum (eds.), *The Nature of Syntactic Representation*. Dordrecht: Kluwer.

_____ 1991 Thematic proto-roles and argument selection, *Language* 67.

Dryer, Matthew S. 1992 The Greenbergian word order correlations. *Language*. Vol. 68, Num.1.

_____ 2003 Word order in Sino-Tibetan languages from an typological and geographical perspective. In Graham Thurgood and Randy LaPolla (eds.), *Sino-Tibetan Language*. Richmond: Curzon Press from a typological and geographical perspective.

Duanmu, San 1990 *A Formal Study of Syllable, Tone, Stress and Domain in Chinese Languages*, Doctoral Dis sertation, MIT.

_____ 1997 Phonologically Motivated Word Order Movement: Evidence from Chinese Compounds, *Studies in the Linguistic Sciences*, Vol 27, Nol.

_____ 2000a *The Phonology of Standard Chinese*, Oxford : Oxford University Press.

_____ 2000b Tone: An Overview. in *The first Glot International State-of-the-Article Book*: The Latest in Linguistics, ed. Lisa Lai-Shen

Cheng and Rint Sybesma.

Du Bois, John W. 1980 Beyond definiteness: the trace of identity in discourse. In Chafe, ed., *The Pear Stories: Cognitive, Cultural, and Linguistic Aspects of Narrative Production*. Norwood: Ablex Publishing Corporation.

_____ 1987 The discourse basis of ergativity, *Language* 63.

Du Bois, John W. & Thompson, Sandra A. 1993 *Dimensions of a theory of information flow*. University of California, Santa Barbara. MS.

Egerod, S. 1983 The Nanxiong dialect. *Fangyan* 2.

Erbaugh, Mary S. 1987 Psycholinguistic evidence for foregrounding and backgrounding, *Coherence and Grounding in Discourse*. John Benjamins.

Fallon, Paul D. 2002 *The synchronic and Diachronic phonology of ejectives.* New York: Routledge.

Fauconnier, G. 1985 *Mental Spaces: Aspects of Meaning Construction in Natural Language*. Cambridge, Mass. : MIT Press.

Ferguson, Charles A. 1963 Assumptions about nasals: a sample study in phonological universals. In Greenberg, ed. *Universals of Language*. Cambridge, Mass.

Finegan, Edward 1995 Subjectivity and subjectivisation: an introduction. In Stein & Wright 1995.

Fodor, D. Janet 1995 Comprehending Sentence Structure, in Lira R. Gleitman and Mark Liberman(1995) *An Invitation to Cognitive Science,* Vol. I: *Language.* The MIT Press.

Fodor, Jerry 1975 *The Language of Thought.* New York: Crowell.

Foley, James 1977 *Foundation of Theoretical Phonology.* Cambridge University Press.

Foley, William A. & Robert, D. & Van Valin, Jr. 1984 *Functional syntax and universal grammar.* (Cambridge studies in linguistics, 38) Cambridge & New York: Cambridge University Press.

Ford, Cecilia. & Thompson, Sandra A. 1986 Conditionals in discourse: A text-based study from English. In E. C. Traugott, Meulen A. ter, Reilly J. S., Ferguson C. A. (eds.), *On conditionals.* Cambridge: Cambridge University Press.

Fold, C. A., Fox, B. A. & Thompson, S. A. 2002 Constituency and the grammar of turn increments. In C. A. Ford, B. A. Ford and S. A Thompson (eds.), *The Language of Turn and Sequence.* New York: Oxford University Press.

Fox, Barbara A. & Thompson, Sandra A. 1990a A discourse explanation of the grammar of relative clauses in English conversation. *Language* 66.

_____ 1990b On formulating reference: an interactional approach to relative clauses in English conversation. *Pragmatics* 4.

Francis, W. N. 1983 *Dialectology: An Introduction,* Longman.

Fraser, Bruce 1996 Pragmatic Markers, *Pragmatics* 6.

Gabbay, Dov. (forthcoming). *A Practical Logic of Cognitive Systems. Volume 2. The Reach of Abduction: Insight and Trial.* Amsterdam et al. : North-Holland (Elsevier Science).

Gabbay, Dov. & Woods, John 2003 *A Practical Logic of Cognitive Systems. Volume 1. Agenda Relevance: a Study in Formal Pragmatics.* Amsterdam et al. : North-Holland(Elsevier Science).

Gardner 1985 *Mind's New Science,* Basic.

Gazdar, G. & Mellish, C. 1987 Computational linguistics, in J. Lyons, etc. (ed.), *New Horizons in Linguistics* 2. Penguin Books.

Gerritsen, Marunel & Stein, Dieter (eds.). 1992 *Internal and External Factors in Syntactic Change.* Berlin; New York: Mouton de Gruyter.

Givón, Talmy 1971 Historical syntax and synchronic morphology: an archaeologist's field trip. *Chicago Linguistic Society* 7.

_____ 1975 Serial verbs and syntactic change: Niger-Congo. In Charles N. Li (ed.), *Word Order and Word Order Change.* Austin and London: University of Texas Press.

_____ 1977 The drift from VSO to SVO in Biblical Hebrew: The pragmatics of tende-aspect. In Li.

_____ 1979 *On Understanding Grammar.* New York: Academic Press.

_____ 1983 Topic continuity in discourse: an introduction. In Givon, Talmy ed. *Topic Continuity in Discourse: A quantitative cross-language study.* John Benjamins Pulishing Co.

_____ 1984 *Syntax: A functional-typological introduction,* vol. 1. Amsterdam:

Benjamins.

  _____ 1987 Beyond foreground and background, In Russell S. Tomlin (ed.), *Coherence and Grounding in Discourse*. John Benjamins.

Goldberg, Adele E. 1995 *Constructions*: *A Construction Grammar Approach to Argument Structure*. Chicago: The University of Chicago Press.

Goldsmith, John 1976 *Autosegmental Phonology*. PhD. dissertation, MIT. 又见于: the Indiana University Linguistics Club, Bloomington, Indiana.

Greenberg, Joseph H. 1963 Some universals of grammar with particular reference to the order of meaningful elements. In Greenberg (ed.), *Universals of Language,* Cambridge, Mass. : M. I. T. Press. 中文本 ≪某些主要与词序有关的语法普遍现象≫, 陆丙甫、陆致极译, ≪国外语言学≫ 1984年第2期。

  _____ 1978 How does a language acquire gender markers. In J. Greenberg, C. Ferguson, and Emor-avcsik(eds.), *Universals of human language*, Vol. III. Stanford: Stanford University Press.

  _____ 1980 Circumfixes and typological change. In Elizabeth Traugott, Rebecca Labrum and Susan Shepherd(eds.), *Papers from the Fourth International Conference on Historical Linguistics.* Amsterdam: Benjamins.

Greenberg, Joseph H. et al. ,eds. 1978 *Universals of human language.* 4 vols. Stanford, Calif. : Stanford University Press.

Grice, Paul 1975 Logic and conversation. In Peter Cole and Jerry Morgan (eds.), *Syntax and Semantics* 3: *Speech Acts.* New York: Academic Press. Also in Grice 1989.

  _____ 1989 *Studies in the Way of Words.* Cambridge, Mass. : Harvard University Press.

Grishman, Ralph 1986 *Computational Linguistics* : *An Introduction.* Cambridge University Press.

Haboud, Marleen 1997 Grammaticalization, clause union and grammatical relations in Ecuadorian Highland Spanish, in Givón ed. *Grammatical relations*: *a Functionalist Perspective.* Amsterdam; Philadelphia: J. Benjamins.

Haiman, John 1985 *Natural syntax*: *Iconicity and erosion.* (Cambridge studies in linguistics.) Cambridge & New York: Cambridge University Press.

Halle, Morris 1962 Phonology in Generative Grammar. *Word* 18.

_____ 1973 A Window into Man's Mind. In Eric P. Hamp (ed.), *Themes in Linguistics*: 1970s, Mouton. ≪洞察人类心智的窗口≫, ≪国外语言学≫1984年第1期。

Halliday, Michael A. K. 1985 *An introduction to functional grammar.* London: Arnold.

Halvorsen, Per-Kristian 1988 Computer applications of linguistic theory. In F.J. Newmeyer (ed.), *Linguistics*: *The Cambridge Survey,* Vol. II, *Linguistic Theory*: *Extentions and Implications.* Cambridge University Press.

Hardcastle W. & Laver, J. (eds.) 1997 *The Handbook of Phonetic Sciences.* Oxford: Blackwell.

Harris, Alice. C. 2003 Cross-linguistic perspectives on syntactic change. In Joseph & Janda.

Harris, Alice. C. & Lyle, Campbell 1995 *Historical Syntax in Cross-linguistic Perspective.* Cambridge: Cambridge University Press.

Haspelmath, Martin 2000 Coordination. To appear in: Timothy Shopen (ed.), *Language typology and linguistic Description.* 2nd ed. Cambridge: Cambridge University Press.

Hauser, Marc D. & Chomsky, Noam & Fitch, W. Tecumseh 2002 The faculty of language: what is it, who has it, and how did it evolve? *Science.*

Hawkins, John A. 1983 *Word Order Universals.* New York: Academic Press.

_____ 1990 A parsing theory of word order universals, *Linguistic Inquiry.*

_____ 1994 *A Performance theory of Order and Constituency.* Cambridge: Cambridge University Press.

Hayes, B. 1984 The Phonology of Rhythm in English. *Linguistic Inquiry.* Vol. 15.

Heim, I. R. 1982 *The Semantics of Definite and Indefinite Noun Phrases.* PhD. Dissertation, University of Massachusetts, Amherst.

Heine, Bernd 1994 *A Performance theory of Order and Constituency.* Cambridge: Cambridge University Press.

_____ 1997 *Cognitive Foundations of Grammar.* New York: Oxford University

Press.

_____ 2003 *Grammaticalization.* In Joseph & Janda.

Heine, Bernd & Kuteva, Tania 2002 *World lexicon of grammaticalization.* Cambridge: Cambridge University Press.

Heine, Bernd & Reh, Mechthild 1984 *Grammaticalization and Reanalysis in African languages.* Hamburg: Helmut Buske Verlag.

Heine, Bernd & Clandi, Ulrike & Hunnemeyer, Friederike 1991 *Grammaticalization : A conceptual Framework.* Chicago: University of Chicago Press.

Herburger, Elena 2000 *What Counts*: *Focus and Quantification* Cambridge: MIT Press.

Herring Susan C. 1991 The grammaticalization of rhetorical questions in Tamil. In Traugott & Heine 1991a.

Higginbotham, James & May, Robert 1981 Questions, quantifiers and crossing. *Linguistic Review* 1.

Higginbotham, James 1983 The logic of perceptual reports: An extensional alternative to situation semantics. *Journal of Philosophy* 80.

Higginbotham, James & Pianesi, F. & Varzi, A. C. (eds.) 2000 *Speaking of Events.* Oxford University Press.

Ho, Dah-an 1996 Stages and Strata in Dialect History—Case Studies of Heng County, Da County and Shipo, *English Translation by George hayden*, in James Huang & Audrey Li (eds.), *New Horizons in Chinese Linguistics.* Dordrecht: Kluwer.

Hobbs, Jerry 2004 Abduction in natural language understanding. In Laurence Horn and Gregory Ward (eds.), *The Handbook \of Pragmatics.* Oxford: Blackwell.

Hodge, Carleton T. 1970 The linguistic cycle. *Language Sciences* 13.

Holt, David Eric 1997 *The Role of The Listener in The Historical Phonology of Spanish and Portuguese*: *An Optimality-Theoretic Account.* Doctorial Dissertation, Georgetown University.

Homber, Jean-Marie 1978 Consonant types, vowel quality, and tone. In Fromkin, V. (ed), *Tone*: *A Linguistic Survey.* New York: Academic Press.

Hombert, Jean-Marie & Ohala, John & Ewan, William 1979 Phonetic explanations for the development of tones. *Language* 55.

Hopper, Paul J. Aspect and foregrounding in discourse. In Talmy Givon (ed.), Syntax and Semantics, Vol.12 : *Discourse and Syntax.* Academic Press.

_____ 1979 Aspect and foregrounding in discourse, T. Givon (ed.), *Syntax and semantics,* Vol. 12.

_____ 1987 Emergent grammar, *Berkeley Linguistic Society* 13.

_____ 1988 Emergent grammar and the A Priori Grammar constraint. In Deborah Tannen (ed.), *Linguistics in context: connecting observation and understanding.* Norwood, NJ: Ablex.

_____ 1991 On some principles of grammaticalization. In: Traugott & Heine (1991b).

_____ 1997 Diachronic and typological implications of foregrounding construction, The International Conference on Historical Linguistics, Hamburg.

_____ 1998 Emergent grammar. In Michael Tomasello (ed.), *The new psychology of language: cognitive and functional approaches to language structure.* Mahwah, NJ: Lawrence Erlbaum.

Hopper, Paul J. & Thompson, Sandra A. 1980 Trasitivity in grammar and discourse, *Language vol. 56, No.* 2.

Hopper, Paul J. & Traugott, Elizabeth C. 1993 *Grammaticalization.* Cambridge: Cambridge University Press.

Hopper, Paul J. & Traugott, Elizabeth C. 2003 *Grammaticalization*, 2nd edition. Cambridge: Cambridge University Press.

Hornstein, Norbert 2001 *Move! A minimalist theory of construal.* Malden, Mass. and Oxford: Blackwell.

Hsu. Hui-li(許慧丽) 1990 *Dialect Mixture—A Case Study of the initial System of the Jiajyang Dialect* M. A. thesis. National TsingHua University.

Huang, C.-T. James 1982 *Logical relations in Chinese and the theory of grammar.* Doctoral dissertation, MIT.

Huang, Y. 1994 The *Syntax and pragmatics of anaphora.* Cambridge: Cambridge University Press.

_____ 2000 *Anaphora: a cross-linguistic study.* Oxford University Press.

Jakobson, R., Fant, G. & Halle, M. 1952 *Preliminaries to Speech Analysis, the Distinctive Features and their Correlates,* MIT Acoustic Laboratory, Tech. Report no. 13.

Jakobson, Roman 1962 *Selected Writings* 1: *phonological studies.* The Hague: Mouton.

Jespersen, Otto 1904 *Lehrbuch der Phonetik.* Leipzig and Berlin Cited in Lavoie 2001.

Jiang-King, Ping 1996 *An Optimality Account of Tone-Vowel Interaction in Northern Min.* Doctoral Dissertation, University of British Columbia.

_____ 1998 An Optimality Account of Tone-Vowel Interaction in Fuzhou. *Proceedings of South Western Optimality Theory Workshop.* University of Arizona Coyote Working Papers.

_____ 1999a *Tone-Vowel Interaction in Optimality Theory.* LINCOM Studies In Theoretical Linguistics, Monograph 16. Muenchen: LINCOM EUROPA, Germany. Reprint 2002.

_____ 1999b Universal constraints on tonal inventories across Chinese dialects. Paper presented at the 22nd *Colloquium of the General Linguistics in the Old World(GLOW22).* ZAS, Berlin, Germany.

_____ 1999c Sonority constraints on tonal distributions across Chinese dialects. *WCCFL XVII,* Stanford University CSLI Publication.

Johnson, Mark 1987 *Body in the Mind: The bodily Basis of Meaning, Imagination, and Reason.* Chicago University Press.

Joos, Martin (ed.) 1957 *Readings in Linguistics.* Washington: American Council of Learned Societies.

Joseph, Brian D & Janda, Richard D. (eds.) 2003 *The handbook of Historical Linguistics.* Blackwell Publishing.

Kayne, Richard S. 1994 *The antisymmetry of syntax.* Cambirdge, Mass.: The MIT Press.

Keenan, Edward L. 1985 Relative clause. In Shopen (ed.), *Typology and Syntactic Description Vol.* II: *Complex Construction.* Cambridge University Press.

Keenan, Edward L. & Comrie, Bernard 1977 Noun phrase accessibility and universal grammar. *Linguistic Inquiry* 8.

Kehler, Andrew 2002 *Coherence, Reference, and the Theory of Grammar.* Stanford, California: CSLI Publications.

Kemmer, Suzanne 1993 *The middle voice: A typological and diachronic study.* Amsterdam: Benjamins.

Kempson, Ruth 1996 Semantics, pragmatics, and natural language interpretation. In Shalom Lappin (ed.), *The Handbook of Contemporary Semantic Theory.* Oxford: Blackwell.

King, Robert 1969 *Historical Linguistics and Generative Grammar.* Englewood Cliffs; NJ: Prentice Hall.

Kiparsky, Paul 1968 Tense and mood in Indo-European syntax. *Foundations of Language* 4.

Klima, Edward 1964 Relatedness between grammatical systems. *Language* 45.

_____ 1965 *Studies in diachronic transformational syntax.* Harvard University dissertation.

Kortmann, Bernd 1999 Typology and Dialectology. In B. Caren (ed.), *Proceedings of the 16th International Congress of Linguists, Paris* 1997. CD-ROM. Amsterdam: Elsevier Science. 中译文刊于 ≪方言≫ 2004年第2期, 刘海燕译, 刘丹青校注。

Kratzer, Angelika 1991 The Representation of Focus. In A. von Stechow and D. Wunderlich (eds.), *Semantik/Semantics*: *An International Handbook of Contemporary Research.* Berlin: Walter de Gruyter.

Kuno, Susumu 1980 Functional syntax. In Edith A. Moravcsik & Jessica R. Wirth (eds.), *Current approaches to syntax*(Syntax and semantics, 13). New York: Academic Press.

Labov, W. 1972 *Sociolinguistic Patterns.* Philadelphia: U. of Pennsylvania Press.

_____ 1994 *Principals of Linguistic Change*: Internal Factors. Cambridge, MA: Blackwell. (volume 1, Internal factors, Oxford Basil Blackwell.)

Ladefoged, Peter 1982 *A course in Phonetics.* 2nd edition, London.

_____ 1997 Linguistic phonetic description. In Hardcastle, W. & J. Laver (eds.) 1997.

Lai, Wing-Sze 2004 *Tone-Stress Interaction*: *A study of English Loanwords in Cantonese*. M. Phil Thesis, Chinese University of Hong Kong.

Lakoff, George 1987 *Woman, Fire, and Dangerous Things*. Chicago University Press.

Lakoff, George & Johnson, Mark 1980 *Metaphors We Live By*. Chicago University Press.

Lakoff, Robin 1968 *Abstract Syntax and Latin Complementation*. Cambridge: MA: MIT Press.

Landman, Fred 2000 *Events and Plurality: the Jerusalem Lectures*. Dordrecht: Kluwer.

_____ 1992 The progressive. *Natural Language Semantics* 1.

Langacker, Ronald 1987 *Foundations of Cognitive Grammar*. Vol.1. Stanford: Stanford University Press.

Lasnik, Howard 1999 *Minimalist analysis*. Malden and Oxford: Blackwell Publishers.

Lavoie, Lisa M. 2001 *Consonant strength*. New York: Garland.

Leben, W. 1971 Suprasegmental and Segmental Representation of Tone. *Studies in African Linguistics*, supp. 2.

_____ 1973 *Suprasegmental Phonology*, PhD. dissertation, MIT.

Lee, Thomas Hun-tak 1986 *Studies on quantification in Chinese*. Doctoral dissertation, University of California, Los Angeles.

Leech, Geoffrey 1983 *Principles of Pragmatics*. London: Longman.

Lehiste, Ilse 1970 *Suprasegmentals*. Cambridge, MA: MIT Press.

Hehmann, Christian 1985 Grammaticalization: synchronic variation and diachronic change. *Lingua e Stile* 20.

_____ 1989 Towards a typology of clause linkage. In Haiman & Thompson, (eds.), *Clause combining in Grammar and Discourse*. Amsterdam: Benjamins.

_____ 1995[1982] *Thoughts on Grammaticalization*. Munich: Lincom Europa.

Lerner, Gene H. 1991 On the syntax of sentences-in-progress. *Language in Society* 20.

Leuschner, Torsten 1998 At the boundaries of grammaticalization: What interrogatives are doing in concessive conditionals. In Anna Giacalone

Ramat & Paul J. Hopper (eds.), *The limits of grammaticalization*. Amsterdam and Philadelphia: Benjamins.

Lewis, David. 1969 *Convention: a Philosophical Study*. Oxford: Blackwell.

_____ 1975 Adverbs of Quantification. In E. Keenan (ed.), *Formal Semantics of Natural Language*. Cambridge: CUP.

Li, Charles N. (ed.) 1975 *Word order and word order change*. Austin: University of Texas Press.

_____ 1976 *Subject and Topic*. New York: Academic Press.

Li, Charles N. & Thompson, Sandra A. 1974a *An explanation of word order change*. Foundations of Language 12.

_____ 1974b Historical change of word order: a case study of Chinese and its implications. In J. M. Anderson and C. Jones (eds.), *Historical linguistics: proceedings of the first International Conference on Historical Linguistics, vol. I: Syntax, morphology, internal and comparative reconstruction*. Amsterdam: North Holland.

_____ 1976a Development of the causative in Mandarin Chinese: Interaction of diachronic processes in Syntax. In Masayoshi Shibatani (ed.), *The grammar of causative constructions*. New York: Academic Press. (Syntax and Semantics, vol.6)

_____ 1976b *Subject and topic: a new typology of language*. In Li (ed.) 1976.

_____ 1979 Third-person pronouns and zero anaphora in Chinese discourse. In *Syntax and Semantics Vol.12: Discourse and Syntax*, Academic Press.

_____ 1981 *Mandarin Chinese: a functional reference grammar*, Berkeley and Los Angeles: University of California Press.

Li, Charles N. & Thompson, Sandra A. & Thompson, R. McMillan 1982 The Discourse Motivation for the Perfect Aspect: the Mandarin Particle *le*, in Paul J. Hopper (ed.), *Tense-Aspect: Between Semantics and Pragmatics*, Amsterdam: John Benjamins Publishing Company.

Lichtenberk, Frantisek. 1991 On the gradualness of grammaticalization. In Traugott & Heine(1991b).

Li, F. -K. 1937 Languages and Dialects of China. *Journal of Chinese Linguistics*(U.S.A.), Vol. 1.

_____ 1977 A Handbook *of Comparative Tai,* The University Press of Hawaii.

Lightfoot, David. 1979 Principles of diachronic syntaxt. Cambridge, UK: Cambridge University Press.

Li, Yen-hui Audrey 1990 *Order and constituency in Mandarin Chinese.* Dordrecht: Kluwer Academic Publishers.

Lin,H. (林华) 1992 *On the Nature of Mandarin Tone and Tone Sandhi.* PhD. dissertation, University of Victoria, Canada.

Liu, Danqing 2004 Identical Topics: A More Characteristic Property of Topic Prominent Languages. *Journal of Chinese Linguistics* 32.

Lu, Bingfu 1998 *Left-right Asymmetries of Word Order Varaiation: A Functional Explanation.* PhD. Dissertation, University Of Southern California.

Lu, Bingfu & Duanmu, San 1991 A Case Study of the Relation between Rhythm and Syntax in Chinese. Paper presented at the *Third North America Conference on Chinese Linguistics*, Ithaca.

Lyons, John 1968 *Introduction to Theoretical Linguistics*, Cambridge University Press.

_____ 1977 *Semantics.* 2 vols. Cambridge: Cambridge University Press.

_____ 1982 Deixis and subjectivity: Loquor, ergo sum? In R. J. Jarvella & W. Klein (eds.), *Speech, place, and action : Studies in Deixis and related Topics.* Chichester and New York: John Wiley.

Maddieson, Ian 1984 *Patterns of Sounds.* Cambridge University Press.

Mallinson, Graham, & Blake, Barry J. 1981 *Language typology: Cross-linguistic studies in syntax.* (North-Holland linguistic series 46) Amsterdam: North-holland.

Mann, William & Thompson, Sandra 1988 Rhetorical structure theory: toward a functional theory of text organization. *Text* 8(3).

Martin, Roger & Uriagereka, Juan 2000 Some possible foundations of the minimalist program. In Roger Martin, David Michaels, and Juan Uriagereka (eds.), *Step by step : essays, on minimalist syntax in honor of Howard Lasnik.* Cambridge, Mass. : The MIT Press.

Mathesius, Vilém 1930 On linguistic characterology, with illustrations from modern English, In A *Prague School reader in linguistics*, edited by Josef

Vachek., Bloomington: Indiana University Press 1964.

Matisoff, James A. 2003 *Handbook Proto-Tibeto-Burman——System and Philosophy of sino-Tibetan Reconstruction*. University of California Press.

May, Robert 1985 *Logical Form: its structure and derivation*. Cambridge, Mass. : MIT Press.

McCarthy, John J. & Prince Alan. 1993 Prosodic Morphology I: Constraint Interaction and satisfaction. Report No. RuCCS-TR-3. New Brunswick, NJ: Rutgers University Center for Cognitive Science.

McCarthcy, John J. 2002 *A Thematic Guide to Optimality Theory*. Cambridge: Cambridge University Press.

McCawley, James 1992 Justifying parts-of-speech assignments in Mandarin Chinese, *Journal of Chinese Linguistics*, Vol.20, No.2. ≪汉语功能语法≫, 张伯江、方梅译, 江西教育出版社1996。

Mei, T. L. 1970. Tones and prosody in Middle Chinese and the origin of the rising tone. *Harvard Journal of Asian Studies* 30.

Meillet, Antione 1912 L'évolution des formes grammaticales. reprinted in Meillet 1958 Linguistique historique et linguistique générale. Paris: Champion.

Meyer, Charles F. & Tao Hongyin 2005 Response to Newmeyer's "Grammar is grammar and usage is usage". *Language*, 81.

Miller, Jim & Weinert, Regina 1998 *Spontaneous Spoken Language: syntax and discourse*, Clarendon Press, Oxford.

Milroy,L. 1980 *Language and Social Networks,* Oxford: Blackwell.

Mithun, Marianne 1991 Active/agentive case marking and its motivations. *Language* 67.

Nakajima, M. 1983 The southern Chekiang dialect. *Institute for the study of languages and cultures of Asia and Africa*. Tokyo: Tokyo Gaikokugo Daigaku.

Nespor & Vogel 1986 *prosodic Phonology*. Foris.

Newman, John. 1993 The semantics of giving in Mandarin. In R. A. Geiger and B. Rudzka-Ostyn (eds.), *Conceptualizations and mental processing in Language*. Berlin and New York: Mouton de Gruyter.

Newmeyer, J. Frederick. 1999 Some remarks on functionalist‐formalist controversy in linguistics. *Functionalism and Formalism in Linguistics*, edited by Darnell, Michael, Edith Moravscik, Michael Noonan, Frederick J. Newmeyer and Kathleen M. Wheatley. John Benjamins.

_____ 2003 Crammar is grammar and usage in usage. *Language* 79.

Nichols, Johanna, & Woodbury, Anthony (eds.) 1985 *Grammar inside and outside the clause*: *Some approaches to theory from the field*. Cambridge & New York: Cambridge University Press.

Noonan, Michael 1999 Non-structuralist Syntax. *Functionalism and Formalism in Linguistics*, edited by Darnell, Michael, Edith Moravscik, Michael Noonan, Frederick J. Newmeyer and Kathleen M. Wheatley. John Benjamins.

Norman, Jerry 1979 《闽语词汇的时代层次》, 《方言》 第4期(原文为英文, 梅祖麟1994年译为中文, 发表在台湾 《大陆杂志》88卷第2期)。

O'Dowd, Elizabeth M. 1998 *Prepositions and particles in English*: *a discourse-functional account*. Oxford University Press.

Ochs, Elinor & Schegloff, Emanuel & Thompson, Sandra A. (eds.) 1996 *Interaction and Grammar*, Cambridge: Cambridge University Press.

Ohala, John 1981 The listener as a source of sound change. In *Papers form the Parasession on Language and Behavior*, *Chicage Linguistic Society*, edited by C. Masek *et al*. Chicago Linguistic Society, the University of Chicago.

_____ 1983 The origin of sound patterns in vocal tract constraints. In P.E. MacNeilage (ed.), *The production of Speech*, New York: Springer Verlag.

_____ 1989 Sound change is drawn from a pool of synchronic variation. L. E. Breivik & E. H. Jahr (eds.), *Language Change*: *Contributions to the Study of its Causes*. Berlin: Mouton de Gruyter.

_____ 1990 There is no interface between phonology and phonetics: a personal view. *Journal of Phonetics* 18.

_____ 1993 The phonetics of sound change. In Charles Jones (ed.), *Historical Linguistics*: *Problems and Perspectives*. London: Longman.

Ono, Tsyoshi & Thompson, Sandra A. 1994 What can conversation tell us about syntax? In Philip W. Davis (ed.), *Descriptive and Theoretical Modes in Alternative Linguistics*, John Benjamins.

Padgett, Jaye. & Zygis, Marzena 2003 The evolution of sibilants in Polish and Russian. In Hall, T.A. & S. Hamann (eds.), *ZAS Papers in Linguistics* 32.

Pan, Haihua 1993 Interaction between Adverbial Quantification and Perfective Aspect. In Stvan L.S. (ed.), *Proceedings of the third Annual Linguistics Society of Mid-America Conference, Northwestern U.* Bloomington: Indiana U Linguistics Club Publications.

Parikh, Prashant 2001 *The Use of Language.* Stanford, California: CSLI Publications.

Parons, Terence 1990 *Events in the Semantics of English. A Study in Subatomic Semantics.* Cambridge. The MIT Press.

_____ 1986 Ambiguous pseudoclefts with unambiguous"be". In S. Berman, J. W. Choe and J. Mcdonough (eds.), *Proceedings of NELS* 16.

Partee, Barbara H. 1986 "Ambiguous pseudoclefts with unambiguous 'be'." In S. Berman, J. W. Choe and J. McDonough (eds.), *Proceeding of NELS* 16.

_____ 1989 Many Quantifiers. *Proceedings of ESCOL'* 88. Linguistics Department, Ohio State University, Columbus.

_____ 1991 Topic, Focus and Quantification. In S. Moore and A. Wyner (eds.), *Proceedings of Semantics and Linguistic Theory(SALT)*1, Cornell Working Papers in Linguistics 10, Department of Modern Languages and Linguistics, Cornell University, Ithaca.

_____ 1995 Quantificational Structures and Compositionality. In E. Bach, E. Jelinek, A. Kratzer and B. H. Partee (eds.), *Quantification in Natural Languages.* Dordrecht: Kluwer Academic Publishers.

Payne, Thomas E. 1997 *Describing Morphosyntax: A Guide for Field Linguistics*, Cambridge University Press.

Peyraube, Alain 1997 Cantonese post-verbal adverbs. In Anne O Yue and Mitsuki Endo (eds.), *In memory of Mantaro J. Hashimoto.* Tokyo: Uchiyama Shoten.

Piattelli-Palmarini, Massimo (ed.) 1980 *Language and Learning: The Debate between Jean Piaget and Noam Chomsky*, Harvard University Press.

Pollock, Jean-Yves 1989 Verb movement, Universal Grammar, and the structure of IP. *Linguistic Inquiry 20.*

Potts, Christopher 2003 *The Logic of Conventional Implicatures.* Ph.D. dissertation, University of California at Santa Cruz.

Prince, Alan. & Smolensky, Paul 1993 *Optimality Theory: Constraint Interaction in Generative Grammar.* Technical report, Rutgers University Center for Cognitive Science. Available on Rutgers Optimality Archive, ROA-537.

_____ 1997 Optimality: From Neural Networks to Universal Grammar. *Science* Vol. 275.

_____ 2004 *Optimality Theory: Constraint Interaction in Generative Grammar.* Malden, Mass., and Oxford, UK: Blackwell. [Revision of 1993 Technical report, Rutgers University Center for Cognitive Science]

Recanati, Francois 1993 *Direct Reference: from Language to Thought.* Oxford: Blackwell.

_____ 2002 Unarticulated constituents. *Linguistics and Philosophy 25.*

_____ 2003 Literalism and contextualism: some varieties. In Gerhard Preyer (ed.), *Contextualism.* Oxford University Press.

_____ 2004 *Literal Meaning.* Cambridge University Press.

Roberts, Ian 1993 A formal account of grammaticalization in the history of Romance futures. *Folia Linguistica Historica* 13.

Rose, Phil 1992 Bidirectional Interaction between Tone and Syllable-Coda: Acoustic Evidence from Chinese. In J. Pittam (ed.), *Proc. 4th Australian Intl. Conf. on Speech Science and Technology.* Australian Speech Science and Technology Association.

_____ 2002 *Forensic speaker identification.* London: Taylor& Francis.

Rothstein, Susan 1995 Adverbial quantification over events. *Natural Language Semantics* 3.

_____ (ed.) 1998 *Events and Grammar.* Dordrecht: Kluwer Academic Publishers.

_____ 2001 *Predicates and their Subjects.* Dordrecht: Kluwer Academic Publishers.

_____ (ed.) 2004 *Structuring Events.* Oxford: Blackwell Publishing.

Sakcs, H. & Schegloff, E. A. & Jefferson, G. 1974 A simplest systematics for the organization of turn-taking for conversation, *Language* 50.

Saeed, John. 1997 *Semantics*. Blackwell Publishers.

Sagart, Laurent 1986 On the departing tone. *Journal of Chinese Linguistics* 14, 1.

Schiffrin, Deborah 1987 *Discourse Markers*. Cambridge University Press.

Schwartz, Linda 1981 Readings in language typology/language universals. *Innovations in Linguistics Education* 2. In Shopen, Timothy (ed.) 1985 *Language typology and syntactic description*. 3 vols. Cambridge & New York: Cambridge University Press.

Selkirk E. 1978 On Prosodic Structure and its Relation to Syntax Structure. in *Nordic Prosody* II, In Fretheim, T. (ed.), Trondheim.

Shi, Dingxu 1989 Topic chain as a syntactic category. *Journal of Chinese Linguistics*, 17(2)

_____ 2000 Topic and topic-comment constructions in Mandarin Chinese, *Language* 76.

Shopen, Timothy (ed.) 1985 *Language typology and syntactic description*. 3vols. Cambridge & New York: Cambridge University Press.

Simpson, Andrew 2001 Focus, presupposition and light predicate raising in East and Southeast Asia. *Journal of East Asian Linguistics* 10.

Smith, Carlota S. 1991/1997 *The Parameter of Aspect*. 2nd ed. Dordrecht: Kluwer Academic Publishers.

Sommerstein, A. H. 1977 *Modern phonology*. Baltimore: University Park Press.

Sperber, Dan. & Wilson, Deirdre 1986/1995 *Relevance: Communication and Cognition*. Oxford: Blackwell. Second Edition. ≪交际：关系与认知≫, 丹·斯波伯、迪杰尔·威尔逊(合著), 蒋严(译), 中国社会科学出版社, 2012。

Stanley, Jason 2000 Context and logical form. *Linguistics and Philosophy* 23.

_____ 2002 Making it articulated. *Mind and Language* 17, Nos. 1 and 2.

Stanley, Jason & Szabó, Zoltán 2000 On quantifier domain restriction. *Mind and Language* 15, Nos. 2 & 3.

Stein, Dieter & Wright, Susan (eds.) 1995 *Subjectivity and Subjectivisation in Language*. Cambridge: Cambridge University Press.

Stockholm, Lund 1964 Dialect Study and Linguistic Geography, 载 *New Trends in Linguistics*.

Stone, Matthew 1998 *Modality in Dialogue: Planning, Pragmatics and Computation*. Ph. D. Dissertation, University of Pennsylvania.

Sun, Chao-Fen & Givón, Talmy 1985 On the called SOV word order in Mandarin Chinese: a quantified text study and its implications. *Language* 61.

Sun, Jingtao 1999 *Reduplication in Old Chinese*(≪古汉语重叠之研究≫)PhD. dissertation, Vancouver: University of British Columbia, Canada.

de Swart, H. 1993 *Adverbs of Quantification: A Generalized Quantifier Approach*. Doctoral Dissertation, Rijksuniversiteit Groningen.

Sweetser, Eve 1990 *From Etymology to Pragmatics: Metaphorical and Cultural Aspects of Semantic Structure*. Cambridge: Cambridge University Press.

Tai, J. & Hu, W. 1991 Functional motivations for the so-called "inverted sentences" in Beijing conversational discourse. *Journal of the Chinese Language Teachers' Association* 26.3.

Tai, J. & Thomson, Sandra A. & Biq, Yung-O 1996 Recent Development in Functional Approaches to Chinese. *New Horizons in Chinese Linguistics*, edited by James Huang & Audrey Li. Dordrecht: Kluwer.

Talmy, L. 2000 *Toward a Cognitive Semantics*. Vol. 1 & 2. Cambridge, Mass. : MIT Press.

Tang, Sze-Wing(邓思颖) 2002 Extraction in control structures in Chinese. *Cahiers Linguistique-Asie Orientale* 31(2).

Tao, Hongyin 1996 *Units in Mandarin Conversation: Prosody, Discourse, and Grammar*. Amsterdam: John Benjamins.

_____ 1999 The grammar of demonstratives in Mandarin conversational discourse: a case study. *Journal of Chinese Linguistics*, Vol. 27.

Tao, Hongyin & McCarthy, Michael J. 2001 Understanding non-restrictive which-clause in spoken English, which is not an easy thing, *Language Sciences* 23.

Tao, Hongyin & Thompson, Sandra A. 1994 The discourse and grammar interface: preferred clause structure in Mandarin conversation. *Journal of the Chinese Language Teachers Association* 29.3: 1-34. ≪语法和话语的关联： 汉语

会话中常用的小句结构》, 《国外语言学》 第4期。

Tenny, Carol & James Pustejovsky (eds.) 2000 *Events as Grammatical Objects*, CSLI Publications.

Thomason, Richmond 1997 Nonmonotonicity in linguistics. In Johan van Benthem and Alice ter Meulen (eds.), *Handbook of Logic and Language*. Elsevier Science and the MIT Press.

Thomason, Sarah G. 2001 *Language contact: An introduction*. Edinburgh University Press.

Thomason, Sarah G. & Kaufman, Terrence. 1988. *Language contact, creolization, and genetic linguistics*. Berkeley: University of California Press.

Thompson, Sandra A. 1992 Functional Grammar. *Oxford International Encyclopedia of Linguistics*, edited by William Bright, Oxford: Oxford University Press.

_____ 1988 A discourse explanation for the cross-linguistic differences in the grammar of interrogation and negation, In Anna Siewierska and Jae Juang Song, (eds.), *Case, Typology, and Grammar* 309-341. Benjamins.

Thompson, Sandra A. & Hopper, P. 2001 Transitivity, clause structure, and argument structure: Evidence from conversation. In Bybee & Hopper (eds.).

Ting, Pang-Hsin 1982 Some aspects of tonal development in Chinese dialects. *BIHP* 53.4.

Tomlin, Russell S. 1985 Foreground-background information and the syntax of subordination. *Text* 5(1-2).

Traugott, Elizabeth C. 1965 Diachronic syntax and generative grammar. *Language* 41.

_____ 1969 Toward a grammar of syntactic change. *Lingua* 23.

_____ 1972 *A history of English syntax: Transformational approach to the sentence structure*. New York: Holt, Rinehard, and Winston.

_____ 1985 On regularity in semantic change. *Journal of Literary Semantics* 14.

_____ 1988 Pragmatic strengthening and grammaticalization. In Axmaker, Jaisser, and Singmaster (eds.), *Proceedings of the Fourteenth annual meeting of the Berkeley Linguistics Society*. Berkeley: Berkeley Linguistics

Society.

1996 Grammaticalization and lexicalization. In Keith Brown & Jim Miller (ed.), *Concise encyclopedia of syntactic theories*. Oxford; New York: Pergamon.

1999 From subjectification to intersubjectification. Paper presented at the *Workshop on Historical pragmatics, Fourteenth International Conference on Historical Linguistics*, Vancouver, Canada, July 1999.

2000 From etymology to historical pragmatics. Paper presented at the *Conference on Studies in English Historical Linguistics*, UCLA, May 27th 2000.

Traugott, Elizabeth C. & Dasher, Richard B. 2002 *Regularity in semantic change*. Cambridge University Press.

Traugott, Elizabeth C. & Heine, Bernd (eds.) 1991b *Approaches to grammaticalization*. Vol. 1, 2. Amsterdam: Benjamins.

Travis, Charles 2000 *Unshadowed Thought: Representation in Thought and Language*. Cambridge, Massachusetts: Harvard University Press.

Trudgill, P 1974 *The social differentiation of English in Norwish*, Cambridge University Press.

Tsai, Wei-Tien, 1994 *On economizing the theory of A-bar dependencies*. Doctoral dissertation, MIT.

van Rooy, Robert 2003 Questioning to resolve decision problems. *Linguistics and Philosophy* 26.

Van Valin, R. D. JR. and D. P. Wilkins 1996 The case for "Effector": Case Roles, Agents, and Agency Revisited. In M. Shibatani and S. A. Thompson (eds.), *Grammatical Constructions: Their Form and Meaning*. Oxford: Clarendon Press.

Vendler, Zeno 1967 *Linguistics in Philosophy*. Ithaca, NY: Cornell.

Verkuyl, Henk. J. 1972 *On the Compositional Nature of the Aspects*. Dordrecht. Kluwer.

1993 *A Theory of Aspectuality*. Dordrecht: Kluwer.

Vlach, Frank 1983 On situation semantics for perception. *Synthese* 54.

Vogel, Petra A. & Comrie, Bernard (eds.) 2000 *Approaches to the Typology of Word Classes*. Berlin: Mouton de Gruyter.

Wang, William S. Y.(王士元) & China Lien(连金发) 1993 "Bidirectional Diffusion in sound Change" In Charles Jones (ed.), *Historical Linguistics: Problems and Perspectives*. London and New York: Longman.

Weinreich, U. & Labov, W. & Herzog, M. I. 1968 *Empirical foundation for a theory of language change*, in *Directions for historical linguistics*, W.P. In Lehmann and Yakov Malkiev (eds.). Austin and London: University of Texas.

Williams, E. 1971 (出版于1976) Underlying tone in Margi and Igbo, *Linguistic Inquiry* 7.

Winograd, Terry 1983 *Language as a Cognitive Process*. Addison-Wesley Publishing Company, Inc. 中文简介请看黄奕1985。

Woo, N. 1969 *Prosody and Phonology*, Ph. D. dissertation, MIT.

Xu, Liejiong & D. Terence Langendoen 1985 Topic Structures in Chinese, Sections 4, *Language* 61.

Xu, Yulong 1987 A Study of Referential Functions of Demonstratives in Chinese Discourse, *Journal of Chinese Linguistics*, Vol. 15.

_____ 1995 *Resolving Third-Person Anaphora in Chinese Text: Toward a Functional-Pragmatic Model*. Ph. D. dissertation, Hong Kong Polytechnic University.

Yang, Suying 1995 *The Aspectual System of Chinese*. Doctoral Dissertation, University of Victoria.

Yeh, Meng 1993 *The Experiential guo in Mandarin: a Quantificational Approach*. Ph. D. dissertation, University of Texas at Austin.

Yip, Moira 1980 *The Tonal Phonology of Chinese*, Ph. D. dissertation, MIT, Published by Garland Press: New York, 1990.

_____ 2004 The symbiosis between perception and grammar in loanword phonology. Submitted to *Lingua*.

Yue-Hashimoto, A. O. 1980 Word play in language acquisition: a Mandarin case. *Journal of Chinese Linguistics* 8(2).

Zec, Draga. 1988 *Sonority Constraints on Prosodic Structure*. Ph. D. dissertation, Stanford University.

_____ 1995 Sonority Constraints on Syllable Structure. *Phonology* 12.

Zhang, Hongming 1992 *Topics in Chinese Phrasal Tonology*, Ph. D. dissertation of UCSD, San Diego.

Zhang, Min(张敏) 2000 The grammaticalization of give in Chinese dialects: A cognitive approach. Paper presented at the *9th International Conference on Chinese Linguistics*(The 9th Annual Meeting of IACL), Singapore, June 2000.

Zhu, Xiaonong 1992 Intrinsic vowel F0 in a contour tone language. *Proceedings of the 4th Australian International Conference on Speech Science and Technology*.

_____ 1999 *Shanghai Tonetics*. Muenchen, Germany: Lincom Europa.

_____ 2002 Normalization of F0, intensity and duration. 潘悟云主编 ≪东方语言与文化≫, 上海：东方出版中心。

_____ 2006 Creaky voice and the dialectal boundary between Taizhou and Wuzhou Wu. *Journal of Chinese Linguistics* 34(1).

한국어	중국어	영어	수록 장
가산개체	可数个体	countable entities	6
가산사건	可数事件	countable events	6
가산성	可数性	countability	6
가산영역	可数的范畴	count domain	6
갈라짐소리	嘎裂声	creaky voice	11
(사유된 것으로서의) 개념	心智	(what is) thought (about)	1
개념 구조	概念结构	conceptual structure	1
개념 영역	概念域	conceptual domain	1
개념역	概念角色	conceptual role	1
개념적 은유	概念隐喻	conceptual metaphor	1
개념적 환유	概念转喻	conceptual metonymy	1
개념적 환유 모형	概念转喻模型	Conceptual Metonymy Model	1
개념조정	概念调整	concept adjustment	7
개별문법	个别语法	Particular Grammar(PG)	4
개별성	个性	language specifics	13
개사	介词	preposition	2, 9
개음	介音	medial	15
개음 탈락	失落介音	loss of medial	15
개체변항	个体变量	individual variable	6
개체성술어	个体性谓词	individual-level predicate	6
개체화	个体化	individualization	6
객관 세계	现实世界	reality	1
거리 도상 원리	距离象似原则	distance principle	1
거리도상성 원칙	距离象似性原则	distance iconicity principle	9
거리-표지대응율	距离-标记对应律	distance-marking correspondence	9
거친	粗略的	coarse-grained	7
게슈탈트	完形	gestalt	1
게슈탈트심리학	完形心理学	Gestalt psychology	1
게임이론	博弈论	game theory	7

한국어	중국어	영어	수록 장
격	格	Case	4, 9
격문법	格语法	Case Grammar	1, 7, 8
격식	庄重的	formal	2
결속이론	约束理论	Binding Theory	4
결정이론	决策理论	decision theory	7
결합 능력	配价能力	ability of valence	2
결합가	配价	valence, Valency	1, 7, 8
결합가문법	配价语法	valency grammar	7
겸품사	兼类	multi-category words	10
경계, 경계성	有界	bounded	1, 9
(시간혹은공간적)경계	界限	bound	6
경로	路经	Path	1
경로논항	路径论元	path argument	6
경제성	经济	economy	5
경제성 원리	经济原则	economy principle	5
경험상표지	经验体标记	experiential aspect marker	6
경험자	与事	experiencer	1
계산가능성	可计算性	calculability	7
계속음	通音	continuant	11
계승유형론	因数类型学	factorial typology	13
고모음화	高化	being high vowel	15
고빈도사용	高频使用	frequency	10
고정함축	规约寓义	conventional implicature	7
공간	方所	spatial	9
공명도연쇄원칙	响度原则	Sonority Sequencing Principle	12
공백화	不凸显	gapping	1
공범주	空语类	empty category	4, 5, 8
공범주원리	空语类原则	Empty Category Principle	5
공시	共时	synchrony	3
공시적 계통	公时系统	synchronic system	15
공언 영역	言域	verbal expression	1
공지시	同指	Co-reference, coreference	4, 8, 9
공통기반	共核	common ground	7
(중간)과정	(中间)过程	(intermediate) process	6

한국어	중국어	영어	수록 장
관계절 표지	关系小句标志	relative marker	2
관계화	关系化	relativization	9
관사	冠词	article	9
관형사절	定语从句	attributive clause	4
관화	官话	Mandarin	15
교차형용사	交叉形容词	intersective adjectives	6
교호적 주관성	交互主观性	inter-subjectivity	3
구문	构式	construction	1
구별사	区别词		9
구어	口语	oral language	15
구정보	旧信息	old information	3
구조근접	结构邻近	constructional contiguity	10
구조이론	结构理论	Structural Theory	4
구조주의 언어학	结构主义语言学	Structural Linguistics	16
굴곡조	曲线调	contour tone	12
굴절	屈折	inflection	9
권설음화운	儿化韵	retroflex final	12
귀추추론	溯因推理	abductive inference	7
규약화	规约化	conventionalize	10
규약화규칙	规约化规则	conventionalized rules	10
균질적	均质的	homogeneous	6
그림의 법칙	格林定律	Grimm's law	12
기계번역	机器翻译	Machine translation	8
기능 문장 투시법	句子的功能透视	functional sentence perspective	2
기능어	语法词	functionword	10
기능음성학	功能语音学	functionlal phonetics	11
기능적독립원리	功能独立性原则	functional independence	7
기본값 추론	缺省推理	Default reasoning	8
기본단위	基本性单位	base unit	12
기본외축	基层显义	base-level explicatures	7
기본형	基础形式	base form	12
기술	描写	description	10
기술언어학	描写语言学	Descriptive Linguistics	16
기술적 타당성	描述上的充分	descriptive adequacy	5

한국어	중국어	영어	수록 장
기저층	底层	substratum	15
기저층구조	底层结构	underlying structure	10
기저형	深层语音形式	underlying phonetic form	12
기정치 성조 삽입	默认调填入	default tone insert	12
기하학적자질도형	特征几何	featuregeometry	12
기호,기호화	编码	code	3
나태성	惰性	laziness	5
남양언어	南亚语言	South Asian Language	5
낮은 접근 가능성 표지	低易推性标记	low accessibility markers	3
내부 관찰	内省		2
내부변천	内部演变	internal changes	10
내용어	实词,义义词	content word	9, 10
내재논항	内在论元	internal argument	6
내적재구법	内部拟测法	internal restructure	12
내파음	内爆音	implosive	11
내포	包孕	embedding	7
내포	隐含	implication	7
내포성	内涵性	intensionality	6
네트워크	网络	Network	8
논리식	逻辑式	logical representation	6
논리실증주의	逻辑实证主义	logicalpositivism	7
논리연산자	逻辑算子	logical operator	6
논리추리	逻辑推理	Logical reasoning	8
논리표현식	逻辑表达式	logical representation	6
논리형식	逻辑表达式	Logical Form, LF	6
논리형태	逻辑式部分,逻辑形式	logical form	4, 5
논항	论元	argument	1, 3, 7, 9
논항 수	论元数目	arity	6
논항값	论元值	valency	6
논항구조	论元结构	Argument structure	8
논항구조이론	论元结构理论	theory of argument structures	7
논항역할	论元角色	argument roles	6
논항위치	论元位置	A-position	7
높은 접근가능성 표지	高易推性标记	high accessibility markers	3

한국어	중국어	영어	수록 장
눈덩이효과	雪球效应	snowball effect	7
느슨하게말하기	含糊	loose talk	7
능격성	作格性	ergativity	10
능동성	主动性	activeness	2
니제르콩고어족	尼日尔-刚果语系	Niger-Congo languages	9
다시쓰기 규칙	重写规则	Rewrite rule	8
다중사건 활동유형	由多个事件组成的活动类情状	multi-event activity	6
단계성술어	阶段性谓词	stage-level predicate	6
단기기억	短时记忆	Short-term memory	8
단원성	模块	modularity	2
단음	音素	phone	11
단일 신정보 제약	单一新信息限制	one-new-concept constraint	3
단일방향성	单向性	unidirectionality	10
담화 개념 구조화 언어	话语概念结构化语言	discourse configurational languages	9
담화문법	话语语法	discourseGrammar	3
담화분석	语篇分析,话语分析	discourse analysis	3
담화에 기초한 모형	基于话语模式	discourse-based research model	10
담화외축	语篇显义	discourse explicature	7
담화적 어원 모형, 통사화 모형, 담화문법화 모형	话语性语源模式,句法化模式,话语语法化模式	discourse-grammaticalizing research model	10
담화표상이론	话语表达理论	Discourse Representation Theory(DRT)	7
담화화제,담화주제	语篇话题	discourse topic	3
대공대명사(무형대명사)	大代语	PRO	4
대명사	代名词	pronominal	4
대명사	代词	pronoun	7
대명사화	代词化	pronominalization	3
대상	客体	theme, theme of, object	6
대용어	照应词	anaphor	4
대용어	回指词	anaphora	7
대음자료	对音材料	Phonetictranscriptionmaterial	14
대표형	单字音	citation form	12

한국어	중국어	영어	수록 장
대화	会话	conversation	3
대화격률	会话准则	maxims of conversation	7
대화분석	会话分析	conversation analysis	3
덜덜거리는 소리	颤裂声	trillization	11
도구	工具	instrument, instrumentals	1, 6, 9
도상성	象似性	iconicity	1, 2
도식	图式, 基模	Schema	8, 10
도출의 경제성	推导的经济性	economy of derivation	5
도치문	倒装句	inverted sentence	3
독립동인	独立动因	independently motivated	10
동격명사구	同位名词	apposition NP	4
동반격 전치사	伴随介词	comitative preposition	9
동사 근접형 형용사	近动型形容词		9
동사 도치	动词倒置	inversion	2
동사수식어	动词修饰语	modifier of verb	6
동상보어	动相补语	phase complements	10
동원 층위	同源层次	homologous stratification	15
동의관계	同义	synonymy	7
동질성	同质性	homogeneity	10
동태	动态	dynamic	6
동태문, 동태적 문장	动态句子	dynamic sentence	6
동태부각문법	动态浮现语法	dynamic emergent gramma	2
동태적인 논항 구조 가설	动态的论元结构假设	The Emergent Argument Structure Hypothesis	2
두음	声母	onset	12
뒤섞인 소리로 읽기	混血音读	mixed reading	15
등어선	同言线	isogloss	16
등위접속사	并列连词	coordinating connection	9
따이까다이어계	壮侗语族	Zhuang-DongLanguageGroup	14
랑그	语言	langue	10, 16
리듬단위	节奏单位	rhythm unit	12
마디, 절점	节点	node	12
마찰음	擦音	fricative	9
말해진것	所陈之义	what is said	7

한국어	중국어	영어	수록 장
매개물	传媒	medium	2
매개변인	参数	parameter	5
맥동	突突声	pulsation	11
맥락	语境	context	7
맥락주의	语境决定论	contextualism	7
맥락효과	语境效果	contextual effects	7
메타변항	元变项	meta-variable	7
명사 근접형 형용사	近名型形容词		9
명시	显谓	explicating	7
명제 내용 층위	命题内容的层面	propositional content level	2
명제적태도	命题态度	propositional attitude	7
명제함수	命题函项	propositional function	7
모듈	模块	module	1
모음 분열	元音裂化	vowel cracking	15
목적어	宾语	object	6
목적어절	宾语从句	object clause	4
몽몐어계	苗瑶语族	Miao-Yao Language Group	14
무거운 성분 후치현상	重成分后置现象	heavy constituent principle	9
무경계성, 비경계	无界	unbounded	1, 9
무성 자음	清音声母	voiceless consonant	15
무위결속금지원칙	禁止空约束原则	Prohibition Against Vacuous Binding(PVB)	6
무표	无标记	unmarkedness	3
무표성	简约性	unmarkedness	13
무행위자 피동식	无施事被动式	agentless passive	10
무형 재귀	零形回指	zero anaphora	2
문독	文读	literary reading	15
문백이독	文白异读	literary reading and oral reading	15
문법 의미	语法意义	grammatical meaning	2
문법기능	语法关系	grammatical functions	6
문법변천	语法演变	grammatical change	10
문법사	语法史	grammatical history	2
문법창조	语法创新	grammatical creation	10
문법화	语法化, 虚化	grammaticalization	1, 10

한국어	중국어	영어	수록 장
문자적 의미	字面意义	literal meaning	7
문장	语句	sentence	7
문장의 줄기	句干	sentence stems	2
문장화제, 문장주제	句内话题	sentence topic	3
문제해결 방식	解决问题的方式	problem-solving	2
문체	语体	style	2
문헌학	语文学	Philology	16
미결정논제	语义欠明论	the Underdeterminacy thesis	7
미완문장적발화	零话句	subsentential utterance	7
반복성	一再性	replicability	1
반절	反切	fanqie system	15
반절식이음절화어	切脚词		12
발견적인 원칙	启导性原则	heuristic principles	10
발음	发音	articulation	11
발화	话句	utterance	7
발화 순서 취하기	变换话轮	turn taking	2
발화간관계	句际关系	inter-utterance relationship	7
발화간외축	句际显义	inter-utterance explicatures	7
발화공동체	言语社区	speech community	16
발화되지않은구성성분	未述成分	unarticulated constituent	7
발화시간	说话时间	speech time	6
방법상의 경제성	方法上的经济	methodological economy	5
방언 구획사	方言区域史	history of dialect classification	15
방언섬	方言岛	dialect island	15
방언학	方言学	Dialectology	15, 16
방출음	喷音	ejective	11
배경	衬体	Ground	1
배경	背景	background	3
배제식	排除式	exclusive	10
백독	白读	oral reading	15
범주 규칙	语类规则	categorial rule	4
범주화	范畴化	categorization	2
범칭, 총칭	类指	generic reference	9
법음성학	司法语音学	forensic phonetics	11

한국어	중국어	영어	수록 장
베르니케 실어증	韦尔尼克失语症	Wernicke's aphasia	8
변별적 자질 이론	区别特征学说	distinctive feature theory	12
변종	变体	variant	16
변형	转换	transformation	1, 5
변형 문법	转换语法	Transformational Grammar	4
변형생성문법	转换生成语法	Transformational Generative grammar	8
변환 현상	移位现象	displacement	2
병합	合并	conflation	1
보문소	补标语, 标句语	COMP(complementizer)	4
보충어	补足语	complement	7
보편문법	普遍语法	Universal Grammar(UG)	4, 5, 6
보편성	共性	universals	9, 13
복수	复数	plural	9
복잡한 의미체	复杂的语义体	complex semantic object, semantic construal	6
복합적인 함축적 보편성	多项式蕴含共性	Complex implicational universals	9
부가 의문문	附加问句	tag questions	2
부가어	附加语	adjunct	7
부분성	部分性	partiality	6
부사 수식	副词修饰	adverbial modification	6
부사어 양화	修饰语量化	adverbial quantification	6
부정 동사	否定动词	negative verb	2
부정 접사	否定词缀	negative affix	2
부정 조사	否定助词	negative particles	2
부정극어	极性词语, 极量词	negative polarity item	1
부정사	否定词	negative word	2
부호화	编码	encoding	7
분류	划分	compartmentalization	2
분류학적 음성학	排比分类	taxonomic phonetics	11
분립성	分立性	discreteness	2
분해	分解	parsing	2
분화	歧变性	divergence	10
분화	分化	differentiation	15

한국어	중국어	영어	수록 장
불송기	不送气	unaspirated (consonant)	15
브로카 실어증	布洛卡失语症	Broca's aphasia	8
비격식	非庄重的	informal	2
비선형음운론	非线性音系学	nonlinear phonology	12
비술어형용사	非谓形容词	non-predictive adjective	9
비억양 음운 표지	非语调性语音标记	non-intonational phonological markers	2
비제한성 상황	非受限类情状	unbounded situation	6
비진리조건적의미	非真值条件义	non-truth-conditional meaning	7
비한정	无定	indefinite	2, 9
비한정 명사	无定名词	indefinite noun	2
비한정동사	非限定动词	infinitive verb	4
비한정성	无定性	indefiniteness	2
빈도수식어	频率修饰语	frequency modifiers	6
빠롤	言语	parole	10, 16
사건	事件	event	6
사건기반 의미론	基于事件的语义学	event-based semantics	6
사건논항	事件论元	event argument, e	6
사건논항의 술어	事件元的谓词	predicates of the event argument	6
사건변항	事件变量	event variable	6
사건수식어	事件修饰语	event modifier	6
사건원자화 기준	事件原子化的标准	criteria for atomicity	6
사건원자화 조건	事件原子化的条件	atomicity condition	6
사건의미론	事件语义学	event semantics	7
사격	旁格	oblique	9
사고의언어	思维语言	the language of thought	7
사동구조	使役结构	causal construction	6
사동사건	使役事件	causing event	6
사상	映射	mapping	7
사회 네트워크	社会网络	social network	16
사회변항	社会变项	social variable	16
삼개평면이론	三个平面	Three dimentions theory	5
삼분구조	三分结构	tripartite structure	6
삼수	三数	trial	9

한국어	중국어	영어	수록 장
상	体,时态	aspect	2, 6, 10
상 연산자	体算子	aspectual operator(s)	6
상표지	体标记	aspect marking, aspectual marker(s)	3, 6
상고 한어	上古汉语	old Chinese	15
상보 관계	互补关系	complementary relation	15
상위외축	高层显义	higher-level explicatures	7
상징	象征	symbiotic	10
상태	状态	Stative	6
상태형용사	状态形容词	stative adjective	1, 9
상태사	状态词	descriptive word	9
상태성	状态性		2
상호작용	互动	inter action, interactive	3, 10
상황	情景	situations	6
상황유형	情状类型	situation type	6
색채어	颜色词	color term	9
생득설	天赋说	innateness hypothesis	2
생략형식	省略形式	elliptical form	6
생성문법	生成语法,生成语法学	Generative Grammar	4, 5
생성성	生成性	generativity	1
생성언어학	生成语言学	Generative Linguistics	1
생성음운론	生成音系学	generative phonology	11
생성의미론	生成语义学	Generative Semantics	1
서남 관화	西南官话	southwest Mandarin	15
선형 문법	线性语法	linear grammar	3
선형, 선형화	线性	linear	3
선형증량의 원칙	线性增量原则	linear increamental principle	3
설근(자질명)	舌根	Tongue Root	12
설명적 타당성	解释上的充分	explanatory adequacy	5
설배(자질명)	舌背	Dorsal	12
설정(자질명)	舌冠, 舌前, 舌尖	Coronal	12
설측 접근음	边近音	lateral approximant	11
섬	孤岛	island	5
섬 제약	禁区条件	island condition	4

한국어	중국어	영어	수록 장
섭	摄	She (in rhyme-table phonology)	15
성	性	gender	9
성모	声母	consonant	15
성조	声调	tone	15
성조소	调素	toneme	12
성조연성	连读变调	tone sandhi	12
성조투사규칙	声调投射规则	tone mapping rule	12
성질형용사	性质形容词	qualitative adjective	9
성취	实现	Achievement	6
셈함어족	闪含语系	Semito-Hamitic languages	9
소유명사	领有名词	possessive noun	4
속격어	领属语	genetive	9
속성 형용사	性质形容词	qualitative adjective	1
속성어	属性词	property word	9
송기	送气	aspirated (consonant)	15
수	数	number	9
수동자	受事	patient	1, 2, 4, 7, 9
수령자	与事	recipient	9
수리논리	数理逻辑	Mathematical logic	8
수리통계법	数理统计法	Mathematical statistics method	14
수사구조이론	修辞结构理论	rhetorical structure theory	7
수의적보충어	可用补足语	optional complements	7
수학적 모델링	数学建模	Mathematical modeling	8
순간	单动作	Semelfactive	6
순간유형	单动作类情状	semelfactive situation type	6
순서논항법	有序论元法	ordered-argument method	6
순서의 도상성	顺序象似	Temporal Sequence Principle	1
순음(자질명)	唇	Labial	12
시각	视角	perspectives	10
시간 변항	时间变量	temporal variable	6
시간단위	时间格	timingslot,unitoftime	12
시간-장소쌍	时间-地点偶	time-location pair	6
시나리오	事件程式	scenario	1

한국어	중국어	영어	수록 장
시제	时态,时制	tense	6
시제와 상	时体	tense & aspect	2
시제표지	时制标记	tense marker(s)	6
신경과학	神经科学	Neuroscience	8
신문법학파	新语法学派	Neo-grammarians	16
신정보	新信息	new information	3
실사	实词	content word	1
실어증	失语症	Aphasia	8
실체상의 경제성	实体上的经济	substantive economy	5
실험음성학	实验语音学	acoustic phonetics	11
실험음운론	实验音韵学	experimental phonology	11
심리 영상	心理意象	mental image	1
심상도식	意象图式	Image schema	8
심적표상	心理表征	mental representation	7
심층구조	深层结构	Deep Structure	4, 8
아일랜드어	爱尔兰语	Irish	5
알고리즘	算法	Algorithm	8
알타이어족	阿尔泰语系	Altaic languages	9
암시	暗含,寓谓	implicting	7
암시의미	寓谓义	implicated meaning	7
양도 가능	可让渡性	alienable	9
양사, 분류사	量词	classifier	9
양수	双数	dual	9
양의격률	量准则	The Quantity Maxim	7
양태	情态	modality	2
양화	量化	quantification	6
양화부사	量化副词	adverbs of quantification	6
양화사 인상	量化词提升	quantifier raising	5
양화이론	量化理论	quantification theory	6
어기사	语气词	modal particle	2
어순	语序	word order	9
어휘적 어원 모형, 어휘 문법화 모형	词汇性语源模式, 词汇语法化模式	lexical-grammaticalizingresearchmodel	10
어휘집	词库	lexicon	9

한국어	중국어	영어	수록 장
어휘항	词汇项	lexical item	7
어휘항목에 기초한 모형	基于词汇项模式	lexical-based research model	10
어휘화	词汇化	lexicalization	3
억양	语调	tone, intonation	2, 3
억양단위	语调单位	intonation unit	3
언어능력	语言能力	competence, linguistic competence	1, 10
언어능력	语言机制	language faculty	5
언어 표본	语种库	language sample	9
언어 표현	语言表达	linguisic expression	1
언어게임	语言游戏	language game	7
언어기호	语符	language symbol	7
언어내적 맥락	言谈语境	linguistic context	3
언어변항	语言变项	linguistic variable	16
언어사용에 기초한 연구모형	基于语言使用研究模式	use-based research model	10
언어습득에 기초한 연구모형	基于语言习得研究模式	acquisition-based research model	10
언어연쇄	语链	speech chain	7
언어외적 맥락	言谈环境	extra-linguistic context	3
언어운용	语言运用	performance	10
언어유형론	语言类型学	language typology	9, 13
언어표현식의확정	语言表达式的确定	linguistic expression identification	7
에너지집중구간	能量集中区	area of energy concentration	12
여격구조	与格结构	dative construction	5
역사 층위 분석법	历史层次分析法	analysis of historical stratification	15
역사문법	历史语法	Historical Grammar	10
역사언어학	历史语言学	Historical Linguistics	10
역사음운학	历史音韵学	Historical phonology	14
역사통사론	历史句法学	Historical syntax	10
역사형태론	历史形态学	Historical morphology	10
연결자	联系项	relator	9
연결자 가운데 위치 원칙	联系项居中原则	Relator Principle	9

한국어	중국어	영어	수록 장
연관논리	相干逻辑(相关逻辑)	relevance logic	7
연구구조	研究框架	research framework	10
연령단계별 차이	年龄差异	age grading	16
연면어	连绵词		12
연성	连音	sandhi	12
연성적용범위	连调辖域	sandhi domain	12
연속 변화	连续变化	continuous change	15
연속변이	斜坡	cline	10
연속성이 강한 화제	高连续性话题	coding for most contiunous, accessible topic	3
연속성이 낮은 화제	低连续性话题	coding for most discontinuous, inaccessible topic	3
연역	推演	deduction	7
연접	合取	conjunction	6
연접 사건유형	合取型的事件类型	conjunctive event type	6
연접명제	合取命题	conjunctive proposition	6
연접항	合取项	conjuncts	6
영상	意象	image	1
영상 도식	意象图式	image schema	1
영역	场合	domain	16
영향인자	致效者	effector	2
영형식	零形式	zero	10
오독	误读	misreading	15
오스트로네시아어족	南岛语系,南岛语组	Austronesianfamily,Austronesianlanguagegroup	9, 14
완결	完结	culminate, Cul	6
완결상	完整体	perfective	10
완료상표지	完成体标记	perfective aspect marker	6
완수	完结	Accomplishment	6
왜곡관계	扭曲关系	Skewed Relations	10
외부변천	外部演变	external changes	10
외적 의미역	域外题元	external theta role	4
외축	显义	explicature	7
용기 은유	容器隐喻	Container metaphor	8
용언	谓词	predicates	7

한국어	중국어	영어	수록 장
우세 방언	优势方言	prestige accent	15
운	韵	rhyme	15
운모	韵母	vowel	15
운율계층	韵律层级	prosodic hierarchy	12
운율구	韵律短语	prosodic phrase	12
운율단어	韵律词	prosodic word	12
운율음절	韵律字		12
운율형판	韵律模块	prosodic template	12
원근화법	远视/近视	distal perspective	1
원리	原则	principle	5
원리와 매개변인	原则与参数	Principles and Parameters	4
원리와 매개변인 이론	原则与参数理论	Principle and parameter theory	5
원순 모음	圆唇元音	rounded vowel	15
원시논리식	初始逻辑式	origin logic formula	7
원자사건	原子事件	atomic events	6
원자성	原子性	atomicity	6
원형	本音	original form	12
원형 범주	典型范畴	prototype category	1
원형 부정사	光杆不定式	naked infinitives	6
위계	等级序列	hierarchy	9
유도단위	派生性单位	derived unit	12
유사운율단어	韵律类词	compound prosodic word	12
유성 자음	浊音声母	voiced consonant	15
유성날숨소리	气嗓音	breathy voice	12
유정성	生命度	animacy	9
유추	类推	analogy	1, 10, 15
유표성	夏杂性	markedness	13
유표성 전도	标记颠倒	Marking-Reversal	9
유표성이론	标记理论	Markedness Theory	9
유형론	类型论	type theory	7
유형론적인 매개변수	类型参项	typological parameter	9
유형인상	类提升	type-raising	7
융합	合音	fusion	12
융합	融合	blending	15

한국어	중국어	영어	수록 장
은유	隐喻	metaphor	1, 10
은유 투사	隐喻投射	Metaphor projection	8
은유적 사상	隐喻投射	metaphorical mapping	1
음계론	音系学	phonology	11
음류	音类	sound class	15
음보	音步	foot	12
음성과학	语音科学	phonetic sciences	11
음성인식	语音识别	voice recognition	11
음성자질	语音特征	phonetic feature	12
음성표시	语音表达式	phonetic representation	4
음소론	音位学	phonemics	11
음운 합병	音韵合并	phonological merger	5
음운론	音韵学	phonology	11
음운축소	销蚀	erosion	10
음절성 비음	自成音节的鼻音	self-syllabled nasal sound	15
음향분석기	语图仪	sound spectrograph	11
의문 형태소	疑问语素	interrogative morphemes	2
의미 구조	语义结构	semantic structure	1
의미 성분 분석법	语义成分分析法	semantic componential analysis	1
의미 지향	语义指向	semantic orientation	2
의미 표현	语义表达	semantic representation	2
의미격	语义格	semantic case	1, 7
의미노드	语义节点	Semantic node	8
의미보충	充实	enrichment	7
의미역	语义角色,题元角色,论旨角色,题元	semantic role, thematic role, theta-role	1, 2, 3, 4, 7, 8, 9
의미역위계	题元层级	thematic hierarchy	7
의미역이론	题元理论	theory of thematic roles	7
의미유형	语义类型	semantic type	6
의미적합의	语义衍推	semantically entail	7
의미적합성	语义相宜	semantic suitability	10
의미지속성	滞留性, 意义滞留	persistence	10
의미추론	语义推导	Semantic derivation	8
의미축소	去语义化	desemanticalization	10

한국어	중국어	영어	수록 장
의미표상, 의미표시, 의미표현, 의미표현식	语义表证,语义表达式	semantic representation	4, 6, 7
의사소통	交际,语言实现信递	communication	7, 10
의존문법	配价,依存语法	dependency grammar	2, 7
이독	异读	different reading	15
이동	运动	Motion	1
이동 규칙	移动规则	movement rule	2
이동 사건	运动事件	motion event	1
이동제약	移位限制	movement condition	5
이론구동형	理论驱动	theory-driven	10
이산성	离散性	discreteness	10
이상적 인지모형, 이상화 인지모형	理想认知模型,理想认知模式,理想化认知模式	Idealized Cognitive Models, ICM	1, 7, 10
이연, 이미 그러함	已然		2
이원 층위	异源层次	heterogenous stratification	15
이차술어	次谓词	secondary predicate	6
인공지능	人工智能	Artificial intelligence	8
인도유럽어족	印欧语系	Indo-European languages	9
인두(자질명)	咽	Pharyngeal	12
인디언제어	印第安诸语	American Indian languages	9
인류언어학	人类语言学	Anthropological Linguistics	16
인식세계 층위	认识世界的层面	epistemic world level	2
인지적 매개 층위	认知中介层	cognitive mediation	1
인지 모형	认知框架	cognitive model	1
인지 패러다임	认知范式	Cognitive paradigm	8
인지과학	认知科学	Cognitive science	8
인지언어학	认知语言学	Cognitive Linguistics	1
인지의미론	认知语义学	cognitive semantics	1
인지적 구성물	认知构建	cognitive construction	1
일반 양화사	广义量词	generalized quantifiers	6
일반대화함축	广义会话寓义	generalized conversational implicature	7
일반언어학	普通语言学	general linguistics	2
일반적 의미역 관계	一般论旨角色关系	general thematic relations	6

한국어	중국어	영어	수록 장
일방향성 원리	单向蕴涵式	unidirectionality principle	1
일차 술어논리	一阶谓词逻辑	first-order predicate logic	6
임시개념구축	概念意义的临时调整	ad hoc concept construction	7
임의의 끝점	任意的结束点	arbitrary final endpoint	6
자동사	不及物动词	intransitive verb	6
자료	语料	data	10
자료구동형 연구모형	语料驱动研究模式	data-driven research model	10
자료구조	数据结构	Data structure	8
자리 바꿈 문장	易位句		3
자립분절음운론	自主音段音系学	auto-segmental phonology	11, 12
자연 입말	自然口语	spontaneous speech	2
자연(적)끝점	自然结束点	natural endpoint	6
자연언어	自然语言	Natural language	8
자연언어처리	自然语言处理	Natural language processing	8
자유변이형	自由变体	free variant	9
자유변항	自由变项	free variable	7
자유부가어	自由说明语	free adjuncts	7
자유의미보충	自由式充实	free enrichment	7
자율통사론	自主句法	autonomous syntax	5
잘 동기부여된 관습	有理据的约定俗成	motivated convention	1
장기기억	长时记忆	Long-term memory	8
장면	景象	scenes	6
장면의 부분성	事件的部分性	the partiality of scenes	6
장면틀	场景模框	scene frame	1
재구	构拟	reconstruction	15
재귀	反身, 回指	reflexive	2
재귀용법화	反身化	reflexivization	3
재분석	重新分析	reanalysis	1, 10
저모음	低元音	low vowel	15
적은수, 소복수	少量数	paucal	9
적출	成分提取	extraction	4
적합성논리	关联逻辑	relevance logic	7
적합성이론	关联理论	relevance theory	7
적형성	合法性	well-formedness	13

한국어	중국어	영어	수록 장
전경	凸体	Figure	1
전경	前景	foreground	3
전경-배경의 인지모형	凸体-衬体的认知图式	figure-ground	2
전경화	前景化	foregrounding	10
전달범주	传信范畴	evidentiality	10
전문화	限定性	specialization	10
전산언어학	计算语言学	Computational linguistics	8
전산화용론	计算语用学	computational pragmatics	7
전-이론	理论前	pre-theoretic	9
전제	预设	presupposition	6
전체─부분	整体──部分	whole─part	1
전치사	前置词	preposition	9
전파	传播	propagation	10
절	小句	clause	3, 6, 9
절 유형 가설	标示句子语气假定	clausal typing hypothesis	5
점진성	渐变性	gradualness	10
접근가능(한)정보	易推信息	accessible information	3
접근가능성	易推性	accessibility	3
접근성 위계	可及性等级序列	acceptability hierarchy	9
접근음	近音	Approximant	11
접사	词缀	affix	3
접어화	附着词化和词缀化	affixation	10
접촉	接触	contact	15
접합부	接口	interface	5
정교화	精细化	elaboration	7
정규논항	常规论元	regular argument	6
정동사	定式动词	finite verb	9
정보	信息	information	5
정보의 흐름	信息流	information flow	2, 3
정보전달 범주 표지	传信范畴标志	evidential marker	2
정보처리	信息处理	Information processing	8
제약	制约	restriction	15
제약조건	约束条件	Constraint condition	8
제한성 상황	受限类情状	bounded situation	6

한국어	중국어	영어	수록 장
조건	条件	condition	15
조건변이형	条件变体	conditioned variant	9
조사	助词	particle	2
조사 소명사	助词,小词	particle	9
조어법	构词法	word-formation	9
조음	调音	articulation	11, 12
조음자	主动发音部位	Articulator	12
조응	回指	anaphora, anaphoric	3
조화	和谐	harmony	9
종결	有界	telicity	6
종속 관계 표지	领属关系标志	genitive marker	2
종속관계	主从关系	subordination	3
종속절	从句	dependentclause	3
종점, 목표	终点	goal	5
좌분지	左分枝	left branching	4
쫭동어	壮侗语	Zhuangdong language	15
주관적 감정 이입	主观移情	subjective empathy	1
주관화	主观化	subjectivization	3
주어	主语	subject	6
주어 부각 언어	主语优先语言	subject-prominent language	9
주어절	主语从句	subject clause	4
주어-조동사도치	主语-助动词倒装	subject-auxiliary inversion	5
주제	主位	thematic	2
주체	主体	subject	2
준활성	半活动	semi-active	3
중간 접근가능성 표지	中易推性标记	intermediate accessibility markers	3
중간태	中性语态,中间语态	middle voice	2, 10
중고	中古	middle (age)	15
중고음	中古音	middle Chinese	15
중국어정보처리	中文信息处理	Chinese information processing	8
중국-티베트어비교연구	汉藏语比较研究	AComparativeStudyofChineseandTibetan	14
중국티베트어족	汉藏语系	Sino-Tibetan languages	9
중심 술어동사	中心谓语动词	core verb	2

한국어	중국어	영어	수록 장
중의성해소	解歧	disambiguation	7
중첩	叠置	overlay	15
중첩어	重言	Iterative word	12
중추인지과정	中枢认知活动	central cognitive processes	7
지각보고	感知报告	perception reports	6
지배	管辖	Government	4
지배 결속 이론	管辖与约束理论	Government and Binding Theory	4, 5
지배범주	管辖语域	governing category	4
지배이론	管辖理论	Govemment theory	5
지소사	小称	diminutive	11, 12
지속	持续	durative	6
지속상표지	持续体标记	durative aspect marker	6
지시	转指	reference	1
지시,지시대상	指谓	denotation	6
지시대상, 지시체	所指对象	referent	3
지시대상부여	指称的指派	reference assignment	7
지시적 표현	指称词	referential expression (R-expression)	4
지식 영역	知域	knowledge inference	1
지표	陆标	landmark	1
지표사	索引词	indexicals	7
지표주의	索引论	indexicalism	7
직시행위	明示	ostension	7
직접의미	直陈义	direct meaning	7
직해주의	字面义决定论	literalism	7
진리 조건	真值条件	truth-condition	1, 6
진리조건적의미	真值条件义	truth-conditional meaning	7
진리치	真值	truth value	6
진행상표지	进行体标记	progressive aspect marker	6
질서정연한 동질체	同质有序	ordered homogeneity	16
질서정연한 이질체	异质有序	ordered heterogeneity	16
짜내기소리	吱扭音	creaky sound	12
차용	借用	borrowing	10
참여자	参与角色	participant	1

한국어	중국어	영어	수록 장
창문화	开视窗	windowing	1
처리노력	加工心力	processing effort	7
처소	处所	location	9
척도구	量度短语	measure phrase	6
체계	系统	structure	10
체계기능문법	系统功能语法	Systemic Functional Grammar	2
체언화	名物化	nominalization	2
체험주의 철학	体验哲学	experientialism	1
체화된대화형에이전트	智能交际人	embodied conversational agent	7
초급문법	浮现语法	Emergent Grammar	10
초기상태	初始状态	initial state	5
초점	焦点	focus	5, 9, 12
총칭, 총칭 지시	泛指	generic reference	1, 3
최소운율자유단위	最小韵律自由单位		12
최소주의	最简方案	Minimalist Program	5
최적 출력형	最佳输出	optimal output	13
최적성 이론	优选论	Optimality Theory	7, 11, 13
최적성음운론	优选音系学	Optimality Phonology	12
최적의적합성	优化关联	Optimal Relevance	7
최적의적합성 추정	优化关联推定	presumption of optimal relevance	7
추가적 보충	追补	afterthought	3
추론	推断	inference	1
추론의화용론	推理语用学	inferential pragmatics	7
추리 방식	推理方式	inference	2
추출영역조건	提取域条件	Condition on Extraction Domain	5
출력형 후보	候选项	candidate	13
취소가능성	可取消性	cancellability	7
층위	层次	stratification	15
층위재구	层级构拟	PhonologicallayerReconstruction	14
층위화	层次性	layering	10
치경구개음	龈颚音	alveolar	11
치경음	龈音	alveolar	11

한국어	중국어	영어	수록 장
치음	齿音	dental	11
치폐찰음	齿塞擦音	dental-affricate	11
컴퓨터 시뮬레이션	计算机模拟	Computer simulation	8
코퍼스언어학	语料库语言学	Corpus linguistics	8
타동사	及物动词	transitive verb	6
타동성	及物性	transitivity	3
탄도체	射体	trajector	1
탈범주화	去范畴化	de-categorization, decategorilization	3, 10
텍스트	篇章	text	2
텍스트 문법	篇章语法	text grammar	3
텍스트 언어학	篇章语言学	text linguistics	3
통보력	交际动力	communicative dynamism	2
통사 구조	句法结构	syntactic structure	1
통사영향	句法影响	syntactic influence	10
통사자립성	句法自治	Autonomy of syntax	4
통사화	句法化	syntacticization	3
통시	历史	diachrony	3
통시유형론	历时类型学	Diachronic Typology	10
통시조작	历时操作	diachronic operations	10
(성분)통어	统制	c-command (constituent command)	4
통제	控制	control	4
통제권의 전이	控制权的转移	transfer of control	10
통칭	通指	generic	2
투사	折射	projection	1
특정대화함축	特殊会话寓义	particularized conversational implicature	7
틀	模式	model	2
틀 전치사	框架介词	frame preposition	9
티베트-버마어계	藏缅语族	TheTibetan-BurmeseLanguage Group	14
파생	派生	derivation, descent	9
파생형	派生形式,	derived form	12
판정의문문	是非问句	yes-no question	5

한국어	중국어	영어	수록 장
평가자	筛选	Evaluator, EVAL	13
평가표	筛选表	tableau	13
평언	述位	rhematic	2
평언, 설명, 진술	述题,评论,评述	comment	3, 5, 9
포괄식	包括式	inclusive	10
포화과정	充盈过程	saturation process	7
표류성조	浮游调	floating tone	12
표면형	表层语音形式	surface phonetic form	12
표상	表征	representation	7
표시층위의 경제성	表征的经济性	economy of representation	5
표음어두 이음절화어	表音词头词		12
표층구조	表层结构	Surface Structure	4, 6
표현 방식	表达方式	mode	2
프로그래밍 언어	程序语言	Programming language	8
피노우그리아어족	芬兰乌戈尔语系	Finno-Ugric	9
피사동사건	被使役事件	caused event	6
피사역자	受使者	causee	10
피조사자	被调查人	informant	16
피휘	避讳	taboo	15
필요충분조건	充要条件	the necessary and sufficient conditions	7
학문 분야	学科	discipline	5
한계이론	界限	Bounding Theory	4
한자리동사(1항동사)	一元动词(一价动词)	one-place verb	4
한정	有定	definite	2, 9
한정사 양화	限定词量化	determiner quantification	6
한정성	有定性	definiteness	2
할당	赋值	assignment	7
함수	涵项	function	6
함수적용	泛涵贴合运算	functional application	6
함의	蕴含,衍推,隐含义	entail, entailment	1, 7
함축	蕴涵,寓义	implicature	6, 7
함축관계	蕴涵关系	implication relation	6
함축된것	所寓之义	what is implicated	7

한국어	중국어	영어	수록 장
함축적 보편성	蘊含性共性	Implicational universals	9
합구	合口	closed mouth	15
합성	组合	composition	1
합성복합사	合成复合词	Synthetic Compounds	4
합음	合音	synizesis	15
해석	识解	construal	1
해석	解释	explanation	10
해성자	谐声字	Pictophonetic character	14
핵 후행	核心居末	head-final	9
핵심 술어동사	核心谓语动词	core verb	2
행위 영역	行域	action performance	1
행위자	施事	agent, agent of	1, 4, 6, 7, 9
현저성의 정도	显著度	degree of salience	1
협력원칙	合作原则	the Cooperative Principle	7
형식문법	形式语法	Formal grammar	8
형식언어학	形式语言学	Formal linguistics	5
형식적포함	形式包含	formally contain	7
형식화	形式化	formalism	2
형식화용론	形式语用学	formal pragmatics	7
형용사-동사융합형	形－动合流	adjective-verb conflating language	9
형용사-명사융합형	形－名合流	adjective-noun conflating language	9
형태소	语素	morpheme	1
형태소	形态音位	morphophonology, morphology	10
형태화	形态化	morphologization	10
화용추론	语用推理	pragmatic inferencing	9, 10
화자	言者	speaker	7
화제 부각 언어	话题优先语言	topic-prominent language	9
화제 연쇄, 화제망	话题链	topic chain	3
화제 표지	提顿词	topic marker	9
화제, 주제	话题, 主题	topic	3, 5, 9
화행	言语行为	speech act	7

한국어	중국어	영어	수록 장
화행 층위	言语行为情景的层面	speech act level	2
확대, 확장	扩展	extension	10
확산	扩散	spread	10
확산 활성	扩散激活	spreading activation	1
확산적활성화(활성화확산)	扩散性激活	Spreading activation	8
확장문, 문장확장	延伸句	extended sentence	3
환언	释义	paraphrasing	7
환유	转喻	metonymy	1, 10
환유적 지시	转指	metonymic reference	1
활동	活动	Activity	6
활성, 활성화	激活,活动	activate, active, activation	1, 3, 7
활음	滑音	glide	11
후두(자질명)	喉	Laryngeal	12
후치사	后置词	postposition	9
훈독	训读	meaning reading	15
휴지	停顿	pause	12
흔적	语迹	trace	4, 5
흡착음	啮音	click	11
GB 이론	管约论	GB Theory	5
Grice의 대화이론	格莱斯会话理论	Grice's theory of conversation	7
l삽입이음절화어	嵌l词		12
wanna 축약	wanna 合并	wanna contraction	5
2박자좌머리음보	两拍左重音步	syllabic trochee	12
2항술어	二元谓词	two-place predicate, binary predicate	6
3항술어	三元谓词	three-place predicate, ternary predicate	6

중국어	한국어	영어	수록 장
阿尔泰语系	알타이어족	Altaic languages	9
爱尔兰语	아일랜드어	Irish	5
暗含,寓谓	암시	implicting	7
白读	백독	oral reading	15
半活动	준활성	semi-active	3
伴随介词	동반격 전치사	comitative preposition	9
包括式	포괄식	inclusive	10
包孕	내포	embedding	7
背景	배경	background	3
被调查人	피조사자	informant	16
被使役事件	피사동사건	caused event	6
本音	원형	original form	12
避讳	피휘	taboo	15
边近音	설측 접근음	lateral approximant	11
编码	기호,기호화	code	3
编码	부호화	encoding	7
变体	변종	variant	16
变换话轮	발화 순서 취하기	turn taking	2
标记颠倒	유표성 전도	Marking-Reversal	9
标记理论	유표성이론	Markedness Theory	9
标示句子语气假定	절 유형 가설	clausal typing hypothesis	5
表达方式	표현 방식	mode	2
表层结构	표층구조	Surface Structure	4, 6
表层语音形式	표면형	surface phonetic form	12
表音词头词	표음어두 이음절화어		12
表征	표상	representation	7
表征的经济性	표시층위의 경제성	economy of representation	5
宾语	목적어	object	6
宾语从句	목적어절	object clause	4

중국어	한국어	영어	수록 장
并列连词	등위접속사	coordinating connection	9
博弈论	게임이론	game theory	7
补足语	보충어	complement	7
不及物动词	자동사	intransitive verb	6
不送气	불송기	unaspirated (consonant)	15
不凸显	공백화	gapping	1
布洛卡失语症	브로카 실어증	Broca's aphasia	8
补标语, 标句语	보문소	COMP(complementizer)	4
部分性	부분성	partiality	6
擦音	마찰음	fricative	9
参数	매개변인	parameter	5
参与角色	참여자	participant	1
层次	층위	stratification	15
层次性	층위화	layering	10
层级构拟	층위재구	PhonologicallayerReconstruction	14
颤裂声	덜덜거리는 소리	trillization	11
长时记忆	장기기억	Long-term memory	8
常规论元	정규논항	regular argument	6
场合	영역	domain	16
场景模框	장면틀	scene frame	1
衬体	배경	Ground	1
成分提取	적출	extraction	4
程序语言	프로그래밍 언어	Programming language	8
持续	지속	durative	6
持续体标记	지속상표지	durative aspect marker	6
齿塞擦音	치폐찰음	dental-affricate	11
齿音	치음	dental	11
充实	의미보충	enrichment	7
充要条件	필요충분조건	the necessary and sufficient conditions	7
充盈过程	포화과정	saturation process	7
重写规则	다시쓰기 규칙	Rewrite rule	8
重新分析	재분석	reanalysis	1, 10
重言	중첩어	Iterative word	12

중국어	한국어	영어	수록 장
初始逻辑式	원시논리식	origin logic formula	7
初始状态	초기상태	initial state	5
处所	처소	location	9
传播	전파	propagation	10
传媒	매개물	medium	2
传信范畴	전달범주	evidentiality	10
传信范畴标志	정보전달 범주 표지	evidential marker	2
唇	순음(자질명)	Labial	12
词汇化	어휘화	lexicalization	3
词汇项	어휘항	lexical item	7
词汇性语源模式, 词汇语法化模式	어휘적 어원 모형, 어휘 문법화 모형	lexical-grammaticalizingresear chmodel	10
词库	어휘집	lexicon	9
词缀	접사	affix	3
次谓词	이차술어	secondary predicate	6
从句	종속절	dependentclause	3
粗略的	거친	coarse-grained	7
大代语	대공대명사(무형대명사)	PRO	4
代词	대명사	pronoun	7
代词化	대명사화	pronominalization	3
代名词	대명사	pronominal	4
单动作	순간	Semelfactive	6
单动作类情状	순간유형	semelfactive situation type	6
单向性	단일방향성	unidirectionality	10
单向蕴涵式	일방향성 원리	unidirectionality principle	1
单一新信息限制	단일 신정보 제약	one-new-concept constraint	3
单字音	대표형	citation form	12
倒装句	도치문	inverted sentence	3
等级序列	위계	hierarchy	9
低连续性话题	연속성이 낮은 화제	coding for most discontinuous, inaccessible topic	3
低易推性标记	낮은 접근 가능성 표지	low accessibility markers	3
低元音	저모음	low vowel	15
底层	기저층	substratum	15
底层结构	기저층구조	underlying structure	10

중국어	한국어	영어	수록 장
典型范畴	원형 범주	prototype category	1
调素	성조소	toneme	12
调音	조음	articulation	11, 12
叠置	중첩	overlay	15
定式动词	정동사	finite verb	9
定语从句	관형사절	attributive clause	4
动词倒置	동사 도치	inversion	2
动词修饰语	동사수식어	modifier of verb	6
动态	동태	dynamic	6
动态的论元结构假设	동태적인 논항 구조 가설	The Emergent Argument Structure Hypothesis	2
动态浮现语法	동태부각문법	dynamic emergent gramma	2
动态句子	동태문, 동태적 문장	dynamic sentence	6
动相补语	동상보어	phase complements	10
独立动因	독립동인	independently motivated	10
短时记忆	단기기억	Short-term memory	8
对音材料	대음자료	Phonetictranscriptionmaterial	14
多项式蕴含共性	복합적인 함축적 보편성	Complex implicational universals	9
惰性	나태성	laziness	5
儿化韵	권설음화운	retroflex final	12
二元谓词	2항술어	two-place predicate, binary predicate	6
发音	발음	articulation	11
反切	반절	fanqie system	15
反身, 回指	재귀	reflexive	2
反身化	재귀용법화	reflexivization	3
泛涵贴合运算	함수적용	functional application	6
泛指	총칭, 총칭 지시	generic reference	1, 3
范畴化	범주화	categorization	2
方法上的经济	방법상의 경제성	methodological economy	5
方所	공간	spatial	9
方言岛	방언섬	dialect island	15
方言区域史	방언 구획사	history of dialect classification	15
方言学	방언학	Dialectology	15, 16

중국어	한국어	영어	수록 장
非受限类情状	비제한성 상황	unbounded situation	6
非谓形容词	비술어형용사	non-predictive adjective	9
非限定动词	비한정동사	infinitive verb	4
非线性音系学	비선형음운론	nonlinear phonology	12
非语调性语音标记	비억양 음운 표지	non-intonational phonological markers	2
非真值条件义	비진리조건적의미	non-truth-conditional meaning	7
非庄重的	비격식	informal	2
芬兰乌戈尔语系	피노우그리아어족	Finno-Ugric	9
分立性	분립성	discreteness	2
分化	분화	differentiation	15
分解	분해	parsing	2
否定词	부정사	negative word	2
否定词缀	부정 접사	negative affix	2
否定动词	부정 동사	negative verb	2
否定助词	부정 조사	negative particles	2
浮现语法	초급문법	Emergent Grammar	10
浮游调	표류성조	floating tone	12
附加问句	부가 의문문	tag questions	2
附加语	부가어	adjunct	7
附着词化和词缀化	접어화	affixation	10
复数	복수	plural	9
复杂的语义体	복잡한 의미체	complex semantic object, semantic construal	6
复杂性	유표성	markedness	13
副词修饰	부사 수식	adverbial modification	6
赋值	할당	assignment	7
嘎裂声	갈라짐소리	creaky voice	11
概念结构	개념 구조	conceptual structure	1
概念角色	개념역	conceptual role	1
概念调整	개념조정	concept adjustment	7
概念隐喻	개념적 은유	conceptual metaphor	1
概念意义的临时调整	임시개념구축	ad hoc concept construction	7
概念域	개념 영역	conceptual domain	1
概念转喻	개념적 환유	conceptual metonymy	1

중국어	한국어	영어	수록 장
概念转喻模型	개념적 환유 모형	Conceptual Metonymy Model	1
感知报告	지각보고	perception reports	6
高层显义	상위외축	higher-level explicatures	7
高化	고모음화	being high vowel	15
高连续性话题	연속성이 강한 화제	coding for most contiunous, accessible topic	3
高频使用	고빈도사용	frequency	10
高易推性标记	높은 접근가능성 표지	high accessibility markers	3
格	격	Case	4, 9
格莱斯会话理论	Grice의 대화이론	Grice's theory of conversation	7
格林定律	그림의 법칙	Grimm's law	12
格语法	격문법	Case Grammar	1, 7, 8
个别语法	개별문법	Particular Grammar(PG)	4
个体变量	개체변항	individual variable	6
个体化	개체화	individualization	6
个体性谓词	개체성술어	individual-level predicate	6
个性	개별성	language specifics	13
工具	도구	instrument, instrumentals	1, 6, 9
公时系统	공시적 계통	synchronic system	15
功能独立性原则	기능적독립원리	functional independence	7
功能语音学	기능음성학	functionlal phonetics	11
共核	공통기반	common ground	7
共时	공시	synchrony	3
共性	보편성	universals	9, 13
构词法	조어법	word-formation	9
构拟	재구	reconstruction	15
构式	구문	construction	1
孤岛	섬	island	5
关联理论	적합성이론	relevance theory	7
关联逻辑	적합성논리	relevance logic	7
关系化	관계화	relativization	9
关系小句标志	관계절 표지	relative marker	2
官话	관화	Mandarin	15
管辖	지배	Government	4

중국어	한국어	영어	수록 장
管辖理论	지배이론	Government theory	5
管辖与约束理论	지배 결속 이론	Government and Binding Theory	4, 5
管辖语域	지배범주	governing category	4
管约论	GB 이론	GB Theory	5
冠词	관사	article	9
光杆不定式	원형 부정사	naked infinitives	6
广义会话寓义	일반대화함축	generalized conversational implicature	7
广义量词	일반 양화사	generalized quantifiers	6
规约化	규약화	conventionalize	10
规约化规则	규약화규칙	conventionalized rules	10
规约寓义	고정함축	conventional implicature	7
(中间)过程	(중간)과정	(intermediate) process	6
含糊	느슨하게말하기	loose talk	7
涵项	함수	function	6
汉藏语比较研究	중국-티베트어비교연구	AComparativeStudyofChineseandTibetan	14
汉藏语系	중국티베트어족	Sino-Tibetan languages	9
合并	병합	conflation	1
合成夏合词	합성복합사	Synthetic Compounds	4
合法性	적형성	well-formedness	13
合口	합구	closed mouth	15
合取	연접	conjunction	6
合取命题	연접명제	conjunctive proposition	6
合取项	연접항	conjuncts	6
合取型的事件类型	연접 사건유형	conjunctive event type	6
合音	융합	fusion	12
合音	합음	synizesis	15
合作原则	협력원칙	the Cooperative Principle	7
和谐	조화	harmony	9
核心居末	핵 후행	head-final	9
核心谓语动词	핵심 술어동사	core verb	2
喉	후두(자질명)	Laryngeal	12
候选项	출력형 후보	candidate	13

중국어	한국어	영어	수록 장
后置词	후치사	postposition	9
互补关系	상보 관계	complementary relation	15
互动	상호작용	inter action, interactive	3, 10
划分	분류	compartmentalization	2
滑音	활음	glide	11
话句	발화	utterance	7
话题, 主题	화제, 주제	topic	3, 5, 9
话题链	화제 연쇄, 화제망	topic chain	3
话题优先语言	화제 부각 언어	topic-prominent language	9
话语表达理论	담화표상이론	Discourse Representation Theory(DRT)	7
话语概念结构化语言	담화 개념 구조화 언어	discourse configurational languages	9
话语性语源模式, 句法化模式, 话语语法化模式	담화적 어원 모형, 통사화 모형, 담화문법화 모형	discourse-grammaticalizing research model	10
话语语法	담화문법	discourseGrammar	3
回指	조응	anaphora, anaphoric	3
回指词	대용어	anaphora	7
会话	대화	conversation	3
会话分析	대화분석	conversation analysis	3
会话准则	대화격률	maxims of conversation	7
混血音读	뒤섞인 소리로 읽기	mixed reading	15
活动	활동	Activity	6
机器翻译	기계번역	Machine translation	8
基本性单位	기본단위	base unit	12
基层显义	기본외축	base-level explicatures	7
基础形式	기본형	base form	12
基于词汇项模式	어휘항목에 기초한 모형	lexical-based research model	10
基于话语模式	담화에 기초한 모형	discourse-based research model	10
基于事件的语义学	사건기반 의미론	event-based semantics	6
基于语言使用研究模式	언어사용에 기초한 연구모형	use-based research model	10
基于语言习得研究模式	언어습득에 기초한 연구모형	acquisition-based research model	10

중국어	한국어	영어	수록 장
激活,活动	활성, 활성화	activate, active, activation	1, 3, 7
及物动词	타동사	transitive verb	6
及物性	타동성	transitivity	3
极性词语, 极量词	부정극어	negative polarity item	1
计算机模拟	컴퓨터 시뮬레이션	Computer simulation	8
计算语言学	전산언어학	Computational linguistics	8
计算语用学	전산화용론	computational pragmatics	7
加工心力	처리노력	processing effort	7
兼类	겸품사	multi-category words	10
简约性	무표성	unmarkedness	13
渐变性	점진성	gradualness	10
交叉形容词	교차형용사	intersective adjectives	6
交互主观性	교호적 주관성	inter-subjectivity	3
交际,语言实现信递	의사소통	communication	7, 10
交际动力	통보력	communicative dynamism	2
焦点	초점	focus	5, 9, 12
阶段性谓词	단계성술어	stage-level predicate	6
接触	접촉	contact	15
接口	접합부	interface	5
节点	마디, 절점	node	12
节奏单位	리듬단위	rhythm unit	12
结构理论	구조이론	Structural Theory	4
结构邻近	구조근접	constructional contiguity	10
结构主义语言学	구조주의 언어학	Structural Linguistics	16
解决问题的方式	문제해결 방식	problem-solving	2
解歧	중의성해소	disambiguation	7
解释	해석	explanation	10
解释上的充分	설명적 타당성	explanatory adequacy	5
介词	개사	preposition	2, 9
介音	개음	medial	15
界限	(시간혹은공간적)경계	bound	6
界限	한계이론	Bounding Theory	4
借用	차용	borrowing	10
进行体标记	진행상표지	progressive aspect marker	6

중국어	한국어	영어	수록 장
近动型形容词	동사 근접형 형용사		9
近名型形容词	명사 근접형 형용사		9
近音	접근음	Approximant	11
禁区条件	섬 제약	island condition	4
禁止空约束原则	무위결속금지원칙	Prohibition Against Vacuous Binding(PVB)	6
经济	경제성	economy	5
经验体标记	경험상표지	experiential aspect marker	6
经济原则	경제성 원리	economy principle	5
精细化	정교화	elaboration	7
景象	장면	scenes	6
旧信息	구정보	old information	3
句法化	통사화	syntacticization	3
句法结构	통사 구조	syntactic structure	1
句法影响	통사영향	syntactic influence	10
句法自治	통사자립성	Autonomy of syntax	4
句干	문장의 줄기	sentence stems	2
句际关系	발화간관계	inter-utterance relationship	7
句际显义	발화간외축	inter-utterance explicatures	7
句内话题	문장화제, 문장주제	sentence topic	3
句子的功能透视	기능 문장 투시법	functional sentence perspective	2
距离-标记对应律	거리-표지대응율	distance-marking correspondence	9
距离象似性原则	거리도상성 원칙	distance iconicity principle	9
距离象似原则	거리 도상 원리	distance principle	1
决策理论	결정이론	decision theory	7
均质的	균질적	homogeneous	6
开视窗	창문화	windowing	1
可计算性	계산가능성	calculability	7
可及性等级序列	접근성 위계	acceptability hierarchy	9
可取消性	취소가능성	cancellability	7
可让渡性	양도 가능	alienable	9
可数的范畴	가산영역	count domain	6
可数个体	가산개체	countable entities	6
可数事件	가산사건	countable events	6

중국어	한국어	영어	수록 장
可数性	가산성	countability	6
可用补足语	수의적보충어	optional complements	7
客体	대상	theme, theme of, object	6
空语类	공범주	empty category	4, 5, 8
空语类原则	공범주원리	Empty Category Principle	5
控制	통제	control	4
控制权的转移	통제권의 전이	transfer of control	10
口语	구어	oral language	15
框架介词	틀 전치사	frame preposition	9
扩散	확산	spread	10
扩散激活	확산 활성	spreading activation	1
扩散性激活	확산적활성화(활성화확산)	Spreading activation	8
扩展	확대, 확장	extension	10
类提升	유형인상	type-raising	7
类推	유추	analogy	1, 10, 15
类型参项	유형론적인 매개변수	typological parameter	9
类型论	유형론	type theory	7
类指	범칭, 총칭	generic reference	9
离散性	이산성	discreteness	10
理论前	전-이론	pre-theoretic	9
理论驱动	이론구동형	theory-driven	10
理想认知模型,理想认知模式,理想化认知模式	이상적 인지모형, 이상화 인지모형	Idealized Cognitive Models, ICM	1, 7, 10
历时操作	통시조작	diachronic operations	10
历时类型学	통시유형론	Diachronic Typology	10
历史	통시	diachrony	3
历史层次分析法	역사 층위 분석법	analysis of historical stratification	15
历史句法学	역사통사론	Historical syntax	10
历史形态学	역사형태론	Historical morphology	10
历史音韵学	역사음운학	Historical phonology	14
历史语法	역사문법	Historical Grammar	10
历史语言学	역사언어학	Historical Linguistics	10
连调辖域	연성적용범위	sandhi domain	12

중국어	한국어	영어	수록 장
连读变调	성조연성	tone sandhi	12
连绵词	연면어		12
连续变化	연속 변화	continuous change	15
连音	연성	sandhi	12
联系项	연결자	relator	9
联系项居中原则	연결자 가운데 위치 원칙	Relator Principle	9
两拍左重音步	2박자좌머리음보	syllabic trochee	12
量词	양사, 분류사	classifier	9
量度短语	척도구	measure phrase	6
量化	양화	quantification	6
量化词提升	양화사 인상	quantifier raising	5
量化副词	양화부사	adverbs of quantification	6
量化理论	양화이론	quantification theory	6
量准则	양의격률	The Quantity Maxim	7
零话句	미완문장적발화	subsentential utterance	7
零形回指	무형 재귀	zero anaphora	2
零形式	영형식	zero	10
领属关系标志	종속 관계 표지	genitive marker	2
领属语	속격어	genetive	9
领有名词	소유명사	possessive noun	4
陆标	지표	landmark	1
路经	경로	Path	1
路径论元	경로논항	path argument	6
论元	논항	argument	1, 3, 7, 9
论元结构	논항구조	Argument structure	8
论元结构理论	논항구조이론	theory of argument structures	7
论元角色	논항역할	argument roles	6
论元数目	논항 수	arity	6
论元位置	논항위치	A-position	7
论元值	논항값	valency	6
逻辑表达式	논리표현식	logical representation	6
逻辑表达式	논리형식	Logical Form, LF	6
逻辑式	논리식	logical representation	6

중국어	한국어	영어	수록 장
逻辑式部分,逻辑形式	논리형태	logical form	4, 5
逻辑实证主义	논리실증주의	logicalpositivism	7
逻辑算子	논리연산자	logical operator	6
逻辑推理	논리추리	Logical reasoning	8
苗瑶语族	몽몐어계	Miao-Yao Language Group	14
描述上的充分	기술적 타당성	descriptive adequacy	5
描写	기술	description	10
描写语言学	기술언어학	Descriptive Linguistics	16
名物化	체언화	nominalization	2
明示	직시행위	ostension	7
命题函项	명제함수	propositional function	7
命题内容的层面	명제 내용 층위	propositional content level	2
命题态度	명제적태도	propositional attitude	7
模块	단원성	modularity	2
模块	모듈	module	1
模式	틀	model	2
默认调填入	기정치 성조 삽입	default tone insert	12
南岛语系,南岛语组	오스트로네시아어족	Austronesianfamily,Austronesianlanguagegroup	9, 14
南亚语言	남양언어	South Asian Language	5
内爆音	내파음	implosive	11
内部拟测法	내적재구법	internal restructure	12
内部演变	내부변천	internal changes	10
内涵性	내포성	intensionality	6
内省	내부 관찰		2
内在论元	내재논항	internal argument	6
能量集中区	에너지집중구간	area of energy concentration	12
尼日尔-刚果语系	니제르콩고어족	Niger-Congo languages	9
年龄差异	연령단계별 차이	age grading	16
扭曲关系	왜곡관계	Skewed Relations	10
排比分类	분류학적 음성학	taxonomic phonetics	11
排除式	배제식	exclusive	10
派生	파생	derivation, descent	9
派生性单位	유도단위	derived unit	12

중국어	한국어	영어	수록 장
派生形式,	파생형	derived form	12
旁格	사격	oblique	9
配价	결합가	valence, Valency	1, 7, 8
配价,依存语法	의존문법	dependency grammar	2, 7
配价能力	결합 능력	ability of valence	2
配价语法	결합가문법	valency grammar	7
喷音	방출음	ejective	11
篇章	텍스트	text	2
篇章语法	텍스트 문법	text grammar	3
篇章语言学	텍스트 언어학	text linguistics	3
频率修饰语	빈도수식어	frequency modifiers	6
普遍语法	보편문법	Universal Grammar(UG)	4, 5, 6
普通语言学	일반언어학	general linguistics	2
歧变性	분화	divergence	10
启导性原则	발견적인 원칙	heuristic principles	10
气嗓音	유성날숨소리	breathy voice	12
前景	전경	foreground	3
前景化	전경화	foregrounding	10
前置词	전치사	preposition	9
嵌l词	l삽입이음절화어		12
切脚词	반절식이음절화어		12
情景	상황	situations	6
情态	양태	modality	2
清音声母	무성 자음	voiceless consonant	15
情状类型	상황유형	situation type	6
区别词	구별사		9
区别特征学说	변별적 자질 이론	distinctive feature theory	12
曲线调	굴곡조	contour tone	12
屈折	굴절	inflection	9
去范畴化	탈범주화	de-categorization, decategorilization	3, 10
去语义化	의미축소	desemanticalization	10
缺省推理	기본값 추론	Default reasoning	8
人工智能	인공지능	Artificial intelligence	8

중국어	한국어	영어	수록 장
人类语言学	인류언어학	Anthropological Linguistics	16
认识世界的层面	인식세계 층위	epistemic world level	2
认知范式	인지 패러다임	Cognitive paradigm	8
认知构建	인지적 구성물	cognitive construction	1
认知框架	인지 모형	cognitive model	1
认知科学	인지과학	Cognitive science	8
认知语言学	인지언어학	Cognitive Linguistics	1
认知语义学	인지의미론	cognitive semantics	1
认知中介层	인지적 매개 층위	cognitive mediation	1
任意的结束点	임의의 끝점	arbitrary final endpoint	6
容器隐喻	용기 은유	Container metaphor	8
融合	융합	blending	15
三分结构	삼분구조	tripartite structure	6
三个平面	삼개평면이론	Three dimentions theory	5
三数	삼수	trial	9
三元谓词	3항술어	three-place predicate, ternary predicate	6
筛选	평가자	Evaluator, EVAL	13
筛选表	평가표	tableau	13
闪含语系	셈함어족	Semito-Hamitic languages	9
上古汉语	상고 한어	old Chinese	15
少量数	적은수, 소복수	paucal	9
舌背	설배(자질명)	Dorsal	12
舌根	설근(자질명)	Tongue Root	12
舌冠, 舌前, 舌尖	설정(자질명)	Coronal	12
社会变项	사회변항	social variable	16
社会网络	사회 네트워크	social network	16
射体	탄도체	trajector	1
摄	섭	She (in rhyme-table phonology)	15
深层语音形式	기저형	underlying phonetic form	12
深层结构	심층구조	Deep Structure	4, 8
神经科学	신경과학	Neuroscience	8
生成性	생성성	generativity	1
生成音系学	생성음운론	generative phonology	11

중국어	한국어	영어	수록 장
生成语法,生成语法学	생성문법	Generative Grammar	4, 5
生成语言学	생성언어학	Generative Linguistics	1
生成义学	생성의미론	Generative Semantics	1
生命度	유정성	animacy	9
声调	성조	tone	15
声调投射规则	성조투사규칙	tone mapping rule	12
声母	두음	onset	12
声母	성모	consonant	15
省略形式	생략형식	elliptical form	6
失落介音	개음 탈락	loss of medial	15
失语症	실어증	Aphasia	8
施事	행위자	agent, agent of	1, 4, 6, 7, 9
时间变量	시간 변항		6
时间-地点偶	시간-장소쌍	time-location pair	6
时间格	시간단위	timingslot,unitoftime	12
时态,时制	시제	tense	6
时体	시제와 상	tense & aspect	2
时制标记	시제표지	tense marker(s)	6
识解	해석	construal	1
实词,实义词	내용어	content word	9, 10
实词	실사	content word	1
实体上的经济	실체상의 경제성	substantive economy	5
实现	성취	Achievement	6
实验音韵学	실험음운론	experimental phonology	11
实验语音学	실험음성학	acoustic phonetics	11
使役结构	사동구조	causal construction	6
使役事件	사동사건	causing event	6
事件	사건	event	6
事件变量	사건변항	temporal variable	6
事件程式	시나리오	scenario	1
事件的部分性	장면의 부분성	the partiality of scenes	6
事件论元	사건논항	event argument, e	6
事件修饰语	사건수식어	event modifier	6

중국어	한국어	영어	수록 장
事件元的谓词	사건논항의 술어	predicates of the event argument	6
事件原子化的标准	사건원자화 기준	criteria for atomicity	6
事件原子化的条件	사건원자화 조건	atomicity condition	6
事件语义学	사건의미론	event semantics	7
视角	시각	perspectives	10
是非问句	판정의문문	yes-no question	5
释义	환언	paraphrasing	7
受限类情状	제한성 상황	bounded situation	6
受使者	피사역자	causee	10
受事	수동자	patient	1, 2, 4, 7, 9
属性词	속성어	property word	9
述题,评论,评述	평언, 설명, 진술	comment	3, 5, 9
述位	평언	rhematic	2
数	수	number	9
数据结构	자료구조	Data structure	8
数理逻辑	수리논리	Mathematical logic	8
数理统计法	수리통계법	Mathematical statistics method	14
数学建模	수학적 모델링	Mathematical modeling	8
双数	양수	dual	9
顺序象似	순서의 도상성	Temporal Sequence Principle	1
说话时间	발화시간	speech time	6
司法语音学	법음성학	forensic phonetics	11
思维语言	사고의언어	the language of thought	7
送气	송기	aspirated (consonant)	15
溯因推理	귀추추론	abductive inference	7
算法	알고리즘	Algorithm	8
所陈之义	말해진것	what is said	7
所寓之义	함축된것	what is implicated	7
所指对象	지시대상, 지시체	referent	3
索引词	지표사	indexicals	7
索引论	지표주의	indexicalism	7
特殊会话寓义	특정대화함축	particularized conversational implicature	7

중국어	한국어	영어	수록 장
特征几何	기하학적자질도형	featuregeometry	12
提顿词	화제 표지	topic marker	9
提取域条件	추출영역조건	Condition on Extraction Domain	5
题元层级	의미역위계	thematic hierarchy	7
题元理论	의미역이론	theory of thematic roles	7
体,时态	상	aspect	2, 6, 10
体标记	상표지	aspect marking, aspectual marker(s)	3, 6
体算子	상 연산자	aspectual operator(s)	6
体验哲学	체험주의 철학	experientialism	1
天赋说	생득설	innateness hypothesis	2
条件	조건	condition	15
条件变体	조건변이형	conditioned variant	9
停顿	휴지	pause	12
通音	계속음	continuant	11
通指	통칭	generic	2
同位名词	동격명사구	apposition NP	4
同言线	등어선	isogloss	16
同义	동의관계	synonymy	7
同源层次	동원 층위	homologous stratification	15
同指	공지시	Co-reference, coreference	4, 8, 9
同质性	동질성	homogeneity	10
同质有序	질서정연한 동질체	ordered homogeneity	16
统制	(성분)통어	c-command (constituent command)	4
凸体	전경	Figure	1
凸体-衬体的认知图式	전경-배경의 인지모형	figure-ground	2
突突声	맥동	pulsation	11
图式, 基模	도식	Schema	8, 10
推导的经济性	도출의 경제성	economy of derivation	5
推断	추론	inference	1
推理方式	추리 방식	inference	2
推理语用学	추론의화용론	inferential pragmatics	7
推演	연역	deduction	7

중국어	한국어	영어	수록 장
外部演变	외부변천	external changes	10
完成体标记	완료상표지	perfective aspect marker	6
完结	완결	culminate, Cul	6
完结	완수	Accomplishment	6
完形	게슈탈트	gestalt	1
完形心理学	게슈탈트심리학	Gestalt psychology	1
完整体	완결상	perfective	10
网络	네트워크	Network	8
韦尔尼克失语症	베르니케 실어증	Wernicke's aphasia	8
未述成分	발화되지않은구성성분	unarticulated constituent	7
谓词	용언	predicates	7
文白异读	문백이독	literary reading and oral reading	15
文读	문독	literary reading	15
无标记	무표	unmarkedness	3
无定	비한정	indefinite	2, 9
无定名词	비한정 명사	indefinite noun	2
无定性	비한정성	indefiniteness	2
无界	무경계성, 비경계	unbounded	1, 9
无施事被动式	무행위자 피동식	agentless passive	10
误读	오독	misreading	15
西南官话	서남 관화	southwest Mandarin	15
系统	체계	structure	10
系统功能语法	체계기능문법	Systemic Functional Grammar	2
显谓	명시	explicating	7
显义	외축	explicature	7
显著度	현저성의 정도	degree of salience	1
现实世界	객관 세계	reality	1
限定词量化	한정사 양화	determiner quantification	6
限定性	전문화	specialization	10
线性	선형, 선형화	linear	3
线性语法	선형 문법	linear grammar	3
线性增量原则	선형증량의 원칙	linear increamental principle	3
相干逻辑(相关逻辑)	연관논리	relevance logic	7

중국어	한국어	영어	수록 장
响度原则	공명도연쇄원칙	Sonority Sequencing Principle	12
象似性	도상성	iconicity	1, 2
象征	상징	symbiotic	10
销蚀	음운축소	erosion	10
小称	지소사	diminutive	11, 12
小句	절	clause	3, 6, 9
斜坡	연속변이	cline	10
谐声字	해성자	Pictophonetic character	14
心理表征	심적표상	mental representation	7
心理意象	심리 영상	mental image	1
心智	(사유된 것으로서의) 개념	(what is) thought (about)	1
新信息	신정보	new information	3
新语法学派	신문법학파	Neo-grammarians	16
信息	정보	information	5
信息处理	정보처리	Information processing	8
信息流	정보의 흐름	information flow	2, 3
行域	행위 영역	action performance	1
形－动合流	형용사-동사융합형	adjective-verb conflating language	9
形－名合流	형용사-명사융합형	adjective-noun conflating language	9
形式包含	형식적포함	formally contain	7
形式化	형식화	formalism	2
形式语法	형식문법	Formal grammar	8
形式语言学	형식언어학	Formal linguistics	5
形式语用学	형식화용론	formal pragmatics	7
形态化	형태화	morphologization	10
形态音位	형태소	morphophonology, morphology	10
性	성	gender	9
性质形容词	성질형용사	qualitative adjective	9
性质形容词	속성 형용사	qualitative adjective	1
修辞结构理论	수사구조이론	rhetorical structure theory	7
修饰语量化	부사어 양화	adverbial quantification	6

중국어	한국어	영어	수록 장
学科	학문 분야	discipline	5
雪球效应	눈덩이효과	snowball effect	7
训读	훈독	meaning reading	15
咽	인두(자질명)	Pharyngeal	12
延伸句	확장문, 문장확장	extended sentence	3
言谈语境	언어내적 맥락	linguistic context	3
言谈环境	언어외적 맥락	extra-linguistic context	3
言域	공언 영역	verbal expression	1
言语	빠롤	parole	10, 16
言语社区	발화공동체	speech community	16
言语行为	화행	speech act	7
言语行为情景的层面	화행 층위	speech act level	2
言者	화자	speaker	7
研究框架	연구구조	research framework	10
颜色词	색채어	color term	9
一般论旨角色关系	일반적 의미역 관계	general thematic relations	6
一阶谓词逻辑	일차 술어논리	first-order predicate logic	6
一元动词(一价动词)	한자리동사(1항동사)	one-place verb	4
一再性	반복성	replicability	1
移动规则	이동 규칙	movement rule	2
移位现象	변환 현상	displacement	2
移位限制	이동제약	movement condition	5
疑问语素	의문 형태소	interrogative morphemes	2
已然	이연, 이미 그러함		2
异读	이독	different reading	15
异源层次	이원 층위	heterogenous stratification	15
异质有序	질서정연한 이질체	ordered heterogeneity	16
易推性	접근가능성	accessibility	3
易推信息	접근가능(한)정보	accessible information	3
易位句	자리 바꿈 문장		3
意象	영상	image	1
意象图式	심상도식	Image schema	8
意象图式	영상 도식	image schema	1
因数类型学	계승유형론	factorial typology	13

중국어	한국어	영어	수록 장
音步	음보	foot	12
音类	음류	sound class	15
音素	단음	phone	11
音位学	음소론	phonemics	11
音系学	음계론	phonology	11
音韵合并	음운 합병	phonological merger	5
音韵学	음운론	phonology	11
龈颚音	치경구개음	alveolar	11
龈音	치경음	alveolar	11
隐含	내포	implication	7
隐喻	은유	metaphor	1, 10
隐喻投射	은유 투사	Metaphor projection	8
隐喻投射	은유적 사상	metaphorical mapping	1
印第安诸语	인디언제어	American Indian languages	9
印欧语系	인도유럽어족	Indo-European languages	9
映射	사상	mapping	7
优化关联	최적의적합성	Optimal Relevance	7
优化关联推定	최적의적합성 추정	presumption of optimal relevance	7
优势方言	우세 방언	prestige accent	15
优选论	최적성 이론	Optimality Theory	7, 11, 13
优选音系学	최적성음운론	Optimality Phonology	12
由多个事件组成的活动类情状	다중사건 활동유형	multi-event activity	6
有定	한정	definite	2, 9
有定性	한정성	definiteness	2
有界	경계, 경계성	bounded	1, 9
有界	종결	telicity	6
有理据的约定俗成	잘 동기부여된 관습	motivated convention	1
有序论元法	순서논항법	ordered-argument method	6
与格结构	여격구조	dative construction	5
与事	경험자	experiencer	1
与事	수령자	recipient	9
语调	억양	tone, intonation	2, 3
语调单位	억양단위	intonation unit	3

중국어	한국어	영어	수록 장
语法创新	문법창조	grammatical creation	10
语法词	기능어	functionword	10
语法关系	문법기능	grammatical functions	6
语法化, 虚化	문법화	grammaticalization	1, 10
语法史	문법사	grammatical history	2
语法演变	문법변천	grammatical change	10
语法意义	문법 의미	grammatical meaning	2
语符	언어기호	language symbol	7
语迹	흔적	trace	4, 5
语境	맥락	context	7
语境决定论	맥락주의	contextualism	7
语境效果	맥락효과	contextual effects	7
语句	문장	sentence	7
语类规则	범주 규칙	categorial rule	4
语链	언어연쇄	speech chain	7
语料	자료	data	10
语料库语言学	코퍼스언어학	Corpus linguistics	8
语料驱动研究模式	자료구동형 연구모형	data-driven research model	10
语篇分析,话语分析	담화분석	discourse analysis	3
语篇话题	담화화제,담화주제	discourse topic	3
语篇显义	담화외축	discourse explicature	7
语气词	어기사	modal particle	2
语图仪	음향분석기	sound spectrograph	11
语文学	문헌학	Philology	16
语序	어순	word order	9
语言	랑그	langue	10, 16
语言变项	언어변항	linguistic variable	16
语言表达	언어 표현	linguisic expression	1
语言表达式的确定	언어표현식의확정	linguistic expression identification	7
语言机制	언어능력	language faculty	5
语言类型学	언어유형론	language typology	9, 13
语言能力	언어능력	competence, linguistic competence	1, 10
语言游戏	언어게임	language game	7

중국어	한국어	영어	수록 장
语言运用	언어운용	performance	10
语义表达	의미 표현	semantic representation	2
语义表证,语义表达式	의미표상, 의미표시, 의미표현, 의미표현식	semantic representation	4, 6, 7
语义成分分析法	의미 성분 분석법	semantic componential analysis	1
语义格	의미격	semantic case	1, 7
语义节点	의미노드	Semantic node	8
语义结构	의미 구조	semantic structure	1
语义角色,题元角色,论旨角色,题元	의미역	semantic role, thematic role, theta-role	1, 2, 3, 4, 7, 8, 9
语义类型	의미유형	semantic type	6
语音表达式	음성표시	phonetic representation	4
语音科学	음성과학	phonetic sciences	11
语音识别	음성인식	voice recognition	11
语音特征	음성자질	phonetic feature	12
语义欠明论	미결정논제	the Underdeterminacy thesis	7
语义推导	의미추론	Semantic derivation	8
语义相宜	의미적합성	semantic suitability	10
语义衍推	의미적함의	semantically entail	7
语义指向	의미 지향	semantic orientation	2
语用推理	화용추론	pragmatic inferencing	9, 10
语种库	언어 표본	language sample	9
语素	형태소	morpheme	1
语体	문체	style	2
预设	전제	presupposition	6
域外题元	외적 의미역	external theta role	4
寓谓义	암시의미	implicated meaning	7
元变项	메타변항	meta-variable	7
元音裂化	모음 분열	vowel cracking	15
原则	원리	principle	5
原则与参数	원리와 매개변인	Principles and Parameters	4
原则与参数理论	원리와 매개변인 이론	Principle and parameter theory	5
原子事件	원자사건	atomic events	6
原子性	원자성	atomicity	6

중국어	한국어	영어	수록 장
圆唇元音	원순 모음	rounded vowel	15
远视/近视	원근화법	distal perspective	1
约束理论	결속이론	Binding Theory	4
约束条件	제약조건	Constraint condition	8
运动	이동	Motion	1
运动事件	이동 사건	motion event	1
韵	운	rhyme	15
韵律层级	운율계층	prosodic hierarchy	12
韵律词	운율단어	prosodic word	12
韵律短语	운율구	prosodic phrase	12
韵律类词	유사운율단어	compound prosodic word	12
韵律模块	운율형판	prosodic template	12
韵律字	운율음절		12
韵母	운모	vowel	15
蕴含,衍推,隐含义	함의	entail, entailment	1, 7
蕴涵,寓义	함축	implicature	6, 7
蕴涵关系	함축관계	implication relation	6
蕴含性共性	함축적 보편성	Implicational universals	9
藏缅语族	티베트-버마어계	TheTibetan-BurmeseLanguage Group	14
照应词	대용어	anaphor	4
折射	투사	projection	1
真值条件	진리 조건	truth-condition	1, 6
真值	진리치	truth value	6
真值条件义	진리조건적의미	truth-conditional meaning	7
整体——部分	전체—부분	whole—part	1
知域	지식 영역	knowledge inference	1
直陈义	직접의미	direct meaning	7
指称词	지시적 표현	referential expression (R-expression)	4
指称的指派	지시대상부여	reference assignment	7
指谓	지시,지시대상	denotation	6
制约	제약	restriction	15
致效者	영향인자	effector	2
智能交际人	체화된대화형에이전트	embodied conversational agent	7

중국어	한국어	영어	수록 장
滞留性, 意义滞留	의미지속성	persistence	10
中古	중고	middle (age)	15
中古音	중고음	middle Chinese	15
中枢认知活动	중추인지과정	central cognitive processes	7
中文信息处理	중국어정보처리	Chinese information processing	8
中性语态,中间语态	중간태	middle voice	2, 10
中心谓语动词	중심 술어동사	core verb	2
中易推性标记	중간 접근가능성 표지	intermediate accessibility markers	3
终点	종점, 목표	goal	5
重成分后置现象	무거운 성분 후치현상	heavy constituent principle	9
咝音	흡착음	click	11
主从关系	종속관계	subordination	3
主动发音部位	조음자	Articulator	12
主动性	능동성	activeness	2
主观化	주관화	subjectivization	3
主观移情	주관적 감정 이입	subjective empathy	1
主体	주체	subject	2
主位	주제	thematic	2
主语	주어	subject	6
主语从句	주어절	subject clause	4
主语优先语言	주어 부각 언어	subject-prominent language	9
主语-助动词倒装	주어-조동사도치	subject-auxiliary inversion	5
助词	조사	particle	2
助词,小词	조사 소명사	particle	9
转指	지시	reference	1
转换	변형	transformation	1, 5
转换生成语法	변형생성문법	Transformational Generative grammar	8
转换语法	변형 문법	Transformational Grammar	4
转喻	환유	metonymy	1, 10
转指	환유적 지시	metonymic reference	1
追补	추가적 보충	afterthought	3
庄重的	격식	formal	2

중국어	한국어	영어	수록 장
壮侗语	쫭동어	Zhuangdong language	15
壮侗语族	따이까다이어계	Zhuang-DongLanguageGroup	14
状态	상태	Stative	6
状态词	상태사	descriptive word	9
状态性	상태성		2
状态形容词	상태형용사	stative adjective	1, 9
浊音声母	유성 자음	voiced consonant	15
吱扭音	짜내기소리	creaky sound	12
自成音节的鼻音	음절성 비음	self-syllabled nasal sound	15
自然结束点	자연(적)끝점	natural endpoint	6
自然口语	자연 입말	spontaneous speech	2
自然语言	자연언어	Natural language	8
自然语言处理	자연언어처리	Natural language processing	8
自由变体	자유변이형	free variant	9
自由变项	자유변항	free variable	7
自由式充实	자유의미보충	free enrichment	7
自由说明语	자유부가어	free adjuncts	7
自主句法	자율통사론	autonomous syntax	5
自主音段音系学	자립분절음운론	auto-segmental phonology	11, 12
字面义决定论	직해주의	literalism	7
字面意义	문자적 의미	literal meaning	7
组合	합성	composition	1
最简方案	최소주의	Minimalist Program	5
最佳输出	최적 출력형	optimal output	13
最小韵律自由单位	최소운율자유단위		12
左分枝	좌분지	left branching	4
作格性	능격성	ergativity	10
wanna 合并	wanna 축약	wanna contraction	5

최신 언어이론과 중국어 연구

1판 1쇄 발행 2020년 2월 20일

원　　제 | 语言学前沿与汉语研究
편저자 | 리우단칭(刘丹青)
옮긴이 | 최재영·김윤정 외
펴낸이 | 김진수
펴낸곳 | 한국문화사
등　　록 | 제1994-9호
주　　소 | 서울특별시 성동구 광나루로 130 서울숲 IT캐슬 1310호
전　　화 | 02-464-7708
팩　　스 | 02-499-0846
이메일 | hkm7708@hanmail.net
웹사이트 | hph.co.kr

ISBN 978-89-6817-844-3 93720

· 이 도서의 국립중앙도서관 출판예정도서목록(CIP)은 서지정보유통지원시스템 홈페이지
 (http://seoji.nl.go.kr)와 국가자료종합목록 구축시스템(http://kolis-net.nl.go.kr)에서
 이용하실 수 있습니다. (CIP제어번호 : CIP2020005534)